LE GUIDE VERT

Autriche

Covid-19

Attention, les horaires et les modalités d'accueil des sites touristiques sont susceptibles de changer en fonction de l'évolution de la crise sanitaire. De nombreux musées et monuments imposent désormais la réservation en ligne. Vérifiez les conditions de visite afin d'éviter toute déconvenue.

DÉCOUPAGE GÉOGRAPHIQUE DU GUIDE SUR LA CARTE CI-CONTRE

L'équipe du Guide Vert Michelin, de gauche à droite : Camille Bouvet, Denis Rasse, Natacha Brumard, Amaury de Valroger, Lucie Fontaine, Philippe Orain, Florence Dyan, Catherine Guégan, Hervé Dubois, Fiona Lale, Hélène Payelle, Marie-Pierre Renier, Éric Boucher, Véronique Aissani, Marie Simonet, Carole Diascorn, Jérôme Lévêque, Marion Capéra, Pascal Grougon, Dominique Auclair.

Édito

Redonner du sens au voyage en prenant son temps et dans un plus grand respect de l'environnement, voilà ce à quoi devraient ressembler nos déplacements d'aujourd'hui.

Alors, ralentissons le pas pour nous imprégner en profondeur de la richesse des lieux que nous traversons et des gens que nous rencontrons. Laissons-nous surprendre et réapprenons à nous étonner de tout ce qui se trouve sous nos yeux, en ville ou à la campagne, sur un chemin de traverse, loin de chez nous ou juste au bout de la rue.

L'Autriche est une destination magnifique, riche de milliers de sites naturels, villages, abbayes, châteaux… sans oublier les femmes et les hommes qui font vivre ces patrimoines et leurs traditions. Autant de lieux incontournables ou insolites, connus ou confidentiels, que l'équipe du Guide Vert Michelin a cherchés et dénichés pour vous au cours de ses innombrables tournées sur le terrain.

Cette nouvelle édition du Guide Vert Michelin a été entièrement mise à jour. En complément des sites étoilés ★★★, nos auteurs ont également souhaité partager avec vous leurs itinéraires, leurs infos pratiques, leurs plus belles expériences de slow tourisme ainsi que leurs coups de cœur pour des adresses qui s'engagent dans une démarche écoresponsable, signalées au fil des pages par le symbole 🍃.

*À votre tour de faire le plein de beau, de bon et de rencontres.
Et vos meilleurs moments de voyage seront peut-être publiés dans la prochaine édition !
#coupsdecoeurGuideVertMichelin*

Bon voyage en Autriche !

*Philippe Orain,
Directeur du Guide Vert Michelin*

Sommaire

DÉCOUVRIR L'AUTRICHE

Pour chaque site, retrouvez nos adresses

DieterMeyrl/Getty Images Plus

Tatiana Dyuvbanova/Getty Images Plus

ORGANISER SON VOYAGE

COMPRENDRE L'AUTRICHE

Nos incontournables

★★★

Le Salzkammergut

Classée au Patrimoine de l'Unesco, cette région d'un romantisme absolu a tout pour séduire, surtout à l'heure où les premiers flocons saupoudrent ses lacs de blanc. **Voir p. 242.**

aroundtheworld.photography/Getty Images Plus

FooTToo/Getty Images Plus

★★★

Innsbruck

Une jolie ville qui a pour toile de fond une impressionnante couronne de cimes neigeuses et pour trésors un petit toit d'or, une basilique rococo et un musée tyrolien. **Voir p. 366.**

R. Harding/hemis.fr

★★★

Vienne

Un concentré d'art, de musique et de saveurs vous attend dans l'ancienne capitale des Habsbourg. Laissez-vous surprendre ! Un air de valse, un tour en calèche, un chef-d'œuvre de Klimt, un petit verre de blanc sous la treille... tout y est irrésistible ! **Voir p. 36.**

★★★

Salzbourg

Des enseignes en fer forgé, des bulbes en cuivre et des châteaux baroques : le berceau de Mozart est un site enchanteur où l'on déambule comme dans un décor de film. **Voir p. 214.**

bluejayphoto/Getty Images Plus

rusm/Getty Images Plus

★★★

Melk et la Wachau

La Wachau ? C'est le tronçon du Danube qui vous montrera le fleuve sous son plus beau jour : un paysage de vignes et d'abricotiers, dominé par un joyau de l'art baroque. **Voir p. 146 et 143.**

Nos incontournables

★★★

Le Kaunertal et la vallée du Pitzbach

Le Tyrol a le don des routes de montagne et des vallées d'altitude. En voici deux qui distillent des vues à couper le souffle sur des pics colossaux et des cirques glaciaires. **Voir p. 462 et 457.**

MichaelUtech/Getty Images Plus

★★

Le Bregenzerwald

Symphonie d'herbages et de douces collines boisées, la « Forêt de Bregenz » est une bulle d'oxygène et de tranquillité où l'on cultive un sens aigu de l'hospitalité. **Voir p. 480.**

Martin Schein/Getty Images Plus

Liudmila Kiermeier/Getty Images Plus

Fotofritz/Alamy/hemis.fr

★★★

La Haute Route alpine du Großglockner

De mai à octobre, la plus haute route d'Autriche, qui sinue sur 48 km, vous réserve un superbe travelling sur un massif grandiose : le Großglockner (3 797 m d'altitude). **Voir p. 427.**

★★★

Graz

Une vieille ville baroque classée au Patrimoine de l'Unesco, une kyrielle de musées richement dotés... La deuxième ville du pays a tout pour plaire et son art de vivre achèvera de vous convaincre. **Voir p. 280.**

allOver images/Alamy/hemis.fr

★★

La Route styrienne du vin

Direction le sud de Graz où les coteaux ont un petit goût de Toscane ! Une contrée idyllique, qui vit en tête à tête avec la vigne et sert le schilcher frais sous la tonnelle. **Voir p. 303.**

Nos coups de cœur

Téléphérique du Dachstein.
Westend 61/hemis.fr

TOP 5 des palais et châteaux

1. Schönbrunn (p. 93)
2. Belvédère (p. 89)
3. Château d'Eggenberg (p. 292)
4. Hohensalzburg (p. 214)
5. Palais d'Esterházy (p. 115)

Vue du Belvédère à Vienne.
Tzfoto/Getty Images Plus

Tutoyer les cimes en téléphérique... Voilà une belle manière de découvrir d'incroyables panoramas ! Vallugabahn ou Hafelekarbahn... vous n'aurez que l'embarras du choix. Le plus vertigineux, Dachstein Gletscherbahn, vous hisse au sommet du Hunerkogel ! **Voir p. 491, 376 et 245.**

S'oxygéner les poumons dans le Bregenzerwald. Une région idéale pour faire le plein d'énergie ! L'air y est revigorant, le relief plutôt doux et il y a de nombreux chemins de randonnée faciles à parcourir, comme celui qui mène du Kalbelesee au Könersee. **Voir p. 480.**

Respirer le parfum des campagnes d'antan dans le vallon de Stübing où se niche l'un des dix plus grands écomusées d'Europe. Un univers fascinant, à arpenter hors saison et en semaine pour que le charme opère à fond. On oublie vite qu'on est à 15mn de la ville ! **Voir p. 294.**

Pique-niquer autour d'une *Brettljause*, la « planche casse-croûte » qui réunit, pour le plus grand plaisir des papilles, fromages du terroir, viande fumée, petits radis, cornichons et raifort ! Vous en trouverez surtout dans les alpages, mais aussi dans les villages viticoles, comme Langegg. **Voir p. 304.**

Brettljause, casse-croûte typique des alpages.
Wicki58/Getty Images Plus

Nos coups de cœur

Bibliothèque du monastère d'Admont.
Drazen Lovric/Getty Images Plus

❤ **Marcher à pas feutrés dans la bibliothèque d'une abbaye,** une expérience fabuleuse à Admont où vous glissez en pantoufles sur le parquet lustré à la cire, ébloui par le foisonnement de stucs, fresques et livres qui s'offre à vos yeux. **Voir p. 319.**

❤ **Écouter une composition de Mozart, dans la ville où il est né.** Tout au long de l'année, Salzbourg concocte un programme du meilleur cru pour fêter comme il se doit son enfant prodige. Et le Festival fait toujours la part belle au plus grand génie musical de tous les temps. **Voir p. 231.**

Café Schwarzenberg à Vienne.
Ikedamasa/Getty Images Plus

❤ **Découvrir le sens du mot gemütlich,** à Vienne dans l'un de ces cafés dont la capitale a le secret. Il suffit de pousser la porte du Schwarzenberg, de siroter un *Einspänner* au Café Central ou de s'installer confortablement à l'Oberlaa. **Voir p. 66 et 58.**

Croisière sur le Danube dans la vallée du Wachau.
Sergey_Fedoskin/Getty Images Plus

TOP 5 des abbayes baroques et rococo

1. Melk (p. 143)
2. Wilhering (p. 192)
3. Saint-Florian (p. 200)
4. Altenburg (p. 166)
5. Stams (p. 389)

Maître-autel de l'église du monastère de Stams.
Joaquin Ossorio-Castillo/Getty Images Plus

❤ **Contempler les rives de la Wachau du pont d'un bateau** de la Brandner. Difficile de trouver croisière plus romantique : de Melk à Krems, châteaux et petits bourgs défilent sur fond de vignes. On peut même y faire escale, profitez-en ! **Voir p. 149.**

❤ **Assister aux traditionnels défilés des démons** et autres personnages hirsutes qui hantent les nuits au moment du solstice d'hiver ou se mêler au public nombreux assistant à un carnaval, comme le Schemenlaufen à Imst, c'est très dépaysant ! **Voir p. 461.**

Nos coups de cœur

Point de vue de la plateforme « 5fingers » sur le plateau de Krippenstein.
imageBROKER/hemis.fr

❤ Expérimenter le vertige des cimes à l'horizontal. Direction le Krippenstein, que l'on atteint par un téléphérique, où cinq passerelles au-dessus du vide offrent des points de vue sur le lac Hallstättersee et le Salzkammergut : époustouflant ! **Voir p. 260**.

❤ Se laisser surprendre par l'architecture contemporaine : du Kunsthaus émergeant des toits de Graz ou du Lentos de Linz qui ne manque pas d'audace. Mais les réalisations les plus incroyables vous attendent au Vorarlberg ! **Voir p. 288, 177 et 484.**

Kunsthaus de Graz par les architectes Peter Cook et Colin Fournier.
imageBROKER/hemis.fr

TOP 5 des plus belles routes alpines

1. Großglockner Hochalpenstraße (p. 427)
2. Silvretta Hochalpenstraße (p. 500)
3. Gerlos Alpenstraße (p. 419)
4. Villacher Alpenstraße (p. 336)
5. Kaunertaler Gletscher-Panoramastraße (p. 462)

Route du glacier du Kaunertal.
Klaus Brauner/Getty Images Plus

❤ **Longer le beau Danube bleu en roue libre.** Le Donauradweg – 330 km – est une agréable piste cyclable. Les montées y sont rares et les hôteliers du parcours proposent le transfert de vos bagages : ils vous attendent à la prochaine étape. **Voir p. 191.**

❤ **Barboter dans des eaux thermales.** De nombreuses sources chaudes jaillissent des entrailles de l'Autriche, alimentant des thermes. Notre préférence va à ceux de Baden. **Voir p. 134.**

❤ **Piquer une tête dans un lac de Carinthie.** Le plus méridional des Länder autrichiens est constellé de plans d'eau. Si les plus chauds de tous sont le Klopeiner See et le Faaker See, on se baigne également avec délice dans les lacs d'Ossiach et de Millstatt. **Voir p. 336 et 341.**

❤ **S'offrir un concert ou un opéra sous les étoiles ?** Cela va souvent de pair en Autriche : Grafenegg a son festival en plein air, Mörbisch et Bregenz leur scène lacustre... Pour y décrocher une place, réservez longtemps à l'avance ! **Voir p. 154, 126 et 476.**

Krems depuis la piste cyclable du Danube.
extravagantni/Getty Images Plus

Nos coups de cœur

Marché de Noël sur la Domplatz à Salzbourg. *carmengabriela/Getty Images Plus*

❤ Savourer toute la magie de l'Avent sous les premiers flocons de neige. Les plus beaux marchés de Noël ont pour coulisses la Domplatz de Salzbourg, les abords de la basilique de Mariazell, la Hauptplatz de Graz, l'hôtel de ville de Vienne et le château de Schönbrunn. **Voir p. 232, 314, 287, 39, 96.**

❤ Remonter le temps jusqu'au 17e s. grâce à l'Arsenal de Graz : cet époustouflant tourbillon de hallebardes et de boucliers, qui sent bon le cuir et le bois, a le don de propulser le visiteur au temps lointain où l'ennemi était aux portes de la ville. Un musée… pas comme les autres ! **Voir p. 286.**

❤ Siroter un verre de Gemischter Satz. Assemblage de trois cépages élevés dans un même vignoble, ce petit vin blanc plein d'arôme, que l'on ne trouve plus qu'à Vienne, a derrière lui une longue tradition et se déguste directement chez le viticulteur… avec modération ! **Voir p. 101.**

❤ Valser en patins sur le « Rêve de Glace ». Pour beaucoup de Viennois, l'hiver en ville est synonyme de vin chaud, de descentes en luge dans le 14e arrondissement (Hohe Wand) et de pirouettes sur la féerique patinoire de 6 000 m² aménagée devant la Mairie. **Voir p. 39.**

Schärding.
Animaflora/Getty Images Plus

TOP 5
des petites cités de caractère

1. Steyr (p. 206)
2. Baden (p. 131)
3. Rust (p. 122)
4. Feldkirch (p. 473)
5. Schärding (p. 187)

« Rêve de Glace viennois » devant l'hôtel de ville.
Jon Arnold Images/hemis.fr

Et vous, quels sont vos plus beaux souvenirs de voyage ?

Partagez-les nous sur Instagram ! Vous serez peut-être sélectionnés pour une publication dans une prochaine édition en mentionnant le # : **#coupsdecoeurGuideVertMichelin**

Nos itinéraires

4 jours

Vienne

En bref: les classiques de la capitales.

phant/Getty Images Plus

La vieille ville et le Ring J-1

Visite de la cathédrale St-Étienne avec montée à la tour nord pour le panorama, puis balade dans les rues de la vieille ville (**p. 44**). Déjeuner du côté de la Freyung ou du Graben. L'après-midi, visite des appartements impériaux à la Hofburg (**p. 68**). Balade en tram sur le Ring (**p. 60**) et dîner dans un *Beisel* (**p. 43**).

Wieden et musées J-2

Matin: la Karlsplatz (**p. 83**) avec visite des différents monuments selon ses goûts: pavillon de la Sécession, église St-Charles, Albertina moderne, Modern ou Wien Museum. Déjeuner au Naschmarkt (**p. 88**). Après-midi, visite du musée des Beaux-Arts (**p. 76**). Soirée dans le MuseumsQuartier (**p. 79**) ou dans celui de Spittelberg (**p. 81**).

Berge du Danube.
B. Gardel/hemis.fr

Schönbrunn J-3

Journée consacrée à Schönbrunn: château, parc, serre, zoo et musée des Carrosses (**p. 94**). En soirée: concert dans l'une des nombreuses salles de la capitale (**p. 39**).

Belvédère et Grinzing J-4

Matin: visite du Belvédère (**p. 89**). Après-midi, selon ses envies: visite du musée des Arts appliqués (**p. 64**) avec un petit crochet par la maison Hundertwasser (**p. 65**), un tour de grande roue au Prater (**p. 98**) ou une promenade à vélo sur les berges du Danube (l'été, on peut même s'y baigner!). En soirée, virée en tram vers les anciens villages vignerons de Grinzing et Heiligenstadt (**p. 101**).

5 jours

La Riviera autrichienne

En bref : 700 km de lac en lac.

4FR/Getty Images Plus

Klagenfurt J-1

Vienne-Klagenfurt par les routes S 6, S 36 et 317 avec halte dans la vieille cité de Friesach (**p. 347**), à la cathédrale de Gurk (**p. 350**) et au château de Hochosterwitz (**p. 355**). Nuit à Klagenfurt (**p. 330**).

Lac d'Ossiach J-2

Balade matinale dans le cœur de Klagenfurt avant de longer la rive nord du lac de Wörth (**p. 331**) jusqu'à Pörtschach, où l'on bifurquera vers Moosburg et le lac d'Ossiach (**p. 336**). À Bodensdorf, excursion sur la route panoramique de Gerlitzen (**p. 336**). Nuit sur les berges du lac d'Ossiach (**p. 338**).

Lac de Millstatt J-3

Direction Spittal an der Drau (**p. 339**) et le lac de Millstatt (**p. 341**). Nuit au bord du lac de Millstatt.

Lac de Wörth J-4

De Spittal, ralliez Villach (**p. 335**), puis la route alpine Villacher Alpenstraße (**p. 336**) qui tutoie les plus hauts sommets des Alpes juliennes ; au retour, baignade dans le lac de Faak. Nuit à Velden (**p. 334**).

Retour à Vienne J-5

La rive sud du lac de Wörth avec pause à Maria Wörth et au Pyramidenkogel (**p. 332**). Retour à Vienne par l'autoroute A2.

Conseil : l'été est la meilleure saison pour profiter de la Riviera, n'oubliez pas d'emporter votre maillot !

Klagenfurt.
Westend61 GmbH/Alamy/hemis.fr

Nos itinéraires

7 jours

Vienne et vallée du Danube

En bref : 900 km le long du 2e plus long fleuve d'Europe.

extravagantni/Getty Images Plus

Vienne — J-1 à 3

Suivez les trois premiers jours du programme « Vienne » (**p. 18**).

Linz — J-4

Vienne-Linz en train avec arrêt à St. Pölten (**p. 160**). Visite du vieux Linz (**p. 174**) et du Lentos, musée d'Art moderne (**p. 178**). Nuit à Linz (**p. 185**).

Melk — J-5

Linz-Melk – en bateau ou en train, en fonction des horaires – et visite l'après-midi du monastère de Melk (**p. 143**). Nuit à Melk (**p. 145**).

Linz vue de la rive du Danube.
extravagantni/Getty Images plus

La Wachau — J-6

Descente de la Wachau en bateau avec escales à Spitz et Dürnstein (**p. 146 et 147**). Nuit à Krems (**p. 156**).

Retour à Vienne — J-7

Découverte des ruelles de Krems (**p. 150**) et du vieux Stein (**p. 153**). L'après-midi, halte au monastère de Klosterneuburg (**p. 104**). Nuit à Vienne (**p. 41**).

Conseils : la période idéale court de mai à septembre. Comparez les horaires des différentes compagnies de navigation et n'hésitez pas à combiner bateau, train et... vélo. La superbe piste cyclable du Danube longe le fleuve (Donauradweg, p. 191). Dans tous les cas, voyagez léger !

10 jours

Vienne, Salzbourg et Graz

En bref : 900 km à travers l'est de l'Autriche.

bluejayphoto/GettyImages Plus

Vienne J-1 à 3

Suivez les trois premiers jours du programme « Vienne » (**p. 18**).

Linz J-4

De Vienne, remontez le Danube, via Krems (**p. 150**) et les monastères de Melk (**p. 143**) et de St-Florian (**p. 200**). Nuit à Linz (**p. 185**).

Traunsee J-5

Balade dans le vieux Linz (**p. 174**) ; après-midi à Wilhering (**p. 192**) et Lambach (**p. 197**). Nuit au bord du Traunsee (**p. 269**).

Centre historique de Graz.
J. Frumm/hemis.fr

Salzbourg J-6

Direction Salzbourg (**p. 214**) : tour de la vieille ville. Nuit sur place (**p. 234**).

Salzkammergut J-7

Découverte du Salzkammergut, avec haltes à St. Wolfgang (**p. 250**), Bad Ischl (**p. 253**) et Hallstatt (**p. 257**). Nuit à Bad Aussee (**p. 265**).

Alpes d'Eisenerz J-8

Ralliez Graz en passant par le monastère d'Admont (**p. 319**), les Alpes d'Eisenerz (**p. 317**) et l'écomusée de Stübing (**p. 294**). Nuit à Graz (**p. 302**).

Graz J-9

Visite du centre historique (**p. 280**) et du château d'Eggenberg (**p. 292**). Nuit à Graz (**p. 302**).

Pöllau et Vorau J-10

Retour à Vienne en passant par les abbayes de Pöllau (**p. 311**) et Vorau (**p. 312**).

Nos itinéraires

10 jours

Le Vorarlberg et le Tyrol

En bref: 850 km à la découverte des alpages et des cimes enneigées.

auerimages/Getty Images Plus

Bregenz — J-1

Visite du musée du Vorarlberg (**p. 468**) ou du musée d'Art moderne selon vos goûts (**p. 469**). Nuit à Bregenz, sur les bords du lac de Constance (**p. 478**).

Conseil: si vous venez de l'est de la France, vous pourrez arriver en voiture à Bregenz (Strasbourg est à 250 km).

Le Montafon — J-2

De Bregenz, cap sur l'attachante cité de Feldkirch (**p. 473**), puis direction Bludenz (**p. 490**) et le Montafon (**p. 498**). Étape nocturne dans le Montafon (**p. 503**).

L'ouest du Tyrol — J-3

Découverte de la route de la Silvretta (**p. 500**), le Paznauntal et le monastère de Stams (**p. 389**). Nuit à Innsbruck (**p. 382**).

Innsbruck — J-4

Visite de la vieille ville (**p. 366**) et du château d'Ambras (**p. 374**). Nuit à Innsbruck.

Kitzbühel — J-5

La vallée de l'Inn jusqu'à Jenbach, puis le Zillertal (**p. 416**) et les chutes de Krimml (**p. 419**). Étape à Kitzbühel (**p. 413**).

L'Achensee — J-6

Arrêts à Kufstein (**p. 403**), Kramsach (**p. 402**) et au château de Tratzberg (**p. 400**). Balade dans les alpages autour de l'Achensee. Nuit sur les berges de l'Achensee (**p. 396**).

La Zugspitze — J-7

Cap sur Telfs (**p. 387**) pour prendre la route 179 en direction de Reutte. Prévoyez une ascension de la Zugspitze, le point culminant des Alpes bavaroises de l'Allemagne voisine (**p. 391**). Nuit du côté de Lermoos (**p. 392**).

Le Bregenzerwald — J-8 & 9

De Reutte, longez le Lechtal jusqu'à Warth (**p. 485**). Prenez ensuite la route du Hochtannberg. Randonnée autour de Bezau (**p. 485**) et dégustation de fromages à Andelsbuch (**p. 483**). Nuits à Bezau (**p. 488**).

Bregenz J-10

Arrêt à Dornbirn (**p. 471**). Visite de Bregenz, avec mini-croisière sur le lac de Constance (**p. 478**), ou ascension du Pfänder en téléphérique (**p. 470**). Nuit à Bregenz (**p. 479**).

Conseil : la meilleure période pour profiter de cet itinéraire s'étend de mai à septembre.
À noter : les routes de la Silvretta et du Gerlos sont soumises à un péage spécial.

Montée au Pfänder.
andhal/Getty Images Plus

Vue sur le lac d'Achen depuis les hauteurs du Bärenkopf.
Westend 61/hemis.fr

Nos itinéraires

10 jours

Le tour des parcs nationaux

En bref: 1200 km à la découverte de sept écrins naturels.

FooTToo/Getty Images Plus

Donau-Auen J-1

De Vienne, le long du Danube jusqu'à Hainburg (**p. 112**) pour découvrir le Marchfeld (**p. 107**) et l'une des dernières plaines alluviales intactes d'Europe centrale, protégée par le Parc national des Prairies du Danube. Nuit à Orth an der Donau (**p. 109**).

Seewinkel J-2

Balade au milieu des prairies humides du Neusiedler See (**p. 121**) et du Seewinkel, à la frontière hongroise (**p. 125**). Nuit dans la charmante bourgade de Rust, célèbre pour ses nids de cigognes (**p. 127**).

Eisenerz J-3

De Rust, suivez Eisenstadt, puis direction Mariazell (**p. 314**) et Hieflau (**p. 319**) par les bucoliques routes 21 et 24. Arrivée en fin de journée à Eisenerz (**p. 318**) et nuit sur place.

Eisenwurzen J-4

Visite de la mine à ciel ouvert (**p. 318**). Balade autour du lac de Leopoldstein (**p. 319**). Étape nocturne à Eisenerz (**p. 323**).

Les Niedere Tauern J-5

Cap sur le lac de Millstatt (**p. 341**), via Trieben et Murau. Nuit à Millstatt (**p. 343**).

Gerlitzen/Nockberge J-6

Excursions au sommet de la montagne de Gerlitzen (**p. 336**), à proximité du massif des Nockberge. Nuit à Millstatt (**p. 343**).

Maltatal J-7

Excursion au nord-ouest de Millstatt, dans la vallée de Malta et sur la fameuse « Route des alpages de Malta » (**p. 345**). Nuit à Millstatt (**p. 343**).

Le massif des Hohe Tauern J-8 & 9

À Spittal an der Drau, prenez les routes 106 et 107 (Mölltal) vers Heiligenblut (**p. 430**), aux portes des Hohe Tauern. Randonnées dans les Hohe Tauern, le plus grand parc national d'Europe centrale. Nuits à Heiligenblut (**p. 432**).

Du Großglockner à Vienne
J-10

Retour à Vienne par la Haute Route alpine du Großglockner (**p. 427**), Bischofshofen (**p. 240**), Salzbourg et enfin par l'autoroute A1.

Conseil : vous disposez de deux jours supplémentaires ? À la hauteur de St. Pölten, empruntez la S 33 qui file vers Krems, Horn et le parc transfrontalier de la vallée de la Thaya (p. 170).

Meules de roseaux devant le lac de Neusiedl.
fotofritz16/Getty Images Plus

Vue sur les lacs au sommet du Gerlitzen.
Prisma by Dukas Presseagentur GmbH/Alamy/hemis.fr

Nos spots en famille

Jeux d'eau dans le jardin de Hellbrunn.

Tout au long du guide, ce symbole vous aidera à repérer les sites ou activités qui intéresseront les enfants.

▸ **Les jeux d'eau des jardins de Hellbrunn.** Fous rires, cris d'enfants, vêtements mouillés et bonne humeur assurés ! Les jets d'eau sortent de partout, et pas seulement des endroits que l'on peut imaginer... Les adultes seront aussi emportés par cette vague de joie simple. Une plongée enfantine dans un univers étonnant, réservé à l'époque aux princes de Salzbourg ! **Voir p. 228.**

▸ **L'écomusée des Fermes tyroliennes.** Avec leurs vieux bois, leurs petits escaliers biscornus, leur plafond bas et leur odeur, ces anciennes fermes plusieurs fois centenaires plongeront petits et grands dans la vie d'antan. Un autre écomusée – celui de Stübing en Styrie – permet lui aussi de remonter le temps. **Voir p. 402 et 294**.

Écomusée des Fermes tyroliennes à Kramsach.

A. Ceolan/De Agostini Editore/age fotostock

▸ **Parc animalier Cumberland à Grünau im Almtal.** Lacez vos chaussures de marche et partez à la rencontre de la faune sauvage autrichienne, sans trop vous fatiguer, au milieu d'un site naturel remarquable : il ne vous reste plus qu'à prendre le temps d'observer les bouquetins, les cerfs rouges, les bisons, les lynx... Sans oublier les ours bruns et les loups. Poussettes bienvenues. **Voir p. 268.**

▸ **Mine d'Altaussee.** Connue pour avoir abrité et protégé des bombardements de la Seconde Guerre mondiale plus de 6 000 œuvres d'art (tableaux de Rubens, Dürer, Vermeer, etc.), cette mine est toujours en activité. On y extrait de l'eau salée, mais aussi des blocs de sel. Une plongée dans les entrailles de la montagne, agrémentée d'une mise en scène musicale et visuelle : vous ferez en particulier la découverte de la chapelle dédiée à la patronne des mineurs, vous monterez à bord d'un bateau pour accéder au repos de la mine... **Voir p. 264**.

▸ **Mondes du cristal Swarovski à Wattens.** À l'extérieur, un carrousel au design poétique, un labyrinthe, une tour de jeux, et d'autres équipements dédiés aux plus jeunes. Et un miroir d'eau magnétique. À l'intérieur du « Géant » énigmatique, 18 chambres oniriques. **Voir p. 376.**

▸ **Maison du Carnaval d'Imst.** Le carnaval d'Imst est célèbre dans tout le pays pour sa course des Fantômes (Schemenlaufen), qui a lieu tous les quatre ans : un spectacle rare où vous pourrez voir les masques et les costumes de la maison du Carnaval portés pour l'occasion. Sinon, faites un tour dans les salles de ce dernier. **Voir p. 460.**

▸ **Observation des cigognes à Marchegg.** La réserve naturelle de Marchegg abrite une des plus importantes colonies de cigognes d'Europe, qui compte jusqu'à 50 couples d'oiseaux. À découvrir en empruntant les sentiers en boucle, qui vous permettront de voir aussi des canards, des castors. À vos jumelles ! **Voir p. 109.**

▸ **Crèches à Christkindl près de Steyr.** L'église Wallfahrtskirche abrite une ravissante exposition de crèches, dont une animée visible toute l'année, composé de 300 personnages et qui a demandé 40 ans de travail ! Vous pourrez voir aussi l'une des plus grandes crèches du monde, près de 800 figures. **Voir p. 208.**

▸ **Train fantôme du Pöstlingberg près de Linz.** Dissimulé sous le sommet de la petite montagne, le « Grottenbahn » en forme de dragon vous entraîne dans un monde peuplé de nains et de gnomes. Complétez ensuite le voyage en contemplant les scènes illustrant des contes des frères Grimm. Retour à l'enfance garanti ! **Voir p. 179.**

▸ **Eisriesenwelt.** La petite porte cachée au fond de la grotte apporte un vent glacial dès qu'elle s'ouvre. Vous y découvrirez un monde de glace plein de magie s'étendant sur plus de 40 km ! Les salles aux noms évocateurs s'enchaînent, abritant des orgues de glace, des figures de glace impressionnantes… et même un tunnel de glace ! **Voir p. 239.**

Vous avez vécu une super expérience en famille ?

Partagez-la nous sur Instagram ! Vous serez peut-être sélectionnés pour une publication dans une prochaine édition en mentionnant le # : **#enfamilleGuideVertMichelin**

Grotte de glace d'Eisriesenwelt.
M. Siepmann/Westend61 RM/age fotostock

Lac de Schlegeis dans la vallée de la Ziller.
imageBROKER/hemis.fr

DÉCOUVRIR L'AUTRICHE

Musée d'Histoire naturelle, Maria-Theresien-Platz.
Jon Arnold Images/hemis.fr

1

Vienne

CARTE MICHELIN NATIONAL N° 730

SE RESTAURER
Schöne Perle 17
Schweizerhaus 19
Mayer am Pfarrplatz 57
Plachutta 70
Oberlaa Dommayer 71
Turm Café (Donauturm) 72
SE LOGER
Boutiquehotel Stadthalle 9
Roomz Vienna 12
Hostel Ruthensteiner 45
INDEX DES RUES
Jodok-Fink-Platz 1
Kegelgasse 2
Laudongasse 3
Weißgerberstraße 5
A
B
1
2
3
LEOPOLDSBERG
483
Kahlenberg
Kahlenberger Str.
Schreiberbach
642
HERMANNSKOGEL
LATISBERG
492
Höhenstr.
Cobenzlg.
DÖBLING
GRINZING
HAUSERL AM ROAN
NEUSTIFT AM WALDE
Sieveringer
SIEVERING
Grinzingergalle
HEILIGENSTADT
Str.
Krottenbach-
Str.
CHÂTEAU GEYMÜLLER
Pötzleinsdorfer Str.
PÖTZLEINSDORFER PARK
OBERDÖBLING
Gersthofer Str.
WÄHRING
Dornbacher Str.
DORNBACH
GERSTHOF
464
HEUBERG
Hernalser Hauptstr.
HERNALS
KONGRESS-PARK
KORDONSIEDLUNG
OTTAKRING
Église des Piaristes
Hüttelbergstr.
322
MARIABRUNN
VILLAS D'OTTO WAGNER
Wattgasse
JOSEFSTADT
Baumgartner Höhe
223
Flötzersteig
Gablenzg.
NEUBAU
Linzer Str.
HÜTTELDORF
PENZING
Nikolaitor
Wien
Hütteldorfer Str.
WESTBAHNHOF
Hadikg.
Linzer
RUDOLFSHEIM
Lainzer Tiergarten
Mariahilfer Str.
MUSÉE TECHNIQUE
Hadikgasse
Linke
Adolfs-tor
ST.-VEIT
Lainzer Str.
434
HIETZING
SCHÖNBRUNN
Grünbergstr.
MEIDLING
St. Veiter Tor
12
VILLA HERMES
Lainzer Tor
Hermesstr.
Hetzendorfer Str.
N
224
17
12
Triester
A 23
VIENNE plan I
Mayer Hauptpl.
MAUER
Endresstr.
ATZGERSDORF
0
2 km

C
D
1
2
3
DANUBE
Heiligenstädter Str.
NUSSDORF
MAISON DU TESTAMENT DE BEETHOVEN
57
St-Jaques
KARL-MARX-HOF
JEDLESEE
A 22 - E 49-59
Nordbrücke
Handelskai
Brünner Str.
E 461
227
GROSSELDSIEDLUNG
Siemensstr.
Julius - Ficher - Str.
Leopoldauer Str.
Eipeldauer Str.
LEOPOLDAU
Wagramer Str.
FLORIDSDORF
Donaufelder Str.
KAGRAN
Breitenleer Str.
Alte Donau
Parc du Danube
Donauturm
72
Uno-City
Wagramer
Dresdner Str.
DONAUSTADT
MAISON NATALE DE SCHUBERT
BRIGITTENAU
Reichsbrücke
PALAIS LIECHTENSTEIN
Augarten
Nordbahnstr.
Fürsteng
MANUFACTURE DE PORCELAINE
ALSERGRUND
Musée Freud
17
LEOPOLDSTADT
voir plan II
Praterstraße
Maison de Johann Strauß
Grande Roue du Prater
19
MESSEGELÄNDE
Musée des Arts et Traditions populaires
KunstHausWien Musée Hundertwasser
voir plan III
HOFBURG
Maison Hundertwasser
Donauinsel
Handelskai
Praterbrucke
Raffinerstr.
MUSEUMSQUARTIER
Musée du meuble de Vienne
St-Charles
Schüttel Str.
Haupt- allee
Südosttargente
A 23
Hafenzufahrtsstraße
Maison de Haydn
Haydngasse
BELVÉDÈRE
Renn- weg
LANDSTRAßE
WIEDEN
Belvedere 21
HAUPTBAHNHOF
MARGARETEN
voir plan IV
MUSÉE D'HISTOIRE MILITAIRE
12
A 4
E58-60
Donaukanal
Gudrun- straße
Str.
SPINNERIN AM KREUZ
FAVORITEN
SIMMERRING
G.-WASHINGTON-HOF
225
Laxenburger Str.
A 23-E 59
Laar Berg Str.
Altes Landgut
Simmeringer Hauptstr.
A 23
Favoritenstr.
16
Oberlaaer Str.

U1	LEOPOLDAU - OBERLAA
U2	KARLSPLATZ - SEESTADT
U3	OTTAKRING - SIMMERING
U4	HÜTTELDORF - HEILIGENSTADT
U6	FLORIDSDORF - SIEBENHIRTEN
S1	GÄNSERNDORF - BAHNHOF MEIDLING
S2	MISTELBACH/LAA AN DER THAYA-WIENER NEUSTADT HAUPTBAHNHOF

- **S3** HOLLABRUNN/ABSDORF-HIPPERSDORF-WR. NEUSTADT HAUPTBAHNHOF
- **S7** FLORIDSDORF-WOLFSTHAL
- **S40** FRANZ-JOSEFS-BAHNHOF-ST. PÖLTEN HAUPTBAHNHOF
- **S45** HÜTTELDORF-HANDELSKAI
- **S50** WESTBAHNHOF FST.-TULLNERBACH-PRESSBAUM/REKAWINKEL
- **S60** WIENER NEUSTADT HAUPTBAHNHOF-BRUCK AN DER LEITHA/ NEUSIEDL AM SEE
- **S80** MARCHEGG - HÜTTELDORF/REKAWINKEL

Vienne ★★★

Wien

Résidence impériale pendant plus de six siècles, Vienne reste marquée du sceau des Habsbourg. Partout, la ville garde des empreintes de la dynastie qui a régné sur l'Europe et de son passé prestigieux. Cafés anciens, bals, valses, calèches... La capitale autrichienne telle qu'on se la représente n'a pas complètement disparu. Cependant Vienne ne saurait s'enfermer dans un statut de ville-musée. Sa vieille ville se pare de magasins branchés et design, de restaurants originaux et de terrasses animées. Au-delà du Ring, les quartiers évoluent au rythme d'une population cosmopolite. La ville entière est parsemée d'espaces verts, bien plus nombreux qu'à Paris ou à Berlin. Il suffit de regarder ses habitants circuler à vélo ou se baigner dans le Danube pour constater que Vienne est bel et bien vivante.

Se repérer

PLAN DES TRANSPORTS EN COMMUN P. 34-35, PLAN I P. 32-33 (AGGLOMÉRATION), PLAN II P. 46-47 (CENTRE), PLAN III P. 72-73 (DE LA HOFBURG AU MUSEUMSQUARTIER) ET PLAN IV P. 86-87 (WIEDEN ET BELVÉDÈRE)

1931830 Viennois – Vienne.

La ville s'organise autour de la **vieille ville** (1er arr., « Innere Stadt »), elle-même entourée d'un boulevard circulaire, le **Ring** (« anneau »). Autour du Ring se pressent les arrondissements numérotés de 2 à 9 et 20, que ceinture en partie un autre boulevard semi-circulaire nommé **Gürtel** (« ceinture »).

À ne pas manquer

La cathédrale St-Étienne, la Hofburg, le Ring, le musée des Beaux-Arts, MuseumsQuartier, le Belvédère, le pavillon de la Sécession, le château de Schönbrunn, le MAK (musée des Arts appliqués).

Organiser son temps

Voir « Vienne en 4 jours » p. 18.

En famille

Les appartements impériaux, la Hofburg ou Schönbrunn. La Maison de la musique, la Haus des Meeres, aquarium géant installé dans un bunker, et la grande roue du Prater.

Carnet pratique ci-contre

Nos adresses p. 39

Ce carnet d'adresses général sur Vienne propose une sélection d'hébergements et de lieux où sortir le soir. Vous trouverez les adresses de restauration, petite pause, prendre un verre et shopping dans les carnets d'adresses de chaque quartier.

Carnet pratique

S'informer

Office de tourisme – PLAN II C3 - *Albertinaplatz 1 - ✆ 01 24 555 - www.wien.info/fr - 9h-18h.* Annexe à l'aéroport (hall d'arrivée).

ivie, c'est le nom de l'application gratuite (en allemand et en anglais) proposée par l'office de tourisme, à télécharger sur votre smartphone. Carte à l'appui, elle vous guidera pour des découvertes classiques ou insolites, vous informera des événements (expositions, marchés, spectacles...), vous notifiera des conseils, et vous pourrez y inclure votre Vienna City Card.

Pass touristiques

Vienna City Card – www. viennacitycard.at. Cette carte valable 24/48/72h *(17/25/29 €)* permet d'utiliser métro, tramway et bus, et de bénéficier de 10 à 30 % de réduction dans la plupart des musées. Un bon plan, surtout si vous ne logez pas à proximité de la vieille ville.

Billets combinés

Sisi ticket – *40 € (6-18 ans 27 €).* Hofburg : musée Sissi, appartements impériaux et collections d'argenterie ; Musée du meuble de Vienne ; château de Schönbrunn.

MuseumsQuartier – MQ FAB 4 *(29,90 €)* : Architekturzentrum, Kunsthalle, Leopold Museum et MUMOK.

Belvédère – Billet valable pour les 3 musées *(29 € ; 24,90 € achat en ligne).*

Musées

Entrée gratuite pour les -19 ans dans la plupart des musées et pour tous les 1er dimanche du mois dans les musées municipaux.

Nocturne hebdomadaire

Dans presque tous les grands musées.

Mercredi jusqu'à 21h : Albertina (Hofburg) ; musée d'Histoire naturelle (Ring).

Jeudi jusqu'à 21h : musée des Beaux-Arts ; Kunsthalle ; Leopold museum et MUMOK (MuseumsQuartier) ; Belvédère 21.

Vendredi jusqu'à 21h : Albertina (Hofburg).

Arriver/Partir

En avion

Wien-Schwechat – *www. viennaairport.com.* À 19 km au sud-est de Vienne, l'aéroport est relié à Wien Mitte (en bordure du centre historique) par divers transports.

- **City Air Terminal** (CAT) – *www.cityairporttrain.com - durée : 16mn - 12 €, 21 € AR.* Ttes les 30mn, de 6h08 à 23h38 dans le sens aéroport-ville et de 5h37 à 23h07 dans le sens ville-aéroport.
- **Train S-Bahn** Ⓢ 7 – *www. oebb.at - durée 25-30mn - 4,30 €.* Avec arrêts à Rennweg (près du Belvédère), Wien Mitte (correspondance métro U 3 et 4), Praterstern (correspondance métro U 1 et 2) et Floridsdorf (correspondance métro U 6). Ttes les 30mn, de l'aéroport vers le centre-ville de 5h18 à 0h18, du centre-ville vers l'aéroport de 4h19 à 23h49.
- **Railjet** (train à grande vitesse) – *www.oebb.at - 2 trains/h - durée : 15mn - 4,30 €.* Pour rejoindre la Hauptbahnhof (gare principale), départ de l'aéroport de 6h33 à 23h03.
- **Bus** – *8 €, 13 € AR.* Lignes : Westbahnhof *(VAL1 - durée 40mn)* départ de l'aéroport ttes les h de 6h15 à 0h15, et Schwedenplatz *(VAL2 - durée : 25mn)* départ de l'aéroport ttes les h de 4h45 à 2h45

1

Ces stations sont reliées au réseau du métro.
- **Taxi** - *Env. 25mn - prix fixe : 36 €.*

En train

Liaisons régulières avec la France avec 1 ou 2 changements.
Train de nuit direct Paris-Gare de l'Est/Vienne (*via* Strasbourg) mardi, vendredi et dimanche; lundi jeudi et samedi dans l'autre sens.
Infos et billets - www.sncf-connect.com.
Liaisons régionales assurées par ÖBB *(www.oebb.at)* et, pour les trajets entre Vienne et Salzbourg, la Westbahn *(westbahn.at)*.
Gare ferroviaire - *Hauptbahnhof - Am Hbf 1* - **PLAN I C3** - *hauptbahnhofcity.oebb.at.* La gare principale concentre l'essentiel du trafic ferroviaire régional et international. Elle est reliée au centre-ville par la ligne **U** 1 *(voir plan p. 34-35).*

En bus

Gare routière - *VIB (Vienna International Busterminal)* - **PLAN I D2** - *Erdbergstr. 200A* - **U** *3 - vib-wien.at.* Flixbus (au départ de Nantes, Rennes, Paris ou Bruxelles) et bus en provenance de Graz (2h20) ou Klagenfurt (4h).

Se garer

Vienne est en Kurzparkzone, **zone de stationnement payant d'une durée maximale de 2h**, en semaine de 9h à 22h. Les tickets *(1,10 €/30mn)* sont en vente dans les bureaux de tabac, de poste, les points de vente Wiener Linien et à l'office de tourisme.
Les **parkings-relais** *(3,60 €/j)* reliés aux stations de métro comme Erdberg (U3), Spittelau (U4/U6), Hütteldorf (U4), Ottakring (U3) ou Leopoldau (U1) et les **parkings souterrains** sont une solution plus économique.
Infos - www.parken.at/wien.

Se déplacer

Transports en commun

Les « Wiener Linien » desservent tous les arrondissements.
Infos - www.wienerlinien.at
La **Vienna City Card** *(voir p. 37)*, inclus la gratuité des transports.
Ticket individuel - Il coûte 2,40 €. Valable pour un trajet sur tout le réseau, avec correspondance.
Forfaits - Durée de 24/48/72h *(8/14,10/17,10 €)*, valables sur tout le réseau. Ces forfaits peuvent être achetés aux distributeurs automatiques, dans les stations de métro et les bureaux de tabac.
Horaires - Métro, bus et tramway circulent tlj de 5h30 à 0h. Les métros circulent tte la nuit vendredi et samedi. Bus de nuit ttes les 30mn, reconnaissables à leur « N ».
Métro - Les 5 lignes (numérotées de 1 à 6, pas de ligne 5 avant 2026 !) de l'U-Bahn sont repérables à leur enseigne **U**. Arrêts annoncés dans la rame.
Tramway - Les arrêts sont repérés par des panneaux blancs ovales cerclés de rouge « Straßenbahn - Haltestelle ».
Bus - Arrêts signalés par des panneaux blancs ovales cerclés de noir « Autobus - Haltestelle ». Les bus sont pratiques pour rejoindre les arrondissements périphériques.
Train - Le train urbain S-Bahn (**S**) et les trains de l'ÖBB desservent plusieurs gares de l'agglomération. Le ticket des S-Bahn est le même que celui utilisé pour les autres moyens de transport.

Taxi

Vous pouvez vous présenter directement en station ou réserver un taxi par téléphone (2,80 € la réserv.) : ✆ 313 00, 401 00, 601 60. La prise en charge est de 3,80 € le jour et de 4,30 € la nuit ainsi que les dimanches et jours fériés.

Vélo

WienMobil – Vélos en libre-service 24h/24. Modalités d'utilisation sur www.wien.info.

Pedal Power – *Bösendorferstr. 5 - ☎ 01729 72 34 - www.pedalpower.at.* Location de vélos classique *(6 €/h, 30 €/j)* ou électrique *(15 €/h, 55 €/j)* avec suggestions d'itinéraires et visites guidées en groupe ou individuelles.

Agenda

Calendrier mensuel des principales manifestations disponible à l'office de tourisme et sur son site Internet.

Nouvel An – Il commence à Vienne lorsque sonne la *Pummerin*, cloche de la cathédrale St-Étienne.

Wiener Eistraum – *Mi-janv. à déb. mars - www.wienereistraum.com - accès payant (billetterie en ligne 10 %, location de patins sur place).* Un « Rêve de glace viennois » littéralement ! Patinage devant l'hôtel de ville, 10h-22h.

Festwochen – *De déb. mai à fin juin - www.festwochen.at.* Festival international d'avant-garde de théâtre, de musique et d'art, dans le MuseumsQuartier.

Vienne Plage – *De déb. mai à fin août - www.sommerliebe.wien.* Vienne bronze sur la Lothringerstr. et les berges du canal du Danube.

Lange Nacht der Kirchen – *Juin - www.langenachtderkirchen.at.* Visites guidées et concerts en nocturne dans 150 églises.

Festival de la Donauinsel – *Mi-juin - www.donauinselfest.at.* Festival organisé par le parti socialiste (SPÖ), avec concerts gratuits durant trois jours.

Kino unter Sternen – *1re quinz. de juil. - kaleidoskop.film.* Projection d'un film en plein air sur Karlsplatz à 21h (gratuit).

Film Festival – *Juil.-août - filmfestival-rathausplatz.at.* Projections vidéo gratuites d'opéras ou de films musicaux devant l'hôtel de ville et stands de cuisine du monde. Tlj à la tombée de la nuit.

Calle Libre – *1re sem. d'août - www.callelibre.at.* Festival de street art.

Viennale – *2 sem. en oct. - www.viennale.at.* Festival international du film.

Blickfang – *Oct. - www.blickfang.com.* Expo annuelle au MAK, le design sous toutes ses formes.

Wien Modern Festival – *Fin nov. - www.wienmodern.at.* Festival de musique contemporaine, du classique à l'avant-garde.

Saison du Fasching – *www.vienna.info.* Le carnaval de Vienne débute en novembre. Le samedi précédant Mardi gras : grand défilé costumé sur le Ring.

Marchés de Noël – Le plus grand est le Christkindlmarkt, devant l'hôtel de ville. Ceux de la Freyung, dans la cour de l'Allgemeine Krankenhaus (AKH) et de Spittelberg sont plus artisanaux.

1

Nos adresses

Les adresses « Restauration », « Petite pause » et « Shopping », se trouvent dans chaque quartier.

En soirée

Programme sur **www.wien.info**.

Les billets s'achètent sur le lieu même de l'événement ou à l'avance à l'office de tourisme *(voir p. 37)* qui propose, de 14h à 17h, des billets à tarif réduit, pour des représentations le soir même.

Wien-Ticket Pavillon – *Herbert-von-Karajan-Platz - ☎ 01 588 85 -*

www.wien-ticket.at - tlj sf dim. 10h-19h. Kiosque près de l'Opéra.
Billetteries en ligne – www.viennaticketoffice.com ou www.oeticket.com.

Concerts et opéras

Opéra national (Staatsoper) – *Opernring 2 - U 1, 2, 4 Karlsplatz - ✆ 01 514442250 - www.wiener-staatsoper.at.* De septembre à juin, l'Opéra national programme une douzaine d'opéras et trois ballets par mois. Il est assez difficile d'obtenir des places assises, à moins de réserver dès l'ouverture de la saison. Une option, moins onéreuse, consiste à acheter des Stehplätze : places debout vendues 80mn avant la représentation

Konzerthaus – *Lothringerstr. 20 - U 1, 2,4 Karlsplatz - ✆ 01 242002 - www.konzerthaus.at.* Musique contemporaine

Theater an der Wien – *Linke Wienzeile 6 - U 1, 2, 4 Karlsplatz - ✆ 01 58885111 - www.theater-wien.at.* Près du Naschmarkt, dans une salle du 19e s. : concerts, danse et opéras de qualité.

Concerts à Schönbrunn – *U 4 Schönbrunn - ✆ 01 81250040 - www.imagevienna.com - tlj à 20h30.* L'orchestre du château se produit dans l'Orangerie.

Théâtre et danse

Burgtheater – *Universitätsring 2 - 1er arr. - U 3 Herrengasse - ✆ 01 514444545 - www.burgtheater.at.*

Volksoper – *Währinger Str. 78-9e arr. - U 6 Volksoper - ✆ 01 514443670 - www.volksoper.at.*

Clubs et « lokals »

Fluc + Fluc Wanne – *Praterstern 5 - S Praterstern, U 1, 2 - ✆ 0699 19255637 - www.fluc.at - à partir de 20h env.* En bas, le Fluc Wanne : dans un ancien passage piéton bien insonorisé, des concerts gratuits. À l'étage, le Fluc, dans la partie récente, sobre et très contemporaine : bar-piste de danse à la programmation plutôt electro (entrée payante, mais peu élevée).

Pratersauna – *Waldsteingartenstr. 135 - U 2 Prater Messe - ✆ 0664 2502022 - www.pratersauna.tv - vend.-sam.* Une ancienne piscine des années 1960 transformée en bar, boîte de nuit et salle de concert. Vaut surtout pour son décor.

Grelle Forelle – *Spittelauer Lände 12 - U 4, 6 Spittelau - www.grelleforelle.com - vend.-sam. (souvent aussi jeu. et autres j.) 19h-20h ou 23h, jusqu'à 6h - entrée à partir de 10 €.* Champêtres, ce bar-club et son jardin au bord du canal sont un lieu idéal pour siroter un cocktail. La piste de danse, sous le métro, ne fait le plein qu'à partir d'1h. Clientèle de trentenaires.

Motto am Fluss – *Franz-Josefs-Kai 2 - à l'étage de l'embarcadère pour Bratislava - U 1, 2, 4 Schwedenplatz - ✆ 01 2525511 - www.mottoamfluss.at - café : 8h-0h - rest. : dim.-merc. 18h-22h, jeu.-sam. 18h-23h.* En passerelle panoramique sur le canal, ce café-terrasse (et restaurant) sur deux étages permet d'observer le va-et-vient du canal et des quais. Clientèle aisée et branchée, bien pour un verre en début de soirée.

Volksgarten – *Burgring 1 - U 2, 3 Volkstheater - ✆ 01 5324241 - www.volksgarten.at - jeu.-sam. à partir de 22h.* Au pied du Ring, décor moderne aux jolis jeux de lumière et nuits reggae, house, R'n'B... Diverses ambiances dans trois-lieux-en-un où chacun trouvera son rythme. La référence dans le centre-ville.

WUK – *Währinger Str. 59 - U 6 Währinger Straße-Volksoper - ✆ 01 401210 - www.wuk.at.* Très alternative, cette maison de la culture indépendante et autogérée programme musique, danse, concerts, lectures et expositions.

Visites

À pied

Découvrir Vienne - *www.decouvrir-vienne.com - ✆ 0699 113 000 41 - circuit sans réserv. : vend. 18h, de mi-avr. à mi-sept. - dép. de l'Albertina - durée 1h30 - 25 € ; circuit personnalisé à partir de 195 €.* La référence des visites guidées en français à Vienne. Cette association regroupe une dizaine de guides professionnels.

En bateau

DDSG Blue Danube - *Handelskai 2 - ✆ 01 588 80 - www.ddsg-blue-danube.at - dép. du Schwedenbrücke.* Croisières sur le Donaukanal et le Danube.

En fiacre

Mettez-vous d'accord avec le cocher sur le tarif de la promenade avant le départ *(env. 55 € pour 20mn dans le centre historique ou 95 € pour 40mn).* Stations sur Albertinaplatz, Heldenplatz, Petersplatz, Stephansplatz (flanc nord de la cathédrale) et près du Burgtheater.

En bus

Vienna Sightseeing Tours - *✆ 01 7124683 - www.viennasightseeing.at - à partir de 32 € (30 € sur le site).* Visite de la ville avec la « Hop on hop off classic 24 hours » au départ du Staatsoper ; 12 arrêts sur la ligne rouge.

Hébergement

PLAN I P. 32-33, PLAN II P. 46-47 ET PLAN III P. 72-73

Dans le centre-ville, les adresses luxueuses dominent. Logez au-delà du Ring, du côté de Neubau ou Josefstadt. Votre budget est serré ? Pensez aussi aux auberges de jeunesse ou à l'hébergement chez l'habitant. L'office de tourisme *(voir p. 37)* dispose d'un service de réservation en ligne et référence différents types d'hébergements.

Dans la vieille ville

Budget moyen

(20) **Pension Dr. Geissler** - PLAN II D2 - *Postgasse 14 - U 3 Stubentor, U 1, 4 Schwedenplatz - ✆ 01 5332803 - www.hotelpension.at - P 20 €/j - 23 ch. 109/137 €* ☕. Ouverte en 1964, cette pension, l'une des moins chères du centre, se situe au 8e étage d'un immeuble décoré d'une mosaïque. Mobilier un peu défraîchi, mais on peut opter pour des chambres tout confort, un peu plus chères. Trois d'entre elles donnent sur la cathédrale, d'autres, moins bruyantes, sur une cour intérieure.

(17) **City Pension** - PLAN II C2 - *Bauernmarkt 10 - U 1, 3 Stephansplatz - ✆ 01 5339521 - www.citypension.at - 18 ch. 129/159 €.* Cette pension occupe un édifice du 19e s. idéalement situé. La décoration est soignée et le rapport qualité-prix très bon. Le poète Franz Grillparzer (1791-1873) est né dans cet immeuble.

Sur le Ring ou à proximité

(40) **Motel-One Wien-Staatsoper** - PLAN II C3 - *Elisabethstr. 5 - U 1, 2, 4 Karlsplatz - ✆ 01 5850505 - www.motel-one.com - 354 ch. 91/132 € - ☕ 13,50 €.* Un bon rapport qualité-prix à deux pas de l'Opéra ! Les chambres au design minimaliste sont certes exiguës mais le hall est bluffant avec ses stucs néo-Renaissance (c'est l'ancien palais Wehli, daté de 1870). Accueil souriant, bon petit-déjeuner.

Pour se faire plaisir

(27) **Boutique Hotel Altstadt Vienna** - PLAN II A3 - *Kirchengasse 41 - U 2, 3 Volkstheater - ✆ 01 5226666 - www.altstadt.at - ♿ - 49 ch. 181/216 €* ☕. Un enchantement ! Passé le

hall somptueux, les chambres sont aussi confortables que surprenantes. Celles décorées par Matteo Thun satisferont les plus exigeants. Outre l'apparence soignée, cet établissement se soucie de l'environnement et de l'humain. Il a été le premier a être labellisé « Green hotel ».

7 25hours Hotel Wien – PLAN II A2 - *Lerchenfelder Str. 1-3 - U 2, 3 Volkstheater - ✆ 01 521510 - 25hours-hotels.com - P 29 €/j - 183 ch. et 34 suites 139/241 € selon les j.* Ce cube de verre abrite plusieurs catégories de chambres design et de suites confortables, toutes décorées sur le thème du cirque, ainsi qu'un spectaculaire bar panoramique, Der Dachboden *(15h-1h).*

Dans les arrondissements périphériques

Premier prix

45 Hostel Ruthensteiner – PLAN I B2 - *Robert-Hamerlinggasse 24 - S Westbahnhof, U 3, 6 - ✆ 01 8934202 - www.hostelruthensteiner.com - 24/31 €/pers. en dortoir (6/10 pers.) - 70 € la ch. double - ☕ 5,90/6,90 €.* Après avoir parcouru le monde, les propriétaires ont créé cette auberge de jeunesse sympathique et cosmopolite. Salle de bains privée ou partagée.

1 Wombat's at the Naschmarkt – PLAN IV A2 - *Rechte Wienzeile 35 - U 4 Kettenbrückengasse - ✆ 01 8972336 - www.wombats-hostels.com - 32/40 €/pers. en dortoir - 89/137 € en ch. double - ☕ 5,90 €.* Près du marché, le dernier né de cette petite chaîne d'auberges de jeunesse (3 adresses à Vienne). Dortoirs propres ou chambres doubles.

Budget moyen

30 Grätzlhotel – PLAN IV B2 - *Favoritenstr. 17 - U 1 Taubstummengasse - ✆ 01 2083904 - www.graetzlhotel.com - 21 appart. 107/125 €.* Un trio d'architectes a investi le quartier situé entre le Belvédère et la Hauptbahnhof, transformant des locaux commerciaux en lofts (avec kitchenette). Bureaux de tabac ou ateliers d'artiste sont convertis en chambre. Une formule amusante et un accueil personnalisé.

Budget moyen

9 Boutiquehotel Stadthalle – PLAN I B2 - *Hackengasse 20A - U 3, 6 Westbahnhof - ✆ 01 9824272 - www.hotelstadthalle.at - P 16 €/j - ♿ - 79 ch. 88/174 € ☕ - ✕.* Une pension « basse consommation » qui répond à tous les critères des labels écologiques. Chambres décorées avec goût, service efficace, jardin et, bien sûr, petit-déjeuner à base de produits bio.

8 Hotel Daniel – PLAN IV C3 - *Landstraßer Gürtel 5 - U 1 Hauptbahnhof Tram O Fasangasse - ✆ 01 901310 - www.hoteldaniel.com - 99/124 € selon la catégorie - ☕ 24 €.* À 5mn à pied du Belvédère supérieur, un 3 étoiles moderne, décontracté, minimaliste mais original (attention, la douche vitrée peut ne pas convenir à tout le monde !). Literie moelleuse, chambres un brin bruyantes côté rue.

12 Roomz Vienna – PLAN I D3 - *Paragonstr. 1 - U 3 Gasometer - ✆ 01 7431777 - www.roomz-hotels.com - P 5 €/j - ♿ - 152 ch. 124/204 € - ☕ 20 €.* À cinq stations de métro du centre historique, dans un quartier qui vit une mue audacieuse, des chambres étonnantes au design coloré.

Vivre à la viennoise

Le café, une institution

Dans l'inventaire des bagages abandonnés en 1683 par les Turcs en fuite figuraient de grandes quantités de café en grains. Le noir breuvage allait connaître une faveur sans cesse croissante au point de donner son nom aux établissements où on le dégustait. Au siècle dernier, le café devient le rendez-vous de tous ceux qui aiment se réunir pour discuter et lire les gazettes : il est l'un des éléments indispensables à la vie quotidienne de la bourgeoisie comme à la vie littéraire et artistique, dont l'atmosphère ne manqua pas d'inspirer les peintres. De nombreux écrivains, dont Schnitzler, passaient toute la journée dans les cafés, où ils s'installaient comme dans leur salon. Aujourd'hui encore, lorsque les bureaux se vident après 17h, c'est au café que se rendent nombre de Viennois. On peut déguster le café avec des pâtisseries variées, qu'on va le plus souvent choisir dans la vitrine. Contrairement aux habitudes des Parisiens pressés, il n'est pas rare qu'un client s'attarde sans pour autant renouveler sa consommation ; à sa disposition se trouvent de nombreux journaux et revues.

Keller, Beisel et Heurige

On trouve à Vienne, à côté des restaurants traditionnels, plusieurs types d'établissements.

Dans les caves, ou « **Keller** », on sert vins blancs et bières, accompagnés d'assiettes garnies de charcuterie ou de fromages.

Certains « **Gasthäuser** » ou « **Weinhäuser** » (cafés, bistrots), qui proposent une cuisine régionale à bon prix, sont appelés « **Beisel** » (ou Beisl à Vienne). À ces établissements peuvent être associées les « **Weinstuben** », tavernes où les Viennois viennent volontiers passer un moment de détente après la journée de travail.

Les guinguettes ou « **Heurigen** », très fréquentées l'été, se trouvent surtout dans les anciens villages vignerons de la capitale : Nußdorf, Sievering, Grinzing, Heiligenstadt *(voir p. 101)*. On les reconnaît à la couronne de pin pendue à l'entrée. La plupart des *Heurigen* sont tenus par les propriétaires-récoltants qui, sans posséder de licence de cafetier, peuvent, par privilège exceptionnel, débiter leur vin nouveau *(Heuriger)* dans leur cour, sous leurs tonnelles ou dans les salles basses de leur maison. Il est souvent possible d'y dîner simplement.

La saison des bals

En hiver, un bal chasse l'autre à Vienne. Le soir de la St-Sylvestre, la splendeur impériale d'antan renaît sous les lustres de la Hofburg le temps du célèbre bal de l'Empereur.

Pendant le **Fasching** *(voir p. 39)*, les associations et catégories professionnelles les plus diverses organisent quelque 300 bals, pour la plupart dans des salles d'apparat (hôtel de ville, Hofburg, Musikverein). On peut citer le bal des Fleurs, organisé par les jardiniers et les fleuristes, le bal masqué de la Rudolfina-Redoute, le bal des Cafetiers, le bal de l'Orchestre philharmonique, ou encore le Trachtenball, en costumes traditionnels. Les médecins ont également leur bal, tout comme les juristes, les chasseurs et les pompiers. Le plus huppé de tous, le bal de l'Opéra, a lieu au Staatsoper en février. Il attire de nombreuses personnalités autrichiennes et étrangères. Il est ouvert par le ballet de l'Opéra de Vienne et par un comité de jeunes dames et messieurs, au rythme d'une polonaise avec éventail.

Vieille ville ★★

Le cœur de la ville bat sous les voûtes de la magistrale cathédrale St-Étienne, dont les huit siècles d'existence racontent la splendeur et les heures sombres de la capitale. Ses tours élancées dominent les plus anciens quartiers de la ville où subsistent, malgré les reconstructions, quelques maisons, palais et petites rues évoquant la Vienne impériale.

Se repérer

PLAN II P. 46-47

À ne pas manquer

La cathédrale St-Étienne, la Freyung, le Graben.

Organiser son temps

Comptez une bonne demi-journée pour découvrir la vieille ville.

En famille

La Maison de la Musique.

Carnet pratique p. 37

Nos adresses p. 56

Se promener

PLAN II P. 46-47

Circuit 1 tracé en vert sur le plan au départ de la Stephansplatz.

★★★ Cathédrale St-Étienne (STEPHANSDOM) C2

Stephansplatz 1 - ☎ 01 515 52 30 54 - www.stephanskirche.at - ♿ - lun.-sam. 6h-22h, dim. et j. fériés 7h-22h - seule la nef gauche est libre d'accès; chœur et nef droite: 6 €; billet « all inklusive » (2 tours, catacombes, crypte et trésor, avec audioguide): 20 €.

Ce monument symbolise Vienne plus qu'aucun autre édifice avec sa silhouette si particulière, son immense toiture bariolée et vernissée et sa puissante tour sud, le fameux **Steffl**. À l'emplacement de l'édifice actuel se trouvait une vaste basilique romane, élevée en 1147. Elle fut durement éprouvée par l'incendie qui ravagea Vienne en 1258, mais le **portail des Géants★** *(Riesentor)* et les **tours des Païens** *(Heidentürme)* ont échappé aux flammes. La première transformation gothique eut lieu à partir de 1304 et la cathédrale, telle que nous la connaissons aujourd'hui, fut édifiée dans les deux siècles qui suivirent. En 1359, le duc Rodolphe IV de Habsbourg, posa la première pierre de la grande nef actuelle à trois vaisseaux. Il fallut attendre près d'un siècle (1446) avant qu'elle ne soit voûtée. En 1469, le pape érigea Vienne en ville épiscopale et St-Étienne devint cathédrale. Endommagé lors du siège turc de 1683, l'édifice pâtit encore des bombardements de 1945. Une restauration adroite en 1952 lui rendit sa beauté.

★ **Façade et tours** – La taille réduite de la Stephansplatz, centre de la ville médiévale, accentue la hauteur de la cathédrale, dont la **tour St-Étienne★★★** (*Stephansturm*, que les Viennois désignent familièrement par le diminutif de Steffl) s'élève à 136,7 m au-dessus du sol (cathédrale de Strasbourg: 142 m). Cette imposante construction fut terminée en 1433. La tour nord, inachevée, fut coiffée en 1579 d'un toit Renaissance. Elle abrite la **Pummerin**, bourdon de 21 t qui ne sonne plus qu'à l'occasion de cérémonies exceptionnelles et de la nouvelle année. Cette cloche de bronze (1711), coulée à partir de 180 canons pris aux Turcs en 1683, se brisa en 1945. Une nouvelle cloche fut coulée en 1951 à partir de ses restes.

La Stephansplatz depuis les toits de la cathédrale St-Étienne.
Frank Wagner/Getty Images Plus

1

★ **Portail des Géants** – D'une facture romane déjà mûre, il est peuplé de statues – Christ en gloire du tympan, apôtres à la base des voussures – et sa décoration sculptée est très fouillée.
Intérieur – Fortement inspirée du modèle en halle cher au gothique germanique, la grande nef est pleine de majesté, adroitement raccordée au chœur à trois vaisseaux. La longueur totale intérieure atteint 107 m.
La **chaire**★★ en pierre sculptée, réalisée vers 1480, est considérée comme l'un des chefs-d'œuvre du gothique autrichien. L'artiste, qui pourrait être Anton Pilgram, se serait représenté sous la rampe, tenant à la main ses outils et regardant par une fenêtre ; aussi l'a-t-on surnommé « le Lorgneur ». Autour, on remarquera les bustes des quatre Pères de l'Église. Le style décoratif extraordinairement ciselé ainsi que la liberté d'attitude des personnages la rattachent aux courants les plus raffinés du gothique flamboyant.
Le **retable de Wiener Neustadt**★ orne l'autel de l'absidiole de gauche. Exécuté au début du 15e s., il montre un ensemble de personnages en ronde bosse : au volet central, Vierge à l'Enfant entourée de sainte Barbe et de sainte Catherine, et, au-dessus, couronnement de la Vierge. Dans le chœur, le retable du maître-autel représente la lapidation de saint Étienne.
L'absidiole de droite, dite « chœur des Apôtres », abrite le **tombeau**★★ de l'empereur Frédéric III, exécuté en marbre rouge de Salzbourg par Nicolas de Leyde à la fin du 15e s. L'artiste a illustré la lutte du bien et du mal : les méchants, sous l'aspect d'animaux nuisibles, essaient de pénétrer à l'intérieur du tombeau et de troubler le sommeil de l'empereur, tandis que les bons – les personnages du pourtour – les en empêchent.
Catacombes – *Visite ttes les 15 ou 30mn - 10h-11h30, 13h30-16h30, dim. et j. fériés 13h30-16h30 - env. 30mn - 6 €*. Remarquez les urnes contenant les entrailles des empereurs d'Autriche. Des chapelles ont été aménagées depuis 1945.
Sortez de la cathédrale et contournez-la par la droite.

SE RESTAURER

- Amerlingbeisl 1
- Meissl & Schadn 2
- Tian 4
- Esterházykeller 5
- Figlmüller 9
- Hansen 12
- Ofenloch 22
- Oswald & Kalb 24
- Labstelle 26
- Planchutta 28
- Trzesniewski 37
- Vestibül 39
- Zwölf Apostelkeller 42
- Julius Meinls Weinbar 51
- Wrenkn 52
- Café Ansari 53
- Ulrich 54

Buxbaum 59
Bitzinger Würstelstand
Albertina 72
Kanzleramt 76

SE LOGER
25hours Hotel Wien 7
City Pension 17
Pension Dr Geissler.......... 20
Praterstern.................. 27

Motel-One
Wien-Staatsoper 40

Extérieur – À l'angle sud-ouest, voyez la copie de la lanterne des morts gothique de l'ancien cimetière St-Étienne. Sur la place, des dalles retracent le plan de la chapelle Ste-Marie-Madeleine, qui servait d'ossuaire. Sur le mur extérieur de la chapelle axiale, buste du Christ (début du 15e s.) connu sous le nom de « Christ aux maux de dents ». Au nord-est du chœur, la chapelle des Morts marque l'endroit où la dépouille de Mozart reçut l'absoute, le 6 décembre 1791.

Montée aux tours – *Accès à la tour principale (Hochturm) sur le côté sud de la cathédrale : 9h17h30 - 5,50 €. Accès en ascenseur à la tour nord jusqu'au bourdon Pummerin : ♿ - 9h-20h30 - 6 €.* La montée à la tour sud *(Steffl)* fait accéder à 73 m de hauteur *(accès par un escalier escarpé de 343 marches).* Par un ascenseur, on gagne la plateforme panoramique de la tour nord, à 60 m de hauteur. On embrasse par temps clair un large **panorama★★** sur Vienne et l'on peut, par la même occasion, approcher du bourdon Pummerin.

★ Musée de la Cathédrale et du Diocèse (DOMMUSEUM) C2

Stephansplatz 6 - ✆ 01 515 52 5300 - www.dommuseum.at - ♿ - merc.-dim. 10h-18h (20h jeu.) - 8 € (17 € le billet combiné avec la Mozarthaus).

Aménagé dans l'ancien hôtel des abbés de Zwettl (14e s.), il conserve les trésors les plus précieux de la cathédrale, dont le fameux **portrait du duc Rodolphe IV** (1360), peint sur parchemin, et une **Vierge ouvrante** *(Schreinmadonna)* en bois polychrome des années 1420.

Derrière la cathédrale, passez par le porche du Stephansplatz 5A : il mène tout droit à la Domgasse.

★ Maison de Mozart (MOZARTHAUS) C2

Domgasse 5 - ✆ 01 512 17 91 - www.mozarthausvienna.at - ♿ - 10h-19h (dernière entrée 18h30) - 12 € (audioguide en français), billet combiné avec le Dommuseum 14 € ; avec la maison de la Musique 20 € (voir p. 55).

Wolfgang Amadeus Mozart vécut ici de 1784 à 1787, une heureuse période de création au cours de laquelle il écrivit *Les Noces de Figaro*. C'est l'un des 18 lieux de résidence viennois de l'artiste. La présentation évoque la vie et l'œuvre du compositeur, ainsi que la Vienne de cette époque. Les portraits de ses fils et de sa femme Constanze ainsi que 13 portraits du maître, dont la fameuse silhouette réalisée par Hieronymus Löschenkohl, composent un bel album de famille. La visite se déroule en musique (audioguide avec extraits d'œuvres de Mozart).

En sortant du musée, prenez à droite sur la Domgasse, pour poursuivre tout droit dans la Strobelgasse, et, presque en face, l'Essiggasse. Tournez à droite dans la Bäckerstr. pour arriver sur la Dr.-Ignaz-Seipel-Platz.

Sur la place, au no 2, voyez la belle façade de l'**Académie des sciences** *(Akademie der Wissenschaften)*. Elle fut édifiée au milieu du 18e s. sur les plans de Jean-Nicolas Jadot, architecte français né à Lunéville qui exerça son talent à Vienne à la demande de François de Lorraine. Dans la **salle des Fêtes** *(Festsaal - 1er escalier à droite, 1er étage - lun.-vend. 9h-17h - accès libre, adressez-vous au portier à l'entrée)*, fresque de 1755, reconstituée en 1961.

★ Église des Jésuites (JESUITENKIRCHE) D2

Dr. Ignaz-Seipel-Platz - 8h-18h.

Édifiée entre 1624 et 1631 dans le style baroque primitif, elle s'inspire de l'église du Gesù à Rome. Remarquez les **fresques★** de la coupole en trompe-l'œil, réalisées par Andrea Pozzo, frère laïc de la compagnie de Jésus, qui participa à la transformation de l'église entre 1703 et 1705.

Schönlaterngasse D2

Assurément la plus charmante ruelle de ce vieux quartier, la sinueuse « ruelle de la Belle-Lanterne » doit son nom à la lanterne en fer forgé du 18e s. accrochée à la façade de la maison située au n° 6. C'est une réplique, l'original se trouve au Wien Museum *(voir p. 84).*
En face, au n° 5, le **Heiligenkreuzerhof** est entouré de bâtiments des 17e et 18e s.
Retournez dans la Sonnenfelsgasse, puis suivez la rue dite Lichtensteg.

Hoher Markt C2

Römermuseum – *Hoher Markt 3 - ✆ 01 535 56 06 - www.wienmuseum.at - tlj sf lun. 9h-18h - 7 €, gratuit 1er dim. du mois.* C'est à cet emplacement que se trouvait le forum romain. Les vestiges de deux maisons d'officiers (2e et 3e s.), mis au jour lors de travaux en 1948-1949, sont visibles au sous-sol de ce musée qui dévoile la vie à Vindobona, la Vienne antique. Aujourd'hui, la place est dominée par la **fontaine** dite « des Noces de la Vierge » *(Vermählungsbrunnen)*, érigée par Joseph Emanuel Fischer von Erlach en 1732. Au n° 10, notez **l'horloge à jacquemart★**, de style Art nouveau, réalisée en 1913 par Franz von Matsch. Les personnages historiques qui l'animent défilent tous les jours à midi.

1

Wipplingerstraße C2

Bordant la Wipplingerstraße, deux belles constructions baroques se font face : celle de droite est l'**ancien hôtel de ville**, en fonction du 14e au 19e s., qui abrite dans la cour la **fontaine d'Andromède★**, par Raphael Donner (1741). À gauche, l'ancienne **chancellerie de Bohême** présente une impressionnante façade de Johann Bernhard Fischer von Erlach (1714).

Judenplatz C2

Cœur du ghetto juif au Moyen Âge, la Judenplatz accueille le **monument dédié aux victimes de la Shoah en Autriche**, inauguré en 2000. L'artiste Rachel Whiteread a symbolisé le peuple juif, peuple des livres, par une bibliothèque vue de l'envers. Le visiteur se trouve face à des pages qu'il est impossible d'identifier, le dos des livres se trouvant à l'intérieur. La porte de la bibliothèque est verrouillée, pour signifier la perte irréparable des juifs assassinés. Au sol sont inscrits des noms de lieux où les juifs d'Autriche furent exterminés.
Musée de la Judenplatz – *✆ 01 535 04 0077 - www.jmw.at - dim.-jeu. 10h-18h, vend. 10h-17h - 12 € billet combiné avec Musée juif de la Dorotheergasse (voir p. 54).* Il présente l'histoire de la communauté juive de Vienne.

★ Musée de l'Horlogerie (UHRENMUSEUM DER STADT WIEN) C2

Schulhof 2 - ✆ 01 533 22 65 - www.wienmuseum.at - tlj sf lun. 10h-18h - 7 €.
L'évolution de l'horlogerie, du 15e s. à nos jours, est présentée, avec tous les types d'horloges et de montres. L'**horloge astronomique★** du frère David a Sancto Cajetano (1769) est une merveille d'inventivité.
Longez l'église vers Am Hof.

Am Hof C2

Ornée d'une colonne de la Vierge (1667), cette place fut le théâtre, le 6 août 1806, de la renonciation publique à la couronne impériale d'Allemagne par l'empereur François II, mettant ainsi fin à l'existence du Saint Empire romain germanique. L'**église aux-Neuf-Chœurs-des-Anges** *(Kirche zu den neun Chören der Engel)* a une belle façade de style baroque primitif érigée en 1662 par l'architecte italien Carlo Antonio Carlone.

Vienne à travers les âges

Au carrefour de voies de communication européennes, commandant l'accès aux contrées environnantes de Bohême, de Moravie, de la plaine de Hongrie et des régions alpines, le Bassin viennois était déjà habité il y a plus de 25 000 ans. Après une occupation par les Celtes, les Romains établissent en 100 apr. J.-C. une petite garnison connue sous le nom de *Vindobona* (« champ blanc »). La ville grandit rapidement jusqu'à atteindre 20 000 âmes au début du 3e s. Elle ne résiste cependant pas aux invasions barbares et à la chute de l'Empire romain et disparaît des mémoires pendant plusieurs siècles.

La Vienne des Babenberg

Au 10e s., quand la famille des Babenberg prend en main la destinée de la **Marche de l'Est** *(voir p. 519)*, ses représentants choisissent comme résidences successives Pöchlarn, Melk, Tulln et Leopoldsberg. En 1155, Henri II Jasomirgott transfère sa cour ducale au lieu aujourd'hui appelé **« Am Hof »**. Cette prééminence due à sa fonction de résidence ducale permet à Vienne de se développer en tant que ville-marché. Sous l'un de ses successeurs, Léopold le Glorieux, Vienne, devenue la capitale du duché, est protégée par de solides murailles avec six portes fortifiées et dix-neuf tours. Au centre se dresse l'église romane **St-Étienne**, qui deviendra une cathédrale. Lorsque disparaît, en 1246, Frédéric le Batailleur, le dernier des Babenberg, Vienne est, après Cologne, la plus importante ville de langue germanique.

L'avènement des Habsbourg

À partir de 1273, le sort de Vienne est lié à celui des Habsbourg. La nouvelle dynastie connaît d'abord des difficultés : supportant mal l'autoritarisme de ses ducs, Vienne se révolte à diverses reprises. Écartés du trône impérial durant tout le 14e s., les Habsbourg affermissent leur autorité dans leurs États et donnent à la ville un important rayonnement. En devenant roi de Hongrie en 1437, puis empereur en 1438, **Albert V** préfigure déjà le futur grand empire habsbourgeois. Mais il meurt en 1440, et la Hongrie retrouve bientôt son indépendance. Son cousin **Frédéric III, duc de Styrie**, est élu empereur : désormais, les Habsbourg ceindront à tour de rôle la couronne impériale, et Vienne deviendra la capitale définitive du Saint Empire. Pratiquant une politique d'expansion vers l'ouest, Frédéric III néglige les territoires orientaux : en 1485, le roi de Hongrie, Mathias Corvin, s'empare de Vienne, où il meurt en 1490. **Maximilien Ier** reprend la ville. Poursuivant la politique de son père, Frédéric III, mais en protégeant ses frontières orientales, il marie ses petits-enfants aux héritiers des trônes de Bohême et de Hongrie. Cette alliance met l'Autriche aux prises avec la Turquie. **Soliman le Magnifique**, souhaitant conquérir le cœur de l'Europe, attaque l'Autriche et, en 1529, assiège Vienne. Les rigueurs de l'hiver et la disette dont souffrent les soldats turcs le mettent temporairement en échec, cependant la ville devra plus d'une fois faire face à l'ennemi ottoman.

Les grands fléaux

En 1678, les fêtes saluant la naissance d'un fils de l'empereur **Léopold Ier** s'accompagnent de l'apparition d'une épidémie de peste qui durera

près d'un an. Celle-ci, à peine éradiquée, une nouvelle menace turque surgit. En 1682-1683, une armée de 300 000 hommes franchit le Danube et Léopold ne parvient guère à organiser la résistance. Le 14 juillet **1683**, le grand vizir assiège Vienne, abandonnée par l'empereur et la cour. Pendant près de deux mois, la ville résiste tant bien que mal à tous les assauts jusqu'à l'intervention du roi de Pologne qui, à la tête de 80 000 hommes, passe le fleuve à Tulln et Krems et déploie son armée dans la Forêt viennoise. Le 12 septembre 1683, les Turcs abandonnent le siège.
Cette victoire a dans toute l'Europe un retentissement considérable. Les souverains occidentaux reconnaissent désormais la prééminence de l'empereur, sauveur de la chrétienté. Grâce au **prince Eugène** *(voir encadré p. 90)*, la menace turque disparaît. Alors s'ouvre pour l'Empire une longue période de prospérité, illustrée par le **règne de Marie-Thérèse**. Le visage de la capitale se renouvelle, marqué par l'influence du baroque. Palais princiers, résidences d'hiver, églises surgissent du sol : le **palais Schwarzenberg**, le château du prince Eugène sur la colline du **Belvédère**, l'église **St-Charles**... tous datent de cette époque. Comme ces édifices débordent le cadre étroit de l'enceinte du 17e s., de nouveaux quartiers se développent alentour, vastes faubourgs établis sans plan défini.

Une « Belle Époque »

Lorsqu'en mars 1814 s'effondre l'Empire napoléonien, Vienne détrône Paris comme capitale de l'Europe. Elle devient le siège d'un congrès international chargé de régler le sort des vainqueurs et des vaincus : le **congrès de Vienne** (mars 1814). Celui-ci ouvre une période heureuse que les Autrichiens nomment *Vormärz* (avant-mars) qui se termine avec les journées révolutionnaires de mars 1848. Boire, chanter, danser paraissent être alors les principales préoccupations des Viennois. Sous **Metternich**, la Vienne du *Biedermeier* se régale de moka, de chocolat et de pâtisseries dans les cafés, et les foules s'amusent dans les guinguettes, les *Heurigen*, du Danube et de la Forêt viennoise. La musique anime la ville tout entière et Vienne donne naissance à un nouveau style : la **valse** *(voir encadré p. 63)*.

La création du « Ring » et la Vienne 1900

La période troublée des guerres napoléoniennes n'avait pas permis de réalisation urbanistique de grande envergure, et il faut attendre le règne de **François-Joseph** (1848-1916) pour que soient entrepris les premiers travaux. En 1857, l'empereur signe le décret ordonnant de supprimer les bastions et de tracer une ceinture de boulevards autour de la ville. La création du **« Ring »** transforme la capitale en un gigantesque chantier. Des architectes et des artistes renommés, autrichiens et étrangers, contribuent à la réalisation de ce nouveau boulevard, jalonné d'édifices de style éclectique. En 1890, les faubourgs sont intégrés dans la ville et la deuxième ceinture de fortifications est rasée pour aménager la voie du **« Gürtel »**, boulevard semi-circulaire. Otto Wagner, conseiller impérial pour l'architecture, se voit confier la réalisation d'un *Stadtbahn*. Suivant le tracé du Gürtel, le **premier train** viennois circule tout autour de la ville sur d'élégants viaducs (parcours de l'actuelle ligne **U** 6). Dans le même temps se développe un **Art nouveau** autour de Klimt, Schiele et Loos, dont les œuvres vont devenir un modèle pour l'Europe. La vie littéraire et musicale n'est pas en reste *(voir p. 531)*.
Vienne s'étend : de 500 000 habitants à la fin du 19e s., elle passe

à 2 millions en 1910 ! Ce dynamisme démographique, intellectuel, artistique, propre aux années 1900, n'empêche pas une montée des tensions dans tout l'empire, y compris dans les rues de Vienne où se multiplient les conflits sociaux et les crises. L'**attentat de Sarajevo**, le 28 juin 1914, met le feu aux poudres.

Vienne entre les deux guerres mondiales

Le 11 novembre 1918, au château de Schönbrunn, Charles Ier, petit-neveu de l'empereur François-Joseph et dernier empereur d'Autriche, renonce à participer au gouvernement autrichien et se retire des affaires publiques. Le 3 avril 1919, l'Assemblée nationale de la **Ire République** abolit tous les droits de souveraineté des Habsbourg en Autriche. Après avoir régné sur 52 millions d'âmes, Vienne devient la capitale d'un petit État de 6 millions d'habitants.
Les pertes élevées de la guerre (1,4 million de morts), les difficultés économiques, la maladie (épidémies de grippe espagnole et de tuberculose) et l'agitation révolutionnaire fragilisent la jeune république. On parle alors de **« Vienne la Rouge »**, en référence au parti social-démocrate qui gouverne à cette période la capitale ainsi que le Land de Vienne nouvellement créé. La décennie 1920 est marquée par la construction de nombreux habitats communautaires destinés à la population ouvrière.
Le plus emblématique de ces lotissements, tous bâtis sur le même modèle, autour d'une cour intérieure, est le Karl-Marx-Hof, à Döbling.
Le début des années 1930 est marqué par la montée de la tentation autoritaire, l'Autriche ayant pour voisins immédiats l'Italie de Mussolini et l'Allemagne de Hitler. En mars 1938, les troupes allemandes pénètrent en Autriche : c'est l'**Anschluss**, qui fait du « Grand Vienne » une province du Reich.
La guerre éclate et, du fait de cet engagement aux côtés de l'Allemagne nazie, Vienne subit de nombreux bombardements : un quart des bâtiments de la ville sont détruits.

De l'occupation par les alliés à la neutralité

Occupée par les Alliés et divisée en quatre zones d'occupation, l'Autriche retrouve son territoire d'avant-guerre. La **IIe République** élit en 1951 son premier président, le maire de Vienne Theodor Körner. Après la signature, en 1955, du **traité d'État** (dit aussi « du Belvédère » – *voir p. 528*) qui proclame la neutralité permanente, les troupes d'occupation quittent Vienne. La même année, l'Autriche est admise à l'ONU. Cette éclatante preuve de souveraineté nationale lui permet de renforcer sa participation à la politique internationale : en 1956, Vienne devient le siège de l'Agence internationale de l'énergie atomique (IAEA). En 1961, c'est dans le château de Schönbrunn que John F. Kennedy et Nikita S. Khrouchtchev se rencontrent pour la première fois. En 1967, Vienne devient aussi le siège de l'ONUDI (Organisation des Nations unies pour le développement industriel) et le siège permanent des pays exportateurs de pétrole (OPEP). La construction, à la fin des années 1970, du Centre international de Vienne – « Uno-City » – dans le Donaupark permet de regrouper tous ces organismes ; Vienne est désormais le troisième **siège permanent des Nations unies**, après New York et Genève.

Une vigueur économique

Centre politique de l'Autriche, Vienne confirme également son rôle de centre économique. Par sa position géographique, elle devient rapidement un véritable centre d'échanges **entre Est et Ouest**. Ces dernières décennies, d'importantes sociétés y ont installé leur siège pour les pays de l'Est : Lafarge, Heineken, Schneider Electric... Depuis les années 1960, la ville a également adapté son urbanisme pour faire face à son statut de grande capitale européenne : ouverture d'un aéroport en 1960, modernisation des transports et création de la première « vraie » ligne de métro en 1978.

De grands projets d'urbanisme

Mais c'est surtout dans les années 1990 que d'ambitieux projets sont réalisés : dans le quartier de **Simmering**, ancienne friche industrielle devenue un véritable laboratoire d'urbanisme, quatre énormes réservoirs à gaz construits en 1896 sont transformés en logements et commerces.
En 2001, le **MuseumsQuartier**, 8e aire culturelle du monde, ouvre ses portes. Cette même année, le centre-ville de Vienne (avec le Belvédère, l'église St-Charles, ainsi que le Museumsquartier) est inscrit au patrimoine mondial de l'**Unesco**. Pour se doter d'infrastructures à la mesure de ses ambitions européennes, notamment en matière économique, la ville poursuit depuis plusieurs années la réorganisation de son réseau de transport. En 2010, la Südbahnhof, toute proche du Belvédère est en partie rasée. À son emplacement a été construite une nouvelle gare « principale », **Hauptbahnhof**, qui centralise tout le réseau ferré de la capitale autrichienne depuis 2015. D'autres nouvelles voies de communication sont en chantier (la ligne, tant attendue, du métro U 5 entre Karlsplatz et Frankhplatz sera opérationnelle en 2026 ; l'extension de la ligne U2, de Rathaus à Matzleinsdorfer Platz *via* Neubaugasse, est prévue pour 2028). Mais l'euphorie urbanistique reste tempérée par l'opinion publique, plutôt conservatrice en ce domaine : le projet de tour de lecture qui devait surplomber le MuseumsQuartier est rejeté, tout comme les tours de 97 m de haut qui devaient être construites près de la gare principale. Si le centre échappe encore à la verticalité, la périphérie voit cependant se développer les tours comme la Florido-Tower, la Millenium-City, la **Donau-City** ou les Vienna Twin Tower. On assiste aussi au réaménagement d'anciens quartiers industriels, notamment au nord-est de la vieille ville.

Un tremplin pour la création

Constituée au fil des siècles par des populations venues de tous les pays de l'empire austro-hongrois, la population viennoise conserve son caractère cosmopolite. Aujourd'hui encore, 32% des habitants de Vienne n'ont pas la nationalité autrichienne. Ce **brassage de population** contribue à expliquer le dynamisme renouvelé de la ville dans le domaine culturel, et plus largement, créatif. La *Vienna Fair* (au printemps), la *Vienna Design Week* et le *Blickfang* (à l'automne) offrent tous les ans une excellente vitrine aux artistes ou designers venus d'Europe centrale et orientale. Ces événements montrent la place prise par Vienne dans l'espace germanophone. S'inspirant des œuvres du passé, les nouvelles figures de la scène autrichienne se montrent particulièrement actives dans les domaines de l'architecture, du design (citons EOOS ou Kai Stania) ou encore de la mode, à la suite du couturier Helmut Lang. Ne dit-on pas qu'à la *Fashion Week* parisienne, Vienne est représentée par un plus grand nombre de stylistes que l'Allemagne tout entière ?

★ Freyung B2

Cette place et les alentours regorgent de palais édifiés à partir du 17e s. en raison de la proximité de la Hofburg. Sur la place, au no 2, le **palais Ferstel**, construit en 1860 par l'architecte du même nom, abrite un joli **passage★** reliant la Herrengasse. Au no 4, le **palais Kinsky**, érigé de 1713 à 1716 par Johann Lukas von Hildebrandt, présente une éblouissante **façade baroque★**.

★ Église et abbaye des Écossais (Schottenkirche - Schottenstift) – *Au fond de la place, au no 6 - ✆ 01 534 98 600 - visite libre 11h-17h ; visite guidée sam. 14h30 - 10 €.* Ces deux bâtiments, qui datent pour l'essentiel des 17e et 18e s., sont ainsi nommés parce qu'ils ont été fondés par des moines bénédictins venus de l'île de Iona, en Écosse. L'église abrite une très ancienne statue de la Vierge (vers 1250) et l'abbaye renferme un **musée** rassemblant des œuvres des 15e-19e s. Parmi celles-ci, vous pourrez admirer quelques Rubens, des œuvres Biedermeier ainsi que le célèbre **retable des Écossais★★** (vers 1470), chef-d'œuvre gothique flamboyant comportant une vue de la Vienne médiévale.

Revenez sur vos pas et empruntez la Bognergasse qui mène au Graben.

★ Graben C2

Le « fossé » (*Graben*) creusé par les Romains devant leur enceinte est aujourd'hui une zone piétonnière animée, bordée de boutiques. Cette longue place compte quelques jolis exemples d'architecture. La **colonne de la Peste★★** *(voir encadré p. 546)*, baroque et richement ornée, qui domine le Graben, a été édifiée en 1693 par l'empereur Léopold Ier, concrétisant le vœu qu'il avait formulé durant l'épidémie de 1679. Plus loin, au no 10, l'**Ankerhaus** a été élevée par Otto Wagner en 1894. Au no 11, le **palais Bartolotti-Partenfeld** (1720) est la dernière construction baroque du Graben. Au no 13, le petit magasin **Knize** a été dessiné par Adolf Loos entre 1910 et 1913.

★ Église St-Pierre (PETERSKIRCHE) C2

En retrait du Graben. Petersplatz - visite en dehors des offices.

Cette belle église baroque, avec ses fresques et ses stucs dorés, a été construite de 1702 à 1733 par Johann Lukas von Hildebrandt à l'emplacement d'un édifice roman. La nef est coiffée d'une coupole ovale ornée d'une fresque (1714) due à Johann Michael Rottmayr et représentant l'Assomption. L'**intérieur★** est somptueux. Le maître-autel a été réalisé par Antonio Galli-Bibiena et le retable est une œuvre de Martino Altomonte.

Chaque année, pendant l'Avent, l'église abrite des **crèches** exceptionnelles.

Poursuivez sur le Graben et prenez à droite la Dorotheergasse.

★ Musée juif de Vienne (JÜDISCHES MUSEUM) C3

Dorotheergasse 11 - ✆ 01 535 04 31 - www.jmw.at - ♿ - tlj sf sam. 10h-18h - 12 € (billet combiné avec le musée de la Judenplatz, voir p. 49) - audioguide 3 €.

Au café Eskeles, spécialités ashkénazes et israéliennes.

Fondé en 1895 par des membres de la communauté juive, le musée fut fermé par les nazis après l'Anschluss, et rouvert en 1988 sous l'impulsion de la Ville de Vienne. Il présente une collection d'objets rituels et cultuels, de tableaux et de dessins. Une muséographie moderne évoque sur plusieurs étages les heurs et malheurs de la communauté juive à Vienne avant et depuis 1945.

Neuer Markt C3

Au centre de la place trône la **Donner-Brunnen★★**, fontaine érigée entre 1737 et 1739 par **Raphael Donner**. La statue centrale représente la Providence. Les figures allégoriques (copies en bronze des originaux en plomb exposés au Wien Museum – *voir p. 84*) disposées tout autour personnifient les rivières Traun, Ybbs, Enns et March (Morava), symboles des provinces voisines de la capitale.

★★ Crypte des Capucins (KAPUZINERGRUFT) C3

Entrée à droite de l'église des Capucins - ✆ 01 512 68 53 - www.kaisergruft.at - ♿ - 10h-18h - 8 € - prenez un plan à l'entrée pour vous repérer.

Depuis plus de trois siècles, la crypte des Capucins, construite entre 1622 et 1632, sert de sépulture à la famille impériale. Douze empereurs, 17 impératrices et plus de 100 archiducs sont ensevelis dans cette crypte. Un seul des 140 tombeaux n'appartient pas à la famille des Habsbourg : celui de la comtesse Fuchs, qui avait élevé Marie-Thérèse, et que cette dernière tenait en si haute estime qu'elle lui avait accordé l'honneur d'être inhumée avec la famille impériale.

Visite de la crypte – Les sarcophages de Léopold Ier et de Joseph Ier, dessinés par Johann Lukas von Hildebrandt, se trouvent dans la crypte de Charles *(Karlsgruft)* avec le **sarcophage de Charles VI★**, décoré d'écussons et d'une allégorie de l'Autriche en deuil, chef-d'œuvre de Balthasar Ferdinand Moll. L'impératrice Marie-Thérèse et son mari François de Lorraine occupent un **sarcophage double★★**, autre œuvre remarquable de Moll. Le couvercle de plomb représente un lit de parade sur lequel le couple impérial est symboliquement tourné vers un ange qui s'apprête à sonner le Jugement dernier. Devant ce tombeau se trouve le cercueil de leur fils, Joseph II.

Les sarcophages de l'empereur **François-Joseph**, de sa femme l'impératrice **Élisabeth** (Sissi), assassinée à Genève en 1898, et de leur fils l'archiduc Rodolphe se trouvent dans une chambre particulière aménagée en 1908-1909. L'archiduc François-Ferdinand et son épouse, victimes de l'attentat de Sarajevo, ne sont pas inhumés à Vienne mais au château d'Artstetten *(voir p. 145)*.

Dans la crypte aménagée en 1961, on voit les sarcophages de Marie-Louise, impératrice des Français, et de Maximilien du Mexique. Le dernier empereur Habsbourg, Charles Ier, repose toujours à Madère. Son épouse, Zita, est l'avant-dernier membre de la famille impériale à avoir été inhumé dans la crypte le 1er avril 1989. Otto de Habsbourg (archiduc d'Autriche) est le dernier à avoir rejoint la crypte en 2011.

Reprenez à droite sur la place Neuer Markt, traversez la Kärntner Str. et prenez la Himmelpfortgasse.

L'étroitesse de la rue étrangle un peu la perspective sur le **Palais d'hiver du prince Eugène de Savoie** situé au n° 8. Commencé par Johann Bernhard Fischer von Erlach (de 1695 à 1698) et achevé par Johann Lukas von Hildebrandt (de 1702 à 1724), il est à présent occupé par le Ministère des Finances.

Poursuivez sur la Himmelpfortgasse, puis prenez à droite la Seilerstätte.

★ Maison de la musique (HAUS DER MUSIK) C3

Seilerstätte 30 - ✆ 01 516 48 50 - www.hausdermusik.com - ♿ - 10h-22h - 16 € (3-12 ans 7 €), billet combiné avec la Mozarthaus 20 € (voir p. 48).

L'ancien palais de l'archiduc Charles est aujourd'hui consacré à la musique. Le 2e étage invite à explorer le **monde des sonorités** avec hauteurs et puissances de son, perception spatiale... et à tester la sonorité de quatre instruments géants. Au 3e, vous découvrirez l'œuvre et la vie des **grands maîtres de la musique viennoise** et vous vous transformerez en chef d'orchestre virtuel devant un écran sur lequel l'orchestre philharmonique de Vienne jouera en suivant vos mouvements de baguette. Au 4e étage, avec le **Brain Opera**, vous pourrez produire des sons et vous amuser à composer des airs de musique.

1

Nos adresses

PLAN II P. 46-47

Restauration

Autour de la cathédrale

Premier prix

42 Zwölf Apostelkeller – D2 - *Sonnenfelsgasse 3 - U 1, 3 Stephansplatz - ✆ 01 5126777 - www.zwoelf-apostelkeller.at - 11h-0h - plats 11/23 €.* Situé dans des catacombes du 15e s., à 10 m de profondeur, la « cave des Douze Apôtres » sert désormais de refuge aux estomacs criant famine et compte parmi les curiosités de la vieille ville. Ambiance festive et musicale en soirée qui réunit jeunes et moins jeunes, Viennois et touristes, autour de plats traditionnels ou d'un buffet.

51 Julius Meinls Weinbar – C2 - *Graben 19 - U 1, 3 Stephansplatz - ✆ 01 53233346100 - www.meinlamgraben.at - lun.-jeu. 9h-19h30, vend. 8h-19h30, sam. 9h-18h - fermé dim. - plats 7,50/9,40 €.* La célèbre enseigne *(voir p. 59)* abrite un bar à vins. De la rue, la vue plongeante sur les tables et les rayonnages de bouteilles augure d'un moment agréable pour un repas ou juste pour un verre.

52 Wrenkh – C2 - *Bauernmarkt 10 - U 1, 3 Stephansplatz - ✆ 01 5331526 - www.wrenkh-wien.at - tlj sf dim. 11h-23h - plats 8,50/25 €, formule déj. (en sem.) 12,50/13,50 €.* Dans la vieille ville, un lieu plébiscité par les végétariens. La cuisine ravira même les carnivores qui voudraient faire un « écart vert ». Excellent menu de midi en semaine

Budget moyen

24 Oswald & Kalb – D2 - *Bäckerstr. 14 - Tram 2 Stubentor, U 3 - ✆ 01 512 1371 - www.oswaldundkalb.at - tlj sf lun.-mar. 18h-23h - plats 13/19 €.* Fréquenté par le monde médiatique et culturel de la capitale, cet établissement soigné propose une carte équilibrée entre spécialités viennoises (Schnitzel, Tafelspitz, etc.) et incursions méditerranéennes.

9 Figlmüller – D2 - *Lugeck 4 - U 1, 3 Stephansplatz - ✆ 01 5126177 - www.figlmueller.at - 12h-0h - plats 14/25 €.* Cet établissement plus que centenaire est connu pour ses Wiener Schnitzel inoubliables !

26 Labstelle – CD2 - *Lugeck 6 - U 1, 3 Stephansplatz - ✆ 01 236 2122 - www.labstelle.at - mar.-vend. 11h30-0h, sam. 10h-0h - fermé dim.-lun. et j. fériés - formule déj. 19 € (végétarien)/21 €, menu surprise de la ferme 4 plats 79 € (végétarien 69 €).* Ce restaurant est le porte-étendard de la « slow food » en plein centre historique de Vienne. Des préparations créatives à base de produits locaux et de saison, servies dans un cadre design et lumineux. Quelques tables dressées dans le charmant passage donnant sur Wollzeile.

28 Plachutta – D2 - *Wollzeile 38 - U 3 Stubentor - ✆ 01 5121577 - www.plachutta.at - 11h30-23h30 - plats 23/36 €, suppl. couvert : 3,80 €.* L'établissement est bien viennois. En témoigne sa spécialité : le Tafelspitz, genre de pot-au-feu, servi avec son os à moelle, en de multiples variantes. Seule constante : le plat est toujours précédé d'un bouillon et accompagné d'une purée de pomme de terre, d'une sauce au raifort et à la ciboulette. Beaucoup de touristes forcément, mais aussi une clientèle viennoise, sur son 31, qui apprécie l'atmosphère conviviale, le service et la qualité de la cuisine. Terrasse attenante.

Pour se faire plaisir

59 Buxbaum – PLAN II D2 - *Grashofgasse 3 (Heiligen-kreuzerhof) - U 1, 3 Stephansplatz - ✆ 01 276 8226 - www.buxbaumrestaurant.at - tlj sf dim.*

12h-14h30, 17h-22h - menu du midi 34/39 €, menu du soir 69/82 €. L'une des plus agréables terrasses de la vieille ville. Cuisine créative de la nouvelle vague autrichienne et cadre soigné.

Près de l'Opéra national

Premier prix

37 **Trzesniewski** – C2 - *Dorotheergasse 1 - U 1, 3 Stephansplatz - ✆ 01 5123291 - www.trzesniewski.at - lun.-vend. 9h-19h30, sam. 9h-18h, dim. et j. feriés 10h-17h.* Derrière ce nom imprononçable (pour qui ne parle pas polonais) se cache une institution proposant de délicieux canapés, à deux pas de la cathédrale. À consommer debout, ou assis sur les rares sofas disponibles aux heures des repas. Clientèle variée.

À Freyung et Hoher Markt

Premier prix

76 **Kanzleramt** – B2 - *Schauflergasse 6 - U 3 Herrengasse - ✆ 01 5331309 - www.kanzleramt.wien - lun.-sam. 10h-22h (cuisine 21h), dim. 11h-20h (cuisine 19h) - plats 15/24 €.* Ce *Beisel*, agréable et animé, accueille employés du gouvernement et touristes, du fait de sa proximité avec la Hofburg. À la carte, un honnête plat du jour.

5 **Esterházykeller** – B2 - *Haarhof 1 - U 3 Herrengasse - ✆ 01 5333482 - www.esterhazykeller.at - ⊭ - 11h-23h (cuisine 22h) - plats 14,50/23,10 €.* Installé dans une suite de caves voûtées, cet Heuriger historique, propose une cuisine rustique. Les vins proviennent du château de la célèbre famille Esterházy, établie à Eisenstadt. Attention, dans l'annexe (Esterházystüberl) les menus midi partent vite : dès 13h, il n'y en a plus ! Aux beaux jours, les tables fleurissent sur le passage voisin.

Budget moyen

22 **Ofenloch** – C2 - *Kurrentgasse 8 - U 1, 3 Stephansplatz - ✆ 01 533 8844 - www.restaurant-ofenloch.at - tlj sf dim. 12h-23h - plats 16/28 €, menus 40/48 €.* Un *Beisel* qui réinvente la cuisine viennoise traditionnelle. Les plats déclinent au fil des saisons asperges, gibier, girolles, pour le plus grand plaisir des habitués. Excellent menu le midi. Agréable terrasse sur la rue piétonne.

Petite pause

Autour de la cathédrale

Diglas – *Wollzeile 10 - U 1, 3 Stephansplatz - ✆ 01 5125765 - www.wollzeile.diglas.at - 8h-22h, sam. 9h-22h - fermé dim.* Derrière une façade rose pâle, un grand café viennois lumineux, élégant et sans ostentation. Les petites tables près des baies vitrées sont les plus prisées. Gâteaux alléchants. Tables à l'extérieur l'été. Clientèle jeune.

Café Korb – *Brandstätte 7-9 - U 1, 3 Stephansplatz - ✆ 01 5337215 - www.cafekorb.at - lun.-sam. 8h-0h, j. fériés 10h-0h - fermé dim.* La palme de l'authenticité des cafés de la vieille ville revient sans aucun doute au Café Korb ! Terrasse à la belle saison.

Haas & Haas – *Stephansplatz 4 - U 1, 3 Stephansplatz - ✆ 01 512 2666 - www.haas-haas.at - lun.-sam. 8h-20h, dim. 9h-18h.* Dans une cour agrémentée d'une treille, cette boutique dispose de quelques tables où la crème de la crème viennoise se donne rendez-vous pour un thé ou un café.

Kleines Café – *Franziskanerplatz 3 - U 1, 3 Stephansplatz - 10h-2h.* Un endroit intime, disposant de quelques tables seulement. La terrasse devant la fontaine et l'église des Franciscains offre un décor charmant. Grand choix de spiritueux et quelques plats légers.

Parémi – *Bäckerstr. 10 - Tram 2 Stubentor, U 3 - ✆ 01 997 4148 - www.paremi.at - 7h30-18h - fermé dim.-lun. - sandwich 7/9 €, salade 12 €.* Dans leur salle voûtée du 13e s. qui sent si bon le pain frais, Patricia et Rémi proposent quiches, tartines saumon-avocat, salades de fruits en verrines et petits gâteaux. Une mention spéciale pour le thé physalis-mandarine !

Eis Greissler – *Rotenturmstr. 14 - U 1, 3 Stephansplatz - www.eis-greissler.at - 11h-21h. Autres adresses : Mariahilfer Str. 33 - 11h-21h ; Neubaugasse 9 - 11h-21h.* Le glacier qui fait sensation à Vienne ; tout est fait maison, bio, et végétalien selon les parfums, un régal !

Près de l'Opéra national

Bräunerhof – *Stallburggasse 2 - U 1, 3 Stephansplatz - ✆ 01 5123893 - 8h-19h30, sam. 8h-18h30, dim. 10h-18h30.* Ce café, ouvert juste après la guerre, cultive la discrétion. Une décoration minimaliste, peu de touristes... les Viennois y viennent lire la presse en toute tranquillité. C'était « le » QG de l'écrivain Thomas Bernhard.

Café Mozart – *Albertinaplatz 2 - U 1, 2, 4 Karlsplatz - ✆ 01 2410 0200 - www.cafe-mozart.at - 8h-23h.* Fondé en 1794 et bien situé sur l'Albertinaplatz, cet établissement sert des plats chauds à toute heure. Terrasse en été et presse internationale. Les spécialités de la maison ? Le café Maria Theresia (moka avec Cointreau à la liqueur d'orange), le Mozart Kaffee (moka avec liqueur Mozart) et le café turc.

Gerstner – *Kärntner Str. 51 - U 1, 2, 4 Karlsplatz - ✆ 01 5261361 - www.gerstner-konditorei.at - 10h-21h.* Entrez dans la boutique, repérez le gâteau qui vous tente et montez au 1er étage ; s'il reste de la place, vous pourrez y siroter un thé glacé à la pêche ou un verre de prosecco, face à l'Opéra.

Sacher – *Philharmonikerstr. 4 - U 1, 2, 4 Karlsplatz - ✆ 01 514560 - www.sacher.com - 8h-20h.* À la fois hôtel, café, restaurant et boutique, cette institution attire les touristes et, parfois, des hôtes illustres. On y déguste la légendaire *Sachertorte*. Elles sont aussi vendues dans de jolies boîtes en bois et se conservent très bien.

Oberlaa – *Neuer Markt 16 - U 1, 3 Stephansplatz - ✆ 01 51329360 - www.oberlaa-wien.at - 8h-20h - plats 4,40/15,10 €.* Davantage pâtissier que cafetier, Oberlaa est une enseigne reconnue à Vienne. Jardin d'été avec vue sur les maisons baroques du Neuer Markt. Tartes et autres plaisirs sucrés enchantent le palais !

À Freyung et Hoher Markt

Café Central – *Angle Herrengasse/Strauchgasse - U 3 Herrengasse - ✆ 01 533376324 - www.cafecentral.wien - lun.-sam. 8h-21h, dim. et j. fériés 10h-21h.* Un des plus célèbres cafés littéraires de Vienne au 19e s., installé sous les voûtes du palais Ferstel. Les artistes s'y font désormais (très) rares mais le Central Kaffee à la liqueur d'abricot y demeure un must. Piano de 14h à 17h30.

Demel – *Kohlmarkt 14 - U 3 Herrengasse - ✆ 01 53517170 - www.demel.com - 10h-19h.* La plus ancienne et la plus aristocratique pâtisserie de Vienne. Vous pourrez y admirer la décoration intérieure et observer la clientèle huppée savourer l'une des nombreuses variétés de thé ou café.

Zum Schwarzen Kameel – *Bognergasse 5 - U 1, 3 Stephansplatz - ✆ 01 5338125 - www.kameel.at - 8h-0h (restaurant 12h-14h30, 18h-21h15, Delikatessen 10h-20h).* Ce restaurant élégant a aussi un coin « Konditorei » (salon de thé-pâtisserie). Dans un décor de bois noble, vous picorerez des canapés excellents et des pâtisseries. Un succès depuis 1618 !

Boire un verre

Autour de la cathédrale

Neue Hoheit Bar – *Tuchlauben 4 - U 1, 3 Stephansplatz - ✆ 01 7999 888 8770 - www.rosewood-hotels.com - merc.-sam. 17h-0h (1h vend. et sam.).* Au 7e étage de l'ancienne Erste Bank se cache un luxueux bar tout en bois, cuir et marbre, doté d'une mini-terrasse donnant sur la Bognergasse ou le Kohlmarkt, et d'un barman qui prépare l'Old Cuban comme pas deux.

Roberto American Bar – *Bauernmarkt 11-13 - U 1, 3 Stephansplatz - ✆ 01 5350647 - www.robertosbar.com - 19h-4h.* Bar à cocktails (plus de 90 à la carte) tendance, intérieur cossu et intime.

Shopping

Autour de la cathédrale

Augarten Wien – *Spiegelgasse 3 - U 1, 3 Stephansplatz - ✆ 0512 1494 - www.augarten.com - tlj sf dim. 10h-18h.* Point de vente de la célèbre manufacture de porcelaine, dont les origines remontent à 1718.

Julius Meinl am Graben – *Am Graben 19 - U 3 Herrengasse - ✆ 01 5323334 - www.meinlamgraben.at - lun.-vend. 8h-19h30, sam. 9h-18h.* Dans les rayonnages de cette épicerie fine, des Delikatessen du monde entier, on trouve aussi un bar à vins *(voir p. 56)* et un café.

Staudigl – *Wollzeile 4 - U 1, 3 Stephansplatz - ✆ 01 512 8212 - www.staudigl.at - tlj sf dim. 9h30-18h30(17h sam.).* Le premier magasin d'Autriche spécialisé dans les parfums et cosmétiques naturels. L'occasion de découvrir les marques viennoises Less is More et Achselkuss.

Lanz Trachtenmoden – *Kärntner Str. 10 - U 1, 3 Stephansplatz - ✆ 01 5122456 - www.lanztrachten.at - tlj sf dim. 10h-18h30 (18h sam.).* Cette maison représente l'Autriche dans toute sa tradition vestimentaire.

Österreichische Werkstätten – *Kärntnerstr. 6 - U 1, 3 Stephansplatz - ✆ 01 5122418 - www.oew.at - tlj sf dim. 10h-19h (18h sam.).* Magasin spécialisé dans la décoration du verre et du métal, les bijoux, l'argenterie, la céramique et les accessoires (sacs et étoffes).

Près de l'Opéra national

J. und L. Lobmeyr – *Kärntner Straße 26 - U 1, 3 Stephansplatz - ✆ 01 512050888 - www.lobmeyr.at - tlj sf dim. 10h-19h (18h sam.).* Ancien fournisseur de la Cour, ce spécialiste en verrerie est célèbre pour son « verre mousseline », extrêmement fin et très fragile.

À Freyung et Hoher Markt

Loden Plankl – *Michaelerplatz 6 - U 3 Herrengasse - ✆ 01 5338032 - www.loden-plankl.at - tlj sf dim. 10h-18h (17h sam. en janv.-fév. et juil.-août).* Vêtements autrichiens typiques, dont le fameux loden. Le magasin existe depuis 1830.

Xocolat – *Freyung 2 (passage Ferstel) - U 3 Herrengasse - ✆ 01 535 4363 - www.xocolat.at - tlj sf dim. 10h-18h.* On y vend d'appétissants chocolats – pralines, tablettes... – produits dans le 9e arrondissement de Vienne, mais aussi ceux d'autres bons artisans autrichiens. Filiale au n° 16 de la Josefstädterstr. *(tlj sf dim. 10h-18h, 17h sam.).*

Marchés

Marché biologique de la Freyung – *Freyung - www.biobauernmarkt-freyung.at - vend.-sam. 9h-18h.*

Marché de Noël de la Freyung – *www.weihnachten.altwiener-markt.at - de mi-nov. au 23 déc. : 10h-21h.*

1

Ring ★★

Boulevard circulaire délimitant la « ville intérieure » (Innere Stadt), le Ring symbolise l'entrée de Vienne dans l'ère moderne au milieu du 19e s. Il est vite devenu la colonne vertébrale de la ville. Institutions politiques, hauts lieux culturels, grands cafés et magnifiques jardins ponctuent cette artère qui concentre harmonieusement tous les attraits d'une capitale. Tramways, automobilistes impatients, nuées de cyclistes et de piétons pressés se glissent dans ce décor impérial.

Opéra de Vienne.
bluejayphoto/Getty Images Plus

Se repérer

PLAN II P. 46-47
Le Ring encercle le centre historique.

Organiser son temps

Comptez 2h30 (sans les visites) pour faire le tour du Ring à pied, 30mn en tram (changements non compris).

En famille

Devant l'hôtel de ville, la patinoire du « Rêve glacé viennois » en hiver et le Film Festival en été *(voir p. 39)*.

Carnet pratique p. 37

Nos adresses p. 65

Se promener

PLAN II P. 46-47

Circuit **2** *tracé en vert sur le plan.*

Faire le tour du Ring constitue une manière très intéressante de découvrir la ville. Nous vous conseillons d'en parcourir une partie à pied. Pour le tour complet (4 km) optez pour le vélo ou le tramway.

Le Ring est en sens unique et inversé par rapport à notre parcours.

Église votive (VOTIVKIRCHE) B1

Rooseveltplatz - U 2 Schottentor - 01 406 11 92 - www.votivkirche.at - ♿ - église : mar.-vend. 10h-17h, sam. 11h-19h, dim. 9h-13h ; entrée libre - musée : mar.-vend. 15h-17h, sam. 14h-17h et sur RV - 8 € (-14 ans gratuit).

Édifiée d'après des plans de l'architecte Heinrich von Ferstel, l'**église votive** fut élevée à l'initiative de l'archiduc Maximilien, futur empereur du Mexique et frère de François-Joseph, pour remercier Dieu d'avoir épargné l'empereur au cours d'une tentative d'attentat en 1853. Le retable flamand du 15e s., dit « d'Anvers », dans la chapelle de droite derrière le transept, et le **gisant★** (1530) du comte de Salm, dans le baptistère, sont tout à fait remarquables. Deux flèches élancées gardent l'entrée de ce sanctuaire néogothique achevé en 1879.

★ Maison de Beethoven (BEETHOVEN PASQUALATIHAUS) B2

Mölkerbastei 8 - 01 535 89 05 - www.wienmuseum.at - tlj sf lun. 10h-13h, 14h-18h - 5 €.

Le compositeur habita cette maison en 1804 et de 1813 à 1815. Elle doit son nom à Josef Benedikt, baron de Pasqualati, qui en fut propriétaire. Beethoven y créa, entre autres, l'opéra *Fidelio* ainsi que les *Symphonies nos 4, 5* et *7*.

Nouvel hôtel de ville (NEUES RATHAUS) A2

Universitätsring - U 2 Rathaus - www.wien.gv.at - ♿ - visite lun., merc., vend. (sf j. fériés ou réunion du conseil) à 13h avec audioguide en français gratuit, au départ du bureau « Stadtinformation ».

L'historicisme dans toute sa splendeur

En 1857, un décret impérial ordonne la destruction des remparts qui enserrent l'Innere Stadt. La décision, motivée en premier lieu par une politique hygiéniste (il faut aérer la ville étroite) et sécuritaire (il est plus facile de contrôler une ville privée de remparts), reflète l'évolution du gouvernement de François-Joseph, qui, d'un absolutisme très conservateur, progresse vers un monarchisme constitutionnel, plus tempéré.
De fait, le Ring, avec ses 60 m de large et ses bâtiments imposants disposés de loin en loin, contraste fortement avec la vieille ville, où se pressent églises et palais aristocratiques. Chacun des édifices renvoie cependant à un modèle tiré du passé : le style gothique du **nouvel hôtel de ville**, édifié par Friedrich Schmidt, fait référence aux premières communes bourgeoises des Flandres et à leurs beffrois ; le **Parlement**, élevé par Theophil Hansen dans le style néogrec, évoque l'ordre antique de la démocratie grecque ; le **musée autrichien des Arts appliqués**, construit par Heinrich von Ferstel, reprend le style de la Renaissance florentine, tandis que le Burgtheater déploie les fastes d'un âge baroque... Tout contribue à l'image d'une société stable, prospère mais parfois pesante.

1

D'agréables jardins précèdent la façade néogothique du **nouvel hôtel de ville**. La tour est surmontée du « Rathausmann », porte-étendard haut de 3,40 m. Des concerts sont donnés en été dans la cour intérieure. On peut visiter les salles de réception, les salles de conseil et l'immense salle des fêtes.

★ Théâtre de la Cour (BURGTHEATER) B2

Universitätsring 2 - U 2 Rathaus - ✆ 01 51444 45 45 - www.burgtheater.at - ♿ - visite guidée tlj à 15h en allemand ; en anglais en juil.-août : tlj ; sept.-juin : vend., sam. et j. fériés - 8 €.

Inauguré en 1888, le théâtre de la Cour se substitua à l'ancien Hofburgtheater de la Michaelerplatz fondé en 1741 sous le règne de Marie-Thérèse. Le Burgtheater a gardé son statut d'incontournable parmi les théâtres de langue allemande : de grandes figures (souvent venues d'Allemagne), se sont succédé à sa direction. Chaque nouvelle mise en scène est attentivement suivie par la presse.

La façade de style Renaissance fut réalisée par Gottfried Semper, tandis que Carl Hasenauer décora l'intérieur dans un style néobaroque grandiose. Dans le cadre des visites guidées, il est possible d'y admirer les œuvres de jeunesse de Gustav Klimt qui, de concert avec son frère Ernst et Franz Matsch, réalisa les **fresques★** du plafond au-dessus de l'escalier.

★ Palais Liechtenstein (STADTPALAIS LIECHTENSTEIN)

Bankgasse 9 - www.palaisliechtenstein.com - sur réserv. - 17h-18h30 - audioguide disponible en anglais, visite guidée en allemand le vend. - 28 €.

Ce palais, dynamisé par un portail monumental et des sculptures de Giovanni Giuliani, est un joyau du baroque et rococo viennois (1694-1706). Il est la propriété des princes de Liechtenstein. Brillamment restauré de 2009 à 2013, il est désormais ouvert au public sur réservation préalable. On y verra, à l'intérieur, quelques précieux tableaux de l'époque Biedermeier, d'Amerling à Waldmüller.

★ Jardin du peuple (VOLKSGARTEN) B2-3

Dr.-Karl-Renner-Ring. Premier jardin public de la ville, il a été dessiné entre 1819 et 1823 par Louis de Rémy. L'antique silhouette du **temple de Thésée**, réduction du Theseion d'Athènes, apporte une note méditerranéenne à ce paisible lieu de promenade. Agrémenté de pièces d'eau, de statues et d'une belle roseraie, il offre de jolies perspectives.

Parlement (PARLAMENT) AB2-3

Dr.-Karl-Renner-Ring 3 - ✆ 01 401 10 2400 - www.parlament.gv.at - fermé pour travaux de restauration jusqu'en 2023.

Le Parlement (1873-1883) déploie une élégante façade conçue en référence à la Grèce antique, berceau de la démocratie, par son architecte Theophil Hansen. L'intérieur est richement décoré. Le vestibule, le hall des colonnes, le salon de réception, la salle des fêtes et la salle plénière sont ornés de colonnes, de statues, de stucs et de peintures évoquant l'Empire, la République et les valeurs citoyennes.

Statue de Marie-Thérèse (MARIA-THERESIEN-DENKMAL) B3

Maria-Theresien-Platz. Haute de près de 20 m, cette statue a été érigée en 1888 par Caspar Zumbusch à la gloire de la grande impératrice. À ses pieds ont été réunies les statues équestres de ses illustres généraux ainsi que les statues en pied de ses plus éminents serviteurs (le chancelier Kaunitz, le prince de Liechtenstein) et des grands compositeurs de son règne (Gluck, Haydn, Mozart).

Encadrant la place, deux édifices symétriques à coupole, édifiés de 1872 à 1891, accueillent l'un, au sud-est, le **musée des Beaux-Arts★★★** *(voir p. 76)*, l'autre, au nord-ouest, le **musée d'Histoire naturelle★**.

★ Musée d'Histoire naturelle (NATURHISTORISCHES MUSEUM) B3

Maria-Theresien-Platz - ✆ 01 52 177 - ♿ - www.nhm-wien.ac.at - merc. 9h-21h, jeu.-lun. 9h-18h30 - 14 €.
Sa collection de **minéralogie** compte plusieurs pièces remarquables, dont le bouquet en pierres précieuses (1760) offert par Marie-Thérèse à son époux, l'empereur François Ier. La section consacrée à la préhistoire abrite notamment la fameuse statuette dite **Vénus de Willendorf**, qui affiche d'impressionnantes rondeurs et quelque 25 000 printemps, ainsi que celle dite **Fanny de Galgenberg**, taillée dans la serpentine et datée d'environ 32 000 ans, ce qui en fait la plus vieille sculpture féminine connue au monde.

Jardin du Palais (BURGGARTEN) B3

Opernring. L'ancien jardin du palais impérial a été aménagé au début du 19e s. et ouvert au public en 1919. On voit à l'entrée la statue de Goethe, celle de François-Joseph, la statue équestre de l'empereur François Ier et le monument de Mozart.

★★ Opéra national (STAATSOPER) C3

Opernring - ✆ 01 51444 2606 - www.wiener-staatsoper.at - ♿ - visite guidée (40mn) en anglais (3/j) et en français (1/j) : généralement à 15h (se rens.) ; 12 € - fermé Vend. saint, 25-26 et 31 déc., et lors des répétitions.
C'est une institution symbole de la capitale et, plus largement, de la nation autrichienne. Commencé en 1861, il fut inauguré en 1869 par l'empereur François-Joseph avec le *Don Giovanni* de Mozart. Premier édifice public du Ring, l'Opéra constitue l'apogée de ce que l'on nomme l'historicisme romantique. Ce temple du *bel canto* jouit d'un incontestable prestige international. Le 12 mars 1945, une attaque aérienne provoqua un incendie qui détruisit entièrement la salle de spectacle et l'espace scénique. L'Opéra fut ouvert à nouveau en 1955.
Façade – Sa construction est l'œuvre d'August Sicard von Sicardsburg tandis que l'architecte Eduard von der Nüll en assura la décoration. La façade, dans le style de la Renaissance française, comprend cinq statues de bronze dues à Ernst Julius Hähnel représentant l'Héroïsme, le Drame, la Fantaisie, l'Humour et l'Amour.

1

Le triomphe de la valse et de l'opérette

La valse fait sensation dès le congrès de Vienne, en 1814-1815. D'origine populaire, cette danse à trois temps que l'on pratique dans les auberges et les théâtres de faubourg a un succès tel qu'elle entre à la cour impériale. Affinée, enrichie et haussée à la dignité d'un genre à part entière par Joseph Lanner (1801-1843) et **Johann Strauss père** (1804-1849), elle mène les salons avec Johann Strauss fils. Leurs orchestres font de triomphales tournées en Europe. *Sang viennois, Histoire de la forêt viennoise, Le Beau Danube bleu...* constituent un hommage, aujourd'hui emblématique, à la ville et renouvelé chaque année à l'occasion du concert du Nouvel An. Les fils de Strauss, Joseph et Johann, portent la valse à un haut degré de perfection technique, l'élevant au rang de genre symphonique.
En 1858, Vienne se passionne pour l'opérette avec *Le Mariage aux lanternes* d'Offenbach, créé au Karltheater. Ce dernier suggère à **Johann Strauss fils** (1825-1899) de s'essayer à ce genre, qui lui vaudra les grands succès de *La Chauve-Souris* et du *Baron tzigane*. Une longue vie s'ensuit pour l'opérette viennoise, inspirée par la valse, dont Franz von Suppé (1819-1895), Franz Lehár (1870-1948 – *La Veuve joyeuse*), Ralph Benatzky (1884-1957 – *L'Auberge du Cheval blanc*) et Robert Stolz (1880-1975) poursuivirent la tradition.

L'orchestre philharmonique de Vienne

À partir de 1898, une lignée de chefs prestigieux s'établit à l'orchestre philharmonique de Vienne, à commencer par **Gustav Mahler**. Ensuite, les baguettes les plus talentueuses s'y succédèrent, tels Bruno Walter, Richard Strauss... Et plus près de nous : Karl Böhm, Herbert von Karajan, Leonard Bernstein ou encore Claudio Abbado et Pierre Boulez.

Visite – La salle des Gobelins est ornée de tapisseries modernes évoquant *La Flûte enchantée* de Mozart, réalisées par Rudolf Eisenmenger. Le **foyer Schwind★** doit son nom au peintre Moritz von Schwind dont les fresques représentent des scènes d'opéras. Remarquez également le buste de Mahler réalisé par Auguste Rodin (1909). La **salle de marbre** a été décorée par Otto Prossinger. Autrefois réservé à la cour, le **salon de thé** est décoré de draperies de soie frappées des initiales impériales. On descend ensuite l'**escalier d'honneur★**, dont les lunettes sont ornées de reliefs peints par Johann Preleuthner (statues de Josef Gasser). On accède alors à la **salle de spectacle**. Erich Boltenstern, chargé de sa reconstruction, ne renouvela pas l'opulente décoration du théâtre à l'italienne voulue par les deux architectes initiaux. Renonçant à tout ornement, il conçut une salle en forme de fer à cheval qui peut accueillir un peu plus de 2200 spectateurs et 110 musiciens. Les mélomanes pourront aussi visiter la **Maison de la musique** *(voir p. 55)*.

Parc municipal (STADTPARK) D3

Parkring, U *4 Stadtpark.* Cet agréable et vaste jardin public a été inauguré en 1862. La ville y honore ses musiciens avec les statues de Schubert, Bruckner, Lehár, Robert Stolz et surtout le célèbre monument dédié à Johann Strauss fils.

★★ MAK – Musée autrichien des Arts appliqués

(ÖSTERREICHISCHES MUSEUM FÜR ANGEWANDTE KUNST) D2

Stubenring 5 - U *3 Stubentor - ✆ 01 711 360 - www.mak.at - ♿ - mar. 10h-19h, merc.-dim. 10h-18h - 15 €; 7 € mar. 18h-21h - boutique de design, brasserie.*

Il est installé dans un bâtiment de style néo-Renaissance édifié en 1871 par Heinrich von Ferstel. Transformé en 1993, il a développé une **muséologie★★** remarquable, qui se prolonge par l'aménagement du sous-sol en « Mak Labor ». L'agencement de certaines pièces a été confié à des artistes : l'art mobilier du baroque, du rococo et du classicisme a été mis en scène par **Donald Judd**, l'Empire et le Biedermeier par Jenny Holzer, Barbara Bloom surprend en réduisant l'historicisme et le Jugendstil aux célèbres chaises en bois courbé ou « chaises bistrot », de Thonet. Sans oublier la splendide (et inédite) **collection de tapis★★**. La **collection des Ateliers viennois★★ (Wiener Werkstätte)** est un passage obligé pour tous les amateurs d'Art nouveau ou d'Art déco. Dans la salle dédiée à l'Asie, les pièces en provenance de Chine, du Japon et de Corée sont exposées de manière simple sur des étagères façon *Do It Yourself*, le tout appuyé par des explications rédigées à la main.

★Caisse d'Épargne de la Poste (POSTSPARKASSE) D2

Georg-Coch-Platz 2. **Otto Wagner** a construit le bâtiment de la Caisse d'épargne de la Poste (PSK), jadis impériale et royale, de 1904 à 1906, en utilisant les matériaux (aluminium, briques de verre) les plus modernes de l'époque. Ainsi, les plaques de marbre de la façade ont-elles été fixées avec des cabochons en aluminium qui constituent un autre élément décoratif. Wagner a également été chargé de l'aménagement intérieur et de l'ameublement. Depuis 2023, le bâtiment est occupé, entre autres, par la très dynamique École supérieure des Arts Appliqués.

Friedensreich Hundertwasser (1928-2000)

Son sens exceptionnel de la couleur, ses réflexions sur la forme et le mouvement (dominé par la spirale), et sa relation fusionnelle avec l'environnement en font un artiste à part. Influencé par l'art de Schiele, Hundertwasser commence ses études artistiques à l'Académie de Vienne, qu'il délaisse rapidement pour l'École parisienne des beaux-arts. L'attrait des horizons lointains (Maroc, Népal ou Sibérie), lui fera quitter l'univers académique. Artiste prolifique et polyvalent, pétri par les concepts de fluidité et d'organisme, il développe une théorie artistique proche du surréalisme : le transautomatisme, où l'imagination du peintre prime sur l'objectivité de ses représentations. Dans ses réalisations architecturales, comme l'immeuble de la Kegelgasse, il applique un principe selon lequel l'« homme est un invité de la nature et doit se comporter en conséquence ».
www.hundertwasser.at

À proximité du Ring

PLAN I P. 32-33

À 1 km à l'est de la Postsparkasse.

★ Musée municipal des Beaux-Arts - Musée Hundertwasser

(KUNSTHAUSWIEN - MUSEUM HUNDERTWASSER) C2

Untere Weißgerberstr. 13 - Tram O, Radetzkyplatz - 01 712 04 91 - www.kunsthauswien.com - ♿ - 10h-18h - 12 €.

Cet étonnant musée, avec sa façade bariolée, a été conçu par **Friedensreich Hundertwasser**, artiste, peintre et graveur aux visions utopistes et colorées dont les œuvres occupent deux étages dudit musée. Les deux autres niveaux sont dévolus à des expositions temporaires.

Situées à quelques rues de là, les façades de la **maison de Hundertwasser★** *(Kegelgasse 36-3 – ne se visite pas)* valent le détour si vous appréciez l'œuvre de l'artiste. Dans cet immeuble édifié en 1984, la variété des motifs architecturaux (loggia à arcades, galeries, statues et bulbes), la diversité des matériaux (verre, brique, crépi peint), ainsi que la dénivelée des gradins aménagés en jardins suspendus annulent la monotonie habituelle aux grands ensembles.

Nos adresses

PLAN II P. 46-47

Restauration

Premier prix

12 Hansen – B1 - *Wipplingerstr. 34 - U 2 Schottentor - 01 5320542 - www.hansen.co.at - juil.-août : lun.-sam. 9h-16h ; reste de l'année : lun.-vend. 9h-23h, sam. 9h-16h - fermé dim. - menu 19,50 €.*
Le restaurant est installé dans la salle hypostyle de l'ancienne Bourse de Vienne. Un cadre insolite qui sied parfaitement à une cuisine moderne fleurant bon l'Italie.

Budget moyen

39 Vestibül – B2 - *Universitätsring 2 - aile droite du Burgtheater - Tram 1, 2 Rathaus, U 2 - 01 5324999 - www.vestibuel.at - mar.-jeu. 12h-0h,* *vend.-sam. 18h-0h - fermé dim. - plats 22/41 €, menu 6 plats 82 €.* Dans le cadre historique du Burgtheater, on se régale de plats légers et raffinés, servis dans un décor néoclassique. L'été, jardin en bordure du Ring avec vue sur l'hôtel de ville.

2 **Meissl & Schadn** – D3 - *Schubertring 10-12 - U 1, 2, 4 Karlsplatz, U 3 Stadtpark - ✆ 01 90 212 - www.meisslundschadn.at - 12h-0h - schnitzel 25,90/33,50 €.* Même pour la formule déjeuner, le restaurant de l'hôtel Grand Ferdinand met les petits plats dans les grands: théière en argent, assiettes à liséré doré... Sa spécialité? L'escalope de veau panée à la poêle (au choix: au beurre fondu, saindoux ou huile végétale), servie avec des airelles et une salade de pommes de terre, comme au temps de Stefan Zweig et Sigmund Freud.

Petite pause

Café Landtmann – *Universitätsring 4 - U 2 Rathaus - ✆ 01 24100120 - www.landtmann.at - 7h30-22h - menu déj. en sem. 15 € - piano dim.-lun. 20h-23h (lun. et mar. en été).* Passage obligé à Vienne, bien que touristique, le café Landtmann est fréquenté par l'intelligentsia et le monde politique. En terrasse, on apprécie la vue sur l'hôtel de ville, le Burgtheater et les élégantes Viennoises; dans les salons, l'atmosphère est plus propice à la confidence ou à la lecture de la presse internationale.

Café Prückel – *Stubenring 24 - U 3 Stubentor - ✆ 01 512611512 - www.prueckel.at - 8h30-22h.* On vient y lire la presse en dégustant un café Prückel et profiter de la décoration des années 1960 après une visite au MAK. Une adresse de référence.

Café Schwarzenberg – *Kärntner Ring 17 - U 1, 2, 4 Karlsplatz - ✆ 01 5128998 - www.cafe-schwarzenberg.at - 7h30-0h, w.-end 8h30-0h - piano (sf juil.-août) jeu.-vend. 19h30-23h, sam.-dim. 17h-20h30.* Ce grand café viennois décline les tons bruns dans ses sièges arrondis, banquettes, parquets et boiseries.

Stelldichein – *Volksgarten - U 2, 3 Volkstheater ou Tram 1, 2, 71, D Volkstheater - ✆ 01 512 5353 - www.stelldichein.at - ouv. aux beaux jours : lun.-merc. 10h-19h, jeu.-sam. 9h-21h, dim. 9h-19h.* À mi-chemin entre le Théâtre de la Cour et la place des Héros, un kiosque entouré d'arbres où l'on peut grignoter l'été une salade de saison ou un strudel chaud. Relaxant.

Boire un verre

Vino Wien – *Lichtenfelsgasse 3 - U 2 Rathaus ou Tram 2 Rathaus - ✆ 01 890 39 86 - vino-wien.com - lun.-vend. 11h-0h, w.-end 16h-0h.* Ce bar à vins situé au flanc de l'hôtel de ville aligne les meilleurs crus du terroir – Christ, Wieninger, Mayer... –, à tester avec un assortiment de charcuterie et de fromages *(Winzer-Jause 13 €).* Parfois sur fond de salsa le samedi soir!

Shopping

Billa Corso Markt – *Kärntner Ring 9-13 (derrière le Grand Hôtel, au sous-sol des Ringstrassen-Galerien) - Tram 2, 71, D Kärntner Ring - ✆ 0800 828 700 - tlj sf dim. 7h40-20h (18h sam.).* Un supermarché où vous trouverez à coup sûr toutes sortes de produits régionaux. Des gaufrettes Manner aux bouteilles de Gemischter Satz en passant par le strudel au pavot gris, un vrai filon !

Hofburg ★★★

« À Vienne, rien n'a changé depuis des siècles. Seul l'empereur ne vient plus. » Cette malicieuse sentence du journaliste Fritz Molden prend tout son sens lorsqu'on aborde la Hofburg. En plein cœur de la ville, le palais impérial fut jusqu'en 1918 le siège du gouvernement et la résidence d'hiver des Habsbourg. Gigantesque et fastueux, il abrite aujourd'hui des chefs-d'œuvre en tous genres rassemblés par ses insatiables collectionneurs et plonge le visiteur dans l'époque où la maison d'Autriche régnait de la Castille aux Indes occidentales.

Porte St-Michel de la Hofburg.
Alamy/hemis.fr

Se repérer

PLANS II P. 46-47 ET PLAN III P. 72-73

À ne pas manquer

Les appartements impériaux, la chambre du Trésor, l'École d'équitation espagnole.

Organiser son temps

Une journée en prenant le temps de profiter des jardins (Volksgarten et Burggarten). Visiter tranquillement l'Albertina en nocturne.

Carnet pratique p. 37

Nos adresses p. 75

La Hofburg

PLAN III P. 72-73

Accès par la Heldenplatz à partir du Ring - U 2, 3 Volkstheater, U 3 Herrengasse - Tram 1, 2, D Burgring.

La Hofburg est constituée de deux blocs. La partie ancienne (Alte Burg) dessine un triangle dont l'entrée principale est située sur la Michaelerplatz. La partie plus récente s'étend entre la résidence ancienne et le Burgring.

★ Aile St-Michel (MICHAELERTRAKT) C1

Ses plans furent dressés par Joseph Emanuel Fischer von Erlach, mais sa réalisation n'intervint qu'en 1892 et 1893. Traitée en hémicycle, la façade, qui fait face à l'église **St-Michel**, ancienne église de la Cour, et à la **Looshaus★** (construite par l'architecte Loos entre 1909 et 1911), est décorée de deux fontaines monumentales ornées de statues.

★ Porte St-Michel (MICHAELERTOR) C1

Flanquée de groupes de sculptures retraçant la légende d'Hercule, la porte permet d'accéder à la salle octogonale de la coupole. Au-dessus s'élève le célèbre **dôme St-Michel★**, l'un des fleurons de l'architecture viennoise.

★ Appartements impériaux (KAISERAPPARTEMENTS) C1

Accès par la porte St-Michel - ✆ 01 533 75 70 - www.hofburg-wien.at - ♿ - 9h-17h30 (juil.-août 18h) - 16 € (6-18 ans 10 €), « Sisi Ticket » (voir p. 37) - audioguide en français inclus.

★ Collections d'argenterie et de porcelaine de la Cour – Les pièces exposées ont été utilisées jusqu'à la chute de la monarchie en 1918. Les plus remarquables sont le **Surtout de Milan★★** en bronze doré, commandé en 1838 à l'atelier milanais de Luigi Manfredini, pour équiper une table de 100 personnes et longue de 30 m. Les danseuses ont été inspirées par des sculptures en marbre de Canova ; la garniture centrale porte des figures allégoriques de la Lombardie (couronne de pierres) et de la Vénétie (bonnet ducal). Commandé vers 1808 par le vice-roi d'Italie, Eugène de Beauharnais, le **service « Grand Vermeil »★** a été dessiné par le Parisien Martin-Guillaume Biennais et a nécessité le concours de cinq orfèvres, dont le Milanais Eugenio Brusa qui a réalisé la soupière. Ce service prévu pour 140 couverts portait à l'origine les armes de Napoléon Ier ; il arbore aujourd'hui le monogramme de l'empereur François II.

On accède aux appartements par l'escalier impérial, dit Kaiserstiege.

Musée Sissi – Il est situé dans l'**appartement de l'archiduc Étienne** qui porte le nom du palatin de Hongrie, lequel y résida de 1848 à 1867. Les six salles relatent la vie de l'impératrice Élisabeth jusqu'à son assassinat en 1898 à Genève, en s'attardant sur sa personnalité singulière *(voir encadré p. 525)*. Des objets personnels, comme la copie de la fameuse robe du bal d'adieu de la jeune fiancée de François-Joseph et des fac-similés de ses poèmes, constituent d'émouvants témoignages. Deux remarquables **portraits★** de Georg Raab la représentent, l'un en reine de Hongrie, l'autre parée de rubis. Mais le **portrait★** de Franz Xaver Winterhalter, qui l'a peinte dans une robe de bal vaporeuse avec des étoiles de diamants dans les cheveux, est de loin le plus célèbre.

Appartements de l'empereur François-Joseph – De la salle des Trabants, on accède à la **grande salle d'audience** où patientaient, deux fois par semaine, les personnes venues solliciter ou remercier l'empereur. Les 80 bougies du lustre en cristal de Bohême ont été électrifiées au début du 20e siècle et éclairent des fresques de Peter Krafft illustrant des scènes de la vie de François Ier. Le **cabinet**

Un palais composé au fil des siècles

Le noyau primitif de la Hofburg, construit au 13e s., comprenait un quadrilatère hérissé de tours autour de la cour qui reçut au 18e s. le nom de cour des Suisses. Les souverains, soucieux d'agrandir et d'embellir leur résidence, n'hésitèrent pas à faire juxtaposer des styles très différents : au milieu du 15e s. fut édifiée la chapelle du Palais impérial ; au 16e s., l'aile d'Amélie et les écuries ; au 17e s., l'aile de Léopold (appartements de l'étage ouvrant sur la cour intérieure et la place des Héros, et comprenant les appartements dits « de Marie-Thérèse », aujourd'hui affectés au président de la République) ; au 18e s., l'aile de la Chancellerie, le manège où se produit l'École espagnole d'équitation et la Bibliothèque nationale ; aux 19e et 20e s., le Nouveau Palais, dont l'achèvement, peu avant 1914, clôtura l'histoire monumentale de l'édifice. Sur les 2 600 pièces que compte la Hofburg au total, une vingtaine sont ouvertes aux visiteurs.

d'audience conserve le pupitre sur lequel était posée la liste des audiences. Un chevalet présente le dernier portrait de François-Joseph par le peintre Heinrich Wassmuth. Dans le **cabinet de travail**, où François-Joseph apprit la fin tragique de son fils, le prince héritier Rodolphe *(voir encadré p. 130)*, remarquez le portrait d'Élisabeth par Franz Xaver Winterhalter, ainsi que les tableaux des murs latéraux illustrant la bataille de Custozza (1849) et le populaire maréchal Radetzky, auquel Johann Strauss père dédia une marche célèbre. La porte masquée dans le mur ouvre sur la pièce où se tenait le chambellan. Au-dessus de la cheminée, on peut admirer un portrait du tsar russe Alexandre II. Après la **chambre à coucher**, on accède à deux pièces qui ne furent plus utilisées après la mort de cette dernière en 1898 : le **grand salon**, où l'on voit un **portrait**★ de François-Joseph en uniforme réalisé par Franz Xaver Winterhalter, et le **petit salon**, où l'on remarque un portrait d'August Schoefft représentant Maximilien, le frère de François-Joseph, fusillé au Mexique en 1867 par les révolutionnaires républicains.

Appartements de l'impératrice Élisabeth – Dans le **cabinet de toilette**, les anneaux témoignent du soin que l'impératrice portait à sa condition physique. La sculpture d'Anton Dominik Fernkorn la représente à l'âge de 8 ans, et des aquarelles évoquent le palais d'Achilleion qu'elle fit construire à Corfou. Parmi les œuvres du **grand salon** (mobilier Louis XIV, statuettes en porcelaine de Herman Klotz, vases en porcelaine de Sèvres, etc.), notez le portrait d'Élisa Bonaparte, sœur aînée de l'empereur, qu'Antonio Canova tailla dans le marbre en 1817. Après le **petit salon,** on atteint la **grande antichambre** où se rassemblait la famille impériale avant les bals de la Cour.

La sortie s'effectue sur la Ballhausplatz. Tournez à gauche et traversez la cour intérieure pour rejoindre la chapelle impériale.

Cour intérieure (IN DER BURG) BC1

On accède à la majestueuse cour dite **« In der Burg »** au centre de laquelle se dresse le monument de l'empereur François Ier d'Autriche. Un beau portail Renaissance armorié et gravé ouvre sur la cour des Suisses.

Cour des Suisses (SCHWEIZERHOF) C1

Autour de cette cour, partie la plus ancienne du palais, se dressait le quadrilatère élevé par Ottokar II Przemysl en 1275 et hérissé de tours. L'escalier à droite mène à la **chapelle** où se produit régulièrement la célèbre chorale des Wiener Sängerknaben, les Petits Chanteurs de Vienne *(dim. à 9h15 - www.hofmusikkapelle.gv.at)*.

La livrée blanche des lipizzans

Les **lipizzans** doivent leur nom au haras fondé par l'archiduc Charles en 1580 à Lipizza (Slovénie). En 1920, ils furent transférés au château de Piber, près de Graz *(voir p. 296)*, où se trouve aujourd'hui le haras national.
Les sujets actuels sont les descendants de six grands étalons nés à la fin du 18e s. Tous se rattachent à une antique souche ibérique, déjà vantée au temps de César. Nés bais ou noirs, ils n'acquièrent leur livrée blanche qu'entre l'âge de 4 et 10 ans. Celui qui, exceptionnellement, reste de couleur sombre devient « bai brun de la Hofburg ».

★★★ Chambre du Trésor (SCHATZKAMMER) C1

Schweizerhof 1 - ✆ 01 525 24 5202 - www.kaiserliche-schatzkammer.at - ♿ - tlj sf mar. 9h-17h30 - 14 € ; billet combiné avec le musée des Beaux-Arts (voir p. 76) - audioguide 5 €.
L'existence d'un trésor à la Hofburg est attestée dès le 14e s. En 1747, l'impératrice Marie-Thérèse le fit installer dans une partie de ces salles, qui s'étendirent ensuite au fur et à mesure que le trésor s'agrandissait. On y a regroupé les souvenirs, reliques sacrées et insignes de souveraineté des Habsbourg, tels la **couronne de Rodolphe** (16e s.), le **manteau de couronnement de Roger II** (1133) et la **Couronne impériale** (962), la plus belle pièce de la collection.

★★ École d'équitation espagnole (SPANISCHE HOFREITSCHULE) C1

Josefsplatz/Michaelerplatz 1 - ✆ 01 533 90 31 - www.srs.at - billetterie : en ligne, par tél. ou au « Visitor's Centre » de la Michaelerplatz (sous la rotonde - tlj sf lun. 9h-16h) - visite guidée des manèges et des écuries (1h, en anglais et en allemand) : 13h, 14h, 15h et 16h, sf lun.-mar. (arrivez au moins 20mn av.) - 19 € ; séance d'entraînement en musique : 10h-11h - 24 € ; représentation : se rens. - 27 €/140 €.
Les chevaux de l'**École espagnole**, haute école d'équitation dont les origines remontent à la seconde moitié du 16e s., s'exercent dans le **manège d'équitation d'hiver** *(Winterreitschule)* édifié (1729-1735) par Joseph Emmanuel Fischer von Erlach. Intéressante réalisation baroque, elle est ceinturée par deux étages de galeries surplombant le plateau d'évolution des **lipizzans**.
Durant les représentations, menées en musique, dont le clou est le quadrille de clôture, les écuyers portent l'habit brun à parements de soie noire, les culottes de peau blanche, les hautes bottes et le bicorne.

★ Josefsplatz C1

Cette place, qui passe pour être la plus belle de Vienne, doit son nom à la magnifique statue équestre de Joseph II, dont le socle est orné de bas-reliefs en bronze. La **Bibliothèque nationale autrichienne** ★ en occupe le fond.

Bibliothèque nationale d'Autriche
(ÖSTERREICHISCHE NATIONALBIBLIOTHEK) C2

Josefsplatz 1 - ✆ 01 534 10 394 - www.onb.ac.at - ♿ - tlj sf lun. 10h-18h (21h jeu.) ; tlj de juin à sept. - 8 € - audioguide en anglais 3 €.
C'est l'empereur Charles VI qui ordonna la construction de ce bâtiment, achevé en 1726 par Bernhard Fischer von Erlach et son fils Josef Emanuel. Avec son immense coupole, la **salle d'apparat★★ (Prunksaal)** présente le type le plus achevé de la bibliothèque baroque : la fresque qui la décore, œuvre de Daniel Gran, représente l'apothéose de Charles VI. Les deux étages de rayonnages dissimulent des cabinets de travail auxquels on accède par des portes dérobées.

★★ Albertina: collection d'art graphique

(GRAPHISCHE SAMMLUNG) C2

Albertinaplatz 1 - ✆ 01 53 48 30 - www.albertina.at - ♿ - 10h-18h (21h merc. et vend.) - 17,90 €; 24,90 € billet combiné avec l'Albertina Modern (voir p. 84) - audio-guide en français 3 €.

Avec 60 000 dessins et près d'un million d'estampes de toutes les époques, le musée possède la plus grande collection graphique du monde. Elle est abritée depuis 1795 dans le palais qui domine la place du même nom, auquel fut adjointe en 2003 une structure métallique due à Hans Hollein. La collection d'origine doit son nom à son fondateur, le duc **Albert de Saxe-Teschen** (1738-1822), époux de l'archiduchesse Marie-Christine et gendre de l'impératrice Marie-Thérèse. L'institution a par ailleurs considérablement étoffé sa collection en 2007, grâce au prêt concédé par les époux Batliner, férus d'impressionnisme et d'avant-garde. Le 1er étage héberge les **salles d'apparat★ (Prunkräume)** de l'ancien palais, restaurées dans leur faste de 1822. Elles servent d'écrin à l'exceptionnel fonds Dürer réuni par Rodolphe II, qui comprend des pièces rares comme *Les Mains jointes, Le Lièvre* ou *La Madone aux animaux (seules des copies sont exposées).*

Au 2e niveau, l'exposition permanente « **De Monet à Picasso** » permet de suivre l'évolution stylistique du 20e s.: avant-garde russe, expressionnisme allemand... Parmi les pièces présentées, issues de la collection Batliner, on peut admirer des peintures des deux grands maîtres, mais aussi des œuvres de Matisse, Kirchner, Nolde, Munch *(Paysage d'hiver)*, Klimt *(Poissons d'argent)*, Kokoschka, Bacon ou Giacometti. La découverte du fonds de l'Albertina s'enrichit en outre de remarquables expositions temporaires.

Le long du musée, des serres abritent la **maison des Papillons** *(✆ 01 533 85 70 www.schmetterlinghaus.at).*

Nouveau Palais impérial (NEUE BURG) BC2

Construit de 1881 à 1913 dans le style de la Renaissance italienne selon les plans des architectes Gottfried Semper et Carl Hasenauer, le Nouveau Palais devait avoir pour pendant, au nord-ouest, une aile semblable, qui ne fut jamais réalisée. Sa façade en éventail s'ouvre sur la **Heldenplatz★** (place des Héros). Sur cette place de parade trônent les statues équestres du prince Eugène de Savoie, vainqueur des Turcs au 17e s., et de l'archiduc Charles, vainqueur de Napoléon à Aspern en 1809, dues toutes deux au sculpteur Anton Dominik Fernkorn.

★★ Musée du Monde (WELTMUSEUM) B2

Heldenplatz - Corps de Logis (mezzanine) Neue Burg - ✆ 534 30 5052 - www.weltmuseumwien.at - ♿ - jeu.-lun. 10h-18h, mar. 10h-19h - 16 € (accès gratuit à la Salle d'Armes et à la Collection d'instruments de musique anciens).

L'Autriche n'a jamais été une puissance coloniale mais les Habsbourg ont très tôt porté un vif intérêt aux cultures du monde. En témoignent les 14 salles de ce musée ethnologique qui a pour pièce maîtresse une somptueuse **parure aztèque en plumes de quetzal★★★** de 1515; dès 1596, elle faisait partie des collections de l'archiduc du Tyrol. Au 19e s., l'empereur François Ier racheta ce que l'explorateur James Cook avait glané en Polynésie, et l'archiduc François-Ferdinand revint d'Asie les bras chargés d'objets. Missionnaires, diplomates, savants et négociants autrichiens suivirent en rapportant aussi des « souvenirs » de leurs lointains voyages. Résultat: Vienne possède l'une des plus anciennes collections groenlandaises qui soit au monde et de rarissimes **bronzes★ du 14e s.** issus du royaume du Bénin.

1

★★ Salle d'armes (HOFJAGD UND RÜSTKAMMER) B2

Heldenplatz - Corps de Logis (1er étage) Neue Burg - ✆ 525 24 4502 - www.khm.at - ♿ - mêmes horaires que le Weltmuseum.

Cette exceptionnelle **collection d'armes et armures**, constituée à partir du 15e s. par l'archiduc Ernest de Styrie, fut complétée par la collection impériale des armes de la Cour en 1806. Notez les décorations filigranées des armures d'apparat, les heaumes et les selles des rois et empereurs.

★★ Collection d'instruments de musique anciens (SAMMLUNG ALTER MUSIKINSTRUMENT) B2

Heldenplatz - Neue Burg - ✆ 01 525 240 - www.khm.at - ♿ - mêmes horaires que le Weltmuseum - 18 €.

SE RESTAURER

Palmenhaus 60
Do and Co Albertina 61
Henry 62
Bitzinger Würstelstand Albertina 75
Café Leopold 80
Glacis Beisl.......................... 81

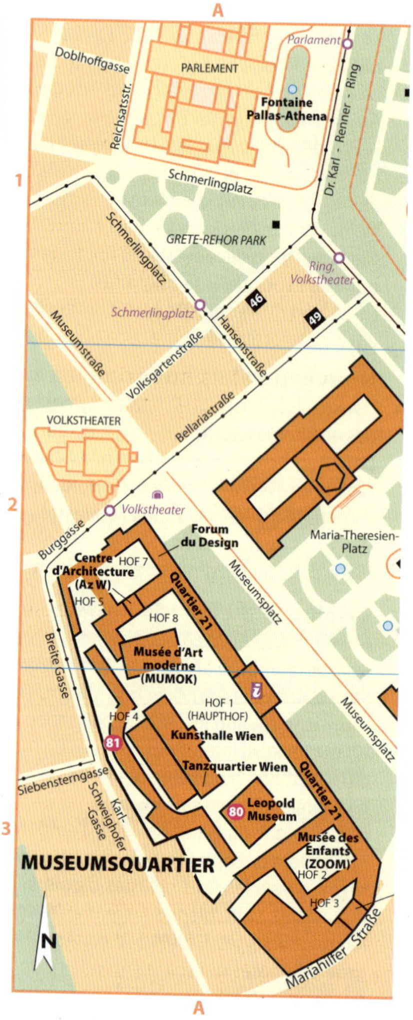

La constitution de cette collection débute au 16e s. sous l'impulsion de l'archiduc Ferdinand de Tyrol. De nombreuses pièces de la Renaissance lui donnent une valeur exceptionnelle, riche d'**instruments★★** très rares : rebec (Venise, 15e s.), clavecin (Venise, 1559), cistre (Brescia, 1574) et orgue (av. 1569). Remarquez les six trompettes partiellement dorées (Vienne, 1741 et 1746) ainsi que le piano (Vienne, 1867) marqueté par Ludwig Bösendorfer pour l'Exposition universelle de Paris.

Maison de l'Histoire (HAUS DER GESCHICHTE) B2

Heldenplatz - Neue Burg - ✆ 534 10 805 - www.hdgoe.at - tlj sf lun. 10h-18h (21h jeu.) - 8 € (accès gratuit au Musée d'Éphèse).

À l'occasion du centenaire de la fondation de la République (1918), la Hofburg s'est enrichie d'un nouveau musée qui vient combler une lacune importante :

l'histoire, très mouvementée, de l'Autriche au 20e s. L'occasion de retracer les années de terreur nazie – c'est de ce balcon que Hitler, en 1938, a proclamé l'Anschluss devant une foule en liesse – mais aussi de s'interroger sur la notion, ô combien complexe, d'identité autrichienne. Le parcours, mi-thématique mi-chronologique, est assorti de très nombreux documents et textes explicatifs (en allemand et en anglais seulement).

★★ Musée d'Éphèse (EPHESOS MUSEUM) B2

Heldenplatz - Neue Burg - ☎ 01 525 240 - www.khm.at - ♿ - mêmes horaires que la Maison de l'Histoire (ci-dessus) - 18 €.

Dès le 19e s., des équipes d'archéologues autrichiens ont dégagé sur le site d'Éphèse (actuelle Turquie) d'importants vestiges antiques. Sur l'île grecque de Samothrace, en mer Égée, ils ont aussi fait quelques belles découvertes qui sont venues compléter la collection des Antiquités grecques conservée au musée des Beaux-Arts *(voir p. 78)*. Parmi les pièces les plus significatives, signalons des fragments de l'autel du temple de Diane, et, surtout, la frise du **monument des Parthes★★** (vers 170 apr. J.-C.), en marbre et longue de 40 m. Elle relate notamment l'adoption de Marc Aurèle. Ne manquez pas le magnifique **Athlète d'Éphèse★★** du 1er s. apr. J.-C. (dans ses mains, il tenait le strigile destiné à racler l'huile dont il s'était oint).

À proximité de la Hofburg

Palais Lobkowitz et musée national du Théâtre

(ÖSTERREICHISCHES THEATERMUSEUM) C2

Lobkowitzplatz 2 - ☎ 525 24 2729 - www.theatermuseum.at - tlj sf mar. 10h-18h - 12 €.

Bâti de 1685 à 1687 sur les plans de Giovanni Pietro Tencalla, cet édifice italianisant a été retouché en 1709 par Johann Bernhard Fischer von Erlach. C'est ici, dans le grand salon *(Eroica-Saal)* peint à fresque en 1729 par Jacob van Schuppen, qu'eut lieu en 1804 la première de la Troisième Symphonie de Ludwig van Beethoven. Fondé en 1923, le musée expose un fonds constitué depuis le 17e s. comprenant croquis, modèles de décors, costumes et de nombreux tableaux. Cet ensemble s'est enrichi avec le transfert des collections de l'ancien musée de l'Opéra national.

Heidi Horten Collection C2

Hanuschgasse 3 - ☎ 01 512 5020 - www.hortencollection.com - visite sur réserv. d'un créneau horaire, merc.-lun. 11h-19h (jeu. jusqu'à 21h) - 15 €.

Ce musée privé expose par roulement la collection résolument contemporaine que la milliardaire autrichienne Heidi Goëss-Horten (1941-2022) avait constituée ces dernières décennies. Basquiat, Hirst, Twombly..., aucun artiste ne manque à l'appel, pas même les Autrichiens Franz West et Erwin Wurm. Mention spéciale pour la pièce dite « Tea Room » décorée par Hans Kupelwieser.

Nos adresses

MuseumsQuartier p. 82.

PLAN III P. 72-73

Restauration

Premier prix

(75) **Bitzinger Würstelstand Albertina** - C2 - *Albertinaplatz - U 1,2,4 Karlsplatz - 0664 88622428 - www.bitzinger-wien.at - - 9h-2h - à partir de 2,80 €.* Bitzinger, un nom à retenir ! La famille possède deux stands de Würste (saucisses), l'un en contrebas du musée de l'Albertina, l'autre au Prater. Celui de l'Albertina a la préférence des Viennois qui y dévorent leurs délices carnées, grillées à point, accompagnées d'une pinte de bière.

(62) **Henry** - C1 - *Schauflergasse 2 - 0664 80777 4115 - enjoyhenry.com - tlj sf dim. 7h40-20h (18h sam.).* Un café tout simple avec quelques guéridons sur le trottoir, une vue imprenable sur la Michaelerplatz, de bons croissants à l'heure du petit-déjeuner et, dès 11h, un buffet de salades et plats chauds, autrichiens pour certains : spätzle, poulet au paprika...

Budget moyen

(60) **Palmenhaus** - C2 - *Burggarten 1 - U 2 Museums Quartier, U 1, 2, 4 Karlsplatz - 01 5331033 - www.palmenhaus.at - mars-nov. : lun.-jeu. 10h-23h vend. 10h-22h, sam. 9h-0h, dim. 9h-22h ; déc.-fév. : se rens. - plats 13/33,50 €, formule déj. 14,50 €.* Les serres de la Hofburg abritent un restaurant noyé dans la verdure. La carte brasserie est éclectique et de bonne composition.

(61) **Do and Co Albertina** - C2 - *Albertinaplatz 1 - 1 5329669 - www.doco.com - lun.-sam. 9h-23h, dim. 9h-16h - salades ou pâtes 18/21 €.* Juste à gauche de la billetterie de l'Albertina, Do and Co est depuis longtemps une valeur sûre même si les prix sont un peu élevés. Pâtisseries signées Demel. Terrasse relaxante.

Shopping

Kunstverlag Wolfrum - *Augustinerstr. 10 - U 1, 3 Stephansplatz - 01 51253980 - www.wolfrum.at - tlj sf dim. 11h-18h, sam. 11h-17h (14h en juil.-août).* Cette librairie-galerie d'art rassemble un choix incroyable de livres, de gravures et de photographies d'art, ainsi qu'une jolie sélection de cartes Jugendstil ou des Ateliers viennois (Wiener Werkstätte).

Wiener Seife - *Herrengasse 6 - U 3 Herrengasse - 01 532 2225 - www.wienerseife.at - tlj sf dim. 10h-19h.* Danube bleu, rose des Alpes, Violette de Sissi..., au total, 70 adorables savons, tous fabriqués à Vienne, selon les recettes transmises par le dernier maître savonnier de la ville, Friedrich Weiss.

Musée des Beaux-Arts ★★★

Kunsthistorisches Museum

La passion des Habsbourg pour l'art est proverbiale. C'est pourquoi tout séjour à Vienne, aussi court soit-il, doit inclure une visite du musée des Beaux-Arts. Magnifiquement installées dans un bâtiment conçu, dès le 19e s., tout exprès pour elles, ces collections donnent un magistral aperçu des splendeurs réalisées au cours des siècles passés.

Se repérer

PLAN II P. 46-47 (B3)
Entre le Burgring et la Museumsplatz, au sud-ouest du Ring.

Organiser son temps

Pour un avant goût, consultez le site Internet du musée qui propose notamment une visite virtuelle. Et pour éviter la foule, profitez de la nocturne du jeudi.

Visiter

Maria-Theresien-Platz - U 2, 3 Volkstheater ou U 2 MuseumsQuartier - 01 525 240 - www.khm.at - - tlj sf lun. 10h-18h (21h jeu.) - 18 €; « billets combinés » (voir p. 37) - audioguide en français 6 €.

Sous la vertigineuse coupole, dans un superbe décor, vous pourrez faire une pause au café-restaurant *(www.genussimmuseum.at).*

La galerie d'art de l'archiduc Ferdinand II au château d'Ambras près d'Innsbruck, celle de Rodolphe II à Prague, celle de l'archiduc Léopold-Guillaume à Vienne et le trésor impérial ont été regroupés en 1891, et forment aujourd'hui une collection à l'étendue et à la qualité exceptionnelles.

★ Le monument

À la différence de la plupart des musées viennois, le bâtiment fut construit d'emblée dans le but d'en faire un musée. Le projet de l'architecte viennois **Karl Hasenauer** fut plusieurs fois remanié à partir de 1871 par Gottfried Semper pour satisfaire les exigences d'un bâtiment d'exposition. L'empereur François-Joseph l'inaugura en 1891.

L'intérieur du bâtiment est une œuvre d'art à lui seul, Hasenauer ayant prévu une correspondance entre la décoration de la salle et les œuvres qui y sont exposées. Le plus bel exemple est la somptueuse **cage d'escalier**★★, dont le plafond, embelli de l'*Apothéose de la Renaissance* par Mihály Munkácsy, représente le panthéon des artistes italiens de cette période : à gauche, sur les marches, Léonard de Vinci converse avec le jeune Raphaël ; juste au-dessus d'eux, Véronèse est en pleine action créative ; derrière la balustrade se tient Michel-Ange, tandis que Titien conseille un élève devant un modèle féminin. Les 12 lunettes ont été décorées par Hans Makart de portraits de peintres (parmi lesquels Dürer, Léonard de Vinci, Rembrandt et Vélasquez). Les figures entre les colonnes ont été réalisées, entre autres, par **Gustav Klimt**. Sur le repos de l'escalier, on peut admirer le groupe de **Thésée tuant le Minotaure**★ par Antonio Canova.

Escalier d'honneur du musée des Beaux-Arts.
B. Gardel/hemis.fr

★★★ Galerie de peinture

★★★ Peinture flamande et ★★ allemande

Dans la première salle est présenté un ensemble exceptionnel de 14 des 45 œuvres de **Pieter Bruegel l'Ancien** disséminées dans le monde. *Chasseurs dans la neige*★★★ (1565) constitue la pièce maîtresse de l'ensemble comptant en autres : *La Tour de Babel*★★, *Le Combat de Carême et de Carnaval*★★ (1559) et *Le Repas de noces*★.

Parmi les peintures de grands maîtres de la Renaissance flamande : le *Cardinal Albergati*★★ (vers 1435) par **Jan van Eyck** et le triptyque de *La Crucifixion*★ (vers 1440) par **Rogier van der Weyden**.

Parmi l'ensemble intéressant de peintures de maîtres de la Renaissance allemande : *Portrait de jeune Vénitienne*★ (1505) et *Adoration de la sainte Trinité*★★ (1511) d'**Albrecht Dürer** ; *La Sainte Famille*★ (vers 1480-1490) de **Martin Schongauer** ; *La Crucifixion*★ (vers 1500-1501) et *Judith avec la tête d'Holopherne*★ (vers 1530) de **Lucas Cranach l'Ancien** ; *La Nativité*★ (vers 1520-1525) d'**Albrecht Altdorfer** ; *Jane Seymour*★ (1536-1537) de **Hans Holbein le Jeune**.

Parmi les œuvres majeures des maîtres flamands du 17e s. : *Nicolas Lanier*★★ (1620) d'**Anton Van Dyck** ; portraits et autoportraits de **Rembrandt** : *Petit Autoportrait*★ (vers 1657) et *Grand Autoportrait*★★ (1652), ainsi que le célèbre *Atelier du peintre*★★★ (vers 1665-1666) de **Vermeer**. Nombreux tableaux de **Rubens** : le *Retable de saint Ildefonse*★★ (vers 1630-1632), *Vincent II de Gonzague* (vers 1604-1605) et la *Tête de Méduse* (vers 1617-1618).

Peinture italienne★★, espagnole et française

Point fort de la collection du musée, un ensemble assez important d'œuvres de maîtres vénitiens : *Saint Sébastien*★★ (vers 1457-1459) d'**Andrea Mantegna** ; *Jeune Fille à sa toilette* (1515) de **Giovanni Bellini** ; *Laure* (1506) et *Les Trois Philosophes*★★ (1508-1509) de **Giorgione** ; *Portrait de jeune homme devant un*

rideau blanc★ (vers 1508) de **Lorenzo Lotto**. Du **Titien**, *Femme avec une fourrure*★★ (vers 1535) et *Ecce Homo*★ (1543). De **Veronèse**, *L'Onction de David* (vers 1555) et *L'Adoration des Mages* (vers 1580-1588). Du **Tintoret**, *Suzanne et les vieillards*★★ (vers 1555). En comparaison, les autres écoles italiennes sont peu représentées. Une seule œuvre, mais majeure, de **Raphaël** : *La Vierge à la prairie*★ (1505) ; *Le Baptême du Christ* (vers 1498-1500) par **Le Pérugin** ; *David tenant la tête de Goliath*★ (1606-1607) par le Caravage ; *La Lamentation*★ (vers 1603) par Annibal **Carrache**.
Quelques peintures françaises, notamment de Poussin et de Simon Vouet et des tableaux de maîtres espagnols, dont un très bel ensemble de **Portraits**★★ d'infants par **Vélasquez** et *L'Archange saint Michel* (vers 1665-1668) par **Murillo**.

★★ Kunstkammer

La prestigieuse Kunstkammer est constituée de quelque 2200 objets précieux collectionnés par les Habsbourg, provenant du Trésor impérial et du cabinet de curiosités des empereurs, ce carrefour où se croisaient art et sciences. Ce cabinet d'art, parmi les plus remarquables au monde, conserve des objets datant du Moyen Âge, de la Renaissance et du baroque, jusqu'aux styles éclectiques du 19ᵉ s. : statuettes en bronze, ivoires délicats, pièces d'orfèvrerie – en particulier la **Saliera**, salière réalisée au 16ᵉ s. par Benvenuto Cellini pour le roi de France François Iᵉʳ –, pierres précieuses, horloges, automates et autres « curiosités ».

★★ Collections antiques

★★ Collection égyptienne

Constituée à partir du début du 19ᵉ s. par les Habsbourg, elle est intégrée dans des salles conçues en « style égyptien », et ornées de **colonnes papyriformes**★ (inspirées de la tige du papyrus) en granit rose d'Assouan (XVIIIᵉ dynastie - *Salle I*). Les premières salles sont dédiées au culte funéraire. Ne manquez pas le **sarcophage noir de Nes-Schou-Tefnout**★ (vers 300 av. J.-C.) ni l'exemple ancien de « mastaba » (édifice funéraire destiné aux pharaons et hauts dignitaires égyptiens) de la nécropole de Gizeh : la **chapelle funéraire de Ka-ni-nisut** (Vᵉ dynastie, vers 2400 av. J.-C.). Les dernières salles rassemblent des statues, les plus belles étant réunies dans la **salle IX**★ : l'étonnante **statue de Sebek-em-Sauf**★★ (XIIIᵉ dynastie ; vers 1700 av. J.-C.), important dignitaire, mais représenté de manière fort débonnaire et modeste ; la **tête de Thoutmosis III**★★★ (XVIIIᵉ dynastie), ainsi qu'un beau torse féminin, datant de l'époque ptolémaïque (vers 270-250).

★★ Collections grecques et romaines

La première salle est dédiée à la sculpture grecque à travers ses copies romaines. Remarquez tout particulièrement la copie du **buste d'Aristote**★ (vers 320). Plus loin, bel ensemble de bustes, parmi lesquels on reconnaît les empereurs Trajan et Auguste. Une collection de **portraits funéraires du Fayoum**★ retrace de manière vivante l'évolution des modes et des parures. Le musée possède un nombre important de vases grecs à figures noires comme la **coupe de Douris**★ et de petites sculptures en bronze telle la **tête de Zeus**★. La dernière salle, celle des camées est sans doute l'une des plus impressionnantes, à la fois par la profusion et la qualité de cette collection dont le noyau fut constitué par Rodophe II : **camée des Ptolémées**★, **gemme d'Auguste**★★★. Enfin, une salle réunit un ensemble exceptionnel de **23 vases d'or**★ des 7ᵉ-9ᵉ s., découverts en 1799 à Nagyszentmiklós (Roumanie).

MuseumsQuartier ★★

Si le musée des Beaux-Arts reste un temple de la culture classique, MuseumsQuartier (MQ), juste à côté, joue la carte de la diversité avec un foisonnement de manifestations artistiques. Art contemporain, danse, architecture trouvent naturellement leur place dans ce forum ouvert à tous. Depuis 2001, il connaît un succès mérité qui ne se dément pas.

Coque de basalte du MUMOK, par les architectes Ortner & Ortner Baukunst.
B. Gardel/hemis.fr

Se repérer

PLAN I P. 32-33 (C2), PLAN II P. 46-47 (AB3) ET PLAN III P. 72-73 (A2-3)

Le « quartier des musées » s'étend derrière la façade des anciennes écuries impériales.

U *2, 3 Volkstheater,* U *3 Neubaugasse* - Tram *1, 2, D Burgring.*

À ne pas manquer

Le musée Léopold, le Garde-meuble de la Cour, l'atmosphère du quartier des Musées le soir en été.

Organiser son temps

Comptez un après-midi. Profitez des nocturnes des musées Leopold et MUMOK.

En famille

Le ZOOM Kindermuseum.

Carnet pratique p. 37

Nos adresses p. 81

Les musées

PLAN III P. 72-73

MQ Point - *Museumsplatz - ✆ 523 58 81 - www.mqw.at - 10h-19h - diverses offres, dont le billet combiné MQ Kombi-Ticket (voir p. 37) - visite du complexe en anglais : sam. à 15h - 8 € ; visite des ateliers d'artistes (« backstage tour ») les 1er et 3e jeu. du mois, en anglais, à 17h (7 €).*

Avec la Hofburg, le musée des Beaux-Arts et le musée d'Histoire naturelle, le MuseumsQuartier constitue l'une des plus grandes aires culturelles du monde. Tous les établissements qu'il héberge sont indépendants.

Dans la cour, cafés et bancs invitent à faire une pause entre deux visites. Dans les ateliers, l'indication *Artists-in-Residence* signale des œuvres réalisées sur place. Les Wiener Festwochen, la Viennale (festival du cinéma) et l'ImPulsTanz Festival (festival de danse) utilisent cet espace pour leurs manifestations.

★★ Leopold Museum A3

✆ 01 525 70 - www.leopoldmuseum.org - ♿ - juin.-août : 10h-18h (jeu. 21h) ; reste de l'année : fermé mar. - 15 € ; 25 € billet combiné avec le Mumok - audioguide en français 4 €. Plan d'orientation à l'entrée.

Dans ce beau cube de calcaire blanc, la collection d'art du médecin Rudolf Leopold dispose de salles d'exposition dignes de ce nom, réparties sur quatre étages et deux sous-sols. Elle réunit plus de 5 000 objets, dont la plus grande **collection d'œuvres d'Egon Schiele★★**, ainsi que d'autres pièces importantes des peintres autrichiens modernes, parmi lesquels Klimt (entre autres *La Vie et la Mort★★*, 1915-1919), Egger-Lienz, Kubin et Kokoschka. Belle vue depuis le toit-terrasse « MQ Libelle » *(10h-22h - fermé mar. et hiver)*.

Musée d'Art moderne - Fondation Ludwig

(MUMOK - MUSEUM MODERNER KUNST STIFTUNG LUDWIG WIEN) A2-3

✆ 01 525 00 - www.mumok.at - ♿ - tlj sf lun. 10h-19h - 14 € ; billet combiné avec le Leopold Museum (voir ci-dessus).

La collection, largement revalorisée en 1981 par l'intégration de la fondation Ludwig, occupe un édifice couvert de basalte, aussi noir que le Leopold est blanc ! Vous y trouverez un bel aperçu des courants les plus importants de l'art moderne : expressionnisme (Richard Gerstl, Oskar Kokoschka, Ernst Ludwig Kirchner), futurisme (Fernand Léger, etc.), surréalisme (Man Ray, Max Ernst, René Magritte)... L'**actionnisme viennois**, variante autrichienne de l'art d'action, né à la fin des années 1950, y est largement représenté.

Sites annexes

Centre d'architecture Az W – A2 - *www.azw.at - ♿ - 10h-19h - 9 €.* Au sein du MQ, il comprend une salle retraçant l'évolution de l'architecture autrichienne du 19e au 21e s., qui enthousiasmera les passionnés d'urbanisme, et une autre dédiée aux expositions temporaires.

Kunsthalle – A3 - *✆ 01 521 890 - www.kunsthallewien.at - ♿ - tlj sf lun. 11h-19h (21h jeu.) - 8 € (gratuit jeu. 17h-21h).* Située derrière l'ancien manège d'hiver, elle accueille des expositions temporaires à la pointe en matière d'art contemporain.

Musée des Enfants (ZOOM Kindermuseum) – A3 - *✆ 01 524 79 08 - www.kindermuseum.at - ♿ - tlj sf lun. 9h15-13h15, w.-end et j. fériés 9h15-17h.* Conçu comme une aire de jeux, il propose aux 6-12 ans des espaces interactifs, consacrés à la recherche et aux découvertes.

À voir aussi

PLAN I P. 32-33 ET PLAN II P. 46-47

★ Spittelberg PLAN II A3

U 2, 3 Volkstheater, Tram 49 Stiftgasse.

Le quartier de Spittelberg forme un rectangle délimité par les Burggasse, Stiftgasse, Siebensterngasse et Kirchberggasse. Jadis très prisé par la bohème viennoise, ce quartier doit sa renaissance aux marginaux des années 1970 qui s'y établirent. Sensible au charme de ses rues, la ville de Vienne restaura les bâtiments et réserva la zone aux piétons. En perpétuelle animation, le Spittelberg est un lieu de rencontres : un **marché** s'y tient chaque samedi d'avril à novembre, et son **marché de Noël** est le plus sympathique de la ville.

Musée du meuble de Vienne (MÖBELMUSEUM WIEN) PLAN I C2

Andreagasse 7 - U 3 Zieglergasse - ♿ - ✆ 01 524 33 57 - www.moebelmuseum wien.at - tlj sf lun. 10h-17h - 11,50 € ; « Sisi Ticket » (voir p. 37).

Ce musée permet au visiteur de se faire une idée du goût des différents empereurs en matière de décoration intérieure : qu'il s'agisse du **cabinet égyptien**, de la **salle des Habsbourg** ou de la **salle de Laxenburg** au splendide mobilier 17e s. d'origine allemande. Les pièces exposées laissent entrevoir la prédilection des Habsbourg pour les cultures étrangères et exotiques. Le 2e étage abrite l'entrepôt (toujours en activité) et une suite d'intérieurs – les **Biedermeierkojen** – constituée dans les années 1920 avec du mobilier de la Cour, qui illustre à merveille l'art privé bourgeois entre 1815 et 1848.

1

Nos adresses

PLAN II P. 46-47 ET PLAN III P. 72-73

Restauration

Premier prix

80 Café Leopold – PLAN III A3 - *Museumsplatz 1 - U 2 MuseumsQuartier - ✆ 01 5222391 - www.cafeleopold.wien - cafeleopold.wien - 10h-0h - plats 12/16 €.* Ce lieu multifonction ouvre tôt, ferme tard, et contente un large public (pâtes, curry, sushis, etc.), dans un décor audacieux. Préférez les tables de la passerelle qui domine le MQ. Le week-end, en soirée, les DJ's prennent le relais.

81 Glacis Beisl – PLAN III A3 - *Museumsquartier - accès possible par Breite Gasse 4 - U 2, 3 Volkstheater - ✆ 01 5265660 - www.glacisbeisl.at - 12h-0h (cuisine 12h-22h30) - plats 13/27 €, menu du j. en sem. 11,90/12,90 €.* Après avoir grimpé les escaliers du MUMOK, on débouche dans l'arrière-cour du MQ, un jardin secret relié à la rue. Dans ce cadre remarquable, le Glacis ne vole pas son appellation de Beisl : toute la déco d'un restaurant traditionnel est ici revue et corrigée à la mode du 21e s.

1 Amerlingbeisl – PLAN II A3 - *Stiftgasse 8 - U 2, 3 Volkstheater - ✆ 01 5261660 - www.amerlingbeisl.at - lun.-sam. 12h-0h, dim. 10h-2h - plats 10/16 €.* Logé dans la maison du peintre Friedrich von Amerling (1803-1887), cet adorable bistro sert des plats simples à petits prix et héberge un centre culturel alternatif.

54 Ulrich – PLAN II A3 - *Sankt Ulrichsplatz 1 - U 3 Neubaugasse - ✆ 01 9612782 - www.ulrichwien.at - lun.-vend. 7h30-1h, w.-end 9h-1h - plats 13/21 €, formule déj. 11,90/13,50 €.* Le café-restaurant installé sur l'exquise place Ulrich, face à l'église baroque. Pensée pour toutes les faims, l'astucieuse carte se médite sur la terrasse pavée en saison. Bonne formule déjeuner à prix mini.

Budget moyen

4 Tian – PLAN II C3 - *Schrankgasse 4 - U 2, 3 Volkstheater - ✆ 01 526 9491 - www.tian-bistro.com - mar.-vend. 17h-22h, sam. 10h-13h, 17h-22h - fermé dim.-lun. - menu 41 €; brunch du sam. 21 €; couvert: 3 € (pour 2 pers.).* Au cœur de Spittelberg, un sympathique bistro, plutôt végétarien, doté d'une agréable terrasse aux beaux jours et d'une carte aux combinaisons inédites (risotto safran-aubergines-et-figues). Pour gourmets curieux.

Petite pause

Gelateria La Romana dal 1947 – *Stiftgasse 15-17 - U 2, 3 Volkstheater - Tram 49 - ✆ 01 523 2300 - www.gelateriaromana.com - 15h-21h30.* Des coupes élaborées, des glaces en brioche comme en Sicile, du sabayon comme autrefois et quelques parfums bien viennois (Sacher).

Das Café – *Burggasse 10 - U 2, 3 Volkstheater - ✆ 01 524 9497 - www.das-cafe.wien - lun.-vend. 9h-minuit, sam. 10h-1h, dim. 10h-23h - brunch 16,50 €.* Un café au mobilier dépareillé, très apprécié le week-end pour son généreux brunch avec fromages et jambons des alpages. En semaine, la carte est plus réduite (quiche, toasts, mezze...), mais l'ambiance est toujours aussi décontractée. Limonades maison, cafés bien torréfiés et thés ayurvédiques.

Shopping

Çombinat – *Museumsplatz - (côté Burggasse) - U 2, 3 Volkstheater/ MuseumsQuartier - ✆ 01 2360596 - www.combinat.at - mar.-sam. 12h-19h.* Réunie, au sein du Museumsquartier, une belle brochette de jeunes créatrices autrichiennes et d'Europe centrale (Pitour, Aquanauta...).

Ina Kent – *Siebensterngasse 50 - U 3 Neubaugasse - ✆ 0699 14777477 - inakent.com - tlj sf dim. 10-18h (17h sam.).* On craque pour les sacs en cuir vraiment pratiques et séduisants de cette jeune créatrice viennoise.

Die Sellerie – *Burggasse 21 - U 2,3 Volkstheater - ✆ 0699 12109304 - www.diesellerie.com - jeu.-vend. 11h-19h, sam. 11h-17h.* Du bol en bois à la serviette en lin en passant par le coquetier, Patrick et Georg, tous deux graphistes, sont en train de créer une gamme d'accessoires déco très inspirée. Jolies bougies parfumées de Scandinavie.

Boire un verre

Chez Bernard – *Schadekgasse 20 - U 3 Neubaugasse - ✆ 01 581 4600 - www.chezbernard.at - 16h-23h.* À tester aux beaux jours: le bar & lounge de l'hôtel Motto, doté d'une terrasse avec vue panoramique sur les toits de la ville. Petite carte d'apéritifs et de cocktails.

Wieden ★★

Très prestigieux aux yeux des Viennois, l'arrondissement de Wieden s'étend au sud de l'Innere Stadt et du Ring. L'immense Karlsplatz réunit d'importantes curiosités touristiques et culturelles, comme le pavillon de la Sécession et l'église baroque St-Charles. À l'ouest, de part et d'autre de l'artère Wienzeile, se dressent quelques façades Jugendstil. Sur le terre-plein du même nom, les échoppes du vaste marché du Naschmarkt invitent à s'arrêter dans une ambiance exotique.

Immeuble Otto-Wagner dans la Linke Wienzeile.
dinkaspell/Getty Images Plus

Se repérer

PLAN IV P. 86-87 (AB1-2)

La Karlsplatz, à l'orée de Wieden, débouche côté Ouest sur la Linke et Rechte Wienzeile, qui rejoint Schönbrunn. U *1, 2, 4 Karlsplatz* - Tram *62, 65* - Bus *4A Karlsplatz*.

À ne pas manquer

L'église St-Charles, les pavillons de la Sécession et d'Otto Wagner.

Organiser son temps

Profitez du marché à midi : les échoppes du Naschmarkt servent leurs spécialités autour de quelques tables.

Carnet pratique p. 37

Nos adresses p. 88

Se promener

PLAN IV P. 86-87

★★ Église St-Charles (KARLSKIRCHE) B1

Karlsplatz - ✆ 01 504 62 94 - www.karlskirche.at - lun.-sam. 9h-18h, dim. 12h-19h - 8 € (ascenseur panoramique pour la coupole) - audioguide en français.

Dédiée à saint Charles Borromée, elle fut bâtie de 1716 à 1737 sur les plans de Johann Bernhard Fischer von Erlach, à la suite d'un vœu de l'empereur Charles VI pendant la peste de 1713. Elle combine en un magistral **ensemble★★** des styles et des éléments architecturaux très opposés.

Extérieur – On rapporte que c'est du haut de la colline romaine du Pincio que Fischer von Erlach aurait eu la vision de cette association inattendue entre la colonne Trajane, le portique romain et le dôme baroque. L'ensemble est encadré de deux tours très écrasées, ajourées à l'étage inférieur.

Intérieur – *Un ascenseur permet de monter dans le dôme. Un escalier permet également d'atteindre un balcon situé tout en haut du dôme, d'où l'on jouit d'une belle vue sur Vienne.* En l'absence de nef, toute l'attention se porte sur la vaste **coupole★★** ovale, décorée de fresques de Johann Michael Rottmayr. L'édifice réunit tous les ingrédients du baroque : accumulation des ornements, personnages en mouvement, éclairage indirect du maître-autel, effets de perspective. D'immenses pilastres divisent les murs en panneaux. La décoration, de marbre rose, est d'une grande sobriété.

Au milieu du bassin, devant l'église, une monumentale sculpture en bronze du sculpteur britannique Henry Moore offre un harmonieux contrepoint à la façade.

★ Wien Museum B1

Karlsplatz - ✆ 01 505 87 470 - www.wienmuseum.at - ♿ - fermé jusqu'en 2023 (pendant la durée des travaux, les expositions temporaires du Wien Museum sont visibles près de l'hôtel de ville, Felderstr. 6-8 - tlj sf lun. 10h-18h - 7 €).

Consacré à l'histoire de la ville de Vienne, ce musée qui vient de faire peau neuve (2019-2023) conserve à lui seul plus d'un million d'objets, mais n'en expose que 2 000, habilement sélectionnés et répartis sur trois étages en 13 « chapitres ». Le rez-de-chaussée embrasse les temps les plus reculés, de la préhistoire du Bassin viennois au dernier siège ottoman de 1683. Le 1er étage se concentre sur la Vienne baroque et le 19e s. Les 20e et 21e s. occupent le 2e étage. L'occasion de voir les statues originales de la fontaine de Donner *(voir p. 54)*, la calèche d'apparat du maire de Vienne et la baleine de l'auberge *Zum Walfisch* au Prater !

★ Pavillons de Wagner (WAGNER-PAVILLONS) B1

Au nord de l'église St-Charles et bordant la place du même nom, les deux pavillons (1899) dus à **Otto Wagner** se font face, dans le style si original de l'Art nouveau viennois. Ils associent de façon harmonieuse l'ossature en fer vert très visible et les plaques de marbre blanc, une construction autrefois innovante, que recouvre un toit en tôle de cuivre ondulée. L'architecte a orné le bâtiment de reliefs dorés et d'ornementations en or enchâssées. Il considérait le chantier du métro, dont il eut la direction de 1894 à 1900, comme essentiel pour le visage de la Vienne moderne. L'un des pavillons de la Karlsplatz sert toujours d'accès au métro, mais aussi de lieu d'exposition dédié aux réalisations de Wagner *(avr.-oct. : tlj sf lun. 10h-13h et 14h-18h - 5 €, gratuit 1er dim. du mois)*. L'autre pavillon abrite un café.

★ Albertina Modern B1

Karlsplatz 5 - ✆ 01 53 48 30 - www.albertina.at - ♿ - 10h-18h (21h merc. et vend.) - 14,90 € ; billet combiné avec l'Albertina (voir p. 71).

La vénérable « Maison des Artistes » (Künstlerhaus), de 1865, que les Sécessionnistes jugeaient totalement démodée à la fin du 19e s., s'est métamorphosée (2020) en une annexe très tendance de l'Albertina ! Son point fort ? Ses expositions temporaires, souvent très intéressantes (Ai Weiwei), mais aussi la prestigieuse **collection Essl** qui réunit des artistes autrichiens du 20e s. (Hermann Nitsch, Maria Lassnig, Erwin Wurm, Christian Ludwig Attersee) et la **collection Jablonka**, plus internationale, avec des œuvres signées Kiefer, Baselitz, Warhol, Sherman..., présentées par roulement.

★★ Pavillon de la Sécession (SECESSIONSGEBÄUDE) B1

Friedrichstr. 12 - ✆ 01 587 53 07 - www.secession.at - tlj sf lun. 10h-18h- 9,50 € (billet combiné Frise de Beethoven et expositions temporaires).

La Sécession voulait disposer d'un bâtiment où exposer des œuvres contemporaines du monde entier. C'est un élève d'Otto Wagner, **Joseph Maria Olbrich**, qui éleva en six mois ce joyau du **Jugendstil**, inauguré pour la deuxième exposition de la Sécession en 1898. Ce « temple de l'art » fut cependant dénigré en raison de son architecture révolutionnaire pour l'époque et affublé du surnom de « temple des Rainettes ». La façade blanche et sobre est dominée par une sphère constituée de 3000 feuilles de laurier en fer forgé dorées. Sur le fronton, on peut lire en lettres d'or : *« Der Zeit ihre Kunst, der Kunst ihre Freiheit »* (À chaque époque son art, à l'art sa liberté). Au sous-sol se trouve une œuvre monumentale réalisée par **Gustav Klimt** sur le thème de la *Neuvième Symphonie*, la célèbre **frise de Beethoven★★**, créée à l'occasion de la 14e exposition de la Sécession en 1902. Cette fresque, longue de 34 m, réputée comme l'un des chefs-d'œuvre du Jugendstil viennois, fut enlevée du bâtiment en 1903 et n'y reprit place qu'en 1986, une fois le pavillon restauré.

1

★★ Académie des Beaux-Arts - Pinacothèque (AKADEMIE DER BILDENDEN KÜNSTE – GEMÄLDEGALERIE) B1

Schillerplatz 3 (1er étage) - ✆ 01 58 816 2201 - www.akademiegalerie.at - ♿ - tlj sf lun. 10h-18h - 9 €.

Ce bâtiment néo-Renaissance est une académie qui forme des sculpteurs, des décorateurs et des peintres (c'est d'ailleurs ici que Hitler, qui avait des velléités d'artiste, échoua au concours d'entrée en 1907), mais il abrite aussi un musée ! La collection comprend des œuvres de valeur. La plus extraordinaire est le **Triptyque du Jugement dernier★★★** de Jérôme Bosch (1460-1516, dernière salle au fond), composition où se côtoient monstres et détails horribles symbolisant les souffrances d'ici-bas. Remarquez également la *Lucrèce* de Lucas Cranach l'Ancien (1532), l'*Autoportrait* d'Antoon van Dyck (vers 1615), le *Portrait d'une jeune femme* par Rembrandt (1632) et les *Vues de Venise* de Francesco Guardi.

★ Immeubles Otto-Wagner A1

Linke Wienzeile. **Otto Wagner** aurait voulu faire de cette artère qui relie la Hofburg à Schönbrunn une voie digne des empereurs. Bien que le projet ne vît pas le jour, il put y ériger deux immeubles d'habitation représentatifs des canons du Jugendstil. Le n° 40, connu sous le nom de **« maison aux majoliques »**, présente une façade sobre envahie de motifs floraux en faïence. Au n° 38, ce sont les ornements dorés qui constituent la décoration de la **« maison aux médaillons »**.

A
B
1
2
3
SE RESTAURER
Klein Steiermark im Schweizergarten... 3
Zum Alten Fassl... 7
Café Anzengruber... 83
Naschmarkt... 84
SE LOGER
Wombats at the Naschmarkt... 1
Hotel Daniel... 8
Grätzlhotel... 30
SPITTELBERG
NEUBAU
MUSEUMSQUARTIER
Musée des Beaux-Arts
Jardin du Palais
Albertina-platz
Ste Anne
Maison de la Musique
Opéra national
Kärntner Ring
Schwarzenbergpl.
Oper
Burgring
Museumsquartier
Académie des Beaux-Arts
Café Museum
Pavilions de Wagner
Société des Amis de la musique
Pavillon de la Sécession
Theater an der Wien
Kunsthalle project space
Albertina Modern
Statue de Brahms
Wien Museum
Université technique
St-Charles
Karlspl.
Immeubles d'Otto Wagner
Naschmarkt
ESTERHAZY-PARK
WIEDEN
PALAIS SCHWARZENBERG
Erzh.-Johann Pl.
FUNKHAUS
Theresianum
Paulanergasse
Taubstummeng.
Mayerhofg.
Pilgramg.
Kettenbrückeng.
MARGARETEN
ELISABETH-KIRCHE
St. Elisabeth-Platz
Johann-Strauß-Gasse
ALOIS-DRASCHE-PARK
Südtiroler Pl.
Südtirol Platz
Laurenzg.
Blechturmg.
Kliebierg.
Matzleinsdorfer Platz
Columbusplatz
Margaretengürtel
Laxenburger Str.
Favoritenstr.
Wiedner Hauptstr.
Mariahilfer Str.
Linke Wienzeile
Rechte Wienzeile
Schönbrunner Str.
Margaretenstr.
Siebensterng.
Burggasse
Seilerstätte
Fichteg.
Walfischg.
Lothringer
Gußhausstr.
Argentinierstr.
Prinz-Eugen Str.
Theresianumgasse
Belvederег.
Schelleing.
Weyringer-
Reinprechtsdorfer str.
Bachеrpl.
Bräuhausg.
Gumpendorfer Str.
Schadekg.
Mariahilfer

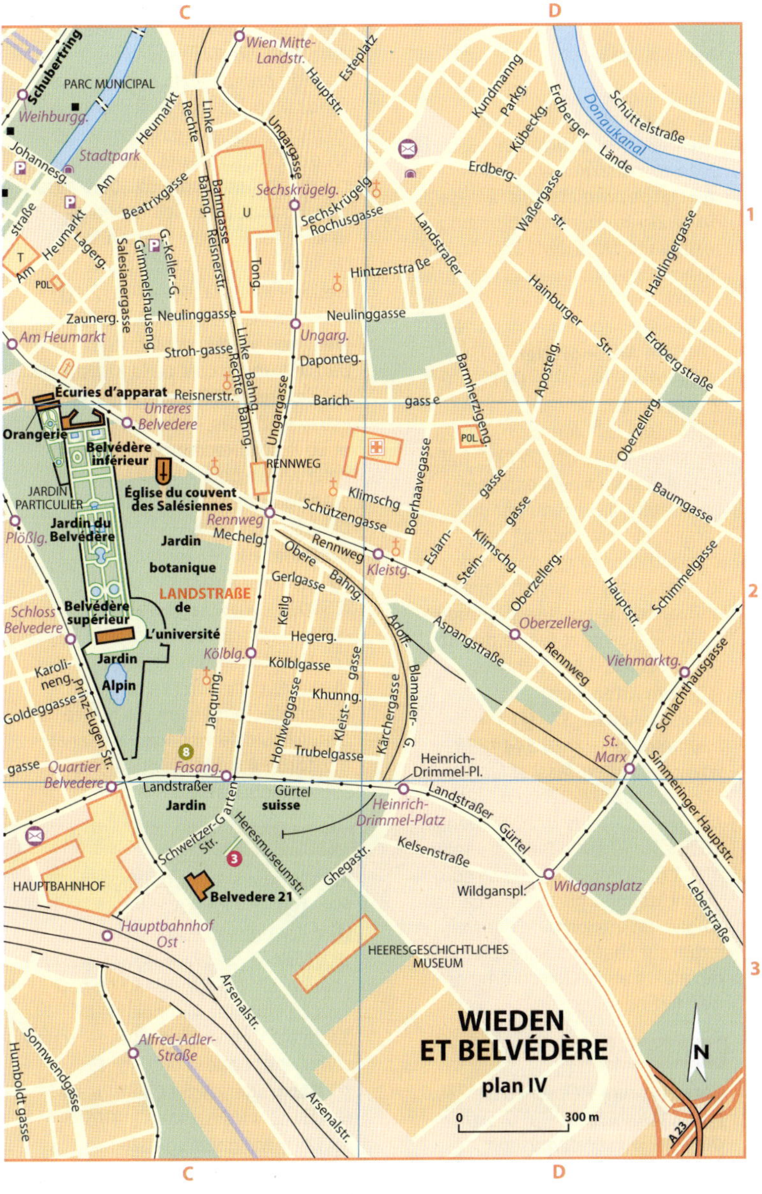
C
D
1
2
3
WIEDEN
ET BELVÉDÈRE
plan IV
0
300 m
N
Schubertring
PARC MUNICIPAL
Weihburgg.
Stadtpark
Johannesg.
Am Heumarkt
Beatrixgasse
Wien Mitte-Landstr.
Hauptstr.
Esteplatz
Ungargasse
Linke Bahng.
Rechte Bahng.
Bahngasse
Reisnerstr.
Tong.
Sechskrügelg.
Rochusgasse
Hintzerstraße
Landstraßer
Kundmanng
Parkg.
Kübeckg.
Erdberger Lände
Donaukanal
Schüttelstraße
Erdberg-
Waßergasse
str.
Haidingergasse
Hainburger Str.
Erdbergstraße
Aposteig.
Oberzellerg.
Baumgasse
Lagerg.
Salesianergasse
G.-Keller-G.
Grimmelshausenq.
POL
Zaunerg.
Neulinggasse
Stroh-gasse
Ungarg.
Daponteg.
Barich-
gasse
Barmherzigeng.
Reisnerstr.
Écuries d'apparat
Unteres Belvedere
Orangerie
Belvédère inférieur
RENNWEG
Église du couvent des Salésiennes
JARDIN PARTICULIER
Jardin du Belvédère
Plößlg.
Rennweg
Mechelg.
Klimschg
Schützengasse
Boerhaavegasse
Eslarn-
Stein-
gasse
Klimschg.
Kleistg.
Jardin botanique
Obere Bahng.
Gerlgasse
LANDSTRAßE
de l'université
Schloss Belvedere
Belvédère supérieur
Jardin Alpin
Karoli-neng.
Goldeggasse
Prinz-Eugen Str.
Kölblg.
Kölblgasse
Keilg
Hegerg.
Jacquing.
Hohlweggasse
Khunng.
Kleist-gasse
Kärchergasse
Trubelgasse
Adolf-Blamauer-G.
Aspangstraße
Oberzellerg.
Rennweg
Hauptstr.
Schimmelgasse
Viehmarktg.
Schlachthausgasse
St. Marx
Simmeringer Hauptstr.
gasse
Quartier Belvedere
Fasang.
Landstraßer
Gürtel
Jardin
suisse
Heinrich-Drimmel-Pl.
Heinrich-Drimmel-Platz
Landstraßer Gürtel
Schweitzer-Garten Str.
Heeresmuseumstr.
Kelsenstraße
Ghegastr.
HAUPTBAHNHOF
Belvedere 21
Wildganspl.
Wildgansplatz
Leberstraße
Hauptbahnhof Ost
HEERESGESCHICHTLICHES MUSEUM
Arsenalstr.
Sonnwendgasse
Humboldt gasse
Alfred-Adler-Straße
A 23

Nos adresses

PLAN IV P. 86-87

Restauration

Premier prix

84 **Naschmarkt** – A1 - *Linke Wienzeile/Kettenbrückengasse - U 2, 4 Karlsplatz/Kettenbrückengasse - marché de produits frais: lun.-sam. 6h30-21h au plus tard (18h sam.); restaurants: tlj jusqu'à 23h.* Au sein du Naschmarkt, diverses échoppes et restaurants pour vous restaurer du matin au soir. Saveurs variées.

83 **Café Anzengruber** – B1 - *Schleifmühlgasse 19 - U 1, 2, 4 Kettenbrückengasse - ✆ 01 5878297 - lun.-sam. 16h-2h (cuisine 23h) - plats 12/18 €.* Beisl patiné, à la cuisine viennoise généreuse. Il est tenu par un Croate, et beaucoup de ses compatriotes se retrouvent devant le billard et la télévision dans une ambiance chaleureuse pour boire un Weiß Gespritzt (verre de vin blanc coupé à l'eau pétillante).

7 **Zum Alten Fassl** – A2 - *Ziegelofengasse 37 - U 4 Pilgramgasse - ✆ 01 5444298 - www.zum-alten-fassl.at lun.-vend. 17h-0h, sam. 17h-22h, dim. 12h-15h, 17h-0h - plats 11/20 €, menus 26,50/38,50 €.* Ce Beisl discret mais cossu enchante par sa cuisine viennoise mitonnée et son cadre soigné. En été, on dîne dans un jardin sur cour très agréable. Vins de qualité et service comme on n'en fait plus.

Petite pause

Café Museum – *Operngasse 7 - U 1,2, 4 Karlsplatz - ✆ 01 241 00620 - www.cafemuseum.at - 8h-21h.* Ce café, créé par Adolf Loos à la fin du 19e s., est idéalement situé à l'angle de la Karlsplatz, juste en face du pavillon de la Sécession. C'était le café favori d'Elias Canetti. Restauration légère.

Café Drechsler – *Linke Wienzeile 22 - U 1, 2, 4 Karlsplatz, U 2 MuseumsQuartier - ✆ 676 5962730 - www.drechsler-wien.at - lun.-vend. 8h-16h, sam.-dim. 9h-17h - brunch 14/15 €.* Depuis sa rénovation, les mauvaises langues lui reprochent d'avoir sacrifié son âme sur l'autel du design. En tout cas, ses brunchs sont toujours aussi réjouissants. La vraie nouveauté? Ils sont servis toute la journée! Variantes végan et sans gluten.

Heuer – *Karlsplatz/Treitlstr. 2 - U 1, 2, 4 Karlsplatz - ✆ 01 8900590 - www.heuer-amkarlsplatz.com - tlj sf dim. 16h-1h.* Le café de la Kunsthalle est devenu le QG d'une jeunesse « arty » et aisée. Terrasse, parasols et DJ le soir. Recommandé à la belle saison pour prendre le soleil et le pouls de la ville. L'intérieur peut être bruyant.

Kaffeefabrik – *Favoritenstr. 4-6 - U 1, 2, 4 Karlsplatz - ✆ 0660 1789092 - www.kaffeefabrik.at - tlj sf dim. 8h-18h, sam. 11h-17h.* Cinq tables à l'intérieur, quelques guéridons en terrasse. Ce torréfacteur incarne la nouvelle culture du café viennois: artisanal, bio, torréfié sur place et, le plus souvent, équitable.

Shopping

Flo Vintage – *Schleifmühlgasse 15a - U 1, 2, 4 Karlsplatz, U 4 Kettenbrückengasse - ✆ 01 5860773 - www.flovintage.com - tlj sf dim. 10h-18h30 (15h30 sam.).* Le temple viennois de la haute couture version vintage, tous styles et époques confondus.

Gabarage – *Schleifmühlgasse 6 - U 1, 2, 4 Karlsplatz - ✆ 01585 76 32 - www.gabarage.at - lun.-jeu. 10h-18h, vend. 10h-19h, sam. 10h-17h.* Mode, meubles, bijoux, luminaires...: tout, dans ce showroom, a été fabriqué à partir de matériaux recyclés. Du « re-design » innovant et durable!

Belvédère ★★

Belvedere

Eugène de Savoie, à qui Louis XIV avait refusé le commandement d'un régiment en France, s'en alla offrir ses services à Leopold Ier de Habsbourg. Bien lui en prit, car il devint le principal artisan de la victoire sur les Turcs qui menaçaient l'empire des Habsbourg. Ironie de l'histoire, Eugène mena ensuite plusieurs armées impériales contre celles du roi Soleil. À la mesure de sa gloire, il fit élever au début du 18e s. les palais du Belvédère. Devant ces chefs-d'œuvre de l'art baroque, Montesquieu n'aurait-il pas déclaré : « les sujets sont mieux logés que leurs souverains » ?

Se repérer

PLAN IV P. 86-87 (CD2-3)
Accès par le Belvédère inférieur (près de Schwarzenbergplatz) ou par le Belvédère supérieur, situé à proximité de la Hauptbahnhof.
U *1 Hauptbahnhof,* U *3, 4 Landstr. -* Tram *1, 2, 71, D Schwarzenbergplatz,* Tram *71 Unteres Belvedere.*

À ne pas manquer

Les œuvres de Klimt et Schiele dans le Belvédère supérieur et la vue sur Vienne du Belvédère supérieur.

Organiser son temps

Comptez une demi-journée pour visiter les musées des palais et profiter des jardins.

Carnet pratique p. 37

Nos adresses p. 92

Les sites du Belvédère

En 1714, le prince Eugène mit un point final à ses campagnes contre Louis XIV. Il fit alors appel à Johann Lukas von Hildebrandt pour édifier une résidence d'été, soit deux palais reliés par un jardin sur la pente douce d'une colline qui offrait « une jolie vue sur la ville ». Les deux palais avaient des fonctions distinctes : le Belvédère inférieur (1714-1716) servait d'habitation et abritait les appartements princiers, la bibliothèque et les collections de peintures et d'antiquités. Le Belvédère supérieur, lui, accueillait les somptueuses fêtes du prince.
Aujourd'hui, le **Belvédère inférieur** héberge des expositions temporaires et le trésor médiéval (conservé dans les écuries d'apparat). Le **Belvédère supérieur** regroupe les collections d'art du Moyen Âge au 20e s. Les collections d'art contemporain sont présentées au **Belvédère 21**.

★ Belvédère inférieur (UNTERES BELVEDERE)

✆ 01 795 570 - www.belvedere.at - Rennweg 6 - 10h-18h - 16 € (13,90 € achat en ligne) ; billet combiné (voir p. 37).
Il est précédé d'une cour d'honneur ouverte par un imposant portail dont le fronton est orné de la croix de Savoie. Le long bâtiment présente une façade harmonieuse, notamment du côté du jardin, où l'utilisation de pilastres et de sculptures décoratives confère beaucoup d'élégance au corps central et aux pavillons d'angle. L'intérieur accueille aujourd'hui des expositions temporaires

mais donne une idée du cadre majestueux dans lequel vivait la haute aristocratie viennoise au 18e s. Dans la **salle de Marbre★**, les fresques du plafond, réalisées par Martino Altomonte, célèbrent le triomphe du prince Eugène qui reçoit de Mercure le titre de « Sauveur de la chrétienté ». Les décors de cette antichambre fastueuse qu'est la **salle des grotesques★** sont l'œuvre de l'artiste allemand Jonas Drentwett. Inspirés des peintures murales de la Pompéi antique, ils évoquent les Saisons et les quatre Éléments. Enfin, le **cabinet doré★★** est une pièce éclatante de miroirs et de lambris de bois dorés ornés de porcelaines chinoises, parmi lesquelles on reconnaît les allégories des saisons, des éléments et des continents. Du temps du prince Eugène, ce décor se trouvait dans une pièce de son palais d'hiver situé dans la vieille ville, mais on le fit transférer au Belvédère inférieur en 1770, à l'occasion du mariage (par procuration) de Marie-Antoinette et du Dauphin de France, le futur Louis XVI.

Orangerie

L'Orangerie, elle aussi réservée aux expositions temporaires, fut initialement conçue de manière que le toit et la façade méridionale puissent être retirés, afin de laisser les orangers croître en plein air. La façade actuelle est postérieure à la mort du prince. L'aménagement intérieur en fut confié en 2007 à l'architecte Suzanne Zottl qui créa un « espace dans l'espace », ménageant une allée intérieure le long des fenêtres, côté parc.

Écuries d'apparat (PRUNKSTALL)

10h-18h.

Elles accueillent de superbes œuvres issues des collections médiévales, attribuées – entre autres – à Rueland Frueauf l'Ancien, à l'atelier tyrolien de Friedrich Pacher et à des virtuoses anonymes de la sculpture sur bois.

Jardin du Belvédère (BUNDESGARTEN BELVEDERE)

Entrée libre du lever au coucher du soleil.

Le jardin à la française a été créé au début du 18e s. par Dominique Girard. Ce disciple de Le Nôtre était spécialisé dans les jeux d'eau. La partie supérieure du jardin est dédiée à l'Olympe, la partie médiane au Parnasse et la partie inférieure aux quatre éléments. Du point le plus haut, magnifique **vue★** sur tout le Belvédère et la ville.

Le prince Eugène de Savoie (1663-1736)

Fils du comte de Soissons et d'Olympe Mancini, (une nièce du cardinal Mazarin), Eugène de Savoie-Carignan entra au service de Léopold Ier en 1683. Il rallia l'armée commandée par le roi de Pologne, Jean Sobieski, qui, à la demande du pape, secourut Vienne assiégée par les Turcs. Celui que le Roi-Soleil avait dédaigné acquit un grand prestige après la victoire de l'armée autrichienne à Zenta (1697) sous son commandement. « Sauveur de la chrétienté » et feld-maréchal (grade le plus élevé dans l'armée autrichienne) à 25 ans, le prince devint un conseiller politique très écouté de Léopold Ier et servit les deux fils de ce dernier, Joseph Ier et Charles VI. En 1718, au traité de Passarowitz, il porta l'empire des Habsbourg à sa plus grande extension territoriale. Couvert d'honneurs, il fit édifier à Vienne deux somptueux palais : une résidence d'hiver (*voir p. 55*) et une résidence d'été, le Belvédère. Amateur d'art et grand collectionneur, il eut un rôle influent dans le rayonnement croissant de Vienne au cours du 18e s.

Le Baiser de Gustav Klimt.
S. Grandadam/age fotostock

★★ Belvédère supérieur (OBERES BELVEDERE)

☏ 01 795 570 - www.belvedere.at - Prinz-Eugen Str. 27 - 10h-18h - 18 € (15,90 € achat en ligne) ; billet combiné (voir p. 37) - audioguide en français 5 €.

Ce palais, construit entre 1717 et 1723, est considéré comme le chef-d'œuvre de Johann Lukas von Hildebrandt. La façade principale, au sud – ce n'est donc pas celle que l'on découvre en arrivant du Belvédère inférieur – présente des divisions plus accentuées et un corps central dont le porche à trois arcs était jadis destiné à accueillir les carrosses des invités du prince de Savoie. Ces derniers devaient donc franchir le portail sud, qui ouvre de nos jours sur le Landstraßer Gürtel, et contourner le grand bassin où se reflète le palais.

L'entrée s'effectue aujourd'hui par le rez-de-chaussée du front nord. À droite du vestibule d'entrée, la **Sala terrena**★, avec ses quatre atlantes de Lorenzo Mattielli, est ornée de fresques de Carlo Carlone. L'escalier d'apparat mène au 1er étage, où une immense **salle de marbre rouge** occupe toute la hauteur du corps central. C'est ici que fut signé le **traité d'État** mettant fin à l'occupation du pays par les puissances alliées, le 15 mai 1955.

Les œuvres rassemblées ici reflètent les grandes tendances de la peinture autrichienne et internationale depuis plus de six siècles.

★ **Art médiéval** *(rdc, aile droite)* – Remarquez les somptueuses **fresques de Carlo Carlone** ; une **crucifixion**★ de Conrad Laib (1449) et la **Légende de la chaste Suzanne**★ de l'artiste carinthien Urban Görtschacher.

★ **Art baroque** *(1er étage, aile droite)* – L'ancien cabinet des glaces conserve la série de **têtes grimaçantes**★★, façonnées à partir de 1770, par **Franz Xaver Messerschmidt** qui réalisa 69 *Têtes de caractères* (en pierre et en plomb).

Biedermeier, classicisme et romantisme *(1er étage, aile droite)* – Portraits et paysages néoclassiques alternent avec les vues romantiques de **Caspar David Friedrich** (*Plage dans le brouillard*★★, 1807).

Réalisme et impressionnisme *(2e étage, aile droite)* – Peintures de genre, réalisme (Millet, Courbet, Daumier) et œuvres impressionnistes (Manet, Pissarro).

★★ **Vienne 1880-1914** *(1er étage, aile gauche)* – D'abord l'historicisme, auquel s'opposèrent les artistes de la Sécession : Van Gogh, Munch et Rodin ont fait partie, aux côtés de Klimt, de cette avant-garde internationale. Dans les salles suivantes, on suit l'évolution de **Gustav Klimt** : *Judith*★★, 1901, *Le Baiser*★★★, 1907-1908, *Adam et Ève*★, 1917-1918, et des paysages qui apportent un éclairage inédit sur l'œuvre du peintre). D'**Egon Schiele** *(voir encadré p. 158)* sont présentés notamment *Rainerbub*★★ (1910) et *La Mort et la Jeune Fille*★★ (1915).
Entre-deux-guerres *(2e étage, aile gauche)* – La période est dominée par la figure d'**Egon Schiele**, aux sources de l'expressionnisme. **Kokoschka** et **Boeckl** y sont également représentés. Les accrochages changent très régulièrement.

Belvédère 21 et jardin suisse (BELVEDERE 21 UND SCHWEIZERGARTEN)

Arsenalstr. 1 - ✆ 795 57 700 - www.belvedere.at - ♿ - tlj sf lun. 11h-18h (21h jeu.) - 10,50 € (8,90 € achat en ligne) ; billet combiné (voir p. 37).
L'édifice abrite une bibliothèque et un café-restaurant.
Dans le Schweizergarten trône un lumineux cube de verre : le pavillon autrichien de l'Exposition universelle de Bruxelles en 1958. Rénové, il accueille sous le nom Belvedere 21 (« Belvédère du 21e s. ») les collections d'art contemporain du complexe. La plupart des expositions sont temporaires, à l'exception de celle des **sculptures de Wotruba** qui occupent une partie du sous-sol.

Nos adresses

PLAN IV P. 86-87

Restauration

Premier prix

③ **Klein Steiermark im Schweizergarten** – C3 - *Heeresmuseumstr. 1 - ✆ 01 799 5883 - www.kleinsteiermark.wien - 11h30-23h (cuisine 22h) - plats 12,20/25,80 €.* Installée dans le jardin Suisse (Schweizergarten), cette auberge authentique sert des spécialités de la région de Styrie. Intérieur chaleureux, tout en boiseries, rideaux et carreaux de faïence. Vaste terrasse qui fait office de Biergarten dès les beaux jours.

Petite pause

Schlosscafé im Oberen Belvedere – *Prinz-Eugen-Str. 27 - Oberes Belvedere - U 1 Hauptbahnhof - ✆ 0664 800221060 - www.don.at - 9h-18h.* Avant de vous lancer dans la visite du Belvédère supérieur, faites une halte dans ce café aux tartes autrichiennes appétissantes et aux cappuccinos crémeux.

Café Goldegg – *Argentinierstr. 49 - U 1 Hauptbahnhof - ✆ 01 5059162 - www.cafegoldegg.at - 8h-20h, w.-end 9h-20h - plats 12,90/14,90 €.* On vient regarder vivre le quartier et déguster une Trumer pression, un café ou un en-cas dans ce charmant café d'angle, tout de bois et de marbre.

Boire un verre

Stöckl im Park – *Prinz-Eugen-Str. 25 - U 1 Hauptbahnhof, Tram D - ✆ 01 796 5050 - www.stoecklimpark.at - 11h30-23h30.* À deux pas de l'arrêt du tram, un jardin ombragé à souhait où l'on se presse pour échapper à la touffeur de l'été viennois tout en sirotant une bière brassée sur place (une Böhmisch G'mischtes ou une Wiener Helles 1924). Les petits plats sont moins inspirés.

Schönbrunn ★★★

Inspiré par le château de Versailles, Joseph Ier voulait une résidence à l'image de son vaste empire. Le château de Schönbrunn, dont l'aménagement se poursuivit sous ses successeurs, est à la hauteur de ses ambitions. Tout y est d'une symétrie grandiose. La cour d'honneur s'ouvre sur une immense façade ocre. Côté parc, le regard porte jusqu'à la Gloriette, pavillon perché sur une colline. L'enfilade de salons et des galeries luxueuses ouvrent sur une promenade entre les fontaines, sculptures et parterres fleuris des jardins.

Se repérer

PLAN I P. 32-33 (B3)

Dans l'arrondissement de Hietzing, à la périphérie ouest de Vienne. Du centre-ville, comptez 20mn en métro.
U *4 Schönbrunn, Hietzing* - Tram *10, 58, Hietzing* - BUS *10A*.

Organiser son temps

Réservez votre billet sur place ou en ligne. Comptez une journée pour découvrir l'ensemble.

En famille

Le zoo dans le parc.

Carnet pratique p. 37

Nos adresses p. 96

1

★★★ Le château

01 81 11 32 39 - www.schoenbrunn.at juil.-août : 9h-17h30 ; sept.-déc. et avr.-juin : 9h-17h ; janv.-mars : 9h30-17h ; dernière entrée : 45mn avant fermeture - tarif selon formule : Imperial Tour 22 € ; Grand Tour 26 € ; Classic Pass 31 € ; « Sisi Ticket » (voir p. 37).

Il y a trois siècles, d'immenses forêts s'étendaient sur l'emplacement actuel de Schönbrunn, offrant un terrain de chasse de prédilection aux Habsbourg, qui acquirent en 1569 un pavillon de chasse avec toute la région boisée environnante. L'empereur Matthias y aurait découvert, au début du 17e s., une source, « Schöner Brunnen », qui donna son nom au site. En 1683, l'imposant pavillon fut détruit par les Turcs. Dix ans plus tard, l'architecte **Johann Bernhard Fischer von Erlach** conçut le plan d'un palais destiné à être la résidence d'été de la famille impériale. Il fut chargé de sa construction qui commença en 1695. Après la mort de Charles VI, sa fille, **Marie-Thérèse**, très attachée à Schönbrunn, le fit réaménager par Nicolas Pacassi, de 1743 à 1749, pour en faire l'ensemble majestueux que l'on connaît aujourd'hui. Le parc fut conçu par l'architecte paysagiste français Jean Trehet, puis par Johann Ferdinand Hetzendorf von Hohenberg (1772-1780). En décembre 1996, le château fut inscrit au patrimoine mondial de l'Unesco.

Cour d'honneur (EHRENHOF)

Le grand corps de logis développe sur 180 m une façade à avant-corps et à redans, dépourvue de cette souplesse qui avait caractérisé la grande période baroque viennoise, au temps de Fischer von Erlach. L'harmonie de l'ensemble est soutenue par la couleur ocre des bâtiments, appelée « jaune Schönbrunn » ou « jaune Marie-Thérèse », et rehaussée par les encadrements verts des fenêtres.

Imperial Tour

Visite de 22 salles d'apparat avec audioguide. Dans la décoration intérieure triomphe le style rococo du 18e s. Les coloris – rouge, blanc et or –, la finesse et l'élégance des stucs encadrant de leurs volutes fresques et plafonds, les lustres de cristal, les poêles de faïence richement ornés, les tapisseries et les meubles font de ces appartements un ensemble luxueux. Aux **appartements de l'empereur François-Joseph et de l'impératrice Élisabeth** font suite les **salles d'apparat** : trois pièces décorées par le peintre autrichien Joseph Rosa, deux **cabinets chinois★** à laques et à porcelaines encadrant la petite galerie et la salle des cérémonies avec le portrait de Marie-Thérèse par Meytens. Après avoir traversé une dernière série d'appartements, on accède à la **grande galerie★★★**, au plafond décoré de stucs dorés et d'immenses fresques.

Grand Tour

Visite de 40 salles d'apparat (incluant les salles mentionnées dans l'Imperial Tour) avec audioguide. Les **appartements de Marie-Thérèse** comptent parmi les salles les plus somptueuses du château : salon Bleu, tendu de papiers peints chinois, où fut signé l'acte de renonciation de 1918 ; **salon Vieux-Laque★**, avec ses tables noires laquées ornées de peintures dorées ; chambre de Napoléon, tendue de tapisseries de Bruxelles, où dormit l'Empereur et où, le 22 juillet 1832, mourut son fils, le duc de Reichstadt ; **salon du Million★**, ainsi nommé à cause du million de florins qu'il coûta, aux lambris en bois de rose d'Amérique du Sud encadrant des miniatures persanes.

★★ À l'extérieur

★★ Parc

C'est une remarquable création baroque où se mêlent la mode rococo et le goût de l'antique. Des charmilles, des berceaux de verdure, de vastes parterres fleuris servent de cadre à d'élégants groupes sculptés aux sujets allégoriques et à de gracieuses fontaines. Des allées ombragées conduisent à la **fontaine de Neptune**, à la ruine romaine, à la gloriette, au jardin zoologique, etc.

★ Musée des Carrosses (WAGENBURG)

☏ 01 525 24 4702 - www.kaiserliche-wagenburg.at - ♿ - mars-nov. : 9h-17h ; déc.-fév. : 10h-16h - 12 €.

Il abrite une importante collection de carrosses d'apparat, traîneaux, chaises à porteurs, corbillards de la Cour impériale et des courtisans, du 18e s. au début

Château de Schönbrunn.
vichie81/Getty Images Plus

du 20e s. : voitures de Marie-Louise, de Napoléon, de François-Joseph, **phaéton du fils de Napoléon★**, couvertures et caparaçons somptueux, luxueux **carrosse impérial★★**, doré et orné de peintures, tiré par 8 chevaux blancs, aux armes de François de Lorraine, époux de Marie-Thérèse.

★ Parc animalier (TIERGARTEN)

01 877 92 94 500 - www.zoovienna.at - ♿ - avr.-sept. : 9h-18h30 ; mars et oct. : 9h-17h30 ; fév. : 9h-17h ; nov.-janv. : 9h-16h30 - 24 €.

Ce parc animalier, créé en 1752 par François de Lorraine, est le plus ancien zoo baroque du monde. Au centre se trouve toujours le pavillon du petit-déjeuner de l'empereur. Dans l'Aqua-Terrarien-Haus, on peut entreprendre une « balade parmi les Amazones » (dans un tunnel de plexiglas), admirer un grand aquarium avec un récif corallien et étudier dans le « monde des aventures » la flore et la faune de la forêt tropicale, ainsi que la steppe et le désert. Le parc animalier de Schönbrunn est l'un des rares en Europe où l'on peut voir des pandas géants. Au total, plus de 400 espèces d'animaux y sont rassemblées.

★ Serre (PALMENHAUS)

01 87 75 08 74 06 - www.bundesgaerten.at - ♿ - 10-17h (18h de mai à sept.) - 7 €.

Cette serre, la plus grande de verre et de métal d'Europe continentale, a été réalisée entre 1880 et 1882. Le cloisonnement intérieur permet de recréer différentes zones climatiques présentant 4 000 plantes originaires du monde entier, des plantes de montagne de l'Himalaya à celles de la forêt humide tropicale.

★★ Gloriette

01 81 11 32 39 - www.schoenbrunn.at - avr.-nov. : 10h-17h - 4,50 €.

Cette élégante construction à colonnes, ressemblant à un arc de triomphe surmonté d'une saillie centrale couronnée de l'aigle impériale, fut érigée en souvenir de la bataille de Kolin (1757, guerre de Sept Ans), qui vit les troupes de Marie-Thérèse remporter une victoire spectaculaire sur les troupes prussiennes de Frédéric II. De la **terrasse sur le toit** *(accès par l'aile est de la gloriette)*, on jouit d'une belle vue sur Schönbrunn et l'ouest de Vienne.

★ Jardin du Prince héritier (KRONPRINZENGARTEN)

Avr.-nov. : 10h-17h - fermé reste de l'année - 4,50 € (inclus dans le Classic Pass).

Situé en face de l'aile est du château aménagée par le prince Rodolphe (1858-1889), il contient une riche collection d'arbres à agrumes abrités en hiver dans l'Orangerie. À ne pas manquer : les charmilles et le belvédère.

Nos adresses

PLAN I P. 32-33

Restauration

Premier prix

71 **Oberlaa Dommayer** – B3 - *Dommayergasse 1 - U 4 Hietzing - ✆ 01 87754650 - www.oberlaa-wien.at - 7h30-20h30 - plats 10/15 €.* Une pâtisserie-restaurant Oberlaa dans un jardin, à quelques pas du château de Schönbrunn.

Budget moyen

70 **Plachutta** – B3 - *Auhofstr. 1 - U 4 Hietzing - ✆ 01 877 7087 - www.plachutta.at - lun.-vend. 11h30-15h, 18h-22h30, w.-end 11h30-22h30 - 22/28 €.* C'est ici, dans cette imposante maison de 1900, que la famille Plachutta a commencé à régaler le Tout-Vienne de son succulent pot-au-feu (*Tafelspitz*) au raifort. Le service est impeccable. Pour gros appétits.

Petite pause

Café Gloriette – *Parc de Schönbrunn - U 4 Schönbrunn - ✆ 01 8791311 - www.gloriette-cafe.at - de 9h à la fermeture du parc.* Au sommet de la colline qui domine le château, cette élégante galerie accueille un café soigné. Somptueux Sisi-Buffet les week-ends et jours fériés *(sur réserv. - 9h-11h30 - 36 €, 13-17 ans 24 €).* Vue plongeante sur Schönbrunn, à savourer avec un café viennois.

Shopping

Marché de Noël (Kultur- und Weihnachtsmarkt) – *Devant le château - U 4 Schönbrunn - www.weihnachtsmarkt.co.at - de mi-nov. à déb. janv. : 10h-21h (16h le 24 déc. et 18h à partir du 25 déc.).* Nettement plus calme que celui de Spittelberg, mais dans un cadre historique qui attire nombre de touristes. Scène musicale.

Le Danube et les collines

Longtemps, les Viennois se sont méfiés du Danube au cours impétueux qui sortait régulièrement de son lit et provoquait des inondations. Au 19e s., les travaux de régulation ont grandement amélioré les rives de ses « quatre bras » qui réservent aujourd'hui des espaces de promenade et de baignade. Pour embrasser le fleuve d'un seul regard, il suffit de se hisser au sommet des collines: Kahlenberg et Leopoldsberg offrent une vue panoramique sur la capitale autrichienne et la forêt alentour.

Rive du canal du Danube en été.
B. Gardel/hemis.fr

Se repérer

PLAN I P. 32-33

Le Danube traverse Vienne du nord-ouest (venant de Linz) au sud-est (vers Bratislava).

Organiser son temps

Comptez une demi-journée pour découvrir le Prater et un après-midi pour faire la route des Crêtes du Kahlenberg, un peu plus si vous voulez vous arrêter dans un Heuriger.

À ne pas manquer

La grande roue du Prater, les Heurigen de Grinzing ou de Heiligenstadt, la vue sur Vienne depuis Leopoldsberg.

En famille

Le Prater, été comme hiver, l'île du Danube à la belle saison.

Carnet pratique p. 37

Nos adresses p. 100

De la chasse impériale au parc d'attractions

En 1560, Maximilien II transforme la grande île qui s'allonge entre l'actuel canal du Danube et le fleuve en un terrain de chasse impérial qu'il fait fermer d'une clôture. Empereur libéral, Joseph II ouvre le **Prater** au peuple en 1766. Dix ans plus tard, des baraques et des chapiteaux y font leur apparition. Dès lors, le Prater devient un lieu d'attractions : en 1771, on y donne un feu d'artifice ; en 1791, Jean-Pierre Blanchard y décolle en montgolfière ; en 1815, de somptueux carrosses y déposent les souverains réunis au congrès de Vienne. On vient y faire du cheval ou s'y montrer, mais surtout, on vient valser à la Belle Époque car le Prater est alors parsemé de cafés dansants et chantants. Jusqu'à la fin de l'Empire, le parc est un lieu de rendez-vous chic où les robes à crinoline ne s'arrêtent de tournoyer que pour changer de cavalier.

Entre le canal et le Danube

PLAN I P. 32-33

À Vienne, le Danube se divise en plusieurs bras : le plus large s'appelle simplement Donau (Danube). Il est bordé, côté est, par une île longue de 42 km, la **Donauinsel**, qui offre aux Viennois des plages de sable ou de gravier, de vastes pelouses et des bars branchés. Elle sert aussi de cadre, en juin, au festival de la Donauinsel *(voir p. 39)*. Le long de cette île filiforme court un étroit canal artificiel auquel on donne le nom de **Neue Donau** (nouveau Danube). Mais ce n'est pas tout : un peu plus à l'est serpente l'**Alte Donau** (vieux Danube), un bras mort du fleuve, qui accueille sur ses rives plages et cabanons. Les Viennois y passent beaucoup de temps à partir du printemps lorsque les piscines publiques en plein air ouvrent leurs portes. Plus proche de la vieille ville, le **Donaukanal** (canal du Danube) double le fleuve au sud. Il s'agit en fait de l'ancien lit du fleuve qui a progressivement muté, au fil de nombreuses crues, vers son cours actuel. « Canalisé » dans les années 1870, il crée une île sur laquelle se trouvent les 2e et 20e arrondissements de Vienne, incluant le fameux Prater. Les quartiers **Brigittenau** et **Leopoldstadt**, aujourd'hui en pleine mutation offrent d'intéressants contrastes, que vous pourrez apprécier en passant des plates-bandes fleuries d'**Augarten** (au nord) au **Prater** (au sud).

★ Parc du Prater CD2

U 1 Praterstern, S S1, S2, S3, S7 Praterstern.

Le Prater est un gigantesque parc public et un passage obligé pour les visiteurs accompagnés de leurs enfants. Une partie du Prater *(Wurstelprater)* est consacrée aux attractions foraines.

★★ **Grande roue (Riesenrad)** – *01 729 54 30 - www.wienerriesenrad.com - ♿ - avr.-août : 9h-23h45 ; mars et oct. : 10h-21h45 ; sept. : 9h-22h45 ; de fév. à mi-mars : 10h-19h45 ; oct. -7 janv. : 10h-21h45 - 13,50 €.* Symbole de la ville, elle s'élève au-dessus du parc d'attractions et offre une vue plongeante sur la capitale autrichienne. Un vaste terrain doté d'installations sportives succède au Wurstelprater : piste de trot de Krieau, vélodrome, stade Ernst-Happel, piste de galop de Freudenau.

★ Maison de Johann Strauss (JOHANN STRAUSS WOHNUNG) C2

Praterstr. 54 - U 1 Nestroyplatz - 01 214 01 21 - www.wienmuseum.at - tlj sf lun. 10h-13h, 14h-18h - 5 € ; gratuit 1er dim. du mois.

Dans cette maison, où vécut son fils, Johann Strauss composa en 1867 son célèbre *Beau Danube bleu*, symbole de l'histoire longue et mouvementée de la valse viennoise.

★ UNO-City D2

Wagramerstr. 5 - U 1 Kaisermühlen - ✆ 01 260 60 33 28 - www.unis.unvienna.org - visite guidée en anglais et en allemand (1h) au départ du « Visitors Service » : lun.-vend. à 11h, 14h et 15h30 (et 12h30 pdt vac. scol. d'été) - 15 € - fermé lors des j. fériés autrichiens et des j. fériés officiels de l'ONU (grandes fêtes religieuses chrétiennes et musulmanes - se rens.).

Depuis août 1979, Vienne est l'un des quatre sièges des Nations unies, avec New York, Genève et Nairobi. Plus de 5 000 personnes issues de 125 pays travaillent dans la dizaine d'organisations internationales qui y sont établies

Kahlenberg et Leopoldsberg

PLAN I P. 32-33

▶ *Circuit tracé en vert sur le plan. Vous pouvez rejoindre Grinzing ou Heiligenstadt (« Nos adresses » p. 101) en tram ou bus, puis Kahlenberg et Leopoldsberg en bus.*

Proche du Danube, au nord de la ville, la petite route qui relie les collines de Kahlenberg et Leopoldsberg *(2,5 km)* permet de découvrir les proches environs de Vienne, dont le charme s'épanouit pleinement en automne, saison propice à la dégustation du vin nouveau dans un « Heuriger » *(voir p. 43).*

★ Grinzing B1

▶ *Tram 38 Grinzing au départ de la station U 2 Schottentor/Universität (derniers tram de retour : 23h52 (terminus Ring) ; 0h12 (terminus Gürtel), trajet env. 20mn.*

Le charmant bourg de Grinzing, aux maisons basses et colorées, est le plus célèbre village vigneron à Heurigen de la banlieue viennoise. Aujourd'hui englobé dans l'arrondissement de **Döbling**, Grinzing doit faire face à l'urbanisation qui s'étend petit à petit vers les premières hauteurs de la Forêt viennoise en grignotant les vignes. Aussi la localité use-t-elle depuis plusieurs années d'un subterfuge astucieux pour y remédier : chacun peut acquérir un mètre carré de terrain portant un cep de vigne, à l'instar de Léonard Bernstein, de Jimmy Carter ou de Sophia Loren.

1

Heurigen (guinguettes) à Grinzing.
Jon Arnold Images/hemis.fr

Grinzing attire de nombreux Viennois, mais aussi beaucoup de touristes venus en soirée goûter le vin nouveau servi par les récoltants, notamment sur la Sandgasse. Au n° 25 de la **Himmelstraße**, une plaque rend hommage à Franz Schubert. Le célèbre chef d'orchestre **Karl Böhm**, qui fut l'ami de Richard Strauß et dirigea l'orchestre Philharmonique de Vienne, habita l'élégant immeuble blanc Jugendstil situé au n° 41. Adulé par les mélomanes viennois, Böhm se distingua par ses interprétations du répertoire germanique (Mozart, Wagner…).

Poursuivez votre chemin en reprenant le BUS 38A de Grinzing jusqu'aux arrêts Kahlenberg et Leopoldsberg.

En voiture : quittez Grinzing par la Cobenzlgasse et la Höhenstraße que vous suivez jusqu'à hauteur de la Gasthaus Häuserl am Roan située sur le Dreimarkstein. Du parc de stationnement du **Dreimarkstein** (alt. 454 m), belle vue sur la ville et la forêt.

★ Kahlenberg B1

Le toit-terrasse (alt. 483 m) du restaurant offre une **vue★** sur Vienne. Par temps clair, on distingue nettement la Gloriette qui domine le parc de Schönbrunn. Édifiée en 1629, l'**église du Kahlenberg (Kahlenbergkirche)** abrite une copie de la Vierge noire de Częstochowa, très vénérée en Pologne et attirant la communauté polonaise de la capitale autrichienne.

★★ Leopoldsberg B1

Gagnez la cour-terrasse du restaurant, devant la petite église St-Léopold (Leopoldskirche, 1679-1693), plusieurs fois reconstruite. La plate-forme accueille un plan en relief de Vienne en 1683 et le monument des Anciens combattants (Heimkehrerdenkmal), qui rend hommage aux 200 000 prisonniers de guerre et déportés morts en terre étrangère. De là, on jouit d'une **vue★★** très étendue, avec au premier plan la tour multicolore de l'usine d'incinération signée Hundertwasser. On distingue à l'horizon, les Petites Carpates situées en Slovaquie ainsi que le Leithagebirge dressant les derniers reliefs alpins aux abords du lac de Neusiedl.

Nos adresses

PLANS I P. 32-33 ET PLAN II P. 46-47

Restauration

Près du Danube

Premier prix

53 **Café Ansari** – PLAN II D1 - *Praterstr. 15 - U 1 Nestroyplatz - ✆ 01 2765102 - www.cafeansari.at - lun.-sam. 8h-23h30, dim. 9h-15h - plats 14/21 €, formule déj. 12/13 €.* Excellente adresse d'inspiration géorgienne et orientale, où la cardamome, la patate douce et l'aubergine se marient à la perfection. Beau volume, chaleureusement agencé et jolie terrasse en été.

17 **Schöne Perle** – PLAN I C2 - *Große Pfarrgasse 2 - Tram 2 Taborstraße, U 2 Taborstraße - ✆ 01 8903204 - www.schoene-perle.at - lun.-vend. 11h-22h, w.-end 10h-0h (petit-déj. 10h-12h30) - plats 10,50/23 €.* Ce lumineux bistrot aux allures de cantine branchée est situé à deux pas du parc Augarten. Délicieux jus de fruits bio.

19 **Schweizerhaus** – PLAN I CD2 - *Im Prater 116 - U 2 Messe, U Prater - ✆ 01 72801520 - ⊠ - de mi-mars à fin oct. : 11h-23h - plats*

8,50/20,50 €. On n'échappe pas à la Maison suisse, installée depuis 1920 dans le parc du Prater. Dans son intérieur chalet ou sous les arbres du jardin, les Viennois mangent en famille la grande spécialité : le jambonneau grillé.

Budget moyen

72 **Turm Café/restaurant (Donauturm)** – PLAN I D1 - *Mispelweg 8 - U 1 Kaisermühlen-VIC - 01 2633572 - www.donauturm.at - mar.-vend. 10h30-21h30, w.-end 10h30-13h30, 14h-21h30 - fermé lun. - plats 7/16 €, menu 3 plats 52 €.* Perché à 150 m de haut, le café-restaurant de la tour du Danube embrasse une vue spectaculaire sur Vienne et jusqu'au Kahlenberg.

Boire un verre

Das Loft – *Praterstr. 1 - U 1, 4 Schwedenplatz - 01 906 168 110 - www.dasloftwien.at - 10h-23h.* Au 18e étage du Sofitel, signé Jean Nouvel, un luxueux cocon aménagé sous de fascinants plafonds. Champagnes et cocktails (dont le Bigote Bianco) se savourent en contemplant la ville.

À Grinzing

PLAN I B1

Le centre gastronomique de cet ancien village vigneron se trouve le long des Cobenzlgasse et Sandgasse. Choisissez votre table dans l'une de ces pittoresques « maisons » ou dans le jardin s'il fait beau. Dans les **Heurigen**, la plupart du temps, vous composez votre repas vous-même parmi les plats du buffet et payez tout de suite ; le vin est servi à table et facturé séparément. Attention : à Grinzing, les prix diffèrent beaucoup d'un Heuriger à l'autre (les plus « traditionnels » affichent les prix les moins élevés).

Si les meilleurs Heurigen de Grinzing sont complets, n'hésitez pas à gagner à pied (20mn) ou en bus (38A) le bourg voisin, viticole lui aussi, de Heiligenstadt : ses Heurigen sont moins connus des touristes.

À Heilligenstadt

Mayer am Pfarrplatz – *Pfarrplatz 2 (Heiligenstadt) - U 4 Heiligenstadt, puis BUS 38A Fernsprechamt Pfarrplatz - 01 3701287 - www.pfarrplatz.at - 12h-0h - musique à partir de 19h - plats 15/20 €.* Dans ce Heuriger des plus pittoresques, copieux buffet et excellents vins des vignobles viennois.

Weingut Heuriger Muth – *Probusgasse 10 (Heiligenstadt) - U 4 Heiligenstadt, puis BUS 38A Fernsprechamt Pfarrplatz - 01 318 5595 - www.muth-heuriger.at - mars-déc. : merc.-sam. 16h-23h, dim. 11h-23h - plats 8/17 €.* À deux pas de la maison où Beethoven a pris ses quartiers d'été en 1802 se cache une charmante cour intérieure où l'on sirote, sous les frondaisons, des vins blancs gouleyants à souhait, devant un appétissant strudel au fromage de chèvre et épinards...

Activités

Baignade – De fin avril à début septembre, c'est la saison des bains à Donaustadt ! Le bras mort du Danube (Alte Donau) ainsi que le Neue Donau canalisé offrent pléthore de carrés où poser sa serviette. Les « bains-plages » payants *(Strandbad)*, naturistes pour certains, sont dotés de douches, jeux pour enfants, etc.

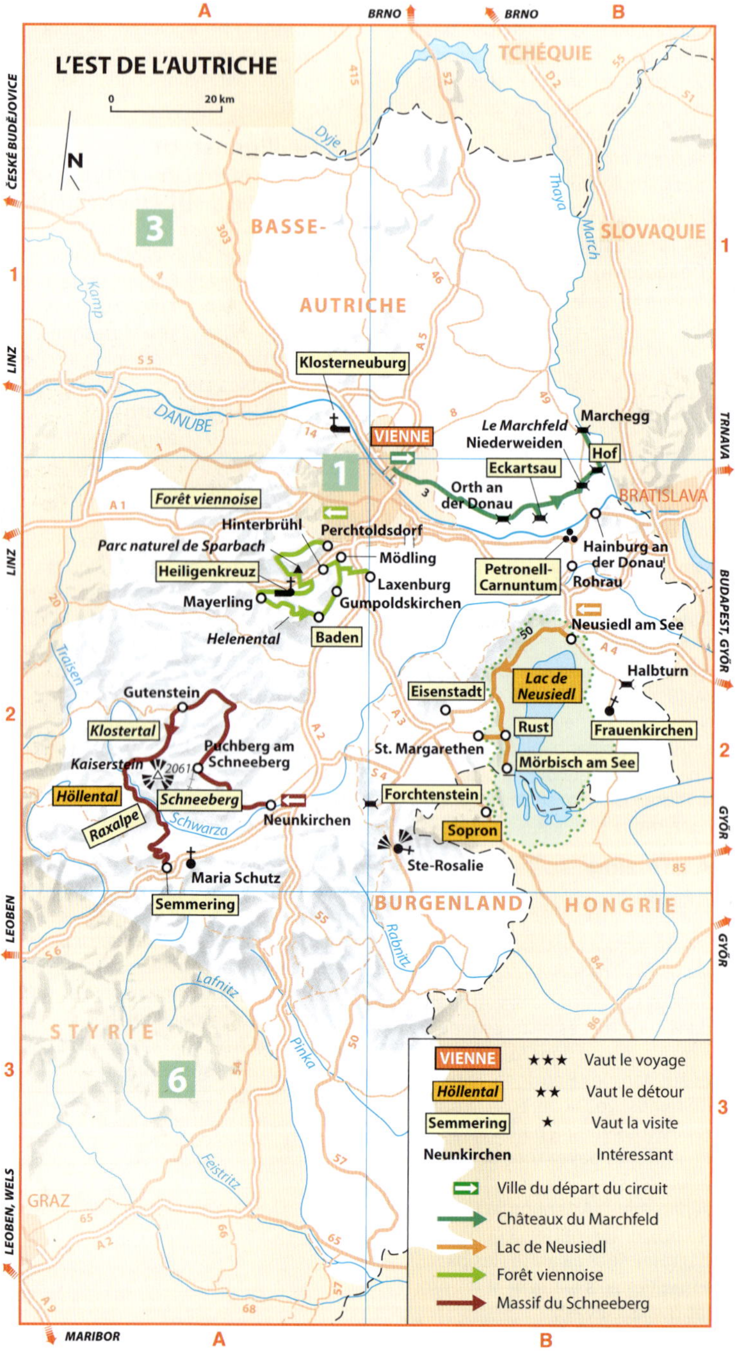

L'EST DE L'AUTRICHE
0 20 km
N
BRNO
BRNO
ČESKÉ BUDĚJOVICE
LINZ
LINZ
LEOBEN
LEOBEN, WELS
MARIBOR
TRNAVA
BUDAPEST, GYŐR
GYŐR
GYŐR
TCHÉQUIE
SLOVAQUIE
BASSE-AUTRICHE
BURGENLAND
HONGRIE
STYRIE
GRAZ
BRATISLAVA
DANUBE
Dyje
Thaya
March
Kamp
Traisen
Schwarza
Rabnitz
Lafnitz
Pinka
Feistritz
Klosterneuburg
VIENNE
Le Marchfeld
Marchegg
Niederweiden
Hof
Eckartsau
Orth an der Donau
Forêt viennoise
Hinterbrühl
Perchtoldsdorf
Parc naturel de Sparbach
Mödling
Heiligenkreuz
Laxenburg
Mayerling
Gumpoldskirchen
Helenental
Baden
Petronell-Carnuntum
Hainburg an der Donau
Rohrau
Neusiedl am See
Halbturn
Lac de Neusiedl
Eisenstadt
Rust
Frauenkirchen
St. Margarethen
Mörbisch am See
Forchtenstein
Sopron
Ste-Rosalie
Gutenstein
Klostertal
Puchberg am Schneeberg
Kaiserstein
2061
Höllental
Schneeberg
Neunkirchen
Raxalpe
Maria Schutz
Semmering
VIENNE ★★★ Vaut le voyage
Höllental ★★ Vaut le détour
Semmering ★ Vaut la visite
Neunkirchen Intéressant
Ville du départ du circuit
Châteaux du Marchfeld
Lac de Neusiedl
Forêt viennoise
Massif du Schneeberg

2

L'est de l'Autriche

CARTE MICHELIN NATIONAL N° 730

Monastère de Klosterneuburg ★

Stift Klosterneuburg

Après son mariage avec Agnès, fille de l'empereur Henri IV, le margrave Léopold III de Babenberg transféra sa résidence de Melk à Klosterneuburg. Il fit ériger la forteresse sur une hauteur de Neuburg. En 1114, il fonda à cet endroit un monastère de chanoines de St-Augustin. Remanié et augmenté d'un palais impérial, ce monastère, au visage très baroque, abrite derrière ses murs des merveilles de l'art médiéval.

Se repérer

CARTE P. 102 (A1)
Basse-Autriche.
À 13 km au nord de Vienne sur la rive droite du Danube.

Organiser son temps

Comptez 2h30 pour la visite du monastère.

Carnet pratique p. 106

Nos adresses p. 106

Visiter

☎ 02243 4110 - www.stift-klosterneuburg.at - de déb. mai à mi-nov. : 9h-18h ; de mi-nov. à fin avr. : 10h-16h - monastère + musée du monastère + expo. temporaire : 9 € ; + 2 € pour un audioguide (en français) ou une visite guidée (1h en allemand).
La **place du monastère** *(Stiftsplatz)* donne accès à l'église et au palais baroque. En son centre se dresse une colonne gothique de 1381.

Église abbatiale (Stiftskirche) – La basilique romane à trois vaisseaux date de 1114-1136 mais a été modifiée à plusieurs reprises, notamment à partir de 1634 où elle connut une transformation baroque signée par Giovanni Battista Carlone et Andrea de Retti. L'**intérieur★** est presque entièrement baroque ; les derniers travaux furent effectués en 1730. Les **fresques du plafond** de la nef ont été exécutées par Georg Greiner vers 1689 et les stucs réalisés par Domenico Piazzol. Les six autels latéraux sont ornés de sculptures des frères Späz. Le maître-autel, l'abat-voix de la chaire de marbre et les **stalles**, ornées des armoiries de 24 membres de la famille des Habsbourg, ont été conçus par **Matthias Steinl**. Le tableau d'autel *(La Naissance de Marie)* est de Johann Georg Schmidt, dit Wiener Schmidt, et les fresques de la voûte, qui représentent l'Assomption, sont de Johann Michael Rottmayr. L'orgue baroque de 1642, célèbre pour son timbre, fut tenu un moment par Anton Bruckner.

Cloître (Kreuzgang) – Érigé aux 13e et 14e s., il constitue un bel exemple de gothique primitif avec des influences bourguignonnes. Notez le **candélabre** à sept branches, un travail de Vérone de la première moitié du 12e s. situé dans l'ancien lavabo. Dans la **chapelle St-Léopold**, on peut voir des **vitraux★** du 14e s. C'est ici que se trouve la sépulture de Léopold III, canonisé en 1485. Ses reliques reposent dans une châsse disposée au-dessus du retable de Verdun. La chapelle dite « de Freising » renferme le gisant de l'évêque Berthold von Wehingen, mort en 1410.

Intérieur baroque de l'église abbatiale de Klosterneuburg.
sedmak/Getty Images Plus

★★ Retable de Verdun

À la fin du 12e s., le prieur Werner commanda un « grand tableau émaillé » à **Nicolas de Verdun,** afin de revêtir l'ambon (chaire) de l'église. L'artiste, orfèvre et émailleur lorrain actif de 1181 à 1205, est considéré comme l'un des plus grands maîtres gothiques de cet art. Il créa 45 plaques en cuivre dorées en émail champlevé. Après un incendie en 1331, le chef-d'œuvre fut transformé en triptyque et complété de six plaques émaillées et de quatre volets peints au verso. L'autel est composé de trois rangées de scènes célèbres de l'Ancien Testament (rangées du haut et du bas) et du Nouveau Testament (rangée du milieu). La conception artistique des figures dorées sur un fond d'émail polychrome, principalement de couleur bleue, est plus typique de la Rhénanie que de la vallée de la Meuse, dont était originaire Nicolas de Verdun.

★ Palais baroque

Il reçut sa silhouette actuelle sous le règne de l'empereur **Charles VI**, père de Marie-Thérèse. Les plans initiaux visaient à édifier un second Escurial. **Donato Felice d'Allio** fut l'architecte qui marqua l'ouvrage de son empreinte, bien que l'on sente l'influence de Fischer von Erlach. L'ambitieux projet, qui devait symboliser le pouvoir temporel, fut d'abord réalisé à hauteur d'un huitième, avant que de nouveaux travaux permettent au 19e s. d'atteindre le quart du projet initial. Des neuf coupoles prévues, seules deux furent réalisées, portant la couronne impériale romaine et la barrette de l'archiduc d'Autriche.

Trésor (Schatzkammer) – De cette précieuse collection, on retiendra surtout l'Erzherzogshut, une « couronne » sertie de rubis, émeraudes et saphirs. Symbole de l'unité des territoires autrichiens, elle n'a quitté le couvent qu'à dix occasions depuis 1616, la dernière fois en 1989, lors des funérailles de Zita, dernière impératrice d'Autriche.

Appartements impériaux (Kaiserzimmer) – L'extraordinaire escalier impérial, inachevé, permet d'accéder aux appartements, dont certains sont richement meublés. Le salon des Tapisseries est remarquable avec ses précieuses pièces fabriquées à Bruxelles au début du 18e s. La coupole de la salle de Marbre, de forme ovale, est ornée d'une fresque de Daniel Gran représentant la gloire de la maison d'Autriche.

Bibliothèque – Avec ses quelque 200 000 ouvrages, 1250 manuscrits et 850 incunables, elle constitue la plus grande bibliothèque privée d'Autriche.

★ Musée du monastère (STIFTSMUSEUM)

De nombreuses œuvres remarquables sont exposées dans le **musée du monastère**, situé au-dessus des appartements impériaux. On peut notamment y voir les **quatre volets peints★** qui se trouvaient au revers du retable de Verdun réalisé par Rueland Frueauf.

Carnet pratique

Arriver/Partir

En train – Ⓢ 40 de la gare Wien Franz-Josef-Bahnhof jusqu'à Klosterneuburg-Kierling (env. 15mn), puis 10mn à pied.

Agenda

Operklosterneuburg – *Juil.-août - www.operklosterneuburg.at.* Durant l'été, un opéra est joué en plein air plusieurs soirs au monastère.

Mythos Film Festival – *De fin juil. à déb. sept. - www.klosterneuburg.at.* Festival de films européens à succès en plein air, sur la place de la mairie, tous les soirs.

Nos adresses

Restauration

À Korneuburg

Budget moyen

Tuttendörfl – *Tuttendörfl 6 - ✆ 02262 72485 - tuttendoerfl.com - mar.-sam. 11h30-21h30 - fermé dim.-lun. - plats 19/30 €.* Très belle vue sur le Danube. Cuisine moderne et traditionnelle à la fois. On peut manger au choix dans la partie bar, au restaurant, dans le jardin d'hiver ou encore sur la terrasse.

Activités

Randonnée dans la forêt viennoise – *Voir p. 134.*

Hébergement

À Klosterneuburg

Pour se faire plaisir

Schrannenhof – *Niedermarkt 17-19 - ✆ 02243 32072 - www.schrannenhof.at - 19 ch. à partir de 115 €* ☕. Hôtel du 15e s. avec chambres de style champêtre, meubles en bois et plafonds parfois voûtés.

Châteaux du Marchfeld

Marchfeldschlösser

Région parmi les plus fertiles d'Autriche, le Marchfeld s'étend à l'est de Vienne entre le Danube et la Morava, frontière naturelle avec la Slovaquie. Ses plaines autrefois giboyeuses ont été le terrain de chasse idéal des familles nobles qui, récompensées par l'octroi de terres, y ont construit de nombreux châteaux. Aujourd'hui, le Marchfeld abrite le Parc national des Prairies du Danube, dont les rives verdoyantes et préservées forment un hâvre de verdure non loin de la capitale.

Se repérer

CARTE P. 102 (B1-2)
Basse-Autriche.
Orth an der Donau, première étape du circuit, se situe à 30 km au sud-est de Vienne, sur la rive gauche du Danube.

À ne pas manquer

La colonie de cigognes à Marchegg.

Organiser son temps

Comptez une journée pour le circuit.

En famille

La ferme du château de Hof ; l'observation des cigognes à Marchegg.

Nos adresses p. 109

2

Circuit conseillé

CARTE P. 102

Circuit de 58 km, de Vienne à Marchegg, tracé en vert sur la carte. Quittez Vienne vers l'est par la route nationale 3 (B 3).

Orth an der Donau B2

Château (Schloss) – *02212 3555 - www.donauauen.at - de fin mars à fin sept. : 9h-18h ; oct. : 9h-17h - musée 9 € (6-18 ans 8 €).* Les origines de cet ancien château fort remontent au 12e s. L'édifice actuel, avec ses quatre tours d'angle massives, date du 16e s. et la sobre extension baroque de l'aile ouest, qui servait de lieu de résidence au prince héritier Rodolphe lors de ses séjours de chasse, de la fin du 17e s. Ses salles accueillent aujourd'hui un musée et le **centre d'information du Nationalpark Donau-Auen** (Parc national des Prairies du Danube).

Musée – Dioramas, aquariums et diverses pièces illustrent la pêche en mer et en eau douce, entre autres dans le lac de Neusiedl, tout proche. La navigation sur le Danube et l'histoire militaire liée au fleuve y sont également présentées.

Poursuivez la B 3 vers Marchegg. À Wagram, obliquez à droite.

★ Château d'Eckartsau (SCHLOSS ECKARTSAU) B2

02214 2240 - www.schlosseckartsau.at - visite guidée uniquement (1h) - avr.-oct. : 11h, 14h et 16h - 12 € (7-18 ans 7,50 €) ; parc gratuit.

Ce château baroque fut érigé entre 1720 et 1732 sous la direction de Joseph Emanuel Fischer von Erlach. Le comte Kinsky, chancelier de la cour de Bohême, avait dédié ce château à la chasse, comme en témoigne la fresque du plafond de la **salle des fêtes**, réalisée en l'honneur de Diane, déesse de la chasse.

Les cigognes blanches de Marchegg

Elles nichent dans les arbres de Marchegg depuis plusieurs décennies. Après avoir passé l'hiver en Afrique et parcouru quelque 10 000 km, elles reviennent chaque printemps. La femelle pond trois ou quatre œufs en avril, alternativement couvés par l'un des membres du couple. Les œufs éclosent au bout d'un mois et, à la fin d'août, les bébés cigognes sont suffisamment forts pour entreprendre leur lointain voyage vers l'Afrique où ils demeureront deux ans, avant de regagner l'Europe et de s'installer sur le lieu même de leur naissance.

À la fin du 19e s., l'archiduc François-Ferdinand acheta la propriété dans le même but et fit réaménager le château, ainsi que le parc de 27 ha qui l'entoure. La visite guidée permet de découvrir les appartements privés de l'archiduc et d'admirer ses nombreux trophées, ainsi que ceux du dernier des Habsbourg qui vécut ici : Charles Ier signa la déclaration de renonciation relative aux affaires gouvernementales de la Hongrie dans le salon gris du château le 13 novembre 1918. Le 23 mars 1919, il quitta Eckartsau pour s'exiler en Suisse.
Regagnez la B 3 et suivez-la jusqu'au croisement avec la B 49. Tournez à gauche vers Marchegg. Au bout de 2 km env., on atteint le château de Niederweiden.

Château de Niederweiden (SCHLOSS NIEDERWEIDEN) B2

✆ 02285 200000 - www.schlosshof.at - de mi-mars à nov. : 10h-18h - billet combiné avec le château de Hof 19 € (6-18 ans 11 €), visite guidée suppl. 4 €.
Le comte Ernst Rüdiger von Starhemberg, devenu général en 1685, fit édifier en 1696 ce **château** baroque par Johann Bernhard Fischer von Erlach, père de Joseph Emanuel. En 1726, il devint la propriété du prince Eugène de Savoie, général au service de l'empereur d'Autriche, avant de passer aux mains de Marie-Thérèse en 1755. C'est à cette époque que Nicolò Pacassi réaménagea le château et lui donna son aspect actuel. Dans cet édifice, coiffé d'un toit brisé en bardeaux, la **salle des fêtes★** ovale du 1er étage, peinte dans le style chinois, reste le seul témoin de la somptueuse décoration d'autrefois.
Quittez la B 49 et poursuivez en direction du château de Hof.

★ Château de Hof (SCHLOSS HOF) B2

Schlosshof 1 - ✆ 02285 200000 - www.schlosshof.at - de mi-mars à fin nov. : 10h-18h - billet combiné avec le château de Niederweiden 19 € (6-18 ans 11 €).
Cette somptueuse résidence baroque fut édifiée au début du 18e s. par Lucas von Hildebrandt pour le prince **Eugène de Savoie**. L'impératrice Marie-Thérèse devint propriétaire de ce château de plaisance en 1760 et fit alors surélever le bâtiment et redécorer somptueusement l'intérieur. Durant les siècles suivants, le domaine tomba dans l'oubli. Il fallut attendre l'an 2000 pour que d'importants travaux de restauration redonnent au lieu son aspect d'antan.
Appartements impériaux – Les appartements de l'ancienne famille impériale, reconstitués tels qu'ils se présentaient au 18e s., reflètent la vie quotidienne de l'une des dynasties les plus puissantes d'Europe. Parmi les pièces remarquables figurent la **chapelle** coiffée d'une coupole, avec des fresques, des peintures d'autel de Carlo Innocenzo Carlone et Francesco Solimena et des stucs de Santino Bussi, la **salle des fêtes néoclassique** et la superbe **sala terrena★** qui relie le château au jardin.
Jardins – Au 18e s., les sept **terrasses** artificielles s'étendant au-delà de la rive de la Morava faisaient l'admiration des contemporains. Elles ont été réaménagées à partir des plans de cette époque.

À la **Meierhof**, la ferme domaniale, sont élevées d'anciennes espèces autrichiennes : chevaux gidran, moutons à lunettes, cochons mangalitza à poil laineux...

Marchegg B1

Château (Schloss Marchegg) – *0699 1268 0006 - www.schloss.marchegg.at - 9h-18h - 11 € - 3,50 € ; maison de la Cigogne (Storchenhaus) ouv. de mi-mars à fin oct. : tlj sf lun. 9h-18h - entrée libre ; visite guidée de la réserve : 3,50 €.* Ce château, au cœur médiéval baroquisé en 1733, appartenait à l'origine au roi de Bohême Ottokar II Przemysl. Il devint en 1629 la propriété du comte hongrois Paul Pálffy von Erdőd et de ses descendants, jusqu'en 1945. Très habilement restauré en 2021, il a retrouvé son badigeon d'origine ainsi que les vestiges de sa vieille tour ronde et quelques fragments de décor peint (chapelle). Il sert de cadre à une exposition présentant la plaine de Marchfeld.

Réserve naturelle (Naturreservat Marchauen) – Elle abrite une **colonie de cigognes★★**, qui compte jusqu'à 50 couples d'oiseaux, la seule de ce genre en Europe ; elle trouve refuge derrière le château de mars à fin août. Les cigognes vont chercher leur nourriture sur l'autre rive de la Morava, en Slovaquie.

1h30 à 3h. Plusieurs sentiers de randonnée en boucle sillonnent le Marchfeld et permettent de découvrir les milieux naturels des canards, castors, martins-pêcheurs, etc. Un troupeau de bœufs Galloway s'est également établi sur la rive du fleuve *(du quai, prenez la direction du sud-est)*. Attention aux moustiques...

2

Nos adresses

Restauration

À Marchegg

Premier prix

Landgasthaus Nagl-Hager – *Hauptstr. 30 - 02285 64799 - www.landgasthaus-nagl-hager.at - 8h-21h, lun. 8h-14h, sam. 8h-20h, dim. 8h-18h - formule déj. sem. 7,70 €, menu sam. midi 9,90 €, plats 10/20,50 €.* Cuisine traditionnelle et régionale à partir de produits frais locaux. Terrasse intérieure et soirées musicales.

À Orth an der Donau

Budget moyen

Gasthof Binder – *Jägergrund 2 - 02212 2252 - www.gasthaus-binder.at - tlj sf lun. 8h-21h - plats 18/19 €, formule déj. 9 €.* À deux pas du château, ce restaurant familial sert une cuisine régionale de saison. Mention spéciale pour les plats de poisson.

Petite pause

À Orth an der Donau

Uferhaus – *Uferstr. 20 - 0664 1800322 - www.uferhaus.at - - mai-sept. : tlj sf merc. 12h-21h - fév.-avr. et oct. fermé lun.-merc.* Au bout de l'unique route en impasse menant au Danube, la vaste terrasse de la « Maison du rivage » offre une belle halte.

Hébergement

À Orth an der Donau

Premier prix

Pension Schlossblick – *Hanfgartenweg 10 - 0664 4774 001 - pension-schlossblick.com - 5 ch. à partir de 38 €/pers.* Vous serez chaleureusement accueilli dans cette maison entourée d'un joli jardin. Chambres simples très bien tenues et bon petit-déjeuner.

Petronell-Carnuntum

★

En l'an 15, l'empereur Tibère décida d'envoyer sur le Danube la redoutable 15e légion, la légion Apollinaris (d'Apollon), pour repousser les Marcomans. Aujourd'hui, les nombreux vestiges antiques dégagés sur le territoire de Petronell-Carnuntum et de la ville voisine de Bad Deutsch-Altenburg constituent un parc archéologique qui fait renaître cette ancienne cité romaine détruite en 407 et tombée dans l'oubli.

Se repérer

CARTE P. 102 (B2)
Basse-Autriche.
Petronell-Carnuntum est à 43 km au sud-est de Vienne sur la rive droite du Danube (1h en train). Le site archéologique se trouve à 5 km au sud-ouest du musée archéologique situé à Bad Deutsch-Altenburg (arrêt de train suivant, puis 20mn de marche de la gare).

À ne pas manquer

Le site de Petronell-Carnuntum, la galerie Harrach au château de Rohrau.

En famille

Le Musée archéologique.

Carnet pratique p. 113

Nos adresses p. 113

Le parc archéologique

02163 33770 - www.carnuntum.at - de mi-mars à mi-nov. : 9h-17h - billet pour tous les sites du parc 12 € (11-14 ans 6 €).

Via Carnuntum – Ce sentier de 18,5 km permet de parcourir tout le parc *(location de vélos dans les gares de Petronell-Carnuntum et Bad Deutsch-Altenburg).*

Les fouilles s'étendent sur 8 km^2 formant deux musées de plein air. Elles ont débuté officiellement en 1885, mais remontent en fait au 16e s. quand l'humaniste Wolfgang Lazius, auteur de la chronique *Vienna Austriae*, visita la région.

Brève histoire de Carnuntum

Fondée au cours du 1er siècle sur le Danube, la ville de Carnuntum se situait sur la route de l'ambre, qui reliait autrefois l'Italie à la Baltique. Les Romains s'établirent sur le site vers l'an 15. La Pannonie, dont le territoire coïncidait en grande partie avec l'actuelle Hongrie, avait été conquise sous Auguste. Durant la première décennie du 2e s. apr. J.-C., Carnuntum devint la capitale de la province de Pannonie supérieure et fut élevée au rang de municipe sous le règne de l'empereur Hadrien, ce qui signifiait que ses habitants devenaient des citoyens romains. En 171, l'empereur Marc Aurèle se rendit à Carnuntum pour repousser les Marcomans et les Quades (Goths), qu'il vainquit en 174. Il revint par la suite au camp de Vindobona (Vienne), où il serait mort en 180. En 308, une conférence d'empire fut convoquée à Carnuntum afin de tenter de sauver la ville. Toutefois, son déclin ne se fit pas attendre. Les Goths, puis les Huns, la détruisirent définitivement en 407.

Heidentor (porte des Païens), parc archéologique Petronell-Carnuntum.
S. Hoyano/Oriental Touch/age fotostock

Petronell-Carnuntum

Musée de plein air de Petronell (FREILICHTMUSEUM PETRONELL)

Il réunit des ruines de maisons d'habitation et de commerce, des thermes et des canaux, ainsi que la reconstitution d'un temple de Diane et celle d'un marché romain et d'une cuisine. La ville, qui compta jusqu'à 50 000 habitants, était dotée de grands thermes. Réaménagés pour accueillir la conférence d'empire, ils comptent parmi les plus grands vestiges de l'Antiquité découverts au nord des Alpes. On reconnaîtra le vestiaire, la salle de repos, le petit et le grand bassin...

Amphithéâtre de Petronell

À 10mn à pied. Prenez à droite à la sortie du musée et longez la route.
L'amphithéâtre, qui pouvait accueillir 13 000 spectateurs, comporte une arène ellipsoïdale et deux portails. Le portail méridional est pourvu d'un bassin, vraisemblablement des fonts baptismaux datant du début du christianisme.

Porte des Païens (HEIDENTOR)

À 20mn à pied. À la sortie du musée, prenez à droite puis 1re rte à gauche.
Plus au sud la **Heidentor**, haute de 20 m, est l'une des quatre portes de Carnuntum.

Bad Deutsch-Altenburg

Amphithéâtre de Bad Deutsch-Altenburg

Wiener Straße 52. Reprenez la voiture en direction de Bad Deutsch-Altenburg, à gauche en sortant du musée de Petronell.
Son arène ellipsoïdale mesure 72 m de long sur 44 de large. Ses gradins pouvaient accueillir entre 6 000 et 8 000 spectateurs. Au centre, un bassin approvisionné en eau par un canal servait à assurer le nettoyage de l'arène.

Chapelle circulaire (RUNDKAPELLE)

Rte principale 173 (Hauptstr., parking de l'hôtel Marc Aurel). Ne se visite pas.
À droite de la route se dresse la **chapelle circulaire**, datant de 1200. L'originalité de la construction est soulignée par la simplicité de la façade aux colonnes engagées et son arcature soutenue par des consoles. Au **tympan★** du portail d'entrée, le relief représentant le baptême du Christ suggère que la chapelle aurait tenu lieu de baptistère à son origine. Il s'agit aujourd'hui d'une propriété privée (caveau de la famille Abensperg-Traun).

★ Musée archéologique de Carnuntinum (ARCHÄOLOGISCHES MUSEUM CARNUNTINUM)

Badgasse 40-46 - Mêmes conditions de visite que pour l'ensemble du site.
L'édifice, inauguré par l'empereur François-Joseph en 1904, a fait l'objet d'importants travaux de restauration. Si l'on songe que 5 % seulement des découvertes effectuées sur le site de la ville romaine sont exposées ici, on mesure toute l'importance du gisement archéologique. Cette collection inclut de remarquables statues, dont un splendide groupe de marbre, les **Ménades dansant de Carnuntum★** (2e s.). Les pièces réunies au rez-de-chaussée se rapportent, en grande partie, au **culte de Mithra**, dieu perse, particulièrement vénéré par les soldats romains des garnisons frontalières. Elles proviennent d'un lieu souterrain découvert à cet endroit, où se pratiquait ce rite à mystères, qui comportait sept niveaux d'initiation.

Rohrau

À 4 km au sud de Petronell-Carnuntum.
★★ Galerie Harrach (Harrach'sche Gemäldegalerie - Schlossmuseum) – *02164 225316 - schloss-rohrau.at - de Pâques à la Toussaint : w.-end et j. fériés à 10h30, 13h30 et 15h - 12 € (6-16 ans 5 €).* Le château du 16e s., posté à l'entrée du village, abrite l'une des plus importantes pinacothèques privées d'Autriche : elle réunit des œuvres de maîtres espagnols, napolitains et romains des 17e et 18e s., flamands et hollandais des 16e et 17e s. *Le Concert*, gracieux tableau d'un maître supposé hollandais, jouit d'une célébrité particulière.
Maison natale de Joseph Haydn (Haydn Geburtshaus) – *Obere Hauptstr. 25 - 02164 2268 - www.haydngeburtshaus.at - de mi-mars à déb. nov. : tlj sf lun. 10h-17h - 7 € (enf. 4 €).* C'est à Rohrau que naquit, le 31 mars 1732, **Joseph Haydn** *(voir p. 117)*. Sa maison natale au toit de chaume est située en bordure de la rue principale.

Hainburg an der Donau

À 9 km env. au nord-est de Petronell-Carnuntum par la B 9.
Ungarstr. 3 - 02165 62111400 - info.hainburg-donau.gv.at.
L'ultime cité d'importance avant la frontière slovaque a gardé un bel ensemble de **murailles** et portes monumentales, dont la **Wienertor★** qui date du 13e s.
Keltenweg – *Boucle balisée en rouge au dép. de la Donauparkplatz - 5,4 km, difficulté moyenne - comptez 1h30.* La colline de **Braunsberg★** qui surplombe la ville offre une agréable balade. Après avoir longé le Danube, le sentier offre une belle vue sur Hainburg et, du sommet sur les silhouettes urbaines de la capitale slovaque, Bratislava.

Carnet pratique

S'informer

Office de tourisme – *Hauptstr. 3 - Petronell-Carnuntum - ✆ 02163 355510 - www.donau.com/roemerland-carnuntum-marchfeld.*

Agenda

Art Carnuntum – *De fin juin à déb. juil. - wwww.artcarnuntum.com.* Manifestations culturelles : festival de théâtre, banquet romain, conférences et cinéma en plein air.

Nos adresses

Restauration

À Hainburg an der Donau

Budget moyen

Gasthof Zum goldenen Anker – *Donaulände 27 - ✆ 02165 64810 - www.goldeneranker.at - 11h30-21h (19h dim.) - plats 13/19 €.* La plus ravissante terrasse d'Hainburg : paisiblement attablé au bord du chemin de halage, on jouit du panorama sur le Danube et du couchant sur l'autre rive. Cuisine de marché autrichienne.

Karnunt – *Braunsbergstr. 1 - ✆ 0699 17298753 - www.karnunt.at - tlj sf lun.-mar. 10h-21h - plats 12,50/35 €.* Située à la fin du sentier en boucle de la Braunsberg, cette adresse conviviale offre une agréable terrasse s'ouvrant sur la pelouse impeccable du Bergbad. Cuisine de saison et rafraîchissante limonade maison.

Hébergement

À Bad Deutsch Altenburg

Budget moyen

Hotel-Gasthof Stöckl – *Hauptplatz 3 - à 3 km au nord-est de Petronell-Carnuntum - ✆ 02165 62337 - www.gasthof-stoeckl.at - P - 17 ch. env. 100 € ☕ - 1/2 P possible (15 €/pers.) - ✕ fermé merc.* Hôtel convivial aux chambres confortables. Espace bien-être et cour intérieure avec jardin. Cuisine autrichienne au restaurant.

À Hainburg an der Donau

Budget moyen

Altes Kloster – *Fabriksplatz 1a - ✆ 02165 64020 - P - 52 ch. 92/102 € - ☕ 12 €.* À l'intérieur de la cité fortifiée, cet ancien cloître du 17e s. dispose de vastes chambres avec haut plafond, dont certaines avec vue sur le Danube. Grande cour pour siroter un verre à l'heure de l'apéritif. Bon rapport qualité-prix.

2

Eisenstadt ★

Eisenstadt s'est développée sur le versant sud du Leithagebirge, là où commence l'immense plaine d'Europe centrale. La douceur du climat y favorise la culture des abricotiers, des amandiers et surtout de la vigne, qui place la ville en tête des marchés viticoles de la région. Fief autrichien des Esterházy qui lui léguèrent un somptueux château, la capitale du Burgenland s'étend jusqu'aux rives du lac de Neusiedl. Chaque année en septembre, la ville célèbre en musique un enfant du pays, le célèbre compositeur Joseph Haydn.

Se repérer

CARTE P. 102 (B2),
PLAN D'EISENSTADT P. 116

15 239 habitants – Burgenland.
À 59 km au sud de Vienne et 1h de train (liaisons fréquentes depuis la Hauptbahnhof).

À ne pas manquer

Le palais Esterházy.

Nos adresses p. 120

Se promener

PLAN P. 116

Hauptstr. 21 - 02682 67390 - www.eisenstadt-tourismus.at.

★★ Palais Esterházy (SCHLOSS ESTERHÁZY)

02682 63004 - www.esterhazy.at - avr.-juin. et sept.-déc. : mar.-dim. et j. férié 10h-17h (nov.-déc. : mar.-vend. visite guidée seult) ; juil.-août 10h-18h ; visite guidée en allemand ou en anglais, se rens. pour les horaires - 15 € (famille 33 €), avec visite guidée en sais. : 18 € (famille 39 €) ; audioguide 2 €.
Concerts organisés au château (Classic Esterházy) tte l'année (à partir de 27 €).
Désireux de faire construire une résidence digne de son rang, le prince Paul Esterházy fit appel à l'architecte italien **Carlo Martino Carlone** qui éleva de 1663 à 1672 ce vaste quadrilatère encadrant une cour d'honneur. Les quatre tours d'angle étaient à cette époque coiffées d'un bulbe. De 1797 à 1805, l'architecte

Le fief autrichien des Esterházy

Les Esterházy sont l'une des plus anciennes familles de l'aristocratie hongroise. Fidèles au catholicisme et à la maison d'Autriche (une exception en Hongrie), ils possédaient, au 17e s., les seigneuries d'Eisenstadt et de Forchtenstein, ainsi que Fertőd (anciennement Esterháza), en Hongrie. Eisenstadt était la résidence d'hiver de cette grande famille qui contribua largement à établir l'autorité des Habsbourg en Hongrie : **Nicolas** (1582-1645) exerça les fonctions de palatin (conseiller du souverain) et fut désigné comte par Ferdinand II ; son fils **Paul Ier** (1635-1713), également palatin, s'engagea aux côtés de Léopold Ier, qui le fit prince en 1697 pour le remercier de son rôle pendant le siège de Vienne par les Turcs en 1683, **Nicolas Ier le Magnifique** (1714-1790), quant à lui, employa Haydn comme maître de chapelle à Eisenstadt.

Palais Esterházy à Eisenstadt.
Zoonar/E.Fr/ZOONAR GMBH LBRF/age fotostock

français Charles Moreau, élève de Jacques-Louis David, mit l'édifice au goût du jour : il dota la façade donnant sur le parc d'un portique de style néoclassique à colonnes corinthiennes et le portail d'entrée de la façade principale d'une terrasse, portée par des colonnes toscanes. Les bustes en terre cuite qui la couronnent, représentent les fondateurs de la nation hongroise.

Intérieur – Plusieurs pièces sont consacrées à la famille princière. Le clou de la visite est la **salle Haydn★**, ancienne salle de bal et de banquet des princes Esterházy, dotée au 18e s. d'un plancher en bois pour en améliorer l'acoustique. Dans un cadre noble, orné à la fin du 17e s. de stucs, de grisailles (rois hongrois) et de fresques dues à Carpoforo Tencala (scènes de la mythologie grecque), Joseph Haydn dirigea presque chaque soir l'orchestre de la cour princière. Cette salle, à l'acoustique exceptionnelle, accueille chaque année le **Festival Joseph Haydn**. Pour compléter la visite, vous pouvez voir l'exposition consacrée à la princesse **Melinda Esterházy** (1920-2014), femme d'exception qui fit une brillante carrière à l'opéra de Budapest avant d'épouser le prince Paul Esterházy V. Les sous-sols du château abritent enfin le plus grand **musée du Vin** d'Autriche *(Weinmuseum)*,

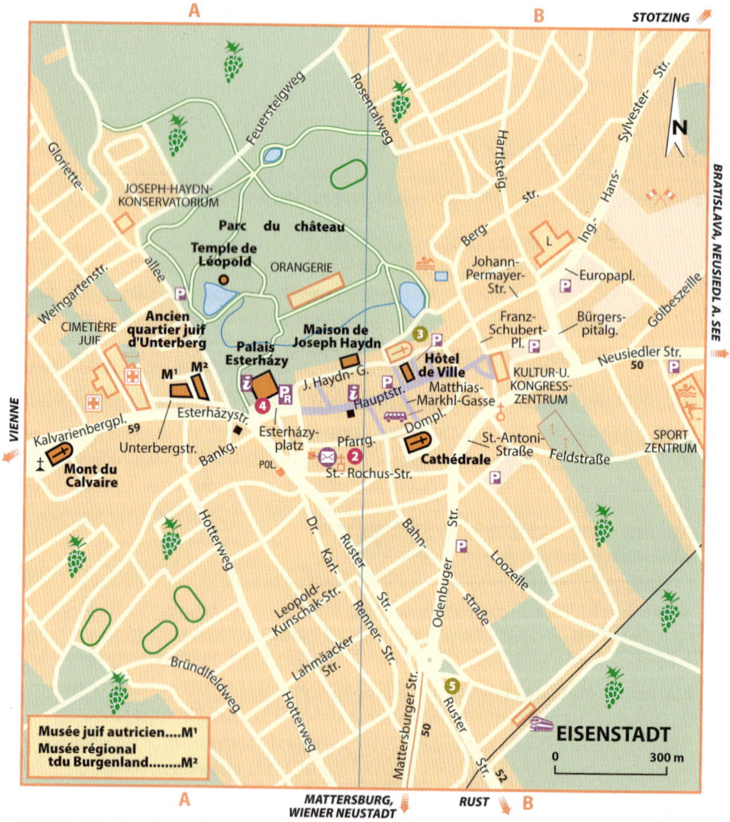

SE RESTAURER
Haydnbräau 2
Henrici 4

SE LOGER
Parkhotel 3
Hotel Ohr.................................. 5

La ville de Haydn

Tout ici rappelle le souvenir du compositeur, créateur de la symphonie classique et du quatuor à cordes *(voir p. 532)*. Joseph Haydn, né à Rohrau, passa trente années tantôt à Eisenstadt, tantôt au château d'Esterházy (en Hongrie), au service du prince Nicolas auquel il était attaché comme chef d'orchestre et compositeur attitré de la Cour. Il composa sans relâche, gagnant ainsi la reconnaissance de ses contemporains avant de passer à la postérité.

composé de 700 pièces, dont le plus ancien pressoir en bois du Burgenland. De l'autre côté de la place se dressent les anciennes écuries princières, élevées en 1743. On visitera également le paisible et romantique **parc du château** entourant le **temple de Léopold★**, où se trouve une statue de la princesse Léopoldine réalisée par Antonio Canova *(accès par la Glorietteallee)*.

Maison de Joseph Haydn (HAYDN-HAUS)

Joseph Haydn-Gasse 19-21 - ✆ 02682 7196000 - www.haydnhaus.at - de fin mars à mi-nov. : lun.-vend. 9h-17h, w.-end 10h-17h - 6 € (enf. 5 €, famille 14 €).
Le compositeur habita cette maison de 1766 à 1778, aujourd'hui aménagée en musée. On peut y voir une copie de son masque funéraire, son piano de service (1780) et l'ancien orgue issu de la Bergkirche *(voir p. 118)*, sur lequel jouèrent Haydn et Beethoven. Des enregistrements permettent d'écouter les œuvres du compositeur.

2

Hôtel de ville (RATHAUS)

Hauptstr. 35. Il a conservé son architecture du 17e s. Sa façade aux trois oriels, aux gâbles et au portail en plein cintre paré d'un bossage à pointes de diamant est d'une rare originalité.

Cathédrale (DOMKIRCHE)

Érigée vers 1500 dans le style gothique flamboyant, elle est dédiée à saint Martin, patron du Burgenland. Il subsiste du baroque tardif une superbe chaire, le chœur et les orgues. Beau relief du mont des Oliviers (avant 1500) sous le porche.

Ancien quartier juif d'Unterberg

Les archives d'Eisenstadt font état de la présence de juifs depuis 1296. Après que Léopold Ier les eut chassés de Vienne en 1671, nombre d'entre eux se réfugièrent ici dans le quartier d'Unterberg, délimité par les Museumsstraße, Wolfstraße et Unterbergstraße. Ce ghetto, où l'on peut voir encore les chaînes qui servaient à les isoler pendant le shabbat, était célèbre pour son école rabbinique, jusqu'à l'extermination de la communauté en 1938.
La Wertheimergasse abrite l'ancien cimetière juif (17e et 18e s.) que l'on peut visiter. Le nouveau cimetière (1875-1938) est situé dans la Carl-Moreau-Straße. Après la Seconde Guerre mondiale, des fosses communes y furent creusées pour recevoir les dépouilles des juifs condamnés aux travaux forcés.

★ Musée juif autrichien (ÖSTERREICHISCHES JÜDISCHES MUSEUM) M1

Unterbergstr. 6 - ✆ 02682 65145 - www.ojm.at - ♿ - de déb. mai à fin oct. : mar.-vend. et dim. 10h-17h - fermé de fin oct. à déb. mai pour les individuels - 5 € (enf. 3 €).
Le Musée juif autrichien occupe l'ancienne maison de Samson Wertheimer. Au 1er étage, on découvre la synagogue privée de Wertheimer, l'une des rares

« Juif de cour »

Suite aux ordonnances médiévales interdisant aux chrétiens de pratiquer le prêt à intérêt, quelques juifs exercèrent un rôle clé dans les finances germano-autrichiennes aux 17e et 18e s. Les Habsbourg nommèrent ainsi des « juifs de cour » *(Hofjuden)* au statut privilégié, qui bénéficiaient d'une entière liberté commerciale. Ce fut le cas de **Samuel Oppenheimer**, banquier originaire de Spire, qui finança les campagnes du prince Eugène de Savoie contre les Turcs, et de son gendre **Samson Wertheimer**, banquier auprès des empereurs Léopold Ier, Joseph Ier et Charles VI.

synagogues épargnées par les nazis. L'exposition présente le calendrier des fêtes juives, les différentes étapes de la vie d'un croyant, ainsi que la communauté d'Eisenstadt. La visite s'achève par un monument commémoratif érigé en mémoire des Juifs persécutés pendant le IIIe Reich.

Musée régional du Burgenland (LANDESMUSEUM BURGENLAND) M2

Museumgasse 1-5 - ✆ 02682 7194000 - www.landesmuseum-burgenland.at - ♿ - de juin à déb. nov. : lun.-vend. 9h-17h, w.-end 10h-17h ; mi-nov.-mai : mar.-vend. 9h-17h, w.-end 10h-17h - 8 € (enf. 6,50 €).

Ce musée est consacré à la nature, aux traditions et à la culture du Burgenland. L'une des salles est dédiée à **Franz Liszt**, né à Raiding, dans le Burgenland, et expose du mobilier provenant de son appartement du Schottenhof, à Vienne. La cave abrite, quant à elle, outre un musée du Vin, les **mosaïques romaines★** (4e s.) de la Villa Rustica de Bruckneudorf (au nord de Neusiedl).

★ Mont du Calvaire (KALVARIENBERG) et église (BERGKIRCHE)

Joseph-Haydn-Platz 1 - ✆ 0676 880 708 098 - www.eisenstadt-tourismus.at - mai-sept. : 10h-18h, dim. 14h-18h ; avr. et oct. : 9h-18h, dim. 13h-17h ; nov.-déc. : 10h-16h, dim. 13h-16h.

L'architecture particulière de ce complexe, avec ses toits voûtés et emboîtés les uns dans les autres, attire le regard. La colline artificielle du mont du Calvaire fut créée au début du 18e s. pour permettre l'installation d'un **chemin de croix★**, qui compte aujourd'hui 24 stations, composées de 200 statues baroques en bois et en pierre. La Passion du Christ est ainsi retracée avec réalisme et théâtralité. Une partie de cette « colline sainte » accueille également la **chapelle miraculeuse** dans laquelle est honorée une statue de la Vierge Marie depuis 1711.

La **Bergkirche (église de la Colline)**, achevée en 1803, héberge le **mausolée de Haydn**, où la dépouille du compositeur, après maints déboires (son crâne, que l'on avait séparé du reste du corps, ne fut rapporté qu'en 1954), a trouvé son dernier repos.

À proximité

CARTE P. 102

★ Château de Forchtenstein (BURG FORCHTENSTEIN) AB2

À 20 km au sud-est. ✆ 02626 81212 - esterhazy.at - de fin mars à déb. nov. : 10h-17h - fermé mar. sf juil.-août ; de déb. nov. au 23 déc. : visite guidée slt lun.-vend. 11h et 13h, w.-end 11h, 13h et 15h ; reste de l'année : se rens. - 15 € (famille 33 €), audioguide 2 € ; Schatzkammer (chambre du trésor) et armurerie (Waffensammlung) : visite guidée en allemand uniquement à 10h30 et 14h30 - 18 € (enf. 16 €).

À l'ombre du rideau de fer

La séparation

En 1946, Winston Churchill annonce la mise en place du fameux rideau de fer allant « de Stettin sur la Baltique à Trieste sur l'Adriatique ». Un an plus tard, c'est le début de la **guerre froide** : les deux blocs s'organisent. Dans tous les pays situés à l'est de l'Autriche, les partis communistes prennent le pouvoir, provoquant une première vague de départs vers l'ouest. Le **rideau de fer** se matérialisera en 1949, lorsque les autorités soviétiques bloqueront hermétiquement les frontières en installant des barbelés, des clôtures électriques et des champs de mines, surmontés par des miradors et surveillés par des gardes, pour empêcher les dissidents de passer d'est en ouest. Aux confins du bloc occidental, à la lisière du glacis constitué par l'URSS en Europe centrale, l'Autriche voit arriver de nombreux réfugiés. Elle traverse les décennies 1950-1980 avec une conscience sans doute plus vive qu'ailleurs de ce qui se passe de l'autre côté de sa frontière orientale.

Une frontière mortelle

De par sa situation géographique, le **Burgenland** est particulièrement affecté : l'ancienne province hongroise ne fait partie du territoire autrichien que depuis 1921 ; de nombreux liens unissent encore le Land autrichien et son ancienne capitale, **Sopron** (remplacée par Eisenstadt après le partage du Burgenland) incluse dans la république de Hongrie. Beaucoup de Hongrois essaient, en vain, de traverser cette frontière. Mais les populations hongroises ne sont pas les seules à tenter de passer à l'Ouest. L'Autriche reste le pays européen où les mouvements de population ont été les plus massifs durant cette période.

L'assouplissement du régime en Hongrie

Avec la « nouvelle détente », la **Glasnost**, instaurée par Gorbatchev, il devient plus facile de circuler au sein du bloc soviétique, voire de se rendre à l'Ouest. En Hongrie aussi, le régime tend à s'adoucir. Dès janvier 1989, le parlement adopte deux lois sur la liberté d'association et de rassemblement.

Un pique-nique historique

Le **19 août 1989**, un grand pique-nique « paneuropéen » est organisé à l'instigation de l'opposition démocratique hongroise et du mouvement paneuropéen fondé par Otto de Habsbourg. Ce rassemblement a lieu dans les environs de Sopron, mais du côté autrichien. Pour quelques heures, les populations de l'Est (parmi lesquelles de nombreux Allemands) ont alors le droit de se rassembler pour ce grand pique-nique. Les habitants de l'Est sont autorisés à traverser la frontière. Quelques mois avant la chute du mur de Berlin, les images de gardes feignant de ne pas voir les fuyards sont retransmises sur toutes les chaînes de télévision. Encouragés par cette baisse de surveillance, plusieurs milliers de personnes franchiront les jours suivants les frontières pour rejoindre l'Ouest. La **chute du mur de Berlin** quelques mois plus tard résulte aussi de cet événement.

Dominée par un donjon massif de 50 m de haut, partie la plus ancienne de l'édifice encore en état, la **forteresse** se dresse sur les contreforts de la Rosaliengebirge. Elle fut construite au début du 14e s. par les comtes von Mattersdorf, qui immigrèrent d'Espagne en Hongrie au 13e s. La forteresse prit son aspect actuel au 17e s. Face à la menace turque, la famille Esterházy, qui possédait le château de Forchtenstein depuis 1622, renforça la défense par un cordon de bastions. Les pièces d'habitation furent aménagées pour des réceptions. À partir du début du 18e s., la famille s'installa dans le château d'Eisenstadt et la forteresse de Forchtenstein fit dès lors fonction d'arsenal et de réserve pour les objets précieux et les archives, dont une grande partie peut encore être admirée sur place. Vous apprécierez ainsi les **collections des princes Esterházy★**, dont les pièces datent des 17e et 18e s. Les plus remarquables sont la **chambre du Trésor** (**Schatzkammer** – *en visite guidée*), témoignage de la passion des Esterházy pour les objets somptueux et exotiques, la **galerie de peinture (Ahnengalerie)** et l'**armurerie** (**Waffensammlung** – *en visite guidée*). Cette dernière abrite des armes et armures des régiments Esterházy, les prises des guerres contre les Prussiens, les Français et celles provenant des campagnes du prince Paul Esterházy contre les Turcs, de 1652 à 1713.

Nos adresses

PLAN P. 116

Restauration

Budget moyen

2 Haydnbräu – A - *Pfarrgasse 22 - ✆ 02682 63945 - www.haydnbraeu.at - lun.-sam. 9h30-23h, dim. 9h30-21h - formule déj. en sem. 8,90/9,90 €, plats 13/25 €.* Brasserie-restaurant proposant une cuisine régionale et plusieurs variétés de bière brassées sur place. Jardin en bordure des remparts. Accueil chaleureux.

Pour se faire plaisir

4 Henrici – A - *Esterházyplatz 5 - ✆ 02682 62819 - www.henrici.at - lun.-merc. 11h-17h30, jeu.-vend. 11h-22h; sam. 11h-22h, dim. 9h-18h - plat du jour en sem. 10,50 €, plats 15/45 €.* Installé dans les anciennes écuries princières. Cuisine d'inspiration italienne et nombreux crus du Burgenland. Vue somptueuse sur le château.

Hébergement

Budget moyen

Weinhaus Eva-Maria Wagner – HORS PLAN - *Wiener Str. 10-12 - ✆ 0676 3175590 - www.weinhaus-evawagner.at - - 5 ch. 56/70 €.* Maison d'hôtes proche du centre-ville aux belles chambres avec terrasse, portant des noms de cépage !

Pour se faire plaisir

3 Parkhotel – B - *Joseph-Haydn-Gasse 38 - ✆ 02682 24810 - www.parkhotel-eisenstadt.com - P ♿ - 28 ch. 154 €.* Hôtel moderne situé à proximité du centre-ville.

5 Hotel Ohr – B - *Rusterstr. 51 - ✆ 02682 62460 - www.hotel-ohr.at - 39 ch. 149/159 € - ✕ fermé lun.-mar. et dim. soir - plats 12/18 €.* Hôtel moderne et de qualité avec restaurant de style rustique.

Lac de Neusiedl ★★

Neusiedler See (avec excursion à Sopron)

Situé à 115 m au-dessus du niveau de la mer, il constitue l'une des principales attractions du Burgenland. Ce petit paradis pour cyclistes, véliplanchistes et familles en balade est le lac de steppe le plus occidental d'Europe. Ce qualificatif peut surprendre, mais c'est ici, au pied des premiers contreforts du massif de la Leitha, que débute la puszta hongroise, sorte de plaine composée de végétation touffue. Depuis 2001, le paysage si particulier du Neusiedler See fait partie du Patrimoine mondial de l'Unesco.

Lac de Neusiedl.
Franz Schallmeiner/Getty Images Plus

Se repérer

CARTE P. 102 (B2),
CARTE DU LAC DE NEUSIEDL P. 122
Burgenland.
À 70 km au sud-est de Vienne.
À cheval sur la frontière, 1/5e de sa superficie est hongroise.

À ne pas manquer

Une promenade à vélo autour du lac, Rust et ses nids de cigognes.

Organiser son temps

Comptez au moins une journée pour profiter. En saison, des vedettes relient les localités du lac.

En famille

Plage et activités nautiques sur le lac.

Carnet pratique p. 126

Nos adresses p. 126

Circuit conseillé

CARTE CI-DESSOUS

Circuit de 49 km, de Neusiedl à Mörbisch, tracé en orange sur la carte.
Une piste cyclable de 125 km entoure le lac (aires de repos et de pique-nique - *carte en téléchargement sur www.neusiedlersee.com, rubrique « Brochure »*). Location de vélos à la gare *(voir « Nos adresses » p. 127)*.

Neusiedl am See

La commune, qui a donné son nom au lac, recèle quelques curiosités : la ruine du Tabor (du slave « vue en hauteur »), une tour de garde du 16e s. et l'église paroissiale gothique Sts-Nicolas-et-Gallus du 15e s. avec sa chaire de pêcheur.
Quittez Neusiedl par le nord-ouest, suivez la route d'Eisenstadt, puis bifurquez à gauche, 2,5 km après Donnerskirchen, pour atteindre Rust.

★ Rust

Célèbre pour ses nids de cigognes fidèlement occupés chaque année, Rust est également connue pour son vignoble. La commune offre de nombreuses perspectives pittoresques au visiteur : de charmantes façades Renaissance et baroques, avec des encorbellements, et d'imposantes portes sculptées, des cours intérieures à arcades et des fortifications en partie conservées. En raison de son important patrimoine architectural, la vieille ville est classée Monument historique.

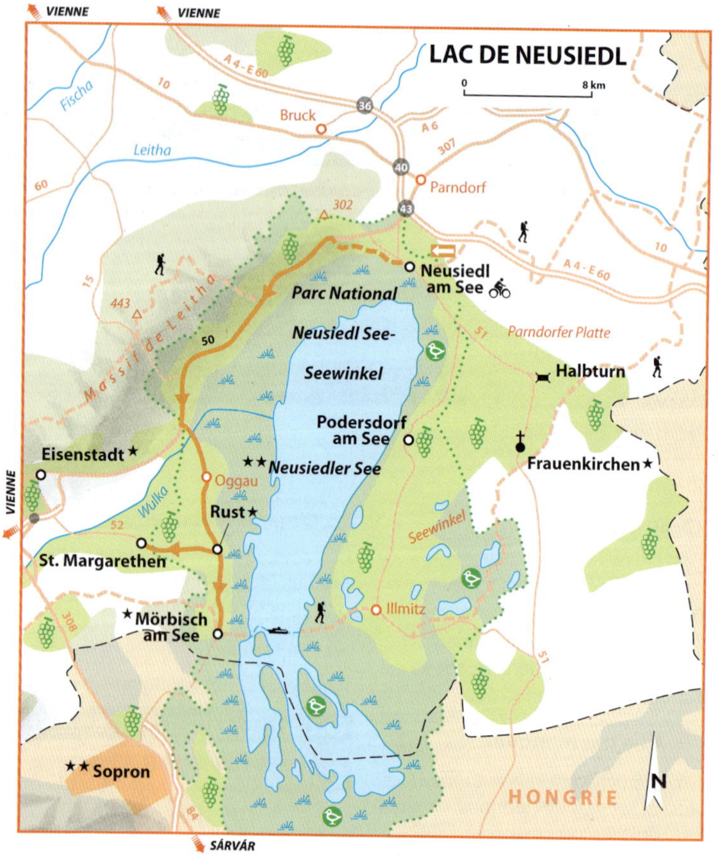

Église des Pêcheurs (Fischerkirche) – *Côté ouest de la Rathausplatz - ☏ 02685 295 - juil.-sept. : lun.-sam. 11h-12h, 15h-17h, dim. 14h-16h ; reste de l'année : lun.-jeu. 11h-12h, 13h-15h, vend.-sam. 14h-15h - 2 € (-15 ans 1 €).* Fortifiée et protégée par un mur d'enceinte percé de 13 meurtrières, l'église des Pêcheurs est bâtie suivant un plan irrégulier. Elle conserve de remarquables **fresques★** des 12e et 15e s. ainsi que, dans le chœur St-Pancrace, un autel des Rois mages (statues de style gothique tardif) et le bel orgue de 1705.

De la localité, on accède par une chaussée tracée au milieu des roseaux à la **plage** du lac *(Seebad)*, avec ses constructions sur pilotis en bois reliées par des pontons.

Après Rust, empruntez une petite route qui mène à St. Margarethen (9 km AR).

St. Margarethen

Le grès des carrières de St. Margarethen a servi, entre autres, à l'édification de la cathédrale St-Étienne, de la Hofburg, de l'Opéra, de l'église St-Charles et du château de Schönbrunn.

Dans l'ancienne carrière romaine de cette commune a été aménagée une scène de plein air, où se déroulent tous les cinq ans depuis 1961 des jeux de la Passion, auxquels participent près de 500 figurants amateurs *(www.passio.at)*. Depuis 1995, ce décor sert également de cadre à un festival annuel d'opéra *(voir « Agenda » p. 126)*.

★ Mörbisch am See

Avec ses petites ruelles pittoresques de part et d'autre de la rue principale, Mörbisch est l'une des plus charmantes localités bordant le lac de Neusiedl. Les maisons peintes en blanc disposent presque toutes d'un escalier extérieur donnant sur une galerie à colonnades. Les portes et volets de couleurs vives et les épis de maïs, suspendus pour le séchage, égayent cette localité fleurie. À l'est, la Seestraße, bordée de roseaux, permet d'accéder à la plage et à la scène sur pilotis, où se déroule chaque année un festival d'opérettes *(voir « Agenda » p. 126)*.

2

À proximité

CARTE P. 102

Château de Halbturn B2

À 13 km au sud-est de Neusield am See, sur la rive orientale du lac.

☏ 02172 8594 - www.schlosshalbturn.com - ♿ - de fin avr. à déb. nov. : tlj sf lun. 10h-17h - 9 € (- 16 ans 6 €).

Construit en 1701 par Lucas von Hildebrandt, le château de Halbturn est le plus important édifice civil baroque du Burgenland. Il servit de rendez-vous de chasse à l'empereur Charles VI, avant d'être cédé par Marie-Thérèse à sa fille Marie-Christine. Après la Seconde Guerre mondiale, qui n'épargna que la partie centrale, des pillages et un incendie eurent des conséquences désastreuses sur le château. Une restauration minutieuse permet toutefois de retrouver aujourd'hui toute la splendeur de cette charmante construction, avec sa façade aux teintes délicates tout en crème et bleu.

Des pilastres surmontés de jolis chapiteaux rythment le long corps central bordé par deux pavillons d'angle. L'avant-corps central en saillie est couronné par un fronton arqué portant l'aigle impériale à deux têtes. **Franz Anton Maulbertsch** (1724-1796) est l'auteur des remarquables **fresques★** du salon d'été *(Gartensaal)*, qui ont heureusement survécu à l'incendie de 1949. La fresque du plafond représente *L'Allégorie du temps et de la lumière*, une remarquable composition dans des couleurs très vives.

★ Frauenkirchen B2

À 16 km au sud-est de Neusield am See et à 6 km au sud-ouest de Halbturn, sur la rive orientale du lac.

Sa célèbre **église de pèlerinage** resplendit d'une élégance tout italienne, son architecte n'étant autre que Francesco Martinelli, son stucateur Pietro Conti et son fresquiste Luca Columba. C'est le prince **Paul Esterházy** qui leur confia la construction et la décoration de cet édifice, achevé en 1702. Le somptueux mur d'autel montre une statue de la Vierge de style gothique primitif (vers 1340) vêtue dans un style baroque. Le premier autel latéral, côté nord, avec son exceptionnelle représentation d'une Vierge allaitante, est digne d'un intérêt tout particulier, tout comme les stalles peintes de la tribune d'orgue.

Sur le côté sud de l'église, un surprenant **calvaire (Kalvarienberg)** disposé en spirale avec des personnages surdimensionnés et un groupe de la Crucifixion attire les regards.

★★ Sopron (Hongrie) B2

À 17 km au sud de St. Margarethen.

L'ancienne Ödenburg de l'Empire austro-hongrois est exceptionnellement bien conservée, son centre historique mêle l'architecture médiévale, gothique, Renaissance et baroque, dans un entrelacs de passages dérobés et portes cochères. Du fait de sa situation frontalière, Sopron (prononcez « chopron ») était à l'origine germanophone. Elle est une destination privilégiée de shopping à prix doux pour les voisins autrichiens.

★★ Fő tér – Bordée de terrasses et de cafés, cette place est l'espace le plus aéré de la « vieille ville ». Elle abrite la colonne de la Sainte-Trinité (ou de la Peste - 1701) et quelques bâtiments de caractère.

★ Tűztorony – *✆ (+ 36) 99 311 327 - tuztorony.sopron.hu - de mi-juin à sept. : lun.-jeu. 10h-18h, vend.-dim. 10h-20h (18h le reste de l'année) - 1700 Ft (3-6 ans gratuit) - au rdc, point d'information sur les musées de la ville.* La tour de Feu, symbole de la ville, est aussi son plus haut bâtiment (58 m). Il doit son nom à sa fonction : du balcon de la tour, le guetteur surveillait la ville pour prévenir des dangers. Il offre un **panorama★** sur la vieille ville, les alentours et les contreforts des Alpes autrichiennes. La tour, appuyée sur des fondations et une base romaines, est un composé de différents styles. La partie du rez-de-chaussée, de forme carrée avec des murs de 2 m d'épaisseur, date du 12e s. Sur ce socle, s'appuie un cylindre autour duquel s'enroule le balcon à arcade. Ces deux éléments ont été réalisés au 16e s. Le couronnement baroque qui coiffe l'ensemble fut posé en 1680. De ce balcon, tourné vers Fő tér, on domine les toits de l'hôtel de ville.

★ Storno-ház – *Fő tér 8 - ✆ (+ 36) 99 311 327 - www.sopronimuzeum.hu - visite : se rens.* Au 19e s., la riche famille Storno d'origine italienne, était l'une des plus connues pour la restauration des monuments de Sopron. Des connaisseurs, donc, qui logeaient depuis 1875 dans cette maison du 15e s., reconstruite dans le style baroque au 18e s., où séjournèrent des hôtes célèbres parmi lesquels le roi Mathias de Hongrie en 1482. Au 2e étage, on découvre aujourd'hui l'enfilade de pièces richement meublées et décorées, l'héritage des Storno resté en place. Ce lieu a une âme : les lames du plancher grincent, les fenêtres en « cul-de-bouteille » distillent une luminosité sourde, la table est dressée, les lits sont faits, comme si les habitants étaient partis la veille (la famille a en fait quitté les lieux en 1984). Au 1er étage, une exposition sur Sopron du 16e s. à nos jours complète la visite. Vous y verrez notamment le piano avec lequel **Franz Liszt**, enfant, joua.

Autour du lac

Bordé à l'est par le plateau de Parndorf et les terres salées du Seewinkel, cerné à l'ouest par le massif de la Leitha et les pentes fertiles du Ruster Höhenzug (on y cultive de la vigne, du maïs, des arbres fruitiers et même des amandiers), le lac de Neusiedl bénéficie d'un climat d'une grande douceur. Il est délimité par une épaisse ceinture de roseaux de 2 à 3 m de haut et s'étend sur près de 320 km^2.

Entre Autriche et Hongrie

Le traité de paix de Saint-Germain-en-Laye de 1921 accorda à l'Autriche certaines parties des trois districts occidentaux de la Hongrie qui forment aujourd'hui le **Burgenland**, ce qui explique l'indéniable influence magyare dans ce jeune Land autrichien qui conserve une mosaïque de minorités ethniques. Sa population compte des Hongrois, des Roumains, des Tziganes et des descendants de réfugiés croates de l'époque des sièges turcs. Si ces minorités se sont installées dans le Burgenland, notamment autour du lac de Neusiedl, c'est parce que cette région appartenait à une ceinture défensive que les souverains hongrois avaient dépeuplée pour entourer leur royaume d'une sorte de *no man's land*.

Une faible profondeur

Ses eaux chaudes et légèrement salées n'excèdent jamais 2 m. Alimenté par quelques petites rivières, parmi lesquelles seule la Wulka, au nord-ouest, mérite d'être signalée, le lac doit essentiellement compter sur sa nappe phréatique, les précipitations et la fonte des neiges pour le renouvellement de ses eaux. D'un jour à l'autre, il arrive donc que l'étendue soit entièrement asséchée pour réapparaître aussi mystérieusement qu'elle avait disparu. Le lac fut même complètement sec entre 1855 et 1868.

La « mer des Viennois »

Situé à 50 km à peine de la capitale, le lac de Neusiedl est un lieu d'excursion apprécié, où l'on peut pratiquer les sports nautiques en été et les sports d'hiver en basse saison (principalement le patinage à voile). Chaque commune établie à proximité du lac a aménagé sa propre plage, mais seule celle de **Podersdorf** est située directement sur l'eau.

Des crus réputés

Étagé au flanc des coteaux ou étalé dans la plaine, le **vignoble du Burgenland** bénéficie d'un excellent ensoleillement et produit des crus renommés pour leur bouquet, ceux de Rust, Mörbisch, Gols et Illmitz étant les plus célèbres. Il est possible de déguster des vins régionaux dans les *Buschenschänken* (auberges) qui bordent la rive autrichienne du lac.

Un eldorado pour la faune et la flore

Située à la charnière de l'espace alpin et de l'espace euro-asiatique, cette zone, qui semble aride, abrite pourtant une faune et une flore typiques, dont la sauvegarde est assurée depuis 1992. Dans le **Parc national du Neusiedler See et du Seewinkel**, administré conjointement par l'Autriche et la Hongrie, des milliers d'espèces végétales se développent chaque année : adonis du printemps, iris nain, sauge des steppes, lin d'Autriche, aster... au milieu desquelles se trouve une faune incroyablement riche, qui va de l'inoffensive couleuvre d'Esculape à la tarentule de Russie méridionale.

Carnet pratique

S'informer

www.neusiedlersee.com

À Rust – *Rathaus - Conradplatz 1 - ✆ 02685 502 - www.rust.at.*

À Sopron – *Szent György utca 2 - ✆ (+ 36) 951 975 - www.visitsopron.com.*

Arriver/Partir

En train – De Vienne, train pour Neusiedl am See (40mn) toutes les heures.

Se déplacer

Des vedettes relient les localités du lac plusieurs fois par jour d'avril à octobre. Vélos acceptés moyennant supplément.

Schifffart Knoll – *✆ (0) 2177 2431 - www.schifffahrt-knoll.at.* Trajet : Rust-Podersdorf.

Schifffart Gmeiner – *✆ (0) 2683 5538 - www.gmeiner.co.at.* Trajet : Breitenbrunn-Podersdorf.

Agenda

Festival d'opéra de St. Margarethen (Oper im Steinbruch) – *Esterhazyplatz 4 - Eisenstadt - ✆ 02682 65065 - www.operimsteinbruch.at - juil.-août.* De grands opéras sont joués dans les carrières romaines.

Festival d'opérette de Mörbisch am See (Seefestspiele Mörbisch) – *Eisenstadt - ✆ 02682 66210 - www.seefestspiele-moerbisch.at - juil.-août.* La scène est installée sur le lac. Du grand spectacle !

Nos adresses

Restauration

À Rust

Premier prix

Römerzeche – *Rathausplatz 11 - ✆ 02685 21113 - roemerzeche.at - 11h-22h - fermé lun. sf juil.-août - plats 9/17 €.* L'été, on déjeune dans la cour fleurie et ombragée, d'un goulash hongrois ou de girolles, à accompagner d'un vin blanc du Burgenland. Ambiance conviviale dans un cadre rustique

Budget moyen

Wirtshaus im Hofgassl – *Rathausplatz 10 - ✆ 02685 60763 - www.hofgassl.at - tlj sf lun.-mar. 12h-14h, 18h-21h - plats 19/33 €.* Cette cour fleurie et séduisante sied parfaitement à une carte de terroir et de saison. Nombreux produits bio et pain maison.

À Sopron

Premier prix

Cézár Pince – *Hátsókapu utca 2 - ✆ (+ 36) 99 311 337 - www.cezarpince.hu - 16h-0h (23h dim.) - plats 1 410/3 400 Ft.* Une taverne réputée pour sa belle cave voûtée, la qualité de ses vins et ses plateaux de charcuterie et fromages, où l'on se réunit sur de grandes tablées de bois, un œil sur le pressoir et autres objets viticoles. Patio aux beaux jours.

Vadászkürt Étterem – *Udvarnoki utca 6 - ✆ (+ 36) 99 314 385 - www.vadaszkurt.hu - merc.-sam. 11h30-21h, dim. 11h30-16h - plats 1 900/5 500 Ft.* Le lieu idéal pour découvrir les vins de la région, grâce à la belle cave que les propriétaires enrichissent depuis plus de trente ans. En prime, une excellente cuisine de terroir qui régale visiteurs et fidèles. Spécialités de gibier et poisson.

Petite pause

Dió – *Herrengasse 16 - Mörbisch am See - ✆ 699 1176 6988 - www.casapeiso.at/dio/ - juil.-sept. : 9h-12h, 16h-21h - fermé dim. ap.-midi ; hors saison : se rens.* Cette épicerie qui propose une sélection de produits régionaux (fromage de brebis, charcuteries, confitures maison, bières…) fait aussi office de cantine/bar à vin où l'on peut s'attabler à l'intérieur ou en terrasse, que ce soit pour le petit-déjeuner où un apéro dînatoire.

Zum echten Leben – *Ob. Hauptstr. 31 - Neusiedl am See - ✆ 680 20 15 132 - zumechtenleben.at - mar.-sam. 8h-12h, 18h-0h - fermé dim.-lun.* Pour commencer la journée en douceur, vous prendrez ici le temps d'un copieux petit-déjeuner. Vous pourrez également vous faire plaisir en soirée, le lieu étant un bar à vin où déguster des productions du Burgenland (mais aussi internationales), accompagnées d'un plat du terroir. Agréable cour intérieure.

En soirée

À Rust

Buschenschank Peter Schandl – *Hauptstr. 20 - ✆ 02685 20484 - www.buschenschankschandl.at - de mi-mars à mi-nov. : tlj sf mar. et merc. à partir de 16h, w.-end et j. fériés à partir de 11h.* Un bon petit « Lokal » comme on les aime. On y dîne aussi très bien.

Activités

Nextbike Fahrradstation Neusiedl am See – *Neusiedl am See - ✆ 02167 229901 - www.nextbike.at.* Locations de vélos à la gare.

Marina West – *Seestr. 38a - Neusiedl am See - ✆ 0664 411 2727 - www.marina-west.at - paddle 12 €/h, pédalo 4 pers. 14 €/h, bateau à moteur 20 €/h, voilier avec skipper 150 €/1h (100 € l'h suivante).* Location de planches et bateaux. Organise aussi des mini-croisières sur le lac à bord du *Neptun*, lorsque le niveau de l'eau est suffisamment haut.

St. Martins Therme – *Im Seewinkel 1 - Frauenkirchen - ✆ 02172 20 500 - www.stmartins.at - vend.-sam. 9h-0h, dim.-jeu. 9h-21h - forfait journée 35 €, suppl. sauna 14 €.* En lisière du parc national, un formidable complexe thermal doté de 4 piscines intérieures, 7 bassins extérieurs et d'un lac de 8 ha avec île.

Reitstall Althof – *Althof 1 - Frauenkirchen - ✆ 02172 2109 - www.althof-frauenkirchen.at.* La famille Wetschka propose des balades en calèche et, pour les cavaliers émérites, des randonnées à cheval d'une demi-journée ou d'une journée entière entre Zicksee et Illmitz *(25 €/1h, 95 € journée).*

Hébergement

À Rust

Budget moyen

Ferienwohnungen (Weingut Gabriel) – *Dr.-Ernst-Franz-Str. 32 (réception : Hauptstr. 25) - ✆ 0664 1166003 - www.weingut-gabriel.at - avr.-oct. - 4 appart. (2-6 pers., 3 j. mini) 90 € (nettoyage 50 €).* Appartements confortablement équipés à louer chez un viticulteur de Rust.

Pour se faire plaisir

Hotel Sifkovits – *Am Seekanal 8 - ✆ 02685 20460 - www.sifkovits.at - P - fermé nov.-Pâques - 20 ch. 168 € ☕.* À deux pas du lac et de Rust, cet hôtel calme et lumineux dégage un charme certain, propice à la détente. Chambres confortables, ouvertes sur la verdure et petit-déjeuner savoureux. Réservez à l'avance en été.

Forêt viennoise ★

Wienerwald

Contrefort oriental des Alpes, ce vaste poumon vert à l'ouest de Vienne apporte un charme campagnard aux arrondissements périphériques. À deux pas de la capitale, la Forêt viennoise réserve d'agréables promenades et de grands bols d'air frais. Elle recèle aussi quelques trésors historiques et culturels : monastères, villages et parcs se succèdent dans cette nature généreuse. Et c'est sans compter tous ces villages épars dans les vignobles, où l'on vient goûter le vin nouveau...

Se repérer

CARTE P. 102 (A2) ET CARTE DE LA FORÊT VIENNOISE CI-CONTRE
Basse-Autriche.

À ne pas manquer

Le monastère de Heiligenkreuz, Baden et ses thermes.

Organiser son temps

Pour ce circuit, mieux vaut avoir une voiture ; certains lieux sont desservis par bus ou train.

En famille

Le parc naturel de Sparbach ; le lac souterrain d'Hinterbrühl.

Carnet pratique p. 134

Nos adresses p. 134

Circuit conseillé

CARTE CI-CONTRE

Circuit de 115 km, de Perchtoldsdorf à Laxenburg, tracé en vert clair sur la carte. Sortez de Vienne par l'autoroute direction Graz/Linz (A 4 puis A 23). Puis prenez l'A 2 et l'A 21. Sur l'A 21, sortie Brunn am Gebirge/Perchtoldsdorf ; suivez ensuite la rte 12 jusqu'à Perchtoldsdorf.

Ceux qui ne sont pas motorisés pourront se rendre à Baden ou au château de Laxenburg en transports en commun *(voir « Carnet pratique » p. 134).*

Perchtoldsdorf

Colonne de la Peste (Pestsäule) – Située au centre de la Marktplatz, elle a été réalisée en 1713 par Johann Bernhard Fischer von Erlach.

Ancien hôtel de ville (Altes Rathaus) – *01 866 830 - www.perchtoldsdorf.at - mai-sept. : dim. et j. fériés 13h-18h - 2 € (enf. 0,50 €).* De style gothique tardif (fin 15e s.), il abrite trois petits **musées** qui relatent l'histoire locale : musée ottoman sur l'invasion turque, musée militaire et musée Hugo-Wolf. La tour massive, sur le côté nord de la place, a été édifiée entre 1450 et 1520.

Église St-Augustin (Kirche St. Augustin) – Le porche sud abrite la **Mort de la Vierge**★, relief polychrome de 1449. L'intérieur de l'église est dominé par un maître-autel de style baroque (vers 1740), orné de part et d'autre du retable des quatre statues des saints patrons des länder impériaux, de gauche à droite : Joseph (Styrie), Domitien (Carinthie), Florian (Haute-Autriche) et Léopold (Basse-Autriche).

Château (Schloss) – À l'ouest de l'église s'élèvent les vestiges du château du duc (Herzogsburg), bâti du 11e au 15e s. Tous les ans, en juillet, s'y tient un festival d'été *(Perchtoldsdorf Sommerspiele)* : concerts, pièces de cabaret et théâtre.

À Perchtoldsdorf, prenez la rte 13 vers Vienne sur 1,3 km et engagez-vous à gauche dans la Kaltenleutgebnerstr. Après 11 km, tournez à gauche vers Sulz. Traversez Sittendorf et suivez l'indication « Sparbach Naturpark ».
De Perchtoldsdorf à Laxenburg, le circuit s'enfonce dans la forêt où aimaient à se rendre Schubert et ses amis lors de leurs escapades bucoliques.

Parc naturel de Sparbach (NATURPARK SPARBACH)

02237 20729 - www.naturpark-sparbach.at - de fin mars à déb. nov. : 9h-18h - 7 € (5-15 ans 4 €).
Avec ses larges sentiers touristiques, ce parc très apprécié pour sa fraîcheur est le plus ancien de Basse-Autriche. Il comprend un enclos où évoluent daims et mouflons, un zoo et un charmant étang avec un moulin à eau.
Passez au-dessus de l'autoroute E 60/A 21 et prenez à droite la rte 11 vers Gaaden pour gagner, à travers bois et vallons, le monastère de Heiligenkreuz.

★ Monastère de Heiligenkreuz (STIFT HEILIGENKREUZ)

02258 87030 - www.stift-heiligenkreuz.org - lun.-sam. 9h-11h30 (dernière entrée 10h30), 14h-17h15 (dernière entrée 16h30), dim. et j. fériés 14h-17h15 (dernière entrée 16h30) - audioguide 11,50 € (enf. 6,50 €).
Il fut fondé par le margrave **Léopold III de Babenberg** dit le Pieux, qui voulait créer ici une nécropole pour sa dynastie. Influencé par son fils Otton, moine cistercien et

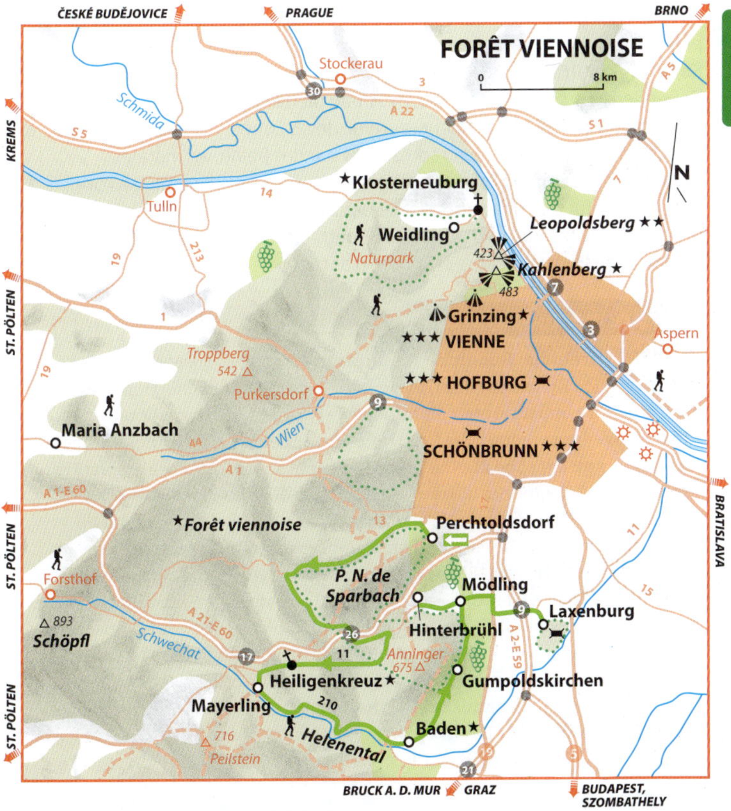

futur évêque de Freising en Bavière, il fit venir 12 moines de l'abbaye cistercienne de Morimond. Ceux-ci jetèrent en 1133 les fondations du monastère, qui doit son nom de « sainte croix » *(Heiligenkreuz)* à un morceau de la vraie Croix que le duc Léopold V ramena de Terre sainte à la fin du 12e s. La communauté monastique de cisterciens, est aujourd'hui encore très active.

Bien que les fondations remontent au 12e s., la plupart des bâtiments, à l'exception de l'église et du cloître, datent du 17e s. Une **colonne de la Trinité**, œuvre de Giovanni Giuliani (1663-1744), se dresse dans la cour. Auteur de nombreuses œuvres destinées à Heiligenkreuz, l'artiste vénitien fut inhumé dans l'église.

★ **Abbatiale (Stiftskirche)** – La façade de style roman présente les caractéristiques de l'architecture cistercienne, avec son fronton à trois fenêtres et l'absence de clocher. La nef de style roman tardif fut achevée en 1187, le chœur gothique ne fut bâti qu'un siècle plus tard. Derrière l'autel néogothique, se trouve le tabernacle avec la relique de la vraie Croix. Le reste du décor est de style baroque. Très belles **stalles** de Giuliani.

Cloître (Kloster) – Il date du 13e s. Deux œuvres de Giuliani, *Le Christ lavant les pieds de saint Pierre* et *La Pécheresse oignant les pieds du Christ*, attirent les regards. Un pavillon (fin du 13e s.) avec un lavabo Renaissance borde la façade méridionale. Quelques **vitraux** en grisaille datent de la fondation et représentent des membres de la famille des Babenberg.

Chapelle Ste-Anne (Annakapelle) – De style baroque, elle servait au Moyen Âge de bibliothèque. La pièce était aussi appelée *armarium* (chambre d'armes), en référence à la parole, qui constituait l'instrument de propagation de la foi le plus utilisé.

Salle capitulaire (Kapitelsaal) – Cette salle carrée abrite les sépultures des Babenberg. La plus somptueuse, avec une pierre tombale en ronde-bosse, est celle de Frédéric II le Batailleur, dernier de sa lignée, mort en 1246. Tous les membres de la dynastie sont représentés par des peintures murales.

Chapelle des défunts (Totenkapelle) – Elle servait probablement à l'origine de parloir, mais fut remaniée en chapelle baroque en 1713, pour y exposer les corps des moines avant leur inhumation. Les quatre chandeliers squelettes de Giuliani forment une *Danse macabre* et symbolisent l'espoir chrétien en la vie éternelle.

Le drame de Mayerling

En 1888, l'**archiduc Rodolphe**, fils unique de François-Joseph et de l'impératrice Élisabeth (Sissi) et héritier du trône d'Autriche-Hongrie, a 30 ans. Sa sympathie pour les milieux de l'opposition parlementaire hongroise et son libéralisme font frémir l'aristocratie. Son manque de piété lui vaut les attaques de l'Église et sa mésentente conjugale avec Stéphanie de Belgique l'éloigne des devoirs familiaux. Sa dernière conquête est une jeune fille de 17 ans, **Marie Vetsera**, rencontrée à un bal de l'ambassade d'Allemagne. Averti de cette liaison, l'empereur décide de mettre fin au scandale. Le 28 janvier 1889, lors d'une scène orageuse, il annonce à son fils que le pape Léon XIII refuse de déclarer nul son mariage et lui réitère son opposition personnelle à un divorce ; il le somme également de lui révéler les noms des conjurés hongrois, réunis dans un complot. Le lendemain, l'archiduc se réfugie avec Marie Vetsera au pavillon de chasse de Mayerling. Refusant de trahir ses amis et las de sa situation personnelle, Rodolphe se donne la mort d'une balle de revolver après avoir tué sa jeune maîtresse.

Salle des moines (Fraterie) – Au Moyen Âge, cette salle était l'atelier des frères. On aperçoit encore en partie la peinture d'origine datant du 13e s.
Sacristie (Sakristei) – On y accède en traversant une courette. La pièce, décorée aux 17e et 18e s., a tous les ingrédients du rococo. Les quatre somptueuses **armoires** ont été fabriquées au début du 19e s. par les frères séculiers du cloître. La finesse de la marqueterie témoigne de l'adresse de ses créateurs.
Tombe de Marie Vetsera (Grab von Maria Vetsera) – Le cimetière du village abrite la tombe de Marie Vetsera *(voir encadré ci-contre)*, sur laquelle est gravé : *Wie eine Blume sproßt der Mensch auf und wird gebrochen* (Telle une fleur, l'homme s'épanouit puis est cueilli). L'amour de l'archiduc Rodolphe fut enterrée ici de nuit, en secret.
Poursuivez sur la rte 11, vers Alland. Après 4 km, tournez à gauche vers Mayerling.

Mayerling

Mayerling fut, à la fin du 19e s., le théâtre d'un drame qui bouleversa le monde et dont les circonstances restent encore assez mystérieuses. **Salles commémoratives du carmel (Ausstellungsräume - Karmel Mayerling)** – *Suivez le panneau « Ehemaliges Jagdschloss – Karmel St. Josef ». ☏ 02258 2275 - www.karmel-mayerling.org - avr.-oct. : tlj sf lun. 10h-17h30 ; nov.-mars : w.-end et j. fériés 10h-17h - visite guidée à tout moment - 7,20 € (6-14 ans 4,20 €).* Après la mort de Rodolphe et de Marie Vetsera, l'empereur François-Joseph fit transformer l'ancien pavillon de chasse en couvent de carmélites. La chambre où s'était déroulée la tragédie fut remplacée par une chapelle commémorative de style néogothique. La fresque de l'autel représente saint Joseph, protecteur de la famille impériale, le saint martyr Rodolphe, saint patron du prince héritier, sainte Élisabeth et saint Léopold, saint patron de l'Autriche. La chapelle latérale abrite un autel provenant du château que l'impératrice Élisabeth s'était fait construire à Corfou, le siège de l'empereur et une Mater Dolorosa (de Viktor Tilgner). À côté de la chapelle, des salles commémoratives rassemblent, entre autres, des meubles provenant du pavillon de chasse et des documents relatifs au tragique événement.
Prenez à gauche la rte 210 en direction de Baden.

★ Baden

Le **Thermenradweg**, tronçon de l'EuroVelo 9 qui relie Vienne à Wiener Neustadt *(env. 55 km)*, en passant par Laxenburg et Baden, déroule un parcours facile. Pour le retour, vous pourrez prendre le train.
La vertu curative des sources sulfureuses de Baden était déjà connue des Romains. La station, idéalement située à l'orée de la Forêt viennoise, attira des musiciens : Mozart y créa son *Ave verum*, Schubert et surtout Beethoven y séjournèrent. Baden connut son apogée de 1803 à 1834, à l'époque Biedermeier, quand l'empereur François Ier y séjournait chaque été. Aujourd'hui, les 15 sources débitent plus de 4 millions de litres d'eau par jour, dont la température naturelle atteint 36 °C. Les vignobles qui l'entourent produisent des crus d'une qualité exceptionnelle. Son architecture Biedermeier, ses magnifiques villas, sa roseraie et son théâtre d'opérette lui donnent un visage indéniablement romantique.
★ **Parc thermal (Kurpark)** – Ce merveilleux parc remonte jusqu'à la Forêt viennoise. À sa lisière se dresse l'élégant **casino**. L'**Arena**, théâtre municipal (1906), est un bel exemple d'architecture Art nouveau. Le festival *Operettensommer* se déroule tous les ans sous sa coupole de verre mobile. L'après-midi, les curistes affectionnent les concerts donnés dans le kiosque à musique.

2

La forêt viennoise, muse de Beethoven

Aucun artiste n'aura été autant séduit et inspiré que Beethoven (1770-1827) par les paysages romantiques de la campagne viennoise. Entre Heiligenstadt et Grinzing, il confia au peintre Schindler qui l'accompagnait : « C'est là que j'ai écrit la scène au ruisseau (de la *Sixième Symphonie*) et les passereaux, là-haut, les cailles, les rossignols et les coucous l'ont écrite avec moi. » À Vienne et dans les poétiques villages des faubourgs de l'actuelle métropole furent créées ces œuvres qui révolutionnèrent le langage musical : la *Symphonie héroïque*, l'opéra *Fidelio*, la *Cinquième Symphonie*, l'*Hymne à la joie*, et la *Neuvième Symphonie*.

★ **Établissements thermaux** – Dans la première moitié du 19e s. ont été construits d'innombrables bains de style classique ; certains d'entre eux subsistent encore : **Josefsbad** et sa rotonde jaune foncé, servant de café ; **Frauenbad** *(Frauengasse)*, précédé d'un portique et abritant le musée de l'artiste contemporain Arnulf Rainer, **Franzensbad**, devenu un atelier de verrerie ; **Leopoldsbad** *(Brusattiplatz)*, élevé en 1812, siège de l'office de tourisme.
Baden dispose d'un établissement thermal très moderne avec les **Römertherme** *(voir « Nos adresses » p. 134)*. Le bâtiment d'origine réalisé par les deux architectes de l'Opéra de Vienne, Eduard van der Nüll et August Sicard von Sicardsburg, a été préservé. L'ensemble comprend bassin à remous, bassin d'activités, bassin de relaxation et deux bassins extérieurs.
L'imposant **hôtel de ville** fut conçu en 1815 par l'architecte Joseph Kornhäusel, à qui la ville doit une profusion d'édifices remarquables. Devant se dresse une **colonne de la Trinité** richement décorée par Giovanni Stanetti, érigée de 1714 à 1718 après que la ville eut surmonté une épidémie de peste.
Maison de Beethoven (Beethoven-Gedenkstätte/Beethovenhaus) – *Rathausgasse 10 - ✆ 02252 86800630 - www.beethovenhaus-baden.at - tlj sf lun. 10h-18h - 8 € (6-15 ans 6 €)*. Le grand musicien demeura dans cette maison de 1821 à 1823 et y composa une partie de la *Missa Solemnis* et de la *Neuvième Symphonie*. Une petite exposition sur sa vie et son œuvre y est présentée.
Maison de l'empereur (Kaiserhaus) – *Hauptplatz 17*. L'empereur François Ier passa tous les étés dans cette maison pendant trente ans. Le dernier empereur, Charles Ier, y séjourna à son tour entre 1916 et 1918.
Doblhoffpark – Dans la **roseraie★** (9 ha), on peut admirer 600 espèces de roses. En juin, les *Badener Rosentage* attirent de nombreux amateurs de fleurs.
À partir du centre de Baden, on rejoint la Route des vins (« Weinstraße ») qui mène à Gumpoldskirchen et Mödling : prenez le Kaiser-Franz-Joseph-Ring (direction « Gumpoldskirchen » et « Pfaffstätten »), passez sous le pont de chemin de fer et tournez à gauche juste après (rte 212).

Gumpoldskirchen

Cette ravissante commune, connue pour son excellent vin blanc, se trouve au pied du mont Anninger (675 m). Le bel hôtel de ville Renaissance (16e s.) attire les regards dans la Kirchengasse. Si vous voulez en savoir davantage sur le vin local, nous vous conseillons une promenade dans les *Rieden* (vignobles), où des panneaux explicatifs définissent les différents cépages.

La route s'élève au milieu des vignobles, puis plonge vers Mödling en décrivant des lacets (belle vue sur la ville et jusqu'au Kahlenberg par beau temps).

Mödling

Trois compositeurs ont recherché la tranquillité dans ce village très apprécié : **Beethoven** *(Hauptstr. 79 et Achsenaugasse 6)*, **Arnold Schönberg** *(Bernhardgasse 6)* et **Anton von Webern** *(Neusiedler Str. 58)*. La voûte de l'**église St-Othmar**, achevée en 1523, est portée par 12 colonnes symbolisant les 12 apôtres. L'ossuaire, devenu la chapelle St-Pantaléon, date de la seconde moitié du 12e s. et cache une crypte ornée de fresques.

Prenez la direction « Seegrotte » à l'ouest (dir. E 60/A 21) par la Spitalmühlgasse, qui devient assez rapidement la Brühlerstr.

Hinterbrühl

★ **Seegrotte** – - *℘ 02236 26364 - www.seegrotte.at - avr.-oct. : tlj 9h-17h ; nov.-mars : lun.-vend. 9h-15h - visite (45mn) 18 € (5-14 ans 12 €). Prévoyez un vêtement chaud (9° à l'intérieur) !* Hinterbrühl s'enorgueillit de posséder sur son territoire une curiosité assez fascinante : le plus grand lac souterrain d'Europe qui occupe un peu plus de 6 ha et que l'on visite en canot à moteur. Ce lac s'est constitué en 1912, après qu'une source a jailli dans la galerie inférieure de cette ancienne mine.

Revenez à Mödling par la rte 11. Traversez la ville et poursuivez sur la rte 11 (Triesterstr.) vers Schwechat. Suivez l'indication Laxenburg.

Domaine de Laxenburg (LAXENBURGER SCHLOSSPARK)

L'ancienne résidence d'été de Marie-Thérèse et de la Cour comprend un immense parc propice à d'agréables balades.

Église paroissiale (Pfarrkirche) – Située sur la place du château, elle a été édifiée à la demande de Léopold Ier entre 1693 et 1699. Les tours furent ajoutées en 1722. L'intérieur recèle une jolie chaire en bois doré et une coupole décorée de fresques exécutées à partir d'un dessin de Johann Michael Rottmayr.

Palais Bleu (Blauer Hof) – *Ne se visite pas.* Dit aussi « nouveau château », il est d'un jaune « Marie-Thérèse », le même que celui du château de Schönbrunn à Vienne. Le château doit son nom aux anciens propriétaires, les frères « Bloe », « bleu » en néerlandais. C'est là que naquit le 21 août 1858 le prince héritier Rodolphe.

Parc – *Entrée par la Hofstr. - ℘ 02236 71 226 - www.schloss-laxenburg.at - ♿ - ouvert en permanence - 3 € (6-14 ans 1,70 €).* L'empereur Joseph II fit tracer ce parc à l'anglaise de 250 ha, auquel François Ier fit ajouter un grand étang.

Vieux château (Altes Schloss) – En obliquant à droite après l'entrée, on parvient au vieux château, où Charles VI promulgua en 1713 la Pragmatique Sanction qui allait permettre à sa fille Marie-Thérèse de monter sur le trône.

Franzensburg – *De Pâques à fin oct. - visite guidée uniquement à 11h, 12h, 14h et 15h - 11 € (3-18 ans 7 €).* Cet incroyable pastiche de château fort médiéval fut construit au début du 19e s. par Michael Riedl.

Gare impériale (Kaiserbahnhof) – Construite en 1847, elle est la seule gare Biedermeier au monde.

Regagnez Vienne par l'autoroute E 59/A 2.

Carnet pratique

S'informer

À Wienerwald – *Hauptplatz 11 - Purkersdorf - ✆ 02231 62176 - www.wienerwald.info.* Plan des curiosités et des chemins de randonnée.

À Baden – *Brusattiplatz 3 - ✆ 02252 86800600 - www.tourismus.baden.at.*

Arriver/Partir

En train – *www.wlb.at.* Au départ de Vienne (Wiener Oper Weg), le Badner Bahn dessert Baden (env. 40mn).

En bus – La ligne Vienne-Eisenstadt *(dép. Hauptbahnhof/ Südtiroler Platz)* fait halte à Laxenburg.

Nos adresses

Restauration

À Gumpoldskirchen

Budget moyen

Krug Altes Zechhaus – *Kirchenplatz 1 - ✆ 02252 62247 - www.krug.at - mar.-vend. 17h-23h, sam. 11h-23h - fermé dim.-lun. - plats 10/22 €.* Adorable Heuriger installé dans une maison du 16e s. en face de l'église et du château. Délicieux buffet chaud sous les voûtes et excellents vins de propriété que l'on déguste parfois en musique.

Petite pause

À Laxenburg

Café Meierei « Franzensburg » – *Schlossplatz 1 - ✆ 02236 710408 - www.lax1.at - avr.-oct. : 10h-19h.* Dans le parc du château de Laxenburg, un étang entoure une île où se dressent les tours crénelées de Franzensburg. Dans un décor de conte de fées, ce café déploie ses tables sur une terrasse ombragée.

Activités

Thermes - Römertherme Baden – *Brusattipl. 4 - ✆ 02252 45030 - www.roemertherme.at - 9h-22h - à partir de 15,60 € (3h).* Établissement thermal, avec piscines, espace bien-être et équipement sportif.

Randonnées

Klosterneuburg - Weidling – *Alt. 423 m - 2h45.* De la gare de Klosterneuburg *(voir p. 106)*, gagnez Weidling *via* le Leopoldsberg.

Maria Anzbach – *Alt. 516 mx-2h.* Entre Vienne et St. Pölten, circuit en boucle passant par le Kohlreithberg.

Purkersdorf – *2h.* À la lisière ouest de Vienne, circuit en boucle au départ de la gare de Unterpurkersdorf.

Le Schöpfl – *Alt. 893 m - env. 2h AR.* À l'ouest de Mayerling, circuit en boucle à partir de Forsthof pour gravir le Schöpfl.

Hébergement

À Baden

Budget moyen

Aurelius Pension – *Albrechtsgasse 28 - ✆ 0660 2192059 - www.aurelius-pension.at - 10 ch. 91 € - ☕ 9 €.* Située dans un quartier résidentiel, cette propriété au calme est entourée par un joli jardin fleuri, où est servi le petit-déjeuner en saison. À l'intérieur, mobilier ancien et tableaux aux murs ; chambres bien tenues avec balcon ou terrasse.

Massif du Schneeberg

★

Séparés par la vallée de la Schwarza, appelée Höllental dans sa partie centrale, les bastions calcaires de la Raxalpe et du Schneeberg se trouvent presque à la porte de Vienne depuis la mise en service de la ligne de Semmering, au début du 19e s. L'été, ces massifs attirent les alpinistes ; l'hiver, ils deviennent le paradis des skieurs de la capitale.

Se repérer

CARTE P. 102 (A2) ET CARTE DU MASSIF DU SCHNEEBERG P. 137

Basse-Autriche.
À 80 km au sud-ouest de Vienne, le Schneeberg est l'un des derniers massifs à l'extrémité ouest des Préalpes orientales septentrionales.

À ne pas manquer

Le val d'Enfer (Höllental).

Organiser son temps

Comptez un à deux jours pour effectuer ce circuit et ses parcours à pied (Schneeberg, Semmering).

En famille

La montée au Schneeberg en train à vapeur.

Nos adresses p. 139

Circuit conseillé

CARTE P. 137

Circuit de 102 km, de Neunkirchen à Semmering, tracé en bordeaux sur la carte.
Ce parcours comporte, plus particulièrement dans sa dernière partie entre Hirschwang et Semmering, des routes très étroites et d'importants dénivelés.

Neunkirchen

Au nord de la place principale et de sa colonne de la Trinité, le chœur massif de l'église de l'Assomption (Mariä Himmelfahrt – du milieu du 12e au 16e s., intérieur baroque) domine les toits. En raison de la situation frontalière de la ville au Moyen Âge, l'église jouait un rôle défensif et était alors entourée de douves.
À Neunkirchen, prenez la B 26 en direction de Puchberg.
La route, très agréable, parfois tracée sous bois, remonte la vallée du Sierningbach à partir de Ternitz. À l'extrémité du quartier de Sieding, à Ternitz, se dresse audessus de la route l'imposant château fort de Stixenstein.

Puchberg am Schneeberg

Sticklergasse 3 - 02636 2256 - www.puchberg.at.
L'agréable station climatique et son charmant parc thermal se lovent autour d'une éminence sur laquelle trônent l'église (reconstruite après la Seconde Guerre mondiale) et les ruines d'un château fort érigé au 12e s. De la gare de Puchberg part le **train à crémaillère** du Schneeberg *(Salamanderzüge, voir ci-après).*

★ Montée au Schneeberg

Train à crémaillère (Salamanderzüge) – *02742 3609901000 - www.schneebergbahn.at - de fin avr. à fin oct. : dép. à 9h, 10h30, 12h, 14h30 et 16h - durée 40mn - 42 € AR (6-15 ans 20,50 €).*

3h à pied AR env. Montée facile jusqu'au sommet. Randonnée également adaptée aux enfants; dans ce cas prévoir plus de temps.

Nostalgie Dampfzug – *De déb. juil. à fin août: dim. et j. fériés, montée à 10h50, descente à 15h45 - durée 90mn env. - 52 € AR (6-15 ans 30,50 €).* Une **locomotive à vapeur** ou le train moderne à crémaillère *(voir p. 135)* vous amènent à la station supérieure (1795 m), près de l'hôtel-restaurant du Hochschneeberg et de l'église commémorative de l'impératrice Élisabeth (1899-1901). Depuis la table d'orientation de la station supérieure, une « autoroute de randonnée » (plusieurs voies très bien aménagées) conduit *via* le refuge Fischer (2048 m) jusqu'au sommet du Schneeberg, le **Klosterwappen** (2076 m). En contrebas de la croix qui marque le sommet s'élève un relais hertzien: **vue★** sur la Raxalpe, au-delà de la Höllental. Quelques mètres au-dessus du refuge, vers le nord, un petit monument de pierre permet de repérer le **Kaiserstein** (2061 m): **panorama★** s'étendant par temps clair jusqu'à Vienne et au lac de Neusiedl.

Quittez Puchberg par la B 26 en direction de Wiener Neustadt et, à la sortie du village, bifurquez à gauche vers Waldegg.

La route emprunte alors la verte **vallée du Miesenbach**. Vous passez devant plusieurs scieries qui témoignent de l'importance de cette activité dans la région. À gauche de la route s'étendent les hauteurs boisées de la « Dürre Wand ».

Dans la Reichental, on débouche sur la B 21, que l'on prend à gauche vers Gutenstein.

Gutenstein

Au 19e s., Gutenstein était un lieu de villégiature recherché qui attirait, entre autres, des artistes, tels Lenau, Brahms ou Waldmüller. En été, la ville est animée de nombreuses manifestations culturelles et festivals.

Wallfahrtskirche Mariahilfberg – *Au centre de Gutenstein, bifurquez à gauche devant l'église, en direction de Mariahilfberg. Après 3 km de route au paysage très attrayant (très étroite, nombreux virages, pente de 12 %), on atteint le parking. De là, un petit sentier conduit jusqu'à l'église.* Cette église de pèlerinage baroque (achevée en 1724) est accolée à un couvent de moines servites, pères spirituels du pèlerinage. Ce pèlerinage, qui remonte à 1661, fut effectué par plusieurs empereurs de la dynastie des Habsbourg. Dans le bas-côté gauche de l'église, près de l'entrée, se trouve l'autel des Âmes en peine, où l'on peut voir une représentation saisissante d'un ange secourant les âmes languissant au purgatoire.

Continuez sur la B 21 et, 2 km après Gutenstein, bifurquez à gauche vers la Klostertal.

★ Klostertal

À environ 16 km. Cette vallée préservée, car faiblement peuplée, est très verte. La plupart du temps très vaste, elle se rétrécit ensuite à vue d'œil et les passages rocheux sont de plus en plus nombreux, annonçant déjà la Höllental, dans laquelle on aboutit en bifurquant à gauche à l'extrémité de la Klostertal.

★★ Höllental

À 14 km environ. Le nom de Höllental, ou val d'Enfer, désigne l'entaille que la Schwarza a creusée entre les deux massifs calcaires du Schneeberg et de la Raxalpe. La vallée sauvage de la **Schwarza** est parcourue d'un torrent aux eaux vertes bondissant sur un lit de cailloux. La route passe d'une rive à l'autre et la vallée s'encaisse de plus en plus entre de majestueuses parois rocheuses, souvent très abruptes.

À l'entrée de Hirschwang, on atteint, à droite de la route, la station inférieure du téléphérique de la Rax.

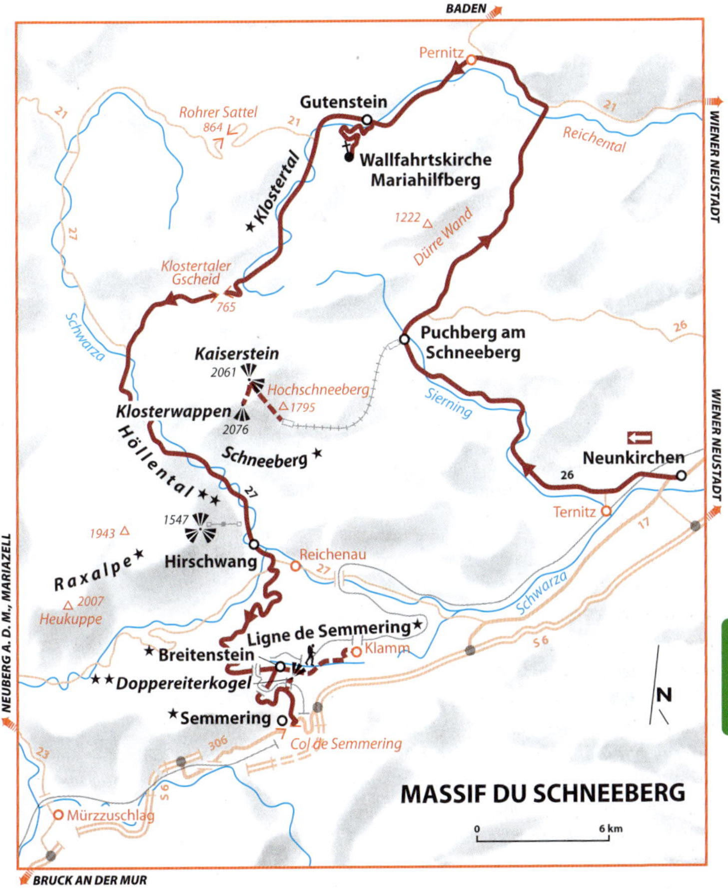

★ Raxalpe

Ce massif calcaire, aux flancs escarpés, est devenu un véritable spot d'escalade : ses parois comptent plusieurs centaines de couloirs.

En amont de **Hirschwang**, le **téléphérique de la Rax** permet d'atteindre la station supérieure à 1547 m d'altitude *(Rax-Seilbahn - ✆ 02666 52497 - www.raxalpe.com - durée env. 10mn - ttes les 30mn en été : 8h-17h30 ; hiver : 9h-16h30 - fermé 3 sem. pour révision (date variable) - 31 € AR, 6-15 ans 15,50 €)*. De là partent plusieurs chemins de randonnée (*de 10 à 16,5 km)*. On accède ainsi à différents **points de vue★** sur le domaine de Semmering et la Styrie orientale au sud, le Schneeberg et la Höllental au nord.

À la sortie de Hirschwang, bifurquez à droite vers Prein. Puis, 500 m plus loin, tournez à gauche vers Gloggnitz (panneau vert « Gasthof-Pension Hecher »). Après 300 m, prenez à droite vers Semmering (nouveau panneau).

On quitte la vallée de la Schwarza pour pénétrer, au prix de nombreux virages, dans une région très pittoresque, entrecoupée de ravins boisés. 2,5 km après la bifurcation vers Semmering, on aperçoit à gauche au fond de la vallée le château Rothschild (fin du 19e s., panneau indicateur). Au cours de la **descente vers**

Un chemin de fer passe-montagne...

Inscrite en 1998 au patrimoine mondial de l'Unesco, cette ligne a toute une histoire. Des voies ferrées aboutissaient dès 1842 à Gloggnitz et à Mürzzuschlag, mais seules des voitures à cheval franchissaient le col de Semmering entre les deux terminus. Pour réaliser le maillon manquant entre Vienne et Bruck an der Mur, on confia à l'ingénieur (1802-1860), un Vénitien qui fut anobli ensuite sous le nom de **Carl Ritter (chevalier) von Ghega**, la réalisation du chemin de fer de Semmering.
Entre 1848 et 1854, jusqu'à 20 000 ouvriers, en majorité italiens et slaves, travaillèrent sur le tracé de la première voie ferrée de montagne à écartement normal en Europe. Sur les 41 km qui séparent Gloggnitz et Mürzzuschlag, la ligne franchit 15 tunnels, 16 viaducs, ainsi que 100 ponts plus petits. En dépit des interventions nécessaires à la construction – on fit sauter 1,4 million de m^3 de rochers –, les voies s'intègrent harmonieusement dans le paysage. Après l'inauguration de la ligne par l'empereur François-Joseph et l'impératrice Élisabeth, Semmering connut un essor touristique sans précédent et devint la villégiature préférée des Viennois.

Breitenstein★ (pente pouvant atteindre 23 %), on longe quelques parois et rebords rocheux à l'allure déjà presque menaçante et on aperçoit les audacieux viaducs de la **ligne de Semmering★** *(voir encadré ci-dessus)*, que la route croise à plusieurs reprises.
Peu après le panneau « Semmering », tournez à gauche vers « Haltestelle Wolfsbergkogel ». Prenez de nouveau à gauche au bout de 200 m environ. Panneau en bois indiquant « Aussichtswarte Doppelreiterkogel ». Laissez la voiture et suivez le chemin fléché jusqu'au point de vue (env. 10mn à pied).
Depuis le **point de vue du Doppelreiterkogel★★**, on jouit du panorama le plus beau sur cette section particulièrement attrayante de la voie ferrée de Semmering avec ses nombreux viaducs et tunnels. À gauche de la gare de Breitenstein se dresse l'imposant Polleroswand, derrière lequel se dessine le massif de la Raxalpe.
Revenez par le même chemin, puis dirigez-vous vers le centre de Semmering au panneau « Hochstraße/Südbahnstraße ».

★ Semmering

Étagée de 985 à 1291 m d'altitude, cette station climatique et de sports d'hiver jouit d'une situation privilégiée. Après l'aménagement du Ghega-Bahn, l'afflux des Viennois favorisa l'essor de Semmering, que reflète la présence des villas et hôtels édifiés en grand nombre entre 1850 et 1910. Épargnée par les froids brouillards des vallées, elle bénéficie d'un ensoleillement exceptionnel qui contribue à en faire l'une des villégiatures les plus fréquentées de Basse-Autriche.
★ **Bahnwanderweg** – *Rens. sur les horaires du train de Semmering et sur le sentier (23 km en tout) à l'office du tourisme de Semmering et sur le site allemand : www.semmeringbahn.at/fahrplan.* *Le parcours décrit conduit à la gare de Klamm, à 15,5 km - comptez au moins 5h. Chaussures de marche et bonne condition physique en raison des montées parfois abruptes.* À la gare, un autorail abrite des panneaux relatifs à la construction de la voie ferrée. Derrière le bâtiment, empruntez à gauche le sentier, signalé par des panneaux jaunes. Vous traversez alors, sur un chemin relativement ombragé, un paysage enchanteur, en longeant souvent de très près la voie ferrée, où un train passe de temps à autre. Le point culminant de la promenade est le **point de vue du Doppelreiterkogel★★**, situé à environ 2,5 km de la gare de Semmering. Une fois passé Breitenstein *(env. 9,5 km)*,

le relief du paysage devient plus doux et les pâturages alternent avec les forêts. L'excursion s'achève avec un défilé marqué par un château en ruine (en prenant à droite de la porte du château et en longeant celui-ci, on accède à un beau panorama depuis un éperon rocheux ; à gauche, un pont de 640 m de long permet de traverser la vallée à Schottwien). À partir de la gare de Klamm, on aperçoit, sur le versant opposé de la vallée, l'église de pèlerinage baroque Maria Schutz. Le retour à Semmering par le train offre un autre point de vue. Le train franchit neuf tunnels et sept viaducs.

Nos adresses

Restauration

À Neunkirchen

Budget moyen

Osterbauer – *Minoritenplatz - 02635 63155 - www.osterbauer.at - fermé dim. - formule déj. 9 € - 26 ch. 95 €* . Établissement du centre-ville avec un charmant jardin où se restaurer. Filet de silure braisé, schnitzel aux champignons ou gratin de pâtes aux œufs : la carte est résolument régionale, mais change tous les jours. Chambres modernes et suite au 3e étage avec une très belle vue sur les environs.

Hébergement

À Semmering

Pour se faire plaisir

Panoramahotel Wagner – *Hochstr. 62 - 02664 2512 - www.panoramahotel-wagner.at - 21 ch. 130/175 € - 17,50 €.* Le lieu est dédié à la nature et à l'écologie. Chambres claires, jardin, terrasse panoramique et espace bien-être. Vente de produits bio. Magnifique vue sur les Alpes calcaires et le bassin de Vienne.

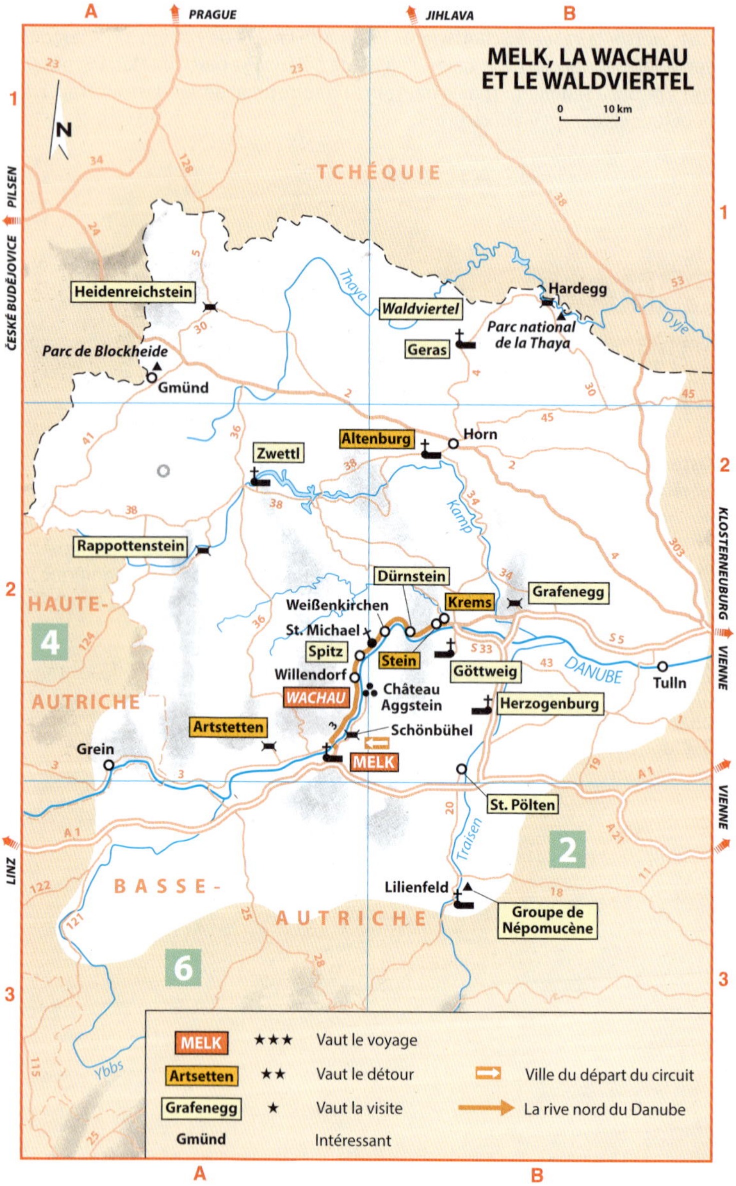
MELK, LA WACHAU ET LE WALDVIERTEL
0 10 km
PRAGUE
JIHLAVA
ČESKÉ BUDĚJOVICE
PILSEN
KLOSTERNEUBURG
VIENNE
VIENNE
LINZ
TCHÉQUIE
HAUTE-AUTRICHE
BASSE-AUTRICHE
Heidenreichstein
Parc de Blockheide
Gmünd
Waldviertel
Geras
Hardegg
Parc national de la Thaya
Thaya
Dyje
Altenburg
Horn
Zwettl
Kamp
Rappottenstein
Dürnstein
Krems
Grafenegg
Weißenkirchen
St. Michael
Spitz
Stein
Göttweig
Willendorf
Château Aggstein
WACHAU
Herzogenburg
Tulln
DANUBE
Artstetten
Schönbühel
MELK
Grein
St. Pölten
Traisen
Lilienfeld
Groupe de Népomucène
Ybbs
MELK ★★★ Vaut le voyage
Artsetten ★★ Vaut le détour
Grafenegg ★ Vaut la visite
Gmünd Intéressant
Ville du départ du circuit
La rive nord du Danube

3

Melk, la Wachau et le Waldviertel

CARTE MICHELIN NATIONAL N° 730

Monastère de Melk

★★★

Stift Melk

Folie baroque couronnant une butte en surplomb du Danube, le monastère de Melk est le joyau autrichien emblématique de ce style. Contrastes de couleurs, détails gracieux et perspectives inattendues nées des contraintes d'un site trapézoïdal font de ce joyau bénédictin un chef-d'œuvre, inscrit au Patrimoine mondial de l'Unesco. Au pied du colossal monument, la petite ville égrène quelques charmantes places piétonnes, propices à une halte.

Se repérer

Nos adresses p. 145

CARTE P. 140 (A1)
Basse-Autriche.
28 km à l'est de St. Pölten.

Visiter

En voiture, arrivez par l'est et suivez P « Stift Melk » ou accès à pied par le Stiftsweg. 02752 55550 - www.stiftmelk.at - ♿ - de fin mars à déb. nov. : 9h30-17h ; de déb. nov. à mi-mars : visite guidée (allemand et anglais) à 11h et 14h - 13 € (enf. 6,50 €) ; 16 € avec visite guidée (enf. 9,50 €).

Au-dessus de la rue principale, bordée de belles maisons bourgeoises, se découpe la façade sud du **monastère**, longue de 320 m. En 1702, l'abbé Berthold Dietmayr pose la première pierre pour la « baroquisation » du monastère. L'architecte **Jakob Prandtauer** réussit à tirer le meilleur parti possible d'un emplacement en forme de trapèze peu favorable et à réaliser une construction adaptée à ce site. Après sa mort, en 1726, les travaux sont achevés selon ses plans par son élève **Josef Munggenast**.

La porte extérieure, donnant accès à une première cour, est encadrée par les statues de saint Léopold et saint Coloman, patrons du monastère, et flanquée de deux bastions des 17e et 18e s. Sur le portail intérieur figurent les armes du monastère. Aussitôt franchi un vestibule au plafond peint représentant saint Benoît, fondateur de l'ordre, apparaît la **cour des Prélats (Prälatenhof)**, ensemble de bâtiments aux murs ornés de statues de prophètes et de fresques illustrant les trois vertus théologales (foi, espérance et charité).

Galerie de l'Empereur (KAISERGANG)

Accès par l'escalier impérial.

Longue de 196 m et décorée de tableaux représentant des souverains et régents d'Autriche, elle desservait les chambres réservées aux visiteurs de marque. L'impératrice Marie-Thérèse et son époux François de Lorraine occupent la place d'honneur. On visite certaines chambres d'apparat aménagées en **musée du Monastère (Stiftsmuseum)**, qui abrite des petits autels portatifs du 11e s., un retable gothique par Jörg Breu, des objets historiques et des réalisations contemporaines.

Église abbatiale du monastère de Melk.
P. Mitmasser/Panther Media/age fotostock

3

Un haut lieu de l'histoire autrichienne

Sur l'emplacement d'un camp romain, la maison princière de Babenberg *(voir p. 519)*, originaire de Bavière, établit son autorité à Melk et y fixe sa résidence dès la fin du 10e s. Rappelant le destin des Nibelungen – Melk serait le « Medelike » de la célèbre épopée –, les **Babenberg** suivent la direction naturelle que leur offre la vallée du Danube et, progressant vers l'est, choisissent Tulln, puis Vienne pour y tenir leur cour. À la fin du 11e s., Léopold III de Babenberg cède le château aux bénédictins, qui en font un monastère fortifié. Le rayonnement spirituel et intellectuel de Melk s'étend à toute la Basse-Autriche. La ville connaît quelques revers plusieurs siècles plus tard avec les progrès de la Réforme. L'invasion turque, en 1683, sème la ruine et le désordre au-delà de Vienne et de nombreuses possessions du couvent sont ravagées. À partir de 1702, le monastère est reconstruit dans sa forme actuelle. En 1805 et en 1809, lors de ses campagnes victorieuses contre l'Autriche, Napoléon établit son quartier général à Melk.

Salle de Marbre (MARMORSAAL)

Précédée d'un vestibule orné des portraits de l'abbé Dietmayr et de son architecte, elle impressionne par la rigueur de son ordonnance, déterminée par la succession de pilastres en stuc rouge-brun imitant le marbre. La peinture allégorique du plafond (la Raison guidant l'humanité vers la lumière de la civilisation et de la culture) a été exécutée en 1731 par Paul Troger.

Terrasse

Établie à l'extrémité de l'éperon rocheux, elle occupe la partie supérieure de l'élégant portique qui relie les bâtiments symétriques de la salle de Marbre et de la bibliothèque. De là, très belle vue sur le Danube et la façade de l'église.

Bibliothèque

Riche de 100 000 volumes et de 1800 manuscrits, elle est ornée d'un plafond peint par Paul Troger, illustrant la foi, et rehaussée de boiseries et dorures ; les statues de bois doré placées aux entrées symbolisent les quatre facultés.

★★★ Église abbatiale (STIFTSKIRCHE)

Entourée par les bâtiments abbatiaux, l'église domine l'ensemble par les tours symétriques de sa façade ouest et sa coupole octogonale. L'intérieur donne une impression de légèreté, due à l'ouverture des parois, à l'élan des grands pilastres cannelés et à un judicieux emploi des tons rouge-brun, gris, jaune orangé et or. Le décor somptueux comprend des fresques, des ornements d'or et de marbre. Une foule de personnages peuple les voûtes de la nef, les autels et la coupole : haute de 65 m où trônent le Père éternel et le Christ, entourés des évangélistes et des docteurs de l'Église. À la voûte de la nef, on reconnaît saint Benoît triomphalement accueilli au ciel. Les peintures sont dues à **Johann Michael Rottmayr** *(voir p. 546)*, ainsi que les tableaux des autels latéraux montrant l'adoration des Mages, saint Michel et le baptême du Christ. Paul Troger réalisa les autres autels latéraux. L'Italien Ippolito Sconzani est l'auteur des peintures murales. Au milieu, se détache le maître-autel : au centre, les deux apôtres – saint Pierre et saint Paul à qui l'église est consacrée – se séparent avant leur martyre.

À proximité

CARTE P. 140

★★ Château-Musée d'Artstetten (SCHLOSS ARTSTETTEN UND MUSEUM) A2

À 13 km à l'ouest de Melk.

07413 8006 - www.schloss-artstetten.at - avr.-oct. : 10h-16h30 - musée (audio-guide) 12,80 € (6-15 ans 9,20 €).

Sur l'emplacement du château actuel existait déjà au 13e s. une demeure fortifiée que la proximité de la voie de pénétration du Danube soumit aux aléas des guerres. Elle n'acquit sa silhouette caractéristique qu'en 1912 lorsqu'on coiffa ses tours de toits à bulbe. La construction fut malmenée par deux graves incendies en 1730 et 1760. Artstetten prit une dimension historique en 1823, lorsqu'il fut acquis par l'empereur **François Ier d'Autriche**, neveu de Marie-Antoinette, puis passa entre les mains de plusieurs membres de la famille impériale. L'archiduc Charles-Louis, frère des empereurs François-Joseph et Maximilien, le reçut en 1861 et s'en servit comme résidence d'été ; l'agencement du parc date de cette époque. Le château est encore aujourd'hui propriété de leur postérité directe : les ducs de Hohenberg. Le **musée**, réparti dans différentes pièces du château, présente la vie de l'**archiduc François-Ferdinand** *(voir l'arbre généalogique p. 521)*.

Nos adresses

Restauration

Budget moyen

Rathauskeller – *Rathausplatz 13 - 02752 20460 - www.rathauskeller-melk.at - 9h-23h (cuisine 11h-21h), plats 14,50/30,50 €.* Jolie brasserie aux salles voûtées avec terrasse sur la Rathausplatz, dominée par le monastère. Cuisine à la cuisson parfaite.

Petite pause

Konditorei Mistlbacher – *Hauptstr. 1 - 02752 52350 - www.mistlbacher.com - lun.-sam. 8h30-18h, dim. 13h-18h.* Fondée en 1885, la plus vieille pâtisserie de la ville propose quelques créations originales, dont la frucht omelett (« omelette » de fruits). Agréable terrasse sur la rue piétonne.

Hébergement

Premier prix

Marillenhof – *Johann-Steinböckstr. 2 - 0676 6481766 - www.marillenhof-melk.at - 5 ch. 56/60 € - 11 €.* Agréable pension dotée de jolies chambres. Terrasse sur le toit avec aperçu du monastère ; en saison, on y sert le petit-déjeuner bio.

Pour se faire plaisir

Hotel Stadt Melk – *Hauptplatz 1 - 02752 52475 - www.hotelstadtmelk.at - P - 13 ch. 141/154 € - 10,50 €.* Cet hôtel abritant des chambres aux notes colorées est idéalement situé au pied du monastère.

3

Wachau ★★★

Falaises esseulées dominant la vallée, châteaux en ruine semblant perchés dans le vide, versants couverts de vignobles et de vergers… La plus célèbre région du Danube, pittoresque et fertile, n'est pas sans rappeler quelque paysage méridional. De charmants villages signalés par des églises à bulbe forment autant de haltes et, à la belle saison, les rives du fleuve invitent à un petit bain. La région est célèbre pour ses abricots, qui portent en Autriche le doux nom de « Marillen » : à la fin de l'été, les arboriculteurs en vendent le long des routes pendant que les pâtissiers préparent les Marillenknödel, spécialités en forme de boules, dissimulant le fameux fruit à l'intérieur.

Se repérer

CARTE P. 140 (A2) ET CARTE DE LA VALLÉE DU DANUBE P. 186-187

Basse-Autriche.

À ne pas manquer

Krems et le monastère de Melk.

Organiser son temps

Comptez une journée avec les visites du monastère et de Krems und Stein.

En famille

Une croisière sur le Danube.

Carnet pratique p. 149

Nos adresses p. 149

★★★ Rive nord du Danube

CARTE P. 186-187

Circuit de 38 km, de Melk (sur la rive sud) à Krems, tracé en orange sur la carte.

★★★ Monastère de Melk (STIFT MELK) A2

Voir p. 143.

Prenez la route de la rive gauche vers Krems.

À Grimsing s'étendent les premiers vignobles. Plus loin, sur la rive opposée, se détachent les ruines de la **forteresse d'Aggstein** *(voir p. 148)*.

À **Willendorf** a été découverte une petite figurine de calcaire de 25 000 ans, connue sous le nom de « Vénus de Willendorf » et conservée à Vienne au Muséum d'Histoire naturelle *(voir p. 63)*.

★ Spitz A2

Caché derrière un rideau d'arbres fruitiers, ce bourg s'étire au pied de vignobles en terrasses. Il a conservé des maisons anciennes, à arcades et à balcons, et des rues pittoresques, comme la Schlossgasse. Au-dessus des toits se dresse la silhouette trapue de l'église paroissiale, tandis que sur le versant boisé de la montagne se détachent les ruines du château fort d'Hinterhaus.

Église (Kirche) – Édifice gothique du 15e s. La tribune de l'orgue est ornée de statues du Christ et des apôtres (vers 1420) ; le retable (1799) de Martin Johann Schmidt dit « Kremser Schmidt » *(voir encadré p. 150)*, placé au-dessus de l'autel baroque, représente le martyre de saint Maurice.

Musée de la Batellerie (Schifffahrtsmuseum) – *✆ 02713 2246 - www.schifffahrtsmuseum-spitz.at - avr.-oct. : 10h-16h - 6,50 € (enf. 4,50 €)*. Le manoir baroque d'Erlahof abrite une collection retraçant l'âge d'or du transport du bois, avant

Ruines du château Aggstein surplombant le Danube.
R. Mirau/mauritius images/age fotostock

l'arrivée de la machine à vapeur: remarquez en particulier celle d'un « train de bateaux » (*schiffszug* en allemand) remontant le fleuve, qui aligne une dizaine de navires tirés par une cinquantaine de chevaux. À l'étage, admirez les somptueux encadrements de porte en marbres polychromes, ainsi que les stucs dorés au plafond; dans une des pièces, superbe **orgue★** de batelier baroque (1697).

St. Michael AB2

L'église fortifiée St. Michael, située sur la rive nord du Danube, fut bâtie vers 1500 dans le style gothique. Établie au 10e s., elle est ainsi l'une des plus anciennes églises paroissiales de la vallée du Danube. Le pinacle du clocher de style Renaissance fut réalisé en 1544 après un incendie.

Weißenkirchen B2

Ce bourg viticole se niche entre le Danube et les collines de l'arrière-pays. L'imposante silhouette de l'église fortifiée gothique (15e-16e s.) lui confère un charme pittoresque ainsi que ses ruelles et ses belles maisons à encorbellement.

★ Dürnstein B2

Encore ceinturée de remparts, Dürnstein s'étire sur une assise de rochers dominant le Danube, dans l'un des plus beaux sites de la Wachau. Surplombant la cité et couronnées par les ruines d'une forteresse, les vignes en terrasses produisent des crus réputés.

Rue principale (Hauptstraße) – Très attachante avec ses maisons anciennes (certaines du 16e s.), elle traverse la cité de bout en bout, limitée à l'est par une vieille porte fortifiée. Les enseignes en fer forgé de plusieurs auberges – où l'on pourra déguster le célèbre *Heuriger* (vin de l'année) – rappellent le souvenir de la captivité du **roi Richard Cœur de Lion** *(voir encadré p. 148)*.

Église paroissiale (Pfarrkirche) – *✆ 02711227 - www.stift-duernstein.at - avr.-oct.: lun.-sam. 9h-18h, dim. 10h-18h - 7,50 € (6-15 ans 5 €)*. Le couvent des augustins (15e s.), fut reconstruit de 1720 à 1725 en style baroque. Parmi les anciens bâtiments

La captivité de Richard Cœur de Lion

Lors de la 3e croisade, le roi d'Angleterre Richard Cœur de Lion, suite à une altercation avec le duc d'Autriche Léopold V le Vertueux, fut enfermé à **Dürnstein**. Passant au pied du château à la recherche de son souverain, le fidèle troubadour **Blondel** découvrit le lieu de sa prison en jouant ses airs favoris. Néanmoins, Richard, livré à l'empereur romain germanique Henri VI qui demandait une énorme rançon pour le libérer, resta captif près d'un an encore au château de Trifels, dans le Palatinat rhénan.

abbatiaux, voyez, dans la cour, le porche orné de colonnes, d'obélisques et de statues des Pères de l'Église. Le **clocher★** a été bâti d'après des plans de Matthias Steinl et Josef Munggenast. L'intérieur de l'église est orné de stucs, les boiseries du chœur, la chaire et le maître-autel sont d'une belle homogénéité. Des peintures de Kremser Schmidt décorent les autels latéraux. La sacristie, ornée aussi de stucs, possède de précieuses marqueteries.
De la terrasse à balustrade, aménagée au pied de la tour de façade, remarquable par sa décoration, on jouit d'une vue sur la vallée du Danube.
Ruines du château (Burgruine) – *45mn à pied AR.* Accès par un sentier qui s'amorce à hauteur des remparts, à l'est de la localité, puis escalade les rochers. Des ruines, **vue★★** remarquable sur Dürnstein et la vallée du Danube.

★★ Krems Und Stein B2

Voir p. 150.

★ Rive sud du Danube

CARTE P. 186-187

Moins impressionnante que la rive nord et moins fréquentée, la rive sud *(rte B 33)* peut être une alternative pour rejoindre Krems et Stein.

Schönbühel A2

Le **château de Schönbühel**, que l'on aperçoit de la grande route de la Wachau, a été construit au début du 19e s. sur les fondations d'une forteresse médiévale. En aval du château et à l'écart du village, subsiste un ancien couvent de servites (membres d'un ordre mendiant de l'Église catholique créé en Toscane au Moyen Âge). Fondé en 1666, il fut bâti lui aussi sur une falaise dominant le Danube. L'**église**, dont le plafond est agréablement décoré, a conservé au-dessus du maître-autel un groupe sculpté illustrant la déploration du Christ. Une terrasse aménagée près du chevet offre une belle vue sur la Wachau.
Continuez sur la B 33, puis suivez le panneau « Burgruine Aggstein ».

Ruines du château d'Aggstein (BURGRUINE AGGSTEIN) AB2

Sa **situation★** exceptionnelle et ses dimensions imposantes font de la forteresse bâtie au 12e s. l'une des plus belles d'Autriche. Souvent convoitée, elle fut gravement endommagée à plusieurs reprises, notamment par les Turcs en 1529. Relevée par Anna von Polheim en 1606, elle fut laissée à l'abandon au 18e s.
2h à pied AR. Une route abrupte mène à la tour d'entrée. L'extrémité de l'éperon où se dresse le château constitue un remarquable observatoire.
Reprenez la B 33.
Isolée en bord de route et en partie dissimulée par de grands arbres, la charmante église de **St Johann im Mauerthale** (15e s.) offre l'occasion d'une petite halte champêtre et reposante, avec les vignes à proximité immédiate.
Pour rejoindre la rive nord, prenez le pont à Mautern et continuez sur la B 3.

Carnet pratique

S'informer

Office de tourisme – *Mittergasse 3A - Spitz - ✆ 02713 2363 - www.spitz-wachau.com.*

Agenda

Spitzer Marillenkirtag – *2 j. fin juil.* Fête dédiée aux abricots.

Nos adresses

Restauration

À Weißenkirchen

Premier prix

Weingut Hermenegild Mang – *Landstr. 38 - ✆ 02715 2276 - www.weingut-hermenegild-mang.at - avr.-oct. : tlj à partir de 12h - plats 5/11 €.* Tous les charmes d'un Heuriger proposant un vin maison de qualité et servi dans le vaste jardin arboré. Carte de plats froids gourmande et fournie : plateau de fromages et charcuterie, truite fumée, etc.

Pour se faire plaisir

Jamek – *Josef-Jamek-Str. 45 - ✆ 02715 2235 - www.jamekwein.at - mar.-sam. 11h30-16h (23h vend.) - fermé dim.-lun. et de fin déc. à fin fév. - plats 16,50/32,50 €.* Fondé en 1912, le lieu ne manque pas de charme avec son mobilier rustique. Grand choix de spécialités régionales. Beau jardin.

Petite pause

À Spitz an der Donau

Donauprinzessin – *Rollfährestr. 9 - ✆ 02713 2100 - donauprinzessin.at - mars-oct. : 10h-21h - fermé lun.-mar.* Une adresse tout indiquée pour une halte savoureuse dans la chaleureuse petite salle, le lumineux jardin d'hiver ou au grand air sur la terrasse. Que ce soit pour une pause-café de spécialité ou une bière Wieselburger, une pâtisserie livrée par une maison réputée de Krems ou une glace artisanale, la spécialité maison, tout est parfait.

Activités

Brandner Schiffahrt – *✆ 07433 259021 - www.brandner.at - de mai à fin oct.* Croisières entre Melk et Krems.

Hébergement

À Spitz an der Donau

Pour se faire plaisir

Hotel Weinberghof – *Am Hinterweg 17 - ✆ 02713 2939 - www.laglers.at - fermé déc.-mars - 15 ch. 106/132 € ☕.* Hôtel bien situé au milieu des vignes, qui abrite de grandes chambres modernes et confortables. Vente et dégustation de vin du domaine

Barock-Landhof Burkhardt – *Kremserstr. 19 - ✆ 02713 2356 - www.burkhardt.at - P - 11 ch. 103/143 € ☕.* Cette superbe demeure baroque (17e s.) abrite un grand jardin planté d'arbres fruitiers et de superbes massifs de roses. Belles chambres au mobilier ancien. Petit-déjeuner généreux servi, en saison, sur la terrasse s'ouvrant sur le Danube

À Weißenkirchen

Pour se faire plaisir

Hotel Donauwirt – *Wachaustr. 47 - ✆ 02715 2247 - www.donauwirt.at - 14 ch. 70/85 € ☕.* Chambres agréables et contemporaines, certaines avec terrasse et vue sur le Danube. Joli jardin.

3

Krems Und Stein ★★

Au débouché oriental de la Wachau, Krems s'étend en terrasses sur la rive gauche du Danube au pied de collines couvertes de vignobles. Cette importante agglomération formée en réalité de Krems, de Stein et d'Und, leur faubourg, fait dire aux Autrichiens que Krems, Und (« et » en allemand), Stein sont trois villes. En 2000, Krems et ses paysages alentour ont été inscrits sur la liste du patrimoine mondial de l'Unesco.

Se repérer

CARTE P. 140 (B2),
PLAN DE KREMS UND STEIN P. 152
24 919 habitants – Basse-Autriche. Krems an der Donau se situe à 77 km au nord-ouest de Vienne.

À ne pas manquer

Le centre-ville de Krems, avec son musée de la Ville, et de Stein.

Organiser son temps

Comptez une demi-journée pour visiter les centres anciens de Krems et de Stein, une journée avec les musées. C'est aussi un point de départ idéal pour rayonner dans la vallée du Danube.

Carnet pratique p. 156

Nos adresses p. 156

★★ Krems

PLAN P. 152

La vieille ville de Krems abrite de nombreuses places et rues pittoresques.

Obere et Untere Landstraße

On y pénètre à l'ouest par la **Steiner Tor**, porte monumentale datant de 1480, surmontée d'une tour baroque octogonale à lanternon et flanquée de deux tourelles à toit en poivrière. On admirera tout le long de cette rue, épine dorsale du vieux Krems, les vieilles demeures Renaissance ou baroques.

Église de l'Hospice (BÜRGERSPITALKIRCHE)

Obere Landstr. Cette paisible chapelle gothique est le seul vestige de l'ancien hospice de la ville bâti à cet emplacement au 15e s. L'atmosphère recueillie de sa sobre nef unique, voûtée d'arêtes, invite au silence. De part et d'autre du maître-autel, deux superbes statues en bois doré sculptées par Matthias Schwanthaler. Après avoir visité la Bürgerspitalkirche, la **Dreifaltigkeitsplatz**, aménagée en 1738 par Josef Matthias Götz, mérite un petit détour.

Église paroissiale (PFARRKIRCHE)

Pfarrplatz. Très vaste, l'église paroissiale de Krems, construite dans le style baroque en 1630 par l'architecte italien Biasino, est surchargée de statues et de

Kremser Schmidt : le maître de Krems

Le peintre Johann Martin Schmidt (1718-1801), communément surnommé **Kremser Schmidt**, vécut pendant longtemps à Krems. Cet artiste travailla pour de nombreux monastères et églises en Autriche, laissant derrière lui quantité d'œuvres. Il est, avec Anton Maulbertsch et Paul Troger, l'un des grands peintres autrichiens de l'époque baroque.

Steiner Tor, porte d'entrée de Krems.
Vladislav Zolotov/Getty Images Plus

dorures. Les voûtes de la nef et du chœur sont décorées de fresques exécutées à la fin du 18e s. par Johann Martin Schmidt, dit **Kremser Schmidt** *(voir encadré ci-contre)*.

★ Église des Piaristes (PIARISTENKIRCHE)

Frauenbergplatz. Dominant la vieille ville, cette église très originale se compose d'un chœur surélevé et d'une très haute nef en halle à trois vaisseaux. Chœur et nef sont voûtés de belles ogives appareillées en réseau. Le chœur fut achevé en 1457 et la nef en halle, construite de 1511 à 1515, s'inspire manifestement de St-Étienne de Vienne *(voir p. 44)*. On doit à la présence des Jésuites, auxquels l'église fut confiée en 1616, la chapelle St-François-Xavier (1640), située face à l'entrée. À l'entrée, une fresque représentant la mort de saint François Xavier aux portes de la Chine est de la main de Kremser Schmidt, tout comme la majestueuse Assomption qui trône au centre du **maître-autel** (1756) et dix autres tableaux ornant le monument. On remarquera les **stalles du chœur**, amusantes survivances stylistiques de la première Renaissance, réalisées pourtant au 17e s. En 1776, l'impératrice Marie-Thérèse confia l'église et le collège attenant à la congrégation des piaristes, fondée en 1597 en Europe centrale. Ces clercs réguliers en ont toujours la charge.

★ Musée de la Ville de Krems (MUSEUM KREMS)

Körnermarkt 14 - ✆ 02732 801567 - www.museumkrems.at - avr.-oct. : 10h-18h ; fermé reste de l'année - 7,50 € (-19 ans gratuit), billet combiné Kunstmeile Krems 18 €.

L'ancien couvent des dominicains accueille une intéressante exposition sur l'histoire de la ville et le vin. L'église (également salle d'exposition), d'un style gothique sobre, voire austère, tel que le recommandaient les ordres mendiants, conserve de remarquables fresques du 13e s. La base ancienne de l'édifice et son apparence moderne cohabitent harmonieusement.

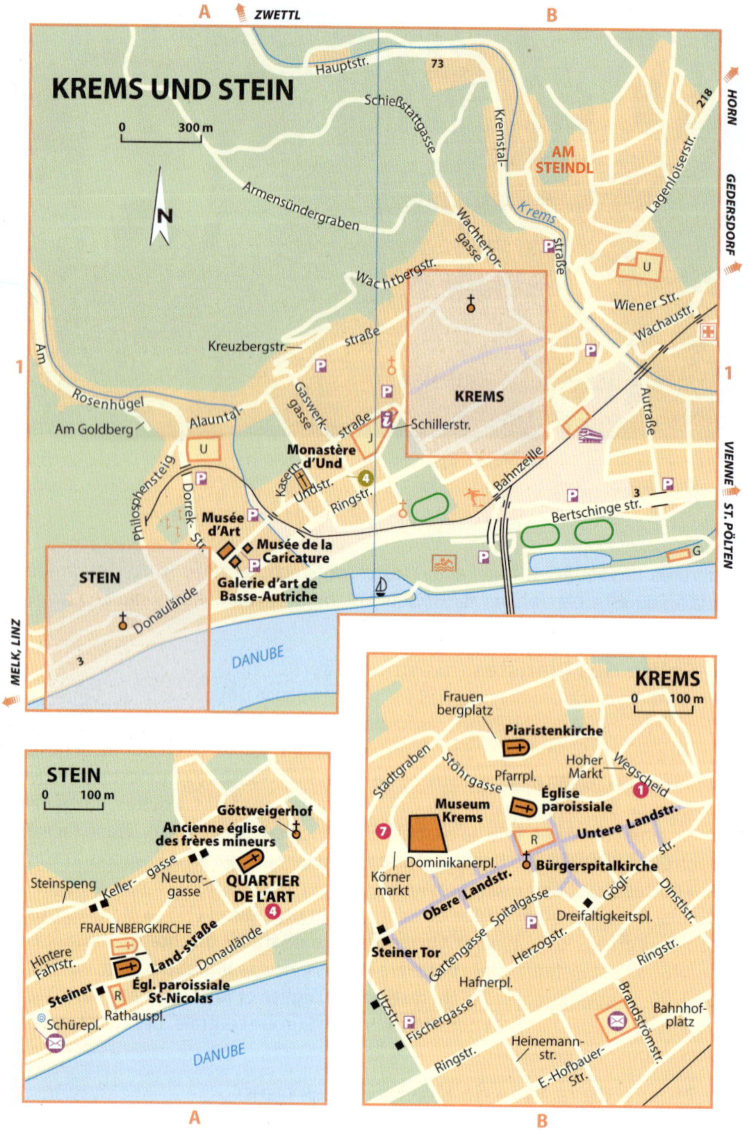

SE RESTAURER

Gasthaus Jell................ 1
Salzstadl.................... 4
Kaiser von Österreich........ 7

SE LOGER

Hotel Unter den Linden 4

Entre Krems et Stein

PLAN CI-CONTRE

Monastère d'Und (KLOSTER UND)

Undstr. 6 - ✆ 0664 9112121 - www.klosterund.at.
Ce cloître de capucins fondé en 1614 fut sécularisé, après une histoire mouvementée, en 1796. Après avoir entre-temps servi d'hôpital militaire, il abrite aujourd'hui un restaurant-bar à vin et loue ses salles à diverses occasions.

Quartier de l'art de Krems (KUNSTMEILE KREMS)

ℹ *www.kunstmeile-krems.at*
Diverses institutions dédiées à l'art sont rassemblées autour de la partie est de la Steiner Landstraße. Outre le musée de la Caricature, la Kunsthalle et l'immanquable édifice de la galerie d'art régionale, on y trouve le réseau d'architecture ORTE, la Maison indépendante de la littérature, l'Artothek et les appartements de l'Atelier, qui attribuent chacun et pour six mois une bourse aux artistes. L'université danubienne de Krems (Donau-Universität Krems), la Minoritenkirche et diverses galeries et sociétés de restauration font également partie du Kunstmeile Krems.
Galerie d'art de Basse-Autriche (Landesgalerie Niederösterreich) – *✆ 02732 908010 - www.lgnoe.at - tlj sf lun. 10h-18h (17h nov.-fév.) - 10 € (enf. 3,50 €), billet combiné Kunstmeile Krems 18 €.* Avec son architecture audacieuse signée des frères Bernhard et Stefan Marte, la galerie d'art régionale est le joyau du quartier de l'art. L'intérieur de ce cube désaxé, recouvert de panneaux en zinc, abrite les plus belles pièces issues des collections d'art régionales : 60 000 œuvres, centrées principalement sur la période du 19e s. à nos jours (peinture, arts graphiques, photographie, etc.).
Musée de la Caricature (Karikaturmuseum) – *Steiner Landstr. 3a - ✆ 2732 908010 - www.karikaturmuseum.at - 10h-18h (17h nov.-fév.) - 10 €, billet combiné Kunstmeile Krems et Museum Krems 18 €.* En dehors des expositions temporaires, la collection permanente de ce musée présente les travaux des deux caricaturistes contemporains Ironimus et Manfred Deix, donnant ainsi un aperçu souvent critique, parfois très sarcastique, mais non moins amusant, de l'Autriche d'aujourd'hui et de son passé récent. Ironimus *alias* Gustav Peichl est également l'auteur de la décoration originale de la façade.
Musée d'Art de Krems (Kunsthalle Krems) – *Franz-Zeller-Platz 3 - ✆ 02732 908010 - www.kunsthalle.at - tlj sf lun. 10h-18h (17h nov.-fév.) - 10 €, billet combiné Kunstmeile Krems et Museum Krems 18 €.* Un programme d'expositions temporaires très complet et ambitieux a permis de faire connaître la Kunsthalle de Krems bien au-delà des frontières de l'Autriche.

★★ Stein

PLAN CI-CONTRE

Délimitée au nord par des vignobles en terrasses, Stein s'étire sur une étroite bande de rivage le long du Danube. Le mur d'enceinte et de nombreuses maisons du Moyen Âge et de la Renaissance ont été conservés.

Route départementale menant à Stein (STEINER LANDSTRASSE)

La **Steiner Landstraße**, délimitée à l'est par la Kremser Tor et à l'ouest par la Linzer Tor est bordée d'imposantes maisons bourgeoises et cours de monastères, toutes parfaitement conservées, telles que la Große Passauerhof *(n° 76)*. Comptant en général deux ou trois étages, elles témoignent de la prospérité de la ville commerçante. Les maisons situées dans la partie occidentale de la rue, entre l'église paroissiale et le Reisperbach, possèdent notamment de somptueuses façades. Juste devant la Linzer Tor se dresse l'ancienne maison *(n° 122)* de Kremser Schmidt.

Ancienne église minorite (MINORITENKIRCHE)

Minoritenplatz 4 - ✆ 02732 908030 - www.klangraum.at.
La basilique à trois vaisseaux et à piliers fut consacrée en 1264. Son clocher date de 1444. Les **fresques** du 14e s. sont particulièrement remarquables. Dans le chœur, on peut voir une Vierge sur son trône et les statues des fondateurs. Cette église sert aujourd'hui de salle des fêtes et de galerie d'art.

Église paroissiale St-Nicolas (PFARRKIRCHE ST. NIKOLAUS)

Steiner Landstr. L'église paroissiale St-Nicolas fut construite vers 1460 et décorée au début du 20e s. dans le style néogothique. Les autels de Joseph et de Jean Népomucène sont ornés de tableaux de Kremser Schmidt. On lui doit également la fresque du plafond, près de l'orgue (au-dessus du tableau dédié aux victimes des deux guerres mondiales).
En contre-haut de l'église paroissiale, on peut apercevoir la **Frauenbergkirche**, église elle aussi transformée en 1966 en monument commémoratif des victimes des deux guerres mondiales.

À proximité

CARTE P. 140

★ Monastère de Göttweig (STIFT GÖTTWEIG) B2

À 6 km au sud de Krems par rte de St. Pölten.
✆ 02732 855810 - www.stiftgoettweig.at -avr. -oct. : 10h-18h - fermé Vend. saint - musée : 8,50 € (enf. 5 €).
La masse énorme et claire de ses bâtiments élevés en carré et cantonnés de tourelles à bulbe, couronnant une éminence à 449 m d'altitude, est une vision inoubliable. Dans la région, on la surnomme le « mont Cassin autrichien » à cause du côté très voyant de son architecture et en référence à Cassino, en Italie, berceau de l'ordre bénédictin.
C'est en 1094 que les bénédictins s'installèrent dans le monastère des chanoines augustiniens fondé par saint Altmann en 1083. La construction du monastère baroque d'après des plans de Johann Lukas von Hildebrandt commença après le grand incendie de 1718. Elle n'a toutefois jamais été achevée.
La **façade★** de l'église abbatiale avec ses deux tours angulaires tronquées, le porche, les quatre colonnes toscanes et la balustrade située au-dessus affichent une architecture très théâtrale. L'intérieur de l'église est richement décoré de stucs en vrille. On y découvre un maître-autel imposant (1639) et une chaire réalisée par le Néerlandais Herman Schmidt ainsi qu'un remarquable buffet d'orgue de 1703. Dans l'aile occidentale du monastère se trouve le monumental **escalier impérial★** avec l'*Apothéose de Charles VI*, une fresque de plafond de **Paul Troger** (1739). La cage d'escalier achevée par **Franz Anton Pilgram** en 1739 est un chef-d'œuvre d'élégance s'élevant sur trois étages.

★ Château de Grafenegg (SCHLOSS GRAFENEGG) B2

À 12 km à l'est de Krems.
✆ 02735 5500 - www.grafenegg.com - visite guidée du château de fin juin-déb. sept. : w.-end 11h30-17h30 - 7 €.

Le château de Grafenegg est connu pour ses manifestations culturelles de qualité (expositions, concerts, lectures). L'**Avent de Grafenegg (Grafenegger Advent)**, début décembre, constitue le temps fort annuel, qui voit s'associer chants et musique de l'Avent à un marché de Noël traditionnel.

Entouré d'un vaste parc, le château de Grafenegg, exemple très marquant de l'historicisme romantique produit par l'Autriche, se dresse dans la plaine de Tulln. Avec son donjon pourvu d'une galerie et de tourelles, il semble, vu de loin, surgir d'un songe. C'est le comte August Ferdinand Breunner-Enckevoirt qui lui donna son aspect actuel. Il prit le risque de cette nouvelle création de style historisant entre 1846 et 1853 et réussit son pari grâce au bâtisseur Leopold Ernst, qui construisit la cathédrale St-Étienne de Vienne.

Par le pont-levis orné d'un dragon et d'un lion portant les armoiries, on accède à l'aile nord, dont le pignon principal en gradins se termine par de fins ornements géométriques ajourés. La statue placée dans une niche au-dessus du portail représente sans doute le maître d'ouvrage et porte la date de 1856.

Salle des Chevaliers (Rittersaal) – Leopold Ernst conçut la salle des Chevaliers dans le style architectural qui devait fleurir dix ans plus tard sur le Ring de Vienne. Pièce principale de l'étage, elle a été très marquée par la guerre, et il ne reste pratiquement plus rien du mobilier d'origine. Seuls le somptueux **plafond à caissons★** et la cheminée détruite après 1945 ont été restaurés.

Chapelle (Kapelle) – Inaugurée en 1853, elle constitue un bel exemple d'architecture néogothique avec sa voûte sur croisée d'ogives et ses clés de voûte suspendues. Le triptyque gothique tardif représente le couronnement de Marie. Des retables de la même époque, réunis par groupes de quatre, ont été fixés sur les murs nord et sud, près de statues d'apôtres du 19e s.

Grand salon et salle à manger (Speisesaal und Großer Salon) – Cet ensemble de pièces est caractérisé par de beaux lambris et des ornements sculptés. Le **plafond à caissons★** du grand salon, dont les poutres s'achèvent par des anges et des chevaliers portant des blasons, présente un intérêt particulier.

Le magnifique escalier est impressionnant. Le salon jaune, la bibliothèque et le salon d'été (Gartensaal) ne sont pas moins remarquables. Les beaux **poêles en faïence** de forme néomaniériste apportent une note de gaieté et de couleur à l'ensemble. Le château ainsi que sa scène en plein air, hébergent de nombreux concerts de musique classique.

Carnet pratique

S'informer

Office de tourisme – *Körnermarkt 14 - Krems - ✆ 02732 82676 - www.krems.info.* Il organise des visites de la vieille ville en allemand.

Arriver/Partir

En train – Quelques trains directs de Vienne (1h) et de St. Pölten (45mn).

Se garer – Parkhaus Steinertor *(lun.-sam. 7h-20h)*; Parkhaus Kasernstraße et Parkhaus Ringstraße *(0h-24h).*

Nos adresses

PLAN P. 152

Restauration

À Stein

Premier prix

4 **Salzstadl** – A - *Steiner Donaulände 32 - ✆ 02732 70312 - www.salzstadl.at - oct.-mai : tlj sf merc. et dim. 11h-15h, 18h-23h ; juin.-sept. tlj sf. w.-end - formule déj. en sem. 8,90 €, plats 6,90/18,90 €.* On y sert des plats bon marché, réalisés avec soin à base de produits du terroir. Pincées de sel et de bonne humeur agrémentent le tout. Animations et concerts.

À Krems

Budget moyen

1 **Gasthaus Jell** – B - *Hoher Markt 8-9 - ✆ 02732 82345 - www.amon-jell.at - mar.-sam. 11h-14h30, 18h-22h30 - fermé dim.-lun. - plats 18/32 €.* Petite auberge de bonne réputation. Spécialités régionales bien préparées. Le lard maison mérite à lui seul le détour.

Pour se faire plaisir

7 **Kaiser von Österreich** – B - *Körnermarkt 9 - ✆ 02732 86001 - www.kaiser-von-oesterreich.at - mar.-sam. 18h-22h - fermé dim.-lun. - menu 3 plats 47,50/52,50 €.* Bonne adresse qui ravira les gourmets avec viandes, légumes et produits frais soigneusement sélectionnés. Plats traditionnels réinventés avec talent.

Petite pause

À Krems

Deux adresses historiques pour déguster une pâtisserie ou une crème glacée selon des recettes traditionnelles transmises depuis plus de 100 ans :

Café-Konditorei Hagmann – *Untere Landstr. 8 - hagmann.co.at - 7h30-18h - fermé dim.*

Café-Konditorei Raimitz – *Bahnhofplatz 12 - www.raimitz.at - lun.-sam. 7h30-19h, dim. 8h30-19h.*

Hébergement

À Krems

Pour se faire plaisir

4 **Hotel Unter den Linden** – A1 - *Schillerstr. 5 - ✆ 02732 82115 - www.udl.at - 40 ch. 106/118 € ☕.* Ce grand hôtel tenu depuis plusieurs générations par la famille Grech a des airs de collège avec ses longs couloirs et son escalier. Chambres irréprochables. Bonne adresse.

Tulln

Avec la création du premier jardin écologique d'Europe en 2008, la cité natale d'Egon Schiele révèle son statut de ville verte et fleurie. Installée le long du Danube, Tulln s'est développée à l'emplacement d'un ancien camp romain et fut, au milieu du 11e s., le lieu de résidence de la famille princière de Babenberg.

Se repérer

CARTE P. 140 (B2)
16 562 habitants – Basse-Autriche.
À 45 km au nord-ouest de Vienne.

À ne pas manquer

Le portail de l'Ossuaire.

En famille

Le Römermuseum, les jardins de Tulln et l'Erholungspark Aubad.

Nos adresses p. 159

Se promener

Minoritenplatz 2 - ✆ 02272 675660 - www.tulln.at et www.donau.com.

Maison natale d'Egon Schiele (EGON SCHIELE GEBURTSHAUS)

Hauptbahnhof Tulln, Bahnhofstr. 69 (1er étage de la gare) - ✆ 02272 690 135 - www.schiele-geburtshaus.at - avr.-oct. : 9h-20h (17h nov.-mars) - animations sonores en allemand et en anglais - accès automatique avec une pièce de 2 €.

Egon Schiele est né le 12 juin 1890 dans l'ancien appartement de fonction du chef de gare avec fenêtres ouvrant directement sur les quais. Le troisième enfant de Marie et Adolf Schiele – en poste jusqu'en 1904, juste avant de mourir de la syphilis – passa ici une enfance heureuse avec ses trois sœurs, avant d'aller faire ses études secondaires à Krems, à partir de 1901. À un an et demi déjà, il commençait à dessiner des voies de chemins de fer, des locomotives, des wagons... qui débordèrent rapidement sur le sol et les murs. À sept ans, il avait rempli un cahier entier de dessins sur le monde des trains. La visite est animée par des confidences fictives et éclairées de sa mère Marie et sa sœur cadette Gerti, de qui il était proche.

Église des Frères mineurs (MINORITENKIRCHE)

Minoritenplatz - www.erleben.tulln.at - 8h-17h.

Cet édifice baroque (1739) est dédié à saint Jean Népomucène. À gauche du maître-autel, la sacristie et sa somptueuse armoire marquetée du 18e s.

★ Couvent des Frères mineurs (MINORITENKLOSTER)

Entre l'église et le Danube - visite dans le cadre de celle d'un musée ou d'une expo.

Ses origines remontent au 13e s. Aujourd'hui, il héberge des bureaux et plusieurs musées : musée de la Ville, Musée archéologique et musée du Sucre.

Musée autrichien du Sucre (Österreichisches Zuckermuseum) – *✆ 02272 60211237 - www.erleben.tulln.at - lun.-merc. 8h-15h30, jeu. 8h-19h, vend. 8h-12h - 2 € (enf. 1 €).* Informations relatives à l'élaboration du sucre, reproductions des outils utilisés dans une sucrerie en 1830 et photos de matériel actuel...

Longez le Danube jusqu'au musée Egon-Schiele, face à la scène ancrée sur le fleuve.

Egon Schiele, l'enfant terrible de Tulln

Artiste provocateur aux œuvres tourmentées, Egon Schiele intégra l'Académie des beaux-arts de Vienne en 1907. Disciple de Klimt, il travailla principalement à l'aquarelle, à la gouache et au crayon, dessinant de nombreux portraits et autoportraits expressionnistes, qui donnent l'impression d'être hantés par la mort avec leurs expressions squelettiques. L'érotisme et la pornographie sont également un sujet central dans les œuvres d'Egon Schiele – il n'hésitait pas à dessiner la masturbation –, ce qui provoqua son arrestation en 1912 pour outrage à la morale publique. Il se maria en 1915 et mourut trois ans plus tard, emporté par la grippe espagnole, tout comme sa femme, alors enceinte de six mois de leur premier enfant.

Musée Egon-Schiele (EGON-SCHIELE-MUSEUM)
Donaulände 28 - ✆ 02272 64 570 - www.egon-schiele.eu - de déb. avr. à déb. nov. : tlj sf lun. 10h-17h - 5,50 € (7-18 ans 3,50 €) audioguide inclus (allemand et anglais).
Situé dans l'ancienne prison, il accueille chaque année une exposition thématique incluant quelques œuvres de Schiele. L'originalité du lieu tient surtout aux six anciennes cellules du 1er étage, retraçant chacune une étape de la vie de l'artiste (villes où il vécut) et animées de précieuses interviews de proches, dont ses sœurs et sa belle-sœur Adele.
Continuez en suivant le fleuve.

Tour du Sel (SALZTURM)
Sur Donaulände, à hauteur de Nibelungengasse, subsiste presque intacte une tour bâtie sous Dioclétien (284 à 305) pour flanquer le mur d'enceinte ouest d'un camp romain. Au Moyen Âge, elle servit d'arsenal, et, au début du 19e s., d'entrepôt à sel.
Poursuivez sur Donaulände jusqu'au croisement avec la Bonvicinistr.
Sur la droite, une statue de l'empereur Marc-Aurèle, copie de celle du Capitole à Rome, rappelle la présence romaine durant plusieurs siècles le long du Danube.
Prenez à droite la Bonvicinistr.

Musée des Romains (RÖMERMUSEUM)
Marc-Aurel-Park 1b - ✆ 02272 690 189 - www.roemermuseum-tulln.at - de mi-mars à fin oct. : merc.-dim. 10h-17h - 6 € (11-18 ans 3 €).
Ce musée, qui a fait peau neuve en 2020, invite petits et grands à remonter au temps où les légions romaines occupaient Comagena, l'actuelle Tulln. Une histoire passionnante racontée ici de manière ludique, avec force dioramas, reconstructions en 3D et films d'animation. L'occasion d'en savoir un peu plus sur le quotidien des soldats romains dans cette région, la « province de Norique » qui avait le Danube pour frontière septentrionale.
Continuez sur la Bonvicinistr. Au bout de la rue se trouve l'église St-Étienne.

Église paroissiale St-Étienne (STADTPFARRKIRCHE ST. STEFAN)
Cette basilique romane du 12e s. fut dotée au 15e s. de voûtes gothiques, puis baroquisée au 18e s. Encadré de deux tours baroques, le portail roman de la façade principale est orné des bustes des 12 apôtres. Il est surmonté d'un aigle bicéphale, symbole du Saint Empire, tenant dans ses serres deux têtes de Turcs, pour rappeler le danger d'invasion que courut l'Autriche aux 16e et 17e s., et précédé des statues baroques des saints Jean Népomucène *(à gauche)* et Charles Borromée *(à droite)*. À l'intérieur, le maître-autel en marbre est orné d'un retable de 1786 (lapidation de saint Étienne).

★ Ossuaire (KARNER)

À hauteur du chevet de l'église se dresse l'une des plus belles chapelles funéraires d'Autriche, appelée chapelle des Trois-Rois, bâtie vers 1245. Elle affecte à l'extérieur la forme d'un polygone auquel est accolée une absidiole à cul-de-four. Chaque pan du polygone est orné d'arcatures et de chapiteaux richement travaillés. Sous l'un des arcs, à droite du portail, apparaît la statue dite, pour des raisons mal définies, « du Fondateur ». Le **portail★★** est décoré de chapiteaux à palmettes et de motifs géométriques. L'intérieur est coiffé d'une coupole décorée de peintures murales romanes restaurées au 19e s. Par la porte de la crypte, on aperçoit l'ancien ossuaire, situé sous la chapelle.

Jardins de Tulln (GÄRTEN TULLN)

À l'ouest du centre-ville. ✆ 02272 68 1 88 - www.diegartentulln.at - de déb. avr. à mi-oct. : 9h-18h - 14 € (6-17 ans 8 €, famille 32 €).

Cet espace de 50 ha, traversé de cours d'eau, compte plus de 50 jardins écologiques. Un fantastique terrain de jeux et de découvertes.

Nos adresses

Restauration

Budget moyen

Zur Zonne Sodoma – *Bahnhofstr. 48 - ✆ 02272 64616 - www.gasthaussodoma.at - mar.-sam. 11h-15h, 18h-22h30 - fermé dim.-lun. - plats 15/35 € - réserv. conseillée.* Ici, toute la famille s'occupe agréablement des invités. La maîtresse des lieux prépare des plats régionaux savoureux, parfois servis en terrasse.

À proximité

Budget moyen

Gastwirtschaft Floh – *Tullnerstr.1 - 5 km à l'est de Tulln - ✆ 02272 62809 - www.derfloh.at -jeu. 17h-23h, vend.-lun. 9h-23h - réserv. conseillée - plats 14/32 €.* Une cuisine régionale pleine de goût. Choix de vins impressionnant, carte spéciale grandes bouteilles.

Pour se faire plaisir

Das Wolf – *Bahnstr. 58 - 5 km à l'est de Tulln - ✆ 02272 62567 - daswolf.restaurant - merc. 17h30-23h, jeu.-sam. 11h30-15h, 17h30-23h, dim. 11h30-21h - plats 24/44 €, menu 5 plats 105 €.* Près de la gare, trois salles (Stuben) de style rustique. Cuisine régionale imaginative.

Activités

Aubad und Erholungspark – *Donaulände 78 - ✆ 02272 690480 - www.erleben.tulln.at - juil.-août : 8h-20h ; mai-juin : lun.-vend. 10h-18h, w.-end 9h-18h - 6,70 € (6-14 ans 3,20 €).* Parc de 30 ha le long du Danube, proche du centre-ville, avec lac de baignade, plage et terrains de jeux.

Hébergement

Budget moyen

Nibelungenhof – *Donaulände 34 - ✆ 02272 62658 - www.nibelungenhof.info - 18 ch. à partir de 110 €.* Un hôtel de charme familial dans une maison rénovée avec soin. Chaque chambre est meublée différemment, certaines avec vue sur le Danube.

3

St. Pölten ★

St. Pölten a été marquée par la création en 791 d'un monastère dédié à saint Hippolyte, dont le nom a donné « St. Pölten ». Mais la ville, construite et décorée par quelques grands maîtres de l'âge baroque, est surtout connue pour son remarquable centre-ville du 18e s., où des œuvres surgissent à tous les coins de rue.

Se repérer

CARTE P. 140 (B2)

56 360 habitants – Basse-Autriche. À 65 km à l'ouest de Vienne.

À ne pas manquer

L'Institut des demoiselles anglaises, la cathédrale, le Musée diocésain et la Herrenplatz.

Organiser son temps

Comptez une bonne journée pour la ville et ses alentours.

Carnet pratique p. 164

Nos adresses p. 164

Se promener

Vieille ville

Place de l'Hôtel-de-Ville (RATHAUSPLATZ)

Au centre de la place se dresse la **colonne de la Trinité**, conçue (1767 et 1782) par Andreas Gruber. Elle est sculptée dans le marbre, tandis que la fontaine adjacente est composée de grès ; elle représente les saints Hippolyte, Florian (qui a pour attribut une maison en flammes), Sébastien (une flèche) et Léopold (une église en réduction).

L'**hôtel de ville (Rathaus)** prit forme au 16e s. par la réunion de deux bâtiments gothiques. Les portails Renaissance datent aussi de cette époque. La façade baroque fut ajoutée en 1727 par Josef Munggenast.

À gauche de l'hôtel de ville s'élève la **maison** (16e s.) où **Schubert** séjourna en 1821 et composa l'une des œuvres destinées aux Schubertiades, soirées musicales qu'il organisait. La façade baroque fut conçue plus tard par Jakob Prandtauer, à qui l'on doit aussi les plans du **palais Montecuccoli** *(n° 5)*.

Le **théâtre municipal** (Landestheater aujourd'hui), érigé en 1820 par Josef Schwerdfeger et transformé en 1893, arbore un front néoclassique.

Église des Franciscains (FRANZISKANERKIRCHE)

Sa façade légèrement inclinée confère une grande vivacité à l'église, édifiée entre 1757 et 1779. Dans des niches sont placées de belles statues de saint Joseph (en haut), sainte Thérèse d'Avila et du prophète Élie, œuvres d'un maître inconnu. La nef affiche, avec sa chaire rococo, son solennel maître-autel décoré par Andreas Gruber et ses quatre tableaux latéraux peints par Kremser Schmidt, une merveilleuse harmonie.

Église des Carmélites (KARMELITINNENKIRCHE)

Appelée aussi Prandtauerkirche, du nom de son architecte, Prandtauer, cette église érigée en 1707 a servi de modèle pour l'église des Franciscains. Le maître-autel, conçu en 1712 par Johann Lukas von Hildebrandt est orné d'un retable

peint en 1721 par Georg Johann Schmidt. L'œuvre maîtresse du sanctuaire est une Crucifixion brossée par l'artiste espagnol Ribera (1588-1652).
Musée municipal (Stadtmuseum) - *Prandtauerstr. 2 - ☎ 02742 33326 43 - www.stadtmuseum-stpoelten.at - ♿ - merc.-dim. 10h-17h - 5 € (enf. 2 €).* Contigu à l'église, il est aménagé dans l'ancien couvent des carmélites

★ Institut des demoiselles anglaises

(INSTITUT DER ENGLISCHEN FRÄULEIN)

Linzer Str. 11. Le regard est inévitablement attiré par cette somptueuse **façade★**, commencée par Jakob Prandtauer, et agrandie de 1767 à 1769 probablement par le fils de Josef Munggenast, Mathias. Le blanc et le rose dominent, contrastant avec le noir des grilles de fenêtre en fer forgé. La façade est remarquable pour ses niches et ses sculptures. On reconnaîtra de droite à gauche : sainte Catherine d'Égypte et, au-dessus, saint Ignace, l'ange gardien à l'Enfant, et l'Immaculée Conception, sainte Anne et sainte Marie, avec saint Joseph. Cette iconographie témoigne de la vocation de l'institut, consacré au bien-être et à la formation de la jeunesse.
L'**église de l'institut** *(demandez à l'entrée pour y accéder)* s'orne d'une fresque de Paul Troger à la coupole (*Révélation de l'incarnation du Christ*), et d'une fresque de Bartolomeo Altomonte (scènes de la vie de Marie) au plafond de la nef principale.

Place Riemer (RIEMERPLATZ)

Cette place est entourée de belles demeures datant pour partie du Moyen Âge, mais dont les façades baroques ont été érigées au 18e s. : le no 1 serait l'œuvre de Josef Munggenast et les nos 3 et 4 celle de son fils, Mathias.

★ Place seigneuriale (HERRENPLATZ)

Ses édifices portent l'empreinte de tous les artistes baroques ayant résidé à St. Pölten. L'exemple le plus remarquable est au no 2, dont le frontispice arbore un relief réalisé d'après les dessins du très grand sculpteur baroque autrichien, Georg Raphael Donner, et représentant *La Lumière dissipant les ténèbres*. À signaler : un bâtiment Jugendstil d'un cachet tout particulier. La **« Stöhrhaus »** *(Kremser Gasse 41)* fut érigée en 1899 par Joseph Maria Olbrich, constructeur du pavillon de la Sécession à Vienne.

Quartier de la cathédrale

★ Cathédrale de l'Assomption (DOM MARIÄ HIMMELFAHRT)

Ses fondations datent de 1150 et du 13e s., et elle fut plusieurs fois transformée aux 16e et 17e s. La sobriété de l'extérieur contraste fortement avec l'intérieur.
★ **Intérieur** – La décoration baroque, entreprise en 1722 sous l'égide de Jakob Prandtauer, fut achevée en 1735 par Josef Munggenast. Le retable du maître-autel représentant l'Assomption a été réalisé en 1658 par Tobias Pock. Les majestueuses **stalles★** richement sculptées ont été conçues en 1722 par Peter Widerin, qui réalisa également le buffet d'orgue. Maints autres artistes originaires de St. Pölten ont participé à la création de la superbe chaire et des confessionnaux. Les fresques des plafonds et les dix **toiles monumentales★** retraçant la vie de Jésus sont l'œuvre de Thomas Friedrich Gedon. Les deux premières travées de chacun des bas-côtés sont signées Bartolomeo Altomonte, les autres Daniel Gran.

Évêché (BISCHOFSSITZ)

Accolé au nord de la cathédrale *(entrée par le bas-côté gauche de la cathédrale)*, ce grand bâtiment du début du baroque se développe autour de cinq cours. La

3

Une capitale baroque

C'est à l'époque baroque que St. Pölten a connu son véritable essor. Elle était le lieu de résidence et de travail d'architectes comme **Jakob Prandtauer** (qui y demeura de 1692 à sa mort en 1726), **Josef et Franz Munggenast**, et de grands peintres parmi lesquels **Daniel Gran, Paul Troger** et **Bartolomeo Altomonte**. Le 10 juillet 1986, la diète (parlement régional) de Basse-Autriche résolut à une large majorité de faire de St. Pölten la **capitale du Land**. Berceau de la nation autrichienne, mentionnée pour la première fois dans les annales dès 996, la Basse-Autriche était depuis 1922 administrée par Vienne. Son rôle de métropole du Land, sa situation de carrefour routier, mais également son activité industrielle prédestinaient St. Pölten à ce rang.

cour du cloître est reliée au nord avec la cour à la fontaine, dont le bâtiment est se pare d'une superbe **porte en fer forgé★** ouvrant sur un bel escalier conçu par Josef Munggenast.

★ **Musée diocésain (Museum am Dom)** – *Domplatz 1 (au 1er étage de la cour du cloître) - ✆ 02742 324333 - www.museumamdom.at - merc.-vend. 10h-17h (19h jeu.), sam. 10h-16h, dim. 11h-16h - 6 €.* Il renferme des œuvres sacrées, du roman au moderne, notamment de remarquables peintures de maîtres baroques autrichiens. Le temps fort de la visite, qui inclut l'oratoire épiscopal, est sans conteste la découverte de la somptueuse **bibliothèque★**, abritant des fresques de Daniel Gran et Paul Troger représentant les quatre facultés : théologie, philosophie, médecine, justice.

Quartier administratif et culturel (REGIERUNGSVIERTEL)

Les services administratifs du Land de Basse-Autriche ont été transférés en 1997 de Vienne à St. Pölten, dans un quartier neuf édifié le long de la Traisen, à l'est de la vieille ville. Outre le luxueux et fonctionnel **« vaisseau de la diète »**, ce quartier est doté de sa propre rue commerçante *(Landhaus-Boulevard)*, ainsi que d'un centre culturel moderne : le **palais des Festivals** *(Festspielhaus)* a été conçu par Klaus Kada et la **galerie d'exposition Shed** par Hans Hollein. Contrepoint vertical, la tour dite **« Klangturm »**, œuvre d'Ernst Hoffmann, offre une vue d'ensemble sur le quartier, du haut de sa plate-forme panoramique *(8h-18h)*.

Musée de la Basse-Autriche (MUSEUM NIEDERÖSTERREICH)

✆ 02742 90 80 90 - www.museumnoe.at - tlj sf lun. 9h-17h - 10 € (7-18 ans 5 €).
La nature, l'art et la géographie de la Basse-Autriche sont évoqués à l'aide d'installations multimédias. La collection d'œuvres d'art rassemble des pièces datant du Moyen Âge à nos jours, l'accent étant mis sur les 19e et 20e s. Amerling, Waldmüller, Schiele et Kokoschka y sont, entre autres, représentés.

À proximité

CARTE P. 140

★ Monastère d'Herzogenburg (STIFT HERZOGENBURG) B2

À 12 km au nord par la S 33, Prandtauerring 2.
✆ 02782 83112 - www.stift-herzogenburg.at - ♿ - visite guidée uniquement (1h15) - avr.-oct. : 11h, 14h, 15h30 - 9 € (enf. 7 €).
Fondé au 12e s. par l'évêque Ulrich de Passau, ce couvent de chanoines augustins connut une prospérité dont témoignent des collections d'œuvres d'art et des manuscrits. Il fut reconstruit au 18e s. dans le style baroque.

Église abbatiale (Stiftskirche) – Sa construction fut menée par Franz Munggenast, mais le curieux couronnement de la tour, qui ressemble à un coussin en forme de toque ducale, est attribué à Fischer von Erlach. Toutes les voûtes sont couvertes de fresques peintes, comme les retables des autels latéraux, par Bartolomeo Altomonte. Le retable du maître-autel, exécuté par Daniel Gran, témoigne d'une grande habileté dans l'art de la composition.
Bâtiments conventuels (Kloster) – Ils ont été réalisés par Jakob Prandtauer. Leur intérêt réside surtout dans la partie médiane de l'aile est, due à Fischer von Erlach. La voûte de la salle d'honneur (Festsaal) est ornée d'une composition allégorique d'Altomonte à la gloire de l'évêché de Passau. La **bibliothèque** décorée de peintures, de fresques et de grisailles renferme près de 80 000 ouvrages. Une salle, dédiée à l'art gothique, renferme une collection de **peintures sur bois★** du 16e s. qui se rattachent à l'école du Danube. Dans le cabinet des curiosités, remarquez le casque romain (vers 150 apr. J.-C.).

★ Groupe de saint Jean Népomucène

(BLICK VOM HL. NEPOMUK AUF DAS STIFT LILIENFELD) B3

À 24 km au sud de St. Pölten.

Le groupe de saint Jean Népomucène (1712) mérite que l'on s'y intéresse. C'est en effet l'un des rares à ne pas se trouver sur le pont même, mais à l'écart, sur la berge de la Traisen (Dörflstraße), le pont ayant été déplacé à 50 m en aval à la fin du 18e s. Il s'agit d'un monument richement orné, tel qu'il n'en existe pratiquement pas de comparable en Autriche. Sculpté dans du grès clair, il est l'œuvre d'un artiste de Wilhelmsburg, Christoph Brandl. Une curiosité : on retrouve l'année de création en additionnant les lettres majuscules gravées dans le socle, qui correspondent à des chiffres romains. Ce type de représentation des nombres est appelé chronogramme.

Monastère de Lilienfeld (STIFT LILIENFELD) B3

À 25 km au sud de St. Pölten, par la B 20.

Klosterrotte 1. - ✆ 02762 52420 - www.cisto.at/stift - ♿ -lun.-sam. 9h-12h, 13h30-16h30, dim. 13h30-16h30 - possibilité de visite guidée en sem. (avr.-sept.) 10h et 14h, dim. et j. fériés 14h - 6 € (enf. 1 €), avec visite guidée 12 € (enf. 5 €), audioguide 6 € (allemand et anglais).

Le plus grand monastère médiéval d'Autriche fut fondé en 1202 par le duc Léopold VI de Babenberg, dit le Glorieux. Les travaux s'achevèrent en 1263. En 1219, Léopold VI, de retour de croisade, donna à Lilienfeld un morceau de la Vraie Croix, voulant ainsi souligner l'importance du monastère.
Église abbatiale – Avec ses 82 m de long et ses 21 m de large, elle est la plus grande église de Basse-Autriche et serait l'œuvre de maîtres bourguignons.
★ **Cloître** – Il a sans doute été édifié au milieu du 13e s. La voûte sur croisée d'ogives repose sur des consoles richement ornées. De remarquables vitraux de la première moitié du 14e s. sont conservés dans l'aile nord. La **salle capitulaire** constitue l'une des parties les plus anciennes du monastère. Le dortoir des frères convers est le seul du Moyen Âge conservé en Autriche. Il se trouve au-dessus du cellier du 13e s., lui-même en parfait état.
★ **Bibliothèque** – Réalisée en 1700, elle resplendit de stucs et de fresques.

Carnet pratique

S'informer

Office de tourisme – *Rathausplatz 1 - St. Pölten - ✆ 02742 333 5000 - www. stpoeltentourismus.at.*

Arriver/Partir

En train – Trains directs de Vienne (1h) et de Krems (45mn).

Se garer – Parkings souterrains dans le centre-ville et le quartier administratif (Regierungsviertel).

Agenda

Open Air Kino – *Juil.-août - www.cinema-paradiso.at.* Films du monde entier sur la place de l'hôtel de ville de St. Pölten.

Musica Sacra – *Sept.-oct. - www.festival-musica-sacra.at.* Musique sacrée dans la cathédrale et dans les églises d'Herzogenburg et de Lilienfeld.

Nos adresses

Restauration

Budget moyen

Gasthof Winkler – *Mühlweg 64 - ✆ 02742 364944 - www. gasthofwinkler.at - mar.-sam. 10h-14h30, 17h30-0h, dim. 10h-14h30 - fermé lun. - plats 15/26 €.* Cuisine changeant selon les saisons, les produits locaux inspirant les recettes régionales remises au goût du jour. Superbe jardin.

Petite pause

Café Schubert – *Herrenpl. 1 - ✆ 0650 8089480 - www. cafeschubert.at - 7h30–23h (à partir de 8h30 dim. et j. fériés).* Difficile de passer à côté de cet établissement d'angle à la devanture engageante dans le centre piétonnier et de résister à l'appel de sa terrasse. Du petit-déjeuner à l'apéro, en passant par la pause déjeuner ou le café-pâtisserie, tout est soigné.

Shopping

La **Kremser Gasse** et la **Wiener Straße** sont les deux axes principaux de la zone piétonnière, large choix de magasins.

Activité

Train touristique – *Hauptstadtexpress - ✆ 0664 6100065 - d'avr. à fin nov. : jeu.-sam. sf j. fériés 10h-17h - 50mn - gratuit.* Parcours de la ville avec commentaire audio (anglais-allemand).

Hébergement

Budget moyen

Stadthotel Hauser Eck – *Schulgasse 2 - ✆ 02742 73336 - www.hausereck.at - 28 ch. 84 € ☕.* Bâtiment Jugendstil classé Monument historique, au début de la zone piétonnière.

Waldviertel ★

Avec ses vastes horizons de plateaux peu habités et couverts de bois, la « quartier de la forêt » est l'une des régions les plus méconnues d'Autriche. Elle recèle plusieurs châteaux forts et des monastères remontant aux premiers temps du Moyen-Âge, en particulier celui d'Altenburg : fondé en 1144 selon les règles de saint Benoît, il abrite les fresques de Paul Troger, considérées comme l'œuvre majeure de l'artiste. Le Parc national de la Thaya sera l'occasion d'une étape aux confins nord du pays : vous pourrez contempler le donjon et les murs d'enceinte qui protègent la petite cité de Hardegg et faire une promenade dans les belles forêts qui recouvrent la vallée frontalière avec la République tchèque.

Monastère d'Altenburg.
aerial-photos.com/Alamy/hemis.fr

SE REPÉRER

CARTE P. 140 (AB1-2)
Basse-Autriche.
Altenburg est à 44 km au nord de Krems.

En famille

Le Parc national de la Vallée de Thaya ; le parc de Blockheide ; centre de loisirs aquatiques et train à vapeur à Gmünd.

Carnet pratique p. 170

Nos adresses p. 170

Monastères, châteaux et parc

★★ Monastère d'Altenburg (STIFT ALTENBURG) B2

✆ 029 82 34 51 - www.stift-altenburg.at - mai-oct. : 10h-17h (dernière entrée à 16h) - 12 € (-18 ans gratuit).

Église abbatiale (STIFTSKIRCHE)

C'est l'architecte Josef Munggenast, gendre et élève de Prandtauer, qui présida aux travaux de transformation (1730 -1733) de la vieille église initialement gothique. Sa **façade occidentale** est décorée de statues (saint Benoît, anges) et surmontée d'un élégant clocher à bulbe. L'**intérieur** est de nobles proportions. La nef est surmontée d'une coupole ovale ornée de **fresques** de **Paul Troger** représentant le combat du Bien et du Mal. Le tableau de l'Assomption au-dessus du maître-autel porte aussi la signature de ce peintre. Les stucs sont de l'atelier de Franz Joseph Holzinger, un stucateur venu de St-Florian. Les **orgues** de 1773 séduisent par leur élégance et la finesse de leurs boiseries dorées.

Bâtiments conventuels (KLOSTER)

Malgré les restaurations successives, ils offrent l'un des exemples les plus complets et les plus vivants du monde baroque.

Bibliothèque – En écho à la devise bénédictine *« Ora et labora »*, elle est conçue comme le temple de l'esprit et traitée avec magnificence : une ample nef rythmée de majestueuses colonnes entre lesquelles les rayonnages de livres occupent la place de chapelles latérales. Trois coupoles, ornées de **fresques** de Paul Troger sur le thème de la sagesse humaine, surplombent l'ensemble.

Crypte – Voûtée d'un berceau éclairé par des lunettes, cette salle immense et lumineuse n'a pas d'équivalent dans les autres monastères d'Autriche. Les fresques peintes dans de chaudes tonalités par des élèves de Paul Troger renvoient à la mort, dans une profusion d'éléments végétaux et géométriques.

Aile impériale (Sala terrena) – Elle transporte le visiteur au cœur de l'extravagance, mais aussi de l'humour et du charme baroques. Les trois premières salles ont pour thème l'eau, source de vie et symbole de la pureté. La quatrième salle ou « salle chinoise » offre une vision d'un Extrême-Orient féerique et hors du temps.

Escalier d'honneur – Somptueux et extrêmement raffiné, il conduit aux **appartements impériaux**, dont l'aristocratique solennité ne cède en rien à la grâce subtile et recherchée des formules décoratives employées : jeu de couleurs des marbres artificiels et des stucs, ponctués des ors des chapiteaux et du chatoiement des marqueteries des portes.

Jardins – Le jardin des Religions, un parc moderne de trois hectares, s'ouvre aux religions non chrétiennes et présente des symboles de l'islam, du judaïsme, du bouddhisme et de l'hindouisme. On peut ensuite découvrir le jardin de la Paix, où l'on trouve une terrasse offrant une très belle vue sur la façade est du monastère.

Horn B2

À 6 km à l'est du monastère par la rte B 38.

Cette petite ville a conservé une partie de ses murailles (13e s.). Charmante Grand'place (Hauptsplatz) avec façades anciennes, dont la **Sgraffitohaus★** (aujourd'hui tribunal de district) qui arbore des scènes de la Bible et de la mythologie grecque (16e s.).

★ Monastère de Zwettl (STIFT ZWETTL) A2

À 40 km à l'ouest d'Altenburg et à 3 km au nord-est de la petite ville de Zwettl.
02822 2020217 - www.stift-zwettl.at - visite guidée avec audioguide (1h30) - mai-sept. : 9h-17h ; de Pâques à fin oct. : 9h30-16h - fermé nov.-avr. - 11,50 €.
Dans une boucle romantique de la Kamp, s'élève le grand monastère cistercien de Zwettl. Il fut fondé en 1137 par Hadmar Ier von Kuenring et placé sous l'autorité de celui de Heiligenkreuz. Son nom dérive du slave « svetlá », la clairière. Pendant des siècles, la famille Kuenring présida à la destinée du monastère, qui connut ses heures de gloire au Moyen Âge puis pendant la Réforme catholique.

★ Église abbatiale (STIFTSKIRCHE)

Construite au cours du 14e s. dans le style gothique, elle reçut au 18e s. son élégante **façade occidentale★**, coiffée d'une tour élancée de 80 m de haut, que couronne un dôme surmonté d'une lanterne. Si les plans de cette œuvre magistrale furent établis par **Matthias Steinl** et **Josef Munggenast**, c'est Josef Matthias Götz qui suivit les travaux de construction. À l'intérieur, il ne subsiste pratiquement plus rien de la décoration médiévale et le baroque envahit l'édifice. Le **maître-autel★** offre un décor majestueux à un chêne rendu de façon très réaliste. Ce dernier symbolise la légende de la fondation du monastère, qui aurait été édifié à l'emplacement d'un chêne resté vert malgré l'hiver. Les **stalles★** baroques présentent de somptueux ouvrages de marqueterie. Les retables ornant les autels latéraux sont dus à Martin Altomonte, Paul Troger et Johann Georg Schmidt.

★ Cloître (KLOSTER)

Il a été construit de 1204 à 1240. Ses 330 colonnes constituent un exemple représentatif de transition du roman au gothique. La **salle capitulaire**, érigée à partir de 1175, est la plus ancienne des salles du cloître. Un pilier central soutient de sa masse imposante les arcs qui semblent en jaillir. La longueur, la largeur et la hauteur de la pièce, toutes équivalentes, évoquent la Jérusalem céleste. Le vieux **dormitorium** reste le plus ancien dortoir roman encore existant.

3

Château de Rappottenstein (BURG RAPPOTTENSTEIN) A2

À 15 km au sud-ouest de Zwettl.
02828 8250 - www.burg-rappottenstein.at - visite guidée (50mn) ttes les h sf à 13h - juil.-août : tlj sf lun. 11h-16h ; Pâques, 15-30 avr., mai, juin et oct. : w.-end et j. fériés 11h-16h - 11 € (6-15 ans 5 €).
Rapoto von Kuenring édifia ce château fort entre 1157 et 1176, sur le modèle des forteresses construites par les puissants Hohenstaufen. La partie la plus ancienne du château est de style roman, mais des ouvrages gothiques et Renaissance furent ajoutés par la suite. Aujourd'hui, il appartient à la famille Abensperg-Traun, qui l'acquit en 1664. La **chapelle pentagonale** avec sa voûte nervurée a été consacrée en 1379 par l'évêque de Passau. La salle des archives et la salle des fêtes sont ornées de **fresques★** remarquables du 16e s. présentant des scènes de la vie bourgeoise et de la cour.

Gmünd A1

À 26 km au nord-ouest de Zwettl.
Schremser Str. 6 - 02852 52506100 - www.gmuend.at et www.waldviertel.at.
Ville frontalière pluriséculaire, Gmünd perdit, après la Première Guerre mondiale, une partie de son territoire au profit de l'ancienne Tchécoslovaquie mais elle a su

tirer parti des avantages liés à cette situation idyllique sur les rives de la Lainsitz. Sa vieille ville est pleine de charme.

Place de la Ville (STADTPLATZ)

L'intéressante silhouette de l'**ancien hôtel de ville★** s'élève au milieu de la place. Les fenêtres de cet édifice Renaissance (seconde moitié du 16e s.) sont encadrées de discrets sgraffites. La haute tour à pignon a été reconstruite en 1988.

Musée du Verre et de la Pierre (Glas- und Steinmuseum) – *Stadtplatz 34 - ✆ 02852 52506100 - www.gmuend.at - mai-sept. : lun.-vend. 10h-13h, 14h-16h30, w.-end 9h-12h - 2 €*. Ce musée témoigne de l'industrie du verre, autrefois florissante à Gmünd.

Maisons à sgraffites (Sgraffitohäuser) – *Stadtplatz 31 et 33*. En 1565 et 1570, ces maisons à pignons du gothique tardif ont été masquées par des façades Renaissance pourvues de créneaux et entièrement couvertes de sgraffites : chevrons, sarments, frises de terminaison avec scènes de combat pour la maison de gauche et scènes de la mythologie pour la maison de droite.

Parc de Blockheide (NATURPARK BLOCKHEIDE)

Ce parc naturel s'étend au nord-ouest de la ville. Avec ses massifs blocs de granit, ses bois de bouleaux et sa lande, ce terrain de 140 ha n'est pas sans rappeler la Suède. Ses étonnantes formations granitiques remontent à quelque 300 ou 400 millions d'années. Vous pourrez découvrir un sentier d'initiation au travail de la pierre et le Musée géologique de plein air, qui présente tous les types de pierres existant au nord du Danube.

★ Château d'Heidenreichstein (BURG HEIDENREICHSTEIN) A1

À 19 km au nord-est de Gmünd.

Schremser Str. 1. - ✆ 02862 52268 - www.kinsky-heidenreichstein.at - visite guidée uniquement (50mn) - avr.-oct. : tlj sf lun. à 9h30, 11h, 14h et 15h30 - 10,50 € (6-15 ans 6 €).

Ce très beau château fort à douves d'Autriche a été édifié sur une colline vers la fin du 12e s. ou au début du 13e s. et transformé aux 15e et 16e s. Il présente quatre ailes avec trois tours d'angle circulaires. Après avoir longtemps appartenu à la famille princière Palffy, il est désormais la propriété du comte Kinsky, qui l'habite toute l'année. Les pièces ouvertes à la visite sont décorées de meubles datant des époques gothique, Renaissance et baroque.

★ Monastère de Geras (STIFT GERAS) B1

À 24 km au nord d'Altenburg.

Hauptstr. 1 - ✆ 02912 3450 - www.stiftgeras.at - mai-oct. : merc.-dim. 10h30-16h - visite guidée à 11h et 14h30 - 10,50 € (enf. 3 €), suppl. visite guidée 5 €.

D'un château fort à un palais baroque

L'ancien château entouré d'eau fut racheté en 1730 par Sigmund Friedrich, comte Khevenhüller et gouverneur de Basse-Autriche. Il confia à l'architecte **Franz Anton Pilgram** le soin de transformer le château en un palais baroque à quatre ailes, encadrant une cour intérieure carrée. Architecte de la collégiale de Göttweig, Pilgram était un élève d'Hildebrandt. Cette réalisation donne toute la mesure de son talent : profusion de décorations, mais sans excès ; on pressent l'avènement du néoclassicisme.

Hôtel de ville de Gmünd.
mauritius images GmbH/Alamy/hemis.fr

Les **Prémontrés**, un ordre fondé en France en 1120 à Prémontré, près de Laon, occupèrent en 1153 le monastère de Geras, dont le comte Ulrich von Pernegg est considéré comme le fondateur. L'essentiel de l'ensemble conventuel, reconstruit après sa destruction durant la guerre de Trente Ans par les troupes de Mansfeld, remonte au milieu du 17e s. En 1736, l'abbé confia à **Josef Munggenast** *(voir p. 546)* le soin de modifier le lieu. C'est à cet architecte que l'on doit notamment le « bâtiment moderne » avec son élégant hall d'entrée.

3

Église abbatiale (STIFTSKIRCHE)

Bien qu'elle ait été enrichie de voûtes gothiques et décorée à l'époque triomphante du baroque, elle a gardé sa conception romane d'origine. Ce n'est qu'en 1655 que la tour fut ajoutée. Son portail est orné des statues de saint Norbert et de saint Augustin, les deux grandes figures de l'ordre des Prémontrés. De belle facture, elles ont été sculptées en 1655 elles aussi. La **Vierge miraculeuse** vénérée au maître-autel a échappé à l'incendie de 1730. Les fresques retraçant la vie de la Vierge sont signées de Franz Zoller, un élève de Paul Troger.

Salle de Marbre (MARMORSAAL)

Un bel escalier permet d'accéder, au 1er étage du bâtiment moderne. La pièce, presque carrée, claire et parée d'un décor raffiné, donne une impression de solennité. On y remarque une cheminée précieusement ornée de stucs réalisés dans des tonalités de noir, gris et or et surmontée d'une toile de **Paul Troger**, *Les Noces de Cana.* Troger, coloriste réputé, a peint au plafond une magistrale **fresque★** représentant la multiplication des pains.
Des objets précieux de la salle du trésor du monastère sont présentés dans les **appartements de l'évêque**, décorés de poêles de faïence.

Château fort de Hardegg (BURG HARDEGG) B1

▶ *À 19 km au nord-est du monastère de Geras.*
✆ *0664 2145855 - www.burghardegg.at - visite : se rens.*

La plus petite ville d'Autriche, **Hardegg**, située à la frontière tchèque, dans le Parc national de la Vallée de la Thaya, est dominée par son **château fort** avec donjon défensif et beaux murs d'enceinte. La construction de la forteresse, stratégiquement importante – puisqu'elle est située au nord de l'Ostmark – remonte à l'an mil ; des extensions furent réalisées jusqu'au 14e s. Le fort passa en 1730 entre les mains des Khevenhüller et fut aménagé à la fin du 19e s. pour servir de sépulture à la lignée basse-autrichienne de cette dynastie. Quelques pièces sont consacrées à la mémoire de l'empereur Maximilien du Mexique, pour qui le prince Johann Franz Carl Khevenhüller fut un compagnon de lutte et un proche confident.

Parc national de la Vallée de Thaya (NATIONALPARK THAYATAL) B1

À 2 km au sud de Hardegg.

02949 70050 - www.np-thayatal.at - centre d'information (Nationalparkhaus) : de mi-mars à sept. : 9h-18h ; oct. : 10h-17h. Location de vélos électriques : 29 € la journée.

Situé le long des 25 km de la rivière Thaya, ce parc national permet de protéger la diversité d'un écosystème, où plus de 1600 plantes ont été identifiées. Une centaine d'espèces d'oiseaux et près de 1000 espèces de papillons évoluent dans ce cadre magique, où se mêlent harmonieusement prairies, forêts et espaces sauvages.

Carnet pratique

S'informer

À Altenburg – *Zwettlerstr. 16 - 02982 2765 - www.altenburg.gv.at.*

À Zwettl – *Sparkassenplatz 1/2/2 - 02822 54109 - www.waldviertel.at.*

Nos adresses

Restauration

À Altenburg

Premier prix

Stifts-Restaurant – *Abt Placidus Much-Str. 1 - auberge du monastère - 0676 844 96 56 40 - www.stifts-restaurant-altenburg.at - 10h-19h - plats 11,50/19,90 €.* Et si vous tentiez l'immersion en milieu monastique, le temps d'un repas ? Le menu proposé est le même que celui servi aux moines. Mais, comme le précise le frère hôtelier, vous avez la possibilité de prendre plus de 2 plats ! Vous composerez votre déjeuner soit de plats classiques soit élaborés au gré des saisons.

À Horn

Premier prix

Ausklang – *Wiener Str. 2 - 02982 20685 - www.ausklang-in-horn.at - merc.-sam. 10h-14h30, 17h-22h, dim. 10h-15h - fermé lun.-mar. - formule déj. 8,90 €, plats 10/17 €.* Cachée à l'arrière du cloître des Piaristes, la salle du restaurant, tout en verre et en bois, s'ouvre joliment sur les bois alentour. Cuisine régionale à déguster au rythme du chant des oiseaux. Excellent rapport qualité prix.

À proximité de Gmünd

Budget moyen

Zum Topf – *Kaltenbach 26 - 3902 Vitis - 16 km à l'est - ✆ 02841 8329 - www.landgasthof-topf.at - jeu.-sam. 10h-15h, 18h-0h, dim. 10h-0h (cuisine 11h30-14h, 18h-22h) - plats 15/20 €, menu 38/54 €.* Restaurant agréable de style classique, où l'on sert une cuisine régionale soignée. Belle terrasse.

À Geras

Budget moyen

Schüttkasten Geras – *Vorstadt 11 - ✆ 02912 300 - www.schuettkasten-geras.at - lun.-vend. 11h30-14h, 17h30-21h, w.-end 11h30-21h - formule du jour 9,50 € - 75 ch. 109/125 €* ☕. Beau restaurant où l'on se régale d'une cuisine régionale de qualité. Intéressante formule du jour.

Activités

À Gmünd

Sole Felsen Welt Gmünd – *Albrechtser Str. 12 - ✆ 02852 20 203 1300 - www.solefelsenwelt.at - dim.-jeu. 9h-22h, vend.-sam. 9h-23h - 2h : 14,50 € (6-15 ans 8,90 €), la journée : 24,50 € (enf. 15,50 €).* Centre de loisirs aquatiques avec sept bassins et espaces jeux, sauna et bien-être.

Waldviertler Schmalspurbahn Gmünd – *✆ 02742 360 990 1000 - www.waldviertlerbahn.at - mai-oct. - différents tarifs selon le trajet.* Balades avec d'anciens trains (à vapeur et diesel) dans le Waldviertel.

Hébergement

À Horn

Budget moyen

Hotel Blie – *Hamerlingstr. 17 - ✆ 02982 2257 - www.blie.at et www.restaurantblie.at - fermé 2 sem. fin déc. - 34 ch. 91 €* ☕ *- ✕ lun.-jeu. 11h-14h, 18h-20h30 - formule déj. 9,90 €, plats 8/17 €.* Cet établissement plus que centenaire propose des chambres simples, propres et abordables, avec vue sur un jardin. Jolie salle de repas aux murs lambrissés et vernis, où est servi le petit-déjeuner. Et pour les grandes faims, le *wiener schniztel* est recommandé.

À Gmünd

Budget moyen

Hotel-Restaurant Schachner – *Albrechtser Str. 1 - ✆ 0650 5216001 ou 02852 52160 - www.hotel-restaurant-schachner.at - 6 ch. 84 €* ☕. Chambres simples dans un petit hôtel du centre, avec jardin.

À Geras

Budget moyen

Gästehaus Stift Geras – *✆ 0720 880860/02912 345289 - www.stiftgeras.com - 12 ch. 95 €* ☕. Chambres simples, claires et spacieuses dans une aile du monastère. L'établissement dispose aussi d'un café.

3

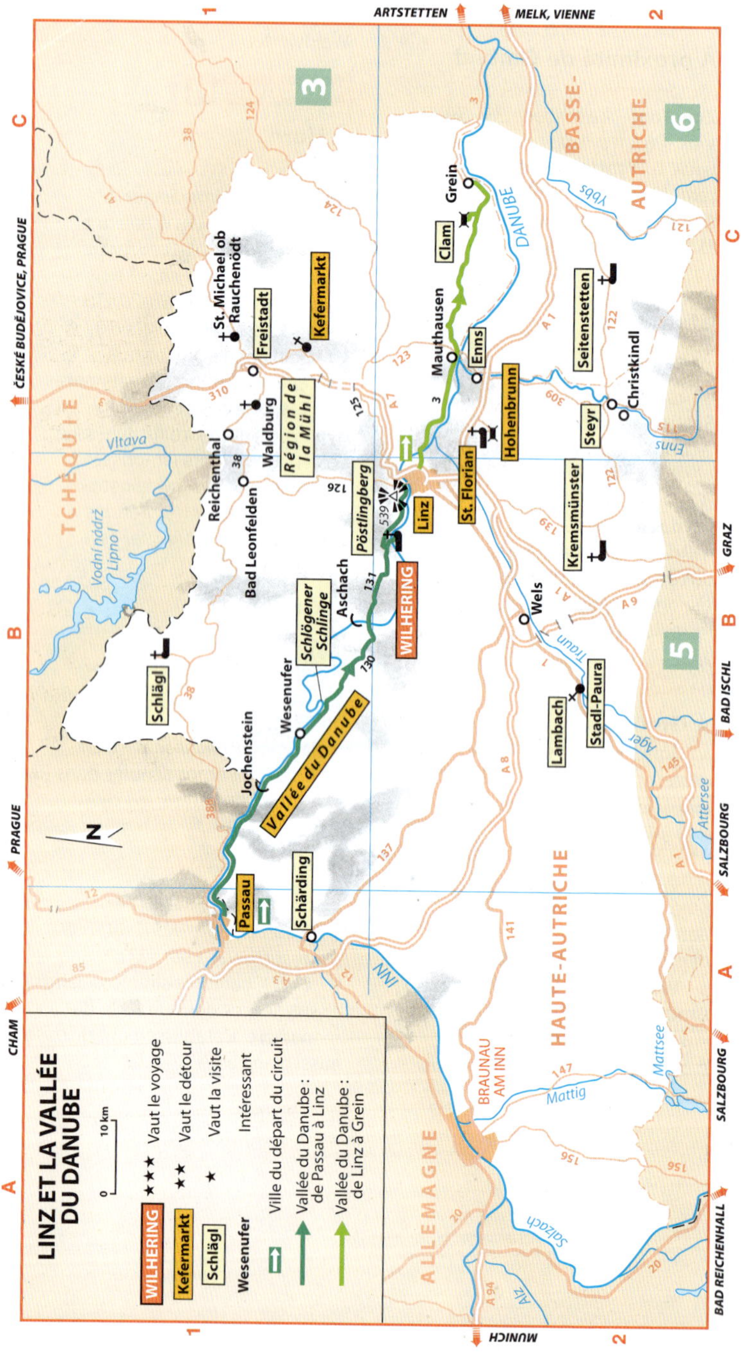

LINZ ET LA VALLÉE DU DANUBE
0 10 km
WILHERING ★★★ Vaut le voyage
Kefermarkt ★★ Vaut le détour
Schlägl ★ Vaut la visite
Wesenufer Intéressant
Ville du départ du circuit
Vallée du Danube : de Passau à Linz
Vallée du Danube : de Linz à Grein
TCHÉQUIE
ALLEMAGNE
HAUTE-AUTRICHE
BASSE-AUTRICHE
Vodní nádrž Lipno I
Vltava
DANUBE
INN
Passau
Schärding
Jochenstein
Wesenufer
Vallée du Danube
Schlögener Schlinge
Aschach
WILHERING
Pöstlingberg
Linz
St. Florian
Enns
Mauthausen
Clam
Grein
Hohenbrunn
Steyr
Christkindl
Seitenstetten
Kremsmünster
Wels
Lambach
Stadl-Paura
Schlägl
Bad Leonfelden
Reichenthal
Waldburg
Région de la Mühl
Freistadt
St. Michael ob Rauchenödt
Kefermarkt
BRAUNAU AM INN
Traun
Ybbs
Ager
Attersee
Mattsee
Mattig
Salzach
Alz
PRAGUE
ČESKÉ BUDĚJOVICE, PRAGUE
ARTSTETTEN
MELK, VIENNE
GRAZ
BAD ISCHL
SALZBOURG
BAD REICHENHALL
MUNICH
CHAM

4

Linz et la vallée du Danube

CARTE MICHELIN NATIONAL N° 730

Linz ★★

Linz est, bien plus que Vienne, LA cité du Danube autrichien, avec ses tramways défilant sans fin sur le pont principal, ses rives verdoyantes propices au farniente et ses deux grands musées encadrant le fleuve, qui rivalisent de jeux de lumière à la nuit tombée. Résolument tournée vers l'avenir, celle que l'Unesco a baptisée « cité des arts numériques » ne manque pas d'imagination : une partie de son port fluvial s'est métamorphosée en galerie de graffitis XXL et son Ars Electronica Center vous dévoilera tous les secrets des dernières avancées technologiques. Cette cité industrielle a amorcé son grand virage en 2009, alors qu'elle était capitale européenne de la culture. Mais la troisième ville d'Autriche a aussi su garder un charme d'antan et de belles réussites architecturales dans le vieux centre. En chemin, un seul impératif : goûter à « la » spécialité locale, la Linzer Torte.

Se repérer

CARTE P. 172 (B2), PLAN DE LINZ P. 176
207 254 habitants – Haute-Autriche.
À 132 km au nord-est de Salzbourg et 184 km à l'ouest de Vienne.

À ne pas manquer

La vieille ville et les bâtiments baroques de la Hauptplatz ; le château ; et, de nuit, la façade du musée d'Art moderne Lentos illuminée en bleu, rose et violet.

Organiser son temps

Comptez une journée pour le centre et les visites de musées.

En famille

Le jardin botanique ; le train à crémaillère et le petit train à Pöstlingberg.

Carnet pratique p. 183

Nos adresses p. 183

Se promener

PLAN P. 176

★ La vieille ville

Circuit tracé en vert sur le plan. Partez de la Hauptplatz.

★ Grand-place (HAUPTPLATZ) A1

Elle possédait déjà au 13e s. ses dimensions actuelles (219 m x 60 m). Au centre se dresse la **colonne de La Trinité**, érigée en 1723 pour rappeler que la ville venait d'échapper à l'invasion turque (1704), à un incendie (1712) et à la peste (1713) ! Avec ses statues et ses angelots en marbre blanc de Salzbourg, elle offre un bon exemple de ces colonnes baroques qui ont alors fleuri dans de nombreuses villes de l'Empire.

Quittez la place par la Domgasse, au sud-est.

Ancienne cathédrale St-Ignace (ALTER DOM ST. IGNATIUS) A1

Domgasse. Construite pour les Jésuites dans la seconde moitié du 17e s. d'après un projet de Pietro Francesco Carlone, l'**ancienne cathédrale** est la plus importante église baroque de Linz. La façade, sobre, contraste avec l'intérieur, où les stucs, les colonnes de marbre rose, la chaire et les stalles ouvragées, le maître-autel orné

Musée d'Art moderne Lentos de Linz par les architectes Jorg Weber Josef Hofer.
A. Serrano/hemis.fr

de statues de marbre composent un ensemble d'une grande richesse. À gauche de l'entrée, un médaillon rappelle qu'Anton Bruckner *(voir encadré p. 201)* fut organiste ici pendant douze ans.
Revenez sur la Hauptplatz et prenez la Hofgasse sur la gauche.

★ Château (SCHLOSS) et musée régional de Haute-Autriche (SCHLOSSMUSEUM) A1

Schlossberg 1 - ✆ 0732 772052300 - www.ooelkg.at - ♿ - tlj sf lun. 10h-18h - 6,50 € (enf. 4,50 €).
Le château Renaissance est un édifice maniériste de l'époque de l'empereur Rodolphe II (1604) abritant le musée régional. Le 1er étage est consacré à l'histoire de l'art en Haute-Autriche, du Moyen Âge au rococo. Au 2e étage sont réunies des collections d'art populaire et d'artisanat et une galerie de peintures du 19e s. L'aile sud du château, reconstruction dans un style moderne de l'ancienne aile, détruite en 1800 par un incendie, présente un magnifique panorama sur les toits de la ville de Linz. De même, sur le côté de la forteresse qui descend à pic jusqu'au Danube, une terrasse offre une vue sur le fleuve et le Pöstlingberg.
Traversez les cours intérieures du château, empruntez la Römerstr.

★ Église St-Martin (MARTINSKIRCHE) A1

Sous son allure quelconque, cette chapelle cache des origines fort anciennes. Des fouilles ont montré que l'édifice actuel résulte de la transformation de la salle palatine d'une demeure royale carolingienne. Le chœur est gothique.
Revenez vers le château, traversez-le et prenez la direction de la vieille ville. Tournez à droite pour rejoindre le siège du gouvernement et du parlement régional.

Siège du gouvernement et du parlement régional (LANDHAUS) A1

Siège du gouvernement provincial, ce palais a été édifié dans la seconde moitié du 16e s. Au centre de la cour intérieure à arcades se trouve une fontaine. Sur le socle de la colonne centrale, sept figures représentant les planètes évoquent le grand astronome et mathématicien **Johannes Kepler**, qui enseigna de 1612 à 1626 au collège de Linz, alors installé dans le Landhaus. Le portail nord compte parmi les plus beaux exemples Renaissance d'Autriche et conduit, *via* une imposante voûte, à la Promenade.

Église des Frères mineurs (MINORITENKIRCHE) A1

Entrée par la Klosterstr. ✆ 0732 772011364 - avr.-oct. : 10h-15h ; nov.-mars : 10h-11h.
Cette **église gothique** (13e s.), a été transformée au 18e s. dans le style rococo. Le retable du maître-autel, dû à Bartolomeo Altomonte, représente l'Annonciation ; les retables des six autels latéraux sont de Kremser Schmidt.
Remontez la Promenade et prenez à droite la Landstr., puis à gauche la Harrachstr.

★ OÖ Kulturquartier/Höhenrausch A2

OK Platz 1 - ✆ 0732 772052501 - www.hoehenrausch.at - Höhenrausch : de fin mai à mi-oct. : 10h-20h30 - 12 € (enf. 6 €).

SE RESTAURER
Leberkas-Pepi 1
Paul's 2
Josef 4
Zum kleinen Griechen 13

SE LOGER
Hotel Wolfinger 7
Star Inn 10

Fille du Danube et de l'industrie

Dès le Moyen Âge, la **navigation** sur le Danube contribua au développement de la ville grâce aux industries du bois et du fer. Linz bascula dans l'ère de l'industrialisation moderne avec le développement des chemins de fer : ils favorisèrent l'installation de l'industrie des machines et des textiles et, par extension, le développement de Linz, qui absorba Scharlinz, Bergern et Kleinmünchen, ses actuels faubourgs sud. Depuis la fin de la Seconde Guerre mondiale, la ville s'est lancée dans un considérable effort d'équipement et de concentration d'activités, en se spécialisant dans l'**industrie lourde** et la grande **industrie chimique**. Aujourd'hui, Linz conserve une importante activité exportatrice grâce à son **port**, le plus important et le mieux équipé du **haut Danube** (région allant de la source du fleuve à Gönyü, en Hongrie).

Rassemblant plusieurs espaces culturels consacrés à la création contemporaine (arts plastiques, musique, cinéma, etc.), le quartier culturel de la Haute-Autriche (OberÖsterreich) propose, en saison, une **visite urbaine** unique en son genre : appelé le **Höhenrausch★★** (littéralement « l'ivresse des sommets »), ce parcours, constitué de passerelles en bois (2009), se déroule sur (et dans) les toits de divers bâtiments et est jalonné d'œuvres d'art choisies en fonction d'une thématique annuelle. Non seulement vous aurez l'occasion de marcher sur la toiture de l'église des Ursulines (17e s.) – avec vue imprenable sur la cour du cloître –, mais les combles de l'église n'auront plus aucun secret pour vous ! Comme suspendu au-dessus de la nef, vous pourrez observer en toute quiétude l'envers de sa voûte en berceau. La passerelle vous mènera ensuite à travers le clocher gauche avant de filer sur le toit du centre commercial Passage. Le clou du spectacle : l'Oberösterreich Turm, une tour en bois édifiée en 2013 au-dessus d'un parking : au sommet, un panorama à 360° englobe l'ensemble de la ville. Un circuit qui porte bien son nom : personnes sujettes au vertige, s'abstenir !

Continuez sur la Harrastr.

★ Église du Grand-Séminaire (PRIESTERSEMINARKIRCHE) A2

Édifiée au début du 18e s. par Johann Michael Prunner sur les plans du célèbre architecte Johann Lukas von Hildebrandt à l'intention de l'ordre teutonique, cette **église**, dédiée à la Sainte Croix, est extérieurement très ornée. C'est le tour de force de vrais maîtres que d'avoir réussi à conférer cette majestueuse dignité à un édifice aussi modeste. La voûte est décorée de stucs très légers de Paolo d'Allio ; le maître-autel offre une émouvante Crucifixion due au pinceau de Martino Altomonte.

Revenez en arrière et remontez la Dametzstr. jusqu'à hauteur de la Bethlehemstraße.

Musée Nordico (NORDICO STADTMUSEUM) A1

Dametzstr. 23. ✆ 0732 70701912 - www.nordico.at - tlj sf lun. 10h-18h (20h jeu.) - 8 € (enf. 3 €).

Le nom de Nordico est attaché à cette demeure depuis qu'en 1675, les Jésuites y installèrent leur maison d'éducation destinée aux jeunes gens des pays nordiques. Construit à l'origine pour le monastère de Kremsmünster, ce grand bâtiment abrite le Musée municipal. Il présente des objets et des souvenirs liés à l'histoire culturelle et artistique de la ville depuis l'Antiquité.

Continuez tout droit et remontez la Dametzstraße, Graben, puis la Rechte Donaustraße. Au bout de la rue, prenez à droite l'Untere Donaulände et tournez tout de suite à gauche en direction de l'embarcadère (Schiffsstation).

★ Musée d'Art moderne Lentos (LENTOS KUNSTMUSEUM) A1

Ernst-Koref-Promenade 1 - ✆ 0732 7070 3600 - www.lentos.at - ♿ - tlj sf lun. 10h-18h (21h jeu.) - 10 € (enf. 5 €).

Belle **collection d'art moderne★** (de la fin du 19e s. à nos jours ; peinture, arts graphiques, photographie) installée dans un **bâtiment★** à la façade de verre longue de 130 m. Venez l'admirer aussi la nuit : chaque morceau de verre s'illumine de couleurs changeantes se reflétant dans l'eau du Danube.

Longez le fleuve jusqu'au pont et traversez-le.

★ Ars Electronica Center - Musée du Futur (MUSEUM DER ZUKUNFT) A1

Ars-Electronica-Str. 1 - ✆ 0732 72720 - www.ars.electronica.art - ♿ - mar.-vend. 10h-17h - 11,50 € (enf. 9 €, -6 ans gratuit).

Musée de la communication, ce centre dédié aux nouveaux médias relève de la technologie la plus avancée. Tout y est interactif, depuis l'espace tridimensionnel jusqu'à la simulation par ordinateur. Il abrite une salle 8K (la première au monde, inaugurée en 2015), qui projette une image d'une perfection saisissante malgré ses dimensions (16 x 9 m) : sensations garanties !

À voir aussi

★ Nouvelle cathédrale (NEUER DOM) A2

Herrenstr. 26. De style néo-gothique, la plus grande église d'Autriche, peut accueillir sous ses voûtes 20 000 personnes. La seule contrainte que dut respecter l'architecte Vinzenz Statz tient du symbole : la tour de la nouvelle église ne devait pas dépasser celle de St-Étienne à Vienne. Avec une hauteur de 134 m, elle reste de 3 m plus petite que sa grande sœur. La première pierre fut posée en 1862, la dernière scellée en 1924. Les vitraux de l'édifice retiennent l'attention.

★ Mural Harbor HORS PLAN PAR A1

35mn à pied du centre-ville - Industriezeile 40 - ✆ 0664 6575142 - www.muralharbor.at - avr.-oct. : visite guidée à pied (1h30) vend. à 17h (nov.-déc. : sam. 15h30) ; visite guidée en bateau (2h) dim. à 10h - 18 € à pied, 30 € en bateau.

Avec leurs graffitis signés de grands noms du genre, les entrepôts industriels du port de Linz ont presque volé la vedette aux façades du centre historique. Véritable galerie d'art à ciel ouvert, le Mural Harbor se dévoile, à pied ou à bord d'un bateau, en compagnie d'un guide passionné et lui-même pratiquant. Parmi la centaine d'œuvres visibles – certaines pouvant atteindre 40 m de hauteur –, citons celle, sensuelle, de l'artiste espagnol Arys *(Overprotected)*, celle de l'Américain Lords figurant un train-dragon *(Lords of the Red Dragon)* et encore celle de l'Autrichien Nychos, à la fois fascinante et effrayante, représentant un serpent dont on voit les proies ingérées *(Translucent Serpent)*. À la fin de la visite, vous aurez l'occasion de vous initier à l'art du graffiti, avec bombes et support à disposition !

Jardin botanique (BOTANISCHER GARTEN) HORS PLAN PAR A2

20mn à pied du centre-ville - Roseggerstr. 20 - ✆ 0732 70 70 1870 - www.botanischergarten.linz.at - avr.-sept. : 9h-19h, mars et oct. : 9h-17h, nov.-fév. : 9h-16h - fermé 1er janv., 24, 25 et 31 déc. - 3,70 € (enf. 2,70 €).

Sur 4 hectares sont représentées plus de 10 000 variétés de plantes, qui offrent un charmant spectacle coloré et olfactif. Le jardin abrite également l'une des plus grandes collections de cactus en Europe. On aimera aussi se promener dans la roseraie, ou dans les serres réservées aux orchidées.

À proximité

CARTE P. 172

★★★ Monastère de Wilhering

▶ *À 8 km au nord-ouest de Linz par la rte 129.*
Voir p. 192.

★ Pöstlingberg B1

▶ *À 4,5 km au nord-ouest, sur la rive gauche du Danube.*
En voiture : au débouché du pont Nibelungen, prenez la Rudolfstraße, puis à droite la Hagenstraße. Après un passage à niveau, la route s'élève rapidement. À hauteur d'un oratoire, prenez à droite. Laissez la voiture en contrebas de l'église.

★ **Pöstlingbergbahn** - *- 0732 34007000 - www.linzag.at - lun.-sam. 5h30-22h, dim. et j. fériés 7h-22h30 - ttes les 30mn - 7,20 € (enf. 3,60 €).* Au départ de la Hauptplatz, ce un **train à crémaillère** fonctionnant depuis plus de cent ans permet de rejoindre le Pöstlingberg.

Panorama – Du Pöstlingberg (537 m) on découvre la **vue★** la plus caractéristique sur la ville : au premier plan, le quartier d'Urfahr et son nouvel hôtel de ville, à gauche, le quartier de Dornach avec l'université Johannes-Kepler ; de l'autre côté du Danube, la Hauptplatz, et à sa gauche l'église paroissiale et l'ancienne cathédrale. Par temps clair, on distingue la chaîne des Alpes, qui s'étend à une centaine de kilomètres au sud.

Grottenbahn – *- 0732 34007506 - www.linzag.at - juin-août : 10h-18h ; mars-mai et sept.-oct. : 10h-17h - 5,90 € (enf. 3,50 €, famille 15,90 €).* Un petit train en forme de dragon tourne dans une grotte peuplée de nains et de gnomes. Le « Grottenbahn » a été créé en 1906 à l'emplacement d'une ancienne fortification. Les nains, tous différents, ont été fabriqués au début du siècle par Friederike Stolz et son père. Dans la partie inférieure se trouvent d'autres nains, réunis sous forme de scènes illustrant des contes des frères Grimm.

★ Région de la Mühl (MÜHLVIERTEL)

La région de la Mühl, affluent du Danube, s'étend du Danube à la frontière tchèque. Ses collines de granit s'élèvent de 600 à 1 000 m. Dans l'arrière-pays, le paysage fortement vallonné et assombri par les forêts contraste, par sa mélancolie, avec la vallée du Danube, où se concentrent les villes.

4

Bad Leonfelden B1

▶ *À 27 km au nord de Linz par la rte 126.*
Dès la sortie de Linz, la route monte et traverse une vallée très boisée jusqu'à **Glasau**. De ce site élevé, on profite d'une belle vue sur les collines du Mühlviertel, parsemées de forêts de résineux. En route vers Bad Leonfelden, remarquez les **fermes** closes sur leur cour, typiques de la région *(voir ABC d'architecture p. 544)*. La place principale de cette ville d'eau proposant **bains de boue** et **cures** Kneipp (hydrothérapie) est marquée par son hôtel de ville massif et par son église de style gothique flamboyant au clocheton néogothique.

Reichenthal C1

▶ *À 32 km au nord de Linz par la rte 126.*
La **chaire** de l'église paroissiale de cette localité, érigée à la fin du 19e s., présente une thématique intéressante : sept figures de caractère symbolisent les sept péchés capitaux. On doit les sculptures à Michael Rauscher, artiste de Linz.

Mühlenmuseum - Écomusée Hayrl (Freilichtmuseum Hayrl) – *À 500 m au sud-ouest de la Marktplatz de Reichenthal - ✆ 07214 700719/700711 - www.muehlenverein.at - de déb. mai à fin oct.: visite guidée mar. à 15h, et jeu. à 9h30 - 6 € (-18 ans gratuit).* En contrebas du château de Waldenfels *(ne se visite pas)*, en bordure d'un ruisseau, un moulin, un four, une forge et une scierie témoignent d'un passé pas si lointain.

★★ Kefermarkt C1

À 34 km au nord de Linz par l'A7.

Dans un paysage de collines marquant la transition entre le Mühlviertel et les plateaux du Waldviertel, Kefermarkt s'élève sur la rive gauche de la Feldaist.

★★ Église St-Wolfgang (St. Wolfgang Kirche) – De style gothique, elle abrite un remarquable **retable★★★** qu'Adalbert Stifter évoque dans le conte *Nachsommer.* Placé dans le chœur, il retient l'attention par sa monumentalité (13 m de haut), l'harmonie de ses proportions et sa décoration, dénotant l'exceptionnelle virtuosité de l'artiste. Exécuté à la fin du 15e s. par un sculpteur anonyme, il révèle aujourd'hui sur les parties sculptées en ronde-bosse ou en bas-relief la teinte naturelle du bois de tilleul. Sous des dais richement ouvragés, trois personnages – saint Wolfgang entouré de saint Pierre et saint Christophe – occupent la partie centrale. La science du drapé, l'expression des visages rappellent l'admirable composition du retable de saint Wolfgang *(voir p. 250)*. Sur les volets, on reconnaît, de gauche à droite, en haut : l'Annonciation et la naissance du Christ ; en bas, l'adoration des Mages et la dormition de la Vierge. Le tableau principal du retable de gauche illustrant l'assomption de Marie est de Martino Altomonte (1728).

À l'arrière de l'église se trouve le **caveau** de Veit von Zelking (pierre tombale du 16e s.) et de la famille Thürheim. Le portrait de femme byzantin sur l'autel provient d'un butin issu de la guerre contre les Turcs. Les fresques de la voûte et des murs ouest et nord datent des années 1520.

★ Freistadt et ses environs C1

À 37 km au nord de Linz par l'A7.

Waaggasse 6 - ✆ 07263 21- www.freistadt.city.

Ravissante petite ville au cœur du Mühlviertel érigée entre le 13e et le 14e s., Freistadt a gardé son cachet médiéval en sauvegardant une large partie de ses remparts. Cité prospère jusqu'à la guerre de Trente Ans, épargnée par les profonds bouleversements de l'âge industriel et condamnée à une relative pauvreté au 19e s., elle évite ainsi le démantèlement de son enceinte.

★ Grand-place (Hauptplatz) – Ses maisons aux façades colorées bordant la place sont souvent précédées de porches ou d'arcades. Presque en face de la fontaine se trouve l'**hôtel de ville (Rathaus)**, et au n° 3, une maison ancienne avec porche flanquée d'une tourelle au bulbe curieux.

Au nord-ouest, on découvre deux cours à arcades *(entrées au n° 5 de la Böhmergasse et au n° 2 de la Samtgasse)*. Mais l'édifice le plus spectaculaire demeure, au n° 12, l'ancien hôtel de ville, préservé dans le style Renaissance italienne.

Église paroissiale (Katharinenmünster) – Arrangée au goût baroque par Johann Michael Prunner en 1736-1737, l'église reste une construction gothique du 13e s. Le chœur en trois parties délimitées par des colonnes et surmonté d'une voûte réticulée en filigrane date de 1483. À gauche de la partie est du chœur, on admire l'ancien **tableau d'autel baroque★** dû à Adrian Bloemaert (1609-1666), évoquant le martyre et la glorification de sainte Catherine d'Alexandrie. Au centre du chœur,

Détail du retable de l'église St-Wolfgang à Kefermarkt.
M. Siepmann/ImageBROKER/age fotostock

l'**autel des Sauveteurs**, sculpture gothique exécutée vers 1520. Notez également le splendide **buffet d'orgue**, de Leonhard Freundt, réalisé entre 1701 et 1705.
Traversez la Hauptplatz et continuez sur la charmante Böhmergasse, puis prenez sur la droite la Schlossgasse pour entrer dans la cour du château.
Château – *Schlosshof 2 - ✆ 07942 72274 - www.museum-freistadt.at - oct.-mai : mar.-vend. 9h-12h, 14h-17h ; juin.-sept. : mar.-vend. 9h-17h, w.-end et j. fériés : 14h-17h - 6 € (6-15 ans 2 €)*. Cet édifice datant du 14e s. abrite aujourd'hui le **musée-château du Mühlviertel** dédié à l'histoire de la ville et de la région. Dans le **donjon** (1397), la collection historique de la ville, répartie sur neuf étages, mène à la plate-forme panoramique dévoilant Freistadt et ses environs. Dans la chapelle gothique (vers 1400) est exposée une collection de **peintures sur verre** (de 1770 à 1930) issues pour la plupart de Sandl *(15 km au nord-est)*.
Du château, on suit la Schlossgasse puis la Böhmergasse jusqu'à la Böhmertor.
★★ **Fortifications** – De la Böhmertor (immense porte fortifiée en ruine), on peut longer les fortifications de la ville en passant par les anciennes douves pour se rendre à la Scheiblingsturm et au vestige de l'ancien chemin de ronde (angle nord-ouest) et à la Bürgerkorpsturm (angle sud-ouest). On arrive ensuite à la belle porte Linzertor (13e s.), puis à la tour ronde Pulverturm et à la tour semi-circulaire Weyermühlturm (angle sud-est).
Un escalier permet de regagner la place principale. Vous pouvez aussi revenir à la Böhmertor par l'est de la vieille ville.

St. Michael ob Rauchenödt C1

▶ *À 6 km à l'est de Freistadt par la B 38 en direction de Sandl. À Oberrauchenödt, suivez les panneaux « St. Michael » et obliquez vers la gauche.*
Son **église**, en contrebas du village, fut édifiée au 16e s. dans le style gothique flamboyant. Le chœur abrite un retable à volets antérieur à 1522, renfermant dans sa châsse, l'archange Michel, flanqué de saint Nicolas et saint Étienne.

Waldburg C1

À 8 km à l'ouest de Freistadt.

L'**église**, à peine visible, abrite trois **retables à volets** gothiques, du 16e s. : à gauche le retable de St-Laurent *(Laurentiusaltar)*, au centre le retable de Ste-Madeleine *(Magdalenenaltar)* et à droite le retable de St-Wolfgang. Tous illustrant des scènes issues de la vie des saints.

★ Monastère de Schlägl (STIFT SCHLÄGL) B1

À 53 km au nord-ouest de Linz via la B127.

Praemonstrateser-Chorherrenstift Schlägl - ✆ 07281 8801 - www.stift-schlaegl.at - entrée avec visite guidée uniquement - mai-oct. : mar.-sam. 10h30 et 14h, dim. et j. fériés 11h et 14h - 6 € (enf. 4,50 €). Bus à la Hauptbahnhof de Linz jusqu'à Aigen-Schlägl (arrêt « Stift Schlägl ») ou bien train à la gare de Linz/Donau Urfahr Bahnhof, accessible en tram 3, du centre de Linz.

Situé au pied de la forêt de Bohême, Schlägl est fondé par un vassal de l'évêque de Passau. La première fondation, à 3 km de l'emplacement actuel, réalisée entre 1202 et 1204 par des cisterciens venus de Franconie supérieure, échoue. Les prémontrés d'Osterhofen, en Basse-Bavière, qui s'installent en 1218, ont plus de succès. Au fil des siècles, le monastère parvient à échapper à la sécularisation et connaît même, au 19e s., une période faste, comme en témoigne le décor baroque. Le monastère est aujourd'hui pourvu d'une cave, d'une brasserie et d'un centre de séminaires.

Église abbatiale (Stiftskirche) – Un **portail** (1654) de marbre rouge et blanc, montre la sainte patronne du monastère, la Vierge, ainsi que des angelots et des armoiries dans des cartouches. L'**aménagement intérieur★** est typique du baroque. Le sculpteur Johann Worath, originaire du Tyrol du Sud, acheva la chaire en 1647. Les 12 apôtres et saint Jean-Baptiste y apparaissent dans des niches en forme de coquillages. Le maître-autel illustrant l'Assomption et les autels latéraux furent réalisés entre 1721 et 1740. La grille qui ferme le chœur est une réalisation de Hans Walz (1635). Dans la tribune ouest, les grandes **orgues** d'Andreas Putz constituent un exemple exceptionnel de ce genre d'instrument dans la région alpine au 17e s.

Cloître (Kloster) – Il est orné d'épitaphes d'abbés et constitue un rare exemple gothique d'architecture en trompe-l'œil.

Crypte romane (Romanische Kripta) – La pièce la plus ancienne du monastère, avec son pilier central octogonal, a été édifiée vers 1250.

Galerie de tableaux (Gemäldegalerie) – Elle fut aménagée en 1898 pour accueillir une partie de la **collection de peintures★** du monastère. Les tableaux et triptyques du gothique tardif revêtent un intérêt particulier.

Bibliothèque abbatiale (Stiftsbibliothek) – Achevée en 1852 dans le style néobaroque et organisée sur le modèle de celle de St-Florian, elle compte 60 000 ouvrages.

Carnet pratique

S'informer

Office de tourisme – *Hauptplatz 1 - ☏ 0732 70702009 - www.linz tourismus.at.* Visites thématiques; croisières sur le Danube.

Pass touristique

Linz Card – *En vente à l'office de tourisme, dans les hôtels et les musées - ☏ 0732 70 70 2009 - www.linztourismus.at - valable 1 jour (16 €, enf. 9 €), 2 jours (27 €, enf. 15 €) ou 3 jours (35 €, enf. 19 €).* Elle donne libre accès aux transports en commun, entrée gratuite dans la plupart des musées et monuments, réduction sur les croisières, etc.

Arriver/Partir

En avion – *www.linz-airport.com.* L'aéroport, situé à 12 km sud-ouest du centre-ville, est relié à la gare de Linz par le bus 601 (22mn - 1 bus/h en sem., 5 bus le dim.).

En train – Train direct au départ de Wien Westbahnhof (1h15) et de Salzbourg (1h11).

Se garer – Dans la vieille ville, parking payant situé sous la Hauptplatz *(entrée côté quai Obere Donaulände).*

Agenda

Stream Festival – *Fin mai-déb. juin (années paires) - www.stream-festival.at.* Festival de musique.

Pflasterspektakel – *Juil. - pflasterspektakel.at.* Artistes de cabaret, musiciens et jongleurs investissent le centre.

Ars Electronica Festival – *Déb. sept. - ars.electronica.art.* Festival bien arrimé dans le présent pour mieux vous projeter dans le futur.

Internationales Brucknerfest Linz – *Sept.-oct. - www. brucknerhaus.at.* Concerts de musique classique.

Nos adresses

PLAN P. 176

Restauration

Premier prix

1 Leberkas-Pepi – A1 - *Rathausgasse 3 - ☏ 0732 79686820 - www.leberkaspepi.at - lun.-merc. 9h-0h, jeu. 9h-2h, vend.-sam. 9h5h - fermé dim.* L'institution culinaire de Linz, qui perpétue la tradition locale du Leberkas, un délicieux pain de viande à manger à toute heure. Succès oblige, les clients doivent être patients...

2 Paul's – A2 - *Domplatz 3 - ☏ 0732 783338 - www.pauls-linz. at - lun.-jeu. 11h-23h, vend. 11h-0h, sam. 9h-0h (cuisine 22h) - fermé dim. - formule déj. 12,90 €, plats 9/34 €.* Une attrayante brasserie à l'esprit rétro, mêlant le bois et le métal, avec salles voûtées, sièges en skai, néons et suspensions. La carte affiche le duo « steak & veggi». Spécialités de tapas, grillades et burgers déclinés en version végétarienne, entre autres plats pour les sans viande. Bons vins au verre.

Budget moyen

4 Josef – A2 - *Landstr. 49 - ☏ 0732 773165 - josef.eu - mar.-sam. 10h-2h, dim. 9h-13h - fermé lun. - plats 17,50/29,50 €, brunch dim. 28,90 €.* Ici se retrouvent aussi bien les amateurs de la bière brassée maison que les fins gourmets venus déguster des plats typiques de la Haute-Autriche. Ambiance chaleureuse, nombreuses animations en soirée.

Pour se faire plaisir

13 Zum kleinen Griechen – A1 - *Hofberg 8 - ☏ 0732 782467 - www.*

4

zumkleinengriechen.at - mar.-dim. 11h30-14h, 18h-0h, lun. 17h45-0h - plats 23/49 €. Cuisine raffinée, plats grecs : fruits de mer, agneau, etc.

Au monastère de Schlägl

Budget moyen

Stiftskeller im Stift Schlägl – *Schlägl 1 - dans le monastère - ✆ 07281 8801280 - www.stift-schlaegl.at - mar.-sam. 11h-23h, dim. et j. fériés 9h-23h - fermé lun. - plats 13/30 €.* Charmant restaurant situé dans le monastère. À la carte, des plats traditionnels ainsi que des fondues, le tout à accompagner d'une bière brassée sur les lieux.

Autour du monastère de Schlägl

Budget moyen

Bärnsteinhof – *Marktplatz 12 - ✆ 07281 6245 - www.baernsteinhof.at - tlj sf merc. 11h30-13h30, 18h-21h30 - plats 13/19 € - 12 ch. 152 € en 1/2 P possible.* Restaurant accueillant et agréable, qui propose des spécialités locales et de poisson, parfumées de saveurs méditerranéennes (la maîtresse des lieux étant sicilienne !) Belles chambres personnalisées et confortables, avec salle de bains moderne. Du balcon, très belle vue sur les environs.

Petite pause

Jindrak – *Herrenstr. 22-24 - ✆ 0732 779258 - www.jindrak.at - lun.-sam. 8h30-18h, dim. et j. fériés. fermé en été.* Café-pâtisserie qui confectionne d'excellents gâteaux maison. C'est le lieu idéal pour goûter la Linzer Torte puisque c'est ici qu'elle fut créée, ou du moins, popularisée. Plusieurs autres adresses, dont une à Pöstlingberg, avec vue panoramique sur la ville.

K. u. k. Hofbäckerei – *Pfarrgasse 17 - ✆ 0732 784110 - www.kuk-hofbaeckerei.at - lun.-vend. 6h30-18h30, sam. 8h-13h30.* Charmant café-salon de thé et délicieuses pâtisseries.

Boire un verre

Sandburg – *Untere Donaulände 5 - ✆ 0664 2512600 - www.diesandburg.at - mai-sept. : 11h-22h (par beau temps).* Ambiance plage, avec sable, palmiers et transats face au Danube.

Fräulein Florentine – *Urfahr Promenade (sur la rive gauche) - www.frl-florentine.at - 14h-3h, sam. 12h-3h, dim. 12h-1h.* Une péniche alternative de charme, avec lumière tamisée et piste de danse. Pour siroter un verre en contemplant le grand fleuve.

Shopping

Dans la Landstraße et les rues adjacentes, le Passage-City-Center et l'Atrium-City-Center. Zone piétonnière dans Herrenstr.

Marchés

Südbahnhof – *Marktpl. 1 - vers Lustenauerstr. - www.suedbahnhofmarkt-linz.at - lun.-vend. 6h-18h, sam. 6h-13h.*

Hauptplatz – *www.stadtmarkt-linz.at - www.linz.at/flohmarkt - mar. 9h-14h, marché aux puces (sam. 6h-14h).*

Artisanat (OÖ Heimatwerk) – *Landstr. 31 - www.ooe-heimatwerk.at - lun.-vend. 9h-16h, sam. 9h-17h.*

En soirée

Brucknerhaus – *Untere Donaulände 7 - ✆ 0732 76120 - www.brucknerhaus.at.* Concerts.

Landestheater – *Promenade 39 - ✆ 0732 7611400 - www.landestheater-linz.at.* Le nouvel opéra de la ville. Il abrite le bar Das Anton, pour un cocktail chic et panoramique (jusqu'à 0h sf dim.).

Posthof – *Posthofstr. 43 - ✆ 0732 781800 - www.posthof.at.* Cabaret, théâtre, danse, etc.

Activités

Linz se situant sur la **véloroute du Danube** *(voir p. 191)*, vous trouverez des loueurs dans le centre-ville et référencés sur le site www.donauregion.at.

En bateau

Donauschifffahrt Wurm & Noé – *Untere Donaulände 1 - 0732 783607 - www.donauschifffahrt.eu.* Croisières dans la haute vallée du Danube jusqu'à Passau ou dans la Wachau jusqu'à Vienne.

Hébergement

Budget moyen

1 **Arcotel Nike** – HORS PLAN PAR A1 - *Untere Donaulände 9 - 0732 76260 - nike.arcotel.com - P 17 €/nuit - ♿ - 174 ch. 116/134 € - ☕ 24 €.* La haute tour blanche se dresse près de la Brucknerhaus. Certaines chambres bénéficient d'une superbe vue sur le fleuve. Restaurant avec terrasse.

7 **Hotel Wolfinger** – A1 - *Hauptplatz 19 - 0732 7732910 - www.hotelwolfinger.at - P 16 €/nuit - 46 ch. 139 € ☕.* Cet hôtel, très central, possède le charme des établissements d'antan. Vieux parquets et meubles anciens donnent une atmosphère désuète aux chambres très propres et confortables. Accueil charmant.

10 **Star Inn** – A1 - *Steingasse 6 - 0732 210400 - www.starinnhotels.com - P 22 €/j. - ♿ - 129 ch. 89/143 € - ☕ 14 €.* Situé à deux pas de la vieille ville, cet hôtel rénové en 2017 abrite des chambres lumineuses et bien équipées (machine à café, réfrigérateur...). Service aux petits soins et réception ouverte 24h/24.

À Freistadt

Premier prix

Pension Pirklbauer – *Höllgasse 2-4 - 07942 72440 - www.pension-pirklbauer.at - 15 ch. 56/68 € ☕.* Cette petite pension centrale abrite des chambres typiquement autrichiennes.

Autour du monastère de Schlägl

Premier prix

Ferienwohnung Leitner Christine – *Berghäusl 35 - Höhenstr. - 2 km au nord du monastère - 07281 6394 ou 0664 5602029 - 1 appart. 60 € (et suppl. 25 € de ménage par séjour).* Chambres et appartements calmes. Location de vélos, transferts possibles.

Grand-place de Linz.
travellaggio/Getty Images Plus

Vallée du Danube

★★

Donautal

Lorsque l'on découvre pour la première fois le fleuve, on est marqué par son calme, sa puissance et sa majesté. S'il faut avouer que le Danube n'est pas toujours aussi bleu que le voudrait la célèbre valse de Johann Strauss, notamment lorsque ses crues charrient des eaux boueuses et violentes, il exerce pourtant, quelle que soit son humeur, un charme réel. Entre Passau et Grein, le Danube compose l'artère d'un pays riche et varié, qui se découvre peu à peu, à la grande joie des voyageurs.

Se repérer

CARTE P. 172 (AC1-2) ET CARTE DE LA VALLÉE DU DANUBE CI-DESSOUS

Haute-Autriche.

Retrouvez les rives du Danube dans la « Wachau » *(voir p. 146)*, entre Melk et Krems, et « Le Danube et les collines », à Vienne *(voir p. 98)*.

À ne pas manquer

Le château de Clam.

Organiser son temps

Cette partie de la vallée du Danube se découvre en 1 à 2 jours, voire plus si vous visitez Linz et Passau.

En famille

Une croisière sur le Danube.

Nos adresses p. 190

De Linz à Passau (ALLEMAGNE)

CARTE CI-DESSOUS

Région du Danube (Haute-Autriche) – *Lindengasse 9 - Linz - 0732 7277800 - www.donauregion.at.*

Circuit de 86 km tracé en vert foncé sur la carte.

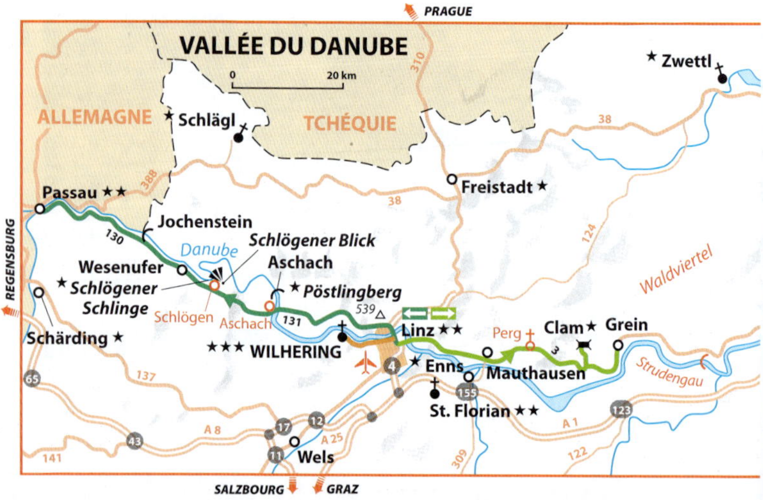

Le Danube traverse ici une région autrefois occupée par les glaciers. Après leur fonte, des plaines de cailloutis se formèrent le long des vallées. Sur les collines morainiques alternent aujourd'hui prairies et forêts de conifères.

★★ Linz

Voir p. 174.

Après avoir traversé le Danube en amont des ouvrages du **barrage d'Aschach**, l'un des plus puissants aménagements européens de basse chute, la route fait un écart dans la vallée de l'Aschach.

★ Boucle de Schlögen (SCHLÖGENER SCHLINGE)

Accès au Schlögener Blick : 30mn de montée (1,4 km), sentier facile.

Dans un site naturel de toute beauté, préservé et verdoyant, le Danube dessine à Schlögen un magnifique méandre : pour profiter d'une **vue★** complète sur la boucle, faites la petite ascension (un peu pentue au départ) jusqu'au **Schögener Blick** (480 m), qui surplombe de près de 200 m les rives du fleuve.

Barrage de Jochenstein (KRAFTWERK JOCHENSTEIN)

Ce barrage, au pied duquel est installée une usine hydroélectrique dont la production annuelle atteint environ 850 millions de kWh, a été érigé conjointement par l'Autriche et l'Allemagne.

★★ Passau

Située au confluent de trois cours d'eau : le Danube, l'Inn et l'Ilz, Passau est dominée par l'imposante forteresse d'Oberhaus au nord et la basilique baroque Mariahilf (Notre-Dame-du-Bon-Secours) au sud. La vieille ville, pittoresque, occupe la langue de terre entre le Danube et l'Inn et se concentre autour de la cathédrale *(Voir le Guide Vert Allemagne du Sud).*

★ Schärding

À 16 km au sud de Passau (petit écart par rapport au circuit).

Innbruckstr. 29 - ☏ 07712 43000 - www.schaerding.at.

Charmante ville baroque à la frontière allemande, Schärding développa rapidement un florissant commerce de sel et de bois, de tuf et de marbre. Les Wittelsbach,

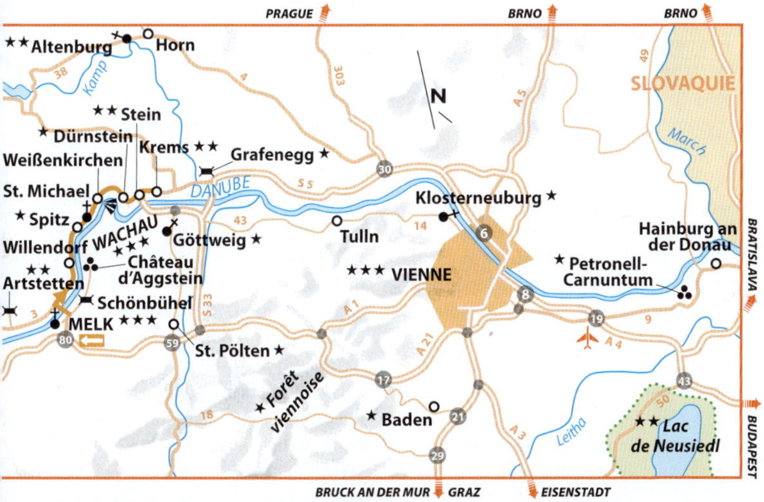

Le Danube, un poumon pour l'Autriche

Ce fleuve, qui traverse l'Europe d'ouest en est, est l'un des plus longs du continent, après la Volga. Coulant majestueusement sur plus de 2845 km entre l'Allemagne et la mer Noire, le Danube a depuis toujours joué un rôle important dans de nombreux domaines.

Une longue histoire

Ce grand fleuve de plaine, surtout à partir de la Wachau *(voir p. 146)*, a été le témoin privilégié de l'installation de populations, et ce dès le Paléolithique. Pour les Romains, il servait avant tout de frontière entre leur monde civilisé et le monde barbare. Mais le Danube est aussi une route militaire utilisée depuis des siècles, qui vit de nombreuses invasions orientales, comme les Huns ou les Turcs. Il favorisa aussi l'avancée des troupes occidentales vers l'est : Charlemagne et ses conquêtes orientales ou encore Napoléon et ses campagnes d'Autriche, de Russie, etc.

Un fleuve vital pour l'économie

Le fleuve a attiré les hommes depuis l'Antiquité, en attestent les quatre capitales (Vienne, Bratislava, Budapest et Belgrade) qui bordent ses rives. Les Celtes déjà exploitaient le Danube à des fins commerciales, en y transportant des marchandises comme le sel ou le bois. Les pays qu'il traverse ou longe, comprenant l'atout qu'il constituait, développèrent le transport fluvial. Il devint ainsi un fleuve marchand ouvert, indispensable aux échanges entre l'ouest et l'est de l'Europe. Cependant, la navigation était beaucoup moins aisée à contre-courant. Hommes et animaux étaient contraints de tirer les bateaux sur les chemins de halage, ce qui représentait un frein important au trafic commercial d'est en ouest. Au 19e s., l'arrivée des bateaux à vapeur et à aubes facilita le transport et le flux s'intensifia. Cela permit aussi le développement parallèle du tourisme, notamment dans la vallée de la Wachau, qui abrite un riche patrimoine historique.

Avec son impressionnant débit, le Danube est également une ressource énergétique de premier plan et compte onze barrages. Le plus impressionnant se situe aux « Portes de fer » entre la Roumanie et la Serbie. L'Autriche, qui détient la plus longue partie du fleuve (360 km entre Achleiten et Hainburg, soit un huitième de sa longueur totale), a construit cinq centrales hydroélectriques sur ses rives, comme celle d'Ybbs-Persenbeug.

Grâce à ce dynamisme économique, plusieurs villes ont pu se développer, comme celle de Linz ainsi que St. Pölten et Steyr, centres industriels majeurs qui lui sont liés.

Une source d'inspiration et de respiration

Lieu de brassage, de mixité et d'ouverture sur le monde, où l'on vient se ressourcer et se promener, ce fleuve transeuropéen a aussi conquis les artistes. Poètes, peintres, romanciers ou compositeurs ont été envoûtés par le majestueux Danube. Contes et légendes sont venus compléter le tableau romantique dressé par ce géant aux rives magnifiques.

À présent, ce sont les cyclistes qui apprécient ses rives, la section de l'EuroVelo 6 entre Passau et Vienne étant plane et bordée de multiples attractions *(voir « Activités » p. 191)*.

maîtres de la ville presque sans interruption de 1248 à 1779, y construisirent un château fort qui fut détruit par un incendie au 18e s. Restent aujourd'hui son enceinte et son portail.

Place de la Ville (Stadtplatz) – Divisé en place supérieure et inférieure, l'ensemble est dominé par la majestueuse tour de l'église paroissiale toute proche. L'hôtel de ville marque le début de la place inférieure. Au milieu, se dresse la **fontaine de St-Georges** avec sa grille en fer forgé, achevée en 1607. La place se termine par l'imposant **château d'eau**, orné d'une fresque, représentant saint Florian.

★ **Silberzeile** – La rangée de maisons construites entre les 16e et 19e s., qui s'étend sur la place supérieure en direction du nord-ouest, fait la fierté de Schärding. La désignation « Silberzeile » (rangée d'argent) rappelle les riches négociants qui s'étaient installés ici et faisaient état de leur opulence. De coquets pignons légèrement incurvés, de style baroque tardif, couronnent les maisons colorées.

Église paroissiale (Pfarrkirche) – Dédié à saint Georges, l'édifice de style baroque tardif a été rénové au début du 19e s. après le bombardement par les troupes napoléoniennes. L'autel latéral gauche est orné d'un retable de Michael Rottmayr (*Le Christ apparaissant à sainte Thérèse*, vers 1690).

Innlände – Partez à la recherche des reproductions des sept merveilles du monde antique installées dans la ville tout en vous promenant au bord de l'eau.

De Linz à Grein

CARTE P. 186-187

Circuit de 98 km tracé vert clair sur la carte.

En aval de Linz, la vallée s'épanouit en un bassin, comblé par les alluvions du fleuve et de ses affluents, la Traun et l'Enns. Sur ces sols fertiles prospèrent céréales, betteraves à sucre et arbres fruitiers. Au nord, on distingue les coteaux et les plateaux du **Mühlviertel** *(voir p. 179)*, région dont les carrières de granit ont alimenté durant des siècles les chantiers autrichiens, puis le Waldviertel.

Quittez Linz au sud-est par la St. Peterstr., en direction de Grein.

La route, traversant l'impressionnante zone industrielle de Linz (sidérurgie et chimie de l'azote), franchit le Danube au pont de Steyregg.

Mauthausen

4

On découvre la **place du Marché (Marktplatz)**, la vieille fontaine, l'**église St-Nicolas (Pfarrkirche St. Nikolaus)**, de style gothique tardif, ainsi que les maisons serrées jusque sur les berges du Danube. Plus au sud se trouve un ossuaire roman du début du 13e s. (restes de fresques de la même époque). Le **château de Pragstein (Schloss Pragstein)**, qui protégeait la cité du côté du fleuve, abrite aujourd'hui le musée local ainsi qu'une salle de chasse.

Jusqu'au rattachement de l'Autriche au Reich allemand (1938), Mauthausen n'était célèbre que pour ses carrières de granit, d'où provenaient les pierres à paver utilisées à Vienne. Pendant la Seconde Guerre mondiale, l'une des carrières abrita le camp de concentration de Mauthausen, déclaré Monument historique en 1949 par le gouvernement autrichien.

Mémorial du camp de concentration (Mauthausen Memorial/kZ-Gedenkstätte) – *Erinnerungsstr. 1 - ✆ 07238 22690 - www.mauthausen-memorial.at - mars-oct. : 9h-17h30 ; nov.-févr. : tlj sf lun. 9h-15h45 - gratuit - visite guidée (2h) : w.-end et j. fériés (tlj en juil.-août) à 14h - 5 €.* De 1938 au 5 mai 1945, environ 200 000 personnes furent détenues dans le camp de concentration ou ses 49 camps annexes. Plus de 100 000 y trouvèrent la mort. On peut voir les baraquements et les salles de torture. Un des bâtiments, aménagé en musée, présente photos et documents.

Des camps de concentration en Autriche

De nombreux camps de travail ont été installés en Autriche par les nazis. Le camp de concentration de **Mauthausen** est établi dès août 1938. À partir de 1943, des camps annexes sont aménagés dans le nord du pays. Les prisonniers travaillent alors pour des usines d'armement, dans des carrières de pierre ou construisent un tunnel. La majorité d'entre eux sont des prisonniers politiques, d'opinion ou appartiennent à l'intelligentsia polonaise. Des juifs y sont transférés ensuite ainsi que des prostituées et des homosexuels. Un camp de transit se situait aussi à **Innsbruck-Ruchenau** (1941-1945).

À l'extérieur de l'oppressante enceinte s'élèvent d'émouvants monuments aux morts érigés par les pays dont les ressortissants ont péri ici.
À la hauteur de Saxen, bifurquez à gauche en direction du château de Clam.

★ Château de Clam (BURG CLAM)

✆ 07269 7217 - www.burgclam.com - visite guidée (50mn) - mai-oct. : sam.-dim. et j. fériés 13h-16h30 (dernière visite guidée) - 12 € (6-15 ans 7 €).
Une première forteresse existait déjà sur ce rocher en 1149. Les bâtiments d'habitation s'ordonnent autour d'une **cour à arcades★** datant de 1581. À l'intérieur, on remarque la pharmacie du château (1603) et des pièces de porcelaine. La salle à manger possède une rare suite de fauteuils cabriolets Louis XVI, d'origine française. Parmi les souvenirs familiaux, on note l'uniforme avec lequel Karl von Clam-Martinic « escorta » Napoléon jusqu'à l'île d'Elbe. On voit aussi des souvenirs rapportés par Heinrich von Clam-Martinic, ministre-président de l'Autriche entre 1916 et 1917, de l'expédition scientifique autour du monde qu'il effectua en 1892-1893 avec l'archiduc François-Ferdinand.
Regagnez la route qui longe le Danube en rive gauche.
En aval de Dornach, versants boisés et rocheux. Belle arrivée à **Grein**.

Nos adresses

Restauration

Aux environs d'Aschach

Pour se faire plaisir

Seminarhotel Brummeier – *Stadtplatz 35 - Eferding - 7 km au sud d'Aschach - ✆ 07272 2462 - www.brummeier.at - mar.-vend. 7h-0h, sam. 8h-15h - fermé dim.-lun. - menu déj. en sem. (avec buffet de dessert) 11,90/16,90 €, plats 14/39 € - 25 ch. 106 € ☕ - 1/2 P possible.* Un ravissant restaurant dans un hôtel très plaisant aux chambres modernes, joliment meublées. Produits locaux et légumes du jardin : la cuisine régionale est ici d'une grande fraîcheur.

À Mauthausen

Pour se faire plaisir

Weindlhof – *Kirchenweg 12 - ✆ 07238 2641 - www.weindlhof.at - 11 ch. 120 € ☕ - mar.-vend. 11h30-14h, 18h-0h - plats 17/24 €.* Cet hôtel familial, avec une jolie cour intérieure, propose une cuisine régionale de saison. Chambres très soignées.

À Ottensheim

Budget moyen

Gasthaus Dürnberg – *Dürnberg 31 - ✆ 0699 12055179 - www.gasthaus-duernberg.eatbu.com - merc.-vend. 10h-21h, w.-end 10h-19h - fermé lun.-mar. - formule déj. 8,20 €, plats 10/16 €.* Une petite adresse conviviale dotée d'une ravissante terrasse s'ouvrant sur le Danube à l'ombre des arbres. Cuisine de saison. Service souriant.

Aux environs de Schärding

Gasthof Wösner – *Hofmark 12 - Münzkirchen - 11 km au nord-est par la B 136 - ✆ 07716 7240 - www.woesner.at - P - 6 ch. 100 € ☕ - 1/2 P possible (24 €/pers.) - fermé lun.-mar. - plats 10,50/19,50 €.* Dans cette auberge familiale, on vous sert des plats régionaux généreux et de saison. Les chambres petites mais dotées de balcon, ont été rénovées dans un esprit minimaliste, avec le sens du confort : repos garanti !

Activités

En bateau

Donau Touristik GmbH – *Lederergasse 4-12 - ✆ 0732 2080 - www.donaureisen.at.* Promenades sur le Danube, de Passau à Linz ou de Linz à Vienne.

Innschifffahrt Schaurecker – *Kaiserweg 1 - ✆ 07712 73 50 - www.innschifffahrt.at - avr.-oct. : tlj sf lun. à 14h et 16h - 12/16 € (6-14 ans 6/8 €).* Découverte de Schärding en bateau sur l'Inn.

☺ Traversée du fleuve entre Ottensheim et Wilhering, pratique pour aller visiter l'abbaye *(voir p. 192)* si vous êtes sur la véloroute du Danube en route vers Linz (à 11 km).

Erlebnis Donaufähre Ottensheim – *✆ 0664 925 4916 - www.faehre.ottensheim.at - lun.-sam. 6h15-19h20 (sam. 6h30), dim. et j. fériés 8h-19h20 - 3,60 € AR (enf. 2,60 €).*

À pied, à vélo

☺ Pour parcourir la vallée du Danube à pied, les offices de tourisme proposent cartes, randonnées, séjours, acheminement des bagages.

Prinzensteig – *3h30 env. - facile.* Ce charmant sentier de randonnée relie Wilhering à Linz par la Kürnbergerwald.

Donauradweg – *www.donauregion.at.* La véloroute qui longe le Danube sur 330 km (17 étapes de Passau à Vienne sur les 2 rives) fait partie de l'EuroVelo 6 reliant l'Atlantique à la mer Noire. Brochure avec le détail des étapes et toutes les informations utiles sur le site Internet.

Hébergement

À Schärding et environs

Premier prix

Diesenberger Schusterbauer – *Badhöring 3 - 3 km au sud-est de Schärding par la Linzer Str - ✆ 07712 6845 ou 0664 4897550 - www.diesenberger.at - 5 ch. 55 € ☕.* Petite pension à deux pas de l'Inn et de la piste cyclable. Chambres simples, coquettement arrangées.

Budget moyen

Biedermeier Hof – *Passauer Str. 8 - Schärding - ✆ 07712 3064 - www.biedermeierhof.at - P - 32 ch. 110 € ☕.* Bel hôtel aménagé dans une ancienne ferme qui abrite de grandes chambres à la décoration personnalisée. Location de vélos.

4

Monastère de Wilhering ★★★

Stift Wilhering

Posé sur la rive sud du Danube, jouxtant les collines boisées du Kürnberg, le monastère cistercien de Wilhering a bien choisi sa situation. Si le site est agréable, l'intérieur de l'église abbatiale est spectaculaire et offre l'un des plus célèbres exemples rococo des pays germanophones. Vous découvrirez sans doute que le lieu continue à vivre : certains moines dispensent un enseignement aux 420 élèves que compte le lycée religieux. De nombreux sentiers pédestres permettent d'apprécier les belles forêts alentour.

Église abbatiale de Wilhering.
M. Siepmann/ImageBROKER/age fotostock

Se repérer

CARTE P. 172 (B2)
Haute-Autriche.
À 8 km à l'ouest de Linz. Traversée en bateau à Ottensheim *(voir p. 191)*.

Visiter

Zisterzienserstift Wilhering - Linzer Str. 4 - ☏ 07226 231112 - www.stiftwilhering.at - mar.-sam. 10h-17h, dim. et j. férié 9h30-17h - fermé lun. - 6 € (enf. 4,50 €) - visite guidée (1h) dim. et j. férié à 14h15 et 15h15 - 5 €.

De style roman à l'origine, le monastère est devenu au cours des siècles un chef-d'œuvre de l'art rococo, dont il constitue l'un des exemples les plus séduisants d'Autriche. Le 6 mars 1733, les bâtiments conventuels datant du 12ᵉ s. et l'église furent ravagés par un incendie. La reconstruction, engagée en 1734, dura jusqu'en 1748. Elle fut d'une exceptionnelle qualité. Les architectes les plus renommés de l'époque (Joseph Mathias Götz, Josef Munggenast, Johann Michael Prunner) proposèrent plans et dessins dans l'espoir d'obtenir la commande. Contre toute attente, c'est un maître d'œuvre local, **Johann Haslinger**, qui l'emporta sur ses illustres concurrents.

Cour (HOF)

Ouverte au nord sur de romantiques communs, la cour du monastère, majestueuse et sobre, est circonscrite par les bâtiments conventuels disposés en U. La pompe, baroque, de cette cour est empreinte d'une mesure toute cistercienne. La façade de l'église, blanc et rose elle aussi, est compartimentée de pilastres. Le portail reste le seul élément de l'église romane encore visible.

Église abbatiale (STIFTSKIRCHE)

Elle peut être considérée sur le plan de l'histoire de l'art européen comme l'exemple le plus brillant du rococo. Il paraît difficile d'aller plus loin dans la profusion des éléments décoratifs et de la couleur, dans l'invention picturale, tout comme dans la légèreté des stucs. Tout évoque ici un bonheur intemporel, et ces personnages qui flottent et tournoient dans l'espace – qu'ils soient peints ou sculptés – évoluent dans une insouciance céleste.

Maître-autel et autels latéraux – Le maître-autel est organisé autour d'une assomption de la Vierge, peinte par **Martino Altomonte**. C'est en 1737 que l'abbé de Wilhering passa commande de l'œuvre à cet artiste octogénaire auréolé d'un grand prestige. Moins d'un an après, Altomonte envoyait de Vienne où il résidait, par un bateau sur le Danube, une énorme caisse de bois contenant le tableau. Il en demandait la coquette somme de 700 florins, somme représentant à l'époque le prix d'achat d'environ 50 vaches. Durant les six années qui suivirent, Altomonte réalisa les tableaux des **autels latéraux** de l'église. Ce furent ses dernières œuvres. Lorsqu'il eut connaissance du vaste programme de fresques prévu pour les voûtes, il confia la suite des travaux à son neveu.

Voûtes et murs – Bartolomeo Altomonte, dont le talent n'égalait sans doute pas celui de son oncle, effectua un travail considérable puisqu'il décora plus de 450 m² de voûtes (soit près des deux tiers de leur surface totale). La nef reçut une composition géante représentant Marie, reine du ciel, au milieu d'une cour de saints et d'anges. Bartolomeo Altomonte travailla ici en étroite collaboration avec les stucateurs. Personnages peints, dorures du cadre et anges de stuc concourent à la même jubilation.

Le stucateur **Franz Joseph Holzinger** et son atelier, arrivant de St. Florian, travaillèrent trois étés de suite (1739 à 1741) au décor de l'église mais leur art académique fut jugé trop rigide. On détruisit donc leurs œuvres. Le père abbé fit alors appel à de jeunes stucateurs formés en Allemagne du Sud. Tournant le dos aux compositions chargées de la fin du baroque, ces jeunes artistes de la génération « rococo » surent disposer les stucs avec mesure, les associant avec délicatesse

L'ordre des cisterciens

Cet ordre réformateur qui tient son nom de l'abbaye de Cîteaux, en France, fondée par Robert de Molesme en 1098, se développa rapidement sous Bernard de Clairvaux – lorsque le futur saint mourut en 1153, on comptait déjà plus de 350 abbayes dans toute l'Europe. Il interdit le prélèvement de la dîme, ainsi que l'acquisition ou l'acceptation de terres, et s'engagea en faveur d'un strict respect des règles bénédictines. L'architecture sobre des abbayes cisterciennes est, elle aussi, fidèle à des principes stricts : des églises sans fioriture (pas de clocher ostentatoire, un clocheton suffit ; aucun vitrail de couleurs, juste la lumière diffusée par les grisailles ; ni sculptures ni peintures figuratives...). C'est pourquoi une grande importance était accordée à la réalisation et à l'exécution soignée des édifices, dont la beauté repose sur l'équilibre des volumes et la netteté des lignes. Toujours fidèle à la *Charta caritatis* édictée en 1115, l'ordre compte aujourd'hui dans le monde environ 300 monastères et couvents. Quatre d'entre eux sont dispersés en Autriche.

au travail des peintres et des doreurs, créant ainsi une subtile harmonie entre tous les arts décoratifs.

Coupole – La coupole de la croisée du transept est le royaume du trompe-l'œil et de l'illusion. Une savante composition architecturale, peinte par l'Italien Francesco Messenta, s'entrouvre sur un coin de ciel : les hommes enchaînés à la Terre par leurs fautes sont protégés par Marie du courroux divin.

Mobilier – À droite de l'entrée du chœur des moines, l'imposante **chaire** fait pendant à l'**orgue de chœur**, instrument raffiné, qu'Anton Bruckner chérissait tout particulièrement, construit en 1746 par un facteur de Linz, Nikolaus Rumel. Les cartouches dorés de style rocaille le long du mur qui termine le chœur (après 1750) ont été travaillés dans du bois et illustrent la fête de Noël (adoration des bergers et des trois Rois mages).

Le **grand orgue** fourmille de détails attachants. Le fond de la nef qui l'accueille n'est qu'une vaste composition où chaque élément concourt au chant de l'ensemble : grille d'entrée superbement ouvragée, tribune dont l'élégance sait se faire discrète pour conduire le regard vers le buffet d'orgue tripartite. Au-dessus, une pendule marque le temps qui passe, tandis que pend en trompe-l'œil de la voûte un rideau pourpre dont les lourds plis s'entrouvrent sur cet espace théâtral. Deux tombeaux gothiques (Tumben), situés à l'origine au milieu de l'église, encadrent aujourd'hui la sortie.

Cloître (KLOSTER)

Avant de sortir de l'église, pénétrez dans le cloître par la porte qui s'ouvre à gauche dans le narthex. Remarquez le **portail** prégothique (13e s.) de la **salle capitulaire** et une série de belles toiles du 18e s. retraçant des épisodes de la vie de saint Bernard.
Dans l'ancienne taverne du monastère, **exposition** permanente d'art contemporain autour des œuvres du peintre Fritz Fröhlich, originaire de Linz.

Wels

Wels est une ancienne ville romaine et médiévale qui a su préserver son passé au fil des siècles. Réunies autour d'une belle place centrale, plusieurs demeures anciennes constituent l'une de ses attractions, tout comme la muraille d'enceinte, les tours et la forteresse de la vieille ville. Mais Wels a aussi d'autres atouts : c'est un pôle économique, bien connu pour ses nombreuses foires agricoles et commerciales.

Se repérer

CARTE P. 172 (B2), PLAN DE WELS P. 196

63180 habitants – Haute-Autriche. À 33 km au sud-ouest de Linz. Train direct de Linz Hauptbahnhof (20mn).

À ne pas manquer

Le monastère de Kremsmünster.

Carnet pratique p. 199

Nos adresses p. 199

Se promener

PLAN P. 196

Circuit dans la vieille ville tracé en vert sur le plan. Partez de la Polheimerstr.
Passez sous la **tour des Maroquiniers (Ledererturm)**, construite au 13e s., puis dirigez-vous vers la **place de la Ville★ (Stadtplatz)**. Aux nos 62 et 63 s'élève l'imposante façade baroque d'une maison qui fut de 1630 jusqu'au 20e s. propriété du monastère de Kremsmünster *(voir p. 198)*. Entrez dans la cour à arcades par le no 63. Vous apercevrez le château d'eau construit en 1577 pour alimenter les fontaines de la ville.
Sortez au fond de la cour et longez le ruisseau. En arrivant dans la Traungasse, remarquez sur la gauche le petit oratoire de saint Jean Népomucène (Nepomuk-Kapelle), connu sous le nom de **Wegkapelle**. Poursuivez sur l'Altstadtgasse qui conserve les vestiges du mur d'enceinte médiéval.

Château (BURG) B1

Burggasse 13 - ✆ 07242 2357350 - www.wels.gv.at - mar.-vend. 10h-17h, sam. 14h-17h, dim. et j. fériés 10h-16h - 5 € (enf. 2,30 €).
L'empereur Maximilien Ier, le « dernier chevalier », mourut ici en 1519. Le château fort, restauré, accueille quatre **musées** : celui de la Ville, consacré à son histoire et présentant une remarquable collection Biedermeier ; celui de l'Agriculture

Une riche colonie romaine

Située à l'intersection des anciennes voies commerciales, la petite colonie celte de Vilabis devint par la suite l'Ovilava romaine *(voir carte p. 520)*. L'empereur Hadrien lui accorda le statut de cité, tandis que Caracalla l'éleva au rang de colonie romaine. À cette époque, Wels était un important centre d'approvisionnement proche de la frontière de l'Empire et la principale ville de la Norique riveraine. Le musée compte par conséquent une riche collection d'antiques, dont les pièces maîtresses sont la magnifique **Vénus de Wels** et le **Génie de Wels**.

4

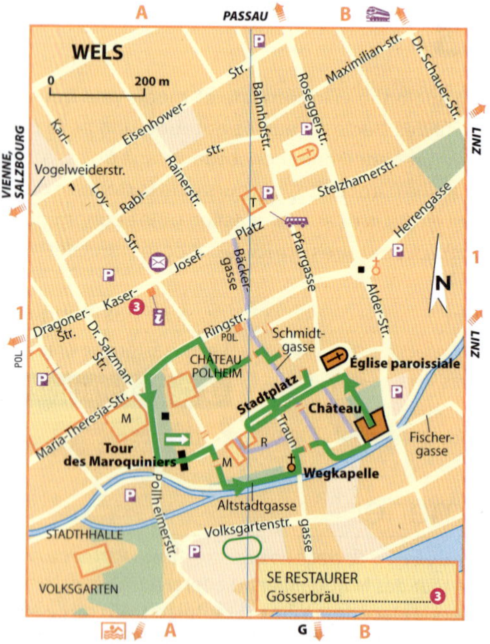

(Landwirtschaftsmuseum), dont la thématique est « l'année du paysan » ; le musée autrichien de la Pâtisserie (Gebäckmuseum), unique en son genre ; et le Musée des « populations déplacées » (Museum der Heimatvertriebenen), soit 120 000 germanophones (Souabes, Saxons...) issus des territoires de la monarchie austro-hongroise qui furent appelés en renfort en 1944.
Dirigez-vous vers la place de la Ville (Stadtplatz) et gagnez l'église paroissiale.

Église paroissiale (STADTPFARRKIRCHE) B1

Le chœur, de style gothique, a conservé, derrière le maître-autel, de magnifiques vitraux du 14e s. Sous la tour a été remonté un **porche roman** du 12e s. d'une grande beauté.

★ Place de la ville (STADTPLATZ) AB1

Elle constitue l'un des exemples les plus parlants de Haute-Autriche par la qualité et la variété de ses anciennes demeures. On peut y admirer l'hôtel de ville avec sa façade baroque, ses grilles de fenêtre ouvragées, son étage attique, orné de stucs. Parmi les quelques autres curiosités architecturales : au n° 10, une façade Jugendstil ; au n° 24, la maison qu'habita Salomé Alt, maîtresse de l'archevêque Wolf Dietrich von Raitenau ; au n° 49, une façade de style Biedermeier ; au n° 52, un vivant exemple de la veine rococo.
Par le n° 34, rejoignez une cour à arcades du 16e s. pour ressortir vers la Schmidtgasse. Contournez par le nord le château Polheim, qui était à l'origine, au 13e s., la demeure des comtes von Polheim, famille noble de Wels. À l'angle nord-ouest de Polheimerstraße se dresse la pompeuse façade du Musée municipal (Stadtmuseum), construit entre 1900 et 1902.

À proximité

CARTE P. 172

★ Monastère de Lambach (STIFT LAMBACH) B2

À 15 km au sud-ouest de Wels (accessible en train direct de Linz et Wels).
07245 21710 - www.stift-lambach.at - lun.-jeu. 9h-12h, 13h-16h, vend. 9h-12h - visite guidée.

Une situation favorable, sur la rive gauche de la rivière Traun, fit de Lambach au Moyen Âge le lieu de transbordement du sel, acheminé depuis Hallstatt et embarqué là, en direction de Vienne et de la Bohême. À ce rôle économique s'ajouta le rayonnement d'un monastère. C'est en 1056 qu'Adalberon, comte de Lambach et de Wels, et évêque de Würzburg, décida de transformer son héritage, le château de Lambach, en monastère bénédictin.

La façade ouest du monastère s'ouvre par un portail richement décoré, élevé par Jakob Auer en 1693. Quatre colonnes de marbre soutiennent un entablement surmonté de statues : la Vierge tenant dans ses bras l'Enfant Jésus est entourée de saint Adalberon et de saint Kilian. Le monastère regroupe trois ensembles de bâtiments. Le premier au nord de l'église et du cloître, le second en forme de fer à cheval autour de la cour et le troisième autour du jardin du couvent. La **bibliothèque (Stiftsbibliothek)**, avec ses fresques de Melchior Seidl, est dans l'aile occidentale. Le rez-de-chaussée de l'aile nord abrite le **réfectoire (Sommerrefektorium)**, avec des décorations en stuc de Diego Francesco Carlone et des fresques de Wolfgang Andreas Heindl. Le promenoir (Wandelgang) situé à l'étage supérieur présente lui aussi de belles réalisations en stuc.

Église abbatiale (Stiftskirche) – Au 17e s., elle fut transformée dans le goût baroque et ses bâtiments romans et gothiques abandonnés, à l'exception du chœur ouest de l'église. Ce dernier fut conservé hors du nouveau sanctuaire et servit de soubassement aux tours. Il fallut même doubler les murs pour supporter l'accroissement des charges dû à leur surélévation. Le décor du transept roman fut ainsi emprisonné pour plus de deux siècles, ce qui le sauva. Complètement dégagées entre 1955 et 1967, **fresques romanes★★** constituent un ensemble du 11e s. unique en Autriche. Elles furent sans doute réalisées avant la consécration de l'église abbatiale romane en 1089. Par leur style comme par leurs thèmes, ces fresques doivent beaucoup aux canons en vigueur dans l'Église de Byzance.

★ **Théâtre baroque (Barocktheater)** – Le monastère de Lambach possède un **petit théâtre**. La scène date de 1769. Le 23 avril 1770, **Marie-Antoinette** d'Autriche, au cours du voyage qu'elle effectua pour épouser le Dauphin de France – futur Louis XVI –, vint loger au monastère avec sa mère. On donna en représentation une pièce de circonstance, *Le Joli Contrat de mariage*. Le nom de **Mozart** est aussi attaché au lieu, le père et le fils lui ayant tous deux consacré une symphonie : la *Lambacher Symphonie*.

★ Église de Stadl-Paura (PFARRE STADL-PAURA DREIFALTIGKEITSKIRCHE) B2

À 16 km au sud de Wels. À partir de Lambach, franchissez la Traun et, 500 m plus loin, prenez à droite jusqu'à un tertre qui porte l'église.

Alors qu'en 1713 la peste sévissait dans tout le pays, l'abbé de Lambach, Maximilien Pagl, fit la promesse de construire une église dédiée à la sainte Trinité lorsque la contrée serait délivrée du fléau. C'est pourquoi fut élevé, de 1714 à 1725, ce sanctuaire insolite, œuvre de l'architecte Johann Michael Prunner. Tout ici est symbole : la foi en un Dieu trinitaire est exprimée dans le plan même de l'édifice

4

Bibliothèque du monastère de Kremsmünster.
G. Gräfenhain/Sime/Photononstop

par une nef circulaire s'inscrivant dans le triangle que forment les trois chœurs. Ce jeu architectural qui fait fi de toute commodité liturgique a conduit à édifier trois façades, trois portails, trois autels, trois orgues miniatures et trois sacristies. Les fresques de la coupole et les retables sont de Carlo Innocenzo Carlone, Martin Altomonte et Domenico Parodi.

★ Monastère de Kremsmünster (STIFT KREMSMÜNSTER) B2

À 19 km au sud de Wels (train direct de Linz et Traun).
Billetterie dans la première cour près du vivier. ✆ 07583 52750 - www.stift-kremsmuenster.net - visite guidée (1h) en allemand - mars-oct. : tlj sf lun. à 10h et 14h ; reste de l'année : se rens. - 11 € (enf. 3 €).

La fondation du monastère, œuvre de Tassilo III, duc de Bavière, remonte au 8e s. L'aspect actuel de l'église abbatiale et des bâtiments conventuels date des 17e et 18e s. De grands architectes – Carlo Antonio Carlone, Jakob Prandtauer – et des peintres de talent comme Altomonte et Kremser Schmidt contribuèrent à transformer le monastère dans le goût baroque.

★ Vivier (Fischbehälter) – *Accès libre.* Construit par Carlone et agrandi par Prandtauer (1690-1717), le vivier est composé de cinq bassins ornés de statues crachant l'eau : Samson, David, Neptune, Triton, Tobie, saint Pierre.

Église abbatiale (Stiftskirche) – La basilique d'origine romano-gothique a été enrichie d'éléments baroques par **Carlo Antonio Carlone** à partir de 1680. De riches décors en stuc entourent les fresques des trois frères Grabengerber qui ornent les voûtes. La véritable particularité est constituée par les 24 **anges de marbre** ; 16 d'entre eux, sculptés par Michael Zürn le Jeune entre 1682 et 1686, sont d'un intérêt artistique tout particulier.

★ Collections d'art (Kunstsammlungen) – La salle des Empereurs (Kaisersaal) doit son nom aux portraits des empereurs du Saint Empire romain germanique, exécutés à la fin du 17e s. par Martino Altomonte, qui occupent les panneaux placés entre les fenêtres. Des fresques de plafond et des stucs d'une grande finesse décorent cette salle d'apparat.

Le joyau du monastère est le **calice de Tassilo★★★**. Offert aux moines par le duc à la fin du 8e s., il servit en 768 lors du mariage du duc avec Luitberge, fille du roi des Lombards. Cette pièce d'orfèvrerie est la plus ancienne connue en pays austro-bavarois. La **collection de peintures** occupe plusieurs salles du 2e étage. La **bibliothèque★** retient l'attention. Elle atteint des proportions spectaculaires avec ses 150 000 volumes et ses 65 m de longueur.

★ **Observatoire (Sternwarte)** – *✆ 07583 5275150 - www.specula.at et www.stift-kremsmuenster.net - visite guidée en allemand (1h30) - mai-oct. : à 10h et 14h - 11 € (enf. 3 €).* Édifié entre 1749 et 1758, l'**observatoire**, dit « tour mathématique », abrite des **collections** de paléontologie, de physique, d'astronomie, d'anthropologie et de zoologie ainsi que des expositions temporaires. Caractéristique amusante : bien que l'édifice ait été achevé en 1758, sa silhouette le rattache à l'architecture du 20e s. : sa forme ne rappelle-t-elle pas l'extrémité de l'Empire State Building de New York ? Du reste, on jouit, du sommet, d'une vue étendue sur... les Alpes.

Carnet pratique

S'informer

Office de tourisme – *Stadtplatz 44 - Wels - ✆ 07242 6772222 - www.wels.at.*

Nos adresses

Restauration/Hébergement

Pour se faire plaisir

3 **Gösserbräu** – A1 - *Kaiser-Josef-Platz 27 - ✆ 07242 60460 - www.goesserbraeu.at - 11h-22h - formule déj. 8/10 €, plats 9/19 € - 21 ch. 129 €* ☕. Restaurant convivial et typique, grande terrasse ombragée. Chambres très confortables et personnalisées avec tissus nobles, parquet et beaux meubles.

Monastère de Saint-Florian ★★

Stift St. Florian

« Ora et labora » (prie et travaille) : la règle bénédictine trouve au monastère de St-Florian, célèbre dans toute l'Autriche, son expression la plus flamboyante. Appelés par des prieurs soucieux d'inscrire la gloire de Dieu (et peut-être la leur) dans la pierre, de grands artistes autrichiens vinrent y travailler, exprimant de manière spectaculaire, la louange des moines bénédictins, établis ici depuis le 11e s., et le fruit de la « lectio divina » (lecture méditative des Écritures saintes) qui occupe une partie de leurs journées. Les bâtiments actuels furent réaménagés de 1686 à 1751 sous la direction de Carlo Antonio Carlone, puis de Jakob Prandtauer qui édifia aussi le château de Hohenbrunn, tout proche, autre chef-d'œuvre de l'époque baroque.

Se repérer

CARTE P. 172 (C2)
Haute-Autriche.
À 23 km au sud de Linz.

Organiser son temps

Le site est fermé au public en hiver.

Nos adresses p. 202

Visiter

Stiftsstr. 1 - ✆ 07224 89020 - www.stift-st-florian.at - uniquement visite guidée (1h) : de avr. à mi-oct. à 11h, 13h et 15h - 11,50 €.
Concert d'orgue (25mn) de mi-mai à mi-oct. : tlj sf mar. et sam., à 14h30 - 6 € - billet combiné avec visite guidée du monastère et concert 15,50 €.
Surmontée par trois tours, la façade occidentale se développe sur une longueur de 214 m. Un très élégant portail avec deux balcons superposés, des colonnes ouvragées et des statues, donne accès à la cour intérieure, ornée d'une remarquable fontaine sculptée et d'un puits en fer forgé de 1603.

Vie de saint Florian

Ancien chef de l'administration civile romaine dans la province de Norique *(voir carte p. 520)*, Florian, qui s'était converti au christianisme, voulut aller réconforter des chrétiens emprisonnés à Lorch. Il rencontra sur le chemin d'anciens amis militaires, venus traquer les convertis dans la région. Refusant de revenir aux idoles devant eux, il subit le martyre en 304 près du camp de Lauriacum, puis fut précipité dans les flots de l'Enns, une pierre autour du cou. Cet événement marqua le début de l'expansion du christianisme en Haute-Autriche. Cette mort par noyade valut à saint Florian d'être invoqué contre les inondations, mais aussi contre les incendies. Aussi, de nombreuses églises en Autriche possèdent sa statue, où il est représenté en légionnaire romain éteignant des flammes.

L'organiste de St-Florian

Anton Bruckner, reconnu comme le plus grand des compositeurs de musique religieuse du 19e s., est né en 1824 dans le village d'Ansfelden, près de St. Florian. Ayant perdu son père à 13 ans, il est accueilli dans la manécanterie du monastère (école formant les enfants au chant choral), où il s'initie aux chefs-d'œuvre de la musique sacrée. Après avoir occupé deux postes d'instituteur, il revient au monastère en 1854 avec la fonction de professeur et, à sa grande joie, d'organiste. Il écrit alors de nombreuses messes et symphonies. Appelé à Linz comme organiste de la cathédrale, puis à Vienne comme professeur au Conservatoire, il connaît enfin la gloire, mais c'est vers St. Florian que vont ses pensées. C'est là qu'il désira être enterré, sous les orgues qui furent les témoins de ses plus grandes joies de compositeur.

Bibliothèque

Les très belles peintures du plafond dues à Bartolomeo Altomonte représentent l'union de la Vertu et de la Science. Les marqueteries incrustées d'or mettent en valeur les incunables, les manuscrits et plus de 140 000 volumes.

Salle de Marbre (MARMORSAAL)

Dédiée à l'empereur Charles VI et au prince Eugène, cette salle, qui servit de salle de concert, est ornée de fresques et de tableaux. Les peintures du plafond *(La Victoire sur les Turcs)* sont de Martino et Bartolomeo Altomonte.

★★★ Altdorfer Galerie

Les tableaux les plus précieux de la collection sont signés **Albrecht Altdorfer**, maître de l'école du Danube, qui s'illustra tant comme peintre que comme graveur en taille-douce, architecte et dessinateur pour gravure sur bois.

Les 14 tableaux de l'autel de saint Sébastien, exécutés en 1518 pour l'église abbatiale gothique, constituent la plus importante collection d'Altdorfer au monde. Les panneaux représentant le martyre de saint Sébastien et, surtout, les huit tableaux qui évoquent les scènes de la Passion sont saisissants par l'intensité de l'émotion qui anime les personnages : le Christ, la Vierge, Pilate et Caïphe. Le décor de forêts et de feuillages donne aux scènes dramatiques une grande puissance d'évocation. En accordant une telle place au paysage, Altdorfer est proche de Dürer et annonce le romantisme.

4

Appartements impériaux (KAISERZIMMER)

Visite en supplément, billet combiné avec l'ensemble du monastère 15,50 €.

On accède aux **appartements impériaux** par l'escalier d'honneur qui se développe sur deux étages ; ses balustrades sont ornées de statues, tandis que les murs et le plafond s'embellissent de peintures.

Jusqu'en 1782, les appartements reçurent la visite d'hôtes illustres : princes, empereurs, et même le pape Pie VI. La chambre de Faistenberger, les chambres de l'impératrice et de l'empereur, la salle d'audience et la chambre des Gobelins ont conservé un riche mobilier, des stucs, des fresques et des tableaux.

Basilique (STIFTSBASILIKA)

Cette basilique baroque fut construite à partir de 1686, sous la direction de Carlo Antonio Carlone, à la place de l'église gothique. Son frère Giovanni Battista se chargea de la réalisation des ouvrages en stuc. Le plafond de près de 5 000 m² de superficie, entièrement couvert de fresques, est l'œuvre des peintres munichois

Johann Anton Gumpp et Melchior Steidl et fut pendant longtemps le seul plafond peint du nord des Alpes.

Le grand orgue, réalisé par Franz Xaver Chrisman (1770-1774), dispose aujourd'hui de plus de 103 registres et 7 836 tuyaux. Il porte le nom d'Anton Bruckner, qui travailla ici comme organiste et compositeur *(voir encadré p. 201)*.

À proximité

CARTE P. 172

★★ Château de Hohenbrunn (SCHLOSS HOHENBRUNN) C2

À 1,5 km à l'ouest - Hohenbrunn 1 - ✆ 07224 20083 - www.ooeljv.at - Pâques-oct. : tlj sf vend. apr.-midi 10h-12h, 13h-17h - 3 € (6-15 ans 1 €, -6 ans gratuit).

Le château de Hohenbrunn assied ses façades raffinées dans une nature souriante. Il fut édifié de 1722 à 1732, pour un prieur du monastère de St-Florian. Ses bâtiments en carré s'ordonnent autour d'une cour centrale. C'est le seul château dont la construction ait été entreprise de façon certaine par l'architecte tyrolien **Jakob Prandtauer**. On lui doit par ailleurs les monastères de Melk et d'Herzogenburg et l'achèvement de celui de St-Florian. Un contremaître du monastère, Jakob Steinhueber, mena à bien la fin des travaux après la mort de Prandtauer. Le château doit son nom (« Hoher Brunnen » : fontaine haute) à la présence d'un dispositif de pompage, installé à l'origine dans une tour flanquant la façade sud.

★★ Musée de la Chasse (Jagdmuseum) – À travers l'exposition de nombreuses armes, de maquettes, de moulages d'empreintes et la mise en scène d'animaux naturalisés, c'est une captivante exploration du monde de la chasse en Haute-Autriche qui vous est proposée ici sur un mode didactique.

On remarquera certains souvenirs historiques, comme la tenue de chasse de l'empereur François-Joseph Ier ou le fusil de l'archiduc Karl Salvator, mesurant 3,12 m de long. La **collection de porcelaines** n'a pas d'équivalent en Europe.

La visite du musée est l'occasion de découvrir la quasi-totalité du château.

Nos adresses

Restauration/Hébergement

Premier prix

Monastère de St-Florian – *Stiftstr. 1 - ✆ 07224 890223/890213 - www.stift-st-florian.at - 18 ch. 110 € ☕ - 1/2 P 16 €/pers.* La sobriété est de rigueur à l'hôtellerie du monastère. Une occasion d'approcher cette communauté d'hommes fondée sur le désir de partager une vie de prière et de travail, selon la règle instituée par Benoît de Nursie au 6e s. Au programme : modération, silence, douceur et simplicité.

Budget moyen

Gasthof Pfistermüller – *Am Bäckerberg 1 - ✆ 07224 4276 - www.pfistermueller.at - mar.-sam. 9h-14h, 17h-21h, dim. 9h-14h - formule déj. 8,30/8,80 €, plats 9/14,50 € - 13 ch. 80 € ☕.* Ce petit hôtel-restaurant traditionnel propose des chambres simples et accueillantes. En été, terrasse ombragée.

Enns ★

Bâtie sur la rive gauche de l'Enns qui marque la frontière entre la Haute et la Basse-Autriche, la modeste ville d'Enns est considérée comme la plus ancienne du pays. Les Romains choisirent en effet ce lieu, à proximité du confluent avec le Danube, pour y installer un camp de légionnaires. Ainsi naquit la ville de Lauriacum érigée au rang de cité romaine en 212. En souvenir de ces lointaines origines, le musée d'Enns a fièrement gardé ce nom romain. Sur la place principale, des façades multicolores encadrent un imposant beffroi du 17e s. Adhérente récente du mouvement « Città Slow », la ville cherche à renouveler ses activités, en s'engageant dans la promotion d'un tourisme vert.

Se repérer

CARTE P. 172 (C2), PLAN D'ENNS P. 204

12 023 habitants – Haute-Autriche.
À 27 km au sud-est de Linz ; liaison en train régulière (20mn).

À ne pas manquer

La basilique St-Laurent et les vestiges des édifices antérieurs.

Organiser son temps

Quelques heures pour visiter la ville. À coupler avec la découverte de la vallée du Danube, notamment la partie allant de Linz à Grein.

Nos adresses p. 205

Se promener

PLAN P. 204

Hauptplatz 19 - ✆ 07223 82777 - erleben.enns.at/tse.
Circuit au départ de la grand-place (Hauptplatz), tracé en vert sur le plan.

Beffroi (STADTTURM) A2

Hauptplatz 1 - ✆ 07223 82777 - 8h-20h - 2 €.
Au milieu de la grand-place se dresse l'emblème de la ville, un beffroi haut de 60 m, érigé entre 1564 et 1568. Destiné à abriter les cloches et servant de tour de guet, il unit le gothique tardif au style Renaissance. Le flanc sud présente l'aigle impérial et les armoiries de la maison de Habsbourg. La galerie, accessible par un escalier, offre un magnifique **panorama★** sur la ville.

Musée Lauriacum (MUSEUM LAURIACUM) A2

Hauptplatz 19 - ✆ 07223 85362 - www.museum-lauriacum.at - mai-oct. : 10h-17h ; nov.-avr. : lun.-vend. 9h-15h - 6 € (6-15 ans 3 €).
Aménagé dans l'ancien hôtel des Monnaies, ce musée est surtout remarquable pour ses importantes collections romaines.

Vieille ville (ALTSTADT) A2

D'origine gothique, les maisons bourgeoises possèdent souvent des cours intérieures à arcades de style gothique tardif ou Renaissance *(Hauptplatz nos 5, 7, 10, 14, Wiener Str. nos 4, 8, 9)*. Les maisons bordant la Hauptplatz, le no 5 de la Mauthausnerstraße et les nos 4 et 20 de la Linzerstraße présentent de belles façades.

4

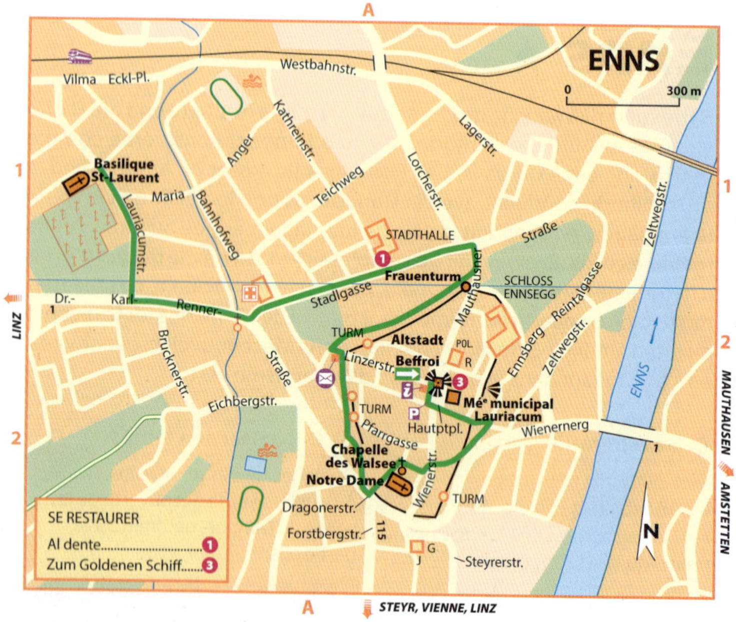

Au bout de la place, tournez dans la Stiegengasse puis Ennsberg pour découvrir une partie des remparts, avant de prendre la Wiener Str.

Église paroissiale Notre-Dame (PFARRKIRCHE ST. MARIEN) A2

Wiener Str. Au sud de la vieille ville s'élève l'une des plus anciennes églises paroissiales jamais fondées par un ordre mendiant en Autriche. Elle fut construite en 1276-1277 par les Frères mineurs. Le chœur datant, lui, du premier quart du 14e s. illustre parfaitement l'évolution des édifices religieux à cette époque. Les clés de voûte superbement sculptées constituent le seul ornement. Le dépouillement de l'architecture des ordres quêteurs contrastait avec la profusion déployée dans la construction des cathédrales au Moyen Âge. Trois arcades gothiques donnent accès à la chapelle des Wallsee.

Chapelle des Wallsee (WALLSEERKAPELLE) A2

Wiener Str. Les Wallsee arrivèrent en Autriche avec les Habsbourg et comptèrent longtemps parmi les burgraves (commandants) de la ville. L'édifice fut accolé à l'église au 14e s. La nef de la chapelle est divisée en deux et reliée à un chœur de même largeur à trois travées. Cette solution architecturale inhabituelle ne fut réalisée que deux fois en Autriche. Des colonnes et des nervures filiformes confèrent à l'intérieur une majestueuse finesse. Une remarquable toile de 1625 représente les évêques de Lorch et les saints patrons de la cité sur une vue générale de la ville. La Madone assise date du 13e s., et le cloître du 15e s.

Prenez la Dr-Renner-Str. pour longer les remparts et aller jusqu'aux tours.

Fortifications (STADTMAUER) A2

Érigées en 1193-1194, elles sont relativement bien conservées : remparts, douves, six tours de défense, dont la tour du Clergé, celle des Boulangers et celle des Femmes. Pour en financer la construction, Enns reçut une partie de la rançon versée par l'Angleterre à l'Autriche pour la libération de Richard Cœur de Lion détenu au château de Dürnstein *(voir p. 148)*.

Tour des Femmes (Frauenturm - A1) - À l'étage se trouve l'ancienne chapelle des chevaliers de St-Jean, dont les fresques furent réalisées entre 1320 et 1360. L'ordre entretenait ici au 14e s. un des nombreux hospices jalonnant la route du pèlerinage de Dantzig (Gdansk) à St-Jacques-de-Compostelle.
Rejoignez la Stadlgasse et remontez-la en passant devant la halle des sports et l'hôpital. Continuez sur la Dr-Renner-Straße et prenez à droite la Lauriacumstraße - comptez 20mn environ.

★ Basilique St-Laurent (BASILIKA ST. LAURENZ) A1

Lauriacumstr. 4 - ✆ 07223 82237 - www.dioezese-linz.at/enns-stlaurenz - visite se rens.
Située sur les fondations de l'ancienne Lauriacum, cité romaine qui s'était développée au bord du Danube en même temps que le camp romain protégeant la frontière de l'Empire (limes), la basilique fut érigée entre 1285 et 1290. Après l'effondrement de la voûte gothique, une nouvelle voûte d'arêtes de style baroque fut construite en 1628. Parmi les ornements, on notera particulièrement le tabernacle de 1480, une Pietà de 1430, une Madone du 14e s. et des reliefs de style gothique flamboyant. Dans le chœur et dans la crypte, on peut admirer des vestiges des édifices antérieurs, mis au jour lors des fouilles archéologiques : un temple gallo-romain (180), la première église chrétienne (évêché, 370) et la basilique datant du début de l'ère carolingienne (740). Devant l'église se dresse un **ossuaire** octogonal renfermant une chapelle gothique. Sa façade porte un **Ecce homo★**, groupe sculpté en 1690 où Ponce Pilate apparaît sous les traits d'un grand vizir turc.

Nos adresses

PLAN CI-CONTRE

Restauration/Hébergement

Premier prix

1 Al dente - A1 - *Stadlgasse 2b - ✆ 07223 86401 - www.aldente-enns.at et www.hotelamlimes.at - 10h30-23h - plats 7,50/14 € - 18 ch. à partir de 66 €* ☕. Le restaurant de l'Hotel am Limes sert essentiellement des spécialités italiennes, comme l'indique son nom, à commencer par la pizza. L'établissement accueillant abrite des chambres simples confortables.

Budget moyen

3 Zum Goldenen Schiff - A2 - *Hauptplatz 23 - ✆ 07223 86086 - www.hotel-brunner.at - formule déj. 10 €, plats 13,50/15 € - 21 ch. 116/154 €* ☕. Cette auberge historique sur la grand-place a été reprise par la famille Brunner. Si un vent de modernité a soufflé sur l'aménagement intérieur, la tradition de l'accueil reste intacte. Au menu, des recettes régionales, mais aussi des plats végétariens à savourer en toute convivialité sur la terrasse dès les premiers rayons de soleil. Chambres contemporaines et sauna.

Steyr ★

Le vieux centre, aux toits rouges, blotti au pied d'une butte marquant le confluent de l'Enns et de la Steyr, a gardé son caractère et son charme. La ville doit son passé glorieux aux gisements de fer de la Styrie et fut au 17e s. l'un des grands centres armuriers de l'empire Habsbourg. Rivale de Vienne à cette époque, Steyr a conservé sa vitalité économique et démographique.

Se repérer

CARTE P. 172 (C2),
PLAN DE STEYR CI-CONTRE
37 920 habitants – Haute-Autriche.
À 42 km au sud de Linz.

À ne pas manquer

La vieille ville avec ses ruelles et ses maisons bourgeoises.

En famille

Les crèches de Christkindl.

Carnet pratique p. 209

Nos adresses p. 209

Se promener

PLAN CI-CONTRE

Circuit dans la vieille ville, tracé en vert sur le plan.

★ Place de la Ville (STADTPLATZ) A1

De superbes maisons bourgeoises avec le premier étage en encorbellement encadrent la longue place avec, au centre, la **fontaine de Léopold**, du 17e s. De cet ensemble se détachent l'**hôtel de ville**, construit de 1765 à 1771 dans le style rococo, à l'étroite façade surmontée d'un beffroi, et, au no 32, la **« Bummerlhaus »**,

Steyr vue de la rivière Enns.
Sergey_Fedoskin/Getty Images Plus

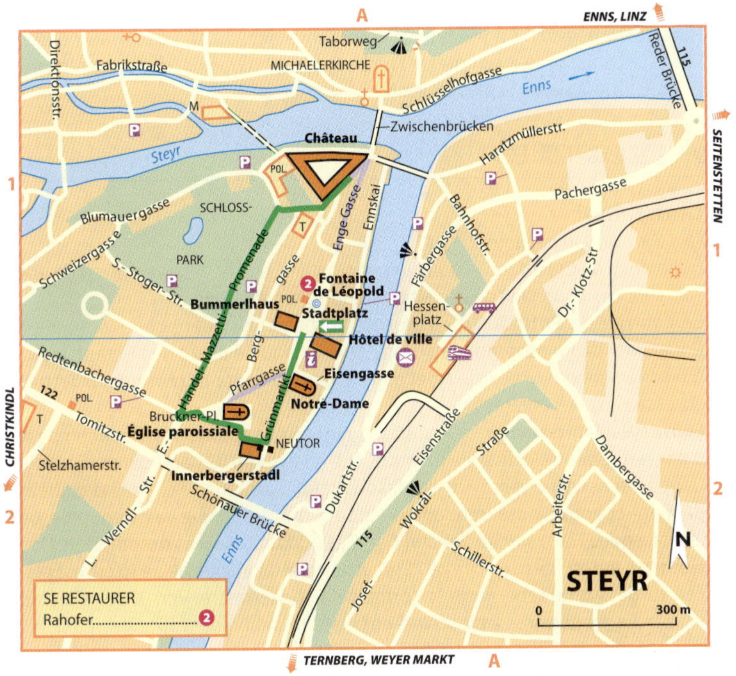

belle demeure bourgeoise de style gothique, à pignon sur rue et 1er étage en saillie. Nombre de maisons recèlent des cours remarquables : style Renaissance, au nº 9, avec deux étages d'arcades ; au nº 11, des arcades décorées de sgraffites et une loggia en bois ; celle commune aux nos 36 et 38 arbore des arcades de style gothique tardif, ainsi qu'une tour à arcades Renaissance.

Église Notre-Dame (MARIENKIRCHE) A2

Bordée sur son flanc nord par l'**Eisengasse**, ruelle pittoresque qui dégringole jusqu'à l'Enns, l'ancienne église des dominicains, aujourd'hui église N.-D., se distingue par son ornementation baroque : maître-autel surchargé de dorures, Vierge à l'Enfant de 1704, tableaux encadrés de stucs, chaire rococo.

Au sud de la Stadtplatz, l'**Innerbergerstadl**, entrepôt à blé du 17e s. transformé en musée local, forme avec une porte de ville et une maison d'angle flanquée d'une tourelle en encorbellement un ensemble plein de charme.

Contournez l'Innerbergerstadl par la droite et, par une ruelle que prolonge un escalier, gagnez l'église paroissiale.

Église paroissiale (STADTPFARRKIRCHE) A2

Elle a été construite au milieu du 15e s. dans le style gothique par **Hans Puxbaum**, l'architecte de la cathédrale St-Étienne de Vienne, avec laquelle elle présente de nombreuses similitudes ; Puxbaum a également réalisé le **tabernacle** ★, aux fines mouchettes, et le baldaquin du chœur. Les fonts baptismaux sont ornés de bas-reliefs du 16e s.

Prenez la Handel-Mazzetti- Promenade.

Château (SCHLOSS LAMBERG) A1

Un château fort est mentionné sur ce site dès la fin du premier millénaire. Le château, édifié en 1666 en style baroque, doit sa forme actuelle à l'architecte de

4

Passau, Domenico d'Angeli, qui réalisa cet aménagement après un incendie en 1727, sur commande du comte de Lamberg. L'ancien donjon, une tour romaine, en constitue la partie la plus ancienne.

À proximité

CARTE P. 172

Christkindl C2

À 3 km au sud de Steyr.

Le hameau de Christkindl - dont le nom signifie « Enfant Jésus » - possède une élégante basilique. Une charmante tradition y est attachée.

Le courrier du Petit Jésus - La poste autrichienne ouvre chaque année à Christkindl de fin novembre au 6 janvier le bureau de poste de l'Enfant Jésus, qui achemine des vœux de Noël dans le monde entier et répond aux lettres adressées par les enfants.

Église (Wallfahrtskirche) - À la fois basilique et église paroissiale, elle se compose d'une partie centrale de style baroque, entreprise en 1702 par Giovanni Battista Carlone et achevée vers 1708 par Jakob Prandtauer. Quatre chapelles coiffées de demi-coupoles entourent une rotonde surmontée d'une vaste coupole, où une fresque (1710) signée Johann Carl Reslfeld représente l'Assomption. Une statuette miraculeuse en cire de l'Enfant Jésus atteignant à peine 10 cm est placée au-dessus du tabernacle en forme de globe terrestre. Vers 1720, elle était conservée dans un ensemble sculpté en bois doré comprenant 35 anges. La chaire de style rococo (1751) est somptueusement travaillée.

Exposition de crèches (Krippenausstellung) dans les anciens communs de la cure *(de déb. déc. au 6 janv.).*

Crèche animée (Mechanische Krippe) - Sa réalisation a nécessité 40 ans (1899-1939). Un système de chaînes et d'engrenages assure l'animation des 300 personnages qui la composent.

Crèche de Pöttmesse (Pöttmesser Krippe) - Avec ses 778 personnages et une superficie de 58 m^2, cette crèche réalisée entre 1930 et 1934 est l'une des plus grandes du monde.

★ Monastère de Seitenstetten (STIFT SEITENSTETTEN) C2

À 19,5 km à l'est de Steyr, par la B 122.

Am Klosterberg 1 - 07477 42300 - www.stift-seitenstetten.at - visite avec audioguide - du lun. de Pâques au 31 oct. : 9h-12h, 13h-15h - 10,50 € (enf. 6,50 €).

Le monastère bénédictin fut fondé en 1112. De cette période, il ne reste que l'abside et les murs latéraux de la chapelle des Chevaliers (Ritterkapelle).

Église abbatiale (Stiftskirche) - Les vaisseaux de la basilique de style gothique primitif ont vraisemblablement été édifiés vers 1300 et baroquisés entre 1670 et 1706 par de riches stucs et peintures. Le maître-autel est dominé par une *Assomption*, chef-d'œuvre d'un artiste de Garsten, Johann Karl Reslfeld.

Bâtiments conventuels (Kloster) - Ils résultent pour l'essentiel de projets de Josef Munggenast. La cage d'escalier est couronnée par une fresque de Bartolomeo Altomonte, tandis que celle de la salle de Marbre (Marmorsaal), représentant l'alliance de la religion et de la sagesse, est l'œuvre de Paul Troger. Les 12 tableaux de la salle d'examens (Maturasaal), tous peints par Kremser Schmidt, sont remarquables, tandis que le cabinet des minéraux, avec ses armoires rococo, communique une impression d'intimité. Parmi les **œuvres d'art★** du monastère (Stiftsgalerie), des tableaux de Paul Troger et de Kremser Schmidt. La tribune et les armoires de la **bibliothèque★** de deux étages ont été réalisées en noyer et contrastent avec les précieux ouvrages reliés de cuir blanc. Une belle porte en fer forgé de 1780 débouche sur le **jardin abbatial** restauré.

Carnet pratique

S'informer

Office de tourisme – *Stadtplatz 27 - Steyr - ✆ 07252 532290 - www.steyr.info.*

Arriver/Partir

En train – Trains directs de Linz Hauptbahnhof desservant aussi Enns (50mn).

Se garer – Plusieurs parkings dans le centre (Promenade, Parkgarage City Point, Parkgarage Bahnhof) et dans la Pachergasse.

Agenda

Schubert Festival – *Oct. - www.schubertatsteyr.at.* Les œuvres du compositeur sont à l'honneur.

Musikfestival – *De fin juil. à déb. août - www.musikfestivalsteyr.at.* Opéras, concerts, comédies musicales... en plein air.

Nos adresses

PLAN P. 207

Restauration

Budget moyen

(2) **Rahofer** – A1 - *Stadtplatz 9 - ✆ 07252 54606 - www.restaurant-rahofer.at - merc.-sam. 18h-22h - plats 12/27 €.* Cuisine méditerranéenne. Belle terrasse.

À St. Ulrich bei Steyr

Pour se faire plaisir

Landgasthof Mayr – *Pfarrplatz 3 - 2 km au sud - ✆ 07252 520910 - www.landgasthof-mayr.at - lun. 17h-0h, mar.-sam. 7h-0h - fermé dim. et j. fériés - 26 ch. 115 € ☕.* Très belle auberge appartement à la même famille depuis 1409. Cuisine traditionnelle où le gibier est à l'honneur. Chambres décorées avec goût.

Hébergement

Budget moyen

Gasthof Bauer – HORS PLAN - *Josefgasse 7 - ✆ 07252 54441 - www.bauer-gasthof.at - P - 14 ch. 80 € ☕ - ✕ fermé lun.-mar. - formule déj. 9,50 €, plats 9,50/15 €.* Chambres agréables et calmes. Cuisine régionale au restaurant.

À Gleink

Premier prix

Gasthof Holzer – *Neustifter Hauptstr. 5 - 5 km au nord - ✆ 07252 76288 - www.gasthof-holzer.at - fermé 3 sem. de fin juil. à mi-août - 6 ch. 55/65 € ☕ - ✕ fermé lun.-mar. - plats 13/29 €.* Cet hôtel-restaurant, en dehors du centre, abrite des chambres aux meubles en bois massif. Beau jardin. Plats régionaux à la carte.

4

Bad Ischl.
J. Arnold Images/hemis.fr

5

Salzbourg et le Salzkammergut

CARTE MICHELIN NATIONAL N° 730

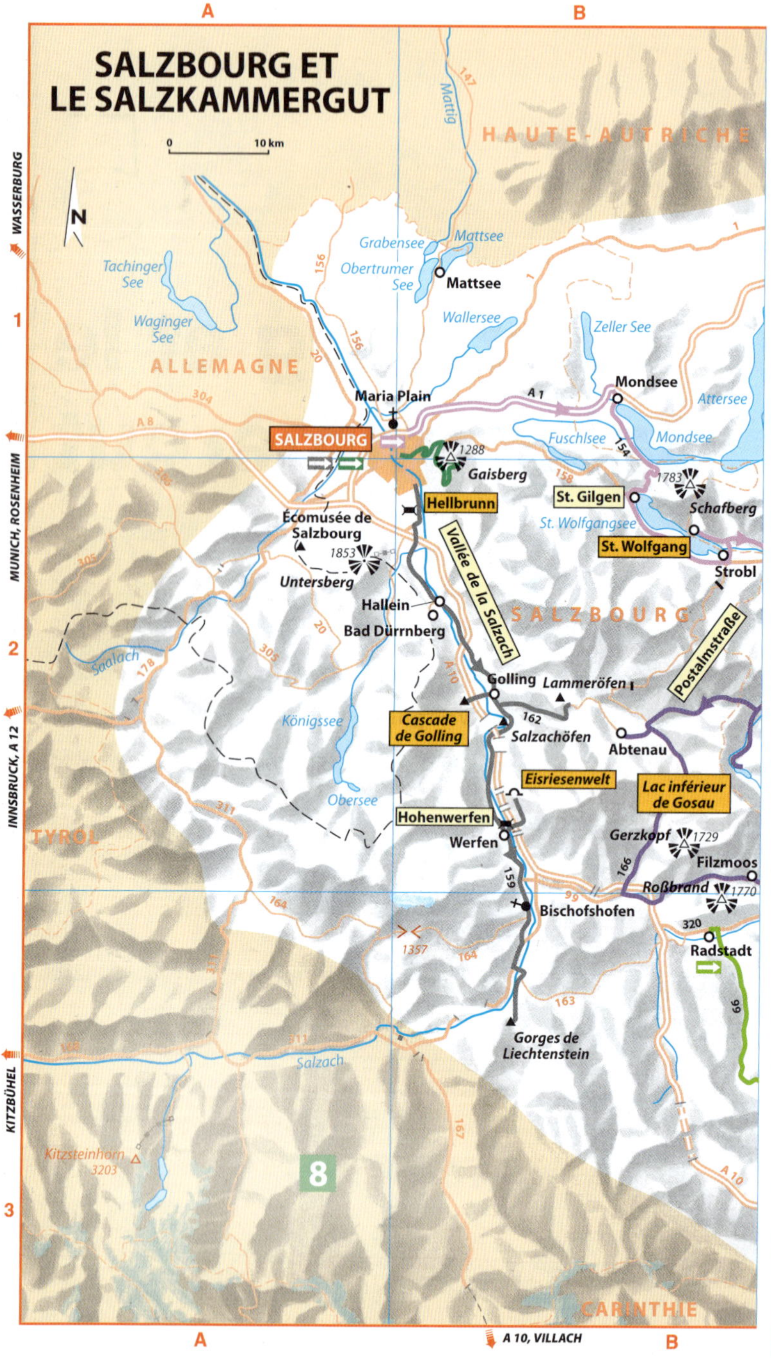
SALZBOURG ET LE SALZKAMMERGUT
0 10 km
N
A
B
WASSERBURG
MUNICH, ROSENHEIM
INNSBRUCK, A 12
KITZBÜHEL
A 10, VILLACH
HAUTE-AUTRICHE
ALLEMAGNE
SALZBOURG
TYROL
CARINTHIE
Tachinger See
Waginger See
Grabensee
Mattsee
Obertrumer See
Wallersee
Zeller See
Mondsee
Attersee
Fuschlsee
St. Wolfgangsee
Maria Plain
SALZBOURG
Gaisberg
Hellbrunn
St. Gilgen
Schafberg
St. Wolfgang
Strobl
Écomusée de Salzbourg
Untersberg
Hallein
Bad Dürrnberg
Vallée de la Salzach
Postalmstraße
Golling
Lammeröfen
Cascade de Golling
Salzachöfen
Abtenau
Eisriesenwelt
Lac inférieur de Gosau
Königssee
Obersee
Hohenwerfen
Werfen
Gerzkopf
Filzmoos
Roßbrand
Bischofshofen
Radstadt
Gorges de Liechtenstein
Saalach
Salzach
Kitzsteinhorn 3203
8

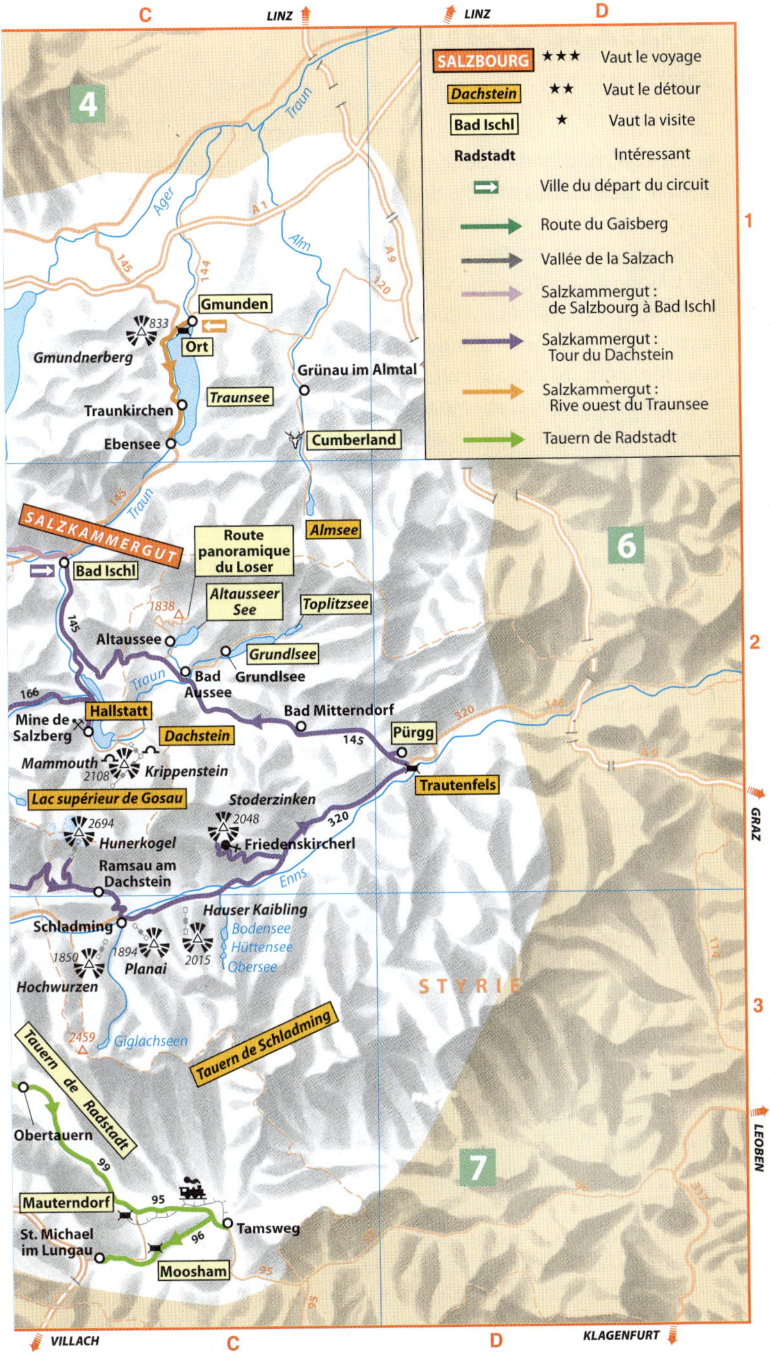
C
LINZ
LINZ
D
SALZBOURG ★★★ Vaut le voyage
Dachstein ★★ Vaut le détour
Bad Ischl ★ Vaut la visite
Radstadt Intéressant
Ville du départ du circuit
Route du Gaisberg
Vallée de la Salzach
Salzkammergut : de Salzbourg à Bad Ischl
Salzkammergut : Tour du Dachstein
Salzkammergut : Rive ouest du Traunsee
Tauern de Radstadt
4
6
7
1
2
3
Traun
Ager
Alm
A 1
A 9
Gmunden
Ort
Gmundnerberg
833
Traunsee
Traunkirchen
Ebensee
Grünau im Almtal
Cumberland
Almsee
SALZKAMMERGUT
Bad Ischl
Route panoramique du Loser
1838
Altausseer See
Toplitzsee
Altaussee
Grundlsee
Bad Aussee
Grundlsee
Bad Mitterndorf
Pürgg
Trautenfels
Hallstatt
Mine de Salzberg
Dachstein
Mammouth
2108
Krippenstein
Lac supérieur de Gosau
Stoderzinken
2048
2694
Hunerkogel
Friedenskircherl
Ramsau am Dachstein
Enns
Schladming
Hauser Kaibling
Bodensee
Hüttensee
Obersee
2015
1894
Planai
1850
Hochwurzen
STYRIE
2459
Giglachseen
Tauern de Schladming
Tauern de Radstadt
Obertauern
Mauterndorf
Tamsweg
St. Michael im Lungau
Moosham
GRAZ
LEOBEN
VILLACH
C
D
KLAGENFURT

Salzbourg ★★★

Salzburg

La plus italienne des cités autrichiennes séduit dès qu'apparaît, au-dessus des toits et des clochers de la ville, la silhouette de la forteresse d'Hohensalzburg, symbole de la puissance des princes-archevêques. Un charme indéfinissable fait de Salzbourg, capitale du Land du même nom, une ville aimée des dieux : un site remarquable, une lumière douce qui baigne les contours de ses palais et de ses églises révélant la noble architecture des édifices, des places aux fontaines sculptées, et aussi l'attrait du Salzkammergut tout proche, les balades le long de la Salzach qui créent autant de souvenirs inoubliables... Vivant au rythme des festivals dédiés à son génie – Mozart –, Salzbourg reste une éternelle mélomane ; son université de musique, le renommé Mozarteum, qui laisse toujours planer quelques notes de musique dans les jardins de Mirabell, propose chaque jour plusieurs concerts en libre accès.

Se repérer

CARTE P. 212-213 (AB 1-2), PLAN I P. 217 (VIEILLE VILLE), PLAN II P. 222 (MIRABEL ET RIVE GAUCHE), PLAN III P. 229 (AGGLOMÉRATION)
155 420 habitants – Salzbourg.
À 295 km à l'ouest de Vienne, 240 km au nord-ouest de Graz, et 187 km au nord-est d'Innsbruck.

À ne pas manquer

L'abbatiale bénédictine St-Pierre ; la Getreidegasse, qui abrite la maison natale de Mozart ; les monts Kapuzinerberg et Mönchsberg, qui offrent de beaux points de vue ; les expositions du musée d'Art moderne Mönchsberg.

Organiser son temps

Comptez 3 jours pour visiter la ville et ses environs.

En famille

Le musée d'Histoire naturelle, le musée du Jouet, le parc zoologique et les jeux d'eau du château de Hellbrunn.

Carnet pratique p. 231

Nos adresses p. 232

★★ Le château

PLAN I P. 217

Funiculaire – *Gare dans la Festungsgasse - ✆ 0662 88849750 - www.salzburg.info - mai, juin et sept. : 8h30-20h30 ; juil.-août : 8h30-21h30 ; avr., oct. et déc. : 9h-2h30, janv.-mars et nov. : 9h-17h - 13,30 € AR (6-14 ans 7,60 €) incluant l'entrée du château ; accès en funiculaire et abords du château uniquement 9h-10h, 18h-20h - 11 € (6-14 ans 6,20 €).*

★★ Forteresse du Hohensalzburg (FESTUNG HOHENSALZBURG) C2

L'ancien château fort des princes-archevêques se dresse sur un bloc de dolomite, à environ 120 m au-dessus de la Salzach. Il fut commencé en 1077 par l'archevêque Gebhard, allié du pape et désireux de se ménager une retraite sûre, à l'abri des menaces des princes de l'Allemagne du Sud qui soutenaient l'empereur dans la guerre du Sacerdoce et de l'Empire.

Place de la Résidence dans la vieille ville.
Elenaphotos/Getty Images Plus

Il fut sans cesse agrandi puis aménagé en résidence confortable par la construction de chambres d'apparat. Jusqu'à la fin du 15e s., les archevêques y résidèrent fréquemment, renforçant considérablement son caractère défensif en édifiant des tours, des bastions pour les canons, des barbacanes et en créant des magasins et des dépôts d'armes. En 1861, l'empereur François-Joseph met un terme à son utilisation militaire et ouvre le lieu aux premiers touristes.
À la sortie de la gare supérieure, gagnez, à droite, la terrasse panoramique formée par l'avancée du bastion, d'où l'on pénètre dans la forteresse par une porte.
Cour intérieure – On aboutit à une place avec, devant soi, le mur sud de l'**église St-Georges** (1502), décoré d'un bas-relief de la Crucifixion, et dans une niche, un groupe sculpté en marbre rouge de Salzbourg représentant l'archevêque **Leonhard von Keutschach** (1495-1519) entre deux lévites.
Du flanc droit de l'église, gagnez la terrasse du **bastion Kuenburg**. On y découvre une très belle **vue★★** sur la vieille ville, ses dômes et ses clochers.
Revenez sur la place et gagnez le château par le « Feuergang », passage voûté.

5

Musée du Château (BURGMUSEUM) C2

✆ 0662 84243011 - www.salzburg-burgen.at - mai-sept. : 8h30-20h ; oct.-avr. : 9h30-17h (w.-end de l'avent et Pâques 18h) - train AR + entrée 13,30 € (6-14 ans 7,60 €).
Visite avec audioguide en français du chemin de ronde et de la tour d'observation.
Après avoir traversé une galerie de portraits des princes-archevêques et une salle de torture qui n'est jamais entrée en fonction, on atteint la tour d'observation avec une jolie **vue ★** à 360°. Dans cette partie du château est conservé un orgue à rouleaux, actionné à la main. Il joue, outre le choral original de 1502, des mélodies de Mozart et de Haydn.
La visite se poursuit par les chambres d'apparat. Les anciens appartements des archevêques, aménagés par Leonhard von Keutschach, ont conservé leur décoration : sculptures gothiques en bois sur les murs, ferrures très ouvragées sur les portes, plafonds à caissons cloutés d'or. La pièce la plus impressionnante est la

Fürstenzimmer (Chambre des princes), vaste salle de bal dont les poutres du plafond sont couvertes de blasons représentant les armes de la province, des diocèses ou abbayes relevant de l'archevêque et celles des dignitaires de sa cour ; remarquez aussi les superbes portes décorées et quatre colonnes torsadées en marbre rouge portant le blason (un navet) des Keutschach. Dans la chambre dorée attenante, un **poêle** de faïence monumental de 1501, dû à un céramiste local, est décoré de fleurs et de fruits, de scènes de la Bible, de blasons et de portraits de souverains de l'époque.
On visite également le **musée★**, qui, outre les documents évoquant l'évolution de la ville, réunit des œuvres d'art du Moyen Âge, dont une belle collection d'**armures** médiévales d'apparat (16e-17e s.).
Redescendez par les escaliers et le chemin très en pente, puis empruntez la route « Hoher Weg » pour gagner le couvent de Nonnberg.

Couvent de Nonnberg (STIFT NONNBERG) C2

Ce couvent de bénédictines fut fondé vers 714 par saint Rupert. La nièce de ce dernier, sainte Erentrude, en fut la première abbesse. Il s'agit du plus ancien monastère de femmes des pays germanophones.
L'**église abbatiale**, entourée d'un cimetière, est de style gothique tardif (fin du 15e s.). Le portail principal fut construit de 1497 à 1499 avec remploi de l'ancien tympan roman où l'on voit la Vierge d'un côté encadrée de saint Jean-Baptiste et sainte Erentrude, de l'autre d'un ange et d'une moniale agenouillée. Le maître-autel (1515) est orné d'un très beau retable sculpté et doré. Dans la partie centrale, une Vierge à l'Enfant est entourée de saint Rupert et saint Virgile. Sur les volets sont représentées des scènes de la Passion. Sous le chœur, on peut voir des fresques romanes du milieu du 12e s. La vaste crypte contient le tombeau vide de sainte Erentrude. La voûte d'ogives fortement compartimentée repose sur 18 colonnes.
Dans la **chapelle St-Jean**, la partie centrale d'un retable gothique de 1498, attribué à Veit Stoss, montre une Nativité pleine de mouvement.
Revenez par le Hoher Weg en sens inverse, reprenez la Festungsgasse pour regagner la vieille ville.

Se promener

★★ La vieille ville (ALTSTADT) PLAN I CI-CONTRE

Circuit tracé en vert sur le plan, au départ de la place de la Cathédrale (Domplatz). Circulation automobile interdite. Garez votre voiture et prenez les transports en commun (voir « Carnet pratique » p. 231) ou gagnez à pied la Domplatz.
Depuis 1996, la vieille ville de Salzbourg est inscrite au Patrimoine mondial de l'Unesco.

Place de la Cathédrale (DOMPLATZ) C2

Cette belle place présente une grande unité architecturale. Trois portiques relient la cathédrale et les anciens palais ecclésiastiques qui l'entourent. Au centre se dresse une colonne de la Vierge, élevée en 1771.

★ Cathédrale (DOM) C2

Domplatz - www.salzburger-dom.at.
Construite de 1614 à 1655, la **cathédrale** est un très vaste édifice où le baroque apparaît à travers l'expression de la Renaissance italienne.

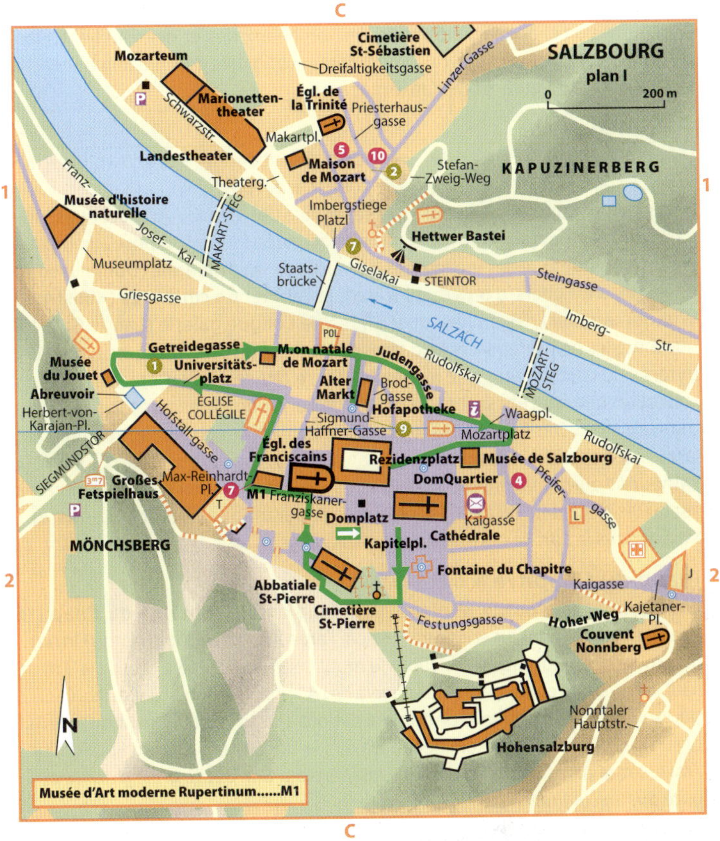

SE RESTAURER

- Zwettle's 4
- Johanneskeller 5
- Triangel 7
- Zum fieldel Affen 10

SE LOGER

- Hotel Blaue Gans 1
- Star Inn Premium Salzburg Gablerbräu 2
- Hotel Stein 7
- Am Dom 9

5

La façade occidentale, encadrée de deux tours symétriques, est en marbre clair de Salzbourg. Le fronton entre les deux tours, dominé par la statue du Christ, est orné des blasons des archevêques Markus Sittikus et Pâris Lodron, qu'encadrent les statues de Moïse et d'Élie ; au-dessous, statues des quatre évangélistes. Devant le portail d'entrée, statues de saint Rupert, saint Virgile, saint Pierre et saint Paul. Les sculptures des portes de bronze (1957-1958) ont pour thème la Foi (à gauche, par Toni Schneider-Manzell), l'Espérance (à droite, par Ewald Mataré) et la Charité (au centre, par Giacomo Manzù).

L'intérieur frappe par son ampleur et la richesse de ses marbres, de ses stucs, de ses peintures et des cinq orgues. Mozart fut baptisé en 1756 sur les fonts baptismaux romans.

Crypte – *Accès par le transept nord - 10h-17h, dim. et j. fériés 13h-17h.* Elle a été réaménagée après dégagement de quelques vestiges de la cathédrale romane.

Elle abrite une chapelle d'adoration, les tombeaux des princes-archevêques, un Christ roman et une œuvre contemporaine originale de Christian Boltanski, *Vanitas* (2009), figurant une danse macabre.

★ DomQuartier C2

Domplatz. ✆ 0662 80422109 - www.domquartier.at - ♿ - tlj sf mar. 10h-17h - fermé 24 déc. - 13 €, gratuit avec la Salzburg Card (voir p. 231).

Le complexe culturel rassemblant la résidence des Princes-Archevêques, une partie de la cathédrale et de l'abbaye bénédictine St-Pierre compose aujourd'hui un ensemble unique de cinq musées : le **musée de la cathédrale (Dommuseum)** qui expose les chefs-d'œuvre du trésor ; le **cabinet de curiosités (Kunst-und Wunderkammer)** des archevêques (17ᵉ s.) ; la **Longue galerie (Lange Galerie)** qui abrite les peintures sacrées, datées du Moyen Âge à nos jours, issus de presbytères de l'archidiocèse ; le **musée St-Pierre (Museum St. Peter)** ; et enfin la collection baroque Rossacher du musée de Salzbourg, présentée dans les oratoires du Nord. Des expositions temporaires consacrées au baroque complètent la visite. En chemin, vous aurez l'occasion d'accéder aux tribunes de l'orgue de la cathédrale qui ménagent la plus belle vue sur la nef et de jouir d'un joli panorama sur la Residenzplatz du haut de la **terrasse panoramique (Aussichtsterrasse)**.

Passez sous le porche qui mène sur la Kapitelplatz.

Place du Chapitre (KAPITELPLATZ) C2

Légèrement au sud de la place, la monumentale **fontaine du Chapitre (Kapitelschwemme)** fut érigée en 1732 par l'archevêque Leopold Anton Firmian ; un groupe de Neptune en constitue le motif central. À côté se dresse, à 9 m de haut, la sculpture contemporaine *Sphaera* de l'Allemand Stephan Balkenhol (1957), portant une sphère dorée et un homme debout à l'attitude énigmatique ; elle fait partie des six œuvres disséminées à travers la ville par la Salzburg Foundation.

Traversez la place et entrez dans le cimetière par une petite grille à droite de la gare du funiculaire.

★★ Cimetière St-Pierre (FRIEDHOF ST. PETER) C2

En contrebas de la paroi verticale du Mönchsberg, dans laquelle sont creusées des catacombes, le **cimetière St-Pierre** évoque le passé de la ville. Des grilles en fer forgé, placées sous des arcades de style baroque, délimitent les caveaux où reposent plusieurs générations de familles patriciennes salzbourgeoises. La **chapelle Ste-Marguerite (Margarethenkapelle)**, du 15ᵉ s., est une délicate construction de la fin du gothique.

Traversez le cimetière et empruntez la sortie débouchant sur l'abbatiale St-Pierre.

★★ Abbatiale bénédictine St-Pierre (STIFTSKIRCHE ST. PETER) C2

Stift St. Peter - www.stift-stpeter.at.

Basilique romane à trois nefs, l'**abbatiale bénédictine** a été profondément remaniée aux 17ᵉ et 18ᵉ s., revoûtée et pourvue alors d'une coupole. Mais derrière la richesse du décor baroque pointe encore la sereine harmonie de l'art roman, notamment dans la chapelle Ste-Catherine. On pénètre dans l'église par un portail roman du début du 13ᵉ s.

De la **grille en fer forgé★ (Oberlichtengitter)**, qui sépare le porche de la nef, on a la meilleure vue d'ensemble du vaisseau. Ce superbe travail de ferronnerie daté de 1768, est dû à Philippe Hinterseer. La simplicité de l'architecture, soulignée par la blancheur des murs, met en valeur l'élégance de la décoration rococo de Benedikt Zöpf. La voûte de la nef est ornée de fresques montrant des scènes de

Enseignes dans Getreidegasse.
leskas/Getty Images Plus

la vie de saint Pierre, dues à un artiste d'Augsbourg, du nom de Johann Baptist Weiß. Sur chacun des murs au-dessus des grandes arcades, on remarque parmi d'autres compositions une montée au Calvaire et une Crucifixion. Sous les fenêtres hautes, une suite de peintures de Franz Xaver König représente, à gauche, la vie de saint Benoît, et à droite, la vie de saint Rupert. Les retables du maître-autel et de la nef, pour la plupart de la main de Kremser Schmidt *(voir p. 150)*, avec leurs colonnes de marbre rouge, leurs statues dorées et leurs peintures, forment un ensemble d'une grande richesse. Seul le bas-côté droit comporte des chapelles. Ne pas manquer le tombeau de saint Rupert, sarcophage romain du 5e s., et, dans la chapelle la plus éloignée du chœur, le beau tombeau en marbre élevé en 1593 par l'archevêque Wolf Dietrich pour son père, Hans Werner von Raitenau. Représentant la plus ancienne communauté bénédictine au nord des Alpes, une trentaine de moines travaillent et vivent encore dans le monastère dont fait partie l'abbatiale.
Sortez de la cour du monastère sur le côté droit, vers la Franziskanergasse.

★ Église des Franciscains (FRANZISKANERKIRCHE) C2

Consacrée en 1223 et plusieurs fois remaniée, elle offre une intéressante juxtaposition des styles roman et gothique. La nef romane, est séparée des bas-côtés par des piliers massifs aux chapiteaux ornés de feuillages et d'animaux stylisés. Très sombre, elle forme un contraste saisissant avec le chœur très clair. La voûte du chœur de la dernière période gothique (achevé en 1460) est nervurée en étoile et soutenue par des colonnes cylindriques s'épanouissant en palmier. L'imposant maître-autel a été conçu en 1708 par Johann Bernard Fischer von Erlach. La statue de la Vierge, ornant son retable baroque, est tout ce qui reste du retable gothique exécuté par Michael Pacher entre 1495 et 1498.
Sortez et prenez à droite en poursuivant sur la Franziskanergasse, avant de tourner de nouveau à droite rue Wiener-Philharmonikergasse.

Musée d'Art moderne Rupertinum - Collection d'art graphique (MUSEUM DER MODERNE RUPERTINUM - GRAPHISCHE SAMMLUNG) C2

Wiener-Philharmoniker-Gasse 9 - ☏ 0662 842220 - www.museumdermoderne.at - ♿ - mar.-dim. 10h-18h (merc. 20h) - fermé lun. sf Semaine Mozart, Festival de Salzbourg, Pâques, Pentecôte - 8 € (enf. 4 €) - billet combiné avec le musée d'Art moderne Mönschberg 13 € (enf. 8 €).

Installée dans un **palais★** du 17e s., la galerie présente des expositions de mouvements d'avant-garde depuis 1983. Une place importante est également réservée à des expositions d'art graphique (photographies, gravures, dessins, etc.).

Face au Grand Palais, qui accueille le festival, continuez sur la Wiener-Philharmonikergasse à droite jusqu'à l'Universitätsplatz.

★ Place de l'Université (UNIVERSITÄTSPLATZ) C1

L'**église collégiale (Kollegienkirche)**, œuvre de Fischer von Erlach consacrée en 1707, domine toute la place. Cette église baroque, monumentale et grandiose, est considérée comme l'une des plus belles réalisations de l'architecte. Comme son nom l'indique, l'église était à l'usage de l'université fondée en 1623 par les bénédictins. L'autre côté de la place offre un joli alignement de façades colorées. La plupart de ces maisons abritent de charmants petits **passages★ (Durchhäuser)** et des cours intérieures qui mènent à la Getreidegasse.

Prenez l'un de ces passages pour rejoindre la Getreidegasse ou dirigez-vous vers la Herbert-von-Karajan-Platz pour admirer la fontaine abreuvoir.

Abreuvoir (PFERDESCHWEMME) C1-2

Construit en 1695 pour les chevaux des écuries archiépiscopales, cet abreuvoir monumental fut transformé en 1732 par l'inspecteur des jardins Franz Anton Danreiter. Il est décoré d'un groupe sculpté, *Le Dompteur de chevaux*, par Mandl, et de fresques représentant de fougueux coursiers. Remarquez à gauche sous la colline du Mönchsberg, le Siegmundstor, un tunnel percé de 1764 à 1767.

Revenez vers l'Universitätsplatz et empruntez l'un des passages sous porche menant vers la Getreidegasse.

★★ Getreidegasse C1

Littéralement nommée « rue des céréales », c'est l'une des principales artères du vieux Salzbourg. À l'image de la ville ancienne qui, enserrée entre le Mönchsberg et la Salzach, ne pouvait se développer qu'en hauteur, elle est étroite et bordée de maisons à quatre ou cinq étages. Rue commerçante et animée dès le Moyen Âge, la Getreidegasse a conservé cette ambiance. Elle est ornée de nombreuses **enseignes** de fer forgé, dont la plus ancienne (1595), située au n°33, est dédiée à la guilde des charrons (fabricants de roues). Utiles pour les analphabètes il y a quelques siècles, elles représentaient les publicités de l'époque : aujourd'hui, elles sont adoptées par les grandes marques mondiales. Nombre de maisons aux encadrements de fenêtres sculptés contribuent à lui donner du cachet. Pour éviter la foule, parcourez la rue de bon matin ou en soirée.

Dirigez-vous vers le n° 9 de la Getreidegasse.

★★ Maison natale de Mozart (MOZARTS GEBURTSHAUS) C1

Getreidegasse 9 - ☏ 0662 844313 75 - www.mozarteum.at - 9h-17h30 (dernière entrée 17h) - 12 € (15-18 ans 5 €, 6-14 ans 3,50 €), billet combiné avec la maison de Mozart (voir p. 225) 18,50/6/5 € - gratuit avec la Salzburg Card (voir p. 231).

L'édifice où naquit le célèbre compositeur constituera sans aucun doute l'une des séquences les plus émouvantes de votre séjour à Salzbourg. En grimpant les

+ L'héritage des princes-archevêques

Fondé peu avant 700 par saint Rupert, l'évêché de Salzbourg est érigé au siècle suivant en archevêché. Dès lors, la ville va commencer à se transformer et à se développer.

Princes du sel

Au 13e s., les archevêques reçoivent la dignité de princes du Saint Empire romain germanique et jouissent d'importants privilèges : ils peuvent ainsi porter la couleur pourpre, traditionnellement réservée aux cardinaux, nommer directement les évêques ou encore frapper d'anathème leurs ennemis. Leur pouvoir temporel s'étend jusqu'en Italie, leurs revenus sont considérables et proviennent en grande partie de l'exploitation des salines du Salzkammergut (*Salz* signfie « sel »). Trois de ces grands seigneurs ont fait preuve d'un goût de bâtir digne des souverains de la Renaissance. En un peu plus d'un demi-siècle, ils transformèrent la petite ville aux ruelles enchevêtrées en une cité rappelant, par ses palais et ses vastes dégagements, les grandes villes italiennes.

Élu archevêque en 1587, **Wolf Dietrich von Raitenau** est le personnage type de la Renaissance. Élevé à Rome, proche des Médicis, il rêve de faire de sa capitale la Rome du Nord. Après la destruction de l'ancienne cathédrale et du quartier qui l'entourait par un incendie, il fait appel à l'architecte italien Scamozzi pour édifier une cathédrale plus vaste que la basilique St-Pierre de Rome. Mais Dietrich ne peut mener à bien la réalisation de ce projet. Le commerce du sel l'entraîne dans un conflit désastreux avec les ducs de Bavière. Battu, il est déposé et emprisonné par son cousin et successeur, sous la juridiction de l'Église, dans la forteresse de Hohensalzburg en 1612. Avant sa mort en 1617, il aura eu le temps de faire construire le château de Mirabell, sur la rive droite de la Salzach, pour **Salomé Alt**, une Juive d'une grande beauté dont il aura 15 enfants, et son mausolée dans le cimetière St-Sébastien. Il a fait de Salzbourg une ville à l'architecture baroque n'ayant rien à envier aux villes des Alpes du Sud.

Son successeur, **Markus Sittikus von Hohenems** (1612-1619), entreprend la réalisation de la cathédrale sur des bases plus modestes et confie les travaux à l'Italien Santino Solari. Au sud de Salzbourg, il fait construire le château de plaisance de Hellbrunn et aménager le parc avec ses jeux d'eau.

Une cour mélomane

Mettant à profit son long épiscopat, **Pâris Lodron** (1619-1653) finit l'œuvre de ses prédécesseurs. Il termine la cathédrale, consacrée solennellement en 1628. À cette occasion est donnée une messe écrite par le maître de chapelle italien Horace Benevoli, pour 53 parties : huit chœurs à deux voix, deux orchestres à cordes, deux ensembles de cuivres, bois, timbales et les orgues de la cathédrale. Cette extraordinaire réalisation ouvre pour Salzbourg une tradition musicale qui va s'affirmer pleinement au siècle suivant.

Pâris Lodron achève également la Résidence *(voir p. 224)*. Il entoure la ville de fortifications, fonde l'université bénédictine et perce de nouvelles artères, fixant le visage de Salzbourg pour les générations à venir. Depuis la mise en place en 2014 du « Domquartier », les visiteurs entrent dans l'histoire et suivent les pas des archevêques, de la même manière que les prélats de Salzbourg autour de la cathédrale il y a 230 ans.

escaliers, c'est un peu le temps que vous remontez: la famille de Mozart vécut durant 26 ans au troisième étage du bâtiment, de 1747 à 1773, dans un trois-pièces qui a retrouvé son cachet d'antan grâce à une minutieuse restauration. Le petit Wolfgang Amadeus y vit le jour le 27 janvier 1756 (dans la chambre à coucher); il y resta jusqu'à son adolescence et y composa la plupart de ses œuvres de jeunesse. L'ancien salon présente quelques beaux portraits du génie, dont un attribué à Pietro Antonio Lorenzoni et sur lequel il pose à six ans en costume d'archiduc. La pièce maîtresse est l'ancienne chambre à coucher: elle recèle, outre quelques cheveux de Mozart, le célèbre **violon★★** de son enfance (un modèle de violon piccolo), qu'il reçut à l'automne 1762. Le bureau conserve un fragment de partition écrit par le compositeur, une lettre à sa femme et un portrait à la pointe d'argent

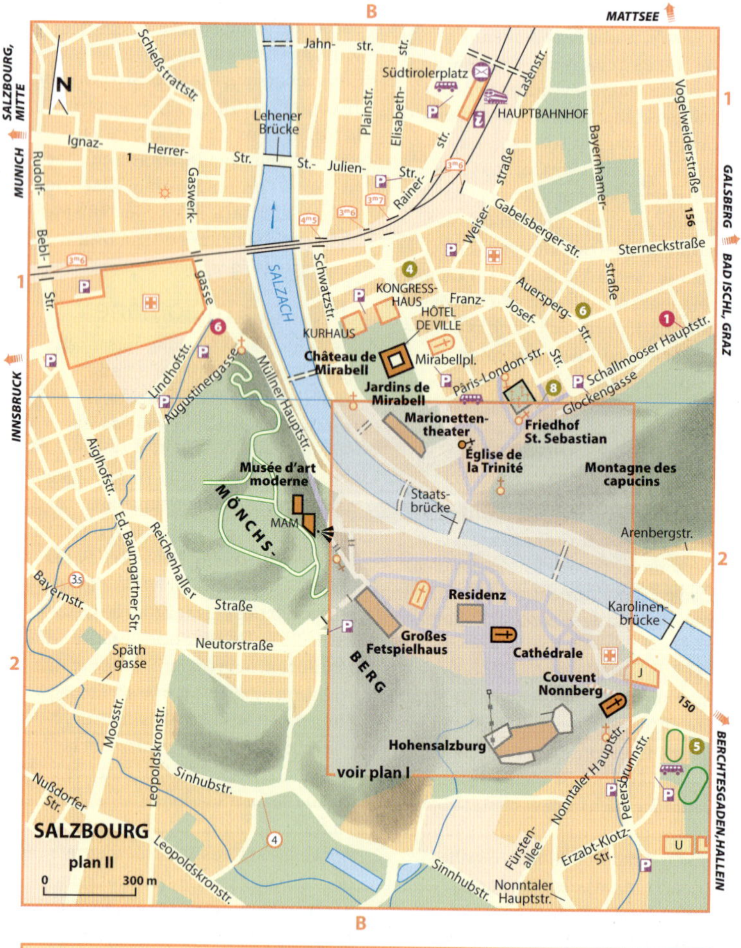

SE RESTAURER		SE LOGER			
S'Kloane Brauhaus	1	Hotel Markus Sitikus	4	Auersperg	6
Krimpelstätter	6	JUFA Gästhaus Salzburg	5	Hotel Amadeus	8

dessiné par Doris Stock (avril 1789). L'appartement voisin, décoré avec un mobilier d'époque, recrée l'atmosphère d'une résidence bourgeoise de la fin du 18e s. et comprend le tableau du dernier jour de Mozart par Hermann Kaulbach (copie ?). Le 2e étage abrite une intéressante **collection★** de maquettes de scènes de théâtre et d'opéra présentant des œuvres écrites par Mozart, ainsi que des dessins de costumes et des accessoires. Au 1er étage, une carte, figurant ses étapes à travers l'Europe occidentale et centrale, permet de comprendre la célébrité du prodige de son vivant : 17 voyages, le premier à six ans, le dernier trois mois avant sa mort. Une pièce habillée de bois permet enfin d'écouter de façon optimale des extraits de ses œuvres.

Suivez la Getreidegasse et laissez à gauche l'hôtel de ville.

Place du Vieux-Marché (ALTER MARKTPLATZ) C1

La place est agrémentée d'une fontaine sur laquelle se dresse saint Florian, patron des pompiers et sujet très apprécié pour les sculptures de ces mobiliers. À hauteur du bassin, remarquez la curieuse **Hofapotheke**, pharmacie ayant conservé son aménagement intérieur rococo de 1760.

★ Ruelle aux Juifs (JUDENGASSE) C1

Au centre du quartier autrefois réservé aux Juifs, cette rue très étroite et pittoresque est, comme la Getreidegasse, ornée d'enseignes en fer forgé et de maisons colorées. Au n° 4, on remarque un groupe sculpté représentant la Vierge de Maria Plain *(voir p. 230)*.

Par la Waagplatz, gagnez la Mozartplatz.

★ Musée de Salzbourg - Nouvelle Résidence (SALZBURG MUSEUM IN DER NEUEN RESIDENZ) C2

Mozartplatz 1 - ✆ 0662 620808700 - www.salzburgmuseum.at - tlj sf lun. 9h-17h (juil.-août tlj - dernière entrée 30mn av. fermeture) - 9 € (16-26 ans 4 €, 6-15 ans 3 €) - visite thématique jeu. à 18h (tarif d'entrée réduit).

Terminé quelques années après l'Ancienne Résidence, le palais de la Nouvelle Résidence (1600) – superbes **plafonds** en relief, aux couleurs éclatantes – abrite un musée consacré à l'histoire de la ville. Le 1er étage est dédié à des figures marquantes de Salzbourg, tels l'alchimiste Paracelse (1493-1541) ou les Sattler, une famille de peintres salzbourgeois. Le 2e étage se concentre sur l'histoire de la ville, ses mythes et ses réalités et intègre une intéressante **collection★** d'instruments de musique (remarquez le piano dont les couleurs du clavier sont inversées, une facture courante au 18e s. due à la rareté de l'ivoire.). Le 3e étage abrite le travail de **Gottfried Salzmann**, aquarelliste et photographe, né près de Salzbourg en 1943. Au rez-de-chaussée, expositions temporaires.

Gagnez la Residenzplatz.

Place de la Résidence (RESIDENZPLATZ) C2

Jusqu'en 1603, un cimetière existait à cet emplacement. Le prince-archevêque Wolf Dietrich, en faisant édifier la cathédrale, créa la place actuelle, ornée au 17e s. d'une belle fontaine (groupe de chevaux, tritons et atlantes). C'est sur cette place, la plus grande de la ville, que se tiennent les rassemblements festifs et annuels des Salzbourgeois. Elle est bordée au sud par la cathédrale et à l'ouest par le palais de la Résidence (d'où son nom). À l'est est installé le **Glockenspiel**, carillon de 35 cloches fondues à Anvers à la fin du 17e s. et montées à Salzbourg en 1702, qui sonne quotidiennement à 7h, 11h et 18h.

★★ Résidence (RESIDENZ) et galerie de la Résidence (RESIDENZGALERIE) C2

✆ 662 80 42 21 09 - www.domquartier.at - ♿ - tlj sf mar. 10h-17h - billet combiné avec le DomQuartier 10 ou 13 €; gratuit avec la Salzburg Card (voir p. 231).

Les bâtiments actuels furent construits à partir de 1595 sur l'initiative du prince-archevêque Wolf Dietrich, pour remplacer un édifice qui, dès le milieu du 11e s., fit office d'évêché. L'aile nord-ouest date de la fin du 18e s. Dans la salle des Conférences, le jeune Mozart dirigea de nombreux concerts devant les invités du prince-archevêque. C'est aussi dans ce palais qu'en 1867, l'empereur François-Joseph reçut Napoléon III et, en 1871, l'empereur d'Allemagne Guillaume Ier.

Residenzgalerie – *2e étage* - D'importantes peintures européennes du 16e au 19e s. constituent le fonds de la collection présentée dans les 15 salles d'apparat de la Résidence. La peinture hollandaise et flamande du 17e s. en est l'incontestable point d'orgue dans la galerie avec des œuvres de maîtres tels que Rembrandt, Rubens ou Brueghel.

★ La rive droite PLANS I P. 217 ET PLAN II P. 222

★ Montagne des Capucins (KAPUZINERBERG) - Bastion du Hettwer (HETTWER BASTEI) PLAN I C1

Montez par le charmant petit **escalier★ (Imberstiege)** raide qui part de la Steingasse, après le n° 7 sous un passage couvert. Au fur et à mesure de l'ascension, les bruits de la ville s'estompent cédant la place à une sensation de sérénité. De ce bastion, en bordure sud du Kapuzinerberg, **vue★** remarquable sur les deux rives de la cité. La lumière rasante du matin, égayée par la teinte verte des multiples clochers et toits couverts de cuivre – dont les plus typiques sont en forme d'accordéon –, met en valeur la structure parcellaire des quartiers anciens et les volumes de la collégiale et de la cathédrale. La vieille ville apparaît blottie entre la Salzach et la colline abrupte où trône la citadelle. Derrière la table d'orientation, vous remarquerez le monastère toujours habité, construit entre 1599 et 1602. À côté, vous apercevrez, un peu caché par la végétation, l'ancienne villa de l'écrivain **Stefan Zweig** *(ne se visite pas)* qui vécut ici de 1919 à 1934. Et à l'arrière, une vaste forêt occupe le reste de la montagne des Capucins, habitée par des chevreuils et par quelques familles de chamois: le site offre une belle occasion de randonnée nature, en plein cœur de l'agglomération…

Redescendez par le Stefan-Zweig-Weg. Au niveau du n° 14 de la Linzergasse, prenez à droite et remontez jusqu'au n° 41. Engagez-vous dans le passage sur la gauche. Tournez immédiatement à droite en direction d'une porte verte 10 mètres plus loin.

Cimetière St-Sébastien (FRIEDHOF ST. SEBASTIAN) PLAN I C1

De l'ancienne église St-Sébastien, détruite par un incendie en 1818, puis reconstruite, ne subsiste que le portail de 1754 de style rococo surmonté d'un buste du saint patron. Sous les arcades se trouve le tombeau de **Paracelse**, célèbre médecin et philosophe de la Renaissance, mort à Salzbourg en 1541.

Attenant au flanc de l'église, un cloître dont les arcades abritent d'innombrables monuments funéraires entoure un **cimetière** ombragé. Ce lieu de recueillement fut aménagé vers 1600 à l'image d'un *camposanto* italien, c'est-à-dire un cimetière ancien, d'une grande richesse archéologique ou artistique. Au centre se dresse le mausolée de Wolf Dietrich; l'intérieur est tapissé de belles céramiques multicolores que l'on ne peut approcher de près. Dans l'allée centrale, tombes du père et de la femme de Mozart.

Cloître du cimetière St-Sébastien.
P. Witt/hemis.fr

Redescendez la Linzergasse et prenez à droite la Dreifaltigkeitsgasse.

Église de la Trinité (DREIFALTIGKEITSKIRCHE) PLAN I C1

L'**église de la Trinité** fut construite de 1694 à 1699 par Fischer von Erlach. La coupole ovale et l'intérieur sont de style baroque. L'originalité et l'audace architecturale de cette coupole mettent en valeur, comme à l'église St-Charles de Vienne *(voir p. 84)*, les fresques dues à Rottmayr.

Maison de Mozart (MOZART-WOHNHAUS) PLAN I C1

Makartplatz 8 - ☎ 0662 87422740 - www.mozarteum.at - 9h-17h30 (juil.-août 8h-19h) - 12 € (15-18 ans 4 €, 6-14 ans 3,50 €), billet combiné avec la maison natale de Mozart (voir p. 220) ; gratuit avec la Salzburg Card (voir p. 231).

Aussi appelée **maison du Maître de danse (Tanzmeisterhaus)**, elle fut en partie détruite par les bombes en 1944 et reconstruite en son état d'origine. Mozart y habita de 1773 à 1780 et y composa une partie de son œuvre, puis y séjourna à nouveau en 1783, son père y demeurant jusqu'en 1787. Le musée présente une documentation relative à la famille Mozart et à son époque, ainsi que des instruments anciens. La visite avec audioguide est agrémentée d'extraits musicaux et d'une carte européenne de l'époque pour suivre les différents voyages de Mozart.

Collection Mozart du Son et du Cinéma (Mozart-Ton- und Filmsammlung) – *☎ 0662 88345481 - www.mozarteum.at - ♿ - lun.-mar. et vend. 9h-13h, merc.-jeu. 13h-17h.* Au sein de la maison, elle réunit de nombreux documents audio et vidéo datant de 1889 à aujourd'hui. Les visiteurs peuvent choisir un enregistrement, l'écouter ou le regarder dans la salle des archives, bien aménagée.

Traversez la Makartplatz et dirigez-vous vers les jardins.

★ Jardins et château de Mirabell (SCHLOSS- & MIRABELLGARTEN) PLAN II B1

Jardins – Abondamment fleuris, les jardins dessinés en 1690 par Fischer von Erlach sont peuplés de statues et les bassins ornés de groupes sculptés. Le terre-plein formant un belvédère réserve une très belle vue d'enfilade sur les jardins, la roseraie, les anciens bastions et la forteresse du Hohensalzburg. Les jardins

5

Du divin Mozart au festival de Salzbourg

L'incarnation d'un génie

Enfant prodige

Né à Salzbourg le 27 janvier 1756, Wolfgang fit ses premières armes sous la férule intraitable de son père, dans sa ville natale. Ce dernier comprit très vite les avantages qu'il pouvait tirer des aptitudes exceptionnelles de son fils : il l'exhiba comme enfant prodige et le succès fut au rendez-vous.

Succès international

Pianiste virtuose dès son plus jeune âge, il entame en 1762 une tournée de quatre années à travers l'Europe au cours de laquelle naissent ses premières compositions. Ce qui étonne le plus les milieux musicaux, c'est son incroyable mémoire, qui l'amène à jouer directement un morceau tout juste entendu.

Premières déceptions

De retour à Salzbourg, il obtient en 1769, à 13 ans, le titre de « maître de concert de l'orchestre archiépiscopal », où son activité de compositeur commence à s'affirmer. Il se brouille néanmoins avec l'archevêque, démissionne en 1772 et part pour Paris où il ne renouvelle pas le succès obtenu lors de son premier séjour. Il n'a alors d'autre choix que de rentrer à Salzbourg.
Ses premières grandes œuvres commencent à éclore : *Messe du couronnement*, *Idoménée*, premières grandes symphonies et concertos. Hélas, après une dispute avec le conseiller de l'archevêque, il quitte Salzbourg et s'installe à Vienne.

Artiste indépendant

Mozart a 26 ans lorsqu'il s'installe à Vienne, sans ressources. C'est là qu'il se marie avec Constance Weber (1782). Après l'adulation (*L'Enlèvement au sérail*, en 1781, la *Grande Messe en ut mineur*, en 1783), c'est l'incompréhension du public viennois. Ses grandes œuvres (*Les Noces de Figaro*, *Don Giovanni*) ne seront pas des mieux accueillies par la capitale. Alors commence une période sombre.

Le dénuement

Mozart achève sa carrière à Vienne dans la solitude et la pauvreté, criblé de dettes. Ses dernières œuvres lyriques (*Cosi fan tutte*, *La Clémence de Titus*) ne suscitent qu'un enthousiasme mitigé, à peine estompé par le succès de *La Flûte enchantée* (fin 1791). Épuisé par la composition de ses opéras et par la maladie, il laisse sa dernière œuvre, le célèbre *Requiem*, dans un état fragmentaire et disparaît, à 35 ans, dans une indifférence quasi générale.
Le 6 décembre 1791, le corbillard des pauvres conduit sa dépouille dans la fosse commune du cimetière St-Marc.

Le festival de Salzbourg

Après Gustav Mahler qui avait déjà su, à Vienne, rendre hommage au génie de Mozart, Richard Strauss, en 1917 décide, avec son librettiste Hugo von Hofmannsthal et le metteur en scène Max Reinhardt, de lui consacrer un festival.
Inauguré en 1920, le Festival de Salzbourg connaît des moments inoubliables avec les chefs d'orchestre Bruno Walter, Toscanini, Wilhelm Furtwängler, Karl Böhm, Ferenc Fricsay et surtout avec **Herbert von Karajan**. La manifestation et la vie salzbourgeoises sont marquées pendant plus de trente ans par la personnalité de ce dernier, qui instaure le Festival de Pâques et les Concerts de Pentecôte *(voir « Agenda » p. 231)*.

conservent sur une terrasse à l'écart une étonnante collection de sculptures de **nains** grotesques (début du 18e s.) en marbre blanc. Le théâtre de verdure dissimule, à l'arrière des bancs, la fameuse cabane de la flûte où a été enfermé Mozart afin qu'il soit forcé à terminer son plus célèbre opéra.
Les bâtiments de l'ancienne orangerie, restaurés, enserrent une jolie cour intérieure et abritent dans leur aile sud le **musée du Baroque**.
Château (Schloss) – Peu de vestiges subsistent du château Altenau, construit au début du 17e s. par Wolf Dietrich pour Salomé Alt *(voir p. 221)*. Remanié par l'architecte Johann Lukas von Hildebrandt au siècle suivant et englobé dans un plus vaste ensemble appelé château Mirabell, il fut incendié en 1818. On le reconstruisit dans un style plus sobre. Il abrite aujourd'hui l'**hôtel de ville de Salzbourg**. Son **escalier monumental★★** *(***Barockstiege-Engelsstiege** *– entrez dans le château, traverser la cour et prenez la porte à gauche sous le porche)* doté d'une étonnante rampe en entrelacs de marbre et agrémenté de sculptures de chérubins dues à Raphael Donner, fut sauvegardé. La **salle de marbre★ (Marmorsaal)** au riche décor de dorures et de stucs polychromes a également été sauvée. Elle sert aujourd'hui de salle des mariages et accueille des concerts de musique de chambre.
Traversez la Schwarzstraße et empruntez la passerelle (Müllnersteg, ou Makartsteg plus à gauche) qui franchit le fleuve Salzach, pour continuer vers le centre historique.

La rive gauche PLANS I P. 217 ET PLAN II P. 222

★★ Musée d'Histoire naturelle (HAUS DER NATUR) PLAN I C1

Museumsplatz 5 - ✆ 0662 8426530 - www.hausdernatur.at - 9h-17h - 9,50 € (4-15 ans 7 €).
Un musée qui expose de façon pédagogique et très intéressante divers aspects du milieu naturel, en mettant en lumière les rapports entre l'homme et l'animal, notamment à travers les légendes et les mythes. La présentation des sauriens (lézards), du monde marin, de l'espace cosmique, des cristaux, ainsi que l'aquarium et le vivarium impressionnent. Il est possible d'assister au repas des poissons *(vers 10h)*. D'autres salles plus modernes proposent de nombreuses expériences et activités ludiques pour que les enfants s'initient à l'aérodynamique, l'acoustique ou à la chimie. Pour les non-germanophones, les animaux empaillés, les ateliers et schémas permettent de suivre la visite.
De la Museumsplatz, poursuivez le long du Mönchsberg avec la Gstättengasse.

★ Musée du Jouet (SPIELZEUG MUSEUM) PLAN I C1

Bürgerspitalgasse 2 - ✆ 0662 620808300 - www.spielzeugmuseum.at - ♿ - tlj sf lun. 9h-17h - 5 € (16-26 ans 2,50 €, 4-15 ans 2 €).
Derrière les **façades★** datant de la période Renaissance de Salzbourg (vers 1560) de l'ancien hôpital public de la ville fondé en 1327, deux étages renferment un cinéma, des espaces ludiques imaginés par des écoliers autrichiens et une exposition. Celle-ci présente la culture et l'univers du jeu dans un autre pays qui change chaque année. Au rez-de-chaussée, trois **salles de jeux** ★ modernes mais s'inspirant des jeux anciens de bille, d'équilibre ou de construction sont à disposition des enfants.
Retournez dans la Gstättengasse et prenez l'ascenseur (dit « MönchsbergAufzug »).

★★ Mönchsberg PLAN II B2

MönchsbergAufzug - Gstättengasse 13 - ✆ 0662 8884 9750 - www.salzburg-ag.at - juil.-août : 8h-23h ; reste de l'année : 8h-21h (lun. 19h) - AR + Museum der Moderne 15 € (6-14 ans 8,80 €), AR 4,10 € (6-14 ans 2 €).

5

De la terrasse se dégage une très belle vue sur Salzbourg. La ville moderne s'étend largement sur la rive droite de la Salzach, tandis que le vieux Salzbourg, hérissé de dômes et de clochers, se presse entre la rivière et la forteresse de Hohensalzburg. À l'horizon, vers le sud, se détachent les Tennengebirge, l'Untersberg et les Alpes de Berchtesgaden, tandis que vers l'est le Kapuzinerberg et le Gaisberg délimitent le site urbain.

★ Musée d'Art moderne - Mönchsberg

(MUSEUM DER MODERNE - MÖNCHSBERG) PLAN II B2

☏ 0662 84 22 20 403 - www.museumdermoderne.at - mar.-dim. 10h-18h (merc. 20h) - fermé lun. sf Semaine Mozart, Festival de Salzbourg, Pâques, Pentecôte - 10 € (enf. 6 €) ; billet combiné avec le musée d'Art moderne Rupertinum 13 € (enf. 8 €) ; billet combiné avec le MönchsbergAufzug AR 15 € (6-14 ans 8,80 €).

Ce grand bâtiment blanc a été érigé en 2004 par le bureau d'architectes Friedrich Hoff Zwink de Munich. Surnommé, non sans ironie, la « boîte à chaussures » par les Salzbourgeois, il abrite un vaste espace d'exposition dédié à l'art moderne et s'est aujourd'hui bien intégré dans la ville. Offrir aux personnes de passage un regard actuel et espiègle sur l'art en dehors des sentiers plus classiques reste l'un des objectifs du musée qui accueille régulièrement des **expositions★** d'envergure internationale sur l'art contemporain. Le musée dispose d'une collection de 55 000 œuvres, comprenant des peintures, sculptures ou dessins ayant surtout pour thème l'homme, sa palette d'émotions et ses questions existentielles.

À proximité

PLAN III CI-CONTRE ET CARTE P. 212-213

★ Château de Hellbrunn (SCHLOSS HELLBRUNN) PLAN III A2

Au sud du centre-ville. En voiture, quittez Salzbourg par l'A 10 jusqu'à Hallein. Parking payant devant l'entrée du château, gratuit un peu plus loin.
En bus : ligne 25, départ Rathaus - env. 20mn jusqu'à l'arrêt « Schloss Hellbrunn ». Fürstenweg 37 - ☏ 0662 8203720 - www.hellbrunn.at - juil.-août : 9h30-19h ; mai-juin et sept. : 9h30-18h30 ; reste de l'année : 9h30-17h30 ; dernière entrée 1h av. fermeture - fermé nov.-mars - 13,50 € (4-18 ans 6 €) avec audioguide.

Château (Schloss) – Cette ancienne résidence d'été de l'archevêque Markus Sittikus fut bâtie entre 1613 et 1616, dans l'esprit des villas italiennes de Vénétie. La salle des fêtes, avec ses peintures en trompe-l'œil, l'« Octogone », la salle de musique, très haute et en forme de coupole, et celle abritant la somptueuse tapisserie chinoise (milieu du 18e s.), sont les plus intéressantes.

★★ Jeux d'eau – Uniques en leur genre, ces **jardins** et leurs jeux d'eau surprises ne manquent pas d'attraits ni d'imprévus : fontaines et grottes ornées de personnages, « théâtre mécanique » où 113 figures sont animées par un mécanisme d'horlogerie au son d'un orgue, couronne qui semble voler dans les airs à l'aide de la pression de l'eau… À mesure que l'on avance, petits et grands se prennent au jeu : l'ensemble du parcours est constitué de 21 étapes, dont certaines sont équipées de systèmes mécaniques, toujours actionnées mécaniquement.

Parc zoologique (Zoo Salzburg) – *Accès par le parc du château ou l'entrée principale, Hellbrunner Str. 60 - ☏ 0662 8201760 - salzburg-zoo.at - ♿ - juin-août : 9h-18h30 ; avr.-mai et sept. : 9h-18h ; reste de l'année : 9h-16h30 ou 17h30 - dernière entrée 1h av. fermeture (30mn en hiver) - 12,50 € (4-14 ans 5,50 €).* Sur 14 ha, les espaces sont aménagés selon les continents représentés pour le bien-être des animaux. Ici sont réunies plus de 150 espèces différentes, vous pourrez voir des nouveau-nés et caresser des espèces domestiques.

★ **Musée des Arts et Traditions populaires (Volkskunde Museum)** – *✆ 0662 620808500 - www.salzburgmuseum.at - avr.-oct. : 10h-17h30 - fermé nov.-mars - 3,50 € (6-15 ans 1 €).* Le **Monatsschlössl**, ancien pavillon de chasse érigé en 1615 pour l'archevêque Markus Sittikus, abrite une collection importante d'objets relatifs aux arts et traditions populaires de la région : costumes, piété populaire et types d'habitations.

5

Musée de la Bière Stiegl (STIEGL'S BRAUWELT) PLAN III A2

À 3,5 km au sud-ouest du centre-ville par Neutrostr., Mosstr. et Nußdorfersstr. Bräuhausstr. 9 - ✆ 050 1492 1492 - www.brauwelt.at - mai.-oct. : 10h-20h ; reste de l'année : 10h-18h30 (dernière entrée 1h av. fermeture) - 12,90 € (6-16 ans 11,50 €), audioguide en sus.

L'ancienne malterie de la plus grande brasserie de Salzbourg abrite une exposition consacrée au monde de la bière – naturellement avec pour points forts Salzbourg et l'Autriche : matériel de brasseur, publicités, etc. Cette présentation très illustrée, et en partie interactive, s'achève par une dégustation dans le local de la brasserie.

Basilique Maria Plain (WALLFAHRTSBASILIKA MARIA PLAIN) PLAN III A1

À 5 km au nord du centre-ville. Bus 6 départ Rathaus ou Hauptbahnhof, arrêt « Salzburg Joseph Messner Straße », puis 20mn. Plainbergweg 38, Bergheim bei Salzburg - www.mariaplain.at.

L'**église de pèlerinage de Maria Plain** couronne une butte au flanc de laquelle s'accrochent des oratoires. Construite de 1671 à 1674, elle présente une façade trapue encadrée de deux tours. L'intérieur est richement décoré : autels du chœur et des chapelles latérales ornés de retables, chaire, orgue, confessionnaux, grille du chœur ont été exécutés à la fin du 17e s. dans un style baroque.

Écomusée de Salzbourg (SALZBURGER FREILICHTMUSEUM) CARTE A2

À 7 km, à Großgmain. En voiture : sortie n° 297 de l'autoroute Wals. Postbus 180, départ Hauptbahnhof - env. 35mn - horaires et tarifs sur le site Internet de l'écomusée.

0662 850011 - www.freilichtmuseum.com - ♿ - juil.-août : 9h-18h ; de fin mars à juin et sept.-oct. : tlj sf lun. 9h-18h ; mi-oct.-déb. nov. : 9h-17h ; fermé le reste de l'année - dernière entrée 1h av. fermeture - 12 € (enf. 6 €).

Plus de cent bâtiments typiques du pays salzbourgeois et vieux de six siècles ont été reconstruits dans ce musée de plein air. Les maisons de ce village-musée sont regroupées selon leur région d'origine : Flachgau, Tennengau, Pongau, Lungau et Pinzgau (« gau » signifiant « province » en allemand). Plusieurs expositions sont en outre présentées, parmi lesquelles une collection d'anciens tracteurs. Un programme varié de manifestations relatives à l'artisanat et aux coutumes anime le musée.

★ Téléphérique de l'Untersberg (UNTERSBERGBAHN) CARTE A2

À 12 km. En voiture, sortez de Salzbourg au sud-est du centre-ville par la Alpenstr. et suivez la direction de Berchtesgaden. Aussitôt après le carrefour de St. Leonhard, obliquez à droite vers la station inférieure du téléphérique.

En bus : ligne 25, départ Rathaus - env. 35mn jusqu'au terminus.

Téléphérique – *06246 72477 - www.untersbergbahn.at - juil.-sept. : 8h30-17h30 ; oct. : 8h30-17h ; reste de l'année : 9h-16h ; fermé janv.-avr. (sf autour de Pâques) - ttes les 30mn - fermé de déb. nov. à déb. déc. - 28 € AR (6-14 ans 14,50 €).*

Du sommet (1853 m), superbe **panorama** sur Salzbourg, les Alpes de Berchtesgaden (Watzmann, Steinernes Meer, Staufen), le Wilder Kaiser et le Dachstein.

Mattsee CARTE B1

À 23 km. Sortez de Salzbourg par Vogelweiderstr. au nord-est du centre. Empruntez la route d'Itzling par Bergheim, Lengfelden et Elixhausen.

Principale commune de la région des trois lacs (Obertrumer See, Mattsee, Grabensee), cette charmante localité offre de nombreuses activités. Grâce à son **abbaye**, fondée en 777, elle séduira également les passionnés de culture qui pourront y découvrir l'église abbatiale du 14e s., ses aménagements intérieurs baroques et sa puissante tour du 18e s., le cloître aux épitaphes du 14e au 19e s. et le prieuré qui accueille le musée et les caves.

Circuit conseillé

CARTE P. 212-213

★★ Route du Gaisberg B1-2

Circuit de 13 km, au départ de Salzbourg, tracé en vert sur la carte. Quittez Salzbourg par la Sterneckstr. au nord-ouest du centre-ville, puis prenez la rte 158 en direction de St. Gilgen. Bifurquez à droite vers le Gaisberg au bout de 4 km env. juste avant la commune de Guggenthal. Stationnement sur le plateau en contrebas du sommet. À faire par beau temps et prévoir un vêtement chaud.

Possibilité d'effectuer ce circuit avec le bus 151, au départ de Mirabellplatz (env. 35mn).

La route, très bien tracée longe des forêts, des pâturages et des parois rocheuses. Du plateau, **vue★** sur Salzbourg, la vallée de la Salzach (Salzachtal) et les Alpes salzbourgeoises (Salzburger Alpen). En suivant le chemin et en longeant la station d'émission, on accède à pied à la croix du sommet (1288 m) : de là, **panorama★** sur les monts du Salzkammergut et le massif du Dachstein.

Carnet pratique

S'informer

Offices de tourisme – *www.salzburg.info/fr.* **Centre-ville** - PLAN I C2 - *Mozartplatz 5 - ✆ 0662 88987330;* **Hauptbahnhof** *(gare) - Südtiroler Platz 1* PLAN II B1 - *✆ 0662 88987340.*

Pass touristique

Salzburg Card – *✆ 0662 8898 70 - www.salzburg.info/fr - valable 24, 48 ou 72h - 30/45 € (6-15 ans, 15/22,50 €).* Accès gratuit aux transports en commun *(sf S-Bahn 2 et S-Bahn 3)* et aux monuments, et remises (concerts, visites, etc.). En vente dans les bureaux d'information et les hôtels.

SalzburgerLand Card – *Voir p. 241.*

Arriver/Partir

En avion – *www.salzburg-airport.com.* L'aéroport, situé à 4 km à l'ouest du centre-ville, est relié à la gare de Salzbourg par le bus 2 (6/h, 3/h le dim.).

En train – Liaison directe avec Vienne (2h30) et Innsbruck (1h50).

Se garer – Le centre-ville est interdit aux voitures ; nombreux parkings à l'entrée de la vieille ville. Dépliant « Folder Park & Ride » avec le plan et les tarifs sur le site Internet de l'office de tourisme.

Se déplacer

Bus/trolleys

Tarifs – *Aller simple 2,10/3 €, 1 j. 4,50/6,40 €.* Réduction pour les familles. Achat auprès des conducteurs de bus, dans les bureaux de tabac et aux distributeurs automatiques placés près des principaux arrêts.

Agenda

Mozartwoche (Semaine Mozart) – *De fin janv. à déb. fév. - mozarteum.at.* Musique de chambre, chœurs et orchestres durant 11 jours.

Osterfestspiele (Festival de Pâques) – *Du sam. av. les Rameaux au lun. de Pâques - osterfestspiele.at.* Opéras et concerts.

Salzburger Pfingstfestspiele (Festival de la Pentecôte) – *Vend.-lun. de Pentecôte - www.salzburgerfestspiele.at.* Concerts de musique baroque.

Salzburger Festspiele (Festival de Salzbourg) – *De fin juil. à fin août - www.salzburgerfestspiele.at.* Opéras, concerts, théâtres, lectures, etc. Il se déroule au Großes Festspielhaus, « Kleines » Festspielhaus, dans l'ancien manège des Rochers (Felsenreitschule), au Mozarteum, au Landestheater, dans la cour de la Résidence et les salines de l'île Perner à Hallein.

Jazz & The City – *Mi-oct. - www. salzburg-altstadt.at.* Jazz et gospels font vibrer la ville durant 4 jours.

Marchés de Noël (Christkindlmarkt)

Residenzplatz et **Domplatz** – *De mi-nov. au 1er janv. - www. christkindlmarkt.co.at.* Près d'une centaine de chalets et des animations quotidiennes.

Château de Hellbrunn – *De mi-nov. au 24 déc.: merc.-dim. - 6 €.* Les 24 fenêtres du château composent un calendrier de l'avent ajoutant à la féerie lumineuse de la cour et aux animations festives.

Nos adresses

PLAN I P. 217, PLAN II P. 222, PLAN III P. 229

Restauration

Premier prix

4 **Zwettler's** – PLAN I C2 - *Kaigasse 3 - ✆ 0662 274018 - www. zwettlers.com - 11h-0h - formule déj. 9,50 €, plats 13/23 €.* Une des plus anciennes auberges de la ville, avec un intérieur voûté et lambrissé et une jolie terrasse s'ouvrant sur la Mozartplatz. Cuisine autrichienne à l'honneur, dont un bon goulasch de bœuf. Service alerte et souriant.

5 **Johannes Keller** – PLAN I C1 - *Richard-Mayr-Gasse 1 - ✆ 0662 265536 - tlj sf dim. 17h-0h - plats 6/30 €.* Occupant une partie de l'édifice historique de la Priesterhaus (maison du prêtre), cette adresse d'habitués en plein centre touristique propose une cuisine simple et populaire, à accompagner pourquoi pas d'un Spritzer, spécialité autrichienne composée de vin blanc et d'eau pétillante. Jolie salle décorée de vitraux. Service soigné et discret.

1 **S'Kloane Brauhaus** – PLAN II B1 - *Schallmooser Hauptstr. 27 - ✆ 0662 871154 - www.kastnersschenke.at - lun.-vend. 17h-0h (cuisine 23h) - fermé w.-end - plats 13,80/25,80 €.* Une charmante brasserie à l'écart de la foule, dotée de deux cours arborées et distillant une atmosphère d'auberge surannée. Deux bières maison et des plats traditionnels abordables. Excellent rapport qualité-prix.

6 **Krimpelstätter** – PLAN II B1 - *Müllner Hauptstr. 31 - ✆ 0662 432274 - www.krimpelstaetter.at - tlj sf dim.-lun. 11h-23h - plats 13/25 €.* Une auberge historique servant une cuisine du terroir très correcte dans une salle voûtée ou dans la cour arborée.

Budget moyen

10 **Zum fidelen Affen** – PLAN I C1 - *Priesterhausgasse 8 - ✆ 0662 877361 - www.fideleraffe.at - tlj sf dim.-lun. 17h-23h - plats 15,90/25,90 €.* Le « Singe joyeux » est un vénérable bar à vin et à bière des Salzbourgeois. Décor rustique de boiseries, ambiance chaleureuse, cuisine régionale. Pour espérer une place, mieux vaut arriver assez tôt.

7 **Triangel** – PLAN I C2 - *Wiener Philharmonikergasse 7 - ✆ 0664 2509573 - www.triangel-salzburg. co.at - tlj sf dim.-lun. 11h30-0h (cuisine 22h) - plats 18,90/29,90 €.* À deux pas du palais du Festival, le restaurant accueille chanteurs et artistes. À la carte, un mélange de cuisine locale, bio, italienne, hongroise et équitable.

Petite pause

220 Grad – *Chiemseegasse 5 - ✆ 699 11307384 - www.220grad.com - vend.-mar. 9h -18h - fermé merc. et jeu.* Café aux lignes modernes donnant sur une rue calme, avec terrasse. Quiétude garantie pour un bon expresso.

Im Röstzimmer – *Wolf-Dietrich Str. 15 - ✆ 0699 11307384 - lun.-vend. 9h15-16h - fermé w.-end.* Pour boire un café éthiopien (bio) au calme, tout juste torréfié par la patronne, avec sa machine qui émet des senteurs irrésistibles.

Café Bazar – *Schwarzstr. 3 - ✆ 0662 874278 - www.cafe-bazar.at - lun.-sam. 7h30-18h, dim. et j. fériés 9h-18h (juil.-août 7h30-0h).* L'un des grands cafés de la ville, un peu excentré mais moins touristique que le Tomaselli, avec superbe terrasse sur la Salzach et bel intérieur cosy. Brunch délicieux.

Tomaselli – *Alter Markt 9 - ✆ 0662 8444880 - www.tomaselli.at - lun.-sam. 7h-19h, dim. 8h-19h.* Le grand café de la ville, où l'on peut passer plusieurs heures avec un chocolat chaud, un gâteau et un journal (même français). Très touristique mais agréables salles et terrasse.

m32 – *Mönchsberg 32 - Museum der Moderne Mönchsberg - ✆ 0662 841000 - m32.at - tlj sf lun. 9h-0h; ouv. lun. pdt le Festival.* Très belle vue sur Salzbourg et cadre design conçu par Matteo Thun. Excellents petits-déjeuners et pâtisseries. Restaurant de qualité.

Schatz Konditorei – *Getreidegasse 3 - ✆ 0662 842792 - www.schatz-konditorei.at - lun.-vend. 9h-18h, sam. 8h-17h - fermé dim.* Avec son papier peint imprimé de roses, son parquet craquant et son plafond voûté, ce salon de thé situé dans un passage semble sorti d'un conte de fée. Délicieux chocolat chaud à l'ancienne et une infinité de gâteaux, sablés et autres biscuits qui envahissent les vitrines.

Boire un verre

Nombreux bars et pubs autour de Anton-Neumay-Platz.

Augustiner Bräustübl Salzburg Mülln – *Lindhofstr. 7 - ✆ 0662 431246 - www.augustinerbier.at - lun.-vend. 15h-23h, w.-end et j. fériés 14h30-23h.* Biergarten ombragé, où l'on va soi-même laver sa chope à bière avant de se la faire remplir au tonneau. Ne pas hésiter à apporter son casse-croûte, c'est autorisé !

Die Weisse – *Rupertgasse 10 - ✆ 0662 872246 - www.dieweisse.at - tlj sf dim. 10h-0h.* Brasserie-auberge historique servant sa propre bière depuis 1901. L'ambiance est chaleureuse sur l'immense terrasse. Soirées dansantes et concerts fréquents.

Hangar 7 – *Wilhelm-Spazier-Str. 7A (aéroport) - ✆ 0662 2197 - www.hangar-7.com - tlj sf dim. 9h-22h (à partir de 12h en été).* Au pied des pistes de l'aéroport, ce vaste hangar tout de verre abrite la riche collection motorisée Red Bull (avions de chasse, hélicoptères, Boeing E75, formule 1 Red Bull Racing, etc.) ainsi qu'un café, un restaurant gastronomique et bar lounge.

Steinterrasse – *Giselakai 3-5 - ✆ 0662 877277 - www.steinterrasse.com - 7h-0h (1h vend.-sam.).* Bar lounge situé sur la terrasse de l'hôtel Stein. Vue extraordinaire sur la vieille ville. Idéal le soir pour boire un cocktail en fin de journée, au couchant.

Shopping

Les principaux secteurs commerçants s'étendent autour de la **Getreidegasse** et de la **Linzergasse**. Le costume traditionnel, le *Dirndl*, porté régulièrement aux grandes occasions ou l'été, est en vente dans de nombreuses enseignes. Tarifs moins élevés hors de la ville.

5

Café Konditorei Fürst – *Brodgasse 13 - ✆ 0662 8437590 - www.original-mozartkugel.com - 9h-19h.* Maison mère de la confiserie-pâtisserie, où sont préparés les Mozartkugeln, fourrés à la pâte d'amande et au chocolat. Salon de thé et belle terrasse.

My Home Music Lounge – *Universitätsplatz 6 - ✆ 0662 849420 - www.myhomemusic.at - lun.-vend. 10h-17h, sam. 9h-14h - fermé dim.* Andreas Vogl est un conseiller hors pair en matière de musique classique, de lyrique et de nouveautés dans le domaine. Accueil personnalisé et polyglotte, dont en français.

Sporer – *Getreidegasse 39 - ✆ 0662 845431 - sporer.at - lun.-vend. 10h-19h, sam. 9h-17h - fermé dim.* Ce magasin de spiritueux et de liqueurs appartient depuis quatre générations à la même famille. Délicieuse liqueur à l'abricot.

Marchés

Autour d'Andräkirche – *Jeu. (ou merc. si jeu. férié) 5h-13h.* L'un des plus importants du centre-ville : légumes et mets typiques.

Universitätsplatz et **Wiener-Philharmonikergasse** – *Tlj sf dim. 7h-19h (15h sam.) - fermé dim.* Marché de légumes et d'artisanat. Possibilité de manger sur le pouce un hotdog ou un *Käsekrainer*, une saucisse au fromage.

En soirée

☺ L'**Universität Mozarteum** *(Mirabellplatz 1)* propose chaque jour des concerts gratuits donnés par les étudiants *(programme à consulter sur place).*

Théâtre et concerts

Großes Festspielhaus, Felsenreitschule – *Hofstallgasse 1 - ✆ 0662 8045500 - www.salzburgerfestspiele.at.* Théâtre, spectacles musicaux, concerts en juil.-août.

Kammerspiele – *Schwarzstr. 24 - ✆ 0662 871512222 - www.salzburger-landestheater.at.* Théâtre pour jeunes, cabaret.

Landestheater – *Schwarzstr. 22 - ✆ 0662 871512222 - www.salzburger-landestheater.at.* Théâtre, spectacles musicaux et de danse.

Marionettentheater – *Schwarzstr. 24 - ✆ 0662 872406 - www.marionetten.at.* À l'affiche, les grandes œuvres mozartiennes mais aussi les chefs-d'œuvre de Rossini, Offenbach, Strauss, Tchaïkowski, interprétés par des orchestres réputés.

Rockhouse Salzburg – *Schallmooser Hauptstr. 46 - ✆ 0662 8849140 - www.rockhouse.at.* Concerts de musique jazz, folk, blues, reggae et rock. Un peu en retrait du centre historique.

SZENE-Salzburg – *Anton-Neumayr-Platz 2 - ✆ 0662 843448 - www.szene-salzburg.net.* Scène alternative et d'avant-garde : théâtre, musique et danse.

Activités

Pour visiter Salzbourg sans vous fatiguer, montez dans un bus panoramique :

Salzburg Sightseeing Tours – *Mirabellplatz 2 - ✆ 0662 88 16 16 - www.salzburg-sightseeingtours.at.*

Salzburg Panorama Tours – *Schrannengasse 2/2 - ✆ 0662 88 32 110 - www.panoramatours.com.* Visite sur le thème du film *La Mélodie du bonheur - 4h - 50 € (4-12 ans 25 €).*

Hébergement

☺ Pendant le Festival d'été et les fêtes de fin d'année, prix supérieurs aux tarifs indiqués.

Premier prix

(3) **Jugendherberge Eduard-Heinrich-Haus** – PLAN III A2 – *Eduard-Heinrich-Str. 2 - ✆ 0662*

625976 - www.heinrichhaus.hostel-salzburg.at - 132 lits (dortoirs 3 à 6 pers. ou ch. double) - 33/55,60 € ☕. Auberge de jeunesse hors du centre, accessible en bus (ligne 3) et 5mn à pied.

Budget moyen

5 JUFA Gästehaus Salzburg – PLAN II B2 - *Josef-Preis-Allee 18 - ✆ 057 083613 - www.jufahotels.com - P 11,80 € - 132 ch. 84/100 €* ☕. Auberge de jeunesse à grande échelle à 10mn du centre historique et accessible en bus (ligne 5) de la gare. Des locaux propres, même si la salle du petit-déjeuner pourrait être plus ordonnée. Pour déjeuner et dîner, repas à la cafétéria à des prix abordables.

2 Star Inn Premium Salzburg Gablerbräu – PLAN I C1 - *Richard-Mayr-Gasse 2 - ✆ 0662 879662 - www.starinnhotels.com - 71 ch. 124 € - ☕ 16 €.* En plein cœur historique de la rive gauche, ce vénérable édifice de 1408 abrite un hôtel au confort standard et sûr, avec chambres bien équipées et salles de bains confortables.

4 Hotel Markus Sittikus – PLAN II B1 - *Markus-Sittikus-Str. 20 - ✆ 0662 871121 - www.markus-sittikus.at - 39 ch. 116/144 € - ☕ 22 €.* Un hôtel classique, aux chambres propres, décorées de manière traditionnelle. Situé derrière le château et les jardins de Mirabell, à quelques minutes à pied de la vieille ville.

8 Hotel Amadeus – PLAN II B2 - *Linzer Gasse 43-45 - ✆ 0662 871401 - www.hotelamadeus.at - 20 ch. 113/137 €.* À deux pas de la vieille ville, dans une petite rue piétonne commerçante, un immeuble salzbourgeois aux chambres décorées avec soin et une salle de petit-déjeuner aux couleurs surprenantes.

6 Auersperg – PLAN II B1 - *Auerspergstr. 61 - ✆ 0662 889440 - www.auersperg.at - P 14 €/j - 55 ch. 145/204 € - ☕ 12 €.* Dans un quartier calme, à quelques pas des rues piétonnes, cet hôtel se love autour d'un ravissant jardin fleuri. Chambres confortables avec joli mobilier marqueté. Spa et salle de massage au dernier étage. Petit-déjeuner bio (miel maison) servi dans la verdure à la belle saison.

9 Am Dom – PLAN I C1-2 - *Goldgasse 17 - ✆ 0662 842765 - www.hotelamdom.at - 15 ch. 119/339 €* ☕. Petit établissement très central et néanmoins paisible. Chambres soignées et personnalisées, avec toilettes et salle de bains séparées. Petit-déjeuner sous les voûtes.

Une folie

7 Hotel Stein – PLAN I C1 - *Giselakai 3-5 - ✆ 0662 8743460 - www.hotelstein.at - 56 ch. 124/405 € - ☕ 22 €.* À deux pas du centre, sur la rive droite du fleuve, cet hôtel abrite de vastes chambres avec vue sur la vieille ville. Déco design ou classique.

1 Hotel Blaue Gans – PLAN I C1 - *Getreidegasse 41-43 - ✆ 0662 842491 - www.blauegans.at - 35 ch. 149/319 € - ☕ 30 €.* Dans la « rue aux enseignes », l'historique « Oie bleue » est décorée d'œuvres d'art et propose des chambres très chic et design. Restaurant également réputé.

Vallée de la Salzach ★

Salzachtal

Traversant la province de Salzbourg, la Salzach a creusé une vallée où s'égrène une succession de bassins séparés les uns des autres par des défilés. L'exploitation du sel, d'abord par les Celtes puis sous les princes-archevêques de Salzbourg, a joué un rôle majeur dans le développement de la région. Véritable monnaie d'échange, le sel était acheminé par la Salzach vers Salzbourg. D'autres bassins de la vallée, restés à l'écart de cette économie, ont gardé leur beauté sauvage.

Se repérer

CARTE P. 212-213 (B2-3) ET CARTE DE LA VALLÉE DE LA SALZACH CI-CONTRE
Salzbourg.

À ne pas manquer

Les chutes d'eau à Golling, les grottes d'Eisriesenwelt.

Organiser son temps

Comptez une bonne journée.

En famille

Les Mondes du sel de Hallein/Bad Dürrnberg ; le château de Hohenwerfen ; les grottes de glace d'Eisriesenwelt.

Carnet pratique p. 241

Nos adresses p. 241

Circuit conseillé

CARTE CI-CONTRE

Circuit de 89 km, de Salzbourg aux gorges de Liechtenstein, tracé en gris sur la carte. Quittez Salzbourg par la B 159, en direction de Hallein.

Hallein B2

L'histoire de la localité, pôle économique de toute la région, est étroitement liée au sel, l'« or blanc », exploité dans les mines de Dürrnberg.

★ **Vieille ville (Altstadt)** – Vous y trouverez une zone piétonne très animée, de nombreuses ruelles romantiques et des maisons restaurées avec soin.

Musée « Douce nuit » (Stille Nacht Museum) – *Gruberplatz 1 - ✆ 06245 8078330 - www.keltenmuseum.at - 9h-17h - 5 € (7-26 ans 2,50 €).* Sur le côté nord de l'église paroissiale, dans la ville haute, on pourra voir la maison et la tombe de **Franz Xaver Gruber** (1787-1863), maître d'école et sacristain, et surtout auteur de la mélodie du célèbre chant de Noël *Stille Nacht, Heilige Nacht* (« Douce nuit, sainte nuit »). On visite le bureau de Gruber, avec meubles de l'époque et objets personnels.

★ **Musée celte (Keltenmuseum)** – *Pflegerplatz 5 - ✆ 06245 80783 - www.keltenmuseum.at - 9h-17h - 8 € (-27 ans 3 €).* Cet ancien bâtiment de gestion des salines (1654) abrite les découvertes issues du village celte de Dürrnberg (datant d'environ 600 ans av. J.-C.). Le 2e étage rassemble des documents sur l'histoire du sel. Dans les salles princières, 73 peintures à l'huile de **Werkstätter** du 18e s. documentent l'extraction et la production de sel à l'époque des princes-archevêques.

Reprenez la B 159, puis tournez à droite vers Bad Dürrnberg.

Mondes du sel de Hallein (SALZWELTEN HALLEIN)/Bad Dürrnberg B2

Ramsaustr. 3 - ✆ 06132 200 8511 - www.salzwelten.at - avr.-oct. : 9h-17h ; nov.-janv. : 9h-15h ; fév.-mars : 10h-15h - 30 € (4-15 ans 15 €).

Prévoir vêtements chauds (10 °C à l'intérieur) et bonnes chaussures.

La fameuse mine de Dürrnberg qui a fait la richesse de la région et contribué à donner son nom à Salzbourg (*Salz* = sel) a cessé toute activité en 1989 – pour raisons économiques – mais elle n'a pas totalement fermé ses portes pour autant : transformée en musée, elle plonge le visiteur dans la longue histoire de l'extraction du sel (la mine a été exploitée pendant 2600 ans !). Un fascinant voyage, servi par une technologie dernier cri, qui comprend un tour à bord du petit train de la mine (Grubenhunt), une balade à pied dans plusieurs galeries jusqu'à 200 m sous terre et une promenade en radeau avec vue sur un lac salin (situé en territoire allemand). Des toboggans permettent d'accéder à l'intérieur de la montagne. Enfin, une reconstitution d'un village celte (Kelten.Erlebnis.Berg) complète la visite.

Prenez la B159 vers Golling.

5

Vallées et bassins

La Salzach forme un ensemble de vallées et bassins, décrits ci-dessous du sud au nord jusqu'à Salzbourg:

Le Pinzgau – Les routes du col du Gerlos *(voir p. 419)* et du col de Thurn *(voir p. 414)* offrent des perspectives sur la gouttière de l'Oberpinzgau, que le développement du tourisme a tirée de son isolement. Région de Zell am See, le Mitterpinzgau s'épanouit au pied de la barrière de la Steinernes Meer, dont les crêtes délimitent ici la frontière bavaroise.

Le Pongau – En remontant la Salzach, les étranglements de la vallée entre Taxenbach et Lend, et entre Werfen et Golling, ont fait de ce bassin une cellule fort bien délimitée. À l'est, les passages de la Fritztal et de la Wagrainer Höhe ouvrent, en contrepartie, des communications faciles avec la haute vallée de l'Enns. L'activité touristique du Pongau atteint sa plus grande intensité dans la vallée de Gastein.

Le Tennengau – En aval du Pass Lueg et jusqu'à Hallein se déroule une zone moins montagneuse, mais toujours très forestière et riche en eaux vives (cascades de Golling). La Salzach y reçoit l'apport des eaux de la Lammer. Les beaux villages du Tennengau (Abtenau, Golling, Kuchl, etc.), dépliant au-dessus de leurs pignons peints et fleuris l'accordéon de leurs toits, annoncent déjà ceux de la Bavière.

Le Flachgau – En arrivant à Salzbourg, la Salzach entre dans le « plat pays » et introduit dans la cité une note de liberté sauvage. Après avoir reçu la Saalach, elle sert de frontière naturelle avec la Bavière.

La route traverse la partie la plus vivante du Tennengau, bassin aux versants forestiers très bosselés.

Golling B2

Sa jolie rue principale est bordée de façades colorées et fleuries.
Devant l'hôtel Zur Goldenen Traube, bifurquez à gauche et suivez les panneaux « Wasserfall », indiquant la cascade. Traversez la voie de chemin de fer.

Église St-Nicolas (Wallfahrtskirche St. Nikolaus) – Environ 2 km après un passage à niveau, on aperçoit à droite l'église St-Nicolas *(accès par le sentier à droite de la Landgasthaus Torrenerhof dans la Weißenbachstr.)*. De style gothique tardif (1515, intérieur baroque), elle fut construite sur un socle rocheux dans un **site★** fascinant.
Poursuivez pour arriver jusqu'aux chutes d'eau.

★★ **Cascade de Golling (Gollinger Wasserfall)** – *À 3 km du centre-ville - www.golling.info - ✆ 06244 4356 - mai-oct. : 10h-19h - fermé reste de l'année - 5 € (6-14 ans 3 €) - prévoir de bonnes chaussures.*

15mn de marche à partir du parking. Très jolie balade qui mène d'abord au pied de la chute inférieure. Le sentier grimpe ensuite jusqu'à la chute supérieure, dont les eaux grondent sous un pont rocheux, né d'un éboulement de montagne. En contrebas, une passerelle permet de traverser la cascade. À l'extrémité du sentier, l'eau jaillit de la montagne sous les rochers.
Regagnez Golling et poursuivez en direction de Bischofshofen. Prenez ensuite à gauche la B 162 vers les Lammeröfen, en direction de Abtenau/Lammertal.

Gorges du Lammer (LAMMERÖFEN) B2

À l'entrée d'Oberscheffau, 7 km apr. croisement des routes 159 et 162. Parking à côté de la pension Lammerklause. ✆ 06245 70050 - www.tennengau.com - juil.-août : 9h-19h ; juin et sept. : 9h-18h ; de mi-avr. à mai et oct. : 9h-17h - 7 € (6-15 ans 3 €).

1h15 AR - départ à gauche, après l'arrêt d'autobus. Après environ 25mn à pied à travers la gorge, jusqu'ici encore assez large, on arrive à la billetterie. À partir de là, courte descente par des marches pour accéder à un point de vue, situé sous une voûte rocheuse marquée d'étroites fentes permettant à la lumière de pénétrer dans la gorge.
Reprenez la route 162 en direction de Golling, puis la B 159 en direction de Bischofshofen, au niveau du col de Lueg (Pass Lueg).

Gorge de la Salzach (SALZACHKLAMM) B2

Avec les gorges du Lammer et la cascade de Golling, ce site est l'un des trois plus impressionnants « monuments naturels » situés juste à côté du col. À droite de la sortie s'élève l'église Maria-Brunneck, édifice rococo construit en 1766.
45mn AR. Au niveau de l'hôtel Pass-Lueg-Höhe, un sentier de montagne, abrupt et glissant par temps de pluie, puis des escaliers conduisent à un chaos rocheux formant un pont naturel sur la gorge de la Salzach.
Reprenez la B 159 en direction du tunnel (ne pas l'emprunter), on atteint alors le col pour franchir un fort dos-d'âne, puis rejoindre les berges de la Salzach.
La vallée décrit un coude et devient plus large. En poursuivant, on traverse l'impressionnante cluse de Werfen-Golling, une des coupures transversales les plus encaissées des Alpes, dont le Pass Lueg constitue l'entrée. Après Tenneck, on aperçoit la silhouette du château de Hohenwerfen, juchée sur un massif rocheux barrant la vallée de la Salzach.

★ Château de Hohenwerfen (ERLEBNISBURG HOHENWERFEN) B2

Parkings au pied du rocher. De là, comptez 15mn à pied jusqu'à la porte du château par un sentier en montée. ✆ 06468 7603 - www.salzburg-burgen.at - de mi-juil. à mi-août : 9h-18h, mai-juil. et de mi-août à sept. 9h-17h, autres dates : se rens. fermé nov.-avr. - 12,90 € sans ascenseur (6-15 ans 7,40 €), 16,90 € avec ascenseur (16, 30 € sur internet, 6-15 ans 9,90 €) - visite guidée : 10h, 12h, 13h, 14h, 16h (été 17h et 18h en sus) - audioguide en français.
Les origines de cette forteresse remontent au 11e s., mais son aspect actuel date essentiellement des 16e et 17e s., le château ayant été transformé par les évêques de Salzbourg, auxquels il servait de base militaire, de résidence, de pavillon de chasse, mais aussi de prison. Vous pourrez emprunter un sentier didactique consacré aux oiseaux de proie à l'avant de la forteresse. Les oiseaux tels que la buse, l'orfraie ou le milan effectuent des **démonstrations de vol★**. Le site a servi de décor au film *Quand les aigles attaquent* (1968) avec Richard Burton et Clint Eastwood.
Poursuivez vers Bischofshofen. Obliquez ensuite à droite à Werfen, vers les grottes.

5

★★ Grottes du Monde des colosses de glace (EISRIESENWELT HÖHLEN) B2

Prévoir vêtements chauds et bonnes chaussures. Site déconseillé aux -4 ans. Très forte affluence en haute saison. Accès (Grottenzugang) en 3 étapes :
1) 20mn de marche, du terminus de la route à la station inférieure du téléphérique, le long d'un chemin dominant la vallée et le château de Hohenwerfen.
2) **Téléphérique** *– 3mn (station inférieure alt. 1 084 m) à l'hôtellerie Dr.-Oedl-Haus (alt. 1 586 m) - www.eisriesenwelt.at - mai-oct. : 8h-15h20 pour la dernière montée - billet combiné (téléphérique AR et visite guidée) 35 € (32 € sur Internet), 5-14 ans 25 € (23 € sur Internet).*
3) 20mn de marche env., le long d'un chemin offrant des vues grandioses pour atteindre l'immense porche d'entrée (alt. 1 641 m).

Après deux marches panoramiques et un trajet en funiculaire à faire pâlir les âmes les plus sensibles, les grottes se font encore attendre, dissimulées derrière une petite porte *(entrouverte seult l'hiver)*. Mais dès que cette dernière s'entrouvre, un souffle glacial saisit même les plus chaudement habillés !
Avec une température constante inférieure à 0 °C, ces grottes invitent à un voyage de glace féerique : s'ouvrant à 1664 m d'altitude dans les parois ouest du Hochkogel, elles figurent, avec leurs 42 km de galeries, parmi les réseaux souterrains les plus importants du globe. À l'intérieur, la glace atteint jusqu'à 20 m d'épaisseur. Le chemin compte 1400 marches et 700 m de dénivelée. On parvient d'abord à la salle Posselt du nom du premier « explorateur » qui y pénétra en 1879. La salle Hymir, avec le « château fort d'Hymir », et la salle Niflheim, avec son orgue de glace, réunissent d'impressionnantes figures de glace. Vient ensuite la « cathédrale Alexander von Mörk », qui mesure 40 m de haut et 70 m de long. Elle doit son nom au fondateur de la spéléologie salzbourgeoise. Le « palais de glace » constitue la dernière étape de la visite. Au retour, on passe à côté de la « porte de glace », point culminant de la grotte (1775 m), et on emprunte un impressionnant tunnel de glace de 70 m de long.
Faites demi-tour et revenez sur la B 159.

Bischofshofen B3

Cette localité occupant une belle **position★** dans le bassin drainé par la Salzach est cernée par les **Tennengebirge** (2412 m) au nord et le Hochkönig (2941 m) à l'ouest. La ville doit sa notoriété à son site de saut à ski où se déroulent les épreuves de la tournée des Quatre-Tremplins *(Vier-Schanzen-Tournee)*.
Église paroissiale *(en venant du sud, à droite de la rue de traversée)* – Avec les deux églises (la Frauenkirche et la Georgikirche) situées en amont, elle constitue le cas rare d'une « famille d'églises ». L'église actuelle vit le jour vers 1450. L'imposante tour de la croisée, qui trône au centre de l'édifice, est unique dans le Land de Salzbourg ; il en est de même pour la tombe de marbre surélevée de Sylvester Pflieger, évêque de Chiemsee et fondateur de l'église, dans le croisillon gauche.
Continuez la B 311 vers St. Johann im Pongau. Traversez la ville et prenez à gauche suivant le panneau « Liechtensteinklamm », poursuivez sur 4 km. Parking près des grottes.

Gorges de Liechtenstein (LIECHTENSTEINKLAMM) B3

06412 6036 - www.josalzburg.com - mai-sept. : 9h-18h, oct. : 9h-16h - 11 € (6-18 ans 6 €). Prévoir des chaussures de marche et une petite laine.
1,5 km - AR 440 marches. C'est après un don du prince de Liechtenstein que les gorges deviennent accessibles aux randonneurs dès 1875. Le chemin muni de balustrades qui permettaient de les longer a bien changé. Désormais un escalier en spirale descend à 30 m de profondeur à travers les hautes parois schisteuses veinées de blanc ouvrant sur une **cascade★ (Wasserfall)**. Expérience vertigineuse et spectacle époustouflant assurés !
Faites demi-tour et reprenez la B 311 en direction de Lend.
On entre alors dans le bassin du Pongau, jusqu'à Schwarzach, où l'on retrouve ensuite la vallée de la Salzach, très encaissée jusqu'à Lend.

Carnet pratique

S'informer

À Hallein – *Mauttorpromenade 6 - ☏ 06245 85394 - www.hallein.com.*
À Golling – *Markt 85 - ☏ 06244 4356 - www.golling.info.*
À Werfen – *Markt 24 - ☏ 06468 5388 - www.werfen.at.*

Pass touristique

SalzburgerLand Card – *☏ 0662 66880 - www.salzburgerland.com - valable mai-oct. - en vente dans les offices de tourisme et certains hôtels - 6 j. : 82 € (4-15 ans 41 €); 12 j. : 98 € (enf. 48 €).* Si vous visitez Salzbourg et sa région, cette carte est une alternative intéressante. Elle offre les mêmes avantages que la Salzburg Card (dans sa version 24h – *voir p. 231*), des entrées gratuites dans 190 monuments de la région et d'autres remises.

Agenda

Prangstangen – *Jeu. de la Fête-Dieu (2e jeu. apr. la Pentecôte).* Procession avec mâts entourés de fleurs à Bischofshofen.

Nos adresses

Restauration

À Golling

Budget moyen

Adler – *Marktplatz 58 - ☏ 0664 88192534 - www.adler-golling.com - mar.-sam. à partir de 17h - fermé dim.-lun. - plats 16/27,50 €.* Restaurant au design moderne affichant au menu une cuisine à la fois créative, régionale et végétarienne. Bar lounge.

À Werfen

Budget moyen

Landgasthof Reitsamerhof – *Reitsam 22 - ☏ 06468 5379 - www.reitsamerhof.at - merc.-vend. 8h-15h, w.-end 8h-23h - fermé lun.-mar. - plats 12/23 € - 25 ch. 102 € - ☕ 11 €.* Cet hôtel très convivial qui abrite des chambres confortables (certaines familiales), propose dans son restaurant une cuisine de terroir à base de produits locaux, mais aussi des salades et des plats végétariens. Belle terrasse.

Petite pause

À Hallein

Konditorei Café Braun – *Unterer Markt 8 - ☏ 06245 80486 - www.confiserie-braun.at - mar.-vend. 8h-18h, sam. 8h-17h - fermé dim.-lun.* Cette pâtisserie célèbre pour ses chocolats pralinés propose aussi d'excellents florentins et aiguillettes d'orange confite.

Hébergement

À Kuchl

Pour se faire plaisir

Pension Wagnermigl – *Marktstr. 61 - ☏ 06244 5139 - www.kuchl.com - fermé de nov. à avr. - 27 ch. 120 € ☕.* Pension très bien tenue au cœur du village. Accueil chaleureux et chambres aménagées avec goût.

À Golling-Kellau

Budget moyen

Hinterkellaubauer – *Kellau 43 - ☏ 06244 5050 - www.urlaubambauernhof.at/hinterkellaubauer - P - 4 ch. 72 € ☕.* Belle ferme calme, située à 2,5 km de la ville, dans un cadre de verdure. Chambres typiques, avec des meubles en bois massif.

Salzkammergut ★★★

Le sel, symbole traditionnel de santé et source de richesse, a donné au Salzkammergut son nom. Jusqu'aux temps modernes, il lui a apporté une vitalité économique exceptionnelle. Au 19e s., l'or blanc ne faisant plus recette, la région s'oriente vers le tourisme. Un choix aiguillé par la décision de l'empereur François-Joseph et de son épouse, Sissi, qui s'installent l'été à Bad Ischl. La noblesse de l'époque, attirée par les plaisirs de la chasse et de la cure thermale, s'élance derrière le couple impérial et dresse villas, hôtels et auberges à la place des modestes logis habités par les mineurs. Aujourd'hui encore le succès perdure...

Se repérer

CARTE P. 212-213 (C2)

Salzbourg, Haute-Autriche et Styrie. Le Salzkammergut s'étend, au centre de l'Autriche, sur trois länder : Basse-Autriche (la plus grande partie), Styrie et Land de Salzbourg ; il se divise en minirégions autour de lacs (Fuschlsee, Mondsee, Traunsee, St. Wolfgangsee), d'une montagne (Dachstein), de vallées (Almtal, Ausseerland) et d'une ville (Bad Ischl).

À ne pas manquer

Les nombreux lacs de la région pour un bain ou une traversée en bateau ; le romantique village d'Hallstatt ; le tour du lac inférieur de Gosau ; la vue depuis le Skywalk du Hunerkogel.

Organiser son temps

Prévoir 3 à 4 jours mini pour découvrir entièrement la région et le temps des trajets entre les massifs.

En famille

L'écomusée « Chalet de fumage » de Mondsee ; le musée des Instruments de musique de St. Gilgen ; la luge d'été sur le Karkogel ; le château Trautenfels.

Carnet pratique p. 248

Nos adresses p. 249

Circuits conseillés

★★ De Salzbourg à Bad Ischl CARTE P. 212-213

Circuit de 84 km tracé en rose sur la carte.

★★★ Salzbourg A1

Voir p. 214.

Quittez Salzbourg par la Vogelweiderstraße (dir. Mattsee) et prenez l'A 1 jusqu'à la sortie n° 265 (Mondsee).

Mondsee B1

★ **Église paroissiale St-Michel (Pfarrkirche St. Michael)** – Cette ancienne abbatiale construite à la fin du 15e s. se dresse sur la place que bordent, à gauche, les bâtiments conventuels, aujourd'hui transformés en hôtel. La façade, avec ses tours casquées à la mode baroque (1740) expose sur son fronton des statues de saint Paul et de saint Pierre. Ayant traversé des difficultés d'ordre financier au 17e s., l'intérieur a échappé à la « baroquisation » et a conservé ses voûtes gothiques en réseau. **Meinrad Guggenbichler** (1649-1723), connu sous le nom du « sculpteur de Mondsee », a doté les vaisseaux d'un mobilier homogène. L'autel du Saint-Sacrement, dans le bas-côté gauche, compte parmi les œuvres les plus représentatives de son talent, tout comme l'autel de saint Sébastien dans le bas-côté droit ; ce dernier, popularisé par sa statue de saint Roch, est la dernière œuvre connue de l'artiste. Dans le chœur, on remarquera la porte de la sacristie dont le vantail de métal a retrouvé sa polychromie d'origine. Les sept jolies statuettes surmontant l'arc en tiers-point sont contemporaines de ce chef-d'œuvre de ferronnerie et de serrurerie de la fin du 15ᵉ s.

Musée des Maisons sur pilotis et du Monastère (Pfahlbau- und Klostermuseum) – *Marschall-Wrede-Platz 1 (entrée à gauche de l'église). ✆ 06232 2895 - www.museum-mondsee.at - tlj sf lun. 10h-17h - 7 € (enf. 4 €).* Il réunit des collections ayant trait à la préhistoire et aux traditions locales. Au 4ᵉ millénaire av. J.-C. apparaît dans cette région riche en affleurements de filons de cuivre une civilisation marquée par le début de la métallurgie et qui prit le nom de « civilisation de Mondsee ». Autre époque, autre savoir-faire, des photographies montrent les phases de construction de barques taillées dans un seul arbre, dont certaines naviguèrent jusqu'à il y a encore peu de temps. L'ancienne bibliothèque et le chœur de l'église présentent l'iconographie de l'abbaye à travers les âges, ainsi que des manuscrits issus de ses ateliers (reproductions). On y voit aussi des œuvres de Meinrad Guggenbichler et des peintures sacrées provenant de l'abbaye.

Écomusée (Bauern- und Freilichtmuseum) – *Hilfbergstr. À 250 m au-dessus de l'église, accès par la Kirchengasse. ✆ 664 3406020 - www.museum-mondsee.at - tlj sf lun. 10h-17h - 5 € (enf. 3 €).* Cet écomusée permet de visiter un ancien **chalet de fumage** – son existence est mentionnée dès le 15ᵉ s. –, remonté ici après la construction de l'autoroute. On remarque surtout la disposition archaïque, mais rationnelle, du foyer voûté, sans cheminée, d'où la fumée s'échappait en formant une nappe bien répartie, séchant ainsi les récoltes des greniers sans incommoder les habitants. Quelques dépendances (grenier à céréales, moulin, séchoirs à lin et à fruits) témoignent des activités rurales d'antan.

Quittez Mondsee par la B 154 en direction de Scharfling/St. Gilgen.

Après avoir franchi le col (600 m) entre Scharfling et St. Gilgen, on longe à gauche le discret lac Krotten *(Krottensee)*, puis le château d'Hüttenstein *(ne se visite pas)*. On aperçoit ensuite les eaux du **Wolfgangsee★★**.

★ St. Gilgen B2

Cette commune coquette tire profit de son lien avec la famille Mozart. La mère de Wolfgang Amadeus Mozart, Anna-Maria Pertl, y naquit en 1720, et sa sœur, « Nannerl », s'y établit après son mariage avec le baron Berchtold zu Sonnenburg entre 1784 et 1801.

Musée mémorial de Mozart (Mozart Gedenkstätte) – *✆ 06227 20242 - www.mozarthaus.info - juin-sept. : tlj sf lun.-dim. 10h-16h - 4 € (6-18 ans 2,50 €).* Il retrace la vie de la sœur de Mozart, également musicienne, compositrice et biographe à la mort de son frère.

Musée des Instruments de musique du Monde (Musikinstrumente aus aller Welt) – *Aberseestr. 11 - ✆ 06227 8235 - www.hoerart.at - juil.-sept. : 9h-11h, 15h-19h ; janv.-mai : tlj sf lun. 9h-11h, 15h-18h ; reste de l'année : se rens. - 4 € (enf. 2,50 €).* Plus de 2 500 pièces, en démonstration ou accessibles aux visiteurs qui peuvent s'y essayer.

Une « fontaine Mozart », élevée en 1926 sur la place Mozart (Mozartplatz), devant l'hôtel de ville, rappelle le souvenir du célèbre compositeur.

Poursuivez sur la B 158 en direction de Bad Ischl.

5

Après l'Abersee, la route bifurque à gauche vers l'embarcadère de **Gschwendt** *(parking gratuit)*, d'où l'on peut gagner St. Wolfgang en bateau. Autres traversées possibles au départ de **Strobl**.
Pour gagner St. Wolfgang en voiture, quittez la B 158 après Strobl.
On peut aussi, à partir de St. Gilgen, se rendre à St. Wolfgang par le service régulier de bateaux, inauguré en 1873 *(voir p. 252)*.

★★ St. Wolfgang B2
Voir p. 250.
Poursuivez vers Bad Ischl sur la L 546.
Vous suivez une très belle route qui passe par Pfandl.

★ Bad Ischl C2
Voir p. 253.

★★ Tour du Dachstein CARTE P. 212-213

Circuit de 267 km, au départ de Bad Ischl, tracé en violet sur la carte. À la bifurcation de Gosaumühle, poursuivez vers Hallstatt. Engagez-vous dans le tunnel évitant Hallstatt et garez-vous de préférence sur le parking P1. Si ce dernier est plein, d'autres parcs de stationnement payants se trouvent à l'extrémité du tunnel.

★★ Hallstatt C2
Voir p. 257.
Regagnez Gosaumühle par le tunnel inférieur, réservé à la circulation sud-nord. À Gosau, suivez les panneaux « Gosausee ».

★★ Lac inférieur de Gosau (VORDERER GOSAUSEE) BC2
Gosau 547 - ✆ 05 9509520 - www.gosautal.net.
933 m. Du parc de stationnement, marquant la fin de la route autorisée, accédez au bord du lac, d'où se révèle une **perspective★★** sur le groupe calcaire du **Hoher Dachstein** (2 995 m) et ses petits glaciers de plateau. Ne manquez pas de faire le **tour du lac★★★**, promenade très facile *(1h env.)* qui procure constamment des vues magnifiques sur les sommets découpés du Gosaukamm. Reflets féeriques des montagnes et de la forêt dans les eaux du lac offrant des teintes variées de vert : du bouteille au vert-gris, en passant par l'émeraude.
★★ Randonnée au lac supérieur de Gosau (Hinterer Gosausee) C2 - *2h AR, de l'extrémité du lac inférieur, pour marcheurs un peu endurants.* Le chemin, rapidement en pente assez soutenue, se poursuit dans les sous-bois. Parvenu au bord du **lac supérieur★★** (1154 m), dans un cadre sauvage et très boisé, on peut se rendre au refuge de Holzmeisteralm en longeant la rive droite.
D'autres randonnées sont possibles en prenant le téléphérique après le parking. *Se renseigner à l'office du tourisme de Gosau.*
Regagnez Gosau et poursuivez vers Rußbach via *le col de Gschütt (959 m).*

Abtenau B2
Au pied des énormes « Kogel » (monts arrondis et escarpés) des Tennengebirge, Abtenau, situé dans la **Lammertal**, est un centre de villégiature très fréquenté, à partir duquel on peut effectuer d'attrayantes excursions.
★ Postalmstraße - *www.abtenau-info.at - péage 11/13 €.* Bien que touristique, cette balade en voiture vaut le détour surtout avec la lumière de fin de journée *(comptez 50mn)*. L'église paroissiale gothique (1501), ancien sanctuaire de pèlerinage, se distingue tant par sa fine silhouette que par son mobilier (statues de

Le sel de l'histoire

À la fin de la préhistoire, lorsque l'homme sédentarisé devient éleveur et cultivateur, le sel est pour lui une denrée indispensable à la conservation des viandes. Les dépôts de sel naturel sont alors très recherchés.
Les premières extractions minières en Autriche ont lieu à l'époque celtique, près de **Hallstatt** (*Hall* signifiant « sel » en celte). Cet or blanc devint l'objet d'un commerce fructueux, entraînant la mise en place des Routes du sel vers le nord et l'est de l'Europe. Dans le Salzkammergut, le Danube joua un rôle crucial dans le transport du sel, participant à l'enrichissement de la région.

saint Georges, à droite, et de saint Florian, à gauche, par Andreas Lackner, 1518). La voûte gothique, le maître-autel baroque (1684) et des fragments de fresques (15e et 16e s.) ont été préservés.
Piste de luge d'été du Karkogel – *Accès par télésiège - www.karkogel.com - mai-oct.* Près d'Abtenau, on peut effectuer une descente de quelque 2 km.
Faites demi-tour et prenez à droite la B 166, vers Annaberg.
La route des **Dolomites salzbourgeoises**.
Poursuivez sur la B 320 en direction d'Eben, puis de Schattbach et Filzmoos.
Impressionnant avec ses parois atteignant près de 1000 m, le Dachstein tombe à pic sur les alpages de Ramsau. Le caractère sauvage et grandiose du massif, d'une part, et l'aspect bucolique et riant du plateau de Ramsau, d'autre part, s'associent pour former un paysage contrasté très attachant.

Filzmoos B2

1057 m. Coquette station *(voir « Nos adresses » p. 249)* bénéficiant d'un **site★** agréable au pied du Dachstein (partie ouest). L'image du village est associée à la silhouette caractéristique de la **Bischofsmütze**, rocher élancé en forme de tour, qui domine le paysage de ses 2 459 m d'altitude.
En été, Filzmoos est une bonne base d'excursions. La randonnée au **Gerzkopf★★** (1729 m – *accessible du hameau de Schattau en 4h AR*) est recommandée. Du sommet, le panorama est assez similaire à celui du Roßbrand.

★★ Roßbrand B3

1770 m. *Prenez la télécabine Papageno, puis suivez le chemin de crête à l'ouest jusqu'au sommet.*
Environ 2h de marche facile AR. Un magnifique **panorama★★** embrasse les massifs du Dachstein et des Tauern de Schladming (Hochgolling, Höchstein), l'Ankogelgruppe, les Hohe Tauern (Großglockner, Großvenediger) et le Hochkönig. Une lunette panoramique permet de repérer les plus célèbres des 150 sommets visibles.
Poursuivez en direction de Ramsau. Au bout de 12 km, bifurquez à gauche pour prendre une petite route à péage conduisant au pied du Hunerkogel (le prix du péage – 20 €/véhicule – est inclus dans le prix du téléphérique dit Dachstein Gletscherbahn).
Au bout de la route (1700 m), le Hunerkogel apparaît comme une forteresse imprenable. L'ascension en téléphérique de sa paroi verticale provoque une sensation vertigineuse.

★★★ Hunerkogel C2

2694 m. *Accès par le téléphérique Dachstein Gletscherbahn au départ de Schildlehen (commune de Ramsau am Dachstein) – ✆ 03687 22042800 - www.*

5

derdachstein.at - durée de l'ascension : 8mn - juil.-sept. : 7h50-17h30 ; hors sais. : 9h-16h - 44 € AR (enf. 22,50 €). Prévoir 1h AR mini - réserv. en ligne obligatoire.
À l'arrivée, vue admirable au sud sur les Tauern de Schladming, dont le Hochgolling est le plus haut sommet. Le regard est attiré par les formidables rochers du Hoher Dachstein et du Koppenkarstein, tout proches. Les amateurs de sensations fortes se hasarderont sur la spectaculaire **plateforme panoramique** de verre et d'acier située tout près de la station supérieure du téléphérique : elle offre un point de **vue★★★** époustouflant sur les Alpes autrichiennes (les jours sans nuages, on aperçoit même les contreforts de la Bohême). Si vous n'êtes pas sujet au vertige, descendez les marches de l'**« Escalier dans le Vide »** *(***Treppe ins Nichts** *- 10 €, enf. 8 €)*. Ce belvédère de verre mène à 400 m au-dessus de l'à-pic. Frisson garanti !

Ramsau am Dachstein C2

1150 m. La commune de Ramsau – point de départ du fameux téléphérique du Dachstein *(voir ci-dessus)* – était connue au début du 20e s. sous le nom de « vallée des Érables » (Ahorntal). Dispersés sur un haut plateau exposé au midi, les hébergements, variés, s'intègrent bien au paysage. Cette station est un paradis pour les promeneurs, été comme hiver *(voir « Nos adresses » p. 249)*.
De Ramsau, suivez la petite route de montagne en direction de Weißenbach, tracée dans un cadre pittoresque. On rejoint finalement la B 320 au niveau de Aich, au pied des Tauern de Schladming (voir p. 275).

★★ Randonnée au Stoderzinken C2

2 048 m. *Poursuivez par la E 651 jusqu'à Gröbming, puis prenez la petite route « Stoderzinken Alpenstraße », longue de 12 km avec une pente régulière ne dépassant pas 9 %. Péage à 2 km : 13 €. En avril-mai, se renseigner à l'office de tourisme sur l'accessibilité de la route.*
2h15 AR de marche. Du terminus de la route, gagner le refuge Steiner puis, en 30mn de marche facile, la charmante chapelle **Friedenskircherl**, étonnamment suspendue au-dessus du vide. **Vue★** remarquable sur les Tauern de Schladming.
Revenez sur vos pas. Montez au sommet du Stoderzinken en environ 1h de marche fatigante. Chaussures de randonnée recommandées, en particulier par temps humide, le terrain rocailleux pouvant être glissant.
Panorama★★ saisissant sur les principaux sommets dominant Schladming et sur les pentes boisées du Dachstein. Les randonneurs souhaitant prolonger l'excursion pourront descendre au refuge Brünner, les autres reviendront sur leurs pas.
Regagnez Gröbming et poursuivez sur la B 320 en direction de Liezen.
La route suit la vallée de l'Enns ; on aperçoit, à gauche, le massif du Grimming (2 351 m) qui d'un jour à l'autre offre un visage différent.

★★ Château Trautenfels (SCHLOSS TRAUTENFELS) D2

03682 222 33 - www.museum-joanneum.at/schloss-trautenfels - - du dim. des Rameaux à déb. nov. : 10h-17h - 10,50 € (enf. et étudiants -27 ans 4 €). Petit livret en français.
Un château fort du nom de Neuhaus, situé au-dessus de la vallée de l'Enns, est mentionné pour la première fois en 1261. À partir de 1664, le comte Sigmund Friedrich von Trauttmannsdorf le transforma en **château** et lui donna le nom de Trautenfels. De l'aménagement intérieur, il ne subsiste plus que les plafonds en stuc ornés de remarquables **fresques** (1673) dues à Carpoforo Tencalla et Lorenz Steeger.
Musée de la Nature (Landschaftsmuseum) – Il est consacré à l'histoire naturelle et culturelle de la vallée styrienne de l'Enns et de l'Ausseerland. Au 1er étage du

« Escalier dans le vide » au glacier de Dachstein.
K. Thomas/Blickwinkel/age fotostock

château, une exposition permanente très complète présente la « vie sociale » (réunions, jeux), les traditions et costumes, les richesses du sol, les formes d'habitat et la vie dans les pâturages. La salle de chasse du châtelain était une pièce à la mode au 19e s. La somptueuse salle de Marbre achève la visite. Le 2e étage accueille des expositions temporaires. De là, on accède à l'escalier qui mène au belvédère, dont la rampe est garnie de cordes de piano (bois pour « jouer » sur la rampe). D'en haut, depuis la tour dite « Aussichtsturm », on jouit d'un splendide **panorama★★**, sur l'imposant massif du Groß-Grimming.
Après le château, tournez à gauche et poursuivez vers Pürgg/Bad Aussee. Après avoir franchi le croisement avec la B 320, prenez la B 145. On distingue bientôt sur la droite, en contre-haut, la chapelle et l'église paroissiale de Pürgg.

★ Pürgg D2

Laissez la voiture à l'entrée du village.
Cette localité relativement isolée invite au calme et à la méditation.
Église paroissiale (Pfarrkirche) – Dédiée à saint Georges en 1130 et remaniée dans le style gothique aux 14e et 15e s., elle fut bâtie à flanc de pente, ce qui permet d'y pénétrer de plain-pied aussi bien par la façade que par les tribunes.
La chapelle Ste-Catherine (accès par l'escalier situé à gauche de l'entrée ou par l'entrée de la chapelle Notre-Dame) abrite des fragments de fresques bien préservés datant de 1300 environ (Passion du Christ, légende de sainte Catherine).
Chapelle St-Jean (St. Johannes-Kapelle) – *Un escalier à droite sur le chemin de la chapelle perchée y mène.* Les fresques de cette chapelle perchée sur une hauteur à l'est de Pürgg impressionnent par leurs couleurs chaudes et douces. Les **fresques romanes★** représentent, dans la nef, sur le mur sud, face à l'entrée : l'Annonciation, la naissance du Christ et un combat fabuleux de souris contre des chats, faisant peut-être référence à une fable d'Ésope ; sur le mur nord, une représentation de l'épisode biblique de la multiplication des pains.
Tout en haut de la nef, on peut admirer les vierges sages (côté sud) et les vierges

folles (côté nord) qui leur font face. À l'arc triomphal figurent le Christ bénissant, Caïn et Abel, ainsi que les donateurs ; à la coupole du chœur, l'Agneau mystique entouré des symboles des quatre évangélistes soutenus par les quatre parties du monde (aux pendentifs).

Élégant point de vue de la vallée de l'Enns, agrémenté de bancs.

On passe le village de Tauplitz, dans lequel un télésiège permet de gagner la **Tauplitzalm** (1630 m) et ses six lacs de montagne *(on peut aussi emprunter une route à péage au départ de Bad Mitterndorf)*. Le haut plateau est sillonné de nombreux sentiers pédestres, de pistes de ski de différents niveaux de difficulté et d'une piste pour ski de fond de 15 km.

Bad Mitterndorf C2

Station thermale et station de sports d'hiver.

Poursuivez sur la B 145 en direction de Bad Aussee.

Bad Aussee C2

Voir p. 262.

★ Grundlsee et ★ Toplitzsee C2

Voir p. 263 et 264.

La route de la Pötschenhöhe (992 m) coupe la grande boucle de la Traun, que noie en partie le lac de Hallstatt.

En descendant à partir du col, on atteint un hôtel muni d'une terrasse, depuis laquelle on jouit d'une belle vue sur la partie nord du lac de Hallstatt, encadré par les imposants rochers du Dachstein.

À Bad Goisern, on rejoint la route suivie au départ. De là, regagnez Bad Ischl.

Carnet pratique

S'informer

Office de tourisme – *Auböckplatz 5/Trinkhalle - Bad Ischl - ✆ 06132 277 570 - www.salzkammergut.at.*

Agenda

Musiktage – *De fin août à déb. sept. - www.musiktage-mondsee.at - achat des billets à l'office de tourisme.* Festival de musique de chambre et de littérature dans le château.

Étape de coupe du monde de saut à ski – *Mi-fév.* À Bad Mitterndorf, l'épreuve de saut à ski de Kulm *(Skiflugschanze)* est très suivie en Autriche : c'est le seul tremplin dont la piste d'élan est naturelle.

Kunstmü – *Mi-juil. - kunstmue.com.* Festival de musique alternative à Bad Goisern (rock et reggae).

Nos adresses

Restauration

À Gosau

Premier prix

Gasthof Gosausee – *Gosauseestr. 152 - ✆ 06136 8514 - www.gasthof-gosausee.at - ouv. d'avr. à déb. nov. : 9h-20h30 - plats 12,50/21 €.* Au bord du lac, spécialités de chevreuil et poisson pêché dans les eaux de Gosau.

À St. Martin am Tennengebirge

Budget moyen

K2 – *Dorfstr. 3 - ✆ 0664 7914706 - www.k2-restaurant.at - merc.-sam. 12h-23h, dim. 9h-23h - fermé lun.-mar. - plats 15,90/38 €.* Situé sur la route des Dolomites salzbourgeoises, le restaurant de Mario propose un intérieur cosy, avec ses bibliothèques à vin et ses fauteuils en cuirs, ainsi qu'une agréable terrasse abritée. Cuisine mêlant spécialités autrichiennes, grillades et mets asiatiques, dont le savoureux curry thai. Service soigné.

À Mondsee

Budget moyen

Schlosshotel Mondsee – *Schlosshof 1a - ✆ 06232 5001 - www.schlossmondsee.at - P 12 €/j. - ♿ - tlj sf mar-merc. - à partir de 18h - menus 39/48 € - 65 ch. 235 € ☕.* Le restaurant de cet hôtel installé dans l'ancienne abbaye, sous les voûtes, a conservé un esprit taverne : on y sert des plats originaux et abordables. Annexe dans le jardin du château aux beaux jours.

Activités

Ski

Le petit domaine skiable de **Filzmoos** se répartit sur le massif du Roßbrand (1050-1600 m) et sur les contreforts du Dachsteingruppe (1050-1645 m). Le forfait de ski donne aussi accès aux autres stations du **Salzburger Sportwelt Amadé** *(www.skiamade.com)*.

Le **domaine de ski de fond** de **Ramsau am Dachstein** offre 220 km de pistes (1100 à 1900 m), sans compter les boucles tracées au sommet du Dachsteingletscher à 2700 m d'altitude dans un cadre grandiose.

Hébergement

Près de St. Gilgen

Pour se faire plaisir

Batzenhäusl – *Schmalnau 1 - sur la B 154 en direction de Mondsee, face au petit Krottensee, 2 km apr. St. Gilgen - ✆ 06227 2356 - www.batzenhaeusl.com - 8 ch. 78/84 € ☕ - ✕ le soir et midi 1er et 3e dim. du mois - fermé lun.-merc - plats 18/34 €.* Un charmant hôtel situé au bord d'une route. Chambres claires et joliment décorées. Sauna et spa à disposition.

Budget moyen

Pension Schierl – *Dorfstr. 3 - Faistenau, 19 km au nord-ouest de St. Gilgen par la B 158 ou 21 km à l'est de Salzbourg - ✆ 06228 2224 - www.pensionschierl.at - 15 ch. 97/105 € ☕.* Tenue depuis plusieurs générations par les femmes de la famille, la pension (façon chalet) était au départ une boulangerie. Agréables chambres avec vue sur l'église et les montagnes alentour. Renseignements en français.

5

St. Wolfgang ★★

St. Wolfgang devint, à partir du 12e s., un centre de pèlerinage, et son église, se sont enrichis de magnifiques œuvres d'art. Les pèlerins venaient de toute l'Europe centrale sur les traces de l'évêque de Ratisbonne, devenu ermite. Depuis cette époque, le bourg, un brin surfait, est resté vivant. Ce patrimoine religieux n'est plus le seul motif de l'afflux que connaît la ville. Le site splendide de l'Auberge du Cheval Blanc, un hôtel au bord du lac, attire les romantiques et les amateurs de la fameuse opérette du compositeur Ralph Benatzky.

Se repérer

CARTE P. 212-213 (B2)
2848 habitants – Haute-Autriche.
À 48 km à l'est de Salzbourg.

À ne pas manquer

La vue splendide sur le lac et le retable de Michael Pacher.

En famille

Le chemin de fer à crémaillère pour monter au Schafberg.

Carnet pratique p. 252

Nos adresses p. 252

Se promener

★★ Église (KIRCHE)

Markt 18. À la fin de sa vie, Wolfgang, alors évêque de Ratisbonne (canonisé en 1052), a habité tel un ermite les rives de l'Attersee, réputées alors fort sauvages. L'édifice actuel, de la seconde moitié du 15e s., fut assis sur un éperon rocheux, ce qui explique, compte tenu de la nécessité d'accueillir le plus grand nombre de pèlerins, l'irrégularité de son plan et les différentes périodes de construction. L'intérieur abrite, entre autres, deux superbes retables. Terminé en 1481, l'imposant **retable de Michael Pacher★★★ (Michael-Pacher-Altar)** est d'une rare unité de composition. À la fois constitué de peintures et de sculptures en bois, il représente l'un des sommets de l'art gothique. Il fut commandé pour le maître-autel par un abbé de Mondsee et exécuté à Bruneck, en Tyrol du Sud (Brunico), dans l'atelier de l'artiste. Michael Pacher a réussi à se soustraire aux règles de l'art médiéval. Les influences de Mantegna et ses voyages en Italie du Nord et à Padoue ont peut-être joué un rôle dans cette composition annonçant l'art de la Renaissance. Les sculptures du caisson central (couronnement de la Vierge) et les peintures des volets (scènes de la vie de la Vierge) sont de Michael Pacher lui-même. Les représentations des volets du retable qui illustrent des scènes tirées de la vie du Christ et de saint Wolfgang ont été exécutées par des artistes de son atelier. Chef-d'œuvre, réalisé par **Thomas Schwanthaler** dans les années 1674-1675, le **retable double Schwanthaler★ (Schwanthaler-Doppelaltar)** compte parmi les autels baroques les plus remarquables. La composition mouvementée comprend une centaine de figures expressives. Le côté gauche de l'autel noir et or qui se trouve au centre de la grande nef représente la sainte Famille en pèlerinage pour Jérusalem, tandis que le côté droit montre saint Wolfgang.
Un troisième grand artiste a œuvré à St. Wolfgang : il s'agit du maître **Meinrad Guggenbichler** *(voir p. 242)*, très influencé par le style de Thomas Schwanthaler,

Retable de Michael Pacher dans l'église St.Wolfgang.
W. Geiersperger/age fotostock

à qui l'on doit, entre autres, la chaire et l'autel du rosaire (1706, à gauche et derrière le double autel de Schwanthaler). Remarquez également son saisissant *Ecce homo* aux cicatrices très réalistes (1706, dans l'autel latéral, entre l'autel de saint Antoine et celui de la Croix).
Le clocher de l'église abrite le **trésor** comprenant, entre autres, le bâton de voyageur de saint Wolfgang.

Auberge du Cheval Blanc (WEISSES RÖSSL)

À quelques pas de l'église, vous découvrirez la fameuse auberge avec sa façade rouge et blanc. Fondée il y a plus de 500 ans, elle doit sa renommée mondiale à une célèbre opérette éponyme créée en 1930. **Ralph Benatzky** composa une musique entraînante sur des textes écrits en 1896 par Oskar Blumenthal et Gustav Kadelburg, qui racontent l'amour de Léopold, le maître d'hôtel de l'auberge, pour sa trépidante patronne, Josépha, propriétaire du Cheval Blanc, au bord du lac de St-Wolfgang. Dès la première représentation à Berlin, *Im Weissen Rößl*, l'opérette rencontra un franc succès et fut bientôt jouée dans de nombreux pays. L'histoire fut adaptée une demi-douzaine de fois au cinéma.
On peut prolonger la promenade en rejoignant le 1er embarcadère à côté de l'auberge pour traverser le Wolfgangsee. Prenez la rue aux maisons colorées, continuez dans Pilgergasse et tournez légèrement à gauche. La rue Robert-Stolz mène sur les berges, où se trouve la 2e station de St-Wolfgang, Schafbergbahn (bateau et train).

À proximité

CARTE P. 212-213

★★ Schafberg B2

Chemin de fer à crémaillère – *SchafbergBahn - Markt 35 - 40mn, 1h avec l'ancienne locomotive à vapeur - ✆ 06138 22 320 - www.5schaetze.at - de déb. mai à mi-oct. : 8h50-17h49 (1 train/h env.) - 43,30 € AR (4-14 ans 21,70 €).*

Depuis 1893, un train à crémaillère rouge jouant sur son style Empire emmène le public à 1225 m d'altitude. Du terminus, gagnez l'hôtel, à 5-10mn de marche, qui couronne le sommet (1783 m), à quelques mètres de l'impressionnant à-pic de la face nord. De là, le regard embrasse sept lacs, qui se détachent sur un décor de montagnes grandiose. Parmi les plus visibles : l'Attersee, le Mondsee, le lac de St. Wolfgang et le glacier du Dachstein.

Carnet pratique

S'informer

Office de tourisme – *Au 140 - St. Wolfgang - ✆ 06138 8003 - wolfgangsee.salzkammergut.at.*

Arriver/Partir

Se garer – Stationnement difficile ; parcs payants à l'entrée du village, ou près de la gare du Schafberg.

Nos adresses

Restauration

Premier prix

Gasthof Falkenstein – *Ried 29 - ✆ 06138 2258 - www.hotel-falkenstein.at - 11h30-20h - fermé nov.-mars - 16/26 €.* Idéalement situé au bord de l'eau turquoise, le restaurant de l'hôtel sert du poisson et un grand choix de salades. Terrasse plaisante.

Petite pause

Kaffeewerkstatt – *Markt 140 - ✆ 06138 9301930 - www.kaffeewerkstatt.eu - 8h-18h.* Le décor, composé de théières, toiles de jute et lampes originales, fait tout le charme de ce café. Excellent chocolat chaud maison.

Activités

Traversées en bateau Wolfgangseeschifffahrt – *Markt. 35 - ✆ 06138 22320 - www.5schaetze.at - de fin avr. à déb. nov. - 4,50/11,70 € la traversée (enf. 2,30/5,80 €), 23,30 € la journée (enf. 11,70 €, famille 52,90 €).* Traversée du lac pour rejoindre Fürberg, St. Gilgen, Gschwendt et Strobl. Vélos acceptés.

Hébergement

Pour se faire plaisir

Landgasthof Leopoldhof – *Ried 8 - ✆ 06138 2438 - www.leopoldhof.at - 8 ch. 90/98 € - ✕ tlj sf lun. 11h30-22h - plats 15/25 €.* À 150 mètres du lac, cette pension de famille combine agréablement chambres simples et confortables dans un grand chalet. Appartements disponibles.

Bad Ischl ★

Ville d'eaux depuis les années 1820, Bad Ischl reste très marquée par la présence du couple impérial, François-Joseph et Sissi qui en avaient fait leur lieu de résidence estivale. Soixante-dix ans durant, elle fut l'un des foyers de la vie mondaine la plus brillante d'Europe. De ces années glorieuses, la ville conserve des installations thermales, quelques somptueuses villas, et une irrésistible atmosphère d'antan. Cette petite ville touristique située au cœur du Salzkammerkut a également le charme de l'authenticité, en plein accord avec la nature qui l'entoure.

Se repérer

CARTE P. 212-213 (C2)
14 066 habitants – Haute-Autriche.
À 52 km à l'est de Salzbourg.

Organiser son temps

Une demi-journée suffit.

Carnet pratique p. 255

Nos adresses p. 256

Se promener

Le centre-ville

Place Auböck (AUBÖCKPLATZ) B1

La place, qui est bordée par le bâtiment de la buvette (Trinkhalle), ancien établissement thermal (1831), et par l'église paroissiale reconstruite à la fin du règne de Marie-Thérèse, est l'endroit le plus animé de la ville d'eaux.

Prenez sur la gauche la Pfarrgasse.

Reliant l'Auböckplatz à l'Elisabethbrücke, la **ruelle paroissiale (Pfarrgasse)**, artère la plus commerçante de Bad Ischl, garde des traces de la vie thermale au 19e s., comme le salon de thé Zauner *(voir « Nos adresses » p. 256)*, fondé en 1832.

Au bout de la rue, on atteint la Traun et son esplanade de promenade.

5

Princes du sel

Les propriétés thérapeutiques des eaux salines d'Ischl, démontrées vers 1820 par le docteur Wirer, furent consacrées par des cures historiques, comme celle qui justifia le surnom de « princes du sel » donné à la progéniture de l'archiduchesse Sophie. **François-Joseph**, en fixant ici ses quartiers d'été, transforma la station en une villégiature très fréquentée attirant en foule têtes couronnées, acteurs, compositeurs, écrivains et peintres. Aussi le livre d'or de Bad Ischl s'enorgueillit-il des noms d'Anton Bruckner, de Johann Strauss, d'Imre Kálmán, de Franz Lehár pour la musique, de Ferdinand Waldmüller et Rudolf von Alt pour la peinture, de Nikolaus Lenau et Johann Nestroy dans le domaine de la poésie et du théâtre.

Avant de devenir une station thermale, la ville était occupée par le commerce du sel. L'**esplanade** était, à l'origine, le lieu où demeuraient autrefois les *Salzfertiger* (« finisseurs de sel » qu'ils entreposaient là).

C'est désormais une promenade ombragée abritant de très belles demeures. L'une de ces résidences (au n° 10), avec sa façade rococo et son triple pignon, a préservé son caractère d'antan. Avant même de devenir l'hôtel Austria (1880-1984), elle compta parmi ses hôtes plusieurs personnalités. À partir de 1844, elle fut ainsi le lieu de résidence des parents du futur empereur François-Joseph à Bad Ischl. En août 1853, l'empereur lui-même et Élisabeth de Bavière, la fameuse Sissi, s'y fiancèrent, à l'occasion du 23e anniversaire de François-Joseph.

Ce bâtiment abrite aujourd'hui le **musée de la Ville de Bad Ischl (Museum der Stadt Bad Ischl)** – *Esplanade 10 - ✆ 06132 25476 - www.stadtmuseum.at - avr.-oct. et déc. : merc. 14h-19h et jeu.-dim. 10h-17h ; fév.-mars : vend.-dim. 10h-17h - fermé en nov. et janv. - 5,50 € (-16 ans 2,70 €).* Des informations sur la région et des anecdotes sur le couple-vedette y sont présentées.

Remontez vers la ville par la **Kurhausstr.**, bordée d'élégantes villas du 19e s. Depuis l'esplanade, on accède au **Kongress & TheaterHaus**, qui accueille entre autres un café-restaurant dont la terrasse donne sur le Kurpark.

★ Villa impériale et parc

★ Villa impériale (KAISERVILLA) A1

Jainzen 38 - ✆ 06132 23241 - www.kaiservilla.at - visite guidée uniquement, en allemand ou anglais (45mn), ttes les h au minimum, brochure en français - avr. et oct. : 10h-16h ; mai.-sept. : 9h30-17h ; reste de l'année : se rens. - fermé janv.-mars - parc : 5,20 € (enf. 4,10 €) ; villa et parc : 16 € (enf. 7,50 €) ; parc et Marmorschlößl 11,50 € ; parc, villa et Marmorschlößl 22,50 €.

La **villa impériale** s'élève au nord de la station, sur la rive gauche de l'Ischl, dans le cadre d'un magnifique parc paysager, le **Kaiserpark**. À droite du pont qui conduit au parc, on aperçoit les cuisines, placées à l'écart en raison du risque d'incendie et de l'odeur, qui gênait l'impératrice. Le bâtiment de la villa impériale fut offert par les parents de l'empereur en cadeau de mariage à François-Joseph et à l'impératrice Élisabeth en 1854.

L'empereur choisit ensuite de l'agrandir (la villa fut ainsi organisée selon un plan en E, en référence à Élisabeth). La place accordée à la chasse (près de 2 000 trophées, innombrables bois et salle de chasse) reflète la personnalité de François-Joseph, chasseur passionné. La grande passion d'Élisabeth a aussi sa place ici : elle est évoquée dans la « salle du Cheval » (Rösslzimmer) décorée des portraits de 27 de ses chevaux. À quelques mètres de cette salle, sur la terrasse, elle faisait ses exercices quotidiens de gymnastique, novateurs et surprenants pour l'époque, afin de maintenir sa ligne. Ne pas manquer le « salon Gris », ou cabinet, dans lequel François-Joseph recevait ses ministres, le « salon Rouge », aménagé par Élisabeth, bureau de l'impératrice, dans lequel elle rédigeait sa correspondance ainsi que des poèmes, et enfin le bureau très sobre de l'empereur. C'est notamment ici qu'il signa la déclaration de guerre à la Serbie, le 28 juillet 1914, provoquant le déclenchement de la Première Guerre mondiale. La chambre à coucher impériale, d'une simplicité extrême, révèle le mépris de François-Joseph pour le confort « moderne ». La villa impériale, en partie habitée, est aujourd'hui encore propriété privée des héritiers de la dernière fille du couple, Marie-Valérie.

Villa impériale.
volkerpreusser/Alamy/hemis.fr

Petit château de marbre (MARMORSCHLÖSSL) A1
Le parc abrite le **petit château de marbre**, ancienne maison de thé de l'impératrice Élisabeth, érigée en 1861 dans le style d'un cottage anglais. Le grand salon, décoré de sculptures dans le style néogothique, servait de salle de représentation. Il accueille aujourd'hui des expositions temporaires en lien avec le Salzkammergut et la famille Habsbourg.

Carnet pratique

S'informer

Office de tourisme – *Auböckplatz 5/Trinkhalle - Bad Ischl - ✆ 06132 27757 - badischl.salzkammergut.at.*

Arriver/Partir

En train – Liaisons avec Vienne *via* Attnang-Puchheim (3h).

En bus – De Salzbourg, bus direct (1h15 env.).

Se garer – Parkings payants près de la villa impériale ou de la gare. Vous pourrez ainsi rejoindre rapidement à pied le centre-ville.

Agenda

Kaiserfest – *Une sem. jusqu'au 18 août* - Bad Ischl célèbre l'anniversaire de l'empereur François-Joseph. Les habitants s'habillent en costumes d'époque.

Lehár festival - *Juil.-sept. - www.leharfestival.at.* Festival d'opérette.

Nos adresses

Restauration

Premier prix

Gasthaus Bürgerstub'n – *Kreuzplatz 7 - ✆ 06132 23568 - tlj sf lun.-mar. 11h30-14h, 18h-22h - plats 9/30 €.* Cuisine simple mais goûteuse dans une grande salle beige. Service attentionné et rapide.

Pour se faire plaisir

Goldener Ochs – *Grazer Str. 4 - ✆ 06132 23529 - www.goldenerochs.at - tlj sf mar. 11h-14h, 17h-21h - plats 11/25 € - 50 ch. 150/190 € ☕.* Cet hôtel de charme, idéalement situé au bord de la rivière Traun, abrite un jardin d'hiver où sont dressées les tables du restaurant. La cuisine traditionnelle proposée est de qualité. Ici, tout est fait maison dans le respect des traditions. Chambres élégantes.

Petite pause

Café Zauner – *Pfarrgasse 7 - ✆ 06132 2331020 - www.zauner.at - 8h30-18h (22h lun. et vend.-sam.).* Café classique, cosy et chic idéal pour prendre un thé et une pâtisserie. L'établissement, fondé en 1832 et ancien fournisseur de la cour, possède un autre café-restaurant au bord de l'eau *(Zauner Esplanade – Hasneralle 2 - 9h30-21h).*

Boire un verre

Café Bar Johann – *Schröpferplatz 2 - ✆ 0660 2200851 - www.cafebarjohann.at - 10h-2h.* Ce point de rendez-vous décline l'après-midi une terrasse animée et, en soirée, un intérieur lounge.

Hébergement

À proximité

Premier prix

Gasthof zum Pfandl – *Steinbruch 1 - 3 km à l'est de Bad Ischl par la B 158 - ✆ 06132 23875 - 14 ch. 61 € - ☕ 3 €- ✖ menu 8,80 €.* Petit hôtel en dehors du centre, aux chambres simples et rustiques. Bonnes spécialités régionales servies dans une ambiance bistro.

Hallstatt ★★

Le village aux rues étroites, carte postale de l'Autriche, est accroché au versant escarpé d'un contrefort du Dachstein plongeant dans les eaux sombres du Hallstättersee. Image romantique mais aussi pleine d'histoire. Il y a 5 000 ans, des hommes du Néolithique s'étaient installés sur place pour exploiter le sel. Au 19e s., l'économie du village, qui conserve toujours une mine, s'est tournée vers le tourisme. Le site a d'abord séduit des écrivains comme Adalbert Stifter ou les peintres de l'école Biedermeier. En 1997, c'est au tour de l'Unesco d'inscrire Hallstatt au patrimoine mondial pour la beauté de ses paysages naturels et culturels.

Village d'Hallstatt.
bluejayphoto/Getty Images Plus

Se repérer

CARTE P. 212-213 (C2)
727 habitants – Haute-Autriche.
À 77 km au sud-est de Salzbourg et à 21 km au sud de Bad Ischl.

À ne pas manquer

La vue sur le lac depuis la charmante église néoromane et son cimetière.

Organiser son temps

Attention, une partie des sites n'est pas accessible au public en hiver.

En famille

La mine de Salzberg ; les grottes du Dachstein ; le requin sur le plateau du Krippenstein.

Carnet pratique p. 261

Nos adresses p. 261

Se promener

Prenez le chemin en pierre Welterbe Rundweg-Zur Kirche Zur Soleitung, en face du 97 Gosaumühlstr.

Église catholique (KATHOLISCHE PFARRKIRCHE)

Au milieu de son cimetière dominant le lac dans un **site★★** plein de poésie, ce bâtiment de la fin du 15e s. est flanqué d'un clocher trapu dont l'étrange toit évoque une pagode et contraste avec la flèche aiguë de l'**église protestante** néoromane élevée sur le rivage au 19e s.

Le joyau de la décoration intérieure est l'immense **retable★** de la nef latérale droite, réalisé vers 1500 par un élève de Michael Schüler. L'allure de ses formes et sa profusion d'or traduisent l'influence de la Renaissance. Dans le caisson central est représentée la Vierge Marie entre sainte Barbara (à droite), patronne des mineurs, et sainte Catherine (à gauche).

Chapelle St-Michel (MICHAELSKAPELLE)

L'étage inférieur de ce sanctuaire gothique, situé à l'ombre de l'église, abrite l'**ossuaire** paroissial. Il peut impressionner ou mettre mal à l'aise. Utilisé depuis 1600, on y transférait les ossements après dix ou vingt ans d'inhumation dans le cimetière, trop exigu. Quelque 610 des 1200 crânes qu'il contient portent la date du décès, l'âge du défunt et sa profession, et sont peints (entre 1780 et 1900) de guirlandes de fleurs, de laurier, de lierre ou de feuilles de chêne.

Descendez en face de la porte latérale de l'église en direction de la place du marché (Marktplatz) triangulaire et de ses maisons colorées.

★ Musée de Hallstatt (MUSEUM HALLSTATT)

Seestr. 56, face au Gemeindeamt - ✆ 06134 8280 - www.museum-hallstatt.at - mai-sept. : 10h-18h ; avr. et oct. : 10h-16h ; nov.-mars : merc.-dim. 11h-15h - 10 € (enf. 8 €).

Des objets tels des bijoux ou des armes provenant de fouilles effectuées à Hallstatt illustrent les 7000 ans d'histoire de la localité et de ses environs, depuis la civilisation de Hallstatt jusqu'à notre époque. Entre reconstitution de scènes quotidiennes et présentation des pionniers de Hallstatt, le visiteur francophone suit la progression grâce à des indications cartonnées.

Mine de Salzberg (SALZBERGWERK)

Au sud de la localité, à env. 10mn à pied de l'office de tourisme. Prenez la Seestr. jusqu'à l'embarcadère de Hallstatt-Lahn, puis à gauche l'Echerntalweg jusqu'à la station inférieure du funiculaire qui mène à la mine.

Funiculaire de Salzberg (Salzbergbahn) – Salzbergstr. 21 - ✆ 06132 2002400 - www.salzwelten.at - de fin mars à fin sept. : 9h-18h ; de déb. oct. à fin mars : 9h-16h30 - seult 3mn de trajet - visite guidée (env. 1h - accès compris) - de fin

La civilisation de Hallstatt

On a retrouvé aux environs de Hallstatt des traces si nombreuses (2000 sépultures), que la localité a donné son nom à une culture bien particulière de la Préhistoire européenne : la civilisation de Hallstatt. Celle-ci (1000-500 av. J. C.) est marquée par les progrès de la métallurgie du fer. Le musée de Hallstatt (Hallstatt Museum) et le musée régional de Haute-Autriche, situé à Linz *(voir p. 175)* retracent cette période.

La Fête-Dieu

Jour férié en Allemagne et en Autriche, le jeudi de la *Fronleichnamsfest* correspond au soixantième jour après Pâques et célèbre le Saint-Sacrement. Des messes et des processions ont ainsi lieu dans tout le pays, suivies par de nombreux fidèles. Cette tradition, vieille de plus de 600 ans, se déroule de différentes façons selon les régions. Dans le Pongau, les participants portent de lourds mâts en bois décorés de fleurs (les fameux *Prangstangen*), tandis qu'à Hallstatt ou Millstatt, les processions se font sur l'eau.

mars à fin sept. : 9h30-16h30 (dernier dép. funiculaire à 16h) ; de déb. oct. à fin mars : 9h30h-14h30 (dernier dép. funiculaire à 14h) - 25 € (4-15 ans 12,50 €) - billet combiné avec téléphérique 36 € AR (4-15 ans 18 €, famille 73 €) - audioguide en français inclus. Attention, la mine est interdite aux enfants de -4 ans. Prenez des vêtements chauds ainsi que de bonnes chaussures.

Pour les bons marcheurs, il est possible d'emprunter le sentier qui escalade la montagne, le Soleleitungsweg (1h), au départ de l'église. Ce dernier rejoint la gorge étroite, romantique et sauvage, du Mühlbach jusqu'à la station du funiculaire.

Près de la station supérieure (838 m) se trouve la **Rudolfsturm**, ancienne tour de défense du 13e s. qui abrite un restaurant, d'où l'on embrasse Hallstatt et le lac depuis ses terrasses. Mieux encore, pour une plongée visuelle dans le lac ou, selon le temps, une mer de nuages d'où semblent sortir les montagnes alentour, rendez-vous sous la tour où une plateforme panoramique de 12 m de long s'avance dans le vide. Vertigineux !

On se rend à pied jusqu'à l'entrée de la mine, où l'on peut faire un détour par le chemin des fouilles de Hallstatt (tableaux explicatifs). Les Celtes extrayaient déjà l'« or blanc » à cet endroit et cette activité se perpétue aujourd'hui encore, à des fins industrielles. Temps forts de la visite : un bac pour les mineurs de 50 m de long, la visite du lac salé de 7 m de profondeur et la remontée par le wagon en bois des mineurs.

À proximité

CARTE P. 212-213

★★ Grottes du Dachstein et plateau du Krippenstein

À 7 km de Hallstatt (vers l'est en passant par Obertraun) jusqu'au parking situé près de la station inférieure du téléphérique du Dachstein. Obertraun est desservi par le Postbus 542. Comptez une journée pour visiter les deux grottes et monter jusqu'au Krippenstein.

5

★★ Téléphérique du Dachstein (DACHSTEIN SEILBAHN)

050 140 - www.dachstein-salzkammergut.com - de déb. juil. à mi-sept. : 8h40-18h50 ; de fin avr. à déb. juil. et de déb. sept. à déb. nov. : 8h40-16h50 - ttes les 15mn - 35,30 € AR (enf. 19,40 €).

Il comporte trois tronçons. La première station Schönbergalm (1350 m d'altitude) dépose au point de départ de la visite des deux grottes décrites ci-dessous. La seconde station (2100 m) mène au plateau du Krippenstein, relié à la station Gjaid (1750 m) par la troisième section du téléphérique.

★ Grotte du Dachstein (DACHSTEIN RIESENEISHÖHLE)

15mn jusqu'à la grotte. Se munir de vêtements chauds et de chaussures de marche. Température entre 0° et 3 °C. 050 140 - www.dachstein-salzkammergut.com - visite guidée en allemand et en anglais (50mn) - audioguide en français (via app smartphone) de déb. juil. à mi-sept. : 8h40-16h30 ; de fin avr. à déb. juil. et de mi-sept. à déb. nov. : 8h40-15h30 - billet combinant téléphérique AR et visite de la grotte 40,10 € (enf. 22 €) ; billet téléphérique AR et les 2 grottes, Dachstein + Mammouth, 47 € (enf. 25,90 €).

De la glace commença à se former dans la grotte du Dachstein il y a 500 ans. Au printemps lors de la fonte des neiges, la couche de glace, qui atteint parfois 25 m, continue de grandir de 2 à 3 cm par an.

On pénètre à l'intérieur de la grotte par la Tropsteinhalle, salle des stalagmites. Les formations de glace, dont les noms furent empruntés en 1910 à la légende du roi Arthur et aux opéras de Wagner, vous transportent dans un autre monde. La couche de glace est la plus épaisse dans la cathédrale de Tristan. Après avoir parcouru 1 km sous terre, on emprunte la sortie située 40 m au-dessus de l'entrée.

Grotte du Mammouth (MAMMUTHÖHLE)

15mn jusqu'à la grotte. Se munir de vêtements chauds et de bonnes chaussures. Température avoisinant les 3 °C, humidité pouvant atteindre 98 %. ☏ 050 140 - dachstein-salzkammergut.com - visite guidée en allemand et en anglais (50mn) - audioguide en français (via app smartphone) - de déb. juil. à mi-sept : 8h40-15h ; de déb. mai à déb. juil. et de mi-sept. à déb. nov. : 8h40-14h - billet combiné, voir ci-dessus.

Ne vous méprenez pas, c'est à leurs dimensions, avec une longueur totale de 70 km, que ces salles souterraines doivent leur nom de mammouth – et non à la découverte d'un squelette de mammouth dans les galeries.

Dans la grotte, on franchit l'ancien lit de la Traun paléolithique, « la Urtraun », qui avait creusé ici son canal, pour pénétrer dans la salle dite « cathédrale de Minuit » (Mitternachtsdom). Le circuit traverse aussi d'autres grandes pièces et d'étroits couloirs rocheux, constituant les parties les plus souterraines des grottes, moins dépaysantes que celle géante du Dachstein. Quant à l'air de la grotte, il est presque entièrement stérilisé.

★★ Plateau du Krippenstein (KRIPPENSTEINBERG)

Dép. de la 2e station du téléphérique du Dachstein (alt. 2 100 m). Prévoir des chaussures de marche.

De la station Krippenstein, une courte marche *(env. 5mn)* mène au sommet qui offre une **vue** sur l'ensemble du haut plateau du Dachstein, d'où émergent les pointes émoussées du groupe culminant.

Pour jouir de la meilleure **vue★★** sur le lac de Hallstatt, suivez le sentier ponctué de panneaux sur la flore et la faune qui mène aux **« 5fingers »** *(env. 30mn de marche)*. Cinq doigts, pourquoi ? Ce sont cinq étroites passerelles formant une main au-dessus du vide. Si le regard plonge d'une hauteur de 400 m pour la sensation forte, il s'attarde ensuite sur le panorama impressionnant quel que soit l'angle de vue.

De la station Krippenstein part un autre sentier didactique en boucle *(env. 3h, arrivée à la station Gjaid, retour via la section 3 du téléphérique)*, celui du karst, massif calcaire dans lequel l'eau a creusé des cavités.

Après 30mn de marche, non, vous ne rêvez pas, vous verrez un requin ! Cette reproduction grandeur nature rappelle qu'à l'époque préhistorique, la mer s'étendait ici. Les enfants s'empresseront bien sûr de grimper à l'échelle pour entrer dans la gueule de l'animal.

Carnet pratique

S'informer

À Hallstatt – *Seestr. 114 - ☏ 05 9509530 - www.hallstatt.net.*

Arriver/Partir

Se garer – Attention, pas de places dans le centre-ville mais cinq parkings autour de Hallstatt : empruntez le tunnel et garez-vous sur le parking P1. S'il est plein, il existe d'autres possibilités de stationnement à l'extrémité du tunnel (tous les parkings situés à proximité du funiculaire sont payants). Attention, la traversée de la ville est interdite aux visiteurs (barrière aux deux entrées).

Agenda

Fronleichnamsfest – *Fin mai ou déb. juin.* Animations pour la Fête-Dieu avec une messe à 9h, puis, à partir de 10h, une procession qui démarre sur le lac et se termine par une sainte messe dans l'église.

Dachstein (Eisklang Konzerte) – *Août - eisklang.at.* Concerts dans les grottes !

Nos adresses

Restauration/Hébergement

Pour se faire plaisir

Bräugasthof – *Seestr. 120 - ☏ 06134 8221 - www.brauhaus-lobisser.com - plats 20/25 € - 8 ch. 148 € ☕.* Les lampions colorés de la terrasse au bord du lac apportent une atmosphère conviviale à la cuisine régionale.

Une folie

Seehotel Grüner Baum – *Marktplatz 104 - ☏ 06134 82630 - www.gruenerbaum.cc - 12h-21h - plats 15/50 € - 30 ch. 361 € ☕ - spa et sauna (accès inclus).* Ce très bel hôtel, où ont séjourné plusieurs personnalités comme Agatha Christie ou l'impératrice Élisabeth, donne sur le lac. Préférez les grandes chambres avec la vue magnifique sur l'eau que celles toutes aussi confortables qui donnent sur la place du marché. Cuisine régionale et internationale avec spécialités de poissons. Coquette terrasse sur le lac.

5

Bad Aussee

En Autriche, Bad Aussee se distingue comme le centre géographique du pays. Elle doit sa prospérité aux eaux sulfatées sodiques venues des mines d'Altaussee et à leur exploitation à des fins commerciales ou industrielles. La ville et ses environs s'inscrivent paisiblement dans la magnifique région du Salzkammergut et offrent une nature généreuse. On y trouve, sous l'œil bienveillant du massif Totes Gebirge, quatre lacs pittoresques : l'Altaussee, le Grundlsee, le Toplitzsee et le Kammersee, et autant de possibilités de promenades entre la montagne et l'eau.

Église paroissiale St-Paul.
Westend 61/hemis.fr

Se repérer

CARTE P. 212-213 (C2)
4 953 habitants – Styrie.
À 79 km au sud-est de Salzbourg et à 28 km au sud-est de Bad Ischl.

À ne pas manquer

La route panoramique du Loser.

Organiser son temps

Comptez une journée pour découvrir Bad Aussee et ses environs.

En famille

Les lacs de Grundlsee et d'Altaussee, la mine d'Altaussee.

Carnet pratique p. 265

Nos adresses p. 265

Un prince populaire

Si Bad Ischl doit son passé glorieux à François-Joseph, le grand homme de Bad Aussee est l'**archiduc Jean** (1782-1859). Son idylle contrariée avec **Anna Plochl**, fille du maître de poste du lieu, et son mariage célébré presque clandestinement à Brandhof en 1829 alimentèrent la chronique romanesque de l'époque. La popularité du « prince de la Styrie » s'en trouva affermie, et aujourd'hui encore la mairie conserve le portrait de l'archiduc. Cette histoire d'amour a inspiré de nombreuses œuvres : peintures de Matthäus Loder, pièces de théâtre, romans, chansons et films, *Geliebter Johann, geliebte Anna*, en 2009, de Julian Pölser... À Bad Aussee même, vous verrez le médaillon du couple sur le pont de la Grundlseer Traun. L'ancienne poste aux chevaux, située au 37 Meranplatz, est la maison natale d'Anna Plochl où elle mourut en 1885, après être devenue comtesse de Meran en 1856.

Se promener

En partant de l'office de tourisme, longez, à droite, le **parc municipal (Kurpark)** dans lequel on peut voir une statue de l'archiduc Jean *(voir encadré ci-dessus)*. Au bout du parc, tournez à gauche pour atteindre la Chlumeckyplatz, du nom d'un ministre du Commerce en 1875, l'un des instigateurs du chemin de fer autrichien.

Place Chlumecky (CHLUMECKYPLATZ)

Un agréable lieu de flânerie au centre de la vieille ville. On y remarque une colonne de la Peste *(voir encadré p. 546)* et surtout le **Kammerhof**, ancien palais du contrôleur des salines, un édifice du gothique tardif et de la Renaissance avec porte et encadrements de fenêtres en marbre (1530) et blason avec aigle impérial au-dessus de l'entrée.

Musée municipal (Kammerhofmuseum) – *✆ 03622 52511300 - www.kammerhofmuseum.at - de mi-juil. à mi-sept. : tlj 10h-17h ; reste de l'année : tlj sf lun. 10h-13h, sam. 11h-16h - fermé nov.-mars - 7 € (-18 ans 3 €)*. Il occupe le premier étage du palais. Ne pas manquer la **chambre de l'Empereur★**, décorée de fresques au milieu du 18e s.

La maison Hofer, sa voisine de droite, demeure de l'administrateur des salines depuis le 16e s., conserve sur sa façade d'intéressantes peintures murales de cette époque : saint Sébastien, la sainte Parenté et saint Florian (de gauche à droite).

Au bout de la place, prenez à droite la petite Bäckergasse qui mène à la Rathausplatz. Tournez ensuite à gauche pour traverser le pont, avant d'atteindre la Meranplatz. Continuez à droite sur la Kirchengasse.

5

Église paroissiale St-Paul (PFARRKIRCHE ZUM HL. PAUL)

Elle abrite en son chœur, à gauche, un ostensoir en marbre rouge de Salzbourg de 10 m de haut (1523), ainsi qu'une belle Vierge en pierre (vers 1420) visible dans la chapelle Notre-Dame, située dans le bas-côté droit et intégrée à l'autel baroque.

À proximité

CARTE P. 212-213

Grundlsee C2

▶ *À 5 km à l'est de Bad Aussee.*

En arrivant à l'auberge de Lindlau, en face du point d'information, la vue porte sur tout le bassin du **Grundlsee★**, dominé par le Backenstein, au pied duquel s'étend la route qui relie la station de Grundlsee à Gößl.

★★ **3-Seen-Tour (Tour des trois lacs)** – *En bateau : ✆ 03622 86044333 - www.schifffahrt-grundlsee.at - mai-oct. (3h) : dép. à 9h, 10h15, 11h30, 13h15, 14h30 ou 15h, dép. suppl. le w.-end en juin et de juil. à déb. sept. à 15h45 et 17h - 27 € (6-15 ans 16 €).*
Commencez par une croisière sur le Grundlsee *(dép. de Seehotel Grundlsee - Seeklause)* jusqu'à Gößl *(durée de la traversée : 30mn env. ; on peut également effectuer ce trajet en voiture, en empruntant la route riveraine).*
Poursuivez par une promenade de 20mn qui vous conduira jusqu'au légendaire **lac Toplitz★ (Toplitzsee)**, que l'on traverse en bateau à moteur, en longeant des chutes d'eau. On peut profiter d'un moment pour se prélasser sur l'un des bancs et pique-niquer.
À partir de là, un court sentier pédestre mène au discret **Kammersee**, encerclé par les versants abrupts de la Totes Gebirge, et à la source de la Traun.

Altaussee C2

À 4 km au nord de Bad Aussee.
Boucle de plus de 6,5 km ; se garer devant l'office de tourisme et prendre le « Weg zum See ». Moins imposant que les autres lacs, **Altausseer See★** se révèle tout aussi hypnotique à la lumière de fin d'après-midi ou avec la brume matinale.
Mine d'Altaussee (Salzwelten Altaussee) – *3 km à partir d'Altaussee, en direction de la Loser Panoramastr., puis suivez le fléchage « Schauberg/ Salzbergwerk ». En voiture : route étroite à la pente atteignant parfois 20 %. Bonnes chaussures et vêtements chauds recommandés. Mine interdite aux - 4 ans. ✆ 06132 2002400 - www.salzwelten.at - visite guidée (80mn) - avr.-juin et sept.-nov. : 10h-16h (ttes les h), juil.-sept. : 9h-16h, dép. suppl. à 17h en juil.-août ; également tte l'année merc. à 17h (sur demande) - 20 € (4-15 ans 10 €), tarif famille (2 adultes et 1 enf.) 41 €.* La mine d'Altaussee est devenue célèbre pendant la Seconde Guerre mondiale pour avoir abrité et protégé contre les bombardements plus de 6 000 œuvres d'art, parmi lesquelles des tableaux de Rubens, Dürer et de Vermeer, en raison de ses conditions climatiques favorables. Autre particularité, cette mine est toujours en activité : on y extrait de l'eau salée, mais aussi des blocs de sel. Après avoir visionné des vidéos sur l'exploitation du sel et l'entreposage des œuvres d'art, on progresse de 700 m à l'intérieur de la mine. On atteint alors la chapelle de Ste-Barbara, dédiée à la patronne des mineurs, puis on visite l'une des salles aménagées pour abriter les œuvres d'art. Des bateaux permettent de traverser le lac et d'accéder au repos de la mine (une pièce entre deux étages). Ici, grâce à une mise en scène musicale et visuelle, on peut apprécier l'excellente acoustique de la cavité sur des sonorités de Gustav Mahler.

★ Route panoramique du Loser (LOSER PANORAMASTRASSE) C2

Environ 12 km à partir d'Altaussee ; quittez la station par le nord et suivez le fléchage « Loser Panoramastraße ».
✆ 03622 71315600 - www.loser.at - péage à 2,5 km (850 m d'altitude) : 18 € (18h-6h : 10 €) ; forfait 3 j. 43 €, 7 jours 67 €.
La route panoramique du Loser permet d'atteindre, après 15 virages, le restaurant d'altitude du Loser (1600 m). Du parking et de la terrasse panoramique du restaurant, vue étendue sur l'Altausseer See, la vertigineuse paroi à pic du « Weiße Wand » (mur blanc), et au loin, vers le sud, sur le massif du Dachstein.

Carnet pratique

S'informer

Office de tourisme – *Bahnhofstr. 132 - Bad Aussee - ✆ 03622 52323 - ausseerland.salzkammergut.at.*

Agenda

Narzissenfest – *Fin mai ou déb. juin - www.narzissenfest.at.* La fête des narcisses inclut une procession et se termine par une course de voitures (à Bad Aussee) et de bateaux (sur le Grundlsee ou sur l'Altausseer See), décorés de milliers de fleurs.

Nos adresses

Restauration/Hébergement

Budget moyen

Gasthof Blaue Traube – *Kirchengasse 165 - ✆ 0676 4402533 - www.blauetraube.at - P - fermé merc. - 11 ch. 111/116 € ☕.* Chambres claires et tout confort dans ce charmant hôtel, situé au cœur du centre-ville. L'établissement dispose d'un agréable jardin. Cuisine régionale.

Shopping

Ausseer Lebkuchen – *Pötschenstr. 146 - à la sortie de Bad Aussee, sur la route de Bad Ischl - ✆ 03622 52943 - www.lebkuchen.at - 8h-18h.* Boutique dédiée au pain d'épice.

Pains d'épice.
Mariha-kitchen/Getty Images Plus

Gmunden ★

Au cœur de la route du sel, entre Hallstatt et Linz, le bourg s'est développé grâce à l'or blanc. À mesure que ce commerce perdait de son importance, la ville est devenue une station de cure. Les bâtiments du 19e s. témoignent de cette époque où princes et artistes s'y arrêtaient en villégiature. Les façades au délicieux charme rétro et la promenade au bord du Traunsee contribuent à l'attrait de la ville.

Se repérer

CARTE P. 212-213 (C1)
13250 habitants – Haute-Autriche.
À 34 km au nord-est de Bad Ischl.

À ne pas manquer

Le château Ort.

Organiser son temps

Comptez une journée.

En famille

Le parc animalier Cumberland à Grünau im Almtal.

Carnet pratique p. 269

Nos adresses p. 269

Se promener

Place de la mairie (RATHAUSPLATZ)

Le bâtiment Renaissance, doté d'un carillon de céramique fabriqué en 1957, héberge la mairie (la céramique d'art est une spécialité de Gmunden depuis le 15e s.). Cette place fut longtemps le terminal de débarquement des blocs de sel, qui arrivaient par bateau de Hallstatt. Ils étaient ensuite chargés sur des wagons du train hippomobile Gmunden-Linz-Budweis.

★ Esplanade (VORPLATZ)

Le bâtiment rosé de l'esplanade a été construit entre 1851 et 1862, époque où la ville recevait les premiers curistes. Des membres de familles royales européennes et habitants de la région aimaient les points de vue au bord du lac, depuis cette promenade, qui se déroule sur 2 km entre le port et la plage.

★ Château Ort (SCHLOSS ORT)

Bâti sur un îlot relié à la terre par une estacade, le **château Ort** est l'image souvenir de Gmunden. Le portail donne accès à une charmante cour bordée sur deux côtés de galeries à arcades superposées dans le goût du 16e s. Bureau de l'état

L'énigme Johann Ort

L'archiduc **Johann Salvator, prince de Toscane**, exprimait des idées libérales qui irritaient fortement l'**empereur François-Joseph**. La coupe déborda en 1889 quand la fantaisie prit l'archiduc de vivre avec sa maîtresse. Banni et déchu de sa nationalité, il adopta le patronyme de Ort, du nom du château qu'il avait acquis en 1878, et devint capitaine au long cours. Il disparut lors d'un naufrage au **cap Horn** en 1890, mais on prétend également qu'il vécut ensuite en Patagonie et qu'il y serait mort en 1910.

civil, le bâtiment accueille de nombreux mariages. Vous pouvez poursuivre le tour de l'îlot et apercevoir la **villa Toscane**, ancienne résidence des grands-ducs de Toscane devenue centre des congrès, puis rejoindre de l'autre côté la plage.
Revenez dans le centre-ville par l'esplanade.
On prolonge agréablement la flânerie en allant jusqu'au monument aux morts, ou en suivant, vers l'aval, la rive de la Traun, aménagée en promenade sur 2 km. Au sud, la vue se fixe sur les arêtes de l'Erlakogel.

★ Musée K-Hof (K-HOF KAMMERHOFMUSEUM)

Kammerhofgasse 8 - ✆ 07612 6575290 - www.museum.gmunden.at - merc.-dim. 10h-16h, w.-end 10h-13h (10h-16h en juil.-août) - 6 € (-19 ans 2 €, famille 15 €).
Ce musée doit son nom à l'ancien bâtiment d'administration des mines de sel dans lequel il est installé. L'empereur Maximilien Ier y signa des traités politiques tout comme son contrat de mariage avec Bianca Maria Sforza de Milan en 1493. L'exposition apporte d'abondantes informations sur la géologie, l'histoire, les personnalités de Gmunden et sa région. Des salles sur l'art sacré, installées dans l'église St-Jakob jouxtant le K-Hof, complète la collection.
Traversez le lac en bateau vers Traunkirchen ou reprenez la voiture.

Circuit conseillé

CARTE P. 212-213

Rive ouest du Traunsee C1

▶ *Circuit de 17 km au départ de Gmunden, tracé en orange sur la carte. Sortez de Gmunden par la route de Bad Ischl.*

★ Gmundnerberg

833 m. La route raide conduit jusqu'au belvédère situé près de la pension-hôtel Urz'n. À proximité de la petite chapelle Ste-Marie, une table d'orientation permet de se situer. Des **vues★★** s'offrent sur tout le bassin du Traunsee et jusqu'à la région de la Mühl. De l'autre côté, on aperçoit le Traunstein.

Traunkirchen

Il est possible, à la belle saison, de se rendre en bateau de Gmunden à Traunkirchen, ou par le bus 517 qui circule tte l'année.
Cette localité occupe un **site★** splendide et paisible. De la presqu'île avancée du lac, les perspectives se multiplient sur le **Traunsee★**, lac le plus profond d'Autriche (191 m), et plus particulièrement sur sa rive est, sauvage et romantique, dominée par le sommet isolé du Traunstein (1691 m).
Chapelle de Johannesberg – *Accès sur la gauche par la promenade de la berge ou entrée par le bâtiment situé au Klosterplatz 8.* Du haut d'un promontoire rocheux, elle surplombe Traunkirchen. Au-dessus de l'entrée figure une inscription datant de 1622 : « Cette montagne, jadis repaire de pirates païens, est maintenant dédiée à saint Jean-Baptiste » (sous le porche, tête en pierre datant des 3e-4e s.)
Église paroissiale (Pfarrkirche) – Entourée d'un cimetière, cette ancienne abbaye bénédictine a d'abord fait partie d'un couvent de femmes entre le 11e et le 16e s. Elle passa aux mains des Jésuites en 1622 pour rester leur propriété jusqu'au 18e s. Le mobilier baroque est étourdissant, en particulier la **chaire dite « du Pêcheur »★ (Fischerkanzel)** en forme de bateau. Sur l'abat-voix figure un épisode légendaire de la mission de saint François Xavier : un homard rapporte à l'évangélisateur du Japon le crucifix perdu lors d'un naufrage.
Reprenez le bateau ou poursuivez sur 5 km la B145 en direction d'Ebensee.

Ebensee

La localité d'Ebensee, aujourd'hui marquée par l'industrie chimique, abrita un camp de concentration de 1943 à 1945, annexe de celui de Mauthausen *(voir p. 189)*. Les galeries souterraines, prévues pour le transfert de la base d'expérimentation de fusées de Peenemünde, accueillirent finalement une raffinerie de pétrole et une unité de production d'engrenages de chars. Les conditions de travail inhumaines provoquèrent la mort de milliers d'hommes.

Mémorial du camp de concentration (KZ-Gedenkstätte) – *Sortie Rindbach, suivez le panneau marron « KZ-Gedenkstätte »*. L'ancienne infirmerie et le crématorium ont aujourd'hui cédé la place à un monument commémoratif. En 1948, la Milanaise Hilda Lepetit fit ériger sur l'une des fosses communes un monument en souvenir de son époux décédé. En 1952, le cimetière aménagé après la guerre en dehors du camp fut également transféré ici pour accueillir les victimes. Du camp de concentration lui-même ne subsiste que la porte d'entrée principale.

KZ-Gedenkstollen – *Kirchengasse 5 - ✆ 06133 5601 - memorial-ebensee.at - de mi-juin à mi-sept. : tlj sf lun. 10h-17h ; de mai à mi-juin et de mi-sept. à fin sept. : w.-end 10h-17h - 6 € (enf. 4 €), billet combiné avec le Zeitgeschichte Museum 10 € (enf. 6 €) - 8 °C dans le tunnel.* À 7mn à pied du cimetière, on peut visiter l'une des galeries dans lesquelles travaillaient les prisonniers. Ce camp fut libéré par les troupes américaines le 6 mai 1945. Plus de 8 500 prisonniers sur les quelque 27 000 que compta le camp périrent ici.

★ **Musée d'Histoire contemporaine (Zeitgeschichte Museum)** – *Kirchengasse 5 (près de l'église paroissiale) - ✆ 06133 56 01 - www.memorial-ebensee.at - de mi-juin à fin sept. : mar.-dim. 10h-17h ; de mars à mi-juin : mar.-sam. 10h-17h ; oct.-fév. : mar.-vend. 10h-17h - 7 € (enf. 4,50 €) ; billet combiné avec KZ-Gedenkstollen 10 € (enf. 6 €).* L'histoire contemporaine et l'histoire locale de la période 1918-1955 sont ici largement documentées en allemand (et en anglais). Brochure, ouvrages de bibliothèque en français et photos éclairent les principales étapes de l'histoire politique de l'Autriche. La Ire République, la guerre civile de 1934, l'austrofascisme, le national-socialisme ou les relations avec le passé nazi y sont illustrés.

À proximité

CARTE P. 212-213

★ Grünau im Almtal, parc animalier Cumberland

(CUMBERLAND WILDPARK) C1

À 20 km à l'est de Gmunden, par la B 120. À Scharnstein, prenez à droite et continuez sur 7 km.

✆ 07616 8425 - www.wildparkgruenau.at - ♿ - avr.-oct. : 9h-17h (sortie possible jusqu'à 19h) ; nov.-mars : 10h-16h (sortie possible jusqu'à 17h) - 10 € (6-14 ans 6,50 €, famille 28 €).

Ce **parc animalier** de 60 ha est installé dans un cadre sauvage mais riant. Il relève de l'institut Konrad-Lorenz, du nom d'un zoologiste autrichien (1903-1989), considéré comme l'un des pionniers de l'éthologie, l'étude du comportement des espèces animales. Le long des sentiers, on peut voir les animaux (de ferme, locaux ou sauvages) dans un environnement aussi proche que possible du naturel.

Remontez la vallée en voiture jusqu'à Seehaus. La route traverse le village tranquille de Habernau, puis continue en direction du sud jusqu'au lac Almsee.

★★ Almsee C2

À 34 km au sud-est de Gmunden, par la B 120. À Scharnstein, prenez à droite et continuez sur 20 km.

Les montagnes alentour forment un vaste cirque qui ferme la vallée en arrière de ce lac pittoresque, moins touristique que d'autres sites de la région. Vous pourrez longer les berges sans trop d'efforts *(2h de promenade)*. Au pied d'une cime telle que le **Totes Gebirge**, on se laisserait même tenter par l'eau transparente. Des sentiers balisés, menant à divers refuges, ajoutent à l'agrément de cette halte.

Carnet pratique

S'informer

Office de tourisme – *Toscanapark 1 - Gmunden - ✆ 07612 74451 - traunsee-almtal.salzkammergut.at.*

Arriver/Partir

Se garer – Stationnement payant sur l'Esplanade.

Nos adresses

Petite pause

Café Kandur – *Sparkassegasse 1 - ✆ 07612 71850 - www.baeckerei-kandur.at - lun. et vend.-sam. 8h-18h, mar. et jeu. 8h-13h, dim. et j. fériés 9h-18h - fermé merc.* Jolie terrasse le long de l'esplanade avec vue sur le lac pour profiter d'une pâtisserie ou d'un rafraîchissement.

Autour du Traunsee

Cafe Johannsberg – *Ortsplatz 13 - Traunkirchen - ✆ 0664 4234862 - www.cafejohannsberg.at - 10h-22h (19h hors sais.).* Grand choix de glaces en cornet ou dans une assiette, à déguster sur la terrasse, et spécialités : le cygne chocolat-cerise ou le bateau à vapeur à base d'ananas et de crème chantilly.

Shopping

Gmundner Keramik – *Keramikstr. 24 - ✆ 07612 7860 - www.gmundner.at - lun.-sam. 10h30-13h (tlj en juil.-août) - visite guidée 9,50 € (-15 ans gratuit).* Visite de l'atelier, vente de porcelaine.

Activités

Traunseeschifffahrt – *Sparkassegasse 3 - ✆ 07612 66700 - www.traunseeschifffahrt.at - mai-sept. - 10-27 €, selon durée et nombre d'arrêts.* À la belle saison, traversées en bateaux à aubes, dont le *Gisela*, qui circule sur le Traunsee depuis 1872, de Gmunden vers Traunkirchen et Ebensee.

Hébergement

Budget moyen

Gasthof Engelhof – *Engelhofstr. 1 - ✆ 07612 64892 - www.engelhof.at - mar.-sam. 11h30-14h, 18h-21h, dim. 11h30-14h - fermé lun. 11 ch. et 2 appart. 90 €* ☕. Une pension familiale et confortable à 1 km du centre-ville de Gmunden agrémentée d'un jardin. Clientèle locale et petits prix.

5

Tauern de Radstadt ★

Radstädter Tauernstraße

Très fréquentée à l'époque de la conquête romaine – sa chaussée est encore jalonnée de plusieurs bornes millénaires redressées et remises en place –, la route des Tauern franchit le faîte des Niedere Tauern, à 1700 m d'altitude, pour unir les hautes vallées de l'Enns et de la Mur. Il s'agissait autrefois d'une des plus importantes régions minières du Land de Salzbourg. Avec ses cinq domaines skiables, elle est à présent prisée des skieurs, snowboarders et une terre d'entraînement de champions autrichiens. L'été, les possibilités de promenade sont infinies.

Station de sports d'hiver Obertauern.
pkazmierczak/Getty Images Plus

Se repérer

CARTE P. 212-213 (C3) ET CARTE DES TAUERN DE RADSTADT ET DE SCHLADMING P. 272
Salzbourg.
Radstadt se situe à 79 km au sud-est de Salzbourg.

À ne pas manquer

Les châteaux forts de Mauterndorf et de Moosham.

En famille

Le château de Mauterndorf.

Nos adresses p. 274

Circuit conseillé

CARTE P. 272

Circuit de 67 km, de Radstadt à St. Michael im Lungau, tracé en vert clair sur la carte.

Radstadt B3

Stadtplatz 17 - 06452 7472 - www.radstadt.com.

Bâtie sur un plan régulier, à la fin du 13ᵉ s., par les archevêques de Salzbourg, Radstadt est en grande partie ceinturée de remparts qui baignent, du côté ouest, dans leur ancien fossé. L'emplacement de la ville, alors à la frontière de l'Autriche, était d'une importance stratégique pour les archevêques. Encadrée au nord par le sommet du Roßbrand, et au sud par le Kemathöhe (1577 m), Rastadt se distingue également par son **site★**, à l'embranchement des routes touristiques du Dachstein et des Tauern de Radstadt. Elle fait partie du **Salzburger Sportwelt Amadé**, l'un des plus grands domaines skiables d'Autriche. Un sentier permet de faire le tour du centre ancien (30mn).

Le parcours de Radstadt à Untertauern se déroule rapidement au-dessus de magnifiques prairies. Après Untertauern, la route se hisse vers une succession de ressauts et de défilés, partie la plus impressionnante du circuit.

Obertauern C3

Cette station, créée de toutes pièces, permet aux skieurs d'accéder en remontées mécaniques (Seekareck et Gamsleitenbahnen) à de beaux panoramas.

★ Château de Mauterndorf (BURG MAUTERNDORF) C3

06472 7426 - www.salzburg-burgen.at - juil.-août : 9h30-18h30 ; mai-juin et sept.-oct. : 9h30-17h ; reste de l'année : voir le site Internet - 12 €, 9,50 € sur le site Internet (enf. 7,50 €, 5,50 € sur Internet).

La route des Tauern traversait autrefois cette forteresse à laquelle un poste de péage donna son nom. Située le long de la grande voie de commerce qui relie la haute Italie à Salzbourg, elle représentait une importante source de revenus pour les archevêques de Salzbourg. Ces derniers firent ériger un premier château fort au 13ᵉ s. pour veiller sur leurs possessions du Lungau. Après la suppression du poste de péage en 1807, la forteresse tomba en ruine dès 1832.

Un audioguide *(en anglais)* permet de découvrir l'histoire et la vie du château autrefois. La **chapelle de la forteresse★** renferme des fresques de style gothique rayonnant réalisées vers 1350 et dans les appartements privés, les boiseries remarquables sont celles d'origine. Plusieurs stations interactives permettent d'effectuer un voyage au Moyen Âge.

Un cheminement avec passerelle en bois et pont-levis métallique, dû à l'artiste contemporain Toni Schmale, entoure désormais le château. Il offre une agréable promenade *(env. 1 km)* avec vues sur la nature environnante.

5

Samsonnumzüge

Au 17ᵉ s., à l'initiative d'une confrérie de St-Léonard, figures de l'Ancien Testament et de l'imaginaire populaire médiéval se mélangeaient dans les rues de Tamsweg. Interdite par la hiérarchie ecclésiastique au 18ᵉ s., la procession a été remise au goût du jour. Entre juin et août, vous verrez peut-être le géant défiler au son de la fanfare.

Taurachbahn – *www.taurachbahn.eu - de fin avr. à fin sept. - 16 € AR ; 6-15 ans 8 €.* Le plus haut chemin de fer d'Autriche à voie étroite (760 mm), circule le week-end entre Mauterndorf et St. Andrä.

Quittez la route des Tauern et poursuivez sur la B 95 en direction de Tamsweg.

Tamsweg C3

Marktplatz 4 - ✆ 06474 2145 - www.tourismuslungau.at.

À Tamsweg, chef-lieu du Lungau, plusieurs traditions ont été préservées, comme le « cortège de Samson » *(voir encadré p. 271)* qui met en scène de nombreux participants costumés, entourés d'une fanfare.

Place du Marché (Marktplatz) – L'ordonnance régulière de cette place bordée de superbes maisons constitue la fierté de Tamsweg. L'**hôtel de ville (Rathaus)**, occupe une maison du 16e s. qui représente, avec ses échauguettes d'angle, un type courant de gentilhommière de la campagne salzbourgeoise. Dans la Kirchengasse se trouve l'ancien hospice Ste-Barbara, qui abrite le **Musée régional**

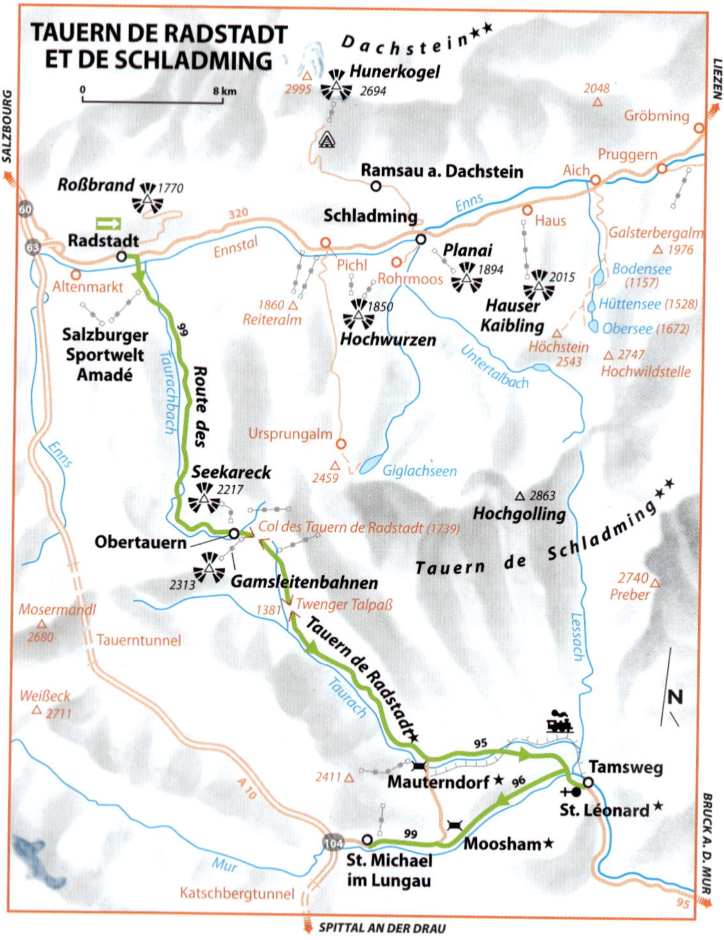

du Lungau (**Lungauer Heimatmuseum**, *n° 133)* et le **château Kuenburg** *(n° 107)*, constitué de plusieurs maisons construites de 1742 à 1745 après un incendie. Les fins ouvrages en stuc de l'**église paroissiale** *(***Pfarrkirche** - 1741) ont été réalisés par Johann Kajetan d'Androy, originaire de Graz.

★ **Église St-Léonard (Wallfahrtskirche St. Leonhard)** – *Sortez de Tamsweg par le pont de la Mur. Prenez à droite, juste après la voie ferrée, le chemin montant à St-Léonard et garez-vous à l'entrée. Un sentier conduit à l'église.* Du 15e s., l'église a conservé intactes ses dispositions gothiques de la basse époque : hautes fenêtres lumineuses, voûtes en réseau, etc. Dix-neuf de ses **vitraux**, réalisés entre 1430 et 1460 à Salzbourg, en Styrie ou Carinthie, comptent parmi les plus précieux d'Autriche. Remarquez, à gauche en entrant, du côté de la tribune, le vitrail de *L'Arbre de vie*. Dans le chœur, admirez le célèbre **vitrail doré**. Dans un riche décor gothique, le prélat donateur s'est immortalisé sous les armes de Salzbourg et les siennes propres. Un autre vitrail intéressant, daté de 1434, symbolise la mission d'évangélisation commandée aux apôtres par la parole divine *(de l'autre côté de la grille de l'église, à droite)*. Entre le vitrail doré et le maître-autel, on remarque, pour finir, le petit autel de saint Léonard avec une sculpture rustique datant de 1420.

Murradweg – *www.steiermark.com/de/murradweg.* Cette véloroute au départ du Parc national des Hohe Tauern longe le fleuve jusqu'à Bad Radkersburg, à la frontière avec la Slovénie (356 km). Vous pourrez l'emprunter pour rejoindre St. Michael im Lungau à 16 km.

Passez par Unternberg et poursuivez sur la B 96 jusqu'au château de Moosham.

★ Château de Moosham (SCHLOSS MOOSHAM) C3

Moosham 13 - Unternberg - ✆ 06476 305 - www.schlossmoosham.at - uniquement visite guidée (1h) - mai-sept. : tlj sf lun. à 10h, 11h, 14h, 15h - reste de l'année : tlj sf lun. 11h et 14h - fermé de nov. à mi-déc. - 15 € (enf. 7 €).

Cette ancienne forteresse, qui fut au cœur de l'administration archiépiscopale du Lungau de 1520 à 1790, devint la propriété de la famille Wilczek en 1886. Après des travaux de restauration, elle fut décorée de meubles issus des collections de la famille. Quelque 2000 pièces, datant pour la plupart du 16e au 19e s., sont aujourd'hui exposées. Dans l'antichambre des appartements princiers, remarquez le cocasse tableau des différents peuples d'Europe classés par traits de caractère. La **cour inférieure★ (Innenhof)** du château, est entourée de galeries de bois. Le puits atteint une profondeur de 50 m. Les chemins de ronde sont des reconstructions de la seconde moitié du 19e s.

Regagnez la Radstädter Tauernstr. jusqu'à St. Michael im Lungau.

St. Michael im Lungau C3

Ce gros bourg actif bénéficie du bon ensoleillement de la haute vallée de la Mur. Les sentiers et les pistes de ski sont quasiment à la porte de la localité.

Église paroissiale (Pfarrkirche) – À l'intérieur de l'édifice, bâti aux 15e et 16e s., remarquez sur le mur sud, une fresque romane (vers 1240) datant de l'ancienne construction (anges expulsant les damnés, représentation de Henri II et de son épouse, ainsi que de saint Ulrich et saint Léonard) et une illustration de la Descente aux Enfers pour les sept péchés capitaux (vers 1620).

Nos adresses

Restauration

À Radstadt

Premier prix

Bürgerbergalm – *Bürgerbergweg 4 - chemin qui prolonge Bürgerbergstr. - ☏ 0664 5927440 - www.buergerbergalm.at - ⊠ - tlj sf lun. 10h30-20h - plats 10/13 €.* Après plusieurs virages en lacet, le chalet d'alpage de la famille Moises apparaît, dominant toute la vallée. La petite salle intérieure a conservé son gros poêle en céramique, mais vous préférerez la grande terrasse panoramique. Petite carte régionale, cuisine simple et généreuse.

À Mauterndorf

Budget moyen

Hotel Steffner-Wallner – *Markt 90 - ☏ 06472 7214 - www.steffner-wallner.at - plats 20/30 € - 19 ch. 89 € ☕.* Très beau restaurant avec vieux murs en pierre. Cuisine régionale et belle carte des vins.

Près de Mauterndorf

Budget moyen

Häuserl im Wald – *Niederrain 140 - Mariapfarr - ☏ 06473 8288 - www.haeuserlimwald.com - fermé lun., et de mi-avr. à mi-mai et de mi-oct. à déb. déc. - plats 16/32 € - 15 ch. 177/203 € ☕ - 1/2 P possible.* Blotti dans un cadre boisé, ce petit hôtel abrite un restaurant de style moderne, avec une très belle vue. La courte carte privilégie les classiques et le gibier chassé localement. Chambres tout confort. Service agréable.

Petite pause

À Radstadt

Café Bios – *Hofhaimerplatz 2 - ☏ 06452 20760 - www.bios-dasleben.at - lun.-vend. 8h-17h (15h mar.), sam. 9h-12h - fermé dim.* Café bio, épicerie fine.

Stadtcafé Sendlhofer – *Schernbergstr. 3-5 - ☏ 06452 4239 - www.sendlhofer-radstadt.at - tlj sf lun. 9h-22h.* Café-bar animé.

Activités

Domaine skiable Salzburger Sportwelt – *☏ 06457 2929 - www.salzburgersportwelt.com.* Vaste domaine composé de 7 stations reliées.

Hébergement

Près de Radstadt

Premier prix

Gästehaus Habersatter – *Höggenbachweg 4 - 2 km au sud par la Tauernstr - ☏ 06452 6222 - www.habersatter.eu - ⊠ - 2 ch. et 2 appart. 68/236 € ☕.* Pension calme aux chambres claires, et jolis appartements fonctionnels. Belle salle de petit-déjeuner.

Budget moyen

Aparthotel Kristall – *Kellerdörfl 5 - Altenmarkt-Zauchensee - 8 km à l'ouest par la B 99 - ☏ 06452 7354 - www.aparthotelkristall.com - fermé mai et oct.-nov. - 17 ch. 144/150 € ☕.* Cet hôtel moderne d'inspiration traditionnelle abrite des chambres confortables et des appartements. Bon accueil et beau jardin.

Tauern de Schladming ★★

Encadrée par les Tauern de Radstadt et de Wölz, cette chaîne se dresse sur une quarantaine de kilomètres au-dessus de la vallée de l'Enns. Faisant face au massif du Dachstein, qui se caractérise par une roche calcaire et des parois abruptes, les Tauern de Schladming offrent un contraste saisissant avec leurs roches cristallines. On appréciera leurs longues vallées boisées facilement accessibles. L'été, elles font le bonheur des randonneurs. En hiver, elles constituent un paradis pour les skieurs.

Se repérer

CARTE P. 212-213 (C3) ET CARTE DES TAUERN DE RADSTADT ET DE SCHLADMING P. 272
Styrie.

Organiser son temps

Plusieurs jours si vous souhaitez profiter des randonnées.

À ne pas manquer

La vue sur les Tauern depuis l'un des belvédères.

Carnet pratique p. 277

Nos adresses p. 277

Les belvédères

CARTE P. 272

Ce massif au cœur des Niedere Tauern ménage de magnifiques vues du haut de ses nombreux sommets.

★★★ Hunerkogel C2

Voir p. 245.

★★ Roßbrand B2

Voir p. 245.

★★ Planai (1894 m) C3

Télécabine (Planai-Seilbahn) – *03687 22042 - www.planai.at - de fin mai à mi-oct. : 9h-17h ; d'oct. ou nov. (dès que les conditions de ski le permettent) à avr. : 8h15-16h30 - 14 € (été) ou 24,50 € (hiver) AR (enf. 7,50/13,50 €) - sinon forfait de ski 56,50 €/j en hiver (enf. 42,50 €) en 2 tronçons. Possibilité d'accès également par une petite route de montagne à péage (14,50 €).*

De la plate-forme d'arrivée (1825 m), monter à pied en 15mn jusqu'au sommet, planté d'une croix, duquel on découvre une superbe **panorama★★**. Au sud, le regard embrasse les Tauern de Schladming (Höchstein, Hochgolling, Steirische Kalkspitze) et, en arrière-plan, plus à l'ouest, les Tauern de Radstadt (Mosermandl) et les Hohe Tauern (Großglockner). Au nord se dressent successivement le Hochkönig, le Steinernes Meer, les Tennengebirge, le Dachstein et le Totes Gebirge.

Les amateurs de randonnée peuvent accéder au **Krahbergzinken** (2134 m) en 2h30 AR. Un sentier permet de faire également le tour du sommet en 45mn.

5

Les principaux sommets

Les premiers versants des Tauern de Schladming, aux pentes régulières, ont été aménagés de façon à développer un important domaine skiable. Au-delà de ce premier plan à l'altitude modeste (points culminants vers 1850-2000 m), le cœur de la chaîne constitue un espace de haute montagne. Il surplombe la vallée de plus de 2000 m parfois. Les sommets les plus célèbres sont, d'est en ouest, le **Hochwildstelle** (2747 m), le **Höchstein** (2543 m), le **Hochgolling** (2863 m) et la **Steirische Kalkspitze** (2459 m). De vastes espaces vierges s'offrent aux randonneurs, avec des vues panoramiques superbes mais au prix de marches très longues. La **vallée de l'Enns**, meilleure base pour découvrir les Tauern de Schladming, est devenue au fil des années un grand centre touristique doté d'importantes infrastructures (refuges, pistes de VTT, de luge d'été, circuits de parapente).

★★ Hochwurzen C3

Télécabine (Gipfelbahn Hochwurzen) – *Rohrmoos - ✆ 03687 22042 - www.planai.at - de fin mai à mi-oct. : 8h30-17h ; d'oct. ou nov. (dès que les conditions de ski le permettent) à fin avr. : 8h30-16h30 - 18,50 € (été) ou 22 € (hiver), enf. 10,50/12 €.*

1850 m. **Panorama★★** remarquable sur le Dachstein. Vue plongeante sur Schladming. Rejoignez la terrasse du restaurant pour découvrir le cœur du massif des Tauern de Schladming (Hochgolling, Steirische Kalkspitze).

★ Hauser Kaibling C3

Télécabine (Hauser Kaiblingbahn) – *Haus - ✆ 03686 30300 - www.hauser-kaibling.at - de Pentecôte à mi-sept. : 8h-16h30 ; et de déc. à avr. : 8h-17h - 22 € AR (enf. 14 €) en été, 60,50 € l'hiver avec le pass « Ski amadé » (voir « Activités » ci-contre), puis par le télésiège Quattralpina. En cas de fermeture, prenez le téléphérique des Schladminger Tauern (inclus dans le prix de la remontée).*

2015 m. **Vue★** sur le domaine de la Planai et le Sonntagerhöhe. Au nord-est, on reconnaît le Stoderzinken et à sa droite, le Großer Priel (Totes Gebirge). Au nord s'épanouit le Dachstein jusqu'à la Bischofsmütze. Les skieurs ne manqueront pas d'emprunter le téléski « Gipfellift », puis de monter en quelques instants au sommet proprement dit du Hauser Kaibling, où l'on a un magnifique **point de vue★★**. Le regard porte jusqu'au Großglockner.

Carnet pratique

S'informer

Office de tourisme – *Rohrmoosstr. 234 - Schladming - ☏ 03687 2277722 - www.schladming-dachstein.at.*

Arriver/partir

En train – La gare la plus proche est celle de Schladming. Plusieurs trains/j pour Salzbourg et Graz.

Nos adresses

Restauration

À Schladming

Premier prix

Hotel Restaurant Feichter – *Bahnhofstr. 278 - ☏ 03687 22129 - www.hotel-feichter.at - fermé merc. - formule déj. 9,40 € - 16 ch. 154 € ☕ - 1/2 P possible.* Le restaurant de ce petit hôtel en face de la gare affiche des spécialités locales et internationales. Chambres simples et claires.

Budget moyen

Steakhouse Friesacher – *Vorstadtgasse 117 - ☏ 0664 2200987 - www.friesacher.org - été: lun.-jeu. 11h-14h, 17h30-22h, vend.-dim. 18h-22h - plats 18/43 €.* Table familiale où l'on déguste de belles portions de viande, marinées, grillées ou en sauce dans un décor en bois et nappes colorées.

Activités

Domaine skiable Schladming-Dachstein – *☏ 03687 23310 - www.schladming-dachstein.at.* 230 km de pistes, 84 remontées mécaniques et une quarantaine de refuges. Le pass donne accès au « Ski amadé », le plus grand domaine skiable en Autriche *(55,50 € la journée, enf. 28/41,50 €)*. Pour le ski nordique: 220 km de pistes à basse (1100 m), moyenne (1700 m) ou haute altitude (2700 m).

Hébergement

Près de Schladming

Budget moyen

Braunhofer's – *Teichweg 35 - 3,5 km au sud - ☏ 03687 61575 - www.braunhofer.at - 104/108 € ☕ - 1/2 P possible.* Charmant hôtel-restaurant avec très belle vue sur la vallée et les montagnes. Chambres lumineuses (certaines avec balcon).

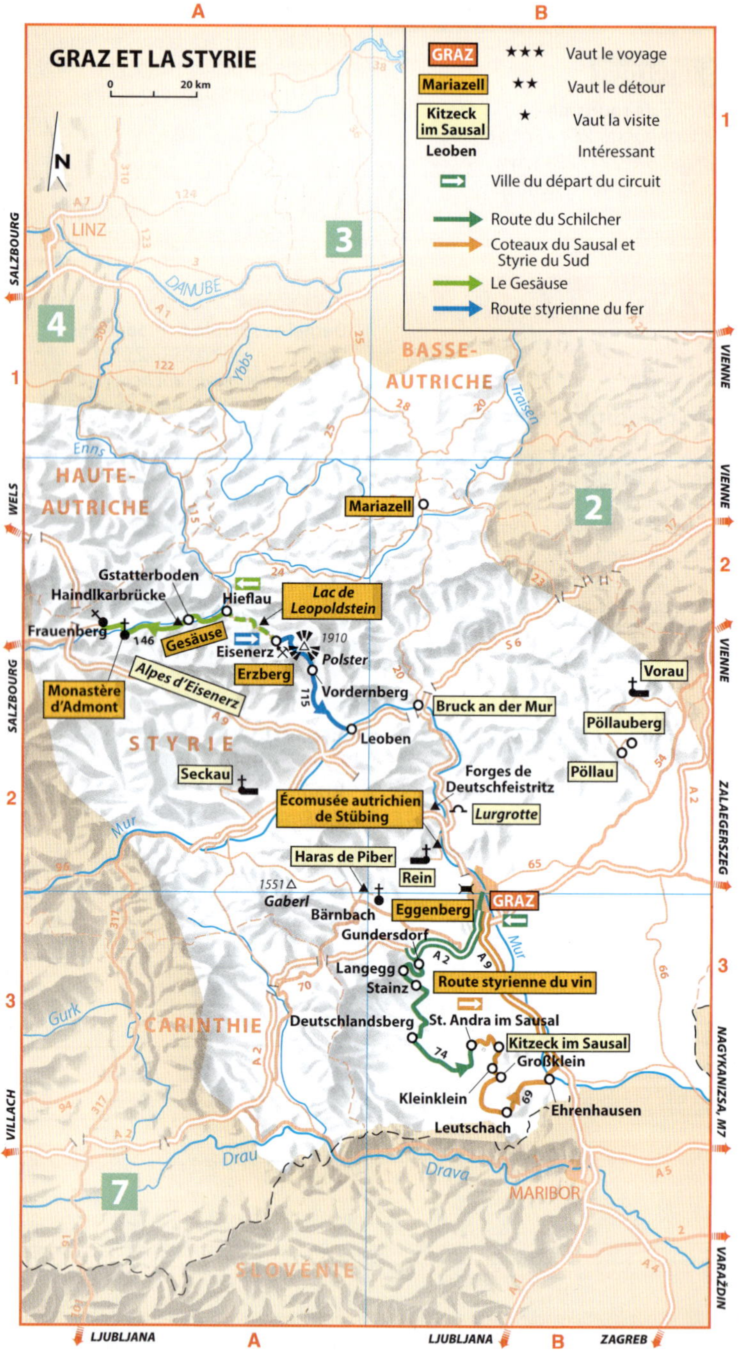
GRAZ ET LA STYRIE
0
20 km
N
GRAZ ★★★ Vaut le voyage
Mariazell ★★ Vaut le détour
Kitzeck im Sausal ★ Vaut la visite
Leoben Intéressant
Ville du départ du circuit
Route du Schilcher
Coteaux du Sausal et Styrie du Sud
Le Gesäuse
Route styrienne du fer
A
B
1
2
3
SALZBOURG
WELS
SALZBOURG
VILLACH
VIENNE
VIENNE
VIENNE
ZALAEGERSZEG
NAGYKANIZSA, M7
VARAŽDIN
LJUBLJANA
LJUBLJANA
ZAGREB
LINZ
DANUBE
BASSE-AUTRICHE
HAUTE-AUTRICHE
STYRIE
CARINTHIE
SLOVÉNIE
MARIBOR
Enns
Ybbs
Traisen
Mur
Gurk
Drau
Drava
Mariazell
Gstatterboden
Haindlkarbrücke
Hieflau
Lac de Leopoldstein
Frauenberg
Gesäuse
Eisenerz
1910
Polster
Erzberg
Monastère d'Admont
Alpes d'Eisenerz
Vordernberg
Bruck an der Mur
Vorau
Pöllauberg
Pöllau
Leoben
Seckau
Forges de Deutschfeistritz
Lurgrotte
Écomusée autrichien de Stübing
Haras de Piber
Rein
1551
Gaberl
Bärnbach
Eggenberg
GRAZ
Gundersdorf
Langegg
Stainz
Route styrienne du vin
Deutschlandsberg
St. Andra im Sausal
Kitzeck im Sausal
Großklein
Kleinklein
Ehrenhausen
Leutschach

6

Graz et la Styrie

CARTE MICHELIN NATIONAL N° 730

Graz ★★★

Deuxième ville d'Autriche, pôle économique et industriel, et important foyer estudiantin doté de six universités, Graz fait preuve d'un grand dynamisme. Sa vieille ville, inscrite au patrimoine mondial de l'Unesco, témoigne du rayonnement de l'art baroque dans cet ancien fief impérial. Dominée par l'imprenable Schlossberg, cette cité verdoyante, dotée de musées remarquables, compense son relatif isolement géographique par des relations renforcées avec la Hongrie et la Slovénie voisines. Sa structure compacte et ses transports efficaces sont propices aux escapades. Autant d'invitations à découvrir le patrimoine naturel mais aussi gastronomique d'une bonne vivante étonnamment méridionale.

Se repérer

CARTE P. 278 (B2-3), PLAN DE VILLE I P. 284 (AGGLOMÉRATION) ET PLAN DE VILLE II P. 291 (CENTRE)
292 630 habitants – Styrie.
À 200 km au sud-ouest de Vienne, 135 km au nord-est de Klagenfurt, 50 km de la frontière slovène et 80 km de la Hongrie.

À ne pas manquer

La cathédrale, le mausolée, l'arsenal, la vue sur la ville de Schlossberg et le château d'Eggenberg.

Organiser son temps

Comptez 3 jours pour visiter Graz et ses environs.

En famille

La montée en funiculaire ou en ascenseur au Schlossberg et la descente en toboggan; l'écomusée de Stübing et le haras de Piber.

Carnet pratique p. 297

Nos adresses p. 298

Se promener

Épargnée par les bombardements de la Seconde Guerre mondiale, Graz est l'une des rares villes d'importance en Europe centrale à conserver un patrimoine architectural à la hauteur de son histoire. Princes, artistes et artisans grazois surent y faire la synthèse des courants artistiques venus d'Italie, du nord de l'Europe ou encore des régions danubiennes.

★★ La vieille ville PLAN II P. 291

Circuit 1 tracé en vert sur le plan.
Le parcours débute à l'endroit où sont visibles les principaux vestiges de l'époque de Frédéric III qui fit de Graz une résidence impériale. Vous entrez par l'imposant portail en pierre de taille commandant la première cour du château du 15e s. *Par la porte de gauche, avant le passage couvert, gagnez la tour d'escalier située dans les bâtiments du gouvernement provincial.*

★ Tour d'escalier (DOPPELWENDELTREPPE) **du Landesregierung** D1
Seul vestige de l'ancienne résidence de Frédéric III, l'escalier gothique à double vis (1499) ajouté par son fils Maximilien Ier constitue une véritable prouesse

Le Landhaus, dans la vieille ville.
Zoonar GmbH/Alamy/hemis.fr

technique. Il présente, à partir du 1er palier, un savant dédoublement des volées autour de deux axes.
Au sortir de la cour, dirigez-vous vers la Hofgasse.

★ Cathédrale (DOMKIRCHE) D2

L'ancienne église de la cour fut construite entre 1438 et 1464 par l'empereur Frédéric III, dont les armes ornent le portail principal. Ce vaste et lumineux édifice ne devint cathédrale (dédiée à St. Gilles) qu'en 1786. On remarquera avant d'entrer, sur l'angle extérieur sud-ouest, le « tableau des fléaux », de 1485. Ces restes de **fresques**, qui évoquent les trois plaies que connut Graz en 1480 – les incursions turques, la peste et les sauterelles – constituent la plus ancienne représentation connue de la ville.
L'intérieur de l'édifice séduit par l'élégance de ses voûtes d'ogives réticulées. L'essentiel du décor baroque remonte à l'époque où l'église fut confiée aux Jésuites (après 1577). Du décor ancien subsistent notamment les deux fresques de saint Christophe (fin 15e s.) : elles rappellent une vieille croyance selon laquelle on ne pouvait mourir le jour où l'on regardait une représentation de ce saint. Le chœur, très profond, est orné d'un autel baroque à la composition harmonieuse. À l'entrée, le regard se porte sur deux magnifiques **reliquaires★★★**. Apportées par les Jésuites, ces œuvres d'art raffinées sont d'anciens coffres de mariage de Paule de Gonzague, duchesse de Mantoue. En ébène, plaqués de bas-reliefs en os et en ivoire, ils furent sculptés vers 1470 dans le style de Mantegna. Ils s'inspirent des *Triomphes* du poète italien Pétrarque, pièces à la fois allégoriques et morales illustrant les époques successives de la vie dans une perspective sereine de la mort. L'orgue, doté de 5 354 tuyaux, date de 1978.
Au flanc de la cathédrale, un escalier mène au monument le plus inattendu de Graz.

★★ Mausolée (MAUSOLEUM) D2

Accès par la Bürgergasse ou le n° 3 de la Burggasse - ✆ 0316 8041890 - www.domgraz.at - tlj sf lun. 9h-17h.

La capitale de la Styrie

Parmi les villes autrichiennes, Graz fait l'effet d'une ville peu ancienne : son nom d'origine slave (« Gradec », qui signifie « petit château ») est mentionné pour la première fois au 12e s. seulement. Située sur le cours de la Mur (qui relie les Hohen Tauern au Danube, *via* la Drave, et, ainsi, l'Europe du Nord au Proche-Orient), la bourgade grandit à la faveur du passage des croisés, pèlerins, marchands... et s'affirme comme un carrefour. Dès le 13e s., la ville est pourvue de remparts – preuve de sa richesse.

Un bastion de fer et de foi

En 1379, la branche léopoldine de la maison de Habsbourg choisit Graz pour résidence. En 1452, le prince styrien Frédéric est couronné empereur du Saint Empire romain germanique sous le nom de **Frédéric III**. Il fait alors de Graz une résidence impériale, et c'est de cette époque que date le « **château** », près de la Burgtor, dont il ne reste qu'un escalier à double révolution, et la **cathédrale**.

Au début du 16e s., après la bataille de Mohács, la menace ottomane se fait toute proche (les Ottomans occupent alors une grande partie de la Hongrie). En 1543, les remparts sont reconstruits. Venu d'Italie du nord, l'architecte **Domenico dell'Allio** apporte les derniers progrès en matière de fortifications. On lui doit également le **Landhaus**, qui compte parmi les exemples les plus éclatants de l'art autrichien de la Renaissance. La ville devient un gigantesque entrepôt d'armes et de munitions. La « **montagne de fer** » styrienne, l'Erzberg *(voir p. 318)*, fournit une matière première abondante et de qualité, aussitôt transformée en lames d'épées, cuirasses et armes à feu. À chaque menace d'invasion, les armes entreposées à Graz sont distribuées à la population, qui vient renforcer l'armée. En 1642 est construit un **arsenal** (*Zeughaus*) afin d'y rassembler les armes.

Renaissance, réforme(s) et rayonnement

Après la partition du pays par les Habsbourg en 1564, Graz devient la capitale d'un vaste territoire nommé **Autriche intérieure**, englobant la Styrie, la Carinthie, la Carniole et l'Istrie. L'**archiduc Charles II** (1540-1590) y tient une cour dont le rayonnement artistique et culturel rejaillit sur la ville. Il entretient des contacts étroits avec Roland de Lassus et Lodovico Zacconi (qui contribuèrent à façonner les prémices de la musique baroque) et soutient la Réforme catholique : dès 1571, il fait appel aux **jésuites** pour établir à Graz un collège et un lycée (Bürgergasse 2). En 1585, l'**université** est créée. Elle devient rapidement le véritable centre intellectuel de l'Autriche intérieure. Même si le pouvoir est catholique, il reconnaît la liberté de culte : les trois quarts de la population de Graz ayant embrassé la confession protestante, une école-séminaire réformée est fondée en 1568 à l'emplacement de l'actuel Paradeishof (Sackstr. 7). L'astronome Johannes Kepler y enseigne durant quatre ans.

Grâces baroques en mode mineur

Élève du Tintoret, le peintre **Giovanni Pietro de Pomis** arrive à Graz vers 1595, à l'invitation de l'archiduc Ferdinand (fils de

Charles II). À Graz, il œuvre comme architecte (château d'Eggenberg...) et réalise les peintures du retable principal de la cathédrale, avant de suivre l'archiduc qui, après son élection à la dignité d'empereur, transfère sa capitale de Graz à Vienne. La capitale styrienne perd alors le rang de résidence impériale et voit sa fortune ternie pendant plusieurs décennies.
Dès la fin du 17e s., le péril turc semblant définitivement écarté, la ville s'ouvre sur les environs et les familles influentes font construire de nouveaux palais. Les demeures aristocratiques de la Sackstraße se mettent au goût du jour. Autour des cours Renaissance, les bâtiments se dotent d'éléments inédits : décors de stucs, escaliers monumentaux (palais Herberstein).
Au 18e s., les réformes de Marie-Thérèse enlèvent aux autorités municipales une grande partie de leur indépendance. Joseph II fait rétrograder l'université de Graz au rang de simple lycée. La période fastueuse est passée : ainsi s'explique l'absence presque totale de constructions du baroque tardif.

L'aura de l'archiduc Jean

L'**archiduc Jean** (1782-1859), fils de l'empereur Léopold II, interdit de séjour au Tyrol en raison de son soutien à Andreas Hofer *(voir encadré p. 369)*, reporte toute son attention vers Graz et la Styrie. Proche de son peuple, le prince jouit toujours d'une grande popularité dans la région. Il modernisa l'exploitation d'Eisenerz, lui donnant une dimension industrielle (mines, chemin de fer de Graz à Trieste en 1844), fonda le **Landesmuseum Joanneum** en 1811, plus ancien musée d'Autriche, ainsi qu'une université technique et un musée provincial, ce qui témoigne de son esprit curieux, inventif et ouvert au progrès.

Dans la tourmente du 20e s.

Le traité du Trianon (1919) a des conséquences directes pour Graz, qui voit son aire de rayonnement géographique réduite, du fait de la cession d'une partie de son « hinterland » aux nouveaux états que sont la Slovénie et la Hongrie. Dans ce contexte, les idées pangermanistes et bientôt nazies trouvent un terreau favorable...
En avril 1945, Graz voit arriver les troupes soviétiques : si la population doit subir les exactions de l'occupant russe, les bombardements alliés lui sont cependant épargnés. La Styrie passe assez vite sous domination britannique.

À la pointe de la tradition industrielle

Depuis la fin de la Guerre froide, Graz réaffirme son ambition transfrontalière. Mettant à profit, l'entrée dans l'Union européenne de la Hongrie et la Slovénie en 2004, elle joue un rôle de premier plan dans l'**eurorégion Graz-Maribor**. Aujourd'hui, la capitale de la Styrie est l'un des principaux centres administratifs et industriels d'Autriche. Y domine l'**industrie automobile** (citons Magna, installé dans la banlieue de Graz, fournisseur de Mercedes ou PSA, est l'un des leaders de la sous-traitance automobile) et le secteur des services.
Deuxième **ville universitaire** d'Autriche, Graz bénéficie du dynamisme de ses 44 000 étudiants et 6 grands centres d'enseignement supérieurs qui alimentent pôles de recherches et développements.
Dans le **domaine culturel,** Graz continue d'explorer les champs de la création artistique, par le biais d'institutions (Maison des Arts, Universalmuseum Joanneum) ou de festivals (Steirischer Herbst...).

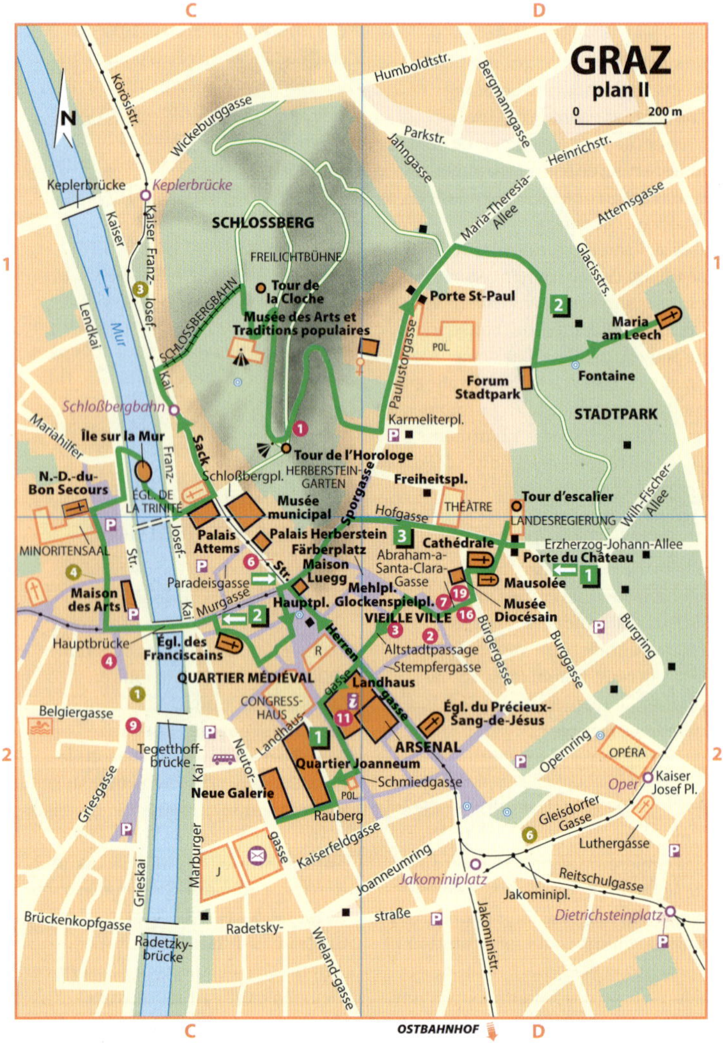

SE RESTAURER

- Aiola Upstairs 1
- Delikatessen Frankowitsch .. 2
- Die Herzl..................... 3
- Gasthaus zur Alten Press 4
- Altsteirische Schmankerlstub'n.......... 6
- Glöckl Bräu 7
- Der Steirer 9
- Landhauskeller 11
- Santa Clarae 16
- Gasthaus Stainzerbauer 19

SE LOGER

- Grand Hotel Wiesler........ 1
- Schlossberg Hotel........... 3
- Hotel Mariahilf.............. 4
- Motel-One Graz............. 6

Conjuguant une architecture puissante et des coupoles légères, ce mausolée illustre parfaitement la transition entre Renaissance et Baroque. Il a été construit entre 1614 et 1633 par l'architecte italien **Giovanni Pietro de Pomis**, à la demande de l'empereur Ferdinand II, et combine avec art les canons propres au baroque autrichien et le faste théâtral des grandes églises romaines de l'époque.
L'intérieur a été achevé en 1687 sous l'empereur Léopold Ier, auréolé de sa victoire contre les Turcs. La maison d'Autriche est glorifiée dans la foisonnante décoration de l'édifice. Les fresques de la nef représentent, au centre, la délivrance de Vienne assiégée par les Turcs en 1683. Les dessins des stucs et de l'autel Ste-Catherine d'Alexandrie (à laquelle est dédié le mausolée) sont dus à **Johann Bernhard Fischer von Erlach**, architecte de la cour impériale et l'un des plus célèbres enfants de Graz. Sous la belle coupole ovale, la crypte funéraire abrite le **sarcophage** de marbre rouge de Charles II et Marie de Bavière, parents de l'empereur. Seule l'archiduchesse repose ici, Charles II étant enterré à Seckau. Le tombeau de l'empereur Ferdinand II est à droite de l'autel.
Retournez dans la Bürgergasse.
Au nº 1 de la **Bürgergasse**, on peut voir la solennelle façade aux allures de palais romain de la maison (Domherrenhof), où logèrent de 1597 à 1775 les jeunes nobles étudiant chez les Jésuites. Son portail baroque semble résumer l'histoire de la demeure : deux anges soutiennent un cartouche à l'effigie de l'archiduc Charles II et encadré par deux allégories représentant le catholicisme et la science. Entrez dans la cour : entre les belles arcades Renaissance ocre-rouge, on aperçoit la sculpture d'un bonhomme de neige en marbre se reflétant dans une petite flaque d'eau !
Poursuivez par la Abraham-a-Santa-Clara-Gasse vers la Mehlplatz.
Cette étroite ruelle débouche sur la **Glockenspielplatz (place du Carillon)**. Au fronton d'une grosse maison surmontée par un clocheton apparaissent, à chaque sonnerie, des automates : un couple styrien en costume local danse sur de vieux airs populaires *(sonneries à 11h, 15h et 18h)*. La Glockenspielplatz se prolonge en **Mehlplatz★ (place de la Farine)**, où s'élèvent deux imposantes demeures aux façades ornées de stucs baroques. Le palais Inzaghi sur le côté gauche abritait autrefois une école de musique. Sur la droite de la Mehlplatz, on trouve la **Färberplatz (place des Teinturiers)**. Ces trois places regorgent de **cafés** et de **restaurants**, et les terrasses y fleurissent aux beaux jours. Très fréquenté par les noctambules, le lieu est surnommé **« le triangle des Bermudes »** par les Grazois.
Empruntez l'Altstadtpassage pour rejoindre la Herrengasse.

★★ Landhaus D2

Herrengasse 16 - visite libre de la cour : 6h-22h - se rens. à l'office de tourisme pour les visites guidées et l'accès à la Landstube (avec un guide uniquement).
Ancien siège de la Diète de Styrie et aujourd'hui encore siège du parlement régional (Landtag), ce remarquable palais Renaissance a été édifié de 1557 à 1565 par l'architecte **Domenico dell'Allio**. La façade principale, que l'on peut mieux voir depuis la Stempfergasse, présente de jolies fenêtres accouplées et voûtées en plein cintre. La cour intérieure affiche une élégance toute méditerranéenne, avec ses trois étages d'arcades, ses cages d'escalier et loggias. La salle baroque de la Diète (Landstube) mérite la visite pour son plafond en stuc et ses dorures. Dans l'angle nord-ouest de la cour, l'escalier enchâssant la chapelle a été construit en 1630-1631 par un autre Italien, Bartolomeo di Bosio. Le vieux puits, œuvre d'artisans styriens, est recouvert d'un remarquable dais en bronze finement sculpté, orné d'amours et de figures féminines.

★★★ Arsenal (LANDESZEUGHAUS) D2

Herrengasse 16 - ✆ 0316 80179810 - www.museum-joanneum.at - de fin mars à oct. : tlj sf lun. 10h-18h ; nov.-mars : tlj sf lun., seult dans le cadre de visites guidées - 10,50 € (-19 ans gratuit, étudiants 19-27 ans 4 €), audioguide et visite guidée 2,50 € ; Graz Card (voir « Carnet pratique » p. 297).

Édifiée en 1642, sa solide façade, percée d'un beau portail qu'encadrent les statues de Mars et de Minerve, préfigure l'apparition du baroque allemand et ne trahit nullement la véritable fonction de l'édifice. Au début du 18e s., le péril turc est définitivement écarté. À partir de 1749, l'équipement de l'armée impériale, devenue permanente, étant centralisé à Vienne, on songe à disperser le matériel obsolète accumulé à Graz. Mais la Styrie obtient de Marie-Thérèse l'autorisation de conserver son arsenal en reconnaissance des services rendus par ses milices. Les quatre étages de l'arsenal abritent plus de 32 000 armes de toutes sortes : hallebardes, arquebuses, mousquets avec leurs cornets à poudre, cuirasses, harnais de tournoi... Le visiteur a l'impression de revenir quatre siècles en arrière dans la mystérieuse ambiance d'un entrepôt parfaitement ordonné. Du dernier étage de l'édifice, belle vue sur les arcades de la cour du Landhaus et sur le Schlossberg.

Au sortir de l'Arsenal, empruntez la charmante Schmiedgasse.

Quartier Joanneum (JOANNEUMSVIERTEL) C2

Accès par Kalchberggasse - ✆ 0316 8017 9100 - www.museum-joanneum.at - tlj sf lun. 10h-18h - 10,50 € (-19 ans gratuit) pour chaque musée ; et audioguide en anglais 2,50 €- Graz Card (voir « Carnet pratique » p. 297).

Cet ensemble a vu le jour en 2011, 200 ans après la fondation du Landesmuseum Joanneum. Il regroupe divers musées publics rattachés au **Universalmuseum Joanneum** ainsi que la bibliothèque de Styrie (Landesbibliothek). La billetterie étant souterraine, l'entrée se fait par un large cône qui ouvre sur la cour.

Neue Galerie – Elle explore l'art de la seconde moitié du 20e s. et la jeune création. Grâce à plusieurs mécènes, elle a pu se constituer une collection de 70 000 œuvres très variées – photos, vidéos, installations... – d'artistes autrichiens (Maria Lassnig, Inge Morath...) mais aussi internationaux : Joseph Beuys, Tony Cragg, Ólafur Eliasson... Une section du musée, dite **BRUSEUM**, est plus spécifiquement dédiée à l'artiste styrien polyvalent Günter Brus, importante figure de l'actionnisme viennois.

★ **Musée d'histoire naturelle (Naturkundemuseum)** – Il offre au visiteur un parcours très intéressant mais aussi très soigné à travers la faune, la flore et surtout la géologie de la Styrie : sa riche collection de minéraux est exposée dans les vitrines que l'archiduc Jean avait fait venir du château de Schönbrunn. On y verra une maquette en relief de la Styrie, de 1905, et un bloc de pur cristal de 90 kg découvert en 1972 près de Deutschlandsberg.

Rejoignez Herrengasse.

Église paroissiale du Précieux-Sang-de-Jésus

(STADTPFARRKIRCHE ZUM HEILIGEN BLUT) D2

Cette église, gothique à l'origine, fut mise au goût baroque, puis de nouveau transformée en style gothique entre 1875 et 1882. Son élégant **clocher★** baroque fut élevé en 1780-1781 par l'architecte Joseph Stengg et le maître charpentier Franz Windisch. Entièrement construit en bois, il est surmonté d'une croix à trois traverses, rappel de la consécration de l'église par un pape.

À l'intérieur, on découvre dans la nef sud (bas-côté droit) une *Assomption de la Vierge* attribuée au Tintoret. Les vitraux du chœur de la nef principale,

endommagés pendant la Seconde Guerre mondiale, ont été rénovés entre 1950 et 1953 par le peintre salzbourgeois Albert Birkle. Marqué par les horreurs de la guerre, l'artiste a fait figurer sur les vitraux les profils de Hitler et de Mussolini assistant à la flagellation du Christ *(vitrail gauche, quatrième panneau, à droite à partir du bas)*. Des concerts d'orgue ont lieu dans l'église pendant l'été *(consultez le site www.stadtpfarrkirche-graz.at)*.
Revenez sur vos pas dans la Herrengasse, jusqu'à la Grand-Place.

★ Grand-Place (HAUPTPLATZ) C2

Située au cœur de la ville, elle offre une animation continue, avec l'incessant va-et-vient des tramways. Derrière les façades colorées des 17e, 18e et 19e s. s'étendent, sur plusieurs dizaines de mètres parfois, de longues maisons médiévales.
Au no 3, à l'angle de la Herrengasse, la **Gemalte Haus** fut la résidence des archiducs jusqu'en 1450, avant la construction du château. Les peintures de la façade, représentant notamment des scènes de l'histoire romaine, ont remplacé en 1742 un décor réalisé par l'architecte du mausolée, Pietro de Pomis.
La **fontaine de l'archiduc Jean** (1878), trônant au centre de la place et reléguant la statue de l'empereur sur une place secondaire (Freiheitsplatz), illustre la place que ce prince prit dans le cœur des Grazois en raison de ses nombreux bienfaits à l'époque où Vienne avait déjà détrôné Graz. Quatre femmes entourent la statue de l'archiduc, allégories des principales rivières styriennes au temps de la monarchie. Depuis 1918, seules la Mur et l'Enns sont demeurées styriennes.
À l'angle de la Sporgasse, la **maison Luegg** a été décorée de stucs au 17e s. De l'autre côté de la place, au no 4, la pharmacie la plus ancienne de la ville (1535) a conservé une partie de sa décoration d'origine. Du même côté, on découvre, l'éperon boisé du Schlossberg. À son extrémité se profile la **tour de l'Horloge** (Uhrturm), emblème de Graz. La place est fermée au sud par l'**hôtel de ville** (Rathaus), le troisième érigé au même endroit, qui date de 1893.
Si vous prenez à droite la sinueuse **Sporgasse** (CD1), colorée et animée, remarquez au no 3, l'étroite façade verte, intéressant exemple du Jugendstil. Au n° 22, regardez la cour à arcades de l'ancienne maison des chevaliers teutoniques, le rez-de-chaussée est gothique, tandis que le dernier étage emprunte à la Renaissance toscane. Les galets qui tapissent la cour proviennent de la Mur. Un peu plus loin, au no 25, le portail baroque rustique et la cour à arcades du palais Saurau Göss furent édifiés en 1566. Les habitants de Graz eux-mêmes ignorent pourquoi un Turc dégainant son sabre en orne l'entablement. Enfin, au no 28, la maison de style Renaissance Zur goldenen Pastete est également notable.
À peine après avoir quitté la Sporgasse pour la **Hofgasse**, on peut admirer sur la droite les boiseries de la devanture de l'ancienne **boulangerie impériale** ouverte en 1569 *(Hofbäckerei Edegger-Tax – voir « Nos adresses » p. 301)*.

Place de la Liberté (FREIHEITSPLATZ) D1

À l'angle de la Hofgasse et de la place de la Liberté se trouve le **théâtre (Burg Schauspielhaus)**, construction de style classique. Au centre de la place, statue de François II, dernier empereur romain germanique.
Poursuivez dans Hofgasse pour revenir devant le siège du gouvernement provincial.

6

★ Quartier médiéval (MITTELALTERLICHES VIERTEL) PLAN II P. 284

À l'emplacement de la Franziskanerplatz et de la Neutorgasse, se tenait à la fin du Moyen Âge un marché au bétail. Le nom insolite donné encore aujourd'hui par les Styriens au quartier médiéval (*Kälbernes Viertel* : quartier aux Veaux) rappelle cette origine. En 1620, il fut intégré à l'enceinte, lorsqu'on étendit celle-ci face à la menace plus pressante des Ottomans. Ses **ruelles★** pleines de charme ont un air d'Italie, notamment les pittoresques Neue-Welt-Gasse et Franziskanergasse, peuplées de terrasses à la belle saison.

Église des Franciscains (FRANZISKANERKIRCHE) C2

En 1240 les Franciscains installèrent ici leur couvent. Sa partie la plus ancienne, la **chapelle St-Jacques (Jakobikapelle)**, remonte à 1330. Le cloître fleuri est une oasis de repos (poussez la porte en bois ou bien passez par la chapelle). Cette église, contre laquelle viennent s'appuyer des échoppes, a été en partie couverte d'une nouvelle voûte après la Seconde Guerre mondiale et pourvue de vitraux modernes.

Rive droite et Schlossberg PLAN II P. 284

Circuit 2 tracé en vert sur le plan. De la Franziskanerplatz, prenez le pont dit Hauptbrücke pour traverser la Mur.

★ Maison des Arts (KUNSTHAUS) C2

Lendkai 1 - ✆ 0316 80179200 - www.museum-joanneum.at - tlj sf lun. 10h-18h - 10,50 € (-19 ans gratuit) ; audioguide et visite guidée 2,50 € ; Graz Card (voir « Carnet pratique » p. 297).

Un *friendly alien* (un gentil extraterrestre) : c'est ainsi que ses propres architectes, les Britanniques Peter Cook et Colin Fournier, ont baptisé l'édifice lors de son inauguration en 2003, alors que Graz était capitale européenne de la culture ! Telle une soucoupe volante, la Maison des Arts de Graz semble en effet s'être posée au milieu des anciennes maisons de la ville. Son architecture est particulièrement innovante et complexe, avec une structure extérieure faite de panneaux de verre acrylique d'un bleu profond – elle s'illumine à la nuit tombée – et un toit ondulant coiffé de « ventouses ». Sa construction qui au départ choqua nombre de Grazois est aujourd'hui saluée pour le nouveau visage qu'elle a donné à la ville, redynamisant le quartier de Lend. Sur ses 2000 m² de surface intérieure, la Maison des Arts accueille sur deux étages des **expositions temporaires** (3 à 4 par an), portant sur la période des années 1960 à nos jours.

Eisernes Haus – Intégré à la construction, cet édifice datant de 1847 abrite l'association Camera Austria *(camera-austria.at)*, qui organise des expositions de photographie contemporaine. Tout en haut, un espace vitré baptisé **« Needle »** (aiguille) offre une belle vue sur la ville.

En sortant de la Maison des Arts, après la Südtirolerplatz, tournez dans la Mariahilferstraße.

★ Église Notre-Dame-du-Bon-Secours (MARIAHILF-KIRCHE) C1

Elle fut pendant des décennies le lieu de pèlerinage le plus fréquenté de la Styrie après Mariazell. Les heureuses proportions de sa façade baroque et la sobre élégance de ses deux tours la rattachent aux plus belles réalisations de l'architecture religieuse de Graz. **Pietro de Pomis**, architecte du mausolée et du château d'Eggenberg, en jeta les bases entre 1607 et 1611 (lui-même y fut enterré en 1633). Les deux tours, élevées selon les canons du baroque tardif, entre 1742 et 1744, sont dues à Joseph Hueber. La nef Renaissance donne une impression générale d'équilibre. Par la porte qui s'ouvre à gauche de la façade, traversez le **cloître** et gagnez la deuxième cour qui accueille un pavillon de style Renaissance (fin du 17e s).

L'étage de l'édifice est occupé par la fastueuse **Minoritensaal**, que vous verrez si vous assistez à un des concerts qui y sont organisés.

Traversez la Mariahilferplatz, longez la Mur puis prenez la passerelle.

Île sur la Mur (MURINSEL) C1

www.murinselgraz.at - 10h-20h - entrée libre.

Construite comme la Maison des Arts pour honorer le titre de capitale européenne de la culture, cette île flottante de verre et d'acier a été conçue par l'artiste new-yorkais Vito Acconci. Elle est reliée aux rives de la Mur par deux ponts piétonniers. On y trouve un amphithéâtre en plein air, une boutique (objets design et produits du terroir) et un café.

Prenez la seconde passerelle pour retourner sur la rive gauche. Rejoignez la Schlossbergplatz.

Sackstraße C1-2

Cette voie butant dans les remparts, fut longtemps une impasse. Au 14e s., lorsqu'on ouvrit dans les murailles une porte, elle devint l'artère principale d'un quartier de tanneurs, meuniers et parcheminiers attirés par la proximité de l'eau. La partie la plus ancienne, la plus proche de la Grand-Place fut appelée « poche des Seigneurs » (Herrensack) dès 1650, en raison de la construction des nobles palais que l'on peut encore y admirer. Actuellement reconvertis en musées, les palais Herberstein et Khuenburg, aux nos 16 et 18, en offrent d'éloquents exemples.

★ Palais Herberstein - Museum für Geschichte C1

Sackstr. 16 - ✆ 0316 80179800 - www.museum-joanneum.at - merc.-dim. 10h-18h - 10,50 € (-19 ans gratuit) ; audioguide 2,50 € ; Graz Card (voir « Carnet pratique » p. 297).

Ce palais fut la demeure du gouverneur de Styrie Johann Leopold von Herberstein au 18e s. C'est lui qui fit construire l'escalier monumental en 1754, orné de *putti* et de fresques (1756) représentant le mont Olympe.

Au 2e étage, le nouvel aménagement du **Schaudepot★** donne l'impression de déambuler dans les réserves d'un musée. Derrière des grilles sont entreposés 2000 objets, répartis par thèmes – manger, s'habiller, voyager... On s'arrêtera en particulier devant le carrosse royal portant les insignes de l'empereur Frédéric III (1450) et les globes célestes de Vincenzo Coronelli (1678) alors employé à la cour de Parme. Dans la galerie des glaces est exposée la « coiffe archiducale » d'Ernest Ier (14e s.), devenue l'emblème de la Styrie.

Au 1er étage, expositions temporaires.

Musée municipal (GRAZMUSEUM) C1

Sackstr. 18 - ✆ 0316 8727600 - www.grazmuseum.at - 10h-18h (20h merc.) - 7 €.

Il occupe le palais Khuenburg, où naquit, le 18 décembre 1863, l'archiduc héritier François-Ferdinand. Le 1er étage, l'exposition permanente « 360 Graz », très bien documentée, retrace les transformations de Graz en suivant quatre grandes périodes : la ville fortifiée (1128-1600), la ville ouverte (1600-1809), la ville en expansion (1809-1918) et la ville suburbaine (de 1918 à nos jours). Le 2e étage est dévolu aux expositions temporaires, en rapport avec l'histoire de Graz.

Le musée donne sur une cour gothique qui abrite une ancienne pharmacie à la pharmacopée du 19e s., intacte.

★★ Palais Attems C1

Sackstr. 17. En face du musée municipal, cet hôtel particulier est sans conteste le palais baroque le plus achevé de la ville. Prenez le temps de détailler les éléments décoratifs de ses **façades★★**, dont la profusion n'a d'égale que la qualité : pilastres, cimaises, fenêtres à fronton curviligne enchâssant un pot à feu. La demeure fut élevée entre 1702 et 1716 pour le comte von Attems. Accolé à cet édifice, le petit palais Attems était destiné à accueillir les veuves des comtes.

Au nº 12 de la rue, notez l'atmosphère déjà très italienne de la **cour★** Renaissance du **Krebsenkeller,** avec ses belles fenêtres géminées et sa loggia à arcades.
Remontez la Sackstraße jusqu'à la Schlossbergplatz.

★ Schlossberg CD1

Accès par un escalier de 260 marches env. ou deux autres possibilités : Schlossberglift (ascenseur) – Schlossbergplatz - 8h-0h30 - trajet 1,90 € (enf. 1,40 €). Schlossbergbahn (funiculaire) – À l'extrémité nord de la Sackstr. - ☎ 0316 8873391 - www.holding-graz.at - 10h-0h (2h vend.-sam.) - dép. ttes les 15mn - 2,70 € (enf. 1,40 €) - billet valable 1h, inclus dans la Graz Card (« Carnet pratique » voir p. 297).
Descente possible en toboggan (Rutsche - www.schlossbergrutsche.at - départ à proximité du café Aiola - 5 €).

> **Derrière la minute**
>
> Le cadran de la **tour de l'Horloge** fut longtemps pourvu d'une aiguille unique, longue de 5,4 m, indiquant les heures. Celle des minutes (2,7 m) fut ajoutée ultérieurement, ce qui explique cette inversion entre petite et grande aiguilles.

Dominant la ville de ses 123 m, cette colline fut hérissée de redoutes et de fortifications jusqu'aux guerres napoléoniennes et formait une forteresse imprenable.
Lorsqu'en 1809 Graz fut occupée par les troupes françaises commandées par le général Macdonald, le Schlossberg résista à tous les assauts. Hélas, au traité de Schönbrunn (14 octobre 1809), une des conditions de la paix stipulait la destruction de la forteresse, au grand dam des habitants. Ceux-ci parvinrent cependant à racheter 3000 louis d'or – une véritable fortune alors – la **tour de l'Horloge** (Uhrturm, point d'arrivée de l'ascenseur) et la **tour de la Cloche** (Glockenturm, point d'arrivée du funiculaire) dotée de la cloche « Lisl », la plus grosse de la ville avec ses 4,5 t. Le reste de la place forte fut démantelé. Quelques décennies plus tard, le Schlossberg fut aménagé en un **parc** qui offre aujourd'hui un ensemble de jardins et de terrasses ombragées, ainsi qu'une large vue **panoramique★** sur Graz depuis le petit belvédère du Graz Museum Schlossberg *(10h-18h - 2 €).*
Descendez les marches qui mènent au jardin Herberstein (Herberstein Garten).
De la terrasse, **vues★★** sur la ville et la vallée de la Mur : au-delà des toits, d'où s'élancent les clochers à bulbe, se profilent vers le sud-ouest les Préalpes de Styrie.
Remontez à la tour de l'Horloge et continuez la descente par le premier chemin à droite. Prenez à gauche et remontez la Paulustorgasse.

Musée des Arts et Traditions populaires (VOLKSKUNDEMUSEUM) D1

Paulustorgasse 11-13a - ☎ 0316 80179810 - www.museum-joanneum.at - ♿ - dim.-lun. 10h-18h - 10,50 € (-19 ans gratuit) ; Graz Card (voir « Carnet pratique » p. 297).
Cette section du Joanneum, installée en 1913 dans un ancien couvent de capucins, présente sur deux étages les coutumes et modes de vie dans la Styrie d'autrefois et s'interroge sur ce qui fait l'identité si particulière de la région *(explications en allemand, mais classeur en anglais disponible à l'accueil).* La muséographie, moderne et agréable, inclut au rez-de-chaussée la reconstitution d'une **Rauchstube★** des environs de Voitsberg, pièce qui servait jusqu'en 1914 de cuisine, de chambre, de salle de bains, mais aussi d'abri, en hiver, pour les animaux.
Au 1er étage, une salle est consacrée aux costumes traditionnels, soigneusement analysés par l'ethnologue fondateur du musée, Viktor Geramb (on dénombre, en Styrie, 426 types différents de costumes traditionnels).
Prenez à gauche en sortant du musée et poursuivez la Paulustorgasse.

SE RESTAURER	SE LOGER	
Ritterwirt 5	Gasthof-Pension zur Steirerstub'n 2	A & O Hostel 7
		Hotel Daniel 8
		Altstadthaus 10

Parc municipal (STADTPARK) D1-2

On y pénètre par la **porte St-Paul** (fin du 16e s.), vestige des fortifications de la ville, qui a conservé à l'extérieur les armoiries en marbre sculpté de Ferdinand II d'Autriche et de Marie-Anne de Bavière. Cet agréable parc à l'anglaise, installé à l'emplacement de l'ancien glacis des fortifications dans la seconde moitié du 19e s., entoure la vieille ville à l'est et au sud-est.

Le **Forum Stadtpark** y accueille depuis 1960 un groupe de jeunes artistes d'avant-garde. Devant le bâtiment, une **fontaine** réalisée pour l'Exposition universelle de Vienne (1873) provient de l'atelier du fondeur d'art français Antoine Durenne (deux fontaines semblables, mais plus petites et réalisées 30 ans auparavant, ornent la place de la Concorde à Paris).

Église universitaire Maria am Leech

(UNIVERSITÄTSKIRCHE MARIA AM LEECH, LEECHKIRCHE) D1

Zinzendorfgasse 3 - www.katholische-kirche-steiermark.at - lun.-jeu. 10h-16h, vend. 8h-12h.

6

C'est la plus ancienne église de Graz. Elle a été édifiée par les chevaliers teutoniques de 1275 à 1293 et présente une certaine similitude avec la Ste-Chapelle à Paris. Le tympan du **portail occidental★** étagé de style gothique est orné d'une Vierge à l'Enfant, une œuvre de style roman tardif. Les **vitraux★** datés d'environ 1330 représentent des saints et la passion du Christ.
L'église est aujourd'hui le fleuron du quartier estudiantin peuplé de cafés.

À proximité

CARTE P. 278

La véloroute qui suit la Mur *(www.steiermark.com)* permet de rejoindre les sites alentour, comme l'écomusée autrichien de Stübing et la grotte de Lure. On peut combiner une partie du trajet avec le S-Bahn 1 qui suit le même tracé de Graz à Bruck an der Mur. Location de vélos à la gare notamment *(voir « Carnet pratique » p. 297)*.

★★ Château d'Eggenberg (SCHLOSS EGGENBERG) B2

À 3,5 km à l'ouest. Tram 1 à partir de la Hauptplatz, de la Jakominiplatz, ou de la gare, direction Eggenberg (15mn de trajet), arrêt Schloss Eggenberg. Eggenberger Allee 90 - 0316 8017 9560/9532 - www.museum-joanneum.at - accès au parc du château : de mi-mars à fin oct. : 8h-19h ; de nov. à mi-mars : 8h-17h - 2 € (-19 ans gratuit). Les tickets pour le château incluent l'accès au parc.
Le château héberge plusieurs musées et expositions temporaires, pensez à la Graz Card (voir « Carnet pratique » p. 297).
Une allée bordée de pelouses mène au château des princes d'Eggenberg, inscrit au patrimoine de l'humanité depuis 2010, et entouré d'un très beau **parc★** à l'anglaise. Entre 1625 et 1635, cette résidence fut aménagée à l'emplacement d'un château médiéval pour **Johann Ulrich von Eggenberg** (1568-1634). Confident de l'empereur Ferdinand II, il fut un des plus hauts fonctionnaires du royaume. L'aménagement du château fut confié à l'architecte italien **Pietro de Pomis** *(voir p. 282)*, qui avait déjà prouvé son savoir-faire lors de la construction du mausolée de Ferdinand II.
De vastes bâtiments assemblés sur un plan carré et cantonnés de tours enserrent trois cours intérieures et une majestueuse chapelle. Les trois étages d'arcades de la cour d'honneur sont rythmés de colonnes adossées. L'originalité du château tient au fait qu'il tend à symboliser l'**Univers**, jusque dans ses moindres détails. Les décors peints des murs et des plafonds font référence aux signes du zodiaque et aux différentes planètes. Les tours, au nombre de quatre comme les points cardinaux et les saisons, délimitent un espace hautement métaphorique : 365 fenêtres pour les jours de l'année, un cycle de 24 salles d'apparat pour les heures du jour et de la nuit, ces salles étant elles-mêmes éclairées de 52 fenêtres, symbole des dimanches de l'année.
Au fond du parc, du côté du Musée archéologique, un **jardin planétaire** aromatique **(Planetengarten)** a été aménagé.
★★★ Salons d'apparat (Prunkräume) – *Au 2e étage - 0316 8017 9532 - www.museum-joanneum.at - ♿ - avr.-oct. : visite guidée uniquement (durée 1h) tlj sf lun. à 10h, 11h, 12h, 14h, 15h et 16h - 16/23 € (-19 ans gratuit).* La décoration des 24 salles d'apparat a été réalisée aux 17e et 18e s. dans le style baroque et rococo. On observe une profusion de stucs et de peintures que rehausse l'éclat des lustres. Certaines pièces présentent d'intéressantes peintures murales de **Johann Baptist Anton Raunacher** (milieu 18e s.). Cette suite de salons et de chambres au milieu desquels s'intercalent parfois des cabinets chinois et japonais, très à la mode à

Salon d'apparat du château d'Eggenberg.
L. Tsimbler/Alamy/hemis.fr

cette époque, forme un ensemble plein de charme. Au centre se tient la vaste **salle des Planètes** : murs et plafond ornés de peintures de l'artiste styrien Hans Adam Weißenkircher (1685).
En sortant, remarquez, à droite des escaliers, la chapelle gothique (1470) qui abrite un retable de la vierge composé de 13 panneaux.
Alte Galerie – *Au 1er étage - ☏ 0316 8017 9560 - www.museum-joanneum.at - ♿ - avr.-oct. : tlj sf lun. 10h-18h ; de nov. à mi-déc. : uniquement dans le cadre de visite guidée (2,50 €) - 10,50 € (-19 ans gratuit).* Elle retrace dans l'ordre chronologique, à travers 22 salles, 500 ans d'histoire de l'art autrichien et européen, de la fin du 13e s. au 18e s. La section d'**art médiéval★** est particulièrement intéressante. Parmi les pièces les plus remarquables, la « Vierge d'Admont » vers 1330, deux Pietà d'Admont vers 1400 et 1420, *La légende du martyre de Thomas Beckett* vers 1470-1480 de Michael Pacher, un grand et un petit retable de Mariazell de 1518 à 1522. Dans les salles consacrées à l'art de la **Renaissance**, au **maniérisme** et au **baroque**, on peut admirer des œuvres de Jan Bruegel l'Ancien *(Triomphe de la Mort*, 1591*)*, Pieter Bruegel le Jeune *(La Kermesse de Saint-Georges)*, Lucas Cranach l'Ancien *(Jugement de Pâris*, 1530*)*. Artistes baroques autrichiens, comme Johann Michael Rottmayr, Franz Anton Maulbertsch, Paul Troger et Kremser Schmidt.
Cabinet des Monnaies (Münzkabinett) – *À droite au fond de la cour - ☏ 0316 8017 9560 - www.museum-joanneum.at - ♿ - avr.-oct. : tlj sf lun. 10h-18h ; de nov. à mi-déc. : uniquement dans le cadre de visite guidée dim. (2,50 €) - 10,50 € (-19 ans gratuit) - explications en allemand et livret en anglais.* Constitué à partir de la collection personnelle de l'archiduc Jean, ce précieux cabinet passe en revue toutes les monnaies qui ont pu circuler dans la région au cours des siècles – du dinar au thaler (l'ancêtre du dollar) – et réunit tous les trésors, celtes ou romains, découverts en Styrie depuis le 19e s. On peut également y lire l'histoire curieuse de Balthasar d'Eggenberg (mort en 1536) qui joua un rôle important dans l'ascension sociale de la famille, aidé en cela par ses charges de financier de Frédéric III et de Mathias Corvin, roi de Hongrie.

Musée archéologique (Archäologiemuseum) - *✆ 0316 8017 9560 - www.museum-joanneum.at - ♿ - avr.-oct. : tlj sf lun. 10h-18h - de nov. à mi-déc. : uniquement dans le cadre de visite guidée dim. (2,50 €) - 10,50 € (-19 ans gratuit) - audioguide en anglais gratuit.* Installé dans l'orangerie du château, ce musée rassemble plus de 1200 objets archéologiques de Styrie et héberge des expositions temporaires. C'est l'un des plus anciens établissements du Joanneum. La visite commence par le lapidaire romain, qui abrite des objets trouvés lors des fouilles réalisées dans la région de Flavia Solva (colonie romaine de la province de Noricum), et de Ruše (près de Maribor) en Slovénie. Joyau de la collection, le **chariot votif de Strettweg★★ (Strettweger Kultwagen)**, en bronze, est un émouvant témoignage archéologique de la période de Hallstatt (7e s. av. J.-C.). Façonné il y a 2700 ans, il a été trouvé dans un tumulus situé à Strettweg, près de Judenburg. Sa fonction cultuelle semble attestée par la coupe que supporte, dans un geste d'offrande, une femme debout au centre du chariot. Des guerriers à pied et à cheval, portant des têtes de cerfs, semblent décrire autour d'elle une marche rituelle. À voir aussi : Peggi, le plus ancien squelette de femme découvert à ce jour en Styrie. Daté au carbone 14 de 3630 av. J.-C., il serait plus âgé que le célèbre Ötzi du Tyrol *(voir encadré p. 451)*.

★★ Écomusée autrichien de Stübing

(ÖSTERREICHISCHES FREILICHTMUSEUM) B2

À 15 km au nord-ouest par la rte de Bruck an der Mur, sur la rive droite. À Gratkorn, quittez la voie express, traversez la Mur, puis prenez à droite, au nord-ouest, après la voie ferrée, sur 3 km. En transports en commun : S-Bahn 1 (15mn) de la Hauptbahnhof, direction Bruck an der Mur, jusqu'à la gare de Stübing, puis 30mn de marche jusqu'au musée. 1h par la véloroute de la Mur.

✆ 03124 53700 - www.museum-joanneum.at - ♿ - de fin mars à fin oct. : 9h-18h (dernière entrée 17h) - 13 € (-19 ans gratuit) ; inclus dans la Graz Card (voir « Carnet pratique » p. 297).

Dans un site protégé de 60 ha ont été reconstituées près d'une centaine de fermes et leurs dépendances, en provenance de tous les länder et datant pour certaines du Moyen Âge. Les bâtiments sont disposés conformément à la division est-ouest de l'Autriche, du Burgenland au Vorarlberg. Maisons et bâtiments d'exploitation ont conservé le mobilier et le matériel en usage autrefois. Les champs étant cultivés, on pourrait presque oublier que l'on se trouve dans un musée. Diverses manifestations complètent la visite de ce lieu passionnant.

★ Monastère de Rein (STIFT REIN) B2

À 15 km au nord-ouest de Graz et à 8 km au sud-ouest de Stübing, sur la rive droite de la Mur. En transports en commun : S-Bahn 1, de la Hauptbahnhof, jusqu'à Gratwein-Gratkorn. Continuez à pied sur 1,5 km en prenant à gauche dans le village.

✆ 03124 51621 - www.stift-rein.at - visite libre de l'église et de l'extérieur du monastère, visite guidée en allemand pour la bibliothèque et les expositions (1h), de Pâques à déb. janv. : à 10h30, 13h30 et sur réserv. - 9 € (enf. 3 €) ; achat des billets à la boutique du monastère : 10h-12h30, 13h15-16h.

Fondé en 1129 par des moines venus d'Ebrach (Allemagne), Rein est le plus ancien de tous les monastères cisterciens encore actifs. Très tôt, les cisterciens de Rein jouèrent un rôle dans la vie commerciale et culturelle de cette partie de la Styrie. Le couvent fut fortifié au 15e s., puis mis au goût baroque au cours du 18e s. Aujourd'hui, la communauté des cisterciens compte quelques moines et les locaux du monastère abritent une école.

★★ **Basilique** – Un maître d'œuvre de Graz, Johann Georg Stengg, présida à la transformation de l'ancienne église romane. La basilique, inaugurée en 1747, fut élevée au rang de basilique papale mineure. L'orientation de l'église, pour plus de commodité, fut inversée. La nouvelle façade, tout en courbes, a été modelée comme un violon dans une savante harmonie de plans convexes et concaves. À l'intérieur, le grand vaisseau inondé de lumière a été traité comme une salle de spectacle: on peut y suivre le déroulement du banquet sacré depuis les grands balcons surmontant les chapelles rajoutées de part et d'autre de la nef. Le décor peint, dû à Joseph Adam von Mölck, recourt abondamment au trompe-l'œil. L'emploi assumé de couleurs vives et variées participe à la féerie de cette expression religieuse tragi-comique, inattendue chez des fils de saint Bernard. On admirera le tableau du maître-autel, de la main de Kremser Schmidt.

Église de Maria Strassengel (WALLFAHRTSKIRCHE MARIA STRASSENGEL) B2

À 12 km de Graz (S-Bahn 1 de la Hauptbahnhof jusqu'à Gratwein) et 6 km au sud-est du monastère de Rein.

Perchée sur une colline, cette église de pèlerinage (1366), est une petite merveille gothique. Elle se repère de loin depuis la vallée de la Mur, grâce à sa tour à pignons haute de 48 m. Deux rangées de quatre piliers soutiennent la nef., décorée de vitraux du 14e s. L'autel principal a été réalisé à la fin du 19e s. Les peintures de Kremser Schmidt qui le décoraient jusqu'en 1819, furent par la suite transportées dans la basilique du monastère de Rein.

★ Grotte de Lure (LURGROTTE) B2

À 21 km au nord de Graz. En transports en commun: S-Bahn 1 (15mn) de Hauptbahnhof, direction Bruck an der Mur, jusqu'à la gare de Peggau-Deutschfeistritz, puis 10mn de marche. 1h20 par la véloroute de la Mur.

664 3497219 - www.lurgrotte.at - visite guidée en allemand ou en anglais (1h) avec brochure en français, ttes les h - avr.-juin et sept.-oct.: 11h-16h30; juil.-août: 9h40-16h30; dernière visite à 15h30 - 9 € (15-18 ans 8 €, -15 ans 6,50 €).

Température de 10 °C sous terre, se vêtir en conséquence, même l'été; sentiers bien aménagés mais prévoir toutefois de bonnes chaussures de marche.

La grotte s'étend sur 5 km, entre Peggau et Semriach. On pouvait la parcourir dans son ensemble jusqu'aux « crues du siècle », en 1975, qui provoquèrent la destruction de la partie centrale des sentiers permettant d'y grimper. Depuis, des visites guidées sont organisées à partir des deux entrées de la grotte. Par Semriach, les stalactites sont plus nombreuses, le tronçon de Peggau étant davantage aqueux. Si vous partez de Peggau (où un petit musée des grottes vous dira tout sur le fameux squelette de Peggi, découvert à Peggau en 1909 – *voir ci-contre*), vous parcourrez environ 1 km dans la grotte, le long du ruisseau souterrain du Schmelzbach. Les superbes concrétions vous transportent alors dans un royaume féerique. La plus impressionnante d'entre elles est le « Prince », une stalactite datant d'environ 1 million d'années et mesurant 3,5 m.

Forge de Deutschfeistritz (SENSENWERK MUSEUM) B2

À 21 km au nord-ouest de Graz, sur la rive droite de la Mur et à 2,5 km de la grotte de Lure (sur l'autre rive).

Rudolf-Klug-Gasse 2 - 03127 42200 - www.sensenwerk.at - visite guidée en allemand ou en anglais - avr.-oct.: lun.-vend. 14h-17h, w.-end et j. feriés 13h-17h - 7 € (6-16 ans 3,50 €).

Cette ancienne forge, actionnée par la force hydraulique des moulins, où l'on fabriquait des faux (entre 1848 et 1984) est un exemple unique en Styrie. Elle offre un aperçu de la vie paysanne et la petite industrie d'autrefois à travers une présentation dynamique, animée par l'association culturelle locale.

★ Haras de Piber (LIPIZZANERGESTÜT PIBER) à Köflach A2

À 40 km à l'est de Graz. En voiture : de Graz prenez la B 70, en direction de Klagenfurt/Köflach. En transports en commun : Graz Köflach Bahn (gkb.at) de la Hauptbahnhof de Graz jusqu'à Köflach, puis bus 702 jusqu'à « Piber Schloss » (lun.-vend., taxi le w.-end) ou bien comptez 25mn de marche pour rejoindre le haras. Centre d'information et billetterie en face du château - ☏ 03144 3323 - www.srs.at/piber - visite guidée (1h env. à partir de 9h45 ttes les h en allemand) - avr.-juin et oct.-déc. : 9h30-16h ; juil.-sept. : 9h30-17h ; visites guidées à 9h45, 11h, 13h, 14h15 (et 15h30 en sais.) - 16/19 € (6-18 ans 11/14 €, 3-6 ans 5/7 €) - en cas de visite libre, vous pouvez télécharger les applications informatives.

Le château de Piber fut édifié entre 1696 et 1716 sous la direction de l'architecte suisse Domenico Sciascia. Avant que l'Autriche ne perde ses territoires slovènes en 1920, les célèbres **lipizzans** étaient élevés à Lipica, qui a donné son nom à cette très prestigieuse race de chevaux. Depuis 1920, les jeunes étalons naissent ici puis sont envoyés dès l'âge de quatre ans à l'École espagnole d'équitation de Vienne, où l'on peut les admirer lors de représentations d'art équestre classique *(voir p. 70)*, avant de prendre une retraite bien méritée dans les prairies styriennes. De la belle cour intérieure du château au musée du carrosse, en passant par l'église médiévale, la cour du haras, l'atelier du forgeron ou encore la grange, la visite du haras *(en visite libre)* est particulièrement bien organisée. Chevaux et employés du haras affairés dans leur quotidien perpétuent sous nos yeux, une tradition impériale pluriséculaire.

Église Ste-Barbe (SANKT BARBARA KIRCHE), à Bärnbach

À 44 km à l'ouest de Graz. Prenez la B 70 en direction de Klagenfurt/Köflach. Transports en commun : S-Bahn 7 de Graz (Hauptbahnhof), jusqu'à Bärnbarch, puis 20mn de marche.

Piberstr. 15. En 1987, la localité de Bärnbach a fait appel à **Friedensreich Hundertwasser** *(voir encadré p. 65)* pour donner un nouveau souffle à son église paroissiale, édifiée en 1952. L'artiste a laissé libre cours à sa fantaisie, jouant sur les formes et les couleurs selon l'idée qu'il aurait ainsi formulée : « Une église doit être belle, elle doit être un pont entre la nature et Dieu. » Inspiré par les réflexions du concile Vatican II, l'artiste a joué la carte de l'œcuménisme : à l'intérieur, l'autel en verre transparent est constitué de 12 couches de terre de provenances diverses (Terre sainte, Dachau, Vatican...), symbolisant les 12 tribus d'Israël. Le jardin de l'église est, quant à lui, décoré de 12 portiques empruntés aux traditions bouddhistes, juives ou encore shintoïstes.

Carnet pratique

S'informer

Office de tourisme – D2 - *Herrengasse 16 - Graz - 0316 80750 - www.graztourismus.at.* Programme de visites guidées en anglais et en allemand *(vieille ville : tlj 14h30, durée 1h30 - 13,50 € - billetterie en ligne).*
Possibilité de visite guidée en français auprès de Graz guides *(www.grazguides.at).*

Pass touristiques

Graz Card – *www.graz-card.com - 26 € (24h), 34 € (48h) ou 39 € (72h).* Ce pass donne un accès gratuit à tous les transports grazois – y compris le funiculaire et l'ascenseur du Schlossberg – ainsi qu'à de nombreux musées, dont ceux de l'**Universalmuseum Joanneum**, l'Arsenal, le château d'Eggenberg et le Musée en plein air de Stübing.

Arriver/Partir

En avion

Graz-Thalerhof – *www.flughafen-graz.at.* À 20mn du centre-ville en voiture, fréquentes liaisons en bus (630 et 631) et en train (S-Bahn 5). Quelques liaisons avec Paris et Lyon (avec changement à Vienne).

En train

Gare – *Hauptbahnhof* - PLAN I B1 - *www.oebb.at.* Liaisons régulières avec Vienne (trajet 2h35). De la gare, les Tram 1, 3, 6, 7 rejoignent le centre-ville (plateforme A en sous-sous - trajet 10mn).

Se déplacer

En voiture

La vitesse est limitée à 30 km/h dans toute la ville de Graz. Une grande partie du centre est réservée aux piétons et la ville compte de nombreux sens uniques. Les parkings du centre sont chers.
Parkings – TG **Pfauengarten** - PLAN II D1 - *Karmeliterplatz 4d - 3,80 €/h ;* TG **Roseggerhaus** - PLAN I A1 - *Elisabethinergasse 14 - 3 €/h (10mn à pied de la Kunsthaus).*
Mieux vaut donc stationner en périphérie de la ville.
Parcs relais P+ R – *www.gps.graz.at - forfait 10 € pour 24h (transports en commun inclus).* **Maria Trost** - *au nord-est de Graz - Tannhofweg - Tram 1 jusqu'au centre-ville (env. 30mn) ;* **Murpark** - *au sud de Graz - Ostbahnstr. 3 - Tram 4 jusqu'au centre-ville (env. 30mn).*

Transports publics

Mobil Zentral – *Jakoministr. 1 - 050 678910 - www.verbundlinie.at - lun.-vend. 8h-18h, sam. 9h-13h - plans du réseau en téléchargement dans l'onglet « Service ».*
Le **S-Bahn** dessert rapidement la périphérie Graz et les environs.
Dans le centre-ville circulent **bus** et **tram** *(fiches horaires des lignes sur www.holding-graz.at/en/mobility/).* Titres de transport en vente dans les bureaux de tabac, aux guichets et distributeurs automatiques : à la gare, sur Hauptplatz, Jakominiplatz..., et dans les tramways.
La **Stundenkarte** *(2,70 €)* permet d'emprunter tous les transports publics de Graz pendant 1h, la **24-Stundenkarte** *(5,80 €)* pendant 24h et la **Wochenkarte** *(16,70 €)* durant une semaine.
Transport gratuit pour les -6 ans accompagnés d'un adulte et -50 % pour les 6-15 ans.
Pensez à la Graz Card *(voir p. 297)* qui inclut les transports.

À vélo

Nombreuses pistes cyclables. Plan en téléchargement sur le site de la ville : www.graz.at.
Parmi les points de location :

Gare *(Fahrradverleih am Hauptbahnhof) - ✆ 0660 8717438 - bicycle.at - lun.-vend. 8h-18h, w.-end 9h-12h, 17h-19h - 9 € la 1/2 j., 14 €/ j.*

Körösistraße 17 *(Fahrradverleih in der Körösistr. 17) - ✆ 0316 82135722 - bicycle.at - lun.-vend. 9h-13h, 14h-17h - 9 € la 1/2 j., 14 €/j.*

Agenda

Diagonale – *Mars - www.diagonale.at.* Festival du film autrichien.

Jazz im Generalihof – *Juil.-août - www.grazjazz.at.* Concerts en plein air de groupes grazois.

Styriarte – *Juin-juil. - styriarte.com.* Musique classique.

La Strada – *De fin juil. à déb. août - www.lastrada.at.* Festival international de théâtre de marionnettes et de rue.

Murszene - *De fin juil. à mi-août - www.murszene-graz.at.* Festival de musique du monde sur Mariahilferplatz.

Steirischer Herbst – *Sept.-oct. - www.steirischerherbst.at.* Toutes les avant-gardes : musique contemporaine, théâtre, expositions, etc.

Moutainfilm – *Nov. - www.mountainfilm.com.* Concours international du film, à l'issue duquel est attribué le « Grand Prix Graz » dans cinq catégories.

Festival des chevaux et des cœurs (Festival der Pferde und Herzen) – *Haras de Piber - juin - www.srs.at.* Parades de lipizzans et démonstrations de l'école espagnole de Vienne.

Nos adresses

PLAN II P. 284 ET PLAN I P. 291

Restauration

Des restaurants branchés ont investi les deux marchés de Graz *(voir « Shopping »)*, surtout autour de Lendplatz. Vous trouverez partout les **spécialités de la cuisine styrienne**, à commencer par la *Backhendl Salat* (salade de poulet) ou la *Kürbiskernschnitzel* (escalope panée dont la panure contient des pépins de potiron). Styrie oblige, l'**huile de courge** *(Kürbiskernöl)* – au goût de noisette – est omniprésente. Région viticole, la Styrie produit de bons crus (vin blanc principalement). En septembre-octobre, c'est la saison du *Sturm*, vin nouveau au goût sucré.

Premier prix

2 Delikatessen Frankowitsch – PLAN II D2 - *Stempfergasse 2-4 - ✆ 0316 822212 - www.frankowitsch.at - lun.-vend. 9h-19h, sam. 9h-18h - fermé dim. - Brötchen (1,90/3,90 € la pièce).* Un des épicentres de la vie grazoise ! Ici, pas de sandwichs mais des Brötchen et de savoureuses pâtisseries. Le tout arrosé de vins de la région. Si vous voulez pique-niquer au Stadtpark ou au Schlossberg, ils peuvent vous préparer un panier, sur demande la veille.

16 Santa Clarae – PLAN II D2 - *Bürgergasse 6 - ✆ 0316 811822 - mar.-vend. 17h-0h - 9/21 €.* Une adresse discrète dans une petite cour, tenue par des francophiles. Les amateurs d'antipasti apprécieront l'assortiment du jour.

5 Ritterwirt – PLAN I B2 - *Schönaugasse 11 - ✆ 0664 5175887 - www.ritterwirt.at - lun.-vend. 11h-14h, 17h-22h, sam. 14h-22h - fermé dim. - plats 8/24 €.* Ce repaire d'habitués ne désemplit pas en soirée : accoudé au comptoir ou assis sur des bancs en bois pour les grandes tablées, on y déguste d'excellentes viandes dans une ambiance médiévale.

4 **Gasthaus zur Alten Press** – PLAN II C2 - *Griesgasse 8 - ☎ 0316 719770 - www.zuraltenpress.at - lun.-vend. 11h30-23h, sam. 11h30-15h - fermé dim. - plats 11/37 €, formule déj. en sem. 8,70/9,30 €.* « La maison au pressoir » est le nom de cette auberge authentique, où l'on vient pour boire et se restaurer en toute convivialité. Spécialités styriennes, mais aussi des plats végétariens. Dans tous les cas, les produits locaux sont privilégiés (viandes, œufs, légumes et fruits de saison, produits laitiers bio...).

3 **Die Herzl** – PLAN II D2 - *Prokopigassse 12 - Mehlplatz - ☎ 0316 824300 - dieherzl.at - 10h-0h (23h cuisine) - plats 10/23 €.* Un grand classique de la vieille ville qui sert, dans le cadre d'une jolie cave, les incontournables culinaires de la région.

7 **Glöckl Bräu** – PLAN II D2 - *Glockenspielplatz 2-3 - ☎ 0316 814781 - www.gloecklbraeu.at - lun.-jeu. 9h-23h30, vend.-sam. 9h-0h - dim. 9h-22h - plat du jour sem. 9 €, formule déj. 11,50 €.* Au cœur de la vieille ville. Spécialités styriennes, servies sur de grandes tablées où l'on débite pintes et bretzels.

Budget moyen

1 **Aiola Upstairs** – PLAN II C1 - *Schlossberg 2 - ☎ 0316 818797 - upstairs.aiola.at - 9h-0h - plats 16,50/35 €.* Terrasse sur le Schlossberg et très belle vue sur Graz. Cuisine soignée et variée. Pâtes, entrées italiennes, desserts styriens.

19 **Gasthaus Stainzerbauer** – PLAN II D2 - *Bürgergasse 4 - ☎ 0316 821106 - www.stainzerbauer.at - merc.-dim. 11h-23h - fermé lun.-mar. - menu du jour 9,90/11,90 € - plats 18/37 €.* Dirigé par la famille Pfeifer, restaurateurs réputés à Graz. Décor traditionnel, belle cour Renaissance, atmosphère accueillante. Séances de dégustation d'huiles de courge organisées régulièrement.

11 **Landhauskeller** – PLAN II C2 - *Schmiedgasse 9 - ☎ 0316 830276 - www.landhaus-keller.at - lun.-mar. 12h-1h, merc.-jeu. 12h-2h, vend.-sam. 12h-3h - fermé dim. - formule déj. 8,90/9,90 €, plats 11/40 €.* L'un des plus anciens restaurants de Graz, dont la cave abrite 30 000 bouteilles. Réputé pour ses spécialités de viande de bœuf. Cour Renaissance.

9 **Der Steirer** – PLAN II C2 - *Belgiergasse 1 - ☎ 0316 703 654 - der-steirer.at - 11h-0h - menu midi 9,90 €, plats 16/28 €.* Le chef concocte de généreux plats du temps de l'empereur, mais aussi les classiques de la gastronomie styrienne, habilement déclinés au format tapas. Côté boutique, le choix est également futé : bons vins de la région, huiles de courge et chutneys triés sur le volet.

6 **Altsteirische Schmankerlstub'n** – PLAN II C2 - *Sackstr. 10 - ☎ 0316 833 211 - www.schmankerlstube.at - 11h-22h - menu midi 10,90 €, plats 14/20 €.* Une cuisine simple mais authentiquement régionale à savourer dans la salle intérieure, plus « rustique » avec ses banquettes aux coussins brodés. Quelques plats végétariens et, en été, de la limonade de pommes de pin.

À proximité

Budget moyen

Häuserl im Wald – *Roseggerweg 105 - du centre-ville, suivez la direction de Weiz, bifurquez à droite à partir de la Mariatroster Str., au bout de 4,5 km et suivre les panneaux ou prenez le Tram 1 dir. Mariatrost, arrêt Wagnesweg et traversez le parc - ☎ 0316 391165 - www.legenstein-hiw.at - tlj sf lun.*

6

11h-22h (service en continu) - plats 12/23 €, menus 12,50/17 €. Auberge champêtre (dotée de chambres), bénéficiant d'un cadre agréable et verdoyant. Cuisine régionale et internationale au menu.

Petite pause

Die Eisperle – *Kaiserfeldgasse 22 - www.eisperle.at - 10h-23h.* Dans les bacs de Mariane Leyacker, 14 glaces et savoureux sorbets 100 % vegan. Élu, à juste titre, meilleur glacier d'Autriche en 2022.

Eis Greissler – *Sporgasse 10 - ✆ 02647 42950 - www.eis-greissler.at - 11h-23h.* Ce glacier styrien, qui a commencé par séduire les Viennois, ravit par ses succulentes glaces aux parfums originaux. La spécialité de la maison ? Une glace aux pépins de courge, dont le goût rappelle celui de la pistache.

Kunsthaus Café – *Südtirolerplatz 2 - ✆ 0316 714 957 - kunsthauscafe.co.at - cuisine : lun.-sam. 9h-22h, dim. 9h-16h.* Jeune, décontracté, un brin bruyant aux heures de pointe, le café du « gentil extraterrestre » *(voir p. 288)* séduit par ses bowls, ses burgers *(15/17 €)* et ses petits-déjeuners complets *(8/15 €).*

Freiblick Tagescafe – *Sackstr. 7-13 - ✆ 0316 835302 - www.freiblick.co.at - tlj sf dim. 9h30-19h (17h30 sam.).* Ce café à la mode perché au 6e étage du grand magasin Kastner and Öhler réserve une belle vue sur le Schlossberg. Ici, les petits-déjeuners portent des noms de couturiers, de Coco Chanel à Christian Dior.

Kaiserfeld Café – *Kaiserfeldgasse 19-21 - ✆ 0664 5951004 - www.cafe-kaiserfeld.at - lun.-vend. 7h30-22h, sam. 8h30-18h - fermé dim.* Dans la veine des grands cafés viennois, cet établissement aux banquettes patinées offre à tous sa « governor's room », une salle dédiée à Arnold Schwarzenegger, un habitué des lieux !

Operncafe – *Opernring 22 - ✆ 0316 830436 - www.operncafe.at - lun.-jeu. 8h-23h, vend.-sam. 8h-0h, dim. 8h-21h.* Un café historique cossu sur le Ring grazois, où l'on vient à tout moment de la journée. Ici, tout est soigné, à commencer par le service.

Tribeka – *Grieskai 2 - ✆ 0316 258635 - www.tribeka.at - lun.-vend. 7h-20h, w.-end 8h-20h.* Un des cafés rive gauche les plus prisés, fleurant bon le dynamisme estudiantin, pour siroter un café ou un thé et/ou grignoter une pâtisserie ou un bagel. Cadre contemporain épuré, avec tabourets et grandes tables en bois.

Boire un verre

Population étudiante oblige, les bars sont nombreux dans le centre. Le **Bermuda-Dreieck** (triangle des Bermudes), situé entre les Färberplatz, Glockenspielplatz et Mehlplatz, regroupe des cafés et des bars à vin pour tous les goûts. En début de soirée (jusqu'à minuit), les Grazois n'hésitent pas à grimper la colline du Schlossberg, peuplée de « skycafés » et autres restaurants à vue panoramique (en été, s'y trouve un *Biergarten*). Autre endroit à la mode : la rive droite de la Mur, entre Mariahilferplatz et Lendplatz.

Die Scherbe – *Stockergasse 2 - ✆ 0316 760654 - www.scherbe.com - lun.-sam. 9h-1h, dim. 9h-0h.* Une adresse fraîche et fort plaisante qui programme souvent des concerts et sert aussi de bons petits plats (et petits-déjeuners), puisant dans les répertoires culinaires du monde entier.

Weinbar Klapotetz – *Herrengasse 9 (Generali-Hof) - ✆ 0316 820888 - www.klapo.at - lun.-vend. 11h-22h, sam. 11h-18h - fermé dim.* Voilà un sympathique bar à vin, bien caché au fond d'une cour, qui privilégie les chardonnay et autres Gemischter Satz du sud de la Styrie. Et pour les petits creux : des tartines et des assiettes de charcuterie-fromages. Concerts de jazz le mercredi.

Café Promenade – *Erzherzog-Johann-Allee 1 - ✆ 0316 813840 - promenade.aiola.at - lun.-jeu. 9h-1h, vend.-sam. 9h-2h, dim. 9h-0h.* Avec ses tables en plein air et ses grandes baies vitrées, ce café est un lieu très agréable pour boire un prosecco bien frais, un verre de vin de la région ou un cocktail maison. Service souriant et bons en-cas.

Shopping

Principales artères commerçantes: Herrengasse, Stempfergasse, zones piétonnes des Sporgasse et Murgasse, ruelles bordant la Hauptplatz, ainsi que Schmiedgasse, Stubenberggasse et Hans-Sachs-Gasse.

Linzbichler Süsswaren – *Franziskanerplatz 16 - ✆ 0316 848346 - www.linzbichler-schoko.at - lun.-vend. 8h-13h, sam. 8h-12h30 - fermé dim.* Cette petite boutique associe à une sélection de chocolats fins (dont les créations de la maison Zotter, l'excellent chocolatier styrien – *voir p. 308*), une ribambelle de bougies.

Hofbäckerei Edegger-Tax – *✆ 0316 830230 - www.hofbaeckerei.at - lun.-vend. 7h-18h, sam. 7h-12h30 - fermé dim.* Cette boulangerie a reçu son « label » de fournisseur de la cour impériale et royale en 1888, à la suite d'une visite de François-Joseph. Elle confectionne toutes sortes de minibiscuits: des « yeux de Graz », des « baisers vanille » et les palets aux pépins de courge et abricots séchés de l'archiduc Jean.

's Fachl – *Herrengasse 13 (cour intérieure) - ✆ 0664 2185163 - www.fachl.at - tlj sf dim. 10h-18h.* Artisanat, design ou spécialités régionales: une mine d'idées pour rapporter d'authentiques souvenirs de Styrie.

Gut Schlossberg – *Am Fuße des Schlossberges (accès par la Stiegengasse) - ✆ 0316 813743 - tlj sf dim. 10h-19h.* Au pied du Schlossberg, une jolie palette de produits du terroir (liqueur de pomme de pin, huile de pépins de courge) et d'autres Länder : pavot du Waldviertel, poiré du Mostviertel...

Steirisches Heimatwerk – *Sporgasse 23 - ✆ 0316 827106 - www.heimatwerk-steiermark.at - lun.-vend. 9h30-18h, sam. 9h30-16h - fermé dim.* Le temple du costume traditionnel styrien depuis 1917, avec des brassées de robes champêtres semées de roses et de doux cardigans pour l'hiver.

Marchés

Fermiers – Celui de **Kaiser-Josef-Platz** *(lun.-sam. 6h-13h)*, central, est idéal pour faire le plein de souvenirs culinaires régionaux, à commencer par l'huile de pépins de courge (*Kürbiskernöl*). Rive droite, celui de **Lendplatz** *(lun.-sam. 6h-13h)* est entouré de restaurants et de buvettes.

Marchés de Noël (*Adventmärkte*) – *De fin nov. au 24 déc.* 15 marchés de Noël dispersés dans la vieille ville.

En soirée

Concerts et opéra

Orpheum Graz – *Orpheumgasse 8 - ✆ 0316 8000 9000 - spielstaetten.buehnen-graz.com - billetterie : mar.-vend. 14h-19h.* Cette salle de 1300 places accueille de multiples concerts dans les catégories rock, pop, jazz, drum&bass. Ses annexes du Schlossberg sont très appréciées l'été: Dom im Berg (musique électronique) et Kasematten (en plein air).

Musikverein für Steiermark – *Billetterie: Sparkassenplatz 2 - ✆ 0316 822 455 - musikverein-graz.at - lun. 9h-18h, mar.-vend. 9h-15h.* Programme de nombreux concerts classiques de qualité dans plusieurs salles de la ville, dont la Stefaniensaal à l'acoustique exceptionnelle, inaugurée en 1885 *(Congress Graz, Albrechtgasse 1)*.

Oper Graz – *Kaiser-Josef-Platz 10 - ✆ 0316 8008 - oper-graz.buehnen-graz.com - billetterie : lun.-vend. 9h-18h, sam. 9h-13h.* Cette prestigieuse institution (1899) est le deuxième opéra d'Autriche (1200 places). Dix productions nouvelles s'y relaient chaque saison *(sept.-juin)*.

Hébergement

Premier prix

(7) **A and O Hostel** – PLAN I A1 - *Eggenberger Str. 7 - ✆ 0316 5701623700 - www.aohostels.com - 17/25 €/pers. en dortoir - ch. double 56/80 € - ☕ 8,65 €.* Gérée par une chaîne hôtelière allemande, l'auberge de jeunesse, installée dans un immeuble moderne à deux pas de la gare, se caractérise par son confort et la bonne tenue de l'ensemble.

Budget moyen

(10) **Altstadthaus** – PLAN I A2 - *Rankengasse 13 - ✆ 0681 81580976 - www.altstadthaus-graz.com - 5 appart. 96/104 € (inclus 50 € de frais de ménage - 2-3 nuits mini).* Des appartements charmants et design, situés dans un immeuble de la rive droite. Idéal pour vivre spacieusement, « à la grazoise », et profiter d'un décor soigné, doublé d'un accueil personnalisé.

(8) **Hotel Daniel** – PLAN I A1 - *Europaplatz 1 - ✆ 0316 7110800 - www.hoteldaniel.com - P - 108 ch. 71/80 € - ☕ 22 €.* Cet hôtel ancien de la place de la gare a été transformé en établissement design mais conserve sa vigne vierge d'autrefois. Accueil sympathique, bon rapport qualité-prix.

(4) **Hotel Mariahilf** – PLAN II C2 - *Mariahilferstr. 9 - ✆ 0316 713163 - www.hotelmariahilf.at - P 13 €/j. - 45 ch. 85/92 € ☕.* Situé à côté de la Maison des Arts, cet hôtel propose des chambres claires, agréables avec salle de bains spacieuse.

(2) **Gasthof-Pension zur Steirerstub'n** – PLAN I A1 - *Lendplatz 8 - ✆ 0316 716855 - www.pension-graz.at - ♿ - 27 ch. 110 € ☕ - ✕ lun.-sam. 6h-0h, dim. 7h-0h - formule déj. 9,10 €.* À 10mn à pied de la vieille ville. Chambres arrangées avec goût, parquet, meubles en bois clair. Bon rapport qualité-prix, très bon accueil francophone. Restaurant au rez-de-chaussée avec terrasse.

(1) **Grand hotel Wiesler** – PLAN II C2 - *Grieskai 4-8 - ✆ 0316 70660 - www.grandhotelwiesler.com - P - 102 ch. 117/121 € - ☕ 25 €.* Cet hôtel centenaire donnant sur la Mur a fait peau neuve en 2012, optant pour la simplicité combinée au design rétro. Le petit-déjeuner est servi dans le Grand Café orné d'une belle mosaïque Jugendstil. La plupart des chambres ont vue sur la vieille ville.

(6) **Motel-One Graz** – PLAN II D 2 - *Jakominiplatz 7 - ✆ 0316 23 15280 - www.motel-one.com - 112 €.* À un saut de puce de l'arrêt du tram, un tout nouvel hôtel qui a pour slogan : « beaucoup de design pour pas cher ». Chambres minimalistes mais bon petit-déjeuner bio sous forme de buffet.

Une folie

(3) **Schlossberg Hotel** – PLAN II C1 - *Kaiser-Franz-Josef-Kai 30 - ✆ 0316 80700 - www.schlossberghotel.at - P 18 € - 53 ch. et 8 appart. 264/319 € - ☕ 21 €.* Un hôtel ravissant accroché à la roche du Schlossberg et doté d'une terrasse et d'une piscine. Chambres meublées à l'ancienne, donnant sur la rue et décorées d'œuvres d'art contemporaines.

Route styrienne du vin ★★

Steirische Weinstraße

À l'écart des hauts lieux touristiques, la Route styrienne du vin permet de découvrir une Autriche traditionnelle intacte, au cœur de paysages d'une grande beauté, vivante et gaie dans les Buschenschänke, ces guinguettes où l'on se retrouve autour d'un verre de vin, au son de l'accordéon. C'est une promenade automnale de prédilection pour les Grazois, lorsque la vigne atteint sa maturité et offre le flamboiement de ses couleurs.

Se repérer

CARTE P. 278 (B3) ET CARTE DE LA ROUTE STYRIENNE DU VIN P. 305
Styrie.
De Graz à la frontière sud de l'Autriche.

À ne pas manquer

S'arrêter dans un *Buschenschank* pour y découvrir les vins styriens.

Organiser son temps

Comptez une journée.

Nos adresses p. 308

Circuits conseillés

CARTE P. 305

La route du Schilcher

Hauptplatz 34 - Deutschlandsberg - 05 77 30 - www.schilcherland.at.
Circuit de 88 km au départ de Graz, tracé en vert foncé sur la carte. Sortez de Graz par la B 70. Empruntez soit l'autoroute (A 9, puis A 2) jusqu'à la sortie 207, soit la B 70 jusqu'à Krottendorf, puis dirigez-vous vers Stainz.
Adossées aux premiers contreforts de la Koralpe jusqu'à se confondre parfois avec eux, les collines du Schilcher accueillent les vignes sur des parcelles souvent trop escarpées pour permettre la mécanisation de la récolte. Seuls les versants sud sont plantés. Dès la sortie de l'autoroute, la route grimpe en ménageant de belles **vues**★★ sur la plaine de Graz, puis sur les ondulations des collines au nord-ouest de la ville, et, au fond, sur le mont Schöckl avec son sommet plat (1445 m).
À l'entrée de **Gundersdorf**, typique village de vignerons, remarquez sur la droite un curieux poteau de bois coiffé d'une hélice à quatre pales : un « **Klapotetz** ». Cet élément familier du décor des vignobles styriens n'est autre qu'un épouvantail, chassant les oiseaux par son bruit. Toujours sur la droite, on aperçoit au loin les sommets du Reinischkogel (1463 m). La spécialité du village est la production de **schilcher** *(voir encadré p. 304)* que l'on peut parfois encore acheter directement dans les fermes.
En traversant Gundersdorf, on pénètre dans un arrière-pays qui a conservé son habitat rural ancien et ses traditions. Isolées ou groupées en villages, les fermes en bois avec de petites fenêtres égayées de volets peints en couleurs vives semblent autant de maisons de poupées.
Après Gundersdorf, prenez à droite, puis à gauche vers Langegg et Greisdorf.

6

Langegg B3

Plusieurs *Buschenschänke* invitent à la halte. On y déguste le vin avec du *Verhackertbrot*, pain noir au lard haché et épicé, voire avec une véritable collation de charcuterie, la *Brettljause*. **Vue★★** étendue sur la vallée de la Mur, le mont Schöckl au nord-est et les collines viticoles du Sausal au sud-est.

De Greisdorf à Marhof, la route traverse des champs de maïs. C'est de cette céréale qu'est tirée la spécialité du pays, sorte de polenta locale appelée *Sterz*, qui constituait autrefois la nourriture de base du paysan.

À Marhof, prenez à gauche vers Stainz.

Stainz B3

Le bourg laisse deviner son opulence d'antan liée au commerce du vin. Des prospères 16e et 17e s., il a conservé les maisons qui bordent notamment la place principale de leurs façades pimpantes. À l'entrée nord, les nobles bâtiments de l'ancien monastère de chanoines augustins enchâssent l'église paroissiale baroque. C'est au 18e s., lors de la sécularisation, que l'ensemble perdit sa vocation religieuse. Rebaptisé **château**, il fut acquis en 1840 par l'archiduc Jean, dont les descendants, devenus comtes de Meran, en sont encore les propriétaires.

Après avoir admiré les deux cours à galeries d'arcades, vous pourrez visiter l'église et les deux musées qui font partie du **Universalmuseum Joanneum** *(voir p. 286)*. Érigée en 1229, reconstruite en 1686, l'**église** se compose d'un ample vaisseau, d'une blancheur solennelle, et de chapelles latérales. Seule la voûte a reçu un décor de médaillons peints. Remarquez la magistrale élévation du maître-autel (1695), orné en son centre d'un tableau de Hans Adam Weißenkircher, auteur des peintures de la salle des Planètes au château d'Eggenberg *(voir p. 292)*.

★ **Musée de l'agriculture (Landwirtschaftsmuseum) et Musée de la chasse (Jagdmuseum)** – *Schlossplatz 1, entrée à droite dans le passage vers la 1re cour - ☏ 03463 277216 - www.museum-joanneum.at - avr.-nov. : tlj sf. lun. 10h-17h - 10,50 € (-19 ans gratuit) ; inclus dans la Graz Card (voir p. 297).* Le Musée de l'agriculture présente objets, documents et photographies relatifs aux traditions agricoles et artisanales de la Styrie. À voir en particulier : les battes à blé et les *Schmeißwachl*, batteuses mécaniques, un pressoir à huile de courge, spécialité de la Styrie. Deux originales **« Stuben »**, pièces principales de l'habitat traditionnel, lambrissées et datant de 1568 et 1596, et une *Seitenstübel*, petite salle latérale à plafond peint (1796), sont également présentées. Le Musée de la chasse compte le fond le plus important d'Autriche dans ce domaine.

Deutschlandsberg B3

Cette ville, située au pied de la Koralpe, tire son nom du château de Landsberg, auquel fut accolé, au 19e s., l'adjectif *deutsch*, pour la distinguer d'autres lieux

Petit inventaire des vins styriens

La quasi-totalité des vignes en Styrie produit du **vin blanc** (77 %), le Welschriesling, représentant à lui seul 22 % du territoire planté. Le blanc de Bourgogne, Weißburgunder, doux et fruité, le plus précoce dans la saison, couvre 10 % des vignes ; le Müller-Thurgau, au bouquet subtil, en couvre 8 %. Si le Zweigelt est le plus important des cépages rouges, le Blauer Wildbacher, raisin très acide à maturation tardive est attesté en Styrie depuis 1580. Il donne le **Schilcher** (rosé) plus connu dans la région. Produit au sud-ouest de Graz, il a obtenu son appellation officielle en 1976.

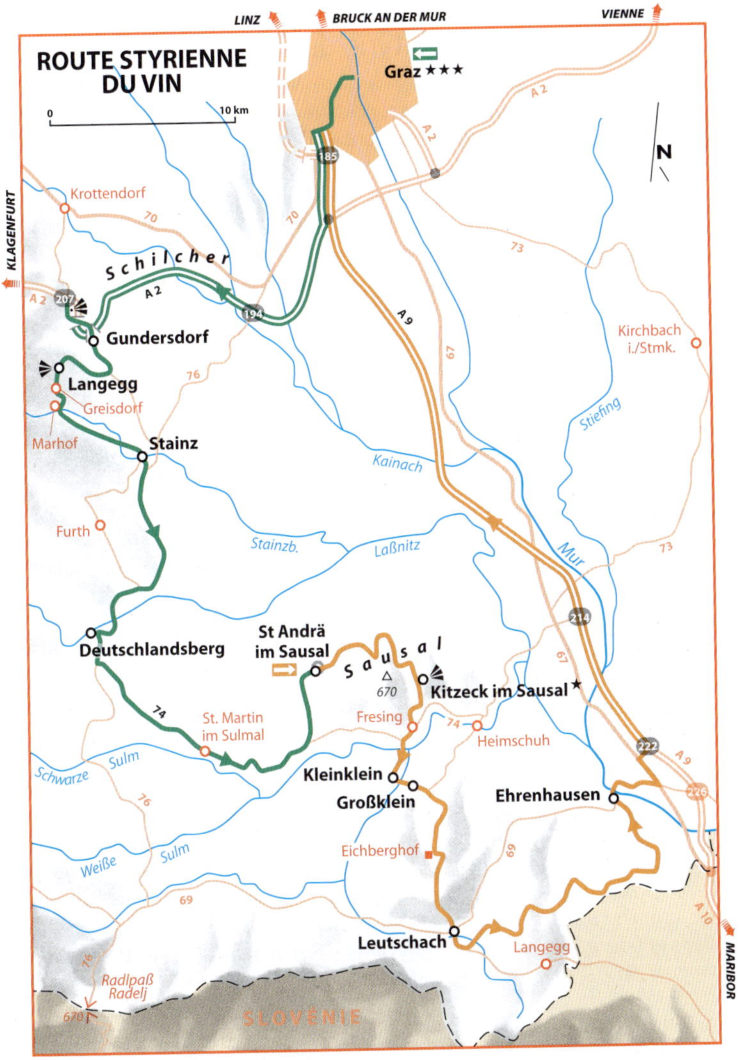

portant le même nom dans des zones non germanophones. Elle est surtout connue en Styrie pour sa procession de la Fête-Dieu, très colorée, l'autel de chaque station reposant sur un superbe tapis de fleurs. C'est depuis toujours une importante commune viticole et le principal centre de **production du schilcher**. Favorisée par un climat méridional, Deutschlandsberg s'enorgueillit de 280 jours d'ensoleillement annuel. C'est au château de Wildbach, au nord de la ville, que Schubert aurait composé le célèbre *lied* intitulé *La Truite*.

Donjon – *Traversez la place principale, puis suivez les flèches « Burghotel », sur la droite.* Vestige d'un château du 12e s., le donjon est juché sur l'un des derniers contreforts de la Koralpe. Du parking, très belle **vue★** sur la plaine.

Rejoignez la rte venant de Stainz et suivez St. Andrä-Leibnitz. On atteint St. Andrä par St. Martin et la rte de la vallée, point de jonction de la Route des vins du Sausal.

Coteaux du Sausal et Styrie du sud CARTE P. 305

www.suedsteiermark.com

Circuit de 49 km tracé en orange sur la carte.

St. Andrä im Sausal marque l'entrée dans les coteaux du Sausal qui culminent à 670 m et constituent une contrée pleine de caractère. C'est le domaine de prédilection du **rheinriesling**, vin blanc parfumé, pétillant et racé.

La route serpente de colline en colline et se faufile parmi les frondaisons. Elle offre, au hasard des trouées, des vues plongeantes sur la plaine de Graz au nord, sur le massif de la Koralpe au nord-ouest et sur la Slovénie au sud.

★ Kitzeck im Sausal B3

Ce bourg d'altitude (564 m) bénéficie d'une **vue★★** quasi panoramique plongeant à l'est sur une mer de collines. C'est le plus haut village viticole d'Europe, réputé pour son climat doux et ensoleillé.

Musée styrien du Vin (Steirisches Weinmuseumn) – *✆ 03456 3500 - www.kitzecksausal.at - avr.-oct. : lun.-vend. 9h-12h, 14h-17h, w.-end 9h-17h sur RV - 4 € (enf. gratuit).* Aménagé dans une ancienne maison de vignerons (1726), il rassemble des objets et outils ancestraux liés aux activités vinicoles. On remarquera la reconstitution d'une cuisine-salle de fumage, un vieux pressoir et une charrette porte-fûts.

Redescendez sur Fresing, où l'on quitte le Sausal. Gagnez Kleinklein.

Des nids de cigognes (habités de Pâques à septembre) occupent le haut des cheminées, à **Kleinklein** notamment.

Témoins d'une très ancienne occupation du village de **Großklein**, des tombes celtiques datant du 6e au 4e s. av. J.-C. ont été retrouvées dans la forêt sous des tumulus et sont conservées au château d'Eggenberg *(voir p. 292)*.

Dans Großklein, empruntez la direction de Heimschuh sur la gauche. Peu après, suivez, à droite, la direction de l'Eichberghof au sud.

La route sinueuse s'aventure dans un paysage sauvage et accidenté où de petits carrés de vigne exposés au sud alternent avec parcelles de maïs et zones boisées.

Laissez sur la droite le restaurant Eichberghof et suivez la direction de Leutschach.

Dans les alentours de **Leutschach**, des champs sont plantés de hauts poteaux sur lesquels s'enroule le houblon.

Dans le bourg, suivez à gauche devant l'église la pancarte « Südsteirische Weinstraße ». Prenez à la sortie la direction de Langegg et suivez la pancarte de la Route du vin.

On pénètre ici dans le domaine des vignobles les plus méridionaux de l'Autriche, la Route styrienne du vin formant même, sur plusieurs kilomètres, la frontière avec la Slovénie. Cette région est baptisée la **« Toscane styrienne »** en raison de son ensoleillement et de sa ressemblance avec la région italienne.

La « Winzerei »

Les grands propriétaires de vignobles employaient des *Weinzierle*, viticulteurs qu'ils logeaient dans la *Winzerei*, maison typique de la Styrie occidentale. Composée de deux pièces et d'une cuisine, précédée d'une tonnelle, elle disposait d'un jardin dont les produits étaient conservés dans une cabane en bois. On voit aussi dans la région des *Kellerstöckln*, sortes de celliers reconnaissables au pressoir installé au-dessus de la cave.

Vignobles de la Route styrienne du vin.
JimmyLung/Getty Images Plus

Après un parcours en forêt de résineux, la vigne apparaît. Cette route de coteaux étroite et pittoresque offre des **vues★** lointaines, presque panoramiques. Au sud, toutes proches, s'élèvent les collines slovènes.

Ehrenhausen B3

Près de la frontière slovène, une butte boisée dominant la rive droite de la Mur fut choisie par les princes von **Eggenberg** *(voir p. 292)* pour y élever un château et un mausolée. L'**église paroissiale** orne la place principale avec son beau clocher surmonté d'un toit compliqué ; elle fut mise au goût baroque en 1752 et son décor intérieur recomposé dans le style rococo.

★ **Mausolée (Mausoleum)** – *Se rens. à l'office de tourisme - ✆ 03454 7070.* Ce curieux monument funéraire abrite le tombeau de Ruprecht von Eggenberg, qui s'illustra comme général dans la lutte contre les Turcs à la fin du 16e s. Le décor intérieur, réalisé de 1689 à 1691 par des artistes de l'école de Fischer von Erlach, frappe par la profusion des stucs de la coupole centrale. Dans la crypte reposent, à gauche, Ruprecht von Eggenberg, à droite, son neveu et héritier Wolff von Eggenberg et, au centre l'archevêque Khon von Ollmütz.

Château (Schloss) – Il a conservé, près du donjon carré, une élégante cour à trois étages d'arcades, dans le goût de la Renaissance, avec un vieux puits.

Revenez à Graz par l'autoroute.

Nos adresses

Restauration

Budget moyen

Weingasthof Rauch-Hof – *Wald-Süd 21 - Stainz - ☎ 03463 2882 - www.rauch-hof.at - merc.-jeu. 18h-21h30, vend.-sam. 12h-14h30, 18h-21h30, dim. 12h-14h30, 18h-20h30 - fermé lun.-mar. - plats 12/17 € - 10 ch. 100/120 €.* Dans le pays du schilcher, une adorable auberge avec un excellent restaurant où Karin Rauch tire le meilleur de son potager et des fermes alentour.

Pour se faire plaisir

Das Kappel – *Steinriegel 25 - Kitzeck im Sausal - ☎ 03456 2347 - www.daskappel.at - jeu. 17h30-20h30, vend.-sam. 11h30-14h, 17h30-20h30, dim. 11h30-14h - fermé lun.-merc. - réserv. conseillée - plats 18/30 €.* Dans ce nouvel hôtel-spa perché au milieu des vignes, le chef chatouille les papilles de ses hôtes avec de bons produits du terroir. Portions menues, mais très graphiques.

Petite pause

De nombreux Buschenschänke et Weingüter (domaines viticoles) permettent de déguster et acheter les vins nouveaux. Attention, en hiver, ils ne sont ouverts que le week-end.

Weingut Felberjörgl – *Höch 47 - Kitzeck im Sausal - ☎ 03456 3189 - www.felberjoergl.at - tlj sf merc.-jeu. - fermé déc.* Agréable Buschenschank dans une vieille maison rénovée.

Weingut Germuth Stammhaus – *Glanzer Kellerstr. 24 - Leutschach - ☎ 03454 67340 - www.weingut-germuth.com - jeu.-dim. à partir de 14h.* Spécialités du sud de la Styrie.

Weingut Pichler-Schober – *Mitteregg 26 - St. Nikolai im Sausal, à 8 km à l'est de St. Andrä - ☎ 03456 3471 - www.pichler-schober.at - mars-nov. : merc.-dim. à partir de 14h ; déc.-fév. : vend.-dim. à partir de 14h.* Délectables vins et charcuteries.

Shopping

Vinofaktur Genussregal Südsteiermark – *An der Mur 13 - à 600 m de Ehrenhausen, de l'autre côté de la Mur - Vogau - ☎ 03453 406770 - www.genussregal.at - 9h-18h.* Le plus grand magasin de vins de la région. On peut aussi déguster et se procurer des spécialités culinaires styriennes.

Zotter Schokoladen Manufaktur – *Bergl 56 - Riegersburg - ☎ 03152 5554 - www.zotter.at - tlj sf dim. 10h-20h - visite guidée 31 € (6-10 ans 19 € et 11-17 ans 19 €), audioguide en français.* Dans l'usine du chocolatier styrien Zotter, on succombe devant les douceurs aux parfums et aux mélanges aussi fondants qu'étonnants. Label bio et équitable.

Hébergement

Pour se faire plaisir

Hotel garni Pölzl – *Grazerstr. 32 - Deutschlandsberg - ☎ 03462 20735 - www.hotel-poelzl.at - 10 ch. à partir de 130 €.* En retrait de la route, ce petit hôtel de style méditerranéen propose des chambres spacieuses, un jardin et un espace bien-être.

Weingut Tschermonegg – *Glanz an der Weinstr. 50 - Glanz - 6 km au nord-est de Leutschach - ☎ 03454 326 - www.tschermonegg.at - fermé de mi-nov. à fin mars - 12 ch. 156/176 €.* Hôtel convivial et accueillant. Chambres confortables. Du jardin, vue sur les vignes et la piscine extérieure. Sauna. Buschenschank. Que demander de plus ?

Bruck an der Mur ★

Au confluent de la Mur et de la Mürz, dans le cadre plaisant du Hochschwab, Bruck an der Mur est dominée par les ruines de la forteresse de Landskron. Dans cette ville industrielle active, située à proximité du centre sidérurgique de Leoben, les usines de traitement du minerai de fer perpétuent le travail des riches maîtres de forges et des négociants en métaux.

Se repérer

CARTE P. 278 (B2)
15 726 habitants – Styrie.
Bruck an der Mur est située à 55 km au nord de Graz. Train direct de Graz (40mn) et de Vienne (1h50).

À ne pas manquer

Le puits de fer forgé, la maison de Kornmess.

Nos adresses p. 310

Se promener

Mittergasse 10 - 03862 30602 - tourismus-bruckmur.at.

★★ Puits de fer forgé (EISERNER BRUNNEN)

Réalisé en 1626 par un artisan local, Hans Prasser, le **puits de fer forgé** est considéré comme le chef-d'œuvre de ferronnerie de toute la Styrie. Posé sur un soubassement de pierre, il est d'une remarquable élégance d'exécution, notamment par son baldaquin aux admirables motifs Renaissance.
Traversez la place centrale (Koloman-Wallisch-Platz).
Là se dresse, sur la droite, la Mariensäule, une colonne érigée en 1710 pour remercier Dieu d'avoir épargné la ville de la peste, des incendies et des inondations. La statue de l'Immaculée Conception que l'on voit en haut est protégée par six saints et veille sur la ville.

★ Maison de Kornmess (KORNMESSERHAUS)

Malgré remaniements et restaurations, ce bel édifice, construit par le riche bourgeois Pankraz Kornmess au début du 15e s., a encore fière allure. La façade d'apparat arbore une suite d'arcades dont les accolades ornées de motifs en chou frisé sont caractéristiques du gothique flamboyant. La loggia qui court sur une partie du 1er étage avec ses voûtes d'ogives réticulées trahit une influence toute vénitienne.

Maisons anciennes près de la Koloman-Wallisch-Platz

Plusieurs d'entre elles (15e-16e s.) ont conservé de belles cours à arcades. Remarquez l'**hôtel de ville** et sa cour à trois étages d'arcades datant du 16e s. À sa droite, la **Fabriziushaus** abrite une arcade du gothique flamboyant dans sa cour intérieure. À gauche de l'hôtel de ville, on s'intéressera à l'**Apothekerhaus** et à sa cour à deux étages d'arcades *(accès par l'Anzengruber Gasse)*. Enfin, à l'entrée de la Herzog-Ernst-Gasse, se trouve la **Flössmeisterhaus** *(n° 5)*, superbe maison ornée de fenêtres géminées d'époque Renaissance.

Église paroissiale (PFARRKIRCHE)

L'édifice gothique d'origine fut réaménagé à l'époque baroque. Dans le chœur, à gauche, une très belle **porte de sacristie★** en fer forgé, très finement ciselée,

ainsi que son magnifique heurtoir, dateraient du début du 16e s. et proviendraient de la maison Kornmess.
Continuez sur la Herzog-Ernst-Gasse, et empruntez l'escalier qui mène jusqu'au château.

Château de Landskron et tour de l'Horloge

(RUINE LANDSKRON MIT UHRTURM)

La tour de l'Horloge est l'un des emblèmes de Bruck. Elle faisait autrefois partie de la forteresse qui fut détruite lors d'un incendie en 1792. Aujourd'hui, seuls les quelques vestiges des murs d'enceinte témoignent de la présence, jadis, d'un majestueux château.
Redescendez et continuez sur la Dr-Theodor-Körner-Str. avant de traverser la Mur. Prenez à droite la Leobner Str. Comptez 30mn de marche pour gagner l'église.

Église St-Ruprecht (ST. RUPRECHTS-KIRCHE)

Dans le quartier de St. Ruprecht, le long de la rte de Leoben, sur l'autre rive de la Mur.
Cet édifice gothique à deux étages, situé au milieu d'un cimetière, abrite à l'arrière du chœur (prolongement du bas-côté droit de la nef) une **fresque du Jugement dernier★ (Weltgerichtsfresko)** du début du 15e s. très bien préservée. L'ossuaire à proximité de l'église, à l'origine rotonde romane, conserve les monuments aux morts de Bruck.

Nos adresses

Restauration/Hébergement

À Bruck an der Mur

Premier prix

Gasthaus Ebner – *Übelstein 4 - ✆ 03862 51753 - www.gasthaus-ebner.at - tlj sf merc.-jeu. 11h-20h30, dim. et j. fériés 11h-18h - formule déj. 9,90 € - 12 ch. 86 €* ☕ Côté restaurant, une formule du jour inspirée de la cuisine régionale. Côté hébergement, chambres claires aux meubles en bois.

À Thörl

Budget moyen

Landgasthof Hubinger – *Etmißl 25 - 23 km au nord - ✆ 03861 8114 - hubinger.com - merc.-sam. 8h-23h, dim. 8h-16h - formule déj. 13/15 € - fermé 2 sem. nov. - 8 ch. 110/120 € ☕ - 1/2 P 80/85 €/pers.* Auberge familiale depuis 1494. Cuisine régionale à base de produits locaux. Chambres confortables et agréables.

Activités

Patinoire Eisstadion Murinsel – *✆ 03862 52140 - www.bruckmur.at - nov.-mars : lun., jeu. et vend. 13h-17h, mar.-merc. et w.-end 14h-18h - 3,80 € (-16 ans 1,60 €).* Située sur l'île sur la Mur.

Intérieur de l'église abbatiale à Pöllau.
A. Schauhuber/Premium/age fotostock

Pöllau ★

À l'écart des grands itinéraires touristiques, Pöllau a beaucoup de charme avec ses toits de tuiles rouges et ses paysages de montagne et de forêt. Ses alentours offrent aussi de belles possibilités de randonnées, au cœur d'un parc naturel de 124 km² sillonné par de nombreux chemins balisés.

Se repérer

CARTE P. 278 (B2)
5 959 habitants – Styrie.
À 63 km au nord-est de Graz. En train, pas de liaison directe.

Organiser son temps

Une demi-journée.

En famille

L'écomusée de Vorau.

Nos adresses p. 313

Se promener

Naturpark Pöllauer Tal Information - Schloss 1 - 03335 4210 - www.naturpark-poellauertal.at.

Marktplatz

Cette place, avec sa colonne mariale, est bordée de vieilles façades au cachet méridional. Les ruelles qui y conduisent ont su garder la saveur toute provinciale d'une architecture simple. La porte au nord de la place permet d'accéder à l'ancien monastère de chanoines réguliers de St-Augustin, fondé en 1504.

Ancien monastère (EINSTIGE AUGUSTINER CHORHERRENSTIFT)

À la fin du 17e s., ses bâtiments sont reconstruits dans le goût baroque, tels qu'on les connaît aujourd'hui. Sécularisés en 1785, ils appartiennent à la commune, et l'église fait désormais office de lieu de culte paroissial.

★ **Église abbatiale (Stifts- und Pfarrkirche St. Veit)** – **Joachim Carlone**, l'un des membres de la célèbre famille d'architectes grazois, réalisa les plans de cet édifice qui, selon les vœux du prieur, devait imiter St-Pierre de Rome. Ses dimensions sont tout à fait imposantes pour une petite localité : 62,5 m de long pour la nef et le chœur, 37 m de large pour le transept et 42 m de hauteur sous la coupole. Le **maître-autel** est orné d'une toile monumentale (1779) de Joseph Adam von Mölck, évoquant le martyre de saint Guy.

Les fresques de la coupole et de la nef sont dues à **Matthias von Görz**, peintre styrien fortement influencé par les artistes italiens avec lesquels il travailla au cours de ses voyages d'études. Une palette aux couleurs vives, un goût de la lumière et la maîtrise du trompe-l'œil caractérisent son art. Il fallut au peintre douze années de labeur pour décorer l'église : à la voûte de la **coupole**, les neuf chœurs des anges fêtent la Trinité, tandis que sont représentées entre ses fenêtres les allégories des vertus théologales.

L'**orgue** de 1739 (24 registres), installé sur une tribune à arcades, est dominé par une fresque figurant le roi David jouant de la harpe.

À proximité

CARTE P. 278

★ Pöllauberg B2

À 6 km au nord-est.

Ce petit village est situé au pied de la célèbre église de pèlerinage Maria Pöllauberg, qui domine la vallée de Pöllau. De ce « balcon » naturel, on aperçoit parfois jusqu'à la plaine hongroise.

★ **Église Maria Pöllauberg (Wallfahrtskirche Maria Pöllauberg)** – Cette église est érigée de 1375 à 1379 selon un curieux plan. Deux nefs égales, voûtées de croisées d'ogives, sont séparées par trois piliers situés dans l'allée centrale, toutefois si bien calculés par rapport au chœur que l'on voit le célébrant de toutes les places assises. Le maître-autel baroque, élevé en 1714, déploie sa fastueuse composition autour d'une statue de la Vierge gothique datant du 15e s. Derrière le maître-autel, les consoles sculptées fascinent par leur extrême sobriété.

Jardins à thème autour du promontoire de l'église.

★ Monastère de Vorau (STIFT VORAU) B2

À 16 km au nord de Pöllau. Empruntez de préférence la route via *Schloffereck, qui offre les plus beaux paysages.*

✆ 03337 2351 - www.stift-vorau.at - visite guidée (1h) à partir de 5 pers. - de déb. avr. à fin oct. : lun.-vend. à 10h, 14h et 16h, sam. à 10h, dim. 11h, 14h et 16h - reste de l'année : 8h-12h, 13h-17h, sam. 9h-12h, 13h-17h, dim. 10h-12h, 13h-17h - visite libre de l'église ; visite guidée de la sacristie et la bibliothèque 10 € (enf. 6 €), billet combiné avec l'écomusée 12 € (enf. 7 €).

Sur une butte isolée du Joglland, le monastère de chanoines réguliers de Vorau (règle de saint Augustin), fondé en 1163, dessert encore 11 paroisses.

Bâtiments conventuels – Ils se développent en une remarquable ordonnance. La sobre façade de l'église, ornée de stucs très fins et flanquée de deux tours, s'inscrit entre deux ailes symétriques.

Église abbatiale (Stiftskirche) – Reconstruite (1660-1662) sur les plans du maître d'œuvre suisse Domenico Sciascia, elle a reçu, de 1700 à 1705, une décoration excessive de dorures, stucs et peintures. On a du mal à croire que seuls 2,5 kg d'or en feuilles ont été utilisés pour réaliser une décoration aussi somptueuse.
★ **Sacristie** – En 1715-1716, le peintre Johann Cyriak Hackhofer décora le plafond de la sacristie avec la glorification du Christ au moment du Jugement dernier. Plus on s'éloigne du Christ trônant dans la lumière, plus l'atmosphère s'assombrit, pour s'achever contre le mur ouest de la sacristie en une représentation fantastique de la **Descente aux enfers** : les péchés et les vices qui mènent aux enfers sont ici dénoncés et des créatures diaboliques illustrent l'horreur de la damnation éternelle.
Bibliothèque (Stiftsbibliothek) – Les décorations de stucs et de fresques (représentations de la philosophie, de la théologie et de la science juridique au plafond) qui ornent la salle de la bibliothèque depuis 1731 ont été entièrement préservées. Les bibliothèques décorées en filigrane ont été achevées en 1767.
Écomusée (Freilichtmuseum) – *03337 3466 - www.freilichtmuseum.vorau.at - ♿ - juil. août : 9h-17h ; avr.-juin et sept.-oct. : 10h-17h - 5,50 € (6-15 ans 2 €), billet combiné avec la visite du monastère 12 € (enf. 7 €).* À proximité immédiate du monastère, dans plusieurs bâtiments ruraux (fumoir, moulin, scierie, forge, etc.), l'écomusée donne un aperçu de la vie rurale d'autrefois.

Nos adresses

Restauration/Hébergement

Budget moyen

Gasthof-Restaurant Hubmann – *Herrengasse 21 - 03335 2267 - www.gasthofhubmann.at - tlj sf lun. 9h-0h - plats 8,50/14 € - 9 ch. 94 € - 1/2 P 54 €/pers.* Auberge datant du 16e s., avec chambres claires. Cuisine régionale.

À Hartberg

Pour se faire plaisir

Pusswald – *Grazer Str. 18 - 14 km à l'est - 03332 62584 - www.restaurant-pusswald.at - 10 ch. 118 € - merc.-sam. 10h-23h - formule déj. en sem. 13,50 €, menu 39 € (jeu. soir slt), plats 19/49 €.* Restaurant moderne et élégant qui dispose d'une petite cave à vins. Savoureux plats régionaux, méditerranéens ou asiatiques. Chambres modernes décorées façon rétro avec bain à remous.

À Pöllauberg

Pour se faire plaisir

Berggasthof König – *Oberneuberg 5 - 6 km au sud-ouest - 03335 2311 - www.berggasthof-koenig.at - jeu.-dim. 11h-16h, 17h-20h - plats 14/29 € - 7 ch. 156 € - 1/2 P 105 €/pers.* Auberge datant de 1628, appartenant à la même famille depuis plusieurs générations. Restaurant agréable au cadre ancien et terrasse ouverte en été dans le jardin. Cuisine traditionnelle et chambres confortables.

Mariazell ★★

Mariazell, lieu de pèlerinage le plus fréquenté d'Autriche, n'en est pas moins une station estivale et une station de sports d'hiver prisée. Ses pains d'épice réputés et sa liqueur, dont la tradition remonte à 1655, raviront les gourmands.

Se repérer

Nos adresses p. 316

CARTE P. 278 (B2)
3620 habitants – Styrie.
À 165 km au sud-ouest de Vienne et à 118 km au nord de Graz.

★★ Basilique (BASILIKA)

Hauptplatz 13 - 03882 2366 - www.mariazell-info.at - visites guidées de la ville - juil.-sept. : merc. et sam. à 10h30 - 5,50 € (enf. 3 €).

Lorsque, au 17e s., l'augmentation du nombre des pèlerins rendit nécessaire l'agrandissement du vaisseau gothique primitif, remontant à la fin du 14e s., l'architecte chargé de l'œuvre, **Domenico Sciassia**, conserva la structure de la nef mais démolit le chœur et le remplaça par deux vastes travées, dont l'une sous coupole. Ces travaux durèrent de 1644 à 1704. La présentation d'ensemble du monument étonne : en recomposant la façade, le maître d'œuvre laissa en place le clocher-porche gothique entre les deux nouvelles tours à bulbe. Cette architecture insolite est devenue l'emblème de la cité. Le portail principal a conservé son tympan gothique dont le registre inférieur est consacré à l'histoire du pèlerinage et le supérieur à la Crucifixion.

En pénétrant dans l'église, on ne manque pas de remarquer la resplendissante chapelle de la Miséricorde, point de convergence de tous les pèlerins, qui assure la jonction entre la longue nef gothique baroquisée et le vaisseau est, ajouté au 17e s.

Le pèlerinage de Mariazell

La fondation de Mariazell en 1157 repose sur une donation des comtes carinthiens d'Eppenstein au monastère de St. Lambrecht. Le moine Magnus, envoyé par St. Lambrecht dans la région, emporta avec lui une statue de la Vierge pour laquelle il fit édifier une chapelle : « Maria in der Zelle » donna alors son nom à l'endroit. Cette statue d'action de grâces attira très vite de nombreux pèlerins. En 1364, Louis Ier, roi de Hongrie, remporta sur les Turcs une victoire qu'il attribua à la Vierge de Mariazell et fit bâtir une chapelle gothique, dont il ne reste aujourd'hui que la tour centrale et la nef qui a été baroquisée. Dès lors, la Madone de Mariazell symbolisa l'une des forces spirituelles garantissant la cohésion de l'empire. Les Habsbourg lui portèrent une vénération jamais démentie et firent le pèlerinage à diverses reprises. Aujourd'hui encore, le pèlerinage de Mariazell attire des foules venues des quatre coins de l'ancien empire des Habsbourg. Les cérémonies les plus solennelles se déroulent ici à l'occasion du 15 août et du 8 septembre. Le reste de l'été, l'affluence a lieu le samedi soir, à l'occasion de la grande procession aux flambeaux.

Mariazell et sa basilique.
mdworschak/Getty Images Plus

Vaisseau ouest (LONGUE NEF)

Ce n'est autre que l'ancien vaisseau gothique dont on distingue encore la structure élancée malgré l'habillage baroque et l'extension en largeur de l'édifice, qui permit d'intégrer au sanctuaire les anciens contreforts. Grâce à ce dernier artifice, Sciassia put créer, le long des bas-côtés, une série de chapelles latérales et, à l'étage, une tribune dont les vastes fenêtres dispensent un éclairage exceptionnel.

Chapelle de la Miséricorde (GNADENKAPELLE)

Formant un trapèze au milieu du sanctuaire, la **chapelle de la Miséricorde** abrite la statue romane parée de Notre-Dame de Mariazell sous un baldaquin d'argent à douze colonnes de Fischer von Erlach le Jeune (1727). La grille de clôture, également en argent, fut commandée par l'impératrice Marie-Thérèse à des orfèvres viennois (1756).

Vaisseau est

De proportions superbes, ce morceau d'architecture baroque est monumental. La travée couronnée d'une coupole ne constitue pas un transept à proprement parler, mais le prolongement vers l'est de la longue nef. Le tracé ovale de cette coupole-lanterne s'harmonise avec le plan surallongé du sanctuaire. Dans la dernière travée carrée, qui ferme la perspective, se dresse le maître-autel de Fischer von Erlach l'Ancien, terminé en 1704, dont l'architecture s'inspire de l'arc de triomphe antique. Les statues du groupe de la Crucifixion, comme celles des grands anges qui gardent la chapelle miraculeuse, sont des copies de celles en argent massif saisies par le Trésor autrichien, à l'époque des guerres napoléoniennes.

Trésor de la basilique (SCHATZKAMMER)

Accès par l'escalier situé à droite, derrière l'entrée de l'église. Le trésor est entreposé sur les tribunes de la longue nef. ✆ 03882 25950 - ♿ - www.basilikamariazell.at - de fin avr. à fin oct. : mar.-sam. 10h-15h, dim. et j. fériés 11h-15h - 3 €, 6-14 ans gratuit.

Après la statue de la Vierge, le **tableau** offert par Louis Ier de Hongrie (Sienne, vers 1360) est d'une grande importance pour Mariazell. Il rappelle le moment où Marie est apparue au roi de Hongrie avant le combat décisif. Des offrandes votives, ainsi que divers objets et tableaux, illustrent l'importance du pèlerinage à travers les siècles. Les somptueux cadeaux offerts par les Habsbourg à cette statue de la Miséricorde et à la basilique elle-même contrastent avec les dons et offrandes votives des simples croyants. Tous attestent toutefois la profonde vénération dont jouit aujourd'hui encore Mariazell.

Derrière la basilique se trouvent la **chapelle St-Michel** (15e s.), édifice octogonal de style gothique tardif, dont le sous-sol sert aujourd'hui encore d'ossuaire, ainsi que la « grotte aux Bougies » (Kerzengrotte).

Nos adresses

Restauration

À Mariazell

Pour se faire plaisir

Hotel Goldenes Kreuz – *Wiener Str. 7 - ✆ 03882 2309 - www.hotelscherfler.at - 18/28 € - 32 ch. 121/157 €* ☕. À mi-chemin entre la basilique et le téléphérique qui dessert la Bürgeralpe, cet hôtel classique au charme d'antan propose une cuisine locale et internationale. Réservez.

À Gußwerk

Pour se faire plaisir

Gasthof zum Fallenstein – *Fallenstein 5 - 8 km au sud de Mariazell - ✆ 03882 2661 - www.fallensteinergut.at - w.-end 11h-14h, 18h-19h30 (sur réserv.) - plats 10/25 € - 99 €* ☕ *- 1/2 P possible.* Une auberge traditionnelle familiale accueillante, au calme. Côté cuisine, des spécialités réalisées avec les produits régionaux et de saison (comme le gibier en automne), mais aussi du fait maison : pain, saucisses, jus... Dans les chambres, mobilier en bois massif.

Hébergement

À Mariazell

Premier prix

Ferienwohnung Zach – *Wiener Neustädter Str. 29 - ✆ 0699 15015300 - www.mariazell.at - - 2 ch. et 1 appart. - 59 €* ☕. Chambres calmes chez l'habitant, à 10mn à pied du centre-ville. Et un appartement, pouvant accueillir jusqu'à 7 personnes.

Alpes d'Eisenerz ★

La cité minière d'Eisenerz, en activité depuis l'an 712, est dominée par l'Erzberg, dont la silhouette pyramidale à étages est le résultat de l'exploitation du minerai de fer. Au total, plus de 250 millions de tonnes de métal en ont été extraites. Loin de s'épuiser, ce filon procure 90 % du fer autrichien et couvre ainsi le tiers des besoins de l'industrie sidérurgique du pays. La ville se trouve au cœur des Alpes d'Eisenerz, massif montagneux sauvage aux vallées découpées et aux sommets abrupts. À plus de 1200 m d'altitude, le col de Präbichl, qui relie l'Enns à la Mur, permet de suivre, entre Hieflau et Leoben, un itinéraire original.

L'Erzberg.
W. Geiersperger/age fotostock

Se repérer

CARTE P. 278 (A2)
Styrie.
À 83 km au nord-ouest de Graz.

À ne pas manquer

L'Erzberg, la montée au Polster.

En famille

La mine d'Erzberg ; le lac de Leopoldstein.

Nos adresses p. 323

Eisenerz

www.steiermark.com

★★ Erzberg A2

03848 3200 - www.abenteuer-erzberg.at - de fin avr. à oct. : 8h30-15h - visite souterraine (1h30) - 20 € (4-15 ans 10 €) ; parcours de la mine en extérieur en Hauly (1h) - 20 € (4-15 ans 10 €) ; billet combiné 32 € (4-15 ans 16 €).

Prévoir des vêtements chauds et de bonnes chaussures de marche.

Depuis deux siècles, la « montagne de fer » a pris son allure caractéristique de **mine à ciel ouvert**, striée de gradins. L'exploitation médiévale, caractérisée par de petites galeries ou carrières isolées, avait déjà succédé, au début du 19e s., une technique plus rationnelle de puits et de galeries. Vers 1870, les ingénieurs passèrent à l'attaque systématique, à ciel ouvert, des flancs de la montagne. Aujourd'hui, on extrait en une journée ce que l'on produisait en un an au 16e s., soit 10 000 t environ. Des gradins hauts chacun de 12 à 24 m dessinent actuellement dans le ciel d'Eisenerz un gigantesque escalier. Et le sommet de l'Erzberg s'est abaissé, peu à peu, de 1532 m à 1465 m.

L'extraction souterraine ayant cessé en 1986, les installations désaffectées ont été ouvertes au public. Le parcours de la mine en **Hauly** – un camion de 860 CV pourvu d'une plate-forme pour les visiteurs – permet de circuler sur la plus grande partie des 42 étages de la montagne et offre une merveilleuse perspective sur les eaux bleues du lac qui s'est formé au pied de l'Erzberg, sur la ville et le paysage enchanteur alentour.

Descendez vers la ville par le sentier d'initiation à la géologie (env. 5mn).

Sentier d'initiation à la géologie

Il conduit de la station inférieure de l'Erzberg jusqu'à la ville en longeant le Trofengbach et explique une période géologique de 200 millions d'années.

Vieille ville

Il reste peu de **Radmeisterhöfe**, ces demeures qu'habitaient les *Radmeister*, maîtres de forges, propriétaires des 19 fonderies que comptait Innerberg, nom porté jadis par Eisenerz. Cependant, il existe encore un grand nombre de vieilles maisons des 16e-18e s. On les trouve autour de la Bergmannplatz, où s'élève l'**ancien hôtel de ville** du 16e s., dans la Lindmoserstraße, la Dr.-Karl-Renner-Straße (au nº 4) et la Krumpentalerstraße.

Revenez sur vos pas et remontez la rue jusqu'à l'escalier qui mène à l'église.

★ Église fortifiée St-Oswald (PFARRKIRCHE ST. OSWALD)

Lindmoserstr. 2, en haut de l'escalier de l'église - 03848 22670 - eisenerz-hieflau-radmer.graz-seckau.at.

Construite sous le règne de l'empereur Frédéric III, de 1470 à 1518, c'est la plus importante église fortifiée de Styrie. Elle constitue un ouvrage majeur de l'atelier d'Admont. Directement menacée par les incursions turques, elle fut fortifiée en 1532 sur ordre du roi et pourvue de murailles circulaires, de tours et, du côté nord, de la massive barbacane que l'on peut encore voir de nos jours.

Le tympan du portail nord montre comment Adam, représenté en mineur, et Ève furent chassés du paradis. D'autres motifs se rapportant à la mine sont visibles à l'intérieur, sur la tribune d'**orgue** en fausse pierre et sur une figurine en bois en tenue de mineur de l'époque maximilienne, placée au-dessus de la deuxième tribune, côté nord.

Reprenez la Krumpentalerstraße, puis continuez sur la Freiheitsplatz.

Musée municipal (STADTMUSEUM)

Kammerhof, Bergmannplatz 1 - ✆ 03848 3615 - www.eisenerz.at - mai-oct. : mar.-sam. 10h-16h - 6 € (enf. 3,30 €).

Il présente l'art et la culture du monde de la mine et les techniques d'extraction du minerai.

Retournez sur la Freiheitsplatz, prenez la Hieflauerstraße, puis tournez à gauche sur la Tullstraße, franchissez le passage à niveau. Prenez ensuite à droite le Schichtturmweg.

Tour des Équipes (SCHICHTTURM)

La tour Renaissance édifiée en 1581 par les maîtres de forges se dresse sur le versant sud de la vallée. Sa cloche, coulée à partir de canons turcs, annonçait le début des équipes et sonnait l'alerte en cas d'incendie. Aujourd'hui, elle ne sonne plus qu'à midi.

Circuits conseillés

CARTE P. 278

★ Le Gesäuse A2

Hauptstr. 35 - Admont - ✆ 03613 211 0610 - www.steiermark.com.

Circuit de 44 km, au départ de Hieflau (à 13 km au nord-ouest d'Eisenerz) tracé en vert clair sur la carte.

Entre Eisenerz et **Hieflau** s'étend le bassin d'Eisenerz. Le **lac de Leopoldstein★★** y occupe, au pied du Seemauer (massif du Hochschwab), l'un des plus beaux sites de Styrie. En été, outre la baignade, vous pourrez louer une embarcation *(voir « Nos adresses » p. 323).*

Le tour du lac à pied s'effectue en 1h30.

Gstatterboden

En amont de Gstatterboden, le défilé devient plus sauvage. Spectacle constamment renouvelé, les eaux de l'Enns, retenues à proximité du Kummerbrücke, offrent toutes les variations de vert.

Haindlkarbrücke

Ce pont sur l'Enns offre une **vue★** sur les murailles du Hochtor, exploitées par les passionnés d'escalade. Le plus beau **coup d'œil sur le Gesäuse★★**, qui se trouve avant Admont, sur la nationale 146, avant l'embranchement vers Weng, fait découvrir les splendides parois du Hochtor (point culminant : 2 369 m).

★★ Monastère d'Admont (STIFT ADMONT)

Admont 1 - ✆ 03613 23120 - www.stiftadmont.at - ♿ - juil.-août et sept. : lun.-dim. 9h-17h, avr.-juin et oct. : merc.-dim. 10h30-15h30, mars et nov.-déc. : vend.-dim. 10h-15h30 - 16,50 € (6-15 ans 8,50 €).

Fondé au 11e s. par sainte Emma *(voir encadré p. 350)* et Gebhard, archevêque de Salzbourg, le monastère bénédictin d'Admont devint rapidement un pôle culturel dont le rayonnement s'étendit bien au-delà de la vallée de l'Enns. L'ensemble monastique a été reconstruit après l'incendie de 1865, qui a heureusement épargné la bibliothèque, la plus importante bibliothèque monacale du monde.

★★ **Bibliothèque** – Sa salle d'apparat s'allonge sur 70 m de part et d'autre d'une rotonde centrale sous coupole. Les peintures de plafond de Bartolomeo Altomonte, les corps de bibliothèque et la galerie supérieure à balustrade en fer forgé concourent au prestige de cet ensemble rococo (1776). Remarquez les

célèbres groupes sculptés des *Quatre Fins dernières (Vier letzten Dinge)*, à savoir la Mort, le Jugement, le Ciel et l'Enfer, dues à **Josef Thaddäus Stammel** (1695-1765), qui fit revivre l'art de la sculpture sur bois, délaissé en Autriche depuis la fin du gothique. Observez aussi les manuscrits ou imprimés exposés sous vitrine.
Musée – Dans la **section historique**, on trouve notamment un autel portatif datant de 1375 et de précieux ostensoirs. Les ornements et parements créés par l'école de broderie d'Admont, qui connut son âge d'or au 17e s., sont remarquables. La **collection de sciences naturelles** a été réunie au début du 19e s. pour le lycée rattaché au monastère.

Frauenberg

Ce sanctuaire de pèlerinage fut réédifié par les abbés d'Admont, au 17e s., dans un style baroque italianisant. Les deux tours datent de 1702. à l'intérieur, l'exubérance des stucs fait écho à l'abondante décoration d'or qui met en valeur la sombre ébène des autels et de la chaire. La terrasse du calvaire offre une **belle vue★** sur Admont et les tours élégantes de son église, dominées par les sommets des Haller Mauern, du Reichenstein et du Hochtor.
Les **gorges du Gesäuse★★**, dont le nom évoque le mugissement des eaux de l'Enns courant de rocher en rocher, prennent une splendeur unique.

★ La route styrienne du fer A2

Circuit de 37 km, d'Eisenerz à Leoben, tracé en bleu sur la carte.
Après Eisenerz, la route monte vers le **Präbichlpass** (1232 m). Le sommet rocheux du Pfaffenstein occupe une position dominante, au nord-ouest.

★★ Polster

Du Präbichl, env. 3h30 AR. Du sommet (1910 m) couronné d'une croix, **vue** sur l'Erzberg, dont la masse brun-rouge tranche sur les tons verts des pâturages et des forêts. Au nord, des crêtes rocailleuses très délitées *(Griesmauer)*, détachées du Hochschwab, encadrent de fraîches combes alpestres.
La descente du Präbichl à Vordernberg s'effectue dans un agréable décor d'alpages.

Vordernberg

De nombreux **sites historiques★** témoignent de la splendeur passée de l'exploitation minière qui comptait autrefois 14 fonderies. L'archiduc **Jean** lui-même en avait acquis une en 1822. Ce prince très populaire fut à l'origine de la création du premier établissement de formation aux métiers de la mine à Vordernberg en 1840, transféré à Leoben en 1848. La visite des **monuments** et **musées** techniques présente un grand intérêt.

Leoben

Leoben (du slave *liub* : aimable, beau) est le siège d'une célèbre université minière et, depuis le Moyen Âge, le centre de l'industrie métallurgique styrienne. La proximité du gisement d'Eisenerz a favorisé le développement de la métallurgie à Donawitz et dans la vallée de la Mur. L'aspect industriel des faubourgs contraste avec le cadre alpestre de la vaste cuvette où s'étend la ville.
Les maisons de la **Hauptplatz** témoignent de l'aisance des anciens maîtres de forges, telles que la **Hacklhaus** (no 9, vers 1660), ou la belle tour d'angle de l'ancien hôtel de ville (1568). La Homanngasse permet d'accéder à la **Schwammerlturm**, édifiée au 13e s., et qui doit son nom à son toit, dont la forme évoque un champignon.
★ Église paroissiale St-François-Xavier (Stadtpfarrkirche St. Xaver) – *Kirchgasse.* Elle témoigne de la puissance du collège de jésuites implanté à Leoben en 1613. De style baroque (1660-1665), elle est attribuée à l'architecte Pietro Francesco

Bibliothèque du monastère d'Admont.
Drazen Lovric/Getty Images Plus

Carlone. Une statue de François Xavier, missionnaire en Asie, accompagné d'Indiens parés de plumes, orne le fronton du portail. À l'intérieur, la simplicité des pilastres met en valeur les tons noirs et dorés de l'**agencement★** d'origine (1670). Le maître-autel, aux riches dorures et colonnes torsadées, occupe toute la paroi du chœur. Il soutient un tableau de l'artiste allemand Johann Heinrich Schönfeld, qui a également œuvré pour la cathédrale de Salzbourg, représentant saint François Xavier en gloire.

Église Maria am Waasen – *Waasenstr., sur l'autre rive de la Mur.* À l'ouest de la ville, près du pont de la Mur, cette église gothique a conservé dans le chœur d'intéressants vitraux du 15e s. : on y reconnaît la figuration d'apôtres et de saints, le Couronnement de la Vierge, des scènes de la vie et de la passion du Christ.

Monastère de Göss (Stift Göss) – *Turmgasse 4 - 2 km au sud de la Hauptplatz - ✆ 03842 43236 - www.stadtkirche-leoben.graz-seckau.at.* Le plus ancien couvent de Styrie, fondé vers 1010 et occupé jusqu'en 1782, abrite depuis 1911 la célèbre brasserie Gösser. L'ancienne **église★** domine ce vaste édifice muni de belles galeries à arcades. Au 16e s., lors du réaménagement du bâtiment dans le style gothique flamboyant, la nef reçut une voûte en filigrane et le **portail sud★** fut décoré. Cette décoration s'inspire d'une croix romane à droite du chœur et du tableau de la Sainte Famille, exécuté par Kremser Schmidt (1791), dans le bas-côté droit. La **crypte** de style roman primitif et la chapelle épiscopale (fresques gothiques) sont accessibles dans le cadre de visites guidées.

Excursion

CARTE P. 278

★ Monastère de Seckau (BENEDIKTINERABTEI SECKAU) A2

À 33 km au sud-ouest de Leoben.
✆ 03514 5234112 - www.abtei-seckau.at - ♿ - 6h-20h - entrée libre - visite guidée comprenant le mausolée (1h) en mai-oct. : jeu.-dim. à 11h et 14h - 8 € (enf. 4 €).

Au pied du massif des Niedere Tauern, cet ensemble monumental dresse sa majestueuse silhouette à l'allure quelque peu militaire. Seckau, fondé en 1140, devint un établissement des chanoines augustins et le siège d'un évêché à partir de 1218. Aujourd'hui encore, l'évêque de Styrie résidant à Graz porte le titre d'évêque de Graz et de Seckau. En 1883, des bénédictins du monastère de Beuron, en Allemagne, se sont établis à Seckau et évitèrent ainsi sa ruine.
Sous le **porche** de l'église, deux sculptures de lion du 12e s. surveillent l'entrée. Le mur sud est décoré de fresques du début du 14e s. représentant la Crucifixion et saint Christophe. Le mur nord est orné du tableau des trois fléaux de Dieu (la peste, les sauterelles et les invasions turques).

Intérieur

Les colonnes et les piliers de la nef (milieu du 12e s.) sont couronnés d'énormes chapiteaux en dé. Remarquer le premier pilier de gauche, orné de six représentations de figures mystérieuses.
Sur le bas-côté gauche se succèdent trois chapelles, d'époques et de dispositions différentes. La première, la **chapelle des Sts-Anges** *(Engelkapelle)*, est ornée d'une vaste composition (1960) du peintre Herbert Boeckl traitant de l'Apocalypse selon saint Jean. Au-dessus du tabernacle, un albâtre d'origine vénitienne (12e s.), *La Vierge à l'Enfant*, constitue le joyau du trésor de Seckau et la plus ancienne image mariale vénérée en Autriche.
Le **retable★★** de l'autel (1489), provenant d'un atelier du Tyrol du Sud, glorifie le couronnement de la Vierge. L'artiste a représenté les trois personnes de la sainte Trinité sous les mêmes traits, respectant la définition orthodoxe « un seul Dieu en trois personnes égales et distinctes ».

★ Mausolée de Charles II

Le mausolée de l'archiduc Charles II se dresse dans la chapelle qui prolonge le bas-côté gauche. La chapelle est dotée de 50 statues, 150 reliefs et plus de 60 têtes en stuc et en marbre. Cet ensemble décoratif est considéré comme un témoin de la transition entre l'art de la Renaissance et le baroque. Réalisé par des artistes italiens entre 1587 et 1612, il marque aussi le début de l'implantation du goût transalpin en Styrie.

★★ Crucifixion

Situé dans le **chœur**, ce groupe de la Crucifixion est émouvant de sobriété. Le crucifié a été réalisé vers 1260, alors que les figures de Marie et de Jean datent des premières années du 12e s.

Nos adresses

Restauration

À Leoben

Premier prix

Arkadenhof – *Hauptplatz 11 - ✆ 03842 42074 - www.arkadenhof.at - lun.-jeu. 10h-0h, vend.-sam. 10h-2h, dim. 11h-23h - plats 10/24 €.* Accueillante brasserie, avec cour à arcades de 1550. Spécialités de bières et plats régionaux.

Petite pause

À Eisenerz

Café Konditorei Regner – *Seckau 39 - ✆ 03514 5207 - www.lebkuchen-regner.at - merc.-sam.: 9h-18h, dim. et j. fériés: 9h30-12h, 13h-18h - fermé lun.-mar.* Konditorei réputée, bien au-delà de la Styrie, notamment pour son pain d'épice que l'on façonne ici depuis quatre générations. Également une jolie gamme de chocolats pour les gourmands.

Activités

Été comme hiver, vous pourrez pratiquer diverses activités référencées sur le site www.steiermark.com, qui propose aussi des itinéraires de randonnées en téléchargement.

Location de bateaux – *Lac Leopoldsteiner - ✆ 0664 8200642 - www.leopoldsteinersee.at - en été: 9h-20h.* Bateaux à rames et à pédales.

Vitalbad – *Sannstr. 24 - ✆ 03848 2510 - Eisenerz - www.eisenerz.at - juin.-déb.sept.: 9h-20h; reste de l'année: tlj sf lun. 9h-20h - 9,50 €/j (autres tarifs possibles).* Espace de loisirs aquatiques avec piscines, sauna, hammam, massages.

Hébergement

À Eisenerz

Budget moyen

Gasthof Eisenerzer Hof – *Hieflauerstr. 17 - ✆ 03848 2551 - www.eisenerzerhof.at - 25 ch. - 90 €* ☕. Chambres simples, au centre de la vieille ville. Sauna, cabine à infrarouge. Jardin.

À Vordernberg

Premier prix

Gasthof Zur Post – *Hauptstr. 86 - 14 km au sud d'Eisenerz - ✆ 03849 274 - ⊠ - 12 ch. et 2 appart. - 60/64 €* ☕. Hôtel familial en plein centre-ville. Sauna, bar, bowling et terrasse.

À Leoben

Pour se faire plaisir

Hotel Kindler 2.0 – *Straußgasse 7-11 - ✆ 03842 43202 - www.kindler.at - P 4,40 € - 46 ch. - 116 €* ☕. Hôtel agréable situé en centre-ville.

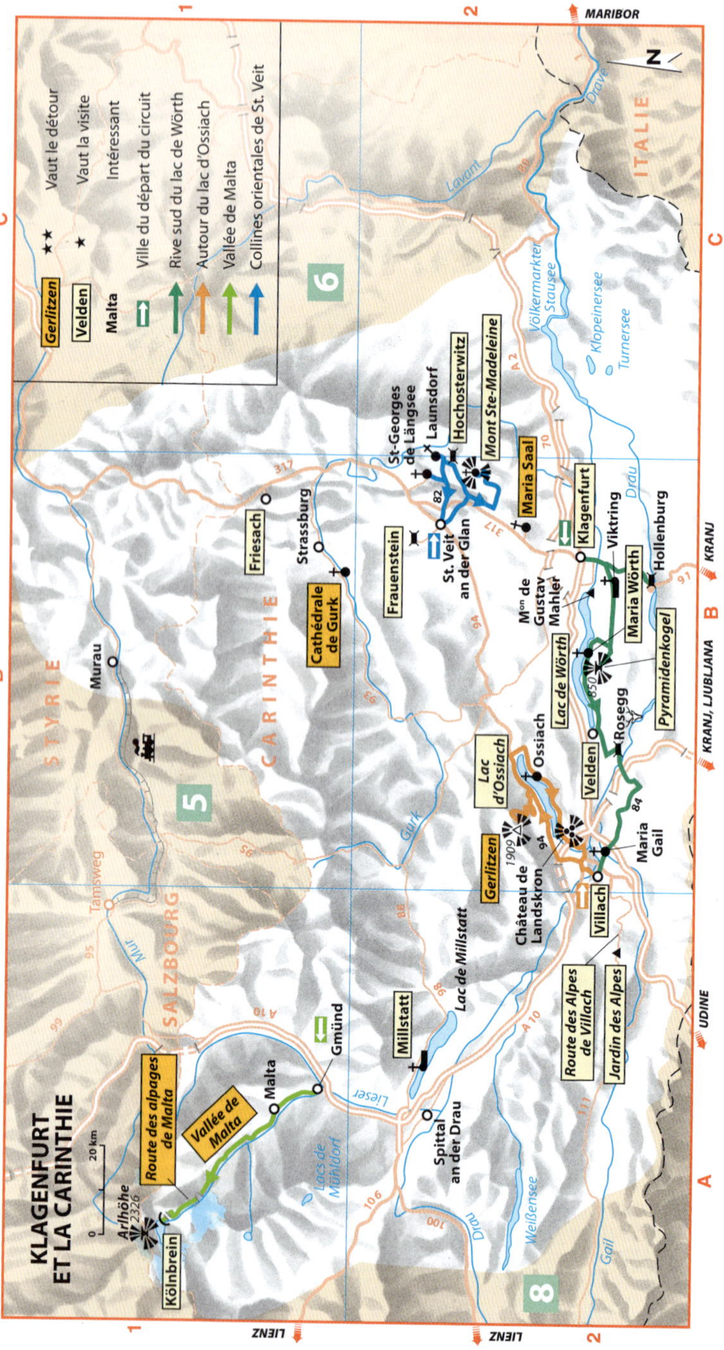
KLAGENFURT ET LA CARINTHIE
0 20 km
Gerlitzen ★★ Vaut le détour
Velden ★ Vaut la visite
Malta Intéressant
Ville du départ du circuit
Rive sud du lac de Wörth
Autour du lac d'Ossiach
Vallée de Malta
Collines orientales de St. Veit
STYRIE
CARINTHIE
SALZBOURG
ITALIE
MARIBOR
LIENZ
UDINE
KRANJ, LJUBLJANA
KRANJ
Kölnbrein
Arlhöhe 2326
Route des alpages de Malta
Vallée de Malta
Malta
Gmünd
Lacs de Mühldorf
Spittal an der Drau
Lieser
Millstatt
Lac de Millstatt
Weißensee
Drau
Gail
Tamsweg
Mur
Murau
Friesach
Strassburg
Cathédrale de Gurk
Gurk
Frauenstein
St. Veit an der Glan
St-Georges de Längsee
Launsdorf
Hochosterwitz
Mont Ste-Madeleine
Maria Saal
Klagenfurt
Viktring
Hollenburg
Maria Wörth
Pyramidenkogel
Mon de Gustav Mahler
Lac de Wörth
Rosegg
Velden
Ossiach
Lac d'Ossiach
Gerlitzen
Château de Landskron
Villach
Maria Gail
Route des Alpes de Villach
Jardin des Alpes
Völkermarkter Stausee
Klopeinersee
Turnersee
Lavant
Drave
A 2
A 10
1909
850

7

Klagenfurt et la Carinthie

CARTE MICHELIN NATIONAL N° 730

Klagenfurt ★

Posée sur les rives du lac de Wörth, à moins d'une heure de route de la Slovénie comme de l'Italie, la capitale de la Carinthie séduit par ses allures méridionales et son art de vivre. Peut-être est-ce dû à ses influences italiennes qui se retrouvent aussi bien dans l'architecture de la ville, avec ses agréables cours et places, que dans sa gastronomie.

Se repérer

CARTE P. 324 (B2),
PLAN DE KLAGENFURT P. 328
102 600 habitants – Carinthie.
À 135 km au sud-ouest de Graz.

Organiser son temps

Comptez 1 jour pour Klagenfurt ; 2 jours si l'on enchaîne avec le circuit du lac de Wörth.

Carnet pratique p. 330

Nos adresses p. 330

★★ La vieille ville

PLAN P. 328

La vieille ville est le reflet de près de 800 ans d'histoire. Des architectes italiens l'ont façonnée aux 16e et 17e s. en aménageant ses rues en damier et plus de 50 cours à arcades, dont beaucoup sont accessibles au public. Mais le plus grand intérêt réside dans les belles places qui ornent la cité.

Nouvelle Place (NEUER PLATZ) A1

Cette grande place constitue le centre de la ville. La **fontaine du Dragon★ (Lindwurmbrunnen)** est l'emblème de Klagenfurt. Ce monstre fut réalisé par les frères Ulrich et Andreas Vogelsang entre 1582 et 1593, à partir d'un bloc de chloritoschiste. L'auge de la fontaine fut ajoutée en 1624 et l'Hercule en 1636. Le monument à Marie-Thérèse fut érigé en 1765 ; la statue de bronze date de 1873. Le palais Porcia (un hôtel aujourd'hui), dont la construction d'origine remonte à la seconde moitié du 18e s., est en vérité une reconstitution. L'**hôtel de ville** à l'ouest de la place, est fidèle à ses origines (1580), en dépit des nombreuses modifications subies au cours des siècles. À l'est se trouve la **pharmacie Adler (Adler-Apotheke)**, du 16e s., dont l'intérieur est couvert d'ouvrages en stuc rococo.

★ Ancienne Place (ALTER PLATZ) A1

Avec ses palais du 16e s., ses façades baroques et ses cours à arcades Renaissance, cette place ne manque pas de caractère ! L'**ancien hôtel de ville (Altes Rathaus)**, construit vers 1600, qui porte aujourd'hui le nom de palais Orsini-Rosenberg, séduit par son portail Renaissance et sa cour à trois niveaux d'arcades. À l'ouest, la place s'achève par la « maison de l'Oie d'or » (Haus der Goldenen Gans), l'une

Capitale sur le tard

La ville de Klagenfurt fut fondée au 12e s. par Hermann von Spanheim, duc de Carinthie. Elle était à l'époque un centre commercial important. Néanmoins, il fallut attendre 1518 pour que l'empereur Maximilien, en offrant la ville de Klagenfurt aux États provinciaux, l'érige en capitale de la Carinthie, rôle jusqu'alors tenu par St. Veit an der Glan *(voir p. 354)*.

Colonne de la Trinité sur l'Ancienne Place.
G. Lenz/Arco Images/age fotostock

des plus anciennes maisons de Klagenfurt. Dans l'angle sud-ouest se dresse le **palais Goess** avec sa façade à pilastres du baroque tardif. La colonne de la Trinité, au centre de la place, a été érigée en 1680 après que la ville eut été épargnée par la peste. On ajouta trois ans plus tard le croissant de lune et la double croix, pour symboliser la victoire sur les Turcs.

Si l'on bifurque de l'Alter Platz vers la Wiener Gasse, on peut admirer à son extrémité l'**Ossiacher Hof**, construite en 1627 et acquise vers 1750 par la fondation du même nom. Vers la fin du 18e s., sa façade fut redécorée dans le style classique. Deux belles cours intérieures caractérisent ce somptueux édifice.

Église paroissiale St-Égide (STADTHAUPTPFARRKIRCHE ST. EGID) A1

L'église fut construite en 1692, les clochers à bulbe au début du 18e s. et la façade néobaroque date de 1893. L'intérieur, vaste et très décoré, est somptueusement meublé. Les peintures de la voûte en berceau ont été réalisées par Joseph Mölck, celles du chœur par Joseph Fromiller.

Parmi les pierres tombales, on remarquera celle de l'écrivain **Julien Green** (1900-1998) ; d'origine américaine, né et mort à Paris. Il souhaitait reposer à Klagenfurt. Dans la chapelle d'hiver, les peintures à l'huile ayant pour thème l'Apocalypse ont été réalisées par l'artiste autrichien Ernst Fuchs (1930-2015).

Tour du vestibule (Stadtpfarrturm) – *✆ 0463 287463 - juin-août : merc.-vend. 11h-13h, 14h-18h, sam. 10h-14h ; avr.-mai et sept.-oct. : merc.-vend. 12h-18h, sam. 11h-15h - fermé en cas de pluie ou d'orage - 6 € (6-15 ans 3 €).* Après avoir gravi les 228 marches, on peut profiter d'une belle **vue★** sur la ville.

Landhaus (SIÈGE DU GOUVERNEMENT ET DU PARLEMENT RÉGIONAL) A1

Situé non loin de l'Alter Platz, l'édifice, qui autrefois abritait l'arsenal, témoigne de la puissance des États de Carinthie. L'architecte Antonio Verda de Lugano participa à sa construction, achevée en 1590. Son influence est notable dans la **cour intérieure★** Renaissance et ses galeries à deux niveaux d'arcades.

★ **Grande salle des Blasons (Großer Wappensaal)** – La salle d'apparat, aménagée au 1er étage du corps central, a été décorée par **Joseph Fromiller** (1693-1760). Ce maître de la peinture baroque en Carinthie a brossé la belle fresque du plafond représentant les membres des États de Carinthie rendant hommage à l'empereur Charles VI (1728), et une grande partie des 665 blasons couvrant les murs et les embrasures de fenêtres, sur lesquels figurent les armoiries des notables ayant siégé aux États de 1591 à 1848.

★ Cathédrale (DOM) A2

Elle fut construite en 1578 par les États provinciaux luthériens mais attribuée en 1604, pendant la Contre-Réforme, aux Jésuites, qui procédèrent à de nombreuses modifications. Les stucs d'origine, réalisés par Gabriel Wittini en 1668, n'ont été conservés en état que dans la galerie ouest. Les stucs ultérieurs (à partir de 1730) de Kilian et Josef Pittner, encore plus fins, accentuent la luminosité de la nef. On doit la réalisation du tableau du maître-autel à Daniel Gran, celle de la chaire (1726), à l'artiste carinthien Christoph Rudolph, et *L'Apothéose de saint Jean Népomucène* à Joseph Ferdinand Fromiller. Plus d'une douzaine de variétés de marbre donnent une belle couleur aux **autels latéraux★**.

★ Salle du Trésor (SCHATZKAMMER GUT) A2

Attaché à donner une vision synthétique de l'art religieux en Carinthie du 12e au 18e s., l'éclectique **salle du trésor** ne néglige aucun art : orfèvrerie, tapisserie et broderie, sculpture, peinture, vitraux. À voir en particulier : la rare **croix de**

SE RESTAURER
Gasthaus Großglockner Pumpe 1
Landhaushof 4

SE LOGER
Hotel Geyer 5

Gustav Mahler, icône de la musique classique

Ce compositeur, né en Bohême en 1860 et d'origine modeste, débute jeune l'enseignement du piano. Après avoir échoué à un concours de musique, Gustav Mahler décide de devenir chef d'orchestre et rencontre rapidement un vif succès. Disciple d'Anton Bruckner, organiste et compositeur, il dirige des œuvres de Mozart ou de Wagner, avant d'occuper un poste de direction pour le prestigieux **Opéra de Vienne**. Gustav Mahler se remet à la composition et écrit des *lieder* et des symphonies, qu'il dirige dès le début du 20e s. Il fait ainsi partie des derniers **compositeurs romantiques**.
En 1908, il part aux États-Unis et dirige le Metropolitan Opera ainsi que l'orchestre philharmonique de New York. Deux ans plus tard, il revient en Autriche et renoue avec le succès grâce à sa *Huitième Symphonie*. Gravement malade, Gustav Mahler met fin à sa carrière et s'éteint le 18 mai 1911. Il reste l'une des grandes figures de la musique classique.

procession du 12e s., en fer avec des restes de dorure, et le précieux **vitrail de Ste-Madeleine★** (Magdalenenscheibe), daté de 1170 (le plus ancien d'Autriche).

★ Musée de la Carinthie (KÄRNTEN MUSEUM) A2

Museumgasse 2 - ✆ 050 536 30599 - tlj sf lun. 10h-18h (20h jeu.) - tarif se rens.
Une halte au musée de la Carinthie, inauguré en 1884 mais relifté en 2022, vous permettra d'en savoir plus sur la région. Non seulement ses collections sont très riches, mais leur nouvelle présentation est aussi pédagogique qu'interactive. Ses points forts ? La géologie, la nature et l'histoire millénaire de la région.
Installé en face du musée, un *lapidarium* présente de nombreux monuments de l'époque romaine qui proviennent d'un site du Zollfeld proche de l'église actuelle de Maria Saal *(voir p. 358)*, entre Klagenfurt et St. Veit, là où s'élevait autrefois Virunum. La fontaine celtique reconstituée est remarquable.

À proximité

CARTE P. 324

Maison de Gustav Mahler (GUSTAV-MAHLER-KOMPONIERHÄUSCHEN) B2

▶ *Env. 4 km à l'ouest de Klagenfurt. Suivez la rive sud du lac de Wörth en direction de « Parkplatz Strandbad Maiernigg ». Du parking, 15mn de marche sur un chemin balisé.*
✆ 0463 5375825 - mai-oct. : jeu.-dim. 10h-13h - 3 € (enf. 1 €).
Cachée dans la forêt, c'est dans cette petite maison en bois que **Gustav Mahler** *(voir p. 533)*, chef d'orchestre de l'Opéra de la cour de Vienne, composa au cours de ses vacances d'été (1900-1907) quelques-uns de ses chefs-d'œuvre, dont ses *Symphonies* de la *Quatrième* à la *Huitième* et ses *lieder* sur des poèmes de Rückert.

Carnet pratique

S'informer

Office de tourisme – A1 - *Neuer Platz 5 - Klagenfurt - ☎ 0463 2874630 - www.visitklagenfurt.at.*

Arriver/Partir

En avion – *klagenfurt-airport.at. - à 3 km au nord de Klagenfurt.* En bus: les nos 40 et 42 relient l'aéroport à la gare centrale de Klagenfurt. En train, S-Bahn 1 au départ de la gare d'Annabichl (à 5mn à pied du terminal).

En train – www.bahnhofshuttle.at/bhs. Liaisons depuis Graz (2h30) et Vienne (4h).

Se garer – Stationnement payant dans le centre *(30mn gratuit, puis par 30mn)* sur les grands axes *(voir plan p. 328 - 7 €/j)* et à la périphérie (P+ R).

Se déplacer

Transports en commun – *www.stw.at.* **60-Minuten-Karte** *(2,20 €/1,50 € enf.)*: nombre illimité de trajets dans Klagenfurt pdt 1h; **24-Stunden-Karte** *(5 €/1 j., enf. 3,20 €)*. Bureau de vente: Heiligengeistplatz 12 et bureaux de tabac. Dans le bus, tickets à l'unité vendus plus cher.

Agenda

Musikforum Viktring – *Juil. - musikforum.at.* Musique moderne et jazz.

Altstadtzauber – *Août - www.altstadtzauber.at.* Représentations d'artistes dans différents lieux. Marché aux puces.

Christkindlmarkt – *Mi-nov.-23 déc.* Marché de Noël sur Neuer Platz.

Nos adresses

PLAN P. 328

Restauration

Premier prix

1 **Gasthaus Großglockner Pumpe** – A2 - *Lidmanskygasse 2 - ☎ 0463 57196 - lun.-vend. 9h-21h, sam. 9h-14h - fermé dim. - formule déj. en sem. 7,50/12,90 €, plats 8,50/13 €.* Établissement typique des auberges de Carinthie.

4 **Landhaushof** – A1 - *Landhaushof 1 - ☎ 0463 502363 - 11h-0h (23h dim.) - formule déj. 10,30 €.* Cuisine traditionnelle aux accents modernes, servie dans un cadre historique.

Shopping

Marchés

Benediktinerplatz – Dans les halles *(6h30-16h, merc. jusqu'à 13h45)*, grand marché *(jeu. et sam. 6h30-13h)*, produits bio *(vend. 6h30-13h, côté Lidmanskygasse).*

Hébergement

Premier prix

Jugend- und Familiengästehaus Klagenfurt – HORS PLAN - *Neckheimgasse 6 - ☎ 0463 230019 - www.hiyou.at - P ♿ - 150 lits à 30,50 €/pers. ☕ et ch. double 79 €.* Auberge de jeunesse moderne située vers l'université et le lac de Wörth.

Budget moyen

Hotel Aragia – HORS PLAN - *Völkermarkterstr. 100 - ☎ 0463 31222 - www.aragia.at - ♿ - 40 ch. 110 € ☕.* Hôtel familial aux chambres fonctionnelles.

5 **Hotel Geyer** – A1 - *Priesterhausgasse 5 - ☎ 0463 57886 - www.hotelgeyer-klagenfurt.at - P - 25 ch. 115/138 € ☕.* Chambres bien tenues et spacieuses dans le centre-ville.

Lac de Wörth ★

Wörther See

Lieu de villégiature très apprécié en Autriche, le lac bleu turquoise de Wörth invite au calme, à la détente et à la baignade, avec une température de l'eau pouvant atteindre 26 °C en été, le tout dans un cadre magique délimité par le doux relief des Karawanken. Par ailleurs, les environs regorgent de curiosités à découvrir, comme la ravissante église de Maria Wörth ou Velden et sa promenade.

Se repérer

CARTE P. 324 (B2) ET CARTE DU LAC P. 332
Carinthie.
À 4 km à l'ouest de Klagenfurt.

À ne pas manquer

L'église de Maria Wörth, Velden.

En famille

Le Pyramidenkogel ; le parc animalier de Rosegg.

Carnet pratique p. 334

Nos adresses p. 334

Circuit conseillé

CARTE P. 332

Circuit de 76 km sur la rive sud du lac de Klagenfurt, tracé en vert sur la carte.
Le circuit n'emprunte pas la route très fréquentée de la « riviera autrichienne », mais se maintient au sud du lac (routes étroites). On appréciera alors surtout le panorama du Pyramidenkogel et la presqu'île de Maria Wörth.

★ Klagenfurt B2

Voir p. 326.
Gagnez la route du col de Loibl (91/E 652).

Château de Hollenburg (SCHLOSS HOLLENBURG) B2

Garez-vous près du pont couvert donnant accès au château.
La forteresse des 14e et 15e s. surveille la Rosental, nom que porte la vallée de la Drave dans cette contrée. Autant l'aspect extérieur est sobre et dépouillé, autant la **cour intérieure★**, avec ses arcades Renaissance et son escalier extérieur, porte une empreinte quasi méridionale. Magnifique **vue★** sur les Karawanken du haut du balcon.
Revenez sur vos pas par la rte 91 puis tournez à gauche vers Viktring.

Monastère de Viktring (STIFT VIKTRING) B2

Le monastère cistercien de Viktring, fondé par Bernhard von Sponheim en 1142, s'ordonne autour de deux vastes cours à galeries superposées. Il est sécularisé depuis 1786. L'**église** (Stiftskirche) a pour le visiteur français l'intérêt d'être étroitement inspirée de l'abbatiale de Fontenay en Bourgogne, modèle de plan cistercien. Entre 1380 et 1390, les hautes fenêtres éclairant le chœur reçurent leur parure de **vitraux**, en partie cachée par le maître-autel, du début du baroque (1622). Au 15e s., la chapelle St-Bernard, aux voûtes en réseau, vint prolonger le bras gauche du transept. Les belles **fresques des plafonds★** ont été réalisées vers 1460.
Poursuivez vers l'ouest.

★ Pyramidenkogel B2

✆ 04273 2443 - www.pyramidenkogel.info - juil.-août : 9h-21h ; juin : 9h-20h ; reste de l'année se rens. - dernière entrée 30mn av. fermeture - 15 € (16-17 ans 10 €, 6-15 ans 7,50 €).

Une **tour-belvédère (Aussichtsturm)** de 54 m couronne le sommet (850 m) de cette éminence, offrant un large **tour d'horizon★★** sur la grande dépression centrale de la Carinthie, la barrière des Karawanken, et dans le lointain, au sud-ouest, les Alpes juliennes (Slovénie et Italie) très découpées.

Au nord-est, la montagne à l'allure caractéristique de sphinx émergeant d'un moutonnement de collines est l'Ulrichsberg, l'une des montagnes sacrées de la Carinthie à l'époque celtique. Au premier plan, la presqu'île de Maria Wörth s'avance dans les eaux du lac.

Revenez sur la route principale direction Maria Wörth.

★ Maria Wörth B2

Les deux clochers de l'église de Maria Wörth, presqu'île au milieu du lac, et la tour ronde de l'ossuaire confèrent au paysage une impression de sérénité. La construction de l'**église paroissiale** gothique se déroula entre 1399 et 1540, des parties de l'édifice précédent ayant été conservées, tel le portail roman. Au maître-autel de 1685 trône une Vierge à l'Enfant de la fin du 15e s. L'impressionnant retable avec son crucifix du début du 16e s. et la chaire de 1761 complètent cette image. À gauche du chœur, un tableau (1469) représente une Vierge miraculeuse. Il s'agit d'une copie de la Madone honorée à Rome sous le nom de Maria del Popolo. Dans le chœur du premier sanctuaire, dit « **Winterkirche** », on découvre des **peintures murales romanes★** du milieu du 11e s., les plus anciennes de Carinthie. Elles ont des accents ottoniens et présentent le Christ dans une mandorle (on ne voit que le haut, un vitrail figurant la Vierge auréolée ayant été ajouté vers 1420) et les 12 apôtres.

Poursuivez sur la rive sud du lac.

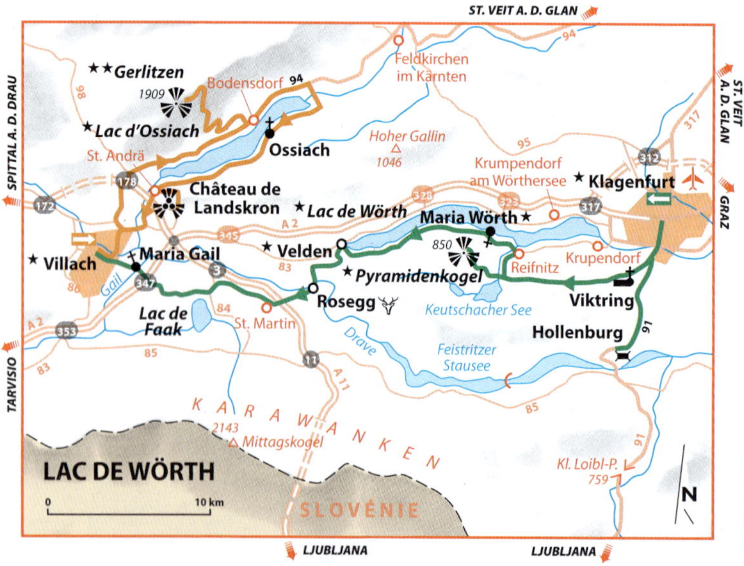

Velden au bord du lac de Wörth.
majorosl/Getty Images Plus

★ Velden B2

La station se trouve à l'extrémité ouest du lac de Wörth. Édifié au bord de l'eau entre 1590 et 1603 par Bartholomäus Khevenhüller, le **château** de couleur jaune, avec son portail d'honneur baroque surmonté d'obélisques et portant les armes de la célèbre famille, fut reconstruit, après un incendie en 1893, selon les plans d'origine. La promenade du lac et les somptueuses villas confèrent au village son caractère de villégiature mondaine.
Empruntez la route vers Rosegg (Roseggerstr.).

Parc animalier de Rosegg (TIERPARK ROSEGG) B2

04274 52357 - www.rosegg.at - de fin mars à déb. nov. : 9h-18h (17h dernière entrée) - 10 € (6-15 ans 6 €).
Situé près du village de Rosegg, ce parc animalier fut créé il y a près de 200 ans, au moment où l'on démolit le vieux château fort de Rosegg. On peut y observer, entre autres, loups, cerfs, daims, mouflons, bisons, grands ducs, aigles et faucons.
Juste à côté du parc, vous pourrez faire une pause dans le café situé à l'intérieur du **château de Rosegg** *(Schlosscafé - mai-sept. : merc.-dim. 12h-18h).*
Sortez de Rosegg par la Roseggerstr.

Église Maria Gail B2

Si le noyau de cette église est roman, elle fut remaniée dans le style gothique vers 1450. Sur ses murs intérieurs, on remarque encore des restes de fresques romanes tardives de la seconde moitié du 13e s. Le somptueux **retable★★** de style gothique tardif du couronnement de la Vierge, est une œuvre du début du 16e s. de l'atelier de sculpture de Villach.
La route offre une vue d'ensemble sur la jolie nappe du **lac de Faak** et la silhouette, très détachée, du **Mittagskogel** (2143 m). Le circuit mène ensuite au fond de la gouttière où s'étale la Drave (retenue du barrage de Rosegg).

★ Villach B2

Voir p. 335.

Carnet pratique

S'informer

Office de tourisme – *Villacher Str. 19 - Velden - ✆ 04274 2103 - www.woerthersee.com.*

Pass touristique

Wörthersee Plus Card – *www.woerthersee.com - avr.-oct.* Gratuité dans certains monuments, visites à thème, réductions sur les activités, les transports, etc.

Arriver/Partir

En train – La plupart des localités sont rapidement desservies par la ligne de S-Bahn 1 Klagenfurt-Krumpendorf-Velden-Villach.

Nos adresses

Restauration

À Maria Wörth

Budget moyen

Linde – *Lindenplatz 3 - ✆ 04273 2278 - www.hotellinde.at - 12h-22h - fermé oct.-avr. - plats 23/34 €, couvert 3,90 €/pers.* Restaurant classique et cuisine internationale. De la terrasse, on profite d'une très belle vue sur le lac. Espace lounge.

À Velden

Une folie

Caramé – *Am Corso 10 - ✆ 04274 3000 - www.restaurant-carame.at - tlj sf lun. 18h-22h - plats 48/53 €, menu 7 plats 185 €.* Ce restaurant gastronomique situé en face du casino propose une cuisine classique avec une influence méditerranéenne.

Activités

Wörthersee Schifffahrt – *✆ 0463 21155 - www.woertherseeschifffahrt.at - avr.-oct. - 18 €/j (enf. 8 €).* Promenade en bateau et traversée du lac, embarquement dans plusieurs villes.

Wörthersee Rundwanderweg – *Carte dans les offices de tourisme.* Circuit de randonnée de 55 km autour du lac (divisé en quatre parties), région boisée avec de superbes vues.

Il est possible de faire le **tour du lac** *(41,3 km - niveau moyen)* au départ de Velden, mais sur la rive sud, il n'y a pas de piste en continu. Mieux vaut profiter de la rive nord et vous arrêter à Klagenfurt *(24 km).*

Uran BikeShop – *Villacher Str. 10 - Velden - ✆ 066 43839502 - uran-bikeshop.at - été : tlj 9h-19h ; hiver : lun.-vend. 9h-12h.* Location de vélos électriques et classiques.

Hébergement

À Velden

Pour se faire plaisir

Lovely In – *Rosentaler Str. 50 - ✆ 04274 2574 - 12 ch. 116/195 €* ☕. Petit hôtel familial très accueillant, chambres charmantes et confortables.

À Krumpendorf am Wörthersee (rive nord)

Une folie

Hotel Strandhotel Habich – *Walterskirchenweg 10 - ✆ 04229 2607 - www.strandhotelhabich.at - P - 37 ch. 180/220, € 1/2 P 14 €.* Ce bel hôtel donne directement sur le lac et dispose de sa propre plage privée.

Villach ★

Souvent qualifiée de capitale secrète de la Carinthie, la deuxième ville du Land est le centre économique et culturel de la région. Le territoire alentour, englobant les lacs de Faak et d'Ossiach, offre de multiples possibilités de loisirs. Sans oublier le Warmbad, avec ses sources et ses thermes, qui justifie la réputation de ville d'eaux de Villach.

Se repérer

CARTE P. 324 (B2)
64100 habitants – Carinthie.
À 41 km à l'ouest de Klagenfurt.
Près de la frontière sud avec l'Italie.

À ne pas manquer

La montée à la Gerlitzen.

Organiser son temps

En une journée, on peut visiter la ville et faire le tour du lac d'Ossiach.

En famille

Une baignade dans le lac d'Ossiach ; la démonstration de vol d'oiseaux au château de Landskron.

Carnet pratique p. 338

Nos adresses p. 338

Se promener

★ La vieille ville (ALTSTADT)

Délimitée par la Drave au nord et à l'est, elle est coupée par la **Hauptplatz**, rue-place du 12e s. entourée de maisons des 14e, 15e et 16e s. Parmi elles figure le Paracelsushof *(au n° 18)*, maison paternelle du grand médecin **Paracelse** qui y passa sa jeunesse. Avec son bel oriel Renaissance, l'ancienne maison des Khevenhüller, qu'occupe aujourd'hui l'*Hotel Post*, vaut également le détour ; Charles Quint y séjourna sept semaines en 1552. Les superbes cours à arcades méritent une attention particulière. On en trouve de beaux exemples dans la **Widmannsgasse**.
Après avoir découvert la Hauptplatz et les petites ruelles qui la traversent, on arrive sur la place de l'église paroissiale St. Jakob, avec son clocher impressionnant.

Église St-Jacques (STADTPFARRKIRCHE ST. JAKOB)

Cette église à trois vaisseaux présente une complexe et magnifique voûte intérieure réticulée et étoilée. Outre le maître-autel avec ses sculptures remarquables et son baldaquin, on peut également apprécier la chaire de pierre qui date de 1555. Nombreux **tombeaux★** du 15e au 18e s. le long du mur sud de l'église, à l'intérieur et à l'extérieur. L'été, il est possible de monter en haut du clocher et de jouir ainsi d'un beau panorama.
Tournez à droite sur la Widmanngasse.

★ Musée municipal (MUSEUM DER STADT VILLACH)

Widmanngasse 38 - ✆ 04242 2053500 - www.villach.at/museum - mai-oct. : tlj sf lun. 10h-16h30 - 5 € (-19 ans gratuit).
Avec sa cour à arcades, le bâtiment du musée constitue un joli cadre pour les collections d'histoire locale. Le pavage irrégulier que l'on voit dans le hall d'entrée est le dernier exemple de ce type visible à Villach. Les deux tableaux gothiques du maître **Thomas von Villach** représentent Domitien, duc de Carinthie, et l'apôtre

Une ville-carrefour

Nœud ferroviaire à la croisée des lignes Vienne-Venise et Salzbourg-Belgrade, sa situation favorable au bord de la Drave séduisit déjà les Celtes et les Romains. On trouve des vestiges de la période de Hallstatt *(voir encadré p. 258)* et de l'époque romaine à Villach et dans ses environs. Un pont dit de « Uillah », d'où le nom de la ville, est mentionné au 9e s. En 1007, l'empereur Henri II offre Villach à l'évêché bavarois de Bamberg, auquel elle reste liée jusqu'à ce que Marie-Thérèse rachète la ville en 1759. Entre 1809 et 1813, elle est le chef-lieu d'une province napoléonienne (Illyrie).

Matthieu. Vraisemblablement réalisés vers 1500, ils témoignent du coup de pinceau particulièrement fin de ce grand peintre. Remarquez la pierre tombale de Christoph Khevenhüller, mort en 1557, et les grands coffres en fer datant du 16e au 19e s., qui servaient à protéger les objets de valeur contre le feu.
Revenez sur la Hauptplatz. Suivez la 10-Oktober-Straße, puis à gauche dans la Peraustraße.

À proximité

CARTE P. 324

★ Route des Alpes de Villach (VILLACHER ALPENSTRASSE) A2

À 16,5 km, de Villach-Möltschach à la crête du Dobratsch.
04242 55309 - www.villacher-alpenstrasse.at - péage d'avr. à nov. : 19,50 €/ voiture (13 €/moto).
Cette route de montagne traverse les flancs boisés, puis longe le rebord escarpé de la crête du **Dobratsch**. De nombreux belvédères sont aménagés au-dessus de la profonde vallée de la Gail, en vue des crêtes très découpées des Alpes juliennes, au sud. Du parking P4, belle vue sur la « Schütt », véritable chaos rocheux résultant d'un glissement de terrain survenu en 1348.
★ **Jardin des Alpes (Alpengarten)** – *Accès par le parking - 0664 9142953 - www.alpengarten-villach.at - juin-août : 9h-18h - 3 € (6-16 ans 1 €).* Installé à 1500 m d'altitude, ce **jardin** unique est consacré à la flore des Alpes du Sud : environ 900 espèces réparties sur 10 000 m² avec des panneaux explicatifs.

Circuit conseillé

CARTE P. 332

★ Autour du lac d'Ossiach

Circuit de 66 km autour du lac d'Ossiach, tracé en orange sur la carte.
Légèrement à l'écart du bassin de Villach, le **lac d'Ossiach★** est enserré entre les versants boisés de la Gerlitzen, de l'Hexenberg et des Tauern d'Ossiach. Long de 11 km, large de 1,5 km et profond de 46 m, il est le troisième de Carinthie par ses dimensions. Ses rives agréables invitent à la baignade dans une eau parfois très tempérée en été (jusqu'à 26 °C). Des bateaux relient ses localités *(voir p. 338)*.

★★ Gerlitzen

Au nord de Villach, la Gerlitzen (1909 m) plonge ses contreforts dans les eaux du lac d'Ossiach. En hiver, ce massif, pourvu d'un riche équipement hôtelier, est fréquenté par de nombreux skieurs.
Circuit panoramique de la Gerlitzen (Gerlitzen-Kanzelbahn-Touristik) – De Bodensdorf, sur la rive nord du lac d'Ossiach, on gagne Tschöran où débute la

petite route de la Gerlitzen *(12 km, péage)*. Après avoir serpenté dans les bois et les alpages, la route s'achève devant un grand hôtel, à 1764 m d'altitude.
Télésiège (Klösterlebahn) – *✆ 04248 2722 - www.gerlitzen.com - de déc. à déb.-avr. : 9h-16h - fermé en été.* Le **panorama★★** embrasse, au sud, les trois lacs d'Ossiach, Wörth et Faak, et, au-delà de la gouttière de la Drave, la longue barrière des Karawanken. Au nord s'allongent les massifs de la région des Nock, tandis qu'au nord-ouest scintillent les petits glaciers du Hochalm et de l'Ankogel (chaîne des Hohe Tauern).
Revenez vers le lac. La route se poursuit vers l'est jusqu'à Steindorf. Quittez la route nationale à cet endroit et obliquez vers la route qui longe la rive sud du lac.

Ossiach

Le monastère bénédictin d'Ossiach, fondé au 11e s., connut aux 16e et 17e s. des périodes fastes. Sécularisé en 1783 par décision de Joseph II, l'édifice devint alors tour à tour haras, camp militaire et maison de repos et le cloître fut démoli en 1816. Propriété de l'administration autrichienne des Eaux et Forêts depuis 1946, les bâtiments du monastère purent enfin être restaurés ; un hôtel y est aujourd'hui installé. Ossiach est aussi réputé pour son festival musical « Carinthischer Sommer ».
★ **Église** – La massive tour quadrilatérale est tout ce qui reste de l'église romane qui fut ensuite modifiée par la « baroquisation » intervenue entre 1741 et 1749. Le décor de stucs est dû à un maître de Wessobrunn, en Bavière. Le plafond est une œuvre de **Joseph Ferdinand Fromiller**, le peintre baroque le plus célèbre de Carinthie, qui a également décoré le Landhaus de Klagenfurt *(voir p. 327)*. L'ancien baptistère gothique, à gauche de l'entrée, conserve un précieux **retable sculpté★**, du début du 16e s., attribué à un atelier de St. Veit.
En achevant le tour du lac d'Ossiach, on verra réapparaître, à gauche, les ruines du château de Landskron, devant les crêtes lointaines des Alpes de Villach.

Ruines du château de Landskron (BURGRUINE LANDSKRON)

À 5 km au nord-est. Empruntez à partir de St. Andrä un chemin en forte rampe. ✆ 04242 41563 - www.burg-landskron.at.
Ce château fut au Moyen Âge l'un des points d'appui des Habsbourg en Carinthie. Passé au milieu du 16e s. entre les mains de **Bartholomäus Khevenhüller**, châtelain de Velden, il devint l'objet d'interminables procédures d'expropriation pendant la guerre de Trente Ans – les Khevenhüller étant passés à la Réforme – et cessa d'être entretenu à partir du 17e s. Aujourd'hui, un **café-restaurant** *(mai-sept.)* et une volière d'aigles occupent les ruines. De la terrasse, **vue★** sur le bassin de Villach, les Karawanken et le lac d'Ossiach.
★ **Démonstrations de vol d'oiseaux de proie (Greifvogelschau)** – 👪 - *✆ 04242 42888 - adlerarena.com - mai-juin et sept.-oct. : 10h30-16h (18h dim.), vols à 11h, 13h et 15h ; juil.-août : 10h30-18h, vols à 11h, 13h, 15h et 17h - centre + vol : 14 € (6-14 ans 7 €).* Les fauconniers du centre de préservation ornithologique du château procèdent à des démonstrations de vol (40mn) de toutes sortes d'oiseaux de proie (milans, faucons, aigles).
Longez le Seebach et regagnez Villach.

Carnet pratique

S'informer

Office de tourisme – *Bahnhofstr. 3 - Villach - ✆ 04242 2052900 - www.visitvillach.at.*

Arriver/partir

En train – Accessible de Klagenfurt par le S-Bahn 1.

Se déplacer

Ossiacher See Schifffahrt – *✆ 0699 15 077 077 - ossiacherseeschifffahrt.at - juil.-août : 7 croisières/j - à partir de 5 €, forfait journée 17,50 € (enf. 8,80 €).* Cette compagnie de navigation dessert les 9 embarcadères du lac d'Ossiach (Landskron, Bodensdorf, Ossiach...).

Agenda

Villacher Fasching – *Janv.-fév. - www.villacher-fasching.at.* Carnaval avec soirées et défilés.

Carinthischer Sommer – *À Villach et Ossiach - juil.-août - www.carinthischersommer.at.* Festival de musique classique et jazz.

Villacher Kirchtag – *Fin juil.-déb. août - www.villacherkirchtag.at.* Une semaine autour du folklore carinthien : danse, musique, défilé en costume, gastronomie.

Nos adresses

Restauration

Budget moyen

Charles – *Hauptplatz 26 - ✆ 04242 26101 - www.palais26.at - 11h30-15h, 17h30-21h - plats 14/38 € - 64 ch. 99/144 €.* Dans le vieux centre, cet ancien palais a été aménagé en hôtel de charme. Belle vue de la terrasse sur le toit. Agréable restaurant servant une cuisine internationale.

Activités

Pour profiter du **complexe thermal de Villach**, alliant loisirs et bien être (piscine, toboggans, sauna, soins du corps), il faut réserver en ligne www.kaerntentherme.com.

Lac d'Ossiach

Surf & Segelschule Rainer – *Seeuferstr. 107 - Annenheim - ✆ 0650 331 8000 - surf-segelschule.at - location 10/12 € de l'h (5/6 € l'h suivante).* Envie de voguer sur le lac ? Deux options : kayak ou paddle, à vous de choisir.

Randonnée – Sur le pourtour du lac, le plus spectaculaire de tous les parcours de randonnée est l'**Ossiacher See Trail** qui s'adresse aux marcheurs aguerris : 36 km au départ du camping d'Annenheim. Comptez 2 jours. Itinéraire complet sur visitvillach.at.

Hébergement

Pour se faire plaisir

Hotel Kramer – *Italiener Str. 14 - ✆ 04242 24953 - www.hotel-kramer.com - 41 ch. 142 €.* Chambres bien aménagées, dans un hôtel de qualité. Espace bien-être et bar.

Lac d'Ossiach

Pour se faire plaisir

Hotel Gasthof zur Post – *Ossiach - ✆ 04243 2004 - hotel-gasthof-post.at - 54 ch. 120/190 € - plats 14,50/20 €.* Un établissement familial et convivial à deux pas du lac. Chambres simples bien tenues. La carte du restaurant affiche des spécialités régionales, mais aussi des pizzas.

Spittal an der Drau

Lieu de passage très fréquenté vers l'Italie, Spittal an der Drau représente une étape agréable, proche des sommets et des châteaux forts. Les amoureux d'histoire et de culture seront enchantés par son style méridional. Le lac de Millstatt voisin, dans lequel se reflètent les contreforts des Tauern, est plein de charme. Son village, rive nord, est un lieu de villégiature recherché, sa rive sud un petit bout de nature particulièrement paisible et harmonieux.

Cour Renaissance du château Porcia.
M. Siepmann/imageBROKER/age fotostock

Se repérer

CARTE P. 324 (A2)

15155 habitants – Carinthie.
À 75 km au nord-ouest de Klagenfurt et 42 km de Villach.
La ville s'étend dans un bassin au confluent de la Lieser et de la Drave.

À ne pas manquer

Le monastère de Millstatt.

Organiser son temps

Comptez un à deux jours.

En famille

Le musée des arts et traditions populaires ; une baignade dans le lac de Millstatt.

Carnet pratique p. 342

Nos adresses p. 342

Les princes de Porcia

Cette famille noble, originaire de Pordenone dans la région du Frioul, située dans le nord-est de l'Italie, avait plusieurs propriétés en Carinthie. Les princes de Porcia achetèrent le château de Spittal an der Drau en 1662 et y résidèrent durant plus de 250 ans. Ils gouvernèrent la région jusqu'en 1918, date de la chute de l'Empire austro-hongrois.

Se promener

★ Château Porcia (SCHLOSS PORCIA)

Accès à quelques mètres de l'office de tourisme - Burgplatz 1 - ✆ 4762 5650220 - www.schloss-porcia.at - entrée libre.

En été, en raison des représentations théâtrales, le château n'est pas accessible ; seul le musée est ouvert.

Commencée en 1527, cette construction cubique cantonnée de tours d'angle est l'un des rares spécimens de palais italiens en Autriche. Le château fut élevé par **Gabriel Salamanca**, excellent financier qui occupa la charge de trésorier général de l'archiduc Ferdinand jusqu'en 1526. De 1662 à 1918 y résidèrent les princes de Porcia. Le parc et la cour à arcades sont libres d'accès.

★ **Cour à arcades (Arkadenhof)** – Ses trois niveaux de galeries à l'italienne présentent des formes caractéristiques du style Renaissance, avec des médaillons, des balustrades, des encadrements de porte, etc. Sur la façade sud, on admire les armoiries des Porcia, six lys dorés sur fond bleu. Remarquez les **grilles★** en fer forgé (16e s.) qui séparent les escaliers des galeries, à l'étage.

★★ **Musée des Arts et Traditions populaires (Museum für Volkskultur)** – - *✆ 04762 2890 - www.museum-spittal.com - ♿ - avr.-oct. : tlj 9h-18h (dernière entrée 17h) ; nov.-mars : lun.-jeu. 13h-16h - 8 € (enf. 4 €).* Ce musée est installé dans les étages du château. La culture de la Haute-Carinthie y est présentée dans toute sa richesse selon différents thèmes, qui vont des croyances et coutumes populaires aux travaux des tonneliers et des potiers, en passant par l'exploitation de l'or, du grenat et de l'arsenic. La salle d'école du début du 20e s., de même que l'épicerie et les maisons paysannes reconstituées lui confèrent un charme nostalgique.

À proximité

CARTE P. 324

★ Monastère de Millstatt (STIFT MILLSTATT) A2

À 10 km au nord-est de Spittal an der Drau, rive nord du lac.

Kaiser-Franz-Josef-Str. 49 - ✆ 04766 3700338 - www.millstaettersee.com.

La localité de Millstatt se trouve sur la rive nord du lac du même nom. Les contreforts des Tauern se reflètent sur le plan d'eau, mesurant 12 km de long et plus de 1 km de large. Le monastère, bénédictin, fut le siège des chevaliers de St-Georges (1469-1598) et passa ensuite aux mains des Jésuites.

★ **Cour** – L'énorme tilleul, presque millénaire, et les deux étages de galeries à arcades à l'italienne de la cour composent un tableau coloré. L'élégance de cette architecture (16e s.) témoigne de la richesse de l'ordre de St-Georges, fondé par l'empereur Frédéric III pour participer à la défense de la chrétienté contre les Turcs. Ces derniers pénétrèrent toutefois sans difficulté en Carinthie, entre 1473 et 1483, et parvinrent à mettre le feu au monastère en 1478.

Vue sur Millstatt et le Millstätter See.
Westend 61/hemis.fr

★ **Cloître** – *Entrée sur le côté est de la cour. En été, visite du cloître uniquement dans le cadre de la visite du musée du Monastère, accès libre le reste de l'année.* Édifié au début du 12e s., il a gardé ses arcatures romanes à colonnettes de marbre dont les **chapiteaux carrés★** sont décorés d'animaux ou de plantes. La galerie est, la plus ajourée, montre le motif de la naine et du lion supportant chacun une colonnette.
Musée du Monastère (Stiftsmuseum) – *Stiftsgasse 1 - ✆ 0660 4970030 - www.stiftsmuseum.at. - mai-sept. : tlj sf lun. 10h-16h - 5,90 € (enf. 2,90 €).* Il donne un bon aperçu de l'histoire et de l'art religieux et laïc du monastère.
Revenez à la cour du monastère pour monter à l'abbatiale.
Abbatiale (Stiftskirche) – Le porche abrite un magnifique **portail roman★★** en marbre. Les motifs décoratifs des voussures sont très délicats. Aux extrémités des colonnettes, des masques et des animaux symbolisent la lutte du bien et du mal. À l'intérieur, la voûte réticulée avec ses clés décorées de blasons est l'œuvre des chevaliers de St-Georges. On doit le mobilier baroque aux Jésuites. Le **maître-autel★** fut réalisé en 1648. Il repose sur deux séries de colonnes dorées entourées de pampres entre lesquelles on aperçoit, à gauche, la statue de saint Domitien et, à droite, une statue du margrave Léopold III. Chaire rococo dorée réalisée en 1773. Le noir et l'or sont les couleurs dominantes de l'autel de saint Ignace, dans le bas-côté gauche, et de l'autel de saint François Xavier, dans le bas-côté droit. **Fresque** du Jugement dernier (1515) sur le mur sud (à droite de l'autel de saint Georges dans la chapelle orientée de droite). Sur le deuxième pilier du côté droit de la nef principale, on remarque des peintures de 1430.

Lac de Millstatt (MILLSTÄTTER SEE) A2

Le deuxième lac de Carinthie par sa superficie se prête à merveille aux plaisirs de la baignade et aux joies du vélo : il est doté d'une eau limpide qui frise les 27 °C en été, de onze plages (sur la rive nord pour la plupart) et de nombreux itinéraires cyclables. Le plus gratifiant est le **Millstätter See Radweg** (*28 km - comptez 3h*). Cette piste fait le tour du lac au départ de Seeboden, en ménageant au passage de jolies vues sur les villas bâties par les premiers Sommerfrischler, ces estivants fortunés venus de Vienne à la fin du 19e s. Le petit plus ? Grâce aux bateaux qui font la navette entre les deux berges *(voir « Activités » ci-contre)*, les cyclistes fatigués peuvent aisément raccourcir le trajet. Embarcadères à Seeboden, Millstatt, Großegg, Döbriach...

Sur le pourtour du lac, les adeptes de la randonnée douce trouveront plusieurs « slow trails » de 10 km maximum n'excédant pas les 300 m de dénivelée. Les sentiers les plus romantiques sont celui du Mirnock *(3 km - 1h)* et celui de la rive sud *(5 km - 1h30)*, jalonné de hamacs en bois pour la sieste.

Carnet pratique

S'informer

Office de tourisme – *Kaiser-Franz-Josef Str. 49 - Millstatt am See - ✆ 04766 37000 - www.millstaettersee.com.*

Arriver/Partir

En train – La gare de Spittal-Millstättersee est desservie chaque jour par de très nombreux trains (S-Bahn 1, EuroCity...). Spittal an der Drau se trouve à 1h15 de Klagenfurt.

Agenda

Chorwettbewerb – *Déb. juil. - www.chorbewerb-spittal.at.* Chorales du monde entier.

Komödienspiele Porcia – *Juin-août - ✆ 04762 42020 - www.ensemble-porcia.at.* Comédies classiques jouées dans la cour du château.

Nos adresses

Restauration

À Millstatt

Budget moyen

Lindenhof Wirtshaus & Biergarten – *Stiftgasse 2 - ✆ 04766 233 22 - www.lindenhof-millstatt.at - 1h-23h (cuisine 12h-21h) - fermé lun.-mar. - plats 15/24 €.* Dans le centre-ville, cet ancien palais rénové dans un esprit contemporain en impose. La salle aux belles boiseries se double d'une agréable terrasse. La cuisine de brasserie est tout aussi soignée. Les travers de porc ou filets de truite grillée sont issus des meilleurs artisans locaux, tout comme les fromages et, bien sûr, la bière et les vins.

À Radenthein

Budget moyen

Restaurant-Hotel Metzgerwirt – *Hauptstr. 22 - 14 km à l'est de Millstatt - ✆ 04626 2052 - www.metzgerwirt.co.at - 11h-22h - menu déj. 12 €, plats 14/30 € - 15 ch. 94/115 €.* Emanuel Stadler – Mani pour les intimes – réinterprète en les allégeant les classiques de la gastronomie carinthienne. Asperges du Lavantal, pain de la ferme d'à côté, poissons du lac voisin : tout est en circuit court. Sa spécialité ? Les jambons affinés selon les recettes de son grand-père. À déguster en terrasse (bien agréable aux beaux jours) ou sur les banquettes de la Gaststube, de 1909. Chambres simples bien tenues.

Activités

À Millstatt

Millstättersee Schifffahrt – *Alexanderhofstr. 227 - ✆ 0664 184 1550 - www.millstaettersee-schifffahrt.at - mai-oct. : 10h-18h.* Mini-croisières sur le lac *(à partir de 3 €, suppl. vélo 3,50 €)*. Tour complet du lac en 2h30 (Große Seerundfahrt – *16,50 €, -15 ans 8,50 €*). Huit embarcadères (dont 3 sur la rive sud).

Mountainbike Station – *Kaiser-Franz-Josef Str. 59 - ✆ 0650 3563181 - www.mountainbike-station.at - lun.-vend. 10h-18h, sam. 10h-13h - fermé dim.* Location de vélos *(à partir de 12 €)*. Visites guidées et randonnées à vélo l'été.

Strandbad Millstatt – *Kaiser-Franz-Josef Str. 334 - ✆ 04766 2636 - www.badehaus-millstaettersee.at - en sais. 10h-21h - 29 € (20 € de 18h à 21h, -17 ans 17 €)*. Près de 7 500 m² de plage naturelle, avec pontons sur la mer, plongeoir, etc.

Wassersport Strobl – *Seemühlgasse 56a - ✆ 04766 2263 - www.pensionstrobl.at - à partir de 12 € l'h, 30 € pour 3h, 45 €/j.* Location de bateau (canoë, kayak, paddle...).

Hébergement

À Spittal an der Drau

Budget moyen

Haus Hübner – *Schillerstr. 20 - ✆ 04762 2112 - www.millstaettersee.com - 10 ch. et 5 appart. à partir de 76 € ☕.* Hôtel calme dans le centre-ville, près du parc.

À Millstatt

Premier prix

Haus Singer – *Grantsch 17 - ✆ 04766 3256 - www.haus-singer.at - 2 ch. et 2 appart. à partir de 60 € ☕.* Chambres d'hôte et appartements de 2 à 8 personnes.

Budget moyen

Hotel Alexanderhof – *Alexanderhofstr. 16 - ✆ 04766 2020 - www.alexanderhof.at - dîner (18h-20h) - fermé de mi-oct. à fin avr. - 60 ch. et 10 appart. 213/221 € ☕ - 1/2 P possible.* Cet hôtel de vacances, qui était autrefois une ferme, est très bien situé. Restaurant de style à la fois rural et moderne, servant le soir des plats régionaux où le poisson pêché dans le lac côtoie le gibier chassé localement. Les chambres confortables bénéficient pour la plupart d'une jolie vue sur le lac.

Une folie

Seeglück - Hotel Die Forelle – *Fischergasse 65 - ✆ 04766 20500 - www.hotel-forelle.at - menu soir 70 € - fermé de nov. à fin mars - 59 ch. et 5 suites 198/318 € ☕.* Situé au bord du lac, cet hôtel se distingue par ses chambres de diverses catégories, décorées avec goût. Plage privée, espace bien-être. Vous pourrez dîner sur la délicieuse terrasse. Le menu 5 plats allie gastronomie et saveurs régionales. Le poisson est pêché dans le lac et les autres produits proviennent d'un rayon de moins de 100 km.

À Seeboden

Une folie

Kollers Hotel am See – *Seepromenade 2-4 - 5 km au nord-est de Villach par la 98 - ✆ 04762 82000 - www.kollers.at - fermé de mi-mars à déb. avr. et de nov. à mi-déc. - 57 ch. et 5 suites 346/358 € - 1/2 P possible.* Idéalement situé au bord du lac, cet hôtel abrite des chambres confortables, la plupart avec balcon donnant sur les montagnes ou le lac. Charmant jardin avec accès direct au lac de Millstatt.

Vallée de Malta ★★

Maltatal

Desservie par une route longue de 30 km, cette magnifique vallée qui se déploie du village de Gmünd jusqu'aux abords du Parc national des Hohe Tauern, séduit par la variété de ses paysages. Toute la zone autour du barrage de Kölnbrein, construit à 1933 mètres d'altitude, est classée zone naturelle protégée et constitue une excellente base de randonnées en moyenne et haute montagne.

Se repérer

CARTE P. 324 (A1)
Carinthie.
La vallée de Malta commence à Gmünd, à 80 km à l'est de Lienz.

À ne pas manquer

La Malta-Hochalmstraße.

Organiser son temps

Ce circuit peut être couplé avec la route des Tauern de Radstadt.

En famille

Le musée Porsche; le barrage de Kölnbrein.

Nos adresses p. 346

Circuit conseillé

CARTE P. 324

★★ Vallée de Malta (MALTATAL)

Malta 13 - Malta - 04733 22015 - www.maltatal.com.
Circuit de 30 km, de Gmünd au barrage de Kölnbrein, tracé en vert clair sur la carte.

Gmünd A1

La ville défendait autrefois, pour le compte des archevêques de Salzbourg, l'antique route stratégique et commerciale de Nuremberg à Venise. Des remparts, toujours dans leur état d'origine, entourent la ville, qui a gardé son cachet médiéval. Aussi apprécie-t-on de flâner dans les ruelles de Gmünd, devenue une ville d'artistes où se sont multipliés ateliers et galeries.

Château (Alte Burg) – L'imposant château fort, élevé du 15e au 17e s., fut en partie détruit par un tremblement de terre en 1690 et un incendie en 1886. Il n'en resta plus que des ruines que l'on entreprit de convertir peu à peu en centre culturel et artistique. Un restaurant y a trouvé place et le **donjon**, du haut duquel on jouit d'une vue étendue, a été rendu accessible.

★ **Remparts (Stadtmauer)** – L'enceinte fortifiée, en partie crénelée, date du 15e s. et du début du 16e s. Deux portes permettent de pénétrer dans la ville: la **porte du Bas** présente un très beau pignon échancré et un clocheton avec un dôme à bulbe du 18e s. La **porte du Haut** est double. On peut aussi admirer ici le **pilori** qui date du Moyen Âge.

Grand-place (Hauptplatz) – Fermée par les deux portes de la ville, elle est entourée de belles maisons bourgeoises. L'imposant château neuf, près de la porte du Haut, fut édifié entre 1651 et 1654, sous Christoph Lodron. Cet édifice à ailes s'ouvre sur un charmant jardin, le parc Porsche, dont l'entrée est flanquée de deux lions, venant des jardins Mirabell à Salzbourg.

Barrage de Kölnbrein.
majorosl/Getty Images Plus

Dans l'**Hintere Gasse**, ruelle parallèle à la grand-place, la brasserie et l'ancien bureau où les paysans déposaient la dîme sur les céréales valent un détour.
Notre-Dame de l'Assomption (Maria Himmelfahrt) – Dans cette église de style gothique tardif dont le chœur date de 1399, remarquez les statues des apôtres, grandeur nature, qui encadrent le beau maître-autel de style baroque tardif. La chaire, tout comme les autels latéraux, est de style rococo.
Musée Porsche d'Helmut Pfeifhofer (Porsche Automuseum Helmut Pfeifhofer) – *Riesertratte 4a - ✆ 04732 2471 - www.auto-museum.at - de mi-mai à mi-oct. : 9h-18h ; de mi-oct. à mi-mai : 10h-16h - 11 € (6-14 ans 5 €).* Ce musée privé rappelle que l'ingénieur **Ferdinand Porsche** (1875-1951) se retira en 1944 à Gmünd, où son atelier et le siège de la célèbre firme demeurèrent jusqu'en 1950. La première voiture portant le nom de « Porsche » – la légendaire 356 – vit le jour à Gmünd. Ici sont exposés 26 véhicules, prototypes d'engins militaires et de voitures de sport, et des bâtis en bois à l'échelle 1/1000 ayant servi de modèles aux premières carrosseries, ainsi que plus de 400 miniatures d'automobiles.

Malta A1

Un havre de paix à 840 m d'altitude ! L'**église N.-D.-du-Bon-Secours (Mariahilf)** abrite des fresques des 14e -15e s. et un décor baroque des plus harmonieux. Le maître-autel et la chaire ont été réalisés en 1730.

★★ Route des alpages de Malta (MALTA-HOCHALMSTRASSE) A1

En amont de Malta, il faut acquitter un péage (de mi-mai à fin oct. - 22 €) pour parcourir les 18 derniers kilomètres de la route conduisant au barrage.
Vous trouverez des informations sur les chutes d'eau et les tunnels dans une brochure disponible au péage.
On emprunte successivement neuf ponts et sept tunnels, dont l'un, en épingle à cheveux, est spectaculaire *(deux passages plus étroits sont en circulation alternée)*. La montée doit son attrait à l'importance de la végétation (épicéas, mélèzes, aulnes, bouleaux) et aux cascades dévalant des sommets voisins.

★ Barrage de Kölnbrein (KÖLNBREINSPERRE) A1

Il marque le terminus de la route, à 1902 m d'altitude. Cet ouvrage est le plus important d'Autriche, avec ses 200 m de haut, une épaisseur de 41 m à la base et une largeur totale de 626 m. Si vous n'êtes pas sujet au vertige, hasardez-vous sur l'**Airwalk** : ce belvédère offre une vue à couper le souffle sur le paysage des Hohe Tauern et sur la muraille du barrage (2 millions de m³ de béton, un volume presque équivalent à celui de la pyramide de Khéops !).

Le lac-réservoir couvre 225 ha et représente 200 millions de m³. On admirera la légèreté et la fluidité des formes paraboliques de ce colosse de béton. La tour panoramique sur la droite du lac abrite un **centre d'information** : films sur le Parc national des Hohe Tauern et exposition bien documentée *(gratuite)* sur l'histoire du barrage. La **salle du trésor des Tauern★ (Tauernschatzkammer)** renferme de beaux cristaux de roche ainsi que d'autres minéraux de la région.

Longez le lac pour découvrir son **environnement★★** de haute montagne.

Nos adresses

Restauration/Hébergement

À Malta

Premier prix

Gasthof Hochalmspitze – *Malta 57 - ☎ 04733 211 - 15 ch. 80 € ☕ - 1/2 P 20 €/pers.* Hôtel familial accueillant avec très belle vue. Chambres calmes. Spécialités autrichiennes.

Budget moyen

Hotel Malteinerhof – *Malta 39 - ☎ 04733 206 - www.malteinerhof.at - fermé de nov. à déb. déc. - dîner (18h-20h) - 22 ch. 119/133 € ☕ - 1/2 P 16 €/pers.* Chambres calmes. Espace bien-être, activités pour les enfants. Au restaurant, nombreux plats et spécialités, dont le gibier.

Berghotel Malta – *Brandstatt 36 - Kölnbreinsperre - ☎ 050313 39130 - www.berghotelmalta.at - 11h30-15h, 18h-20h - plats 11/17 € - fermé de fin oct. à déb. mai - 31 ch. 145 € ☕.* Cet hôtel moderne à 1900 m d'altitude abrite des chambres confortables. Superbe vue sur le lac. Carte courte mais variée pour satisfaire tous les goûts et appétits.

Activités

À Gmünd

Cette ville d'artistes accueille plusieurs galeries et ateliers.

Galerie Gmünd – *Hintere Gasse 36 - ☎ 04732 221524 - www.kuenstlerstadt-gmuend.at - pdt les expositions 10h-13h, 14h-18h.* Présentation de créations de jeunes artistes autrichiens.

Galerie Miklautz – *Hintere Gasse 32 - ☎ 0664 5034365 - www.miklautz.at - pdt les expositions 10h-13h, 15h-18h.* Antiquités et œuvres d'art des trois derniers siècles. Expositions.

Friesach ★

Châteaux en ruine, églises anciennes et remparts donnent un attrait particulier à la plus ancienne cité de Carinthie. Cette concentration d'édifices historiques s'explique par l'intérêt stratégique de la ville: Friesach surveillait la trouée qui, entre la vallée de la Mur et Klagenfurt, constituait un passage clé de la route de Vienne à Venise.

Se repérer

CARTE P. 324 (B1)
4 891 habitants – Carinthie.
À 45 km au nord de Klagenfurt.

En famille

Train à vapeur de Murtal.

Carnet pratique p. 349

Nos adresses p. 349

Se promener

Fortifications (BEFESTIGUNGSANLAGE)

Elles encerclent le cœur de la cité d'une muraille crénelée longue de 820 m. Des 11 tours de défense érigées à l'origine, il n'en subsiste que trois.

★ Fontaine municipale (STADTBRUNNEN)

Sur la grand-place bordée de belles demeures se dresse cet ouvrage sculpté en 1563 par des artistes italiens. La frise du bassin octogonal présente des tableaux empruntés à la mythologie grecque. Le couronnement en bronze (1520), est attribué au sculpteur de Nuremberg Peter Vischer le Jeune ou à son frère Hans.

Cloître et église des Dominicains St-Nicolas de Myra (DOMINIKANERKIRCHE UND KLOSTERKIRCHE ST. NIKOLAUS VON MYRA)

Ce couvent était, en 1217, le premier établissement de l'ordre dominicain en pays de langue allemande. Église la plus vaste de Carinthie, elle affiche une grande simplicité suivant les règles en vigueur chez les ordres mendiants. On retiendra surtout: la statue en grès de la Vierge (14e s.), le crucifix monumental au pilier nord de la nef (1300) et l'autel de saint Jean attribué à un sculpteur local (1510).

Église St-Blaise de l'ordre teutonique (DEUTSCHORDENSKIRCHE ST. BLASIUS)

Établi dès 1203 à Friesach, l'ordre teutonique bâtit ce sanctuaire sur les fondations d'un édifice du 12e s. dont proviennent les fresques ornant la travée ouest du chœur. Notez les sculptures en bois, le somptueux **maître-autel** de 1515, et l'autel gothique flamboyant provenant de Francfort. Le collatéral est jonché de pierres tombales des chevaliers, venant pour la plupart de Bad Mergentheim, siège de l'ordre teutonique jusqu'en 1809.

Château de Petersberg (PETERSBERG BURG)

20mn à pied AR de la place principale.

Du château construit par l'archevêque Gebhard à partir de 1077, il ne reste que quelques pans de murs béants.

Vieille ville médiévale de Friesach.
Rhombur/Getty Images Plus

Musée municipal (Stadtmuseum) – *✆ 042 12 456 0821 - www.kaernten.at - possibilité de visite guidée - de mi-mai à fin oct. : merc.-dim. 11h-17h - 7 €, 6-15 ans 4 €.* L'imposant donjon roman, haut de 30 m, abrite aujourd'hui ce musée qui retrace l'histoire de Friesach et de sa région.
L'ancienne **chapelle**, au troisième étage, est encore partiellement décorée de ses fresques romanes.
La **cour** sert de cadre en été à un festival de théâtre en plein air.

À proximité

CARTE P. 324

Murau B1

À 40 km au nord-ouest de Friesach.
Dans la ville ancienne, la **Raffaltplatz**, bordée de façades pimpantes et multicolores, dénote déjà une certaine influence italienne.
★ **Église St-Matthieu (Stadtpfarrkirche St. Matthäus) –** Cette église gothique à la nef majestueuse et au décor imposant fut consacrée en 1296. Belles **fresques** du 14e au 16e s. : saint Antoine et son cochon (14e s.) dans le bras sud du transept, multiples petites scènes d'épitaphes pour les morts de la maison de Liechtenstein. On admirera le **maître-autel**★ de 1655, œuvre baroque, le tabernacle bleu ciel se fondant dans une harmonie de bois et de dorures. La chaire fut sculptée par un artiste de Friesach en 1777, dans l'esprit du baroque tardif.
Château (Schloss) – *Accès à pied par l'escalier en bois situé au nord de l'église.* Le premier château fut construit par Ulrich von Liechtenstein en 1232. Il n'en reste plus que les caves et un puits profond de 45 m. Le château actuel fut édifié de 1628 à 1643 par le comte Georg Ludwig von Schwarzenberg.
★ **Église St-Léonard (Filialkirche Leonhardkirche)** – *À 1 km au sud de la vieille ville. Prenez la route de la Frauenalpe, puis à 300 m à droite un petit chemin (Leonhardweg).* Cet édifice gothique était déjà un lieu de pèlerinage en 1439.

Carnet pratique

Agenda

Spectaculum im Friesach – *Dernier w.-end de juil. - www.spectaculum-friesach.at.* La ville prend des airs de cité moyenâgeuse. Ateliers, marchés, concerts.

Burghofspiele – *De fin juin à mi-août - burghofspiele.com.* Festival de théâtre en plein air à Friesach.

Nos adresses

Restauration

À Friesach

Pour se faire plaisir

Villa Bucher – *Hauptplatz 11 - ✆ 04268 25100 - www.metnitztalerhof.at - fermé merc. et dim. soir - plats 17/43 €, menu 32 € - 27 ch. 124/136 € ☕.* Dans cet édifice médiéval, les spécialités régionales servies au restaurant sont à base de produits locaux et de saison. Chambres claires et élégantes.

À Murau

Budget moyen

Hotel Gasthof Lercher – *Schwarzenbergstr. 10 - ✆ 03532 2431 - www.hotel-restaurant-lercher.at - tlj sf jeu. 12h-14h30, 16h-21h - plats du jour 12,90/15,90 €, plats 13,50/27 € - 48 ch. 104 € ☕.* Joli petit restaurant avec une belle vue. Cuisine régionale inspirée par les produits de saison pour les plats du jour et autrichienne pour les classiques qui sont à la carte. Ici on prépare maison et on ne gâche rien. Chambres spacieuses.

Activités

Train à vapeur de Murtal – *74 km AR - comptez env. 5h - ✆ 03532 2233 - www.stlb.at - de fin juin à mi-sept. : dép. dim. à 13h20 de Murau et à 14h de Stadl an der Mur, jeu. à 10h40 de Murau et à 12h35 de Tamsweg, mar. à 12h50 de Murau et à 14h35 de Tamsweg - 29 € AR.* Excursion entre Murau-Stolzalpe et Tamsweg dans un train à vapeur aux wagons anciens.

Hébergement

À Friesach

Budget moyen

Weißer Wolf – *Hauptplatz 8 - ✆ 0664 7676665 - 8 ch. 104 € ☕.* Derrière la charmante façade, un accueil chaleureux et un petit-déjeuner très soigné.

À Murau

Budget moyen

Hotel Alpin – *Bahnhofstr. 4 - ✆ 0664 4271122 - www.hotelalpin-murau.eu - fermé de mi-nov. à déb. déc. - 20 ch. 98 € ☕.* Entre la gare et le centre-ville, un hôtel rénové, aux chambres spacieuses, sobre mais confortable. Sauna.

Cathédrale de Gurk ★★

Gurker Dom

Construite au 12e s., la cathédrale de Gurk compte parmi les plus belles églises romanes d'Autriche. Si ses deux tours jumelles attirent d'emblée l'attention des visiteurs, ceux-ci s'émerveilleront plus encore en découvrant l'intérieur de l'édifice. De la crypte aux 100 colonnes au maître-autel en or massif, des fresques romanes au reliquaire de sainte Emma, la basilique invite à une promenade extatique à travers les âges de l'art sacré.

Se repérer

CARTE P. 324 (B1)
Carinthie.
À 56 km au nord de Klagenfurt.

À ne pas manquer

L'intérieur de la cathédrale et ses nombreuses œuvres d'art.

Carnet pratique p. 353

Nos adresses p. 353

Visiter

Extérieur

Après un coup d'œil à la façade, d'une grande simplicité, et à l'ancien ossuaire qui se trouve à sa droite, longez, à travers le cimetière, le flanc sud pour admirer les murs en pierre calcaire, légèrement teintés de rouge-brun en raison de leur âge et de leur teneur en fer. Remarquez l'élégante corniche à arcatures en plein cintre qui court le long de la nef.

La frise du transept est mise en valeur par de beaux entrelacs. La décoration extérieure du chevet avec ses trois absides a été inspirée par des artisans lombards. Au zénith de la fenêtre du chevet central figure un **relief de serpents fabuleux★** admirablement travaillé et datant de 1175, symbole du combat contre le mal.

Histoire d'un site

La fondation d'un premier couvent de religieuses par la comtesse **Emma von Friesach-Zeltschach**, morte en 1045 et canonisée en 1938, remonte vraisemblablement à l'année 1043. Dès 1072, l'archevêque Gebhard de Salzbourg ferma ce couvent et consacra Gurk comme siège d'un évêché nouvellement créé en Carinthie. En raison de la querelle des Investitures, le chapitre de la cathédrale ne fut constitué qu'en 1123. La construction de la cathédrale, entreprise en 1140 par l'évêque Roman Ier, conseiller de Frédéric Barberousse, se poursuivit jusqu'en 1220. Les deux tours furent dotées en 1680 de fenêtres géminées baroques. Les chanoines augustins demeurèrent dans cette vallée retirée du nord de la Carinthie jusqu'en 1787, année qui vit le transfert de l'évêché à Klagenfurt. Depuis 1932, le couvent est dirigé par des salvatoriens.

Intérieur de la cathédrale de Gurk.
M. Siepmann/imageBROKER/age fotostock

Porche – Il a été fermé de l'extérieur par un mur à l'époque gothique. On trouve encore à l'intérieur les vitraux de 1340, très restaurés, et des **peintures murales★** gothiques, illustrant des scènes de l'Ancien (mur nord) et du Nouveau Testament (mur sud). Les pilastres, voussures et chapiteaux du **portail ouest★★** roman (vers 1200) sont décorés de motifs végétaux. Les vantaux conservent dans leur tiers supérieur des médaillons sculptés et peints en 1220.

Intérieur

✆ 04266 823638 - www.kath-kirche-kaernten.at/gurk - ♿ - mars-oct. : 9h-17h ; nov.-fév. : 10h-16h - visites guidées en allemand 5,50/9 € (6-16 ans de 3/4 €) selon la visite choisie, se rens. ; crypte 2 €.

Le visiteur est surpris par la diversité des styles utilisés : la basilique présente trois vaisseaux romans couverts par des voûtes gothiques, les fresques sont de style gothique ou Renaissance, et le mobilier est essentiellement baroque. Les retables des autels ferment l'abside et les absidioles. Avant d'admirer le mobilier et la décoration du sanctuaire, se retourner pour voir l'architecture de l'étroite avant-nef : les demi-colonnes engagées sont surmontées de chapiteaux romans à palmettes et feuillages.

1) **Reliquaire d'Emma** : bel ouvrage d'orfèvrerie en forme d'arbre orné de pierres précieuses, datant de 1955 et contenant une bague et un pendentif considérés comme les reliques de la sainte.

2) **Portail de Samson** : le **tympan★** montre Samson ouvrant la gueule du lion. Cette extraordinaire œuvre sculptée, de 1200, faisait initialement partie du portail du cloître.

3) et 8) Deux séries de trois étranges **panneaux sculptés★** aux couleurs bariolées représentant, avec beaucoup de verve, des scènes de la vie de sainte Emma. Les tablettes de bois furent commandées avant 1508.

4) Gigantesque **peinture murale** consacrée à saint Christophe (1250). Le portail situé juste à gauche, avec son accolade richement décorée, fut construit en 1445.

Le petit oratoire au-dessus fut ajouté par Probst von Thurn en 1678.

5) **Maître-autel★★**, entièrement en or, aux personnages grandeur nature saisissants de réalisme (72 statues, 82 têtes d'anges) ; en bas les quatre évangélistes et au-dessus les Pères de l'Église. La Vierge auréolée au-dessus de la Trinité constitue l'élément central. **Michael Hönel**, Saxon originaire de Pirna, réalisa entre 1626 et 1632 ce chef-d'œuvre, qui occupe toute la largeur et la hauteur de l'abside. Pendant le carême, l'autel est masqué par un **Fastentuch ★**, un immense voile destiné jadis à dérober aux fidèles la vue du maître-autel pendant ce temps de pénitence *(visite guidée sur réserv. - 3 €)*. Le voile de Gurk, d'un extrême raffinement, comporte des scènes peintes extraites de l'Ancien et du Nouveau Testament, réparties en 99 tableaux. Il fut achevé en 1458 par le maître Konrad von Friesach et constitue le plus ancien et le plus grand voile (9 m²) de Carinthie.

6) **Stalles** (1680) : œuvres d'artisans locaux, elles sont traitées avec la même fraîcheur d'inspiration que le mobilier d'apparat des paysans. Les différents panneaux, qui représentent des têtes d'angelots couronnées, sont ornés de charmantes peintures florales.

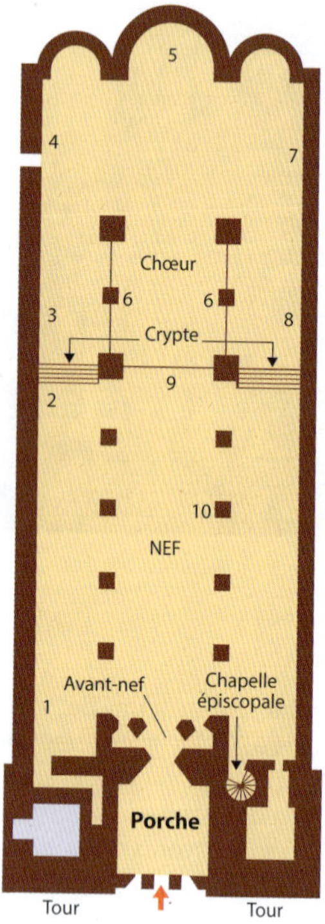

7) **Peinture murale gothique** (vers 1390) : elle montre la conversion de saint Paul et représente Jésus en juge du monde, entouré des 24 vieillards de l'Apocalypse. Au pied du trône, on reconnaît le couple de donateurs et ses neuf enfants.

8) *Voir ci-dessus n° 3.*

9) Autel de la Sainte Croix (1740) avec une **Pietà★** en plomb de Carinthie, dernière réalisation de Georg Raphael Donner. L'artiste a composé une œuvre complète et tout à fait saisissante avec cette Déposition de Croix.

10) **Chaire baroque★** (1740), l'une des œuvres les plus exaltées de la Contre-Réforme. Elle fut réalisée par Giuseppe et Antonio Galli Bibiena, qui s'étaient illustrés à Vienne comme architectes de théâtres. Les allégories de l'Église, de la Foi et de l'Espoir ornent l'abat-voix, d'où se jette un hérétique. Les bas-reliefs de plomb sont dus à Georg Raphael Donner.

Chapelle épiscopale – *Inclus dans les visites guidées.* Dans la galerie ouest. Elle conserve un remarquable ensemble de **peintures murales★★** de style roman tardif de 1260 et conservées en l'état. Les formes brisées confèrent du mouvement à cette composition. L'inscription latine figurant au-dessus de l'abside : « Voici que resplendit le trône du grand roi et de l'Agneau » donne les clés du décor : le « trône » symbolise Marie et est représenté en face de la transfiguration du

Christ. Les voûtes de la chapelle, présentant l'une le paradis terrestre, l'autre la Jérusalem céleste, s'inscrivent parfaitement dans l'architecture.
La fenêtre ronde du mur ouest est ornée d'un vitrail de style roman tardif, réalisé en même temps que les fresques et illustrant la descente de Croix. Il s'agit du plus ancien exemple de peinture sur verre en Autriche.
★★ **Crypte** – La crypte, achevée en 1174, est l'une des œuvres majeures de l'art roman des Alpes orientales et trahit des influences lombardes et rhénanes. Ses 100 colonnes de marbre (96 simples, 2 doubles) semblent former une forêt mystique, dans laquelle le sarcophage de pierre de sainte Emma, « mère » de la Carinthie, a trouvé place. Le **tombeau** de marbre rouge, réalisé en 1720-1721, repose sur trois colonnes romanes aux chapiteaux en marbre. Le groupe sculpté par Antonio Corradini est très doux. Admirer le travail délicat du visage de l'allégorie de la Foi, dissimulé sous un voile (statue de droite).
Avant de quitter Gurk, jeter un coup d'œil au vaste ensemble de bâtiments (15e et 17e s.) du chapitre, occupé autrefois par les chanoines de la cathédrale.

À proximité

CARTE P. 324

Strassburg B1

À 4 km au nord-est de Gurk, par la B 93.
Château – *0670 553 6305 - strassburg.at (onglet Bürgerservice) - mai-sept. : 10h-18h (dernière entrée 17h) - 6 €.* Dominant la petite ville, cette ancienne forteresse fut habitée par les évêques de Gurk de 1147 à 1780, moyennant d'importantes transformations et innovations au fil des siècles. Le château se présente aujourd'hui comme un édifice baroque, entouré d'une belle cour à arcades à deux étages. Il abrite une **collection folklorique** consacrée aux paysans de la vallée de Gurk, ainsi qu'un **musée de la chasse**.

Carnet pratique

S'informer

Office de tourisme – *Dr. Schnerich Str. 12 - Gurk - 04266 812527 - www.gurk.at.*

Nos adresses

Hébergement

Premier prix

Gasthof « Zum Kramer » – *Pisweg 2 - 4 km au sud de Gurk - 0680 1211869 - www.hotel-kramer.at - 7 ch. et 2 appart. 78 € - ouv. sam.-mar.* Hôtel familial, très calme et entouré de verdure. Cuisine autrichienne et internationale.

St. Veit an der Glan

Importante capitale régionale, St. Veit fut, jusqu'en 1518, le siège de la cour des ducs de Carinthie. Ses murailles, ses rues pittoresques, ses places aux maisons coquettes lui confèrent énormément de charme. La ville a également été marquée par l'architecture moderne comme en témoignent le long passage vitré de l'Herzog-Bernhard-Platz et l'« hôtel artistique » d'Ernst Fuchs aux façades colorées.

Se repérer

CARTE P. 324 (B2) ET CARTE AUTOUR DE ST. VEIT P. 356
12 229 habitants – Carinthie.
À 23 km au nord de Klagenfurt.

À ne pas manquer

La Hauptplatz et les châteaux des environs.

En famille

Le musée des Transports.

Carnet pratique p. 357

Nos adresses p. 357

Se promener

★ Grand-place (HAUPTPLATZ)

Des trois monuments qui ennoblissent la place, le plus intéressant est, à côté de la colonne de la Peste (1715), la **fontaine de la Clef (Schlüsselbrunnen)**, dont la vasque antique ornait, croit-on, le forum de la cité romaine de Virunum, ville romaine qui était la capitale de la province romaine du Norique *(voir carte p. 520)*. Le petit bronze de 1566 qui la surmonte, le « Schlüsselbrunnbartele », personnage en costume de mineur du 16e s., est la mascotte de la ville. Sur la partie ouest de la place, on trouve la fontaine Walther von der Vogelweide (1676), dont la statue fut réalisée en 1960 et représente le plus célèbre troubadour allemand, qui exerça autrefois à la cour de St. Veit.

★ Hôtel de ville (RATHAUS)

Le gracieux palais municipal de style gothique tardif (les arcs en accolade de la porte et une plaque de fonte mentionnent l'année 1468) a vu sa **façade★** rythmée de pilastres et dotée en 1754 de stucs baroques réalisés par Joseph Pittner. La partie centrale est rehaussée d'une statue représentant la Justice. Au fronton figure l'aigle du Saint Empire avec, au centre, le blason de saint Guy. Par le portail et un passage voûté gothique, on parvient à la **cour intérieure Renaissance★**, dont les arcades sont décorées de sgraffites.

★ **Grande salle** - *1er étage - Rathaussaal - www.sv.or.at - ♿ - ✆ 04212 5555 - visite sur demande - lun.-vend. 7h-18h - fermé j. fériés.* Elle est aménagée sous une voûte surbaissée que le stucateur du 18e s. a chargée d'un réseau décoratif enfermant des cartouches.

La **capitainerie régionale** se situe à l'extrémité ouest de la place. Érigé en 1780, ce bâtiment au portail en marbre marque le passage du style baroque au style néoclassique, plus sévère. À l'est se dresse la **maison de la Carinthie**, verrouillant l'Unterer Platz. L'ossature de cet imposant bâtiment remonte au Moyen Âge et son portail au milieu du 16e s.

Musée des Transports (VERKEHRSMUSEUM)

Hauptplatz 29 - ✆ 0664 416514 - www.museum-stveit.at - ♿ - juil.-août : tlj 10h-18h ; mai-juin et sept. : tlj sf mar.-merc. 10h-12h, 14h-18h - 9 € (6-14 ans 4,50 €).
Ce petit musée évoque de nombreux aspects des transports tels les chemins de fer en Autriche, la motorisation, la poste et les télécommunications. Mention spéciale pour les trains miniatures avec leurs 200 m de voies.

Église (STADTPFARRKIRCHE)

Cet édifice, dédié à saint Guy, fut bâti au début du 13e s. Sa voûte et la chapelle St-Bernard furent ajoutées au 15e s. Le maître-autel, de style baroque tardif, et la chaire sont des œuvres de **Johann Pacher**, sculpteur sur bois originaire de St. Veit. Des fresques datant de 1406, découvertes en 1959 derrière l'autel de saint Florian, décorent le côté nord du chœur.
Au sud de l'église, on trouve au milieu de l'ancien cimetière un **ossuaire** circulaire roman, dont la construction remonte au 12e ou 13e s. Près du portail, remarquez le fragment d'une curieuse pierre carolingienne (vers 900).

À proximité

CARTE P. 324

★ Château de Frauenstein (BURG FRAUENSTEIN) B2

À 5 km au nord-ouest, puis 30mn à pied AR. Sortez de St. Veit par le chemin d'Obermühlbach ; 1500 m après ce village, prenez le 2e chemin à droite.
L'agencement des tours massives, des tourelles et des toits de ce château fort du 16e s. bien conservé crée un ensemble pittoresque. Belle cour à arcades.

Circuit conseillé

CARTE P. 356

★ Les collines orientales de St. Veit

Circuit de 48 km tracé en bleu sur la carte. Quittez St. Veit au sud-est par l'ancienne route de Klagenfurt. Après St. Michael am Zollfeld, prenez à gauche pour emprunter une jolie route qui grimpe sur les flancs du mont Ste-Madeleine.

★ Mont Ste-Madeleine (MAGDALENSBERG)

Les **fouilles** ont mis au jour les vestiges d'une ancienne cité romaine, fondée sur les ruines d'un village préromain. À l'époque de la naissance du Christ, cette cité était le centre politique et économique des Alpes orientales.
Parc archéologique (Archäologischer Park) – *✆ 0664 6202662 - mai-oct. : tlj sf lun. 10h-16h (dernière entrée 15h30) - 7 € (enf. 3,50 €).* Il retrace l'histoire de cette cité.
45mn AR. Poursuivez à pied jusqu'au sommet du mont (1058 m), où se dresse une chapelle gothique dédiée à sainte Hélène et sainte Madeleine et possédant un beau triptyque (1502). Un **panorama★** majestueux se déroule sur le chaînon boisé de la Saualpe, le bassin de Klagenfurt et les Karawanken.
Faites demi-tour et à St-Donat, prenez à droite la Hochosterwitzer Str. Le château d'Hochosterwitz apparaît sur son rocher. Accès par une rampe fortifiée.

★ Château d'Hochosterwitz (BURG HOCHOSTERWITZ) BC2

Le cône rocheux calcaire sur lequel ce château trône, à 150 m d'altitude, ainsi que son impressionnante silhouette et ses fortifications se voient de très loin. Mentionné pour la première fois en 1200, il demeura la propriété des seigneurs

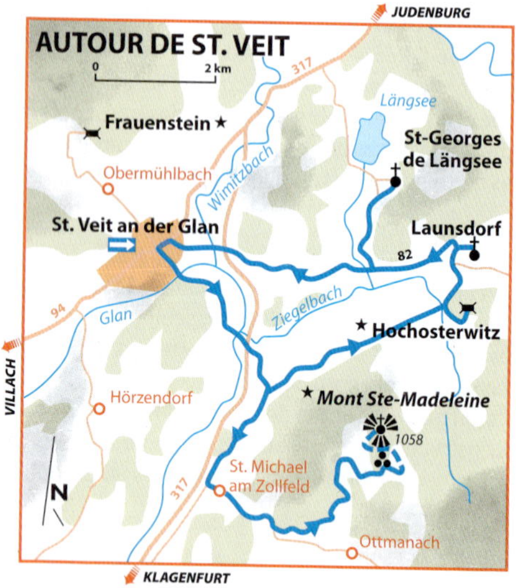

d'Osterwitz jusqu'en 1478. En 1541, il fut transmis à la famille Khevenhüller et **Georg Khevenhüller** (1534-1587) en fit l'acquisition en 1571. Gouverneur de la Carinthie, il fut aussi le grand écuyer et le conseiller des empereurs Ferdinand Ier, Maximilien II et Rodolphe II. La menace turque étant omniprésente au 16e s. Il mit en œuvre des moyens considérables, de 1571 à 1586, pour transformer le château en forteresse. Il fut aussi celui qui décréta que cette forteresse devrait toujours rester en possession de sa famille.

Après avoir traversé le hameau de Hochosterwitz, engagez-vous sur la petite route goudronnée qui monte au château et laissez la voiture au parking. De là, on peut poursuivre à pied vers le château (*env. 30mn*) ou emprunter l'ascenseur qui y monte le long de l'abrupte paroi rocheuse.

Pour la construction des quatorze portes, qui servaient de fortifications, on utilisa les entailles naturelles des ravins constituant ainsi des points de défense isolés par des ponts-levis. La 7e porte, cintrée, dite **porte Khevenhüller** (1582), est la plus imposante. De style Renaissance, elle présente les armoiries de la famille : une tête de lion, surmontées d'un buste du fondateur. Au terme de cette montée, prodigue en **vues** sur la région de St. Veit, d'où émerge la bosse de l'Ulrichsberg, on dépasse la chapelle du château et on accède à la **cour intérieure** (Innenhof), qui accueille un café-restaurant.

Intérieur – *✆ 04213 2010 - www.burg-hochosterwitz.com - ♿ - visite guidée (20mn) - de mi-mai à mi-sept. : 9h-18h ; avr.-mi-mai et de mi-sept. à fin-oct. : 10h-17h ; reste de l'année se rens. - 17 € (6-15 ans 10 €).* La visite de certaines salles permet d'en apprendre davantage sur les Khevenhüller et d'admirer, outre des portraits de famille, une belle collection d'armes. Celle-ci rappelle que le château disposait à son apogée d'un arsenal en mesure d'équiper environ 700 hommes.

Faites demi-tour et suivez alors, tout droit, la route directe vers Launsdorf.

Launsdorf

L'église campagnarde abrite, dans son minuscule chœur gothique, une Vierge à la grenade du 15e s. À droite, une chapelle renferme un curieux tabernacle en bois peint, à porte coulissante.

Reprenez la direction de St. Veit et tournez à droite vers St. Georgen am Längsee. Après 1300 m, laissez à gauche la déviation de St. Georgen et entrez dans la localité.

St-Georges de Längsee (ST. GEORGEN AM LÄNGSEE) B2
L'ancien monastère de bénédictines, le plus vieux couvent subsistant en Carinthie, a gardé ses dispositions d'origine : un vaste quadrilatère de bâtiments enfermant une église transformée dans l'esprit baroque vers 1720. La galerie nord (1546) est surmontée d'un étage d'arcatures Renaissance.
Faites demi-tour en direction de St. Veit.

Carnet pratique

S'informer

Office de tourisme – *Unterer Platz 10 - St. Veit an der Glan - ✆ 04212 45608 - www.mittelkaernten.at.*

Arriver/Partir

En train – Le S-Bahn 1 dessert la localité en passant par Friesach, Klagenfurt et Villach.

Nos adresses

Restauration

À St. Veit

Une folie

La Torre – *Grabenstr. 39 - ✆ 04212 39250 - www.latorre.at - tlj sf dim.-lun. et j. fériés : 12h-14h30, 18h-23h30 - menu 4 plats 65 €.* Cette ancienne tour de défense datant de 1532 abrite un élégant restaurant italien. Service très sympathique.

À St. Georgen

Pour se faire plaisir

Liegl am Hiegl – *St. Peter bei Taggenbrunn 2 - 4 km à l'ouest de St. Veit par B 82 - ✆ 04213 2124 - www.lieglamhiegl.at - 11h30-14h, 17h30-21h - fermé lun.-merc. - plats 16/25 €.* Ambiance campagnarde dans ce restaurant qui sert des spécialités régionales.

Activités

Mittelkärntner Kulturradweg – *Rens. à l'office de tourisme.* Réseau de circuits à vélo autour de St. Veit. Une carte de la région permet de situer les boutiques de location, les curiosités et les établissements accueillant les cyclistes.

Hébergement

À St. Veit

Premier prix

Kunsthotel Fuchspalast – *Prof.-Ernst-Fuchs-Platz 1 - ✆ 04212 46600 - www.hotel-fuchspalast.at - P ♿ - 60 ch. 72/93 € - ☕ 12,90 €.* Hôtel fantaisiste situé dans la zone piétonnière, décoré par le célèbre peintre autrichien Ernst Fuchs. Les couleurs sont au rendez-vous !

Monastère de Maria Saal ★★

Stift Maria Saal

Le monastère de Maria Saal, monument le plus proche de l'ancienne métropole romaine de Virunum, fut le premier centre de réévangélisation de la Carantanie – tel était le nom de la Carinthie aux 8e et 9e s. – après les invasions « barbares ». C'est ici qu'exerça l'apôtre de la Carinthie, saint Modeste, fondateur de l'église de Maria Saal dans la seconde moitié du 8e s.

Église abbatiale de Maria Saal.
W. Geiersperger/mauritius images/age fotostock

Se repérer

CARTE P. 324 (B2)
Carinthie.
À 9 km au nord de Klagenfurt.

Organiser son temps

Une demi-journée.

En famille

L'écomusée de Carinthie.

Carnet pratique p. 361

Nos adresses p. 361

Visiter

★★ Église abbatiale (DOMKIRCHE)

L'édifice gothique actuel fut construit entre 1430 et 1460. Les fortifications qui l'entourent, anciens murs du cimetière, rappellent la situation dangereuse du Zollfeld, bastion de la chrétienté, face aux assauts répétés des Turcs jusqu'au 17e s. L'église a fière allure avec ses deux tours de tuf décorées de fines arcatures et son vaste toit couvert de lauzes verdies. Dans les murs sud et ouest sont insérées de nombreuses pierres sculptées et pierres tombales. Parmi les bas-reliefs de l'époque romaine, on remarque plus particulièrement celui mettant en scène le triomphe d'Achille traînant la dépouille d'Hector, et le fragment censé représenter un **fourgon postal romain★** mais figurant en fait le passage d'un mort dans l'autre monde. La splendide **pierre tombale des Keutschach★** en marbre rouge illustrant le couronnement de la Vierge est une œuvre salzbourgeoise exécutée en 1510 pour le compte de l'archevêque Leonhard von Keutschach.

Intérieur – Cette église à trois vaisseaux est caractéristique du style gothique tardif. Les compartiments de la voûte en réseau sont décorés, dans la nef principale, de fresques où des personnages émergeant de calices de fleurs figurent la généalogie du Christ. Réalisées en 1490, elles ne furent découvertes qu'au début du 20e s. L'image miraculeuse de la Vierge – une statue de pierre de style dit « suave » (1425) vénérée par les pèlerins – décore le **maître-autel** réalisé en 1714. Dans le chœur inondé de lumière, le mur nord est orné d'une fresque figurant les Rois mages (1435), œuvre d'artistes du Frioul. La chapelle orientée vers la gauche recèle le somptueux **retable d'Arndorf★**, représentant le couronnement de la Vierge, qui fut réalisé vers 1520 par l'atelier de sculpture sur bois de Villach. Dans la chapelle droite se trouve le retable de saint Georges (1526) illustrant le combat du saint contre le dragon et symbolisant le triomphe de la foi chrétienne sur le paganisme. La fresque qui décore le mur de droite figure le sauvetage de l'apôtre Pierre sur le lac de Tibériade. Elle fut peinte en 1928 par Herbert Boeckl, qui donna à Pierre les traits de Lénine. La riche décoration de la chaire montre d'un côté les Pères de l'Église et, de l'autre, la glorification de saint Jean Népomucène. Ces deux œuvres furent réalisées en 1747 par Johann Pacher. L'**orgue** baroque de 1735, étincelant de dorures, aux sonorités à la fois brillantes et puissantes, est dû à Johann Martin Jäger, facteur de Klagenfurt.

★ Tombeau de saint Modeste (Sachsenkapelle mit Modestusgrab) – Dans le bas-côté gauche, la chapelle de Saxe, fondée en 1451, accueille ce monument important dans l'histoire de l'église. Sous un autel roman soutenu par six colonnes se trouve un sarcophage d'enfant romain contenant les ossements du saint. Une dalle funéraire provenant de Virunum, ville romaine qui était la capitale de la province romaine du Norique, couvre le tout.

Ossuaire (OKTOGON MIT HEILIGEM GRAB)

Parmi les bâtiments annexes de l'église, on remarque surtout l'ossuaire. Au centre, un baptistère roman circulaire du 15e s. est entouré d'une galerie d'arcades à deux étages. Bien que cette construction possède neuf angles, on l'appelle l'Octogone. En 1751, une tombe sainte fut creusée dans la partie inférieure de la chapelle.

7

★ Écomusée de Carinthie (KÄRNTNER FREILICHTMUSEUM)

À 300 m au nord du centre et 10mn de la gare. ☏ 04223 2812 - visite : se rens.

Une quarantaine de bâtiments ruraux anciens – fermes, étables, granges et annexes – ont été démontés et reconstruits ici dans un cadre boisé et vallonné. Ce

La vie rurale en Carinthie

Le secteur agricole

Au début du 20e s., le pays vivait essentiellement de l'**agriculture** ; aujourd'hui, le secteur primaire ne représente plus que 3 % de la population active. Comme dans d'autres régions autrichiennes, la forêt occupe une large partie du territoire – plus de 50 % –, dont la moitié est recouverte d'épicéa. Outre l'**exploitation forestière**, la région est connue pour ses élevages de vaches laitières et de races à viande, comme la blonde de Carinthie, ainsi que pour sa filière porcine. Enfin, elle compte plusieurs industries céréalières : maïs, orge, blé et plantes fourragères. Les acteurs du monde agricole ont su s'adapter, avec le soutien du gouvernement fédéral qui a mis en place un réseau de subventions. De nombreux domaines se sont tournés vers l'agriculture biologique. De plus, le **tourisme rural** s'est beaucoup développé, un moyen pour les agriculteurs de partager leur savoir-faire et d'augmenter leur revenu.

La construction en grumes

Ce type de construction est caractéristique de la Carinthie. On l'utilise pour les bâtiments d'habitation et les communs (granges, séchoirs, etc.). Des troncs de conifères bien droits sont empilés les uns sur les autres en inversant leur sens tête/racine. Aux angles du bâtiment, les troncs sont entaillés à mi-bois, entrecroisés et blindés de plaques de zinc afin de conférer stabilité à l'assemblage. Un joint garni de mousse ou de paille tressée, et, parfois, à l'extérieur, de mortier glaiseux, sert à calfeutrer les interstices entre les grumes. Grâce à ce procédé, appliqué depuis le 16e s. sous diverses formes selon les époques, on peut aujourd'hui déterminer l'âge des bâtiments. Les chalets comprennent souvent un balcon au rez-de-chaussée, et leur intérieur est garni de meubles en bois, sculptés et peints avec des motifs représentant des décors floraux ou des scènes de la vie quotidienne.

Le Kärntner Mundart

Lorsqu'on se promène en Carinthie, on distingue vite un autre élément essentiel de la vie rurale : son **dialecte**, *le Kärntner Mundart*, assimilé au dialecte austro-bavarois. Sous influence slovène, c'est une langue très musicale, qui se caractérise par un allongement des voyelles courtes.

La deuxième langue de Carinthie

La Carinthie compte une minorité de langue slovène, représentant environ 4 % de sa population. Cette spécificité vient en partie d'un référendum de 1920 qui fut organisé après le démantèlement de l'Empire austro-hongrois. Les territoires slovénophones de Carinthie étaient réclamés par les Yougoslaves, mais les Slovènes plébiscitèrent la république d'Autriche nouvellement créée. La langue slovène fut admise comme langue administrative de la Carinthie à partir de 1955. On créa alors des crèches et des écoles bilingues dans la région ainsi qu'un lycée slovène à Klagenfurt. Mais, cette particularité commença à générer des problèmes dans les années 1970 lorsqu'on installa des panneaux de signalisation écrits dans les deux langues dans le sud de la Carinthie. Ceux-ci furent alors détruits par des opposants de l'extrême droite, parti politique recueillant de nombreuses voix dans la région.

musée rassemble sur 4 ha quelques exemples représentatifs des activités rurales. Dans les habitations, meubles et objets évoquent la vie quotidienne d'autrefois. La plupart des bâtiments ont été construits par **assemblage de grumes** *(voir ci-contre)*, certains étant couverts de chaume, la plupart de bardeaux de bois. Les maisons les plus remarquables sont la Hanebauerhaus provenant de St. Jakob ob Gurk, la Bodnerhaus, du début du 17e s., la Salzerhaus, édifiée en 1767 dans la Katschtal, l'Urchhaus de la Rosental et la Kramerhaus, maison à arcades transversales comportant un vestibule intérieur continu. La Lavanttaler Haus, dont certaines parties datent d'avant 1631, est l'une des plus anciennes de ce musée en plein air.

Un pont couvert en bois, également reconstruit, permet d'accéder aux moulins : le moulin à roue avec une petite chambre de meunier, mais également le Flodermühle de haute Carinthie, semblable à une turbine, ou encore la scierie.

Carnet pratique

S'informer

Office de tourisme – *Domplatz 7 - Maria Saal - ✆ 0664 1662629 - www.maria-saal.gv.at.*

Arriver/Partir

En train – Le S-Bahn 1 au départ de la gare de Klagenfurt dessert Maria Saal en 10mn.

Nos adresses

Restauration

À proximité

Budget moyen

Landgasthof Puck – *Zollfeld 1 - 3 km au nord de Maria Saal par Arndorf - ✆ 04223 2235 - www.puck.co.at - tlj sf mar., cuisine à partir de 11h - 8/30 €.* Spécialités carinthiennes. Possibilité de déjeuner sur la terrasse ou dans le jardin ombragé.

Activités

Baignade – Possible dans plusieurs lacs autour de Maria Saal, comme Hörzendorfer See *(7 km au nord, en dir. de St. Veit).*

Hébergement

À proximité

Premier prix

Gasthof Fleissner – *Zollfeld 3 - 3 km au nord de Maria Saal par Arndorf - ✆ 04223 2218 - gasthof-fleissner.at - 6 ch. 78 € - fermé lun. - plats 6,20/7,50 €.* Petit hôtel familial aux chambres calmes. Au restaurant, spécialités de la région, à base de légumes et de viande issus de la ferme appartenant à l'hôtel. Pistes de bowling et aire de jeux.

Marmottes.
imageBROKER/hemis.fr

8

Le Tyrol, d'Innsbruck à Lienz

CARTE MICHELIN NATIONAL N° 730

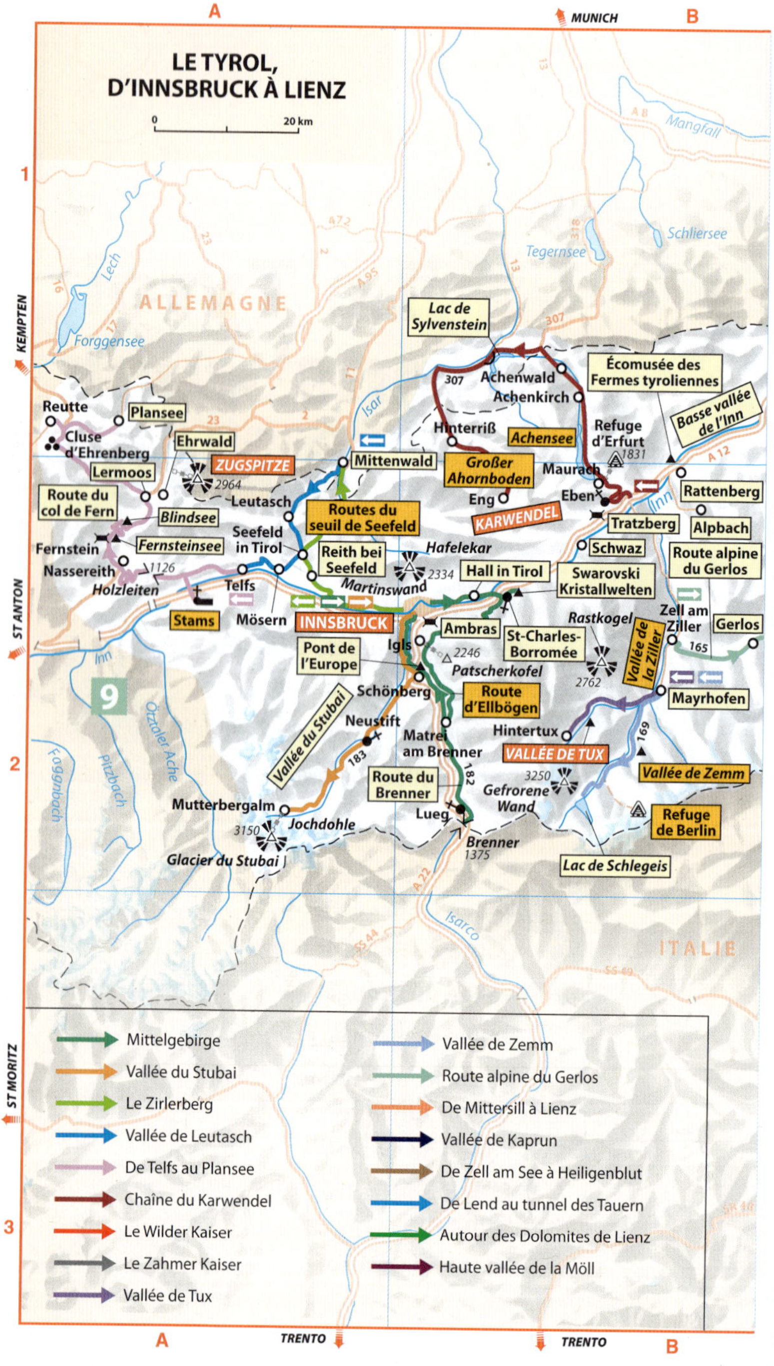
LE TYROL, D'INNSBRUCK À LIENZ
0
20 km
A
B
MUNICH
KEMPTEN
ST ANTON
ST MORITZ
TRENTO
TRENTO
A
B
1
2
3
ALLEMAGNE
ITALIE
Mangfall
Schliersee
Tegernsee
Lech
Forggensee
Isar
Inn
Ötztaler Ache
Pitzbach
Fogginbach
Isarco
Lac de Sylvenstein
Achenwald
Achenkirch
Hinterriß
Achensee
Großer Ahornboden
Eng
KARWENDEL
Écomusée des Fermes tyroliennes
Basse vallée de l'Inn
Refuge d'Erfurt
1831
Maurach
Eben
Rattenberg
Alpbach
Tratzberg
Schwaz
Route alpine du Gerlos
Swarovski Kristallwelten
Reutte
Plansee
Cluse d'Ehrenberg
Ehrwald
ZUGSPITZE
2964
Lermoos
Route du col de Fern
Blindsee
Fernstein
Fernsteinsee
Nassereith
1126
Holzleiten
Leutasch
Mittenwald
Routes du seuil de Seefeld
Seefeld in Tirol
Reith bei Seefeld
Hafelekar
2334
Martinswand
Telfs
Mösern
Stams
INNSBRUCK
Hall in Tirol
Ambras
Igls
2246
Patscherkofel
St-Charles-Borromée
Rastkogel
2762
Vallée de la Ziller
Zell am Ziller
Gerlos
165
Mayrhofen
Pont de l'Europe
Schönberg
Route d'Ellbögen
Vallée du Stubai
Neustift
183
Matrei am Brenner
182
Hintertux
VALLÉE DE TUX
169
Vallée de Zemm
Route du Brenner
3250
Gefrorene Wand
Refuge de Berlin
Mutterbergalm
Jochdohle
3150
Glacier du Stubai
Lueg
Brenner
1375
Lac de Schlegeis
9
A 8
A 95
A 12
A 22
SS 44
SS 49
307
13
318
472
23
2
16
17
11
Mittelgebirge
Vallée du Stubai
Le Zirlerberg
Vallée de Leutasch
De Telfs au Plansee
Chaîne du Karwendel
Le Wilder Kaiser
Le Zahmer Kaiser
Vallée de Tux
Vallée de Zemm
Route alpine du Gerlos
De Mittersill à Lienz
Vallée de Kaprun
De Zell am See à Heiligenblut
De Lend au tunnel des Tauern
Autour des Dolomites de Lienz
Haute vallée de la Möll

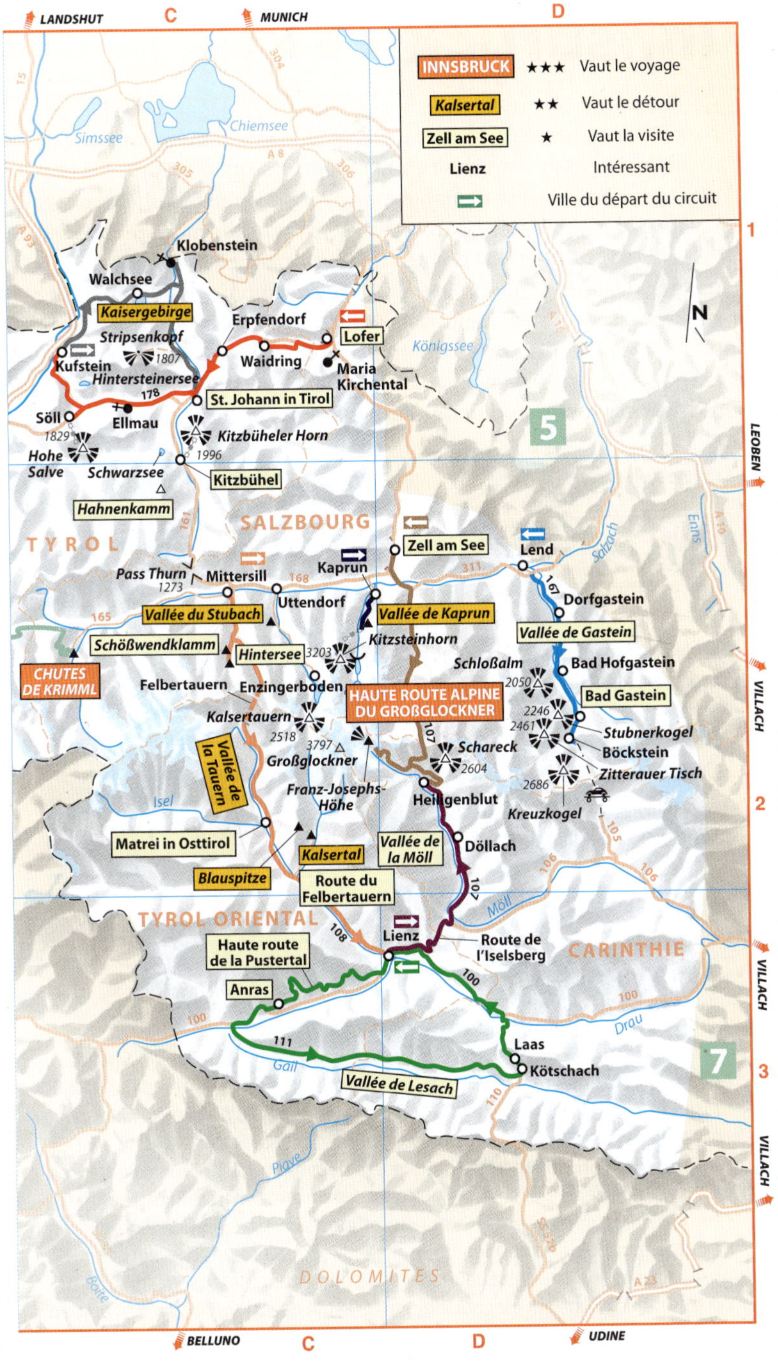

LANDSHUT
C
MUNICH
D
INNSBRUCK ★★★ Vaut le voyage
Kalsertal ★★ Vaut le détour
Zell am See ★ Vaut la visite
Lienz Intéressant
Ville du départ du circuit
Chiemsee
Simssee
Klobenstein
Walchsee
Kaisergebirge
Stripsenkopf
Erpfendorf
Lofer
Waidring
Maria Kirchental
Königssee
Kufstein
Hintersteinersee
St. Johann in Tirol
Söll
Ellmau
Kitzbüheler Horn
Hohe Salve
Schwarzsee
Kitzbühel
Hahnenkamm
SALZBOURG
TYROL
Zell am See
Lend
Kaprun
Pass Thurn
Mittersill
Uttendorf
Dorfgastein
Vallée du Stubach
Vallée de Kaprun
Vallée de Gastein
Schößwendklamm
Kitzsteinhorn
Hintersee
Schloßalm
Bad Hofgastein
CHUTES DE KRIMML
Felbertauern
Enzingerboden
HAUTE ROUTE ALPINE DU GROẞGLOCKNER
Bad Gastein
Kalsertauern
Stubnerkogel
Vallée de la Tauern
Schareck
Böckstein
Großglockner
Zitterauer Tisch
Franz-Josephs-Höhe
Heiligenblut
Kreuzkogel
Isel
Matrei in Osttirol
Vallée de la Möll
Döllach
Kalsertal
Blauspitze
Route du Felbertauern
TYROL ORIENTAL
Lienz
Route de l'Iselsberg
CARINTHIE
Haute route de la Pustertal
Anras
Drau
Laas
Kötschach
Gail
Vallée de Lesach
Piave
DOLOMITES
LEOBEN
VILLACH
BELLUNO
UDINE

Innsbruck ★★★

Cernée de murailles naturelles imprenables, dont les crêtes scintillent d'un blanc immaculé la plupart de l'année, Innsbruck déploie un charmant décor urbain dans un site totalement improbable. Cette cité étudiante et riante rivalise d'imagination avec son architecture baroque, joyeuse et colorée, ses beaux tramways pourpres modernes et ses installations sportives de pointe, dont un incroyable tremplin à ski qui brille au milieu de la nuit. L'évasion de la haute montagne n'est qu'à tire d'aile : en hiver, les habitants délaissent volontiers le centre médiéval pour dévaler les pistes de ski entre midi et deux et, en été, vous gravirez les sentiers panoramiques spectaculaires perchés à 2 300 m d'altitude, au milieu des moutons en liberté et autres bouquetins sauvages.

Se repérer

CARTE P. 364-365 (AB2) ET CARTE DES ENVIRONS D'INNSBRUCK P. 378, PLAN I P. 368 (CENTRE) ET PLAN II P. 375 (AGGLOMÉRATION)
130 585 habitants – Tyrol.
La ville est un important nœud de communication entre l'est et l'ouest du pays, mais aussi entre l'Allemagne et l'Italie.

À ne pas manquer

La vieille ville ; le château d'Ambras ; la vue du Hafelekarspitze.

Organiser son temps

Comptez une journée pour Innsbruck et au moins deux jours pour les alentours.

En famille

Musée tyrolien des Arts et Traditions populaires ; musée des Cloches à Wilten ; zoo alpin ; Mondes du cristal Swarovski à Wattens.

Carnet pratique p. 379

Nos adresses p. 380

★★ La vieille ville (ALTSTADT)

PLAN I P. 368

Circuit tracé en vert sur le plan.

Cathédrale St-Jacques (DOM ZU ST. JAKOB) C1

Domplatz 6 - ✆ 0512 583902 - www.dibk.at/st.jakob - 10h15-18h30 (19h30 mai-oct.).
La présence d'une église sur le site de la cathédrale est attestée depuis 1180. Plusieurs fois détruit, l'édifice fut toujours relevé jusqu'à présenter son aspect actuel, caractérisé par une façade concave et un volumineux dôme (18e s.). L'**intérieur★**, d'ordonnance baroque, a été décoré en 1722 par le célèbre duo d'artistes munichois Cosmas Damian Asam (peintre) et son frère Egid Quirin (stucateur). Leurs compositions, aux savants effets de perspective donnent l'illusion de hautes coupoles et glorifient la Trinité et les intercessions de saint Jacques. Au-dessus du maître-autel, la Vierge du Bon Secours (*Mariahilf*), peinte par Lucas Cranach l'Ancien, est l'objet d'une fervente dévotion. Destinée à l'origine à l'église de la Croix de Dresde, elle fut donnée par l'électeur de Saxe à l'archiduc Léopold du Tyrol, qui ne s'en séparait jamais. Ce n'est qu'en 1650 qu'elle fut placée dans la cathédrale.

Arc de triomphe d'Innsbruck.
G. Lenz/Arco Images/age fotostock

Dans le bras gauche du transept s'élève le **mausolée★** à baldaquin de l'archiduc Maximilien III, grand-maître de l'ordre teutonique, mort en 1618. Le beau monument funéraire maniériste en bronze apporte une note de gravité qui contraste avec l'exubérance décorative de la chaire et des orgues.
Tous les jours à 12h12, le **carillon** de la Paix, retentit depuis la tour nord.
Longez la cathédrale sur la gauche, un passage débouche sur le Rennweg.

Jardin impérial (HOFGARTEN) D1

Ce parc public fut, lors de sa création au 16e s., l'un des jardins les plus célèbres au nord des Alpes. Sous Marie-Thérèse, on le réaménagea dans le goût baroque, avant d'en faire dans la première moitié du 19e s. un parc paysager.
Revenez sur le Rennweg.

★★ Église impériale (HOFKIRCHE) C1

Universitätsstr. 2 - ✆ 0512 594 89 514 - www.tiroler-landesmuseen.at - ♿ - lun.-sam. 9h-17h, dim. et j. fériés 12h30-17h - 8 € (-19 ans gratuit) ; 12 € billet combiné (voir « Carnet pratique » p. 379).
Cette église fut édifiée sous Ferdinand Ier, empereur de 1556 à 1564, pour abriter le mausolée de son grand-père, Maximilien Ier. Le caractère gothique de l'église-halle à trois vaisseaux est partiellement masqué par les apports de la Renaissance et du baroque. Sur la tribune ont été disposées les 23 statuettes des saints protecteurs de la maison de Habsbourg.
★★★ Mausolée de l'empereur Maximilien Ier (Grabdenkmal Kaiser Maximilian I) – Ce monument funéraire, legs le plus important de la sculpture autrichienne de la Renaissance, devait glorifier, dans l'esprit de l'empereur, les fastes de son règne et symboliser aussi la légitimité du Saint Empire romain germanique. Le projet initial prévoyait la commande de 40 grandes statues, 100 petits bronzes de saints et 34 bustes d'empereurs romains. À la fin des travaux, en 1584, ce programme n'était que partiellement réalisé. Impressionnantes, les 28 statues de bronze (sauf deux en cuivre), plus grandes que nature, des « bonshommes noirs », comme les

appellent les habitants d'Innsbruck, montent la garde autour du tombeau vide. Un flambeau pouvait être ajusté dans la main droite de chaque statue à l'occasion des services funèbres. Le choix des personnages tient compte des liens du sang et des alliances – familles de Habsbourg, de Bourgogne et d'Autriche – mais aussi de l'héritage des héros de chevalerie ou des précurseurs de la chrétienté médiévale – le roi Arthur, Clovis… La contribution d'Albrecht Dürer rehausse incontestablement le niveau de l'ensemble avec les statues du roi Arthur et de Théodoric. Vous serez surtout impressionné par la finesse de réalisation des costumes. Le tombeau lui-même, entouré d'une splendide grille Renaissance, est surmonté de la statue agenouillée de Maximilien et cantonné des effigies des Vertus cardinales sculptées par **Alexandre Colin**, de Malines (1527-1612). Les reliefs de marbre revêtant les parois du monument représentent les fastes du règne.

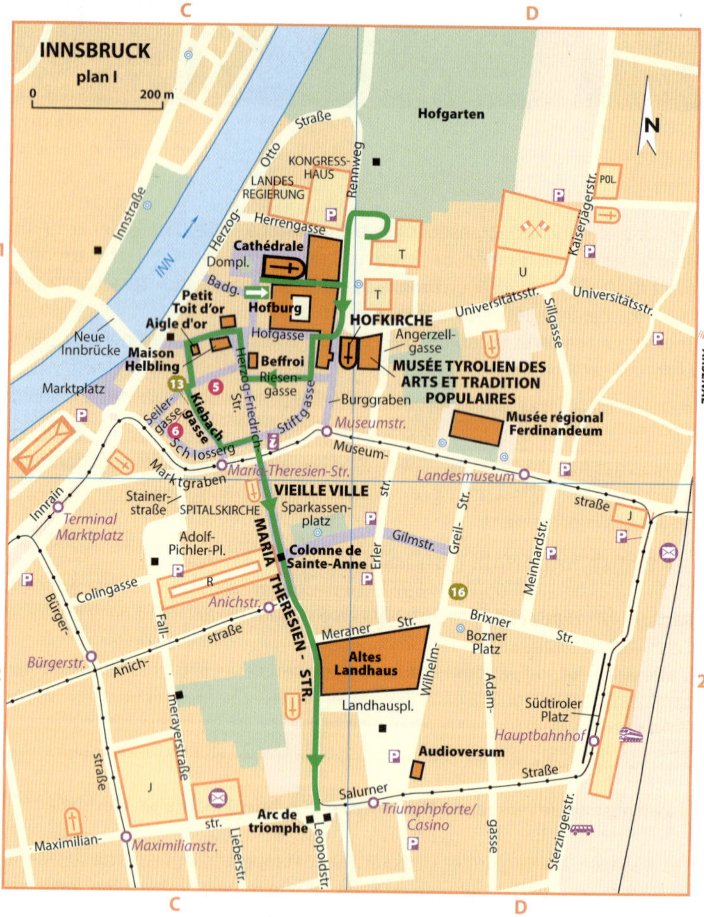

SE RESTAURER
Die Wilderin 5
Weißes Rössl 6

SE LOGER
Hotel Weißes Rössl 13
Gasthof Zach 16

Andreas Hofer, à la tête de la rébellion contre Napoléon

En **1805**, après les défaites d'Austerlitz et d'Ulm, l'Autriche doit céder le Tyrol à la **Bavière**, alliée de Napoléon. Munich impose rapidement des réformes et supprime les anciens droits de la population : interdiction des rites religieux et processions, mise en place d'un service militaire... La colère gronde parmi les Tyroliens, fervents catholiques attachés à leur identité. Un aubergiste, **Andreas Hofer**, prend le commandement de cette rébellion. En **1809**, la résistance armée s'organise et les troupes françaises subissent une première défaite à Bergisel. Les Tyroliens réussissent plusieurs fois à chasser l'ennemi, mais cette révolte fait de nombreux morts. À la fin de l'année, les insurgés rendent les armes. Capturé, Andreas Hofer est emmené à Mantoue, en Italie, où il est exécuté. Il devient alors **le symbole de l'insurrection contre l'empereur** dans le Tyrol. L'admiration pour le courage et le patriotisme de Hofer est toujours forte dans le Tyrol et plusieurs monuments lui rendent hommage. Tout comme l'hymne officiel, *Zu Mantua in Banden*, qui retrace la mort du héros.

Observer le mobilier Renaissance du chœur de l'église, en particulier, à gauche, la tribune somptueuse dite « chœur des Princes » et les stalles de 1567. Célèbre orgue du 16e s., dû à un facteur souabe.

La Hofkirche est aussi le sanctuaire national tyrolien depuis le soulèvement de 1809. Elle abrite ainsi la sépulture et le monument d'**Andreas Hofer** (1767-1810), que l'on verra avant de sortir.

★★ **Chapelle d'argent (Silberne Kapelle)** – *Mêmes conditions de visite que l'église impériale.* Cette chapelle funéraire, construite pour que l'archiduc **Ferdinand II du Tyrol** puisse reposer aux côtés de son épouse, fut terminée en 1587. Elle doit son nom à la grande madone d'argent repoussé, qui est présentée sur le retable de l'autel en bois précieux. Le premier enfeu, à l'entrée à gauche, abrite le tombeau de Philippine Welser, l'épouse de Ferdinand, qui compte parmi les œuvres de maturité les plus achevées d'Alexandre Colin. Plus proche de l'autel, le monument funéraire de Ferdinand, du même artiste, présente le défunt équipé de pied en cap.

★★★ Musée tyrolien des Arts et Traditions populaires

(TIROLER VOLKSKUNSTMUSEUM) C1

Universitätsstr. 2 - ✆ 0512 594 89 513 - www.tiroler-landesmuseen.at - ♿ - 9h-17h - billet combiné (voir « Carnet pratique » p. 379) 12 € (-19 ans gratuit).

Tous les objets des collections proviennent du Tyrol historique, qui incluait l'actuel Trentin et les vallées entourant les Dolomites. Au 1er étage, on peut admirer des maquettes de différentes fermes tyroliennes, du mobilier, des outils agricoles, des sculptures sur bois de la Grödner Tal, des instruments de musique et des jeux. Les costumes et masques portés lors du carnaval sont tout à fait remarquables. Le 2e étage comprend une collection d'art religieux populaire, des meubles rustiques peints et des costumes de fête paysans. Les **pièces historiques**★ reconstituées sont particulièrement impressionnantes (17e-18e s.) et la collection de **crèches**★ vaut également à elle seule la visite. Enfin, la **mezzanine de l'église impériale**★ offre une vue d'ensemble sur les monumentales sculptures du mausolée.

Passez sous le porche pour emprunter la Hofgasse.

★ Château impérial (HOFBURG) C1

Burghauptmannschaft Österreich - Rennweg 1 - ✆ 0512 58718619 - www.hofburg-innsbruck.at - ♿ - 9h-17h - 9,50 € (-20 ans gratuit).

8

À la place d'un vaste ensemble composite édifié peu à peu par les Habsbourg de la branche tyrolienne, Maximilien Ier fit élever un château qui fut reconstruit par Marie-Thérèse entre 1766 et 1770. La longue façade encadrée de deux tours à dôme témoigne du dernier stade de l'architecture civile baroque à Innsbruck.
Intérieur – Les pièces d'apparat glorifient le Tyrol et la monarchie des Habsbourg, en particulier la **salle des Géants★★**. Cette salle des fêtes, revêtue de panneaux de stuc à l'éclat de porcelaine, mesure 31,50 m de long. La fresque du plafond, peinte en 1776 par Franz Anton Maulbertsch, personnifie la maison de Habsbourg-Lorraine, avec deux femmes se tendant la main. Sur les murs, les portraits en pied des enfants de Marie-Thérèse font cortège au couple impérial. On note aussi les portraits de Louis XVI et de Marie-Antoinette. Les appartements privés renferment de belles tapisseries et des tableaux.
En sortant de la Hofburg, prenez en face la Stiftgasse, puis, à droite, la Riesengasse. Prenez à droite en arrivant sur la Herzog-Friedrich-Straße.

Beffroi (STADTTURM) C1

Herzog-Friedrich-Str. 21 - ✆ 0512 53 56 60 60 20 - www.innsbruck.info - juin.-sept. : 10h-20h ; reste de l'année : 10h-18h - 3 €.
Il constitue une partie de l'ancien hôtel de ville édifié en 1358. Une souche carrée porte un couronnement octogonal Renaissance tout boursouflé d'échauguettes et coiffé d'un dôme à lanternon. Un escalier (148 marches) permet d'accéder à la première plate-forme pour jouir d'un **panorama★** privilégié sur les toits de la ville.

★ Petit Toit d'or (GOLDENES DACHL) C1

Ce charmant ouvrage, terminé en 1500, forme une sorte de tribune plaquée sur l'immeuble sans style qui a succédé à l'ancien palais des ducs. La tradition veut que le duc du Tyrol **Frédéric « à la Bourse vide »** (1382-1439), soucieux de couper court aux railleries courant sur son impécuniosité, ait fait couvrir de pièces d'or ce toit bien en vue des passants. En réalité, l'œuvre date du règne de Maximilien et symbolise la puissance des Habsbourg.
La balustrade est ornée d'une frise d'armoiries délicatement sculptée, représentant, de gauche à droite, les blasons de Styrie (en retour d'équerre), d'Autriche, de Hongrie, du Saint Empire romain germanique (aigle bicéphale), du royaume d'Allemagne (aigle monocéphale et Toison d'or), de Philippe le Beau (fils de Maximilien), des Sforza de Milan, et enfin du Tyrol (en retour d'équerre).
Au centre du 2e étage figurent deux représentations de Maximilien. À gauche, l'empereur se tourne vers sa seconde épouse, Bianca Maria Sforza, reconnaissable à sa coiffe à l'italienne. Marie, première femme de Maximilien, coiffée du hennin bourguignon, complète le trio. À droite, Maximilien se tient de face, entre son conseiller d'empire et son bouffon. Les caissons latéraux représentent chacun un couple de danseurs acrobates. Cet ensemble d'un sculpteur d'origine souabe resté longtemps inconnu, Niklas Türing le Vieux, servait de loge impériale à l'occasion de fêtes et de tournois. Toutes ces sculptures sont des copies ; les originaux se trouvent au musée Ferdinandeum *(voir ci-contre).*
Musée du Petit Toit d'or (Museum GoldenesDachl) – *Herzog-Friedrich-Str. 15 - ✆ 0512 5360 1441 - www.innsbruck.gv.at - ♿ - 10h-17h - fermé nov. - 5,20 €).*
Une salle du Petit Toit d'or est consacrée à l'empereur Maximilien. Quelques objets familiers du souverain y sont exposés, ainsi que son saisissant masque mortuaire.

★ Maison Helbling (HELBLINGHAUS) C1

À l'angle opposé de la Herzog-Friedrich-Straße, cette maison a reçu au 18e s. un placage rococo, présentant des encadrements de fenêtres et un fronton fougueusement décorés. La disposition des fenêtres dans des avant-corps renflés – remède au médiocre ensoleillement des rues étroites des vieilles cités – s'observe encore fréquemment en Allemagne du Sud.

Plus loin à gauche, en direction des quais de l'Inn, se dresse le vénérable hôtel de l'**Aigle d'Or (Goldener Adler)**, fier des hôtes illustres qu'il héberge depuis le 16e s.

Tournez à gauche dans la Kiebachgasse.

★ Kiebachgasse C1

Cette rue est bordée de nobles demeures anciennes. Le croisement avec la Seilergasse a été baptisé « Vier-Viecher-Eck » (carrefour des Quatre-Bêtes), en référence aux quatre enseignes animales suspendues à chaque angle de bâtiment. Celles-ci signalaient autrefois des auberges.

Au bout de la Kiebachgasse, tournez à gauche en passant sous le porche puis à droite sur la Maria-Theresien-Straße.

★ Rue Marie-Thérèse (MARIA-THERESIEN-STRASSE) C1

Cette rue-place ouvre une **perspective★★** imposante sur la Nordkette qui s'élève à 2 334 m. D'intéressants palais la jalonnent : Lodron au n° 7 (1744), Troyer (1681-1683) au n° 39, Trapp (début du 18e s.) au n° 38, Sarnthein (1671-1686, restauré en 1953) au n° 59.

Colonne de Ste-Anne (ANNASÄULE) C1

Elle commémore la défense du Tyrol pendant la guerre de Succession d'Espagne (1703). La Vierge figure au sommet de la colonne, sainte Anne n'apparaissant que sur le socle à côté de saint Georges, ancien patron du Tyrol, et des saints Virgile et Cassien, patrons des diocèses de Trente et de Bressanone.

Ancien parlement (ALTES LANDHAUS) CD1

N° 43. Excellent exemple d'architecture civile baroque, ce palais construit de 1725 à 1728 par Georg Anton Gumpp abrite aujourd'hui le parlement provincial (Landtag) et le gouvernement du Tyrol. Dynastie d'architectes, les Gumpp ont doté la ville de la plupart des édifices qui l'ornent aujourd'hui, dont le monastère de Wilten, la chapelle de l'hôpital, l'église des Jésuites.

Arc de triomphe (TRIUMPHPFORTE) C1

Il commémore les jours de liesse et de deuil qui marquèrent l'année 1765 *(voir p. 373)*. Au sud, le médaillon de François Ier et de Marie-Thérèse couronne le monument, tandis que les effigies des fiancés figurent au corps latéral gauche (à droite, les sœurs du fiancé, Marie-Christine et Marie-Antoinette, future reine de France). La face nord est réservée aux symboles funèbres, avec le médaillon de François Ier présenté par l'ange de la Mort et une femme en deuil, au-dessus de la scène évoquant la mort de l'empereur.

À voir aussi

PLAN I P. 368 ET PLAN II P. 375

★★ Musée régional Ferdinandeum

(LANDESMUSEUM FERDINANDEUM) PLAN I D1

Museumstr. 15 - ✆ 0512 59 489 - www.tiroler-landesmuseen.at - ♿ - tlj sf lun. 10h-18h - billet combiné (voir « Carnet pratique » p. 379) 12 € (-19 ans gratuit).

Il est consacré à l'histoire des beaux-arts du Tyrol et à ses nombreux artistes de qualité. Très belles salles présentant de vastes collections allant de l'époque préhistorique à nos jours. Outre des **collections archéologiques★**, les arts **gothique★★** (Multscher, Pacher) et **baroque** (Troger) occupent une place prépondérante. On peut aussi admirer les originaux des sculptures du **Petit Toit d'or**. Les collections d'**art moderne et contemporain★** sont souvent enrichies par des achats et des legs d'œuvres d'artistes tyroliens contemporains.

Audioversum PLAN I D1

Wilhelm-Greil-Str. 23 - ✆ 05 778899 - www.audioversum.at - ♿ - tlj sf lun. 10h-18h - 9 € (7-15 ans 5,50 €) - dépliant en français.

Ce musée est consacré à l'univers auditif. Parmi la vingtaine d'installations originales et utilisant des technologies de pointe, vous serez surpris par les images 3 D montrant l'infinie complexité de l'oreille (n° 5), vous découvrirez que l'on peut entendre sans se servir de ses tympans, c'est la fameuse conduction osseuse (n° 7), vous pourrez tester vos capacités face au vertige avec casque de réalité virtuelle et faire un test auditif en fin de parcours.

Arsenal (ZEUGHAUS) PLAN II B1

Zeughausgasse 1. Accès par Universitätsstr. puis Dreiheiligenstr. - ✆ 0512 594 89 313 - www.tiroler-landesmuseen.at - ♿ - tlj sf lun. 9h-17h - billet combiné (voir « Carnet pratique » p. 379) 12 € (-19 ans gratuit).

Aménagé sous l'empereur Maximilien au début du 16e s., il abrite aujourd'hui un musée consacré à l'**histoire du Tyrol**. L'exposition interactive présente la géologie, la préhistoire et la situation actuelle de la région : habitat, religion, économie et politique sont évoqués. Une salle est dédiée à l'histoire musicale du Tyrol.

À proximité

PLAN II P. 375

★ Wilten B1

À 15mn de marche de l'Arc de triomphe.

En transport en commun : bus réguliers ou par le « Sightseer » (voir p. 381) - comptez 30mn de l'arrêt Maria-Theresien-Str. dans la vieille ville.

Le quartier de Wilten construit à l'emplacement de la ville romaine de Veldidena, s'adosse, au sud, à l'éminence boisée de Bergisel, devenue le haut lieu du Tyrol depuis les combats qui se déroulèrent sur ses pentes entre les armées napoléoniennes et les Tyroliens insurgés d'Andreas Hofer en 1809.

Musée des Cloches (Glockenmuseum) – A1 - *Leopoldstr. 53 - ✆ 0512 59416 - www.grassmayr.at - ♿ - mai-oct. : lun.-sam. 10h-16h ; nov.-avr. : lun.-vend. 10h-16h - 9 € (6-14 ans 5 €).* Depuis 1559, la famille Grassmayr œuvre dans cette fonderie qui est l'un des plus anciens lieux de fabrication de cloches toujours en activité. La visite permet de découvrir l'atelier des fondeurs et leurs procédés de fabrication ainsi que l'histoire des cloches avec de beaux exemples : cloche gothique, cloche baroque, cloche japonaise, etc.

Église abbatiale (Stiftskirche) – *✆ 0512 583048 - www.stift-wilten.at.* L'édifice baroque du 17e s. a été restauré après avoir été endommagé par des bombardements en 1944. La façade, transformée en 1716 par l'architecte du Landhaus, s'incurve profondément jusqu'au portail gardé par deux géants en bois peint, costumés en guerriers de tragédie classique, Aymon, à gauche, et Thyrsus, à droite. Dans l'avant-nef, fermée par une magnifique **grille★** de 1707, on retrouve une autre statue, d'une facture plus naïve, du géant Aymon (vers 1500). Celui-ci aurait, selon la légende, fondé le monastère en expiation du meurtre du géant indigène Thyrsus, après avoir purgé les gorges voisines de la Sill d'un redoutable dragon. Le vaisseau ne manque pas de distinction avec ses retables noirs rehaussés d'ors. Au couronnement du maître-autel, remarquez l'ouvrage dit « trône de Salomon »

Innsbruck, capitale du Tyrol

L'État tyrolien naît au 12e s. au cœur des Alpes sous la juridiction des comtes du Tyrol, établis au château de ce nom, au-dessus de Meran (Merano). Au 14e s., le Tyrol revient aux Habsbourg. La balance penche alors en faveur des territoires de la vallée de l'Inn, sur le versant nord de la chaîne ; Innsbruck, devenue capitale, connaît un brillant développement, surtout sous le règne de Maximilien Ier.

La ville de Maximilien Ier

Investi de la dignité impériale en 1493, **Maximilien de Habsbourg**, dit le « dernier chevalier », a une affection particulière pour le Tyrol. En 1477, il a épousé en premières noces Marie de Bourgogne, fille de Charles le Téméraire. Par l'accroissement de puissance territoriale que cette union apporte à sa maison, il justifie la devise qui, par la suite, sera souvent appliquée à la monarchie des Habsbourg : *« Bella gerant alii, tu, felix Austria, nube, nam quae Mars aliis, dat tibi regna Venus. »*, ce qui signifie : « Que les autres fassent la guerre, toi, heureuse Autriche, conclus des mariages, car ce que Mars apporte aux autres, c'est Vénus qui te le dispense. »
Douze ans après la mort de sa première femme en 1482, l'empereur épouse en secondes noces Bianca Maria Sforza. Peu après, il fait réaliser le fameux **Petit Toit d'or**, devenu l'emblème d'Innsbruck.
Son attachement va encore plus loin : il choisit la ville comme lieu de sépulture et commande le somptueux mausolée de la Hofkirche. Toutefois, il ne recevra jamais la dépouille de l'empereur, qui, s'étant vu fermer les portes de la ville par les bourgeois, exaspérés par les dettes que les nobles de sa suite ont laissées, meurt à Wels le 12 janvier 1519 et est enterré à Wiener Neustadt.
Grand amateur d'art, l'empereur Maximilien Ier fait découvrir le travail des artistes du début de la **Renaissance** dans tout le pays. Il s'en sert aussi à des fins de propagande, se faisant souvent représenter sur des tableaux, notamment sur ceux d'Albrecht Dürer, ou bien sur des pièces de monnaie.

Les heures sombres

En 1765, de nouveaux fastes mettent la ville d'Innsbruck en fièvre : on célèbre le mariage de Léopold, grand-duc de Toscane, avec l'infante d'Espagne Marie-Louise. Mais soudain la mauvaise nouvelle se répand : l'empereur **François Ier** vient de passer subitement de vie à trépas. Dans la vieille ville, la décoration de l'arc de triomphe, contemporain de ces événements, évoque ces jours de joie et de tristesse.
Un demi-siècle plus tard, à la suite des guerres napoléoniennes, l'Autriche doit céder le Tyrol à la Bavière, ce qui provoque une rébellion de la part des Tyroliens. En **1809**, les premiers combats ont lieu dans les rues d'Innsbruck, mais il faudra attendre encore six ans pour que le Tyrol retrouve sa place dans l'Empire autrichien.
Après la Première Guerre mondiale, la région connaît d'autres difficultés qui touchent ses frontières : le pays doit de nouveau céder une partie du Tyrol, mais cette fois à l'Italie. Il s'agit de la **province de Bozen** (Bolzano), qui compose le sud du Tyrol, où la majorité des habitants est toujours germanophone.

(1665), sorte de modèle réduit de galerie encadrée de colonnes et de lions, ménageant une perspective vers un Christ assis sur un trône.

★ **Basilique (Basilika)** – *Pfarramt Wilten - ☏ 0512 58 33 85 - www.sr-wiwiwe.at - gratuit.* Pour perpétuer la dévotion à « Notre-Dame-des-Quatre-Colonnes », faisant l'objet d'un pèlerinage très populaire à Innsbruck depuis le Moyen Âge, les prémontrés de Wilten firent reconstruire de 1751 à 1756 l'église paroissiale du quartier. Celle-ci fut érigée en basilique en 1957. À l'intérieur, le vaisseau témoigne de la virtuosité des artistes de l'époque rococo, et particulièrement de l'équipe de décorateurs constituée par le stucateur Franz Xaver Feichtmayr, de l'« école de Wessobrunn », et le peintre augsbourgeois Matthäus Günther. Les stucs, en forme de fleurs, de rinceaux et d'anges, s'ordonnent de façon particulièrement réussie dans les cartouches. Les remarquables peintures des voûtes représentent, dans le chœur, la Vierge avocate et dans la nef, les figures bibliques d'Esther et de Judith. La statue de la Vierge vénérée par les pèlerins se dresse au maître-autel sous un baldaquin à colonnes de marbre.

Bergisel A1

En transport en commun par le « Sightseer » (voir p. 381) - comptez 40mn de l'arrêt Maria-Theresien-Str. dans la vieille ville. Bus 41410 au dép. de l'Arc de triomphe - trajet 15mn, puis 10mn de marche.

Sur cette colline boisée aménagée pour la promenade, de nombreux habitants d'Innsbruck viennent chercher détente ou distractions.

★ **Tremplin de saut à skis (Bergiselstadion)** – *☏ 0512 58 92 59 - www.bergisel.info - juin-oct. : 9h-18h ; nov.-mai : tlj sf mar. 10h-17h - 10 € (6-14 ans 5 €) - 15 €, billet combiné 12 € (voir « Carnet pratique » p. 379).* Dès 1925, un tremplin avait été érigé. Plusieurs fois modernisé, il rappelle les exploits des Jeux olympiques de 1964 et 1976. Il a été surélevé d'une plate-forme aux formes audacieuses réalisée par la célèbre architecte iranienne Zaha Hadid. Accessibles au public (le prix comprend la montée en funiculaire), la plate-forme et son café-restaurant offrent une **vue** extraordinaire sur la ville et les montagnes alentour.

Tirol Panorama & Musée des Chasseurs impériaux (Kaiserjägermuseum) – *Bergisel 1-2 - ☏ 0512 594 89 611 - www.tiroler-landesmuseen.at - tlj sf mar. 9h-17h - 9 € (enf. gratuit) ; billet combiné 12 € (voir « Carnet pratique » p. 379) ; 14 €, billet combiné comprenant aussi le tremplin de saut à skis.* C'est ici que vous ferez une plongée dans la journée du 13 août 1809 : une **fresque circulaire géante** de plus de 1000 m², réalisée en 1896 par le Munichois Michael Zeno Diemer (1867-1939), dépeint en effet la rébellion du Tyrol face aux armées bavaroises combattant pour Napoléon : on peut voir en particulier le héros régional **Andreas Hofer** (1767-1810) qui conduisit les Tyroliens *(voir encadré p. 369)*. La suite de la visite est consacrée au corps d'élite tyrolien à l'origine de ce soulèvement réussi, les chasseurs impériaux, dissous en 1919.

★ Château d'Ambras (SCHLOSS AMBRAS) B1

En transport en commun : « Sightseer » (voir p. 381) - à 35mn de l'arrêt Maria-Theresien-Str. dans la vieille ville.

En voiture : sortez d'Innsbruck par l'Olympiastr. (est). Au niveau du stade, tournez à droite et, après être passé sous l'autoroute, suivez à gauche la route d'Aldrans. ☏ 01 525 24 4802 - www.schlossambras-innsbruck.at - 10h-17h - fermé nov. - avr.-oct. : 16 € ; déc.-mars : 12 € ; -19 ans gratuit ; audioguide 4 €.

L'archiduc **Ferdinand II** (1529-1595), souverain du Tyrol, fit transformer le château fort d'Ambras en un palais de style Renaissance. Il y vécut avec la belle Philippine Welser, sa première épouse morganatique, d'un rang inférieur au sien.

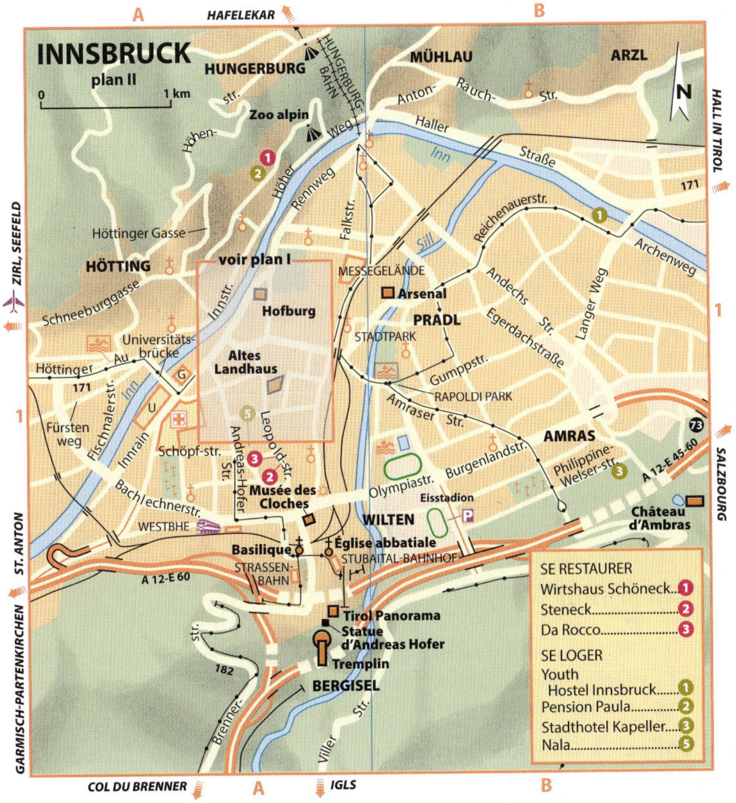

Afin d'abriter ses collections, le prince humaniste fit construire le **château bas** (Unterschloss) qui lui tenait lieu de musée personnel. L'exposition actuelle présente son célèbre **Cabinet de Curiosités**, ainsi que ses **salles d'armes★**.
Les appartements étaient initialement installés dans le château haut. Aujourd'hui, on peut y voir du mobilier des 16e et 17e s. et la **galerie des Portraits★**, où figurent tous les Habsbourg de 1300 à 1800, ainsi que les personnalités les plus illustres de l'histoire européenne de la même période. L'autel de saint Georges de l'empereur Maximilien Ier, présenté dans le cadre de la **collection de tableaux du Moyen Âge**, constitue un joyau particulier. Les fresques de la cour intérieure, ainsi que la salle de bains de Philippine Welser dans le château haut, sont également remarquables. L'archiduc Ferdinand II fit réaliser la belle **salle espagnole★** au sud du château haut en guise de salle des fêtes.

Zoo alpin (ALPENZOO) A1

Weiherburggasse 37. Accessible en bus (ligne W), en minibus Sightseer ou par le téléphérique Hungerburgbahn – ✆ 0512 292323 - www.alpenzoo.at - 9h-18h (17h nov.-mars) - 13 € (6-15 ans 6,50 €).

Le cadre très agréable et la **vue** sur la plaine de l'Inn ajoutent à l'intérêt de ce parc animalier à thème. Avec plus de 2000 animaux, il présente un aperçu de la faune actuelle et ancienne des Alpes.

★★ Hafelekarspitze HORS PLAN PAR A1

Téléphérique (Hafelekarbahn) - www.nordkette.com - 9h-17h (ttes les 15mn) - 42 € (6-15 ans 25,20 €).

2 334 m. Le **téléphérique** aux stations modernistes, conçues par l'architecte Zaha Hadid, conduit directement du centre-ville au **Hungerburg** en seulement 7mn. Ensuite, les télécabines de la Nordkette permettent de monter à la station de la Seegrube *(restaurant panoramique)*. De là, d'autres télécabines mènent au Hafelekarspitze. **Panorama★★★** époustouflant sur la vallée de l'Inn et les Alpes de Stubai au sud, et sur les parois rocheuses calcaires de la chaîne montagneuse du Karwendel au nord. Et si vous n'avez pas le vertige, empruntez le sentier qui longe le versant de la montagne vers l'est, sur lequel vous pourrez profiter plus tranquillement de la vue sur la vallée, au milieu des moutons et sous le regard des bouquetins.

Circuits conseillés

CARTE P. 378

★★ Mittelgebirge

Circuit de 105 km, si l'on inclut le passage par le col du Brenner (Brennerpass), tracé en vert sur la carte. Quittez Innsbruck par la Haller Str.

La route est étroite, truffée de lacets, et accuse des pentes allant jusqu'à 15 %.

★ Hall in Tirol

Voir p. 397.

La route de Tulfes offre, à mesure qu'elle s'élève, des points de vue sur la ville de Hall, située au pied de la chaîne du Bettelwurf dans le massif du Karwendel.

Bifurquez à gauche vers Volders. On gagne l'église au bout de 2 km.

★ Église St-Charles-Borromée (KIRCHE ZUM HL. KARL BORROMÄUS), à Volders

Cette église, conçue selon un plan en trèfle, fut construite entre 1620 et 1654. Elle se caractérise par ses six coupoles, qui rappellent les constructions orientales, et son clocher à bulbe au socle décoré de tourelles angulaires à trois faces. À travers la belle grille baroque, on aperçoit les fresques du plafond (1765-1766) de **Martin Knoller** (1725-1804), qui illustrent la vie du cardinal milanais Charles Borromée ; le tableau du maître-autel (1769), du même artiste, représente le saint en train de donner la communion à un malade atteint de la peste.

Après Volders, suivez les panneaux « Swarovski Kristallwelten ».

★ Mondes du cristal Swarovski (SWAROVSKI KRISTALLWELTEN), à Wattens

05224 51080 - www.kristallwelten.swarovski.com - ♿ - 9h-19h (dernière entrée 18h) - fermé 7-8 nov. - 23 € (6-17 ans 7 €).

Composé de 18 installations, l'exposition est la vitrine de la société Swarovski installée ici et réputée pour ses objets en cristal taillé : la première salle comprend en particulier des œuvres de Salvador Dalí, Andy Warhol et Niki de Saint Phalle et le plus gros cristal au monde taillé à la main, faisant 310 000 carats, composé de 100 facettes. Le site abrite également un **jardin artistique** de 7,5 ha : outre sa fameuse mascotte par laquelle on entre au début de la visite – une tête de géant dont la bouche éjecte de l'eau –, il comprend une impressionnante installation

Route du Brenner.
Adam Smigielski/Getty Images Plus

de Andy Cao et Xavier Perrot (*Crystal Cloud*, 2015), un miroir d'eau noir survolé par des **nuages★** composés de 800 000 cristaux !
Reprenez la route en sens inverse et tournez à gauche vers Rinn/Tulfes.
La route atteint un plateau couvert de prairies, où se succèdent les charmants villages de Tulfes, Rinn, Wiesenhöfe, Sistrans et Lans.

Igls

Cette station de sports d'hiver a accueilli les Jeux olympiques en 1964 et en 1976.
Patscherkofelbahnen – *✆ 0512 377234 - www.patscherkofelbahnen.at - de fin mai à fin oct. : 9h-17h (23h le jeu. en juil.-août) ; de déb. déc. à fin mars : 8h30-16h - 26 € AR (enf. 22,70 €).* La montagne du **Patscherkofel** (2 246 m), que l'on atteint en téléphérique offre de nombreuses possibilités de randonnées l'été et permet de profiter des sports d'hiver jusqu'au printemps. On y trouve aussi la plus grande forêt de pins des Alpes orientales et le plus haut **jardin botanique** d'Autriche *(près de la station supérieure - juin-sept. - entrée libre).*
Poursuivez en direction de Patsch/Matrei.

★★ Route d'Ellbögen (ELLBÖGENER STRASSE)

Cette ancienne route du sel offre de nombreux points de vue sur la vallée de la Sill. À l'entrée de Patsch, belle **vue★** sur la vallée du Stubai : au premier plan, le pont de l'Europe, sur lequel passe l'autoroute du Brenner, à gauche, la pyramide pointue du Serles (2 718 m) et, à l'arrière-plan, le sommet enneigé du Habicht (3 277 m). Après Gedeir, commence la descente vers la vallée que l'on atteint à Mühlbachl. Après avoir traversé la Sill, on rejoint, à **Matrei am Brenner**, la route du Brenner (B 182).
Faire un détour vers la gauche pour gagner le col du Brenner et la frontière italienne (32 km AR) ou poursuivez vers la droite en direction d'Innsbruck.

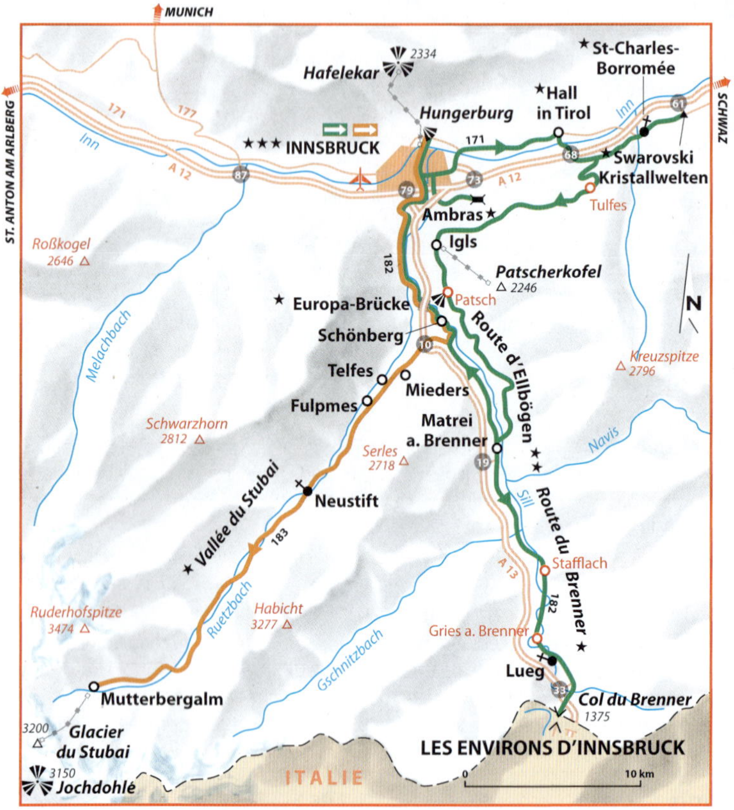

★ Route du Brenner (BRENNERSTRASSE)

À 1375 m d'altitude, le **col du Brenner** est le passage le plus bas des Alpes centrales. La première route du Brenner date de 1772. Pour accélérer le transit, une autoroute à péage a été ouverte à la circulation en 1969. Si vous avez le temps, nous vous recommandons d'emprunter la B 182, qui offre de plus beaux points de vue sur la vallée de la Sill.

De Matrei am Brenner au col du Brenner – Une fois sorti de Matrei, on aperçoit à gauche l'entrée de la **vallée de Navis**, reconnaissable aux petites églises blanches de St. Kathrein (à gauche) et de Tiezens (à droite). La route continue ensuite à travers la verte vallée de la Sill. À l'entrée de Stafflach, belle vue à gauche sur les crêtes des Alpes du Zillertal. Avant de commencer l'ascension du col, à la sortie de Gries, on aperçoit à droite la **chapelle des Sts-Christophe-et-Sigismond-am-Lueg**, baroquisée entre 1684 et 1686. La route continue à s'élever et atteint le col et la frontière italienne.

Empruntez la même route en sens inverse pour regagner Matrei.

De Matrei am Brenner à Innsbruck – Après Matrei, la route défile au-dessus de la rive gauche de la Sill et serpente ensuite jusqu'à Innsbruck. Onze kilomètres après Matrei, on franchit le **pont de l'Europe★** (**Europabrücke** – 815 m de long, 190 m au-dessus de la rivière) et on parvient à un parking dont le belvédère permet d'admirer cette gigantesque construction. Peu avant Innsbruck, on aperçoit à droite le tremplin olympique de saut à skis sur la Bergisel.

★ Vallée du Stubai

Circuit de 44 km au départ d'Innsbruck, tracé en orange sur la carte. Quittez Innsbruck par la B 182 vers le Brenner. Après être passé sous le pont de l'Europe, bifurquez à droite près de Schönberg. On peut aussi emprunter l'autoroute à péage du Brenner (voir p. 554), que l'on quittera à la sortie n° 10.

★ Vallée du Stubai

Dès l'entrée de la vallée se dresse en face l'imposant massif glaciaire du **Zuckerhütl** (3 511 m). La route, bien aménagée, passe à proximité du village de **Schönberg**, puis de ceux de **Mieders**, situé face à la terrasse ensoleillée où s'élève **Telfes**, de **Fulpmes**, spécialisé dans le petit outillage et les articles pour alpinistes, et de **Neustift**. Sur les sept derniers kilomètres, la pente s'accentue et le paysage devient beaucoup plus sauvage. La route quitte finalement la forêt et atteint **Mutterbergalm** (1 728 m), au pied du cirque glaciaire fermant la vallée.

Glacier du Stubai (STUBAIFERNER)

Le domaine skiable du **glacier du Stubai**, aménagé entre 2 300 et 3 200 m d'altitude, offre 90 km de pistes. Nous indiquons ci-dessous les principaux belvédères accessibles par les remontées mécaniques ou à pied *(prévoir vêtements chauds et chaussures imperméables)*.

★★ **Eisgrat** – 2 900 m. Une télécabine permet d'accéder au pied de la Stubaier Wildspitze (3 340 m) et de la Schaufelspitze (3 333 m). **Cadre**★★ sévère de haute montagne. Faites le tour du restaurant pour voir la partie aval de la vallée, encadrée par la Ruderhofspitze et le Habitch.

★★ **Jochdohle** – 3 150 m. Excursion à entreprendre à partir de l'Eisgrat. *Comptez 1h pour monter les 250 m de dénivelée ; ne pas s'aventurer hors du balisage ; possibilité de louer les équipements de montagne appropriés au magasin de sport de l'Eisgrat.* Empruntez le circuit balisé sur le glacier de Schaufel, longeant la piste de ski. Admirable **vue circulaire**★★ sur les Alpes suisses, l'Arlberg et, surtout, les Alpes de l'Ötztal, le massif de l'Ortler en Italie et les glaciers de la Zillertal plus à l'est.

Carnet pratique

S'informer

Office de tourisme – PLAN I C1 - *Burggraben 3 - Innsbruck - 0512 53 560 - www.innsbruck.info/fr.* Balades en ville *(www.perpedes-tirol.at)*.

Pass touristique

Innsbruck Card – *www.innsbruck.info - 53 € (24h), 63 € (48h) ou 73 € (72h).* Cette carte permet d'utiliser les transports en commun (« Sightseer » inclus) et d'accéder gratuitement à tous les musées et monuments, ainsi qu'à un trajet sur chaque remontée mécanique du secteur et autres avantages.

Musées du Tyrol – *www.tiroler-landesmuseen.at.* Ils ont mis en place un billet combiné *(12 €)* donnant accès aux Musée tyrolien des Arts et Traditions populaires, Musée régional Ferdinandeum, à l'Arsenal et au Tirol Panorama & Musée des Chasseurs impériaux, ainsi qu'à l'église impériale (qui peut se visiter seule) comme le tremplin de saut à ski qui peut être inclus dans le billet combiné *(15 €)*.

Arriver/partir

En avion – *www.innsbruck-airport.com.* En 20mn, le bus F assure la navette entre l'aéroport (situé à 5 km ouest du centre) et la gare centrale.

En train – Trains directs Bregenz et Feldkirch (2h40), pour Linz (4h20); Salzbourg (2h50); Vienne (5h20) et Graz (5h50).

Se garer – Parkings payants aux abords du centre-ville *(voir plan I).*

Se déplacer

Bus et tramway – *www.ivb.at.* Plan des lignes et horaires sur le site Internet. La carte à la journée *(6,10 €)* constitue une solution avantageuse *(gratuite avec l'Innsbruck Card)*: nombre illimité de trajets. Il existe aussi des cartes valables pour 8 trajets *(8-Fahrten Ticket 16,10 €)* ou une semaine *(Wochen-ticket 23,60 €).*

Dans les bus, les tickets en vente, à l'unité, sont plus chers.

Agenda

L'office de tourisme édite un calendrier mensuel.

Oster Festival – *www.osterfestival.at.* Festival de Pâques consacré à la danse, à la littérature, à la musique, etc.

Innsbrucker Festwochen der alten Musik (Festival de musique ancienne) – *Juil.-août - www.altemusik.at.* Concerts au château d'Ambras, au Tiroler Landestheater, à la Haus der Musik et au château impérial.

Nos adresses

PLAN I P. 368 ET PLAN II P. 375

Restauration

Premier prix

2 Steneck – PLAN II A1 - *Leopoldstr. 21 - 0512 570539 - lun.-vend. 11h30-22h - fermé w.-end - plats 10/13 €.* Les habitués apprécient la vaste cour arrière, aux murs envahis par le lierre. Cuisine autrichienne bien servie et très abordable, à déguster au calme et à deux pas du centre historique.

Budget moyen

3 Da Rocco – PLAN II A1 - *Michael-Gaismair-Str. 7 - 0664 9101752 - lun.-vend. 11h-14h, 18h-22h, sam. 18h-22h - fermé dim. - formule déj. 7,90/10,90 €, plats 8/15,50 €.* Une excellente cuisine italienne, emmenée par le chef napolitain Rocco et servie dans une jolie salle où dominent l'ardoise et le bois vernissé. Soupe de tomate, ravioli beurre et sauge... Et excellent café ristretto!

5 Die Wilderin – PLAN I C1 - *Seilergasse 5 - 0512 562728 - www.diewilderin.at - tlj sf lun. à partir de 17h - plats 13,50/22,50 € - réserv. conseillée.* « La braconnière » rançonne à merveille le goût: la patronne sélectionne avec rigueur les produits des fermes régionales. La jolie salle abrite deux mezzanines et la carte est composée de quelques plats de saison uniquement. Excellents conseils sur les vins autrichiens.

6 Weißes Rössl – PLAN I C1 - *Kiebachgasse 8 - 0512 583057 - www.roessl.at - tlj sf dim. 11h45-14h30, 18h-22h - plats 15,50/37,50 € - voir « Hébergement » p. 382.* Dans le restaurant du « Cheval blanc », vous goûterez les classiques de la cuisine tyrolienne, dont le plus célèbre d'entre eux, le *Gröstl* (pommes de terre rissolées à la poêle), cuisiné traditionnellement au bœuf et plus originalement au poisson ou végétarien. Très belle terrasse abritée à l'arrière, prisée par les habitués.

Pour se faire plaisir

1 Wirtshaus Schöneck – PLAN II A1 - *Weiherburggasse 6 - ✆ 676 7056333 - tlj sf lun.-mar. 12h-14h, 18h30-0h - plats 11,50/30 €.* Restaurant typique, tout de bois lambrissé et à l'ambiance chaleureuse. Cuisine autrichienne et tyrolienne traditionnelle. Plus classique et chic le soir. Intéressant pour déjeuner.

Petite pause

Glasmalerei – *Glasmalereistr. 3 - ✆ 0512 5705750 - lun.-vend. 10h30-0h30 - fermé w.-end.* Un petit paradis pour se détendre à deux pas de la foule de l'hypercentre: vous ne verrez plus le temps passer sur la terrasse abritée sous de hauts arbres. Vins et apéritifs du moment, mais aussi petite carte pour se restaurer et desserts gourmands.

Konditorei-Café Munding – *Kiebachgasse 16 - ✆ 0512 584118 - www.munding.at - tlj sf dim.-lun. 9h-18h.* L'une des meilleures pâtisseries de la ville (délicieux *Apfelstrudel* et *Sachertorte*). Terrasse accueillante en été. Vente à emporter.

Shopping

Principales rues commerçantes: Maria-Theresien-Straße, zone piétonnière de la vieille ville autour de Herzog-Friedrich-Straße et Museumstraße.

Nombreux **magasins de souvenirs** dans Hofgasse.

Culinarium – *Pfarrgasse 1 - ✆ 512 890589 - www.culinarium.tirol - tlj sf dim. 10h30-23h.* Vins, liqueurs, grand choix d'eaux-de-vie (dont celle à l'abricot, délicieuse spécialité tyrolienne).

Tiroler Heimatwerk – *Meranerstr. 2 - ✆ 0512 582320 - www.heimatwerk.co.at - lun.-vend. 9h-18h, sam. 9h-12h - fermé dim.* Artisanat et costumes traditionnels de qualité. Très apprécié des Autrichiens.

Marchés

Marché fermier de Sparkassenplatz – *Vend. matin.*

Marché aux puces de Franziskanerplatz - *Sam. matin.*

Marchés de Noël

Dans la vieille ville, Marktplatz, Maria-Theresien-St., Hungerburg, Wiltener Platz, St. Nikolaus à partir de fin novembre.

En soirée

Treibhaus – *Angerzellgasse 8 - ✆ 0512 5720000 - www.treibhaus.at - tlj 16h-1h (0h dim.).* Dissimulé au fond d'une impasse, le centre culturel de « la serre » rend hommage à l'ancienne serre ramenée de Vienne, où l'on apprécie de siroter un verre en contemplant la verdure. Pizza turque pour les petites faims. Programmation culturelle réputée (jazz, cabaret, théâtre...).

Haus der Musik – *Universitätsstr. 1 - ✆ 0512 52074 4 - www.haus-der-musik-innsbruck.at.* Ouvert en 2018, cet espace pluridisciplinaire abrite un théâtre et des salles de concerts.

Activités

Sightseer – *9h-18h, ttes les 40mn - 20 €/24h (6-15 ans 12 €), achat du billet à bord (gratuit avec Innsbruck Card) - valable aussi sur les lignes IVB de la zone centrale.* Ce minibus en mode *Hop on-Hop off* part de l'arsenal, traverse la vieille ville *(Maria-Theresien-Str.)* et dessert les principaux sites touristiques d'Innsbruck jusqu'à Bergisel et le château d'Ambras.

Sports d'hiver - Ski plus City Pass Innsbruck Stubai – *Kassa Talstation Mutterberg 2 et office de tourisme d'Innsbruck - ✆ 05226 8141 - www.ski-plus-city.com.* Ski, snowboard, luge, baignade, culture, shopping, visite de la ville, tout ceci dans un même forfait qui donne accès à 13 domaines skiables autour d'Innsbruck et de la vallée de Stubai (308 km de pistes et 111 remontées mécaniques au total), ainsi qu'à 22 attractions en ville.

Hébergement

Premier prix

(1) **Youth Hostel Innsbruck** – PLAN II B1 - *Reichenauerstr. 147 - ✆ 0512 346179 - www.youth-hostel-innsbruck.at - 🚭 - 200 lits 29,50/32 €/pers. ☕ et ch. double 78 € ☕.* Auberge de jeunesse en dehors du centre. Chambres de 1 à 6 lits.

(2) **Pension Paula** – PLAN II A1 - *Weiherburggasse 15 - ✆ 0512 292262 - www.pensionpaula.at - 🚭 - 15 ch. 74/84 € ☕.* Petite pension familiale accueillante, à 15mn à pied du centre-ville. Chambres doubles ou familiales.

Budget moyen

(16) **Gasthof Zach** – PLAN I D1 - *Wilhelm-Greil-Str. 11 - ✆ 0512 589667 - www.hotel-zach.at - P 16 € - 39 ch. 193/260 € - ☕ 11 €.* Hôtel familial proposant des chambres modernes et accueillantes ainsi qu'une salle de fitness.

(5) **Nala** – PLAN II A1 - *Müllerstr. 15 - ✆ 0512 584444 - www.nala-hotel.at - P - 57 ch. 171/223 € ☕.* Un établissement où l'art moderne a toute sa place et où vous apprécierez de prendre le petit-déjeuner dans le jardin et de vous détendre sur la terrasse panoramique. Les chambres ne manquent pas de cachet. Et le centre historique n'est qu'à quelques pas.

(3) **Stadthotel Kapeller** – PLAN II B1 - *Philippine-Welser-Str. 96 - ✆ 0512 344445 - www.stadthotel-innsbruck.at - P - 32 ch. à partir de 124 € ☕.* À deux pas du terminus de la ligne 3 du tramway d'Innsbruck, c'est déjà un petit air de campagne qui imprègne les abords de l'hôtel. Chambres simples avec salle de bains confortables. Accueil soigné. Petit-déjeuner autour de la cheminée ou en terrasse.

Pour se faire plaisir

(13) **Hotel Weißes Rössl** – PLAN I C1 - *Kiebachgasse 8 - ✆ 0512 583057 - www.roessl.at - 18 ch. 150/203 € ☕ - ✗ voir « Restauration » p. 380.* Établissement ancien (1410) situé dans la zone piétonnière. Chambres équipées de meubles en chêne clair.

Routes du seuil de Seefeld ★★

Olympiaregion Seefeld

Le seuil de Seefeld, passage à 1200 m d'altitude à travers les Alpes bavaroises, a longtemps été une voie commerciale reliant Augsbourg à Venise. La proximité de Munich et d'Innsbruck a largement participé au développement de la station de Seefeld in Tirol, à la fin du 19e s., et qui s'est accéléré avec l'arrivée de la première remontée mécanique en 1947. Toni Sailer, originaire de Kitzbühel, s'y est d'ailleurs entraîné avant de devenir champion du monde de ski aux Jeux olympiques de 1956.

Se repérer

CARTE P. 364-365 (A2) ET CARTE DES ROUTES DU SEUIL DE SEEFELD P. 386
Bavière (Allemagne) et Tyrol.

À ne pas manquer

Les points de vue, notamment sur la rampe du Zirlerberg et à Mösern.

Organiser son temps

Comptez une demi-journée.

En famille

La montée au Seefelder Joch et la gorge de Leutasch.

Carnet pratique p. 387

Nos adresses p. 388

Circuits conseillés

CARTE P. 386

★ Le Zirlerberg

Circuit de 38 km, d'Innsbruck à Mittenwald (Allemagne), tracé en vert clair sur la carte. Quittez Innsbruck vers l'ouest par la B 171.

Entre Innsbruck et Zirl, la route, suivant le fond de la vallée de l'Inn, longe les escarpements de la **Martinswand** *(à droite)*, frontière traditionnelle entre la haute et la basse vallée de l'Inn. Ce promontoire évoque un épisode cher aux Tyroliens : l'empereur Maximilien, emporté par sa passion de la chasse, aurait été tiré ici d'une situation périlleuse par un ange, intervenant sous la forme d'un paysan.

Avant Zirl, prenez à droite la B 177 (E 533) vers Seefeld in Tirol.

Sur la droite de la route s'élèvent l'église du Calvaire (1803-1805), à l'aspect baroque, et les ruines du château de Fragenstein, dominant Zirl. La fameuse **rampe du Zirlerberg★ (Zirlerberg-Strecke)** permet de franchir les 500 m de dénivellation qui séparent Zirl de Reith bei Seefeld. Elle atteignait 24 % avant les travaux, qui l'ont ramenée à 15,5 %. L'unique lacet de cette section est maintenant aménagé en **belvédère★** avec parc de stationnement permettant d'admirer, en face et au second plan, les dents de scie des Kalkkögel.

Plus haut, on voit émerger au nord-ouest la bosse de la **Hohe Munde**.

★ Reith bei Seefeld A2

L'église est érigée dans un **site★** charmant face au chaînon du Rosskogel et aux crêtes dentelées des Kalkkögel, au sud de la vallée de l'Inn.

★★ **Seefelder Joch** – 2 074 m. *Prenez le funiculaire qui conduit à la Rosshütte (1800 m) et empruntez le téléphérique. Seefelderjochbahn – ☏ 052 12 24160 - www.seefeld-sports.at - de déb. juin à fin oct. : 9h-17h ; de fin nov. au lun. de Pâques : 9h-16h - 32 € AR (6-15 ans 20,50 €).* À l'arrivée, on monte rapidement jusqu'à la croix, d'où l'on découvre un très beau **panorama★★** sur la chaîne des Karwendel à l'est et sur la route du col de Scharnitz au nord. Au nord-ouest se dresse la longue barrière rocheuse du Wetterstein, à l'extrémité de laquelle se trouve le plateau de la Zugspitze. À l'ouest, le regard embrasse Seefeld et la large vallée de l'Inn, encadrée par le sommet arrondi de la Hohe Munde (Mieminger Gebirge) et par le Rietzer Grießkogel. Il est possible, même en hiver, de redescendre à pied de la Rosshütte au fond de la vallée, à condition d'avoir des chaussures montantes et imperméables.

★★ **Pic de Reither (Reither Spitze)** – 2 374 m *Pour marcheurs entraînés - Comptez 3h.* Du Seefelder Joch, suivez le chemin de crête jusqu'à la Seefelder Spitze (2 221 m), puis descendez sur la Reither Scharte. Accédez enfin à la Reither Spitze, où l'on bénéficie d'un **panorama★★** portant jusqu'aux Alpes de Zillertal et aux Alpes du Stubai. Descendez sur la Nördlinger Hütte. Rejoindre l'arrivée du téléphérique de Hämelekopf. La fin du parcours se fait soit en remontée mécanique, soit à pied en direction de la Reither Alm.

Seefeld in Tirol A2

Établie sur un vaste plateau ensoleillé et richement boisé face aux crêtes rocheuses de la Hohe Munde, du Wetterstein et du Karwendel, Seefeld est l'une des stations de ski de fond les plus prisées des Alpes. L'un des principaux attraits de ce lieu de séjour réside dans son cadre reposant, parfaitement adapté à la promenade en toute saison.

L'Olympiaregion Seefeld propose 142 km de chemins entretenus en hiver et de 650 km de sentiers en été *(carte et guide à l'office de tourisme)* : la randonnée la plus classique consiste à monter à la **Reither Spitze★★**. Les simples marcheurs apprécieront le circuit reliant, toute l'année, les **lacs de Wildmoos,** et temporairement ceux de **Lotten** et de **Möser** *(3h de marche à partir de la chapelle du Lac, Seekirchl).*

Église St-Oswald (Pfarrkirche St. Oswald) – Mentionnée dès 1263, ce monument gothique fut agrandi par les princes du Tyrol au 15e s. pour permettre aux pèlerins de se recueillir. Le tympan du portail sud représente, à droite, le martyre de saint Oswald d'Angleterre, à gauche le miracle de l'hostie. L'hostie est maintenant dans la chapelle surélevée du Saint-Sang, de style Renaissance. Dans le chœur, voir les peintures murales du 15e s. : légende de saint Oswald, Passion, légende de Marie-Madeleine. On y remarque aussi, à droite, un tableau remontant à l'an 1500 environ, représentant le miracle.

Chapelle du Lac (Seekirchl) – Située au bord de l'ancien lac Kreuzsee, la chapelle fut achevée en 1666 pour abriter une croix miraculeuse datant de 1510. Son plan en rotonde est inhabituel pour le Tyrol. On ne peut qu'être séduit par l'attrait de ce gracieux édifice, dont la silhouette se détache devant le paysage de montagnes. Sur la Bundesstraße 177 *(direction Scharnitz, Garmisch)*, la **vue★** s'étend sur la haute pyramide rocheuse grise de la Hohe Munde (2 662 m), qui se dresse au milieu de forêts de sapins, la barrière du **Wetterstein** (sauf la Zugspitze), l'Ahrnspitze (2 196 m) et les premières cimes du Karwendel.

La route s'enfonce dans une vallée affluente de l'Isar et atteint le col de Scharnitz, porte de la Bavière, puis, quelques kilomètres plus loin, Mittenwald.

Randonnée dans le Seefeld.
7000/Getty Images Plus

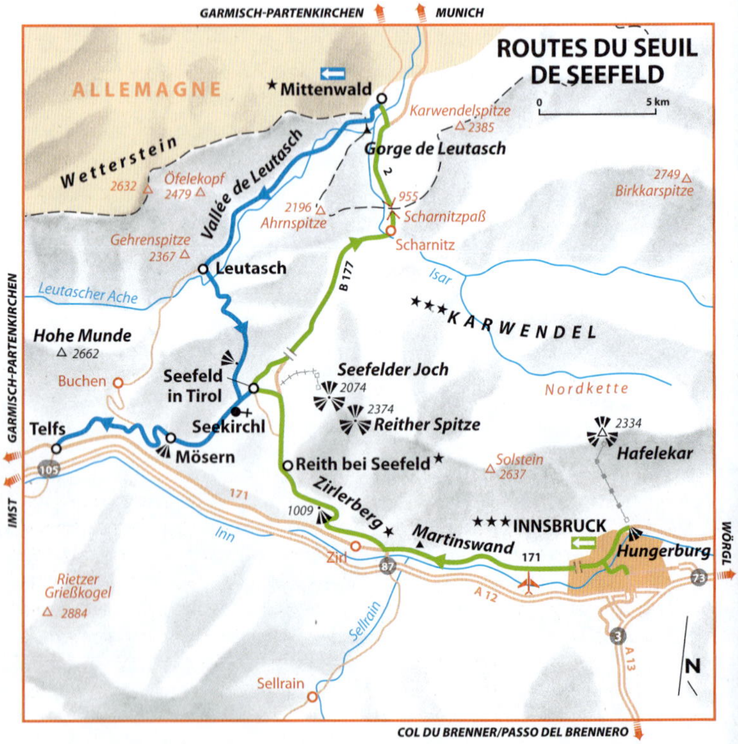

★ **Mittenwald** (EN ALLEMAGNE, BAVIÈRE) A2

Cette ville de luthiers, située sur l'ancienne voie commerciale reliant Augsbourg à Vérone, est un lieu touristique très visité. On apprécie particulièrement les belles **maisons★★** peintes de la rue principale et les nombreuses excursions partant de la localité. Un monument au pied de l'église rappelle qu'en 1684 Matthias Klotz, un enfant du pays, y introduisit la **lutherie**, lui assurant ainsi une place importante dans le domaine musical. Matthias Klotz vécut en Italie et apprit son art aux côtés du grand maître luthier Amati. Aujourd'hui encore, une dizaine de luthiers, une école de lutherie et un musée perpétuent cette tradition.

Vallée du Leutasch (LEUTASCHTAL)

Circuit de 32 km, de Mittenwald (Allemagne) à Telfs, tracé en bleu sur la carte.

★ **Mittenwald** (EN ALLEMAGNE, BAVIÈRE) A2

Voir le circuit ci-dessus.

S'échappant de la vallée de l'Isar à la sortie de Mittenwald, la route grimpe au-dessus de la gorge de Leutasch, offrant une vue sur le massif des Karwendel.

Gorge de Leutasch

www.leutascher-geisterklamm.at - visite de déb. mai à fin oct. - parking 5 €.

La gorge en elle-même présente un parcours de 3 km, idéal pour les familles, aménagé sur la thématique des êtres surnaturels, un fantôme ayant la réputation de hanter les lieux. Une cascade de 23 m couronne le tout.

Par un pont sur la Leutascher Ache (sur la gauche, belle vue sur le torrent), elle débouche dans la basse vallée de Leutasch, majestueusement encadrée à gauche par l'Ahrnspitze (2196 m), à droite par les parois du Wetterstein. Quelques croix couvertes et, çà et là, des greniers à foin au toit lesté de grosses pierres soulignent le caractère encore rural de cette vallée isolée.

Leutasch A2

Cette commune se compose de 24 quartiers, disséminés au-dessus de la vallée. On en traverse plusieurs avant de bifurquer à Gasse vers Seefeld. À cet embranchement, on bénéficie une fois encore, à droite, d'une belle vue sur la majestueuse Hohe Munde.

Seefeld in Tirol A2

Voir p. 384.

On emprunte sur 5 km un vallon dont la **chapelle du Lac** *(voir p. 384)* marque l'entrée, pour arriver à Mösern.

Mösern A2

Ce village superbement situé mérite que l'on s'y arrête.

À la sortie du village par la route de Telfs, garez-vous en contrebas de l'hôtel Inntaler Hof, à gauche de la route. Montez à la « Friedensglocke des Alpenraumes ».

Le **point de vue★★** est remarquable : on voit l'Inn, vers l'amont, sinuer au fond du fossé de Telfs, puis se glisser dans un enchevêtrement de crêtes, d'où se détache à l'horizon le Hoher Riffler (3168 m) tapissé de neige. Plus à droite, la terrasse verdoyante du plateau de Mieming s'allonge au pied des monts du même nom qui s'achève par l'énorme dôme de la Hohe Munde.

Au sud de la vallée se dressent les montagnes du Sellrain et, au second plan, les crêtes déchiquetées des Kalkkögel.

Telfs A2

Ville carrefour, son marché est mentionné dès 1175. Telfs, au caractère à présent urbain, est connue pour son carnaval.

Fastnacht- und Heimatmuseum - *Untermarktstr. 20 - ✆ 05262 69 61 1340 - www.telfs.at - jeu. 14h-17h, vend. 17h-20h, sam. 9h-12h - gratuit.* Le musée local expose les costumes et les masques portés tous les cinq ans lors des Telfer Schleicherlaufen.

Carnet pratique

S'informer

Office de tourisme de Seefeld - *Olympiaregion Seefeld - Bahnhofplatz 115 - ✆ 050 880851 - www.seefeld.com.*

Office de tourisme de Telfs - *Untermarktstr. 1 - ✆ 05262 62245 - www.telfs.at.*

Nos adresses

Restauration

À Seefeld in Tirol

Budget moyen

Südtiroler Stube – *Reitherspitzstr. 17 - ☎ 05212 50446 - www. suedtirolerstube.com - lun.-vend. 12h-14h30, 18h-22h, w.-end 12h-22h - plats 18/32 €.* Ce restaurant confortable propose une cuisine typique de la région, et notamment diverses grillades.

Pour se faire plaisir

Seespitz – *Innsbrucker Str. 1 - ☎ 05212 2217 - www.seespitz.at - 12h-17h - plats 17/26 € - ch. double 312/341 € en 1/2 P.* Ambiance champêtre avec une touche d'élégance dans ce restaurant, aux assiettes et plats créatifs.

À Leutasch

Budget moyen

Forellen Hof – *Weidach 290 - Am Weidachsee - ☎ 05214 6455 - forellen-hof.at - tlj sf lun. 11h-14h, 17h-21h - 20/38 €.* La maison est spécialiste des plats de poissons (pêchés dans le lac à côté). Terrasse très appréciée en été.

À Mösern

Budget moyen

9ers Restaurant – *Möserer Dorfstr. 2 - ☎ 05212 4747 - www. inntalerhof.com - 12h-14h, 18h30-20h45 - plats 10/20 € - 74 ch. 239/285 € ☕.* Cuisine créative et raffinée dans un restaurant qui dispose d'une terrasse avec vue panoramique.

Activités

Ski alpin – Plus de 30 téléskis et une trentaine de kilomètres de pistes s'adressant plutôt aux skieurs débutants et intermédiaires. Les pistes les plus intéressantes se concentrent sur les pentes du **Seefelder Joch** et surtout du **Härmelekopf**.

Ski de fond – L'**Olympiaregion Seefeld** dispose de l'un des plus vastes domaines de ski de fond des Alpes. L'enneigement est en général satisfaisant de Noël à mars.

Hébergement

À Seefeld in Tirol

Budget moyen

Gasthof Alpengruss – *Andreas-Hofer-Str. 235 - ☎ 05212 2626 - www.alpengruss-seefeld.at - P - 6 ch. et appart. 115/120 € - 15 € ☕.* Petite pension à l'atmosphère accueillante et familiale abritant des chambres confortables et personnalisées, et des appartements (plus chers).

Das Christina – *Reitherspitzstr. 415 - ☎ 05212 2553 - www.das-christina.at - fermé d'avr. à déb. mai et d'oct. à mi-déc. - 14 ch. 177/189 € ☕.* Auberge familiale accueillante avec un beau jardin, qui propose de jolies chambres modernes et des appartements avec balcon.

À Leutasch

Pour se faire plaisir

Sporthotel Xander – *Kirchplatzl 147 - ☎ 05214 6581 - www.xander-leutasch.at - P - 68 ch. 159/199 € ☕ - 1/2 P poss.* Cet hôtel, vieux de 900 ans, propose des chambres et des appartements spacieux et confortables.

À Telfs

Pour se faire plaisir

Hotel Munde – *Untermarktstr. 17 - ☎ 05262 62408 - www.hotel-munde.at - P 9 € - 38 ch. 130/156 € ☕ - ✗ 11h30-14h, 17h30-21h (22h en été) - plats 13,50/23,50 €.* Situé en centre-ville, cet hôtel familial datant de 400 ans propose des chambres claires et spacieuses.

Route du col de Fern

★

Fernpassstraße

Variée et pittoresque, la route du col de Fern était jadis la section la plus périlleuse de l'ancienne voie transalpine d'Augsbourg à Venise. Suivant la route 179 au départ de Seefeld, elle mène vers des régions excentrées, nommées « Außerfern » (pays d'« Outre-Fern »), et offre, de cols en vallées, de superbes vues et paysages.

Se repérer

CARTE P. 364-365 (A2)

Tyrol.

Située dans le nord du Tyrol, la route du col de Fern relie les grandes stations des Alpes bavaroises et Innsbruck.

À ne pas manquer

Le lac de Fernstein, la Zugspitze.

Organiser son temps

Une journée pour découvrir tranquillement ce circuit.

Nos adresses p. 392

Circuit conseillé

CARTE P. 364-365

De Telfs au Plansee A1-2

Circuit de 58 km tracé en rose sur la carte.

De Telfs *(voir p. 387)* au seuil de Holzleiten, la route se déroule sur les pentes très douces et habitées du **plateau de Mieming**, où se dessinent les crêtes bien découpées du Hochplattig (2758 m) et Griesspitzen (2759 m). *À hauteur de Barwies, tournez à gauche en direction de Stams, à 3 km environ.*

★★ Monastère de Stams (STIFT STAMS) A2

Parking aménagé près de l'église paroissiale, billets au portail du monastère. ☏ 05263 6242 - www.stiftstams.at - juin-sept. : lun.-sam. à 9h, 10h, 11h et 13h, 14h, 15h, 16h, dim. à 12h, 14h, 15h et 16h ; reste de l'année : se rens. sur le site - 12,50 € (enf. 6 €).

Le monastère cistercien de Stams fut fondé en 1273 par Élisabeth de Bavière, en souvenir de feu son fils Conradin, le dernier des Hohenstaufen. Toutefois les éléments romans sont rares et le monument frappe par ses deux élégantes tours à bulbe baroques, érigées au 17e s.

★★ **Église abbatiale (Stiftskirche)** – L'édifice actuel résulte de la baroquisation, en 1732, d'un vaisseau roman sans transept, qui n'avait été voûté qu'au 17e s. Les absidioles derrière le maître-autel ont gardé leur aspect d'origine, mais les bas-côtés ont cédé la place à six chapelles latérales. Avec 80 m de l'entrée à l'autel, c'est la plus longue église du Tyrol.

Décoration et œuvres d'art – Dès l'entrée, à droite, on peut admirer la fameuse **grille des Roses★**, chef-d'œuvre de ferronnerie de 1716 et composé de 80 fleurs, dont chacune a demandé 120 heures de travail. Dans la nef, une balustrade décorée d'armoiries surplombe le caveau où reposent les princes souverains du Tyrol, que rappellent 12 naïves statues en bois doré placées dans des niches à arcades. La pièce maîtresse du mobilier est le **maître-autel★** (**Hochaltar**, 1613), dont le retable représente l'arbre de vie sous la forme d'un entrelacs de branches supportant 84 figures sculptées de saints entourant la Vierge. Cette œuvre de **Bartholomäus Steinle** est surmontée d'une horloge symbolisant le temps qui nous rapproche inéluctablement de la mort. Dans le chœur des moines se trouve la sépulture du duc Frédéric « à la Bourse vide » *(voir p. 370)*.

★ **Salle St-Bernard (Bernardisaal)** – Un **escalier d'honneur** à cage ovale, pourvu d'une belle rampe en fer forgé mène à cette salle d'apparat, décorée de peintures (1722) retraçant des épisodes de la vie de saint Bernard. Remarquez l'apparition originale du dieu du vin Bacchus dans la fresque consacrée à la naissance du saint. On peut aussi visiter le **musée**, où est exposée une sélection d'objets précieux appartenant au monastère.

Retournez sur l'itinéraire principal à hauteur de Barwies et tournez à gauche.

Aux abords d'Obermieming, belles perspectives à gauche sur la vallée de l'Inn. Marquer une petite pause à proximité de l'hôtel Fernblick, peu après Fronhausen, afin de jouir d'une belle vue sur l'église de Locherboden, qui domine la vallée de l'Inn.

Après le passage du **seuil de Holzleiten** (1126 m) bordé d'une forêt de mélèzes en direction de **Nassereith**, vous pourrez profiter de beaux **points de vue★**, à droite sur les habitations dispersées au fond de la vallée et à gauche sur la vallée du Bigerbach qui s'étend jusqu'à Imst.

Après avoir traversé plusieurs tunnels, on longe l'aire de repos de Nassereith et on arrive, un peu plus loin, au château-hôtel Fernsteinsee, à gauche de la route.

Fernstein A2

Dans ce site encaissé, le château de Fernstein (aujourd'hui un hôtel) contrôlait autrefois le trafic. En contrebas du parking, se trouve le **Fernsteinsee★** au charme idyllique, dont l'eau d'un vert éclatant ajoute une nuance de couleur au vert foncé des résineux et au vert clair des prairies.

Col de Fern (FERNPASS) A2

1209 m. Reliant Fernstein et Biberwier, le col de Fern est marqué, sur le versant sud, par la sinuosité du tracé et par l'âpreté qui caractérise les vallons et les cirques désolés du massif du Loreakopf. À 1 km environ après le col, un beau point de vue s'offre depuis le parking du restaurant Zugspitzblick. Le **panorama★** s'étend, de gauche à droite, de la Zugspitze au Wannig (2 493 m). Au pied du point de vue s'étend le vaste **Blindsee★** qui se prête à un bain rafraîchissant ou à une promenade alentour. Pour accéder au lac, partir du col en direction du nord sur le côté gauche de la route (avant le point d'information).

Sur le versant nord du col, continuez en direction de Biberwier.

Au niveau de la bifurcation vers Biberwier, on aperçoit à droite le **Weißensee**. Entre Biberwier et Lermoos, la route défile à faible altitude au-dessus de la vallée de Lermoos-Ehrwald et procure de magnifiques **points de vue★★** sur le Wetterstein et le Mieminger Gebirge.

★ Ehrwald A2

La localité d'Ehrwald est située au pied des escarpements ouest de la Zugspitze. Parmi les nombreuses possibilités d'activités, l'ascension de la **Zugspitze**, le plus haut sommet d'Allemagne (2 964 m), avec son vertigineux téléphérique tyrolien, représente sans conteste une expérience unique.

★★★ **Montée à la Zugspitz en téléphérique** – *Zugspitzbahn (4 km au nord d'Ehrwald) - ✆ 056 73 23 09 - www.zugspitze.at - de mi-mai à déb. nov. et de fin nov. à fin avr. : 8h40-16h40 - dép. ttes les 20mn - 51 € AR (6-15 ans 31 €).*
La montée a pied est réservée aux randonneurs confirmés et bien équipés. Mieux vaut monter en téléphérique d'où la vue est impressionnante.
★★★ **Sommet de la Zugspitze** – La station supérieure du téléphérique tyrolien est située en territoire autrichien, sur le flanc ouest de la Zugspitze. Le **panorama** fait défiler, au sud, après les bastions avancés du Kaisergebirge, du Dachstein et du Karwendel, les sommets couverts par les neiges éternelles des Hohe Tauern et des Hautes Alpes du Tyrol. Plus rapprochées, à l'est, les montagnes de l'Arlberg laissent apparaître le Säntis dans les Alpes d'Appenzell. Au premier plan figurent les montagnes de l'Allgäu et de l'Ammergau. Au nord s'estompe le bas pays bavarois, avec les nappes de l'Ammersee et du Starnberger See.

★ Lermoos A2

Schmiede 15 - ✆ 05673 20000300 - www.zugspitzarena.com.
Cette petite station bénéficie d'un **site★★** exceptionnel en bordure d'un bassin de la haute vallée de la Loisach : l'endroit idéal pour admirer cet ensemble montagneux, dominé par la Zugspitze et la pyramide hardie de la Sonnenspitze.
Église Ste-Catherine (Pfarrkirche zur hl. Katharina) – L'église Ste-Catherine est un témoignage du baroque de l'Allemagne du Sud. Le plafond et la coupole ont été décorés de peintures en trompe-l'œil par l'Italien Giuseppe Gru en 1784. Les statues rococo de saint Georges et de saint Jean Népomucène, comme la splendeur dorée de la chaire, sont d'une très grande qualité.
Chapelle du sacrifice de Marie (Kapelle Maria Opferung) – *À la sortie de Lermoos, en dir. de Reutte.* Cette petite chapelle fut bâtie au 17e s. Du haut de la butte, magnifique **point de vue★★** sur Lermoos et les monts du Mieminger Gebirge.
Pour passer du bassin de la Loisach dans celui de la Lech, la vallée, appelée Zwischentoren (« Entre les portes ») en souvenir des fortifications qui barraient l'accès au Fernstein et à la cluse d'Ehrenberg, permet de communiquer facilement à travers des montagnes aux flancs herbeux. Il reste toutefois à franchir l'étranglement de la cluse d'Ehrenberg (Ehrenberger Klause).

Cluse d'Ehrenberg (EHRENBERGER KLAUSE) A1

L'ancienne route, au fond de la **cluse d'Ehrenberg**, est barrée par un ouvrage fortifié délabré. Celui-ci faisait partie des défenses de la forteresse d'Ehrenberg, destinée à verrouiller le Tyrol entre le 16e s. et la fin du 18e s. Les ruines, dégagées de la végétation, sont visibles sur la colline boisée, à gauche.
Pont Highline 179 – *Entrée à proximité des ruines du château d'Ehrenberg - ✆ 05672 62007 - www.highline179.tirol - 8h-22h - 8 € (4-14 ans 5 €).* Se dressant à plus de 100 m au-dessus de la cluse d'Ehrenberg, ce pont suspendu, ouvert en 2014, offre 400 m de sensations fortes. Émotions garanties !
Avant de gagner Reutte, on peut faire un crochet par le Plansee (20 km AR).

★ Plansee A1

La route longe une partie boisée de la vallée, puis le lac sur 6 km. À l'extrémité nord-est du lac, au lieu-dit Am Plansee, on trouve un hôtel-restaurant et un kiosque. De là, la vue embrasse au sud-ouest l'isthme qui sépare le Plansee du Heiterwanger See et porte jusqu'à la pyramide du Thaneller (2 341 m).
En longeant le lac dans le sens inverse en direction de **Reutte**, on peut admirer le Plansee dans son cadre montagneux. À Reutte, belle vue sur les monts de Tannheim et la Gehrenspitze (2 164 m).

Nos adresses

Restauration

À Ehrwald

Budget moyen

Hochthörle Hütte – *Obermoos 6 - à 1h à pied du parking du Zugspitzbahn - 0664 9204523 - - 10h-18h - plats 5,20/15 €.* Il faut marcher pour atteindre ce chalet perdu en pleine nature, mais vous serez récompensé par une bonne cuisine traditionnelle régionale et une jolie vue sur la forêt et le Zugspitze.

À Lermoos

Budget moyen

Sporthotel Zugspitze – *Innsbrucker Str. 51 - 05673 2630 - www.hotel-zugspitze.at - fermé de mi-mars à mi-mai et d'oct. à mi-déc. - menu 23 € - ch. été 130 € /hiver 236 € en 1/2 P.* Très agréable restaurant de style rustique, qui concocte sa cuisine à partir de produits frais locaux. Terrasse avec magnifique vue sur la Zugspitze.

Pour se faire plaisir

Hotel Post – *Kirchplatz 6 - 05673 22810 - post-lermoos.at - 12h-13h45, 18h30-20h30 - plats 15/39 €.* Le grand restaurant de cet établissement honore sa réputation : les mets sont goûtus et les vins conseillés, pour la plupart autrichiens, sont bien accordés. Beau plateau de fromages du pays. Vaste terrasse surplombant les environs.

Hébergement

À Fernstein/Nassereith

Pour se faire plaisir

Hotel Schloss Fernsteinsee – *Château de Fernstein - Fernstein 475 - 05265 5210 - www.fernsteinsee.at, www.camping-fernsteinsee.at - P - fermé de mi-oct. à fin avr. - 35 ch. appart. et suites 84/142 € .* L'empereur Guillaume Ier et le roi Louis II de Bavière y ont séjourné. Suites luxueuses, appartements ou chambres confortables. Possibilité de faire de la plongée dans les lacs de Fernstein et Samaranger (2 nuits mini. à l'hôtel). Les campeurs pourront planter leur tente sur le terrain du château.

À Lermoos

Pour se faire plaisir

Gasthof Klockerhof – *Widum 12 - 05673 2116 - www.klockerhof.at - P - fermé de mi-avr. à mi-mai - 28 ch. 164/170 € .* Cet hôtel familial au pied des pentes ménage une très belle vue sur la Zugspitze. Chambres claires et confortables.

Chaîne du Karwendel

★★★

En remontant la route en impasse jusqu'à Eng, depuis l'Allemagne, vous serez happé par la majesté du site, avec ses impressionnants versants et ses chênes centenaires qui parsèment le fond de la vallée. Située entre le Tyrol et la Bavière, la réserve naturelle « Alpenpark Karwendel » (900 km^2) s'étend sur quatre chaînons de montagnes et trois vallées : unique en son genre en Europe centrale, la région est constituée de petites gorges et de crêtes escarpées qui alternent avec de vertes prairies et d'épaisses forêts de montagne, refuges de nombreux animaux et de plantes devenus rares...

Chaîne des Karwendel, entre Bavière et Tyrol.
wallix/Getty Images Plus

Se repérer

CARTE P. 364-365 (B1-2) ET
CARTE CHAÎNE DU KARWENDEL P. 394

Tyrol.
Au nord-est d'Innsbruck, le parcours passe par le lac d'Achen et fait une incursion en Allemagne.

À ne pas manquer

Le lac d'Achen.

Organiser son temps

Attention, une partie du circuit est impraticable de novembre à avril.

En famille

L'Achenseebahn à Maurach et les activités nautiques sur le lac d'Achen.

Nos adresses p. 396

Circuit conseillé

CARTE CI-DESSOUS

Circuit de 76 km de la vallée de l'Inn au Großer Ahornboden, tracé en rouge foncé sur la carte. Sortie autoroute « Wiesing-Achensee ».
Dès la vallée de l'Inn s'amorce la montée vers Eben.

Eben B2

L'**église** de ce village, édifiée en 1738, abrite près du maître-autel la châsse contenant les ossements de **sainte Notburge** *(voir encadré ci-contre)*, née à Rattenberg en 1265, patronne du Tyrol et protectrice des travailleurs.

Maurach B2

Achenseestr. 63 - 0 5 95300-0 - www.achensee.com.
★ **Achenseebahn** – – *055244 62243 - www.achenseebahn.at - trajet 45mn env. - 31 € AR (enf. 15,50 €).* Le plus ancien chemin de fer à crémaillère à vapeur d'Europe (1889) circule de mai à octobre sur 7 km, de Jenbach à la station de chemin de fer de Seespitz, d'où l'on peut alors emprunter l'une des vedettes d'excursion qui naviguent sur l'Achensee *(voir ci-dessous)*.

Refuge d'Erfurt (ERFURTER HÜTTE) B1

Accès en téléphérique : Rofanseilbahn – www.rofanseilbahn.at - de fin avr. à déb. juin : 8h30-17h ; de déb. juin-déb. à sept. : 8h-17h30 ; de déb. sept à déb. nov. : 8h30-17h - départ ttes les 15mn - 23 € AR (enf. 14 €).
1831 m. Ce refuge – où l'on peut loger *(www.erfurterhuette.at)* –, perché dans un site panoramique qui surplombe l'Achensee et le massif des Karwendel, est le point de départ de toutes les ascensions dans la chaîne du Rofangebirge. On atteint, par exemple, en 2h la Rofanspitze (2 259 m) ou en 1h30 le Hochriß (2 299 m), en empruntant l'« Enzianweg » (chemin de la Gentiane).

★★ Lac d'Achen (ACHENSEE) B1

Vedettes entre Maurach (Seespitz), Pertisau et Scholastika (Achenkirch) – 05243 5253 - www.achenseeschifffahrt.at - de fin mai à déb. oct. - 22,50 € (enf. 11,20 €), Hop-on/Hop-of 24,50 € (enf. 12,20 €).
L'eau de ce lac – le plus grand du Tyrol – d'un vert éclatant, avec en arrière-plan les superbes massifs du Rofangebirge et du Karwendel, offre en été des conditions optimales pour la pratique de sports nautiques (paddle, canoë, pédalo).

Le miracle de la faucille

Dans les représentations figuratives, la faucille est l'attribut de **sainte Notburge**, en raison dudit « miracle de la faucille », au 13e s. Notburge, fille de ferme à Eben, défendait les droits des travailleurs. Lorsque leurs cupides patrons exigeaient qu'ils poursuivent le travail en soirée et le dimanche, tous les valets de ferme protestaient, mais aucun d'eux n'osait faire valoir son droit. C'est alors que Notburge demanda raison aux fermiers et pria Dieu de lui témoigner un signe de soutien. Elle lança sa faucille en l'air – et cette dernière ne retomba pas, restant comme suspendue en l'air. Les fermiers, très impressionnés, promirent de respecter les droits de leurs journaliers à compter de ce jour.

Après Maurach, la route en corniche continue d'offrir de belles vues sur les sommets du Karwendel s'élevant autour de **Pertisau**, sur la rive opposée.
Après **Achenkirch**, au nord du lac, alternent zones rocheuses et forêts.
*La frontière germano-autrichienne se situe au-delà de la localité d'***Achenwald***.*
On peut se rendre au Tegernsee, en Bavière, en prenant à droite et en franchissant le col de l'Achenpass (env. 24 km à partir de la frontière).
Pour accéder au cœur de la chaîne du Karwendel, il faut toutefois emprunter la B 307 qui conduit au barrage de Sylvenstein. Suivez les panneaux « Hinterriß-Eng ».
On atteint bientôt le splendide **lac d'accumulation de Sylvenstein★ (Sylvenstein-Stausee)** et on traverse le barrage du même nom.

Barrage de Sylvenstein (SYLVENSTEINDAMM) B1

Le barrage de Sylvenstein régule les redoutables crues de l'Isar. L'eau est acheminée depuis le lac d'accumulation de Sylvenstein, très étendu, vers une centrale électrique souterraine.
Poursuivez vers Vorderriß. Suivez ensuite la direction de Eng, encaissé dans la profonde vallée du Riß (Rißtal) puis repassez la frontière germano-autrichienne.

Hinterriß B1

Alpenpark Karwendel – *Naturparkhaus - 05245 28914 - www.karwendel.org*. Informations sur les balades, cartes ; film et exposition.
La **Naturparkhaus Hinterriß** de l'Alpenpark accueille une **exposition** permanente. Faisant appel aux cinq sens, celle-ci permet de découvrir les richesses de la faune et de la flore des Karwendel et propose un éclairage sur les premiers temps de l'alpinisme, ainsi que sur la chasse qui attira des célébrités, dont l'empereur Maximilien Ier, avant d'être interdite (photos du duc Ernest II de Saxe, du baron Élie de Rotschild, du nazi Hermann Göring, etc.).
Après Hinterriß, la route payante (4,50 €) est impraticable de novembre à avril.
Elle traverse une magnifique cuvette, le **Großer Ahornboden★★** où poussent des érables *(Ahorn)* de montagnes qui se parent en automne de splendides couleurs. Ce paysage à 1200 m d'altitude, a été façonné par l'homme il y a 300 à 600 ans. La vallée aboutit à **Eng** (B2), village d'alpage, d'où, à partir du parking, on peut poursuivre par d'autres balades dans la splendide nature du Karwendel *(rens. auprès de l'Alpengasthof – voir « Nos adresses » p. 396)*.

Nos adresses

Restauration

À Achenkirch

Budget moyen

SeeEck – *Nr. 41a - ✆ 0664 1311152 - www.seeeck.at - tlj sf lun.-mar. 10h30-23h - plats 14/35 €.* Bar-restaurant joliment décoré de bois. Cuisine régionale et grillades le soir.

À Eng

Premier prix

Eng Alm – *Nr. 11 - ✆ 0676 84118517 - Rasthütte : horaires se rens. - plats 12/14 € - www.engalm.at - 74/90 € - ☕ 11 €.* La vie dans les alpages sous son jour le plus plaisant : ce petit hameau d'altitude regroupe une auberge (cuisine tyrolienne, produits laitiers et gâteaux maison), des chambres d'hôte (sobres mais confortables), une laiterie où l'on fabrique des fromages et une boutique où vous pourrez vous ravitailler en produits de la ferme, ou faire une pause roborative.

À Hinterriß

Budget moyen

Hotel Post – *Hinterriß 10 - ✆ 05245 206 - www.post-hinterriss.info - 11h-19h30 (20h en été) - plats 6/30 € - 33 ch. 122 € ☕.* Cette vénérable bâtisse possède une spécialité maison incontournable : c'est la truite, pêchée du jour dans la pisciculture de la propriété, et servie grillée, pochée ou panée. Et pour boucler le repas, pourquoi ne pas goûter au gâteau de fromage aux abricots ?

Hébergement

À Pertisau (Achensse)

Budget moyen

Alpengasthof und Naturhotel Die Eng – *Str. Eng 1 + 2 - à l'extrémité de l'Asphaltstr - Eng - ✆ 05245 231 - www.eng.at - P - fermé nov.-avr. - 43 ch. 150/238 € ☕.* Idéalement placé le long du Großer Ahornboden. Chambres sobres et élégantes, avec balcon pour certaines. Excellent point de départ pour les balades.

Pour se faire plaisir

St. Hubertus – *Seepromenade 2 - ✆ 5243 5233 - www.hubertus-achensee.at - P - 23 ch. 128/150 € ☕.* Avec sa petite plage privée couverte d'un gazon et équipée d'un ponton, cet établissement isolé est idéalement situé face au lac. Les chambres disposent de lits confortables et possèdent toutes un balcon, la plupart avec la vue ou un aperçu sur les eaux.

Une folie

Fürstenhaus Am Achensee – *Seepromenade 26 - en bordure de l'Achensee - ✆ 05243 54420 - www.travelcharme.com - P ♿ - 120 ch. 256/354 € ☕ - ✕ 18h-20h30.* Hôtel installé directement sur la rive du lac et disposant de nombreux équipements de remise en forme (piscine, sauna, salle de sport...).

Basse vallée de l'Inn★

En aval d'Innsbruck, la basse vallée de l'Inn se fait toujours plus ample et ouverte à mesure que l'on s'approche de la Bavière voisine. Cette région connut son heure de gloire au Moyen Âge grâce au sel dont Hall a tiré sa richesse et aux mines de cuivre et d'argent qui permirent de bâtir les monuments de Schwaz. Cet axe transfrontalier stratégique conserve en particulier de nombreux édifices fortifiés ainsi qu'un intéressant écomusée dédié aux fermes tyroliennes qui ont vu passer plusieurs siècles.

Se repérer

CARTE P. 364-365 (B1-2),
PLAN DE HALL IN TIROL P. 398

Tyrol.
La vallée se trouve au nord-est d'Innsbruck en direction de la frontière bavaroise.

À ne pas manquer

Le musée de la Monnaie de Hall in Tirol ; la mine d'argent de Schwaz ; l'écomusée des Fermes tyroliennes à Kramsach ; l'église St Virgil à Rattenberg, la tour de l'Empereur à Kufstein.

Organiser son temps

Comptez deux jours.

En famille

Le musée de la Monnaie à Hall, la mine d'argent de Schwaz, l'écomusée des Fermes tyroliennes à Kramsach, la forteresse et la montée avec le Panoramabahn à Kufstein.

Carnet pratique p. 405

Nos adresses p. 405

★ Hall in Tirol

PLAN P. 398

À 11 km à l'est d'Innsbruck (train direct 15mn).

Avec son dédale de rues pentues, son patrimoine parfaitement préservé et ses cloches qui rythment énergiquement la vie locale, cette cité conserve un doux parfum de Moyen Âge. Hall in Tirol était autrefois la ville du sel de la vallée de l'Inn : elle joua ainsi un rôle de premier plan dans la vie économique du pays. Les princes du Tyrol lui accordèrent, dès 1303, des franchises très libérales et la considérèrent comme un centre de distractions et de plaisirs. Aujourd'hui, la ville forme une étape urbaine reposante, à mille lieues de l'agitation de sa grande voisine.

Une excellente vue d'ensemble de la ville s'offre, de la rive opposée de l'Inn, en prenant de la hauteur sur la petite route de Tulfes après être passé sous l'autoroute. On reconnaît, en avant des trois clochers de la ville haute, les vestiges du château Hasegg, avec la fameuse **tour des Monnayeurs** au curieux couronnement polygonal.

★ Ville Haute

Circuit tracé en vert sur le plan de ville. Départ de l'Unterer Stadtplatz ; par le Langer Graben, montez à l'Oberer Stadtplatz.

Grand-Place supérieure (Oberer Stadtplatz) – De cette place animée à la forme irrégulière rayonnent des rues pittoresques, bordées de façades à oriels saillant sur plusieurs étages.

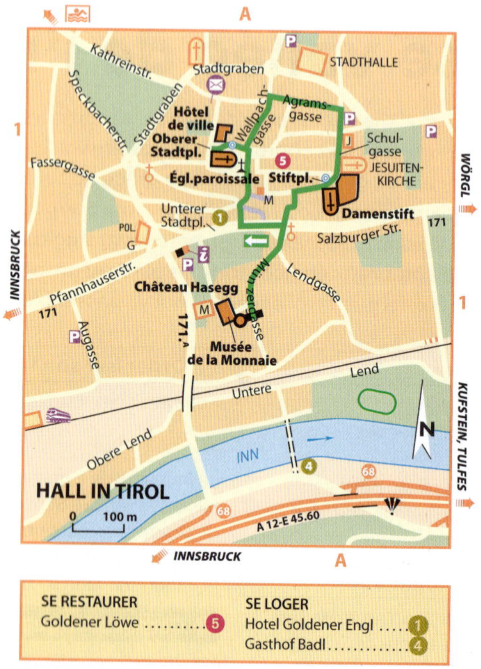

★ **Église paroissiale (Stadtpfarrkirche)** – Elle fut édifiée à la fin du 13e s. et agrandie dès le début du 14e s. : le chœur date de cette époque. Entre 1420 et 1437, l'architecte Hans Sewer réalisa une nouvelle et importante extension, mais eut à tenir compte de la situation de l'église, qui, tout comme l'ensemble de la vieille ville, se trouve sur un immense cône de déjection tombant à pic sur son côté sud ; l'agrandissement ne put donc s'effectuer que vers le nord. Cela explique l'asymétrie de l'imposante nef à trois vaisseaux. Aux 17e et 18e s., l'**espace intérieur** de l'église fut décoré dans le style baroque, avec les fresques de plafond de Joseph Adam von Mölck (1752) et le tableau de Quellini, un élève de Rubens, au maître-autel. À remarquer notamment, dans la **Waldlaufkapelle** (fin du 15e s.), dans le bas-côté gauche, la Vierge de style gothique tardif provenant des ateliers de Michael Pacher.

Hôtel de ville (Rathaus) – Reconnaissable à son immense comble en pavillon, l'ancien fort communal, avec son mur garni de créneaux, est composé de deux bâtiments d'architecture différente : la partie orientale de style Renaissance, avec le grand portail de pierre, et à l'ouest la Königshaus, présent du duc Léopold IV à la ville en 1406. Belle salle du conseil avec plafond à solives (1451).

En remontant la Wallpachgasse, admirez la perspective sur le Bettelwurf (chaîne du Karwendel).

Par l'Agramgasse, la Quarinonigasse et la Schulgasse, gagnez la Stiftsplatz.

Place du monastère (Stiftsplatz) – Contrastant avec l'entrelacs des ruelles de la ville médiévale, l'ordonnance classique de cette place, bordée à l'est par les sobres façades de l'ancien collège et de l'église des Jésuites, et, surtout au sud, par celles de l'ancien monastère des Dames, est très harmonieuse.

Monastère des Dames (Damenstift) – Il fut fondé par l'archiduchesse Madeleine, sœur de Ferdinand II, de 1567 à 1569. La **façade de l'église**★, rythmée sur toute

sa hauteur par quatre pilastres cannelés, témoigne de la transition entre l'art de la Renaissance et le style baroque.
Par l'Eugenstraße et les escaliers de la Schweighofstiege, que l'on prend à gauche, regagnez l'Unterer Stadtplatz. Par la Münzergasse, on atteint le château Hasegg.

Château Hasegg (BURG HASEGG)

Dominé par sa fameuse tour, il était à l'origine un bastion de surveillance du fleuve et prit une importance historique lorsqu'en 1567 y fut transféré l'atelier de monnaie des princes du Tyrol. On frappa à Hall le célèbre **thaler d'argent**, qui s'imposa à toute l'Europe jusqu'au début du 19e s.
Musée de la Monnaie (Münzmuseum) – *✆ 05223 5855520 - ♿ - www.muenze-hall.at - tlj sf lun. 10h-17h - fermé dim. de nov. à mi-déc., et de mi-déc. à mi-mars - 8 € (6-16 ans 5,50 €).* Le château abrite ce musée moderne où l'on peut se faire frapper une pièce commémorative. On peut également monter dans la tour des Monnayeurs (185 marches), d'où l'on a une très belle vue sur la ville et la chaîne du Karwendel *(5,50 € - ticket combiné avec musée : 11,50 €).*
Musée municipal (Stadtmuseum) – *✆ 522 35845 3085 - www.stadtmuseumhall.at - horaires : se rens. - gratuit.* On peut également visiter le musée de Hall, qui organise des expositions sur le passé de la ville.

★ Schwaz

CARTE P. 364-365 B2

À 30 km au nord-est d'Innsbruck (train direct 20mn).
Münchner Str. 11 - ✆ 05242 63240 - silberregion-karwendel.at.
À la Renaissance, ses importantes mines d'argent et de cuivre ont fait de Schwaz la principale ville du Tyrol après Innsbruck. Objet de la sollicitude de l'empereur et des puissances financières de l'époque – les Fugger d'Augsbourg en particulier –, la ville connut une prospérité qu'attestent aujourd'hui les dimensions inaccoutumées et la décoration de ses monuments, tous construits entre 1450 et 1520.
De l'office de tourisme, continuez sur la Franz-Josef-Str. pour découvrir le centre historique de la ville.

★ Église paroissiale (PFARRKIRCHE)

Dressant dans l'axe de la Franz-Josef-Straße sa façade hérissée de pinacles à la mode souabe, l'église présente une toiture couverte de plus de 14 000 plaques de cuivre. À l'intérieur, on découvre quatre vaisseaux et deux chœurs parallèles, fait unique en Europe, qui furent rétablis en 1912 dans leur ordonnance gothique de la fin du 15e s., avec voûtes en réseau. Le vaisseau principal droit et son chœur étaient réservés aux mineurs, comme en témoignent certains monuments funéraires. La tribune d'orgue, réalisée en 1522, montre, aux voûtes qui la supportent et à sa balustrade, une décoration gothique soignée. Le buffet baroque (1730) de l'instrument est somptueux. Tout en progressant dans le vaisseau, on verra quelques témoins du mobilier gothique : les fonts baptismaux à cuve octogonale de 1470, et, contre le pilier séparant les deux chœurs, un Christ en croix du 16e s. très expressif.
L'**autel de sainte Anne**, dans le bas-côté droit, constitue un très bel exemple de sculpture religieuse. Son retable baroque de 1733, honorant les saints protecteurs de l'Autriche, saint Georges et saint Florian, encadre un très beau groupe du début du 16e s. : la sainte Parenté entre sainte Élisabeth, à droite, et sainte Ursule, à gauche.
En sortant de l'église paroissiale, n'hésitez pas à faire un tour dans le **Stadtpark** (parc municipal), pour apprécier ses remarquables arcades : deux belles **galeries de cloître★**, voûtées de croisées d'ogives, agrémentent encore ce jardin qui monte en pente douce, au sud de l'église.

Ressortez du parc en passant devant le clocher, construit en 1911. Sa cloche de 4480 kg est toujours utilisée pour annoncer les orages menaçants.
Poursuivez par la Ludwig-Penz-Straße où se trouve la **maison historique des Fugger**, du nom de la très riche famille de marchands et de banquiers Fugger d'Ausbourg, très influents à la fin du Moyen Âge, qui avaient ici une résidence.
Tournez ensuite sur la Burggasse.

Église des Franciscains (FRANZISKANERKIRCHE)

L'église gothique, terminée en 1515, était, dans l'ordonnance très stricte de ses trois nefs, conforme aux règles de construction alors en vigueur dans l'ordre des Franciscains. Sa « baroquisation », en 1736, ne lui a fait perdre ni ses heureuses proportions ni sa clarté. Surmontant les hautes colonnes de marbre, les chapiteaux, réduits à de simples bagues, n'assument plus qu'un rôle décoratif. Les **stalles★** dans le style Renaissance (1618) sont l'œuvre d'un artisan du pays.
Cloître (Kloster) – *Entrée par la porte du couvent à droite de l'église.* Conservé dans sa pureté gothique, il garde d'importants vestiges de **peintures murales** représentant des scènes de la Passion (1519-1526), attribuées à un frère originaire de Souabe. Des motifs végétaux et des oiseaux décorent les voûtes depuis 1600 environ. La communauté de Schwaz y est symbolisée par des écussons : confréries d'artisans, de mineurs, etc. L'empereur Maximilien est représenté par les armes de ses États héréditaires.

★ Mine d'argent (SILBERBERGWERK)

Alte Landstr. 3a - ✆ 05242 72372 - www.silberbergwerk.at - visite guidée (1h30) - mai-sept. : 9h-17h ; oct.-avr. : 10h-16h - fermé 2 sem. en nov. - 18 € (5-14 ans 11 €).
Ne manquez pas de visiter cette mine d'argent (température constante de 13 °C). Un train minier permet de franchir 800 m au cœur de la galerie Sigmund, creusée il y a 500 ans, lorsque Schwaz était le plus grand centre producteur d'argent au monde et que 11000 compagnons y recherchaient le précieux métal. Des escaliers et des échelles permettent ensuite de franchir un labyrinthe de galeries : les techniques d'extraction et de forage des galeries sont exposées plus loin de façon didactique.

Château de Freundsberg (BURG FREUNDSBERG)

✆ 05242 65129 - www.freundsberg.com - taverne : tlj sf lun. 11h30-14h, 17h-21h (11h30-15h dim.) ; musée avr.-oct. : tlj sf lun. 10h-17h (11h30 en hiver) ; reste de l'année : se rens. - 3,50 € (-15 ans gratuit).
La situation pittoresque sur une crête de cet imposant édifice à donjon carré permet de profiter d'une **vue★** impressionnante sur la vallée de l'Inn et sur la ville. Le château, bâti au début du 12e s. par les chevaliers de Freundsberg, resta propriété de la famille durant trois siècles, avant d'être cédé à l'archiduc Sigismond, comte du Tyrol, qui le mit en gage par la suite. On visitera également la chapelle et le **musée de la Ville de Schwaz** installé dans le donjon (histoire de la ville du Moyen Âge à nos jours, développement de l'exploitation minière).

À proximité de Schwaz

★ Château de Tratzberg (SCHLOSS TRATZBERG) B2

À 5 km au nord de Schwaz en direction de Stans.
✆ 05242 63566 - www.schloss-tratzberg.at - visite guidée avec audioguide (1h – existe en français) - avr.-oct. : 10h-16h - 14 € (4-12 ans 8 €) ; petit train 2 €.
Un **petit train** permet aux visiteurs de se rendre du parking à la porte du château, dont l'histoire est racontée dans un enregistrement audio.

Schwaz en hiver.
ImageBROKER/hemis.fr

Érigée à mi-pente, cette austère construction fut élevée en deux campagnes. La première, aux environs de 1500, a donné au bâtiment son allure extérieure dans le style encore sévère du Moyen Âge finissant. On y adjoignit soixante ans plus tard, lors d'une seconde campagne, des constructions dans le goût de la Renaissance. De cette époque datent les arcades décorées de fresques. Le château servit de pavillon de chasse à ses propriétaires, l'empereur Maximilien, puis les **Fugger,** puissante famille de banquiers allemands ayant des intérêts à Schwaz avec la mine de la Silberberg.
L'intérieur recèle nombre de meubles, de tableaux et d'armes anciennes. On admirera le plafond de la chambre de la Reine (1560), magnifique assemblage de bois monté sans aucun clou, et, dans la salle des Habsbourg, une fresque murale réalisée en 1508, longue de 46 m, représentant les 148 ancêtres de Maximilien Ier.

★ Rattenberg

CARTE P. 364-365 B2

À 48 km au nord-est d'Innsbruck (train direct 50mn).
Parkplatz P1 - Südtiroler Str. 34a - ✆ 05337 21200 - www.alpbachtal.at.
Minuscule ville-frontière propice au contrôle de la route et de la navigation fluviale, Rattenberg fut longuement disputée entre la Bavière et le Tyrol. Au 17e s., après l'épuisement des mines d'argent qui avaient fait sa richesse, il n'y eut plus de nouvelles constructions. Elle se présente donc aujourd'hui dans la quasi-intégrité de son architecture datant de la Renaissance. La **vieille ville** a tiré parti d'un étranglement de la plaine alluviale, très ramassée entre l'Inn et le Schlossberg, et forme un triangle dont le plus long côté, parallèle à la rivière, atteint à peine 300 m. Deux rues seulement, entrecoupées de venelles, aèrent un espace urbain parcimonieusement distribué.

★ Rue principale piétonne (SÜDTIROLER-STRASSE)

Ses maisons les plus caractéristiques présentent de hautes façades multicolores agrémentées de stucs et d'encadrements de portes ou de fenêtres en marbre

8

Capitale de la verrerie

Entre autres spécialités de l'artisanat tyrolien, Rattenberg fait commerce de verres taillés et gravés, exécutés dans ses ateliers et à Kramsach, sur la rive opposée de l'Inn. Elle s'enorgueillit du titre de « ville de la verrerie » *(Glasstadt)*, tandis que Kramsach abrite une école technique réputée pour le travail du verre. On peut ainsi admirer, dans la Südtiroler-Straße, le travail des artisans et apprécier les petites pièces décorées avec goût.

rose. Un fronton horizontal les couronne. Comme on peut s'en rendre compte depuis le château, ce fronton ne masque pas une terrasse mais la ligne brisée d'un toit dit « en M » (*Grabendach*). Ce morcellement de la toiture en plusieurs faîtes perpendiculaires à la rue assurait une meilleure protection contre l'incendie et supprimait la gouttière mitoyenne, source de contestations entre voisins.

★ Musée des Augustins (AUGUSTINERMUSEUM)

Klostergasse 95 - ✆ 05337 64831 - www.augustinermuseum.at - de déb. mai à fin oct. : 10h-17h - 5 € (-18 ans gratuit).

Aménagé dans un ancien monastère fondé en 1384, ce musée présente des joyaux de l'art tyrolien. La statuaire gothique tardive exposée dans le cloître y occupe une grande place. Des chefs-d'œuvre des orfèvres locaux, dont Dominikus Lang fut le maître, témoignent de leur talent. Dans la tribune sont exposés les objets utilisés lors des processions, dont les plus remarquables sont une Vierge en majesté et un Christ aux outrages.

On peut également monter dans le clocher de l'ancien monastère et admirer la vue sur la ville et les alentours.

★★ Église paroissiale St-Virgile (PFARRKIRCHE ST. VIRGIL)

L'église gothique (1473) présente un remarquable appareil de blocs de marbre rose. À l'intérieur, deux nefs séparées par des colonnes à chapiteaux imitant l'antique étaient réservées, l'une aux bourgeois, l'autre aux mineurs. Une riche statuaire, un délicat réseau de stucs habillant les voûtes et d'élégantes fresques composent une chatoyante parure baroque, à laquelle œuvrèrent (vers 1730) les meilleurs artistes de la région. On doit au Bavarois Matthäus Günther la magistrale **Cène** de la nef principale, à Simon Benedikt Faistenberger la Transfiguration décorant le chœur, et à Meinrad Guggenbichler, sculpteur réputé de Mondsee *(voir p. 242)*, les statues qui ornent l'**autel** de la nef secondaire. Au fond de l'église, montez l'escalier jusqu'à la chapelle dédiée à sainte Notburge, née à Rattenberg en 1265.

Ruines du château (SCHLOSSBERG)

15mn à pied AR. Passez sous le pont du chemin de fer, derrière l'église, et gravissez, à droite, après la voûte, le sentier du château. Au théâtre de verdure, tournez à droite pour gagner le bord du plateau, au pied des ruines.

De ce belvédère, bonne **vue** sur la ville, enserrée entre l'Inn et la montagne, avec ses toits « en fossé » d'où émerge le clocher de l'église des Servites (13e-18e s.). Vers l'aval du fleuve apparaissent les Kaisergebirge.

À proximité de Rattenberg

★ Écomusée des Fermes tyroliennes, à Kramsach B1

(FREILICHTMUSEUM TIROLER BAUERNHÖFE)

À 7 km à l'ouest de Rattenberg. Quittez Rattenberg en direction de Kramsach et dirigez-vous vers Breitenbach am Inn. Après Mosen, tournez à droite.

05337 62636 - www.museum-tb.at - de la veille des Rameaux à fin oct.: 9h-17h (18h mai-sept.), dernière entrée 1h30 av. fermeture - 10 € (6-17 ans 3 €).

Aménagé dans un site naturel remarquable, cet écomusée de 8 ha rassemble 14 fermes historiques datant des 16e-18e s., ainsi que 19 annexes – étable, scierie, intérieurs lambrissés – qui représentent l'architecture traditionnelle des trois régions historiques du Tyrol du Nord, du Sud et de l'Est. Remontées ici pièce par pièce entre 1976 et 2006, ces émouvantes fermes aux bois centenaires qui craquent sous votre passage étaient alors toutes à l'abandon: en visitant chacune d'elles, vous constaterez la la qualité de leur construction et de leur décoration typique. Admirez en particulier la gigantesque **grange** au toit de paille de la **Tierstaller Hof** (1557), la Falkner-SchnaitterHof (1620) dont la porte est protégée par un garde géant peint sur la façade et datant de 1736, ou encore l'immense **scierie** mue par l'eau et alimentée par un aqueduc en bois.

★ Alpbach B2

À 12 km au sud-est de Kramsach.

Déjà citée en l'an 1000, cette localité est située dans un site à 973 m d'altitude dans une vallée de l'Inn exposée au sud. De solides maisons à galeries fleuries et une petite église à clocher pointu forment un tableau plein de charme. Aux alentours, nombreuses possibilités de randonnées et de ski de fond, dans un cadre enchanteur de forêts de sapins et de chalets.

Église St-Oswald (Pfarrkirche St. Oswald) – L'édifice, élevé en 1720, a conservé le clocher de l'église antérieure, érigée en 1420. Rien de l'extérieur ne laisse présager de la beauté du décor intérieur et de la richesse des fresques. L'exubérance baroque est visible dans l'ornementation des autels. Le maître-autel chante la gloire des saints Oswald, Martin et Catherine. Les autels latéraux sont enrichis de sculptures rococo de 1764: celui de gauche porte une statue de la Vierge de la Victoire, vénérée par les pèlerins, tandis que le groupe de la Crucifixion figurant à l'autel de droite est l'œuvre d'un artiste local du 19e s., Andreas Bletzacher.

Kufstein

CARTE P. 364-365 C1

À 75,5 km au nord-est d'Innsbruck (train direct - 35mn).

Unterer Stadtplatz 11 - 05372 62207 - www.kufstein.com.

Dernière ville autrichienne de la vallée de l'Inn, à 3 km de la frontière bavaroise, Kufstein vaut surtout pour l'imposante tour de l'Empereur (« Kaiserturm ») qui se dresse sur son rocher. Le massif du Kaisergebirge, que l'on peut atteindre rapidement à l'aide du télésiège Wilder Kaiser, a permis à la petite ville de devenir un lieu touristique attrayant et vivant.

Forteresse (FESTUNG)

05372 66525 - www.festung.kufstein.at - du sam. des Rameaux au 2 nov.: 9h-18h (dernière entrée à 17h); 9h-17h (10h-17h en hiver), dernière entrée à 16h - 13 € en été (6-18 ans 7,50 €) et 12 € en hiver (6-18 ans 7 €) - accès en train panoramique inclus dans le prix d'entrée.

En partant de l'Unterer Stadtplatz et en dépassant l'église, on gagne la cour de la **forteresse**, où se trouvent la caisse ainsi que l'orgue des Héros.

Orgue des Héros (Heldenorgel) – *Cour inférieure de la forteresse. - concerts d'orgue tlj à 12h, ainsi qu'à 18h en juil.-août - inclus dans le billet d'entrée.* L'orgue des Héros a été installé en 1931 dans les combles de la tour des Bourgeois *(Bürgerturm, voir ci-après)* pour commémorer les combattants tombés durant la Première

8

Kufstein et sa forteresse.
Jon Arnold Images/hemis.fr

Guerre mondiale. Il compte, depuis 1971, 4307 tuyaux et 46 registres et est ainsi le plus grand orgue de plein air du monde. De là, on pénètre à l'intérieur de la forteresse soit en empruntant l'escalier couvert, soit en optant pour le **Panoramabahn Kaiser Maximilian**, train panoramique, qui permet également d'y monter.

Portes (Toren) – Si l'on entre dans la forteresse en empruntant l'escalier, on arrive par la Bayerneinfall (dite « porte de l'Invasion bavaroise », après l'invasion du site par les Bavarois en 1703). Elle donne accès à la **Bürgerturm** (visite des tuyaux de l'orgue des Héros, exposition sur les chasseurs impériaux et les tireurs du Tyrol). Une autre porte conduit à la caserne inférieure du château et au grand puits. Un couloir rocheux souterrain de quelque 170 m de long permet ensuite de gagner, *via* la porte connue sous le nom de « queue de paon » *(Pfauenschweif)*, le **Josefsburg**, avec ses casemates rénovées. En franchissant à nouveau ladite porte, on atteint l'Annabatterie (transformé en jardin) et les bastions Wallachen et **Caroli** (danseurs en bronze de l'artiste Meta Mettig von Ellenberger), d'où l'on jouit d'un beau **point de vue★** sur les Alpes de Kitzbühel.

★ Tour de l'Empereur (Kaiserturm) – Ouvrage colossal achevé en 1522 (21 m de diamètre et murs mesurant jusqu'à 7,50 m d'épaisseur), la tour se dresse sur le point culminant du rocher. Sa distribution intérieure est commandée par un énorme pilier central entouré d'une galerie voûtée circulaire. Au 4e étage, 13 cellules évoquent le souvenir de différents prisonniers enfermés ici au 19e s., alors que le château était une prison d'État. De la tour de l'Empereur, on accède à la cour du château et à sa caserne supérieure. Cette dernière abrite le **Musée local et de la Forteresse**, qui rassemble des collections sur la région de Kufstein.

Carnet pratique

S'informer

Office de tourisme – *Unterer Stadtplatz 19 - Hall in Tirol - ✆ 05223 45544 - www.hall-wattens.at/fr.*

Agenda

Kufstein et ses environs

Passionsspiele Thiersee – *De mi-juin à déb. oct. - passionsspiele-thiersee.at.* Tous les six ans, la commune de Thiersee *(8 km à l'est de Kufstein)* rejoue la scène de la Passion du Christ.

Tiroler Festspiele Erl – *Juil. et hiver - www.tiroler-festspiele.at.* Série d'opéras et de concerts donnés à Erl, à 13 km au nord de Kufstein.

Operetten Sommer – *De fin juil. à mi-août - www.operettensommer.com.* Spectacles d'opérette dans la forteresse de Kufstein.

Nos adresses

PLAN P. 398

Restauration

À Hall in Tirol

Budget moyen

(5) **Goldener Löwe** – A1 - *Oberer Stadtplatz - ✆ 05223 41550 - www.goldenerloewe-hall.at - tlj sf dim.-lun. 11h-14h30, 17h30-0h (bar Diana jusqu'à 2h) - plats 12,50/24 €.* Caché dans un recoin de la place, au 1er étage d'un édifice ancien desservi par un bel escalier en colimaçon, le Lion d'or est autant une plongée historique qu'une étape gourmande sûre. Cuisine traditionnelle autrichienne à déguster sous les voûtes dans un décor de nappes blanches, tomettes et parquet ancien. Pour prolonger la soirée, le bar Diana vous attend au rez-de-chaussée.

À proximité de Schwaz

Budget moyen

Bio-Aktiv-Hotel Grafenast – *Pillbergstr. 205 - 12 km au sud par la rte 171 puis dir. hameau de Pill-Hochpillberg - ✆ 05242 63209 - www.grafenast.at - fermé lun. midi et mar. midi - menus 31/41 € - 24 ch. 126/177 € ☕ - 1/2 P possible.* Ce restaurant très agréable, qui existe depuis 1907, propose une cuisine régionale qui ne manque pas d'originalité. Petit-déjeuner, plat du jour ou menus, tout est bio. Terrasse panoramique.

Pour se faire plaisir

Gasthof Esterhammer – *Rotholz 362 - 5 km au nord-est par la rte 171 - ✆ 05244 62212 - www.esterhammer.at - tlj sf lun.-mar 11h30-14h, 18h-20h30 - plats à partir de 16,40 €.* Un établissement familial de qualité, dont la première mention remonte à plus de 400 ans. Il abrite une auberge servant des spécialités tyroliennes. Belle vue de la terrasse.

À Rattenberg

Premier prix

Café-Konditorei-Restaurant Hacker – *Südtirolerstr. 46 - ✆ 05337 623220 - www.cafehacker.at - 8h-18h (fermé lun. hors sais.) - autour de 10 €.* Petits plats et spécialités régionales. Les pâtisseries maison sont réputées.

À Kramsach

Budget moyen

Fischerstube – *Moosen - ✆ 0676 5560228 - www.fischerstube.eu - 11h30-21h (20h dim.) - plats 15/23 €.* Vue imprenable sur le lac pour déguster un trio de poissons (sandre, silure et omble) ou un filet de carpe frit: vous n'avez plus qu'à choisir entre la salle à l'étage aux grandes baies ou la terrasse sur le toit. Service soigné.

Shopping

Verrerie

Bleikristall Schwarz – *Südtirolerstr. 28 - Rattenberg - ✆ 05337 66098 - www.glas-schwarz.at - lun.-vend. 9h30-17h, sam. 9h30-14h - fermé dim.* Création de verre de haute qualité.

Kristallglas Kisslinger – *Südtirolerstr. 41 - Rattenberg - ✆ 05337 62317 - www.kisslinger-kristall.com - lun.-vend. 9h-17h, sam. 9h30-16h30, dim. 10h30-16h.* Principal producteur de la région. On trouve dans les différentes boutiques de la Südtirolerstraße un vaste choix d'objets et de bijoux en verre.

Hébergement

À Hall in Tirol

Budget moyen

4 **Gasthof Badl** – A1 - *Haller Innbrücke 4 (rive droite) - Ampass - ✆ 05223 56784 - www.badl.at - P - 25 ch. 179 €.* Situé au bord de l'Inn, cet hôtel soigné est joliment décoré d'œuvres d'art. La plupart des chambres ont vue sur la tempétueuse rivière. Ravissant pont piéton abrité pour rejoindre la vieille ville en trois minutes. Excellent rapport qualité prix.

Pour se faire plaisir

Heiligkreuz – HORS PLAN - *Reimmichlstr. 18 - ✆ 05223 57114 - www.heiligkreuz.at - P - 38 ch. 168 € - tlj sf dim. 19h-21h (20h cuisine) - menu 28 €.* Auberge datant du 15e s. Dans certaines chambres, un ciel étoilé brille la nuit au dessus du lit… Petit restaurant servant une cuisine autrichienne de qualité.

Une folie

1 **Hotel Goldener Engl** – A1 - *Unterer Stadtplatz 5 - ✆ 05223 54621 - www.goldener-engl.at - P - 218 ch. 159/187 € - 10h30-0h, sam. 10h-0h, dim. 10h-22h - plats 13/38 €.* Ce bâtiment de plus de 700 ans abrite un charmant hôtel. Chambres confortables et décor à l'ancienne.

À Rattenberg

Pour se faire plaisir

Haus Schlosskeller – *Südtirolerstr. 13 - ✆ 05337 65104 - www.schlosskeller-rattenberg.at - 6 ch. et 1 appart. 144 €.* Cet hôtel familial abrite depuis 1592 des chambres calmes et confortables au cœur de la ville, dans la zone piétonne.

La chaîne montagneuse du Wilder Kaiser.
DieterMeyrl/Getty Images Plus

Kaisergebirge ★★

Marqué par deux chaînes de montagnes remarquables, au nord, celle du Zahmer Kaiser, qui atteint 1977 m et, au sud celle du Wilder Kaiser, qui culmine à 2344 m, le Kaisergebirge est célèbre pour ses parcours d'escalade et ses superbes paysages de montagne aux bouillonnants torrents. Le site a été en partie classé zone naturelle protégée.

Se repérer

CARTE P. 364-365 (C1) ET CARTE DU KAISERGEBIRGE P. 408-409

Tyrol et Salzbourg.
Situé dans le nord du Tyrol, l'ensemble montagneux du Kaisergebirge s'étend de Kufstein à St. Johann in Tirol.

À ne pas manquer

Le Hohe Salve.

Organiser son temps

Consacrez une journée aux deux circuits.

Carnet pratique p. 412

Nos adresses p. 412

Circuits conseillés

CARTE P. 408-409

Le Zahmer Kaiser

Circuit de 61 km, de Kufstein à St. Johann in Tirol, tracé en gris sur la carte.

Kufstein
Voir p. 403.

Au nord de Kufstein, le Kaisergebirge s'achève au-dessus de la plaine de l'Inn par de grands à-pics coupés par la gorge terminale du Sparchenbach, torrent dont la vallée – la Kaisertal – s'enfonce au cœur du massif.
Quittant le pied de ces escarpements, la route offre une vue sur la plaine d'Ebbs que domine la basilique St-Nicolas (1490), juchée sur un contrefort boisé. On emprunte à droite la route 172 en direction de Kössen. Entre Durchholzen et le Walchsee, le couloir parcouru s'épanouit en une combe harmonieuse, en partie noyée par le lac et dominée par quelques dents du Zahmer Kaiser.

Walchsee

Le village aux belles maisons décorées de peintures jouxte le plan d'eau, aménagé pour les sports nautiques.
Prenez à gauche la B 176, toujours vers Kössen, puis vers Schleching. 3 km après Kössen, panneau « Wallfahrtskirche Maria Klobenstein » ; on suit la route sur 500 m jusqu'à atteindre un parking avant le tunnel. Un sentier rejoint la chapelle.

Klobenstein

Connu sous diverses dénominations (Kitzbüheler Ache, Kössener Ache, Tiroler Ache), le torrent Ache, qui descend des Alpes de Kitzbühel, dirige ses eaux vers le Chiemsee. Il s'encaisse en amont de **Kössen** dans un défilé qui forme la frontière naturelle entre le Tyrol et la Bavière.
En contrebas de la route qui traverse ce ravin pittoresque et relie Kössen à Schleching (Bavière) se dresse la **chapelle** Maria Klobenstein (début 18e s.). En dessous de la chapelle, on aperçoit un bloc rocheux divisé en deux, le « Klobenstein », ou « pierre coupée », qui a donné son nom à l'endroit.

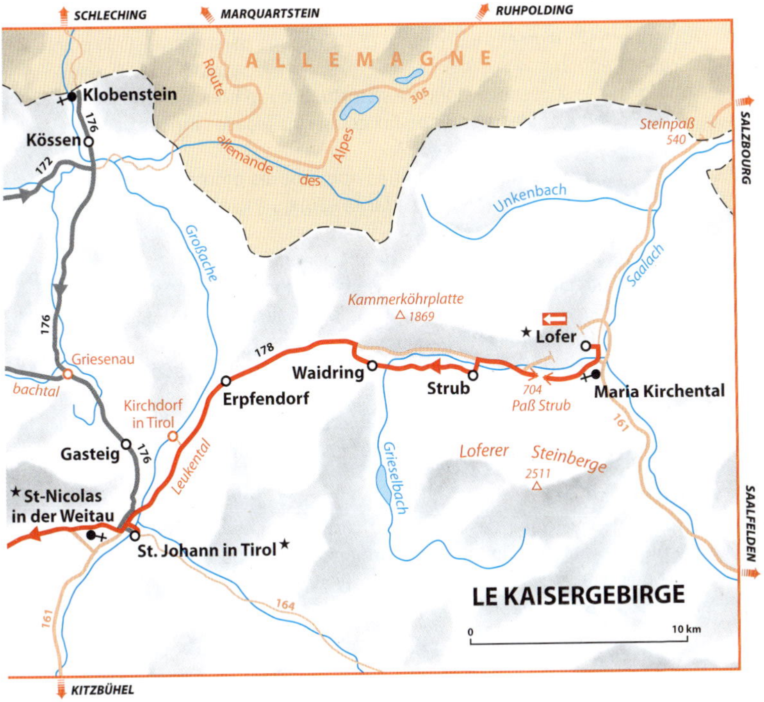

Reprenez la B 176 en sens inverse et poursuivez vers le sud jusqu'à l'entrée de la Kaiserbachtal, à Griesenau. Prenez à droite une route à péage. Au bout de 5 km, on arrive aux parkings des Griesener Alm.

★ Stripsenkopf

4h à pied AR. Près de 800 m de dénivelée. La dernière partie du parcours, de Stripsenjoch au sommet, est réservée aux randonneurs expérimentés. Le sentier part des Griesener Alm (1024 m), de l'autre côté du Kaiserbach. Suivez le panneau « Stripsenjoch » sur un chemin bien balisé. Au bout d'1h30, on atteint le refuge du Stripsenjoch, à 1605 m d'altitude. Longez le refuge sur la droite, puis suivez les marques rouge et blanc et le panneau « Stripsenkopf ». Le sentier devient plus abrupt et quelques passages rocheux sont difficiles. Au bout de 30mn, on arrive au sommet du Stripsenkopf (1807 m) qui offre une très belle **vue★** sur l'impressionnante paroi nord du Wilder Kaiser.

Reprenez la B 176 et poursuivez vers le sud.

La route se termine après **Gasteig** par une jolie **descente panoramique★**, au-dessus de la Leukental et du bassin de St. Johann in Tirol.

★ St. Johann in Tirol

Voir p. 410.

Le Wilder Kaiser

Circuit de 68 km, de Lofer à Kufstein, tracé en rouge sur la carte.

★ Lofer

Ce village et le massif calcaire délicatement ciselé des Loferer Steinberge qui l'encadre constituent un **ensemble★★** ravissant. Le double bulbe de son église se profile devant un cirque ouvrant, entre les puissants contreforts boisés de l'Ochsenhorn (2 511 m) et du Breithorn (2 413 m), une perspective sur la pointe du Großes Reifhorn.

Le bourg voit se succéder, le long de sa tortueuse rue principale, des maisons cossues à oriels d'angle arrondis et aux coquettes façades ornées de fleurs et de peintures.

Lofer est le point de départ de très nombreuses promenades : celles qui mènent à la Loferer Alm *(randonnée facile - 3h)* ou à l'église **Maria Kirchental** comptent parmi les plus prisées.

Quittez Lofer par la B 312 en direction de St. Johann in Tirol.

La vallée se rétrécit à l'approche du Pass Strub (monument commémoratif des combats menés en 1800, 1805 et 1809 par les Tyroliens révoltés), où le torrent dévale dans un bouillonnement d'écume.

Si vous avez un peu de temps, obliquez à gauche vers **Strub**, environ 3 km après le monument. Cette route, parallèle à la B 312, est moins bien aménagée, mais plus belle entre Strub et Waidring. On peut y admirer plusieurs fermes traditionnelles (pièces d'habitation, étable et grange sous un même toit).

Waidring

Un groupe de vieilles fermes à balcons fleuris et clochetons compose, autour d'une place à fontaine, un tableau charmant. L'église paroissiale (1757-1764) compte de beaux stucs et pastels du plus pur style rococo.

Revenez sur la B 312 et reprenez la direction de St. Johann in Tirol.

Erpfendorf

À partir de la Bundesstraße, obliquez à gauche vers le centre d'Erpfendorf.

L'église (Pfarrkirche), terminée en 1957, est l'œuvre de l'architecte **Clemens Holzmeister**, spécialisé dans la construction d'églises modernes et auteur des plans du palais du Festival de Salzbourg. À l'intérieur, remarquez la poutre de gloire représentant la Crucifixion, intégrée à la charpente qui surplombe la nef.

D'Erpfendorf à St. Johann, à travers la Leukental, le circuit offre, à hauteur de Kirchdorf et en arrivant à St. Johann, des vues sur le Wilder Kaiser.

★ St. Johann in Tirol

Située au point d'intersection de plusieurs vallées, St. Johann est une commune animée. La vaste cuvette ensoleillée est entourée par le Wilder Kaiser et par le Kitzbüheler Horn. La place du marché, au milieu du village, présente une série de belles maisons baroques aux façades ornées de **peintures** (en particulier celle de la Gasthof Post), qui sont typiques de la région.

Église paroissiale (Pfarrkirche) – Cette église baroque fut élevée entre 1723 et 1728 par l'architecte Abraham Millauer. Son intérieur très clair révèle des voûtes peintes en six panneaux (1727) par un élève de Rottmayr, **Simon Benedikt Faistenberger** *(voir p. 414)*, peintre originaire de Kitzbühel. Tous les tableaux du maître-autel sont de l'artiste salzbourgeois Jakob Zanusi (1679-1742).

Chapelle St-Antoine (Antoniuskapelle) – *Bahnhofstr., à 200 m à droite de l'église.* La fresque de la coupole (1803, rénovée en 1921) de la rotonde, construite entre 1669 et 1674, représente une vue panoramique de St. Johann au début du 19e s.

★ Église St-Nicolas (ST. NIKOLAUS KIRCHE) in der Weitau, à Spital

Peu après la sortie sud de St. Johann par la B 312, obliquez à droite vers Rettenbach/ Weitau. Au bout d'1 km, on retrouve le panneau St. Johann. Juste après, on aperçoit à droite la petite église, entourée d'une école d'agriculture.

Ce sanctuaire dédié à saint Nicolas fut fondé en 1262 pour accueillir des pauvres. Il adopta le style gothique en 1460, puis fut baroquisé au 18e s. (clocheton, fenêtres en arc en plein cintre et mobilier). En 1744, Simon Benedikt Faistenberger réalisa les fresques des voûtes : au-dessus de l'autel (saint Nicolas patron des pauvres), dans la nef (les 14 saints invoqués contre les fléaux naturels et saint Jean Népomucène; *voir p. 517*). En 1745, le Viennois Josef Adam Mölk exécuta les peintures murales. Le vitrail qui se trouve derrière le maître-autel est le plus ancien du Tyrol (1480 environ).

Ellmau C1

Ce village de paysans est une charmante destination de vacances. Un sentier part près de l'église paroissiale baroque St. Michael pour atteindre la **chapelle de la Visitation-de-la-Vierge** (1719), emblème d'Ellmau, qui s'élève sur une colline au-dessus de la localité. Depuis cet endroit, belle vue sur le village et le **Kaisergebirge**.
Quittez Ellmau vers l'est par la B 312. Après 4 km, tournez à droite vers Scheffau/Hintersteinersee. Après avoir traversé Scheffau, parcourez environ 5 km sur une route abrupte et sinueuse pour atteindre l'Hintersteinersee; parking.

Lac Hintersteiner (HINTERSTEINERSEE)

Ce lac de montagne, dont les eaux cristallines reflètent les dents rocheuses du Wilder Kaiser, invite à la baignade ou à la promenade.
Revenez sur la B 312 et poursuivez en direction de Wörgl.

Söll C1

Coquette localité, située dans une vallée encaissée, elle est dominée au sud par le Hohe Salve au sommet arrondi unique en son genre. Elle est bâtie autour de l'église Sts-Pierre-et-Paul, construite entre 1764 et 1768, au riche mobilier baroque et au superbe décor de fresques et de stucs.

★★ Hohe Salve C1

Accès en télécabine ou télésiège : Bergbahn Söll - Gondelbahn Hochsöll und Hohe Salve - ✆ 053 33 52 60 - www.skiwelt.at - de mi-mai à fin oct. : 9h-17h; de déb. déc. à déb. avr. : 8h-16h30 - 28 € AR (enf. 14 €). Station inférieure 1 km au sud-ouest de Söll, panneau « Bergbahnen ».
1829 m. Du sommet, sur lequel a été aménagée une chapelle, magnifique **vue circulaire★★** au sud sur la vallée de Brixen, les Alpes de Kitzbühel (Großer Rettenstein), les Hohe Tauern (Großvenediger) et les Alpes de la Zillertal. Au nord dominent les aiguilles déchiquetées et sauvages du **Wilder Kaiser**.
Par le chemin qui part à gauche de la station inférieure, on atteint au bout de 500 m env. – de préférence à pied – la **chapelle de Stampfanger**, édifiée en 1670 mais dont la forme actuelle date de 1757, idéalement située sur un socle rocheux qui domine le Stampfangerbach. Seul un pont couvert y mène.
Faites demi-tour, revenez sur vos pas sur 2 km et prenez à gauche la B 173.
La B 173, dite route d'Eiberg, s'enfonce dans le défilé de la Weißach. À la sortie apparaît la forteresse de Kufstein.

Carnet pratique

S'informer

À St. Johann in Tirol – *Poststr. 2 - ✆ 05352 63350 - www.kitzbueheler-alpen.com.* Bureaux également à **Oberndorf** *(Josef-Hager-Str. 23)* et **Kirchdorf** *(Litzlfeldner Str. 2).*

Nos adresses

Restauration

À St. Johann in Tirol

Premier prix

Domicil Cooking – *Dechant-Wieshoferstr. 17a - ✆ 05352 63015 - www.domicil-cooking.at - lun.-vend. 11h-14h30, 17h-21h - fermé w.-end - plats 13/16€.* Une adresse colorée tout comme son appétissante cuisine asiatique, à savourer dans la salle avec cuisine ouverte, en terrasse, ou à emporter. Une sympathique adresse exotique.

Près de Kufstein

Pour se faire plaisir

Beim Dresch – *Oberweidau 2 - Erl - 13 km au nord de Kufstein - ✆ 05373 8129 - www.dresch.at - lun.-mar. et vend. 17h30-20h30, w.-end 11h30-13h45, 17h30-20h30 - plats 23/29 € - 11 ch. 143/149 € ☕.* Restaurant convivial avec cheminée. Belles chambres claires, aménagées selon les principes du feng shui.

À Söll et autour

Budget moyen

Schulhaus – *Dorf 128 - ✆ 05333 5139- www.restaurant-bar-schulhaus.at - tlj sf lun.-mar. 17h-21h - plats 17,50/21,50 €.* Baroudeur et explorateur de saveurs exotiques, le patron Hannes anime régulièrement une émission culinaire, diffusée sur l'écran. Occupant une ancienne école, cette adresse est dédiée aux amateurs de hamburgers généreusement garnis. Jolie décoration rétro, ambiance très décontractée et équipe jeune et dynamique. Réservation conseillée.

Loya Stub'n – *Loyaweg 37 Oberau - 21 km au sud-ouest de Söll - ✆ 0664 9209042 - www.loyastubn.at - tlj sf lun.-mar. 10h-22h - plats 13/20 €.* Au bout d'une ravissante petite route grimpant au milieu des champs et d'un bois, le restaurant de la famille Moser domine la vallée d'Oberau. Cuisine tyrolienne et autrichienne savoureuse et pour une addition très sage. Jolie vue sur le Hohe Salve, au loin.

Hébergement

À St. Johann in Tirol

Pour se faire plaisir

Hotel Wirtshaus Post – *Speckbacherstr. 1 - ✆ 05352 636430 - www.dashotelpost.at - plats 16/26 € - 35 ch. 186 € ☕.* Immanquable avec sa façade peinte, ce charmant petit hôtel traditionnel se trouve en plein centre et a été remis joliment au goût du jour. Cuisine aux saveurs tyroliennes.

À Kufstein

Pour se faire plaisir

Gasthof Felsenkeller – *Kienbergstr. 35 - ✆ 05372 62784 - www.felsenkeller.at - 23 ch. 95/111 € ☕.* Situé au pied des Kaisergebirge, cet hôtel de style tyrolien abrite des chambres avec balcon et coin salon. Restaurant à la carte.

Kitzbühel ★

Nichée au cœur des Alpes tyroliennes, cette station huppée fait partie du prestigieux groupe « Best of the Alps », réunissant douze stations de renom. Très appréciée des Allemands et des Autrichiens, la petite ville aux infrastructures modernes a gardé son charme grâce à ses grands chalets typiques, ses rues pavées, ses belles maisons colorées, et son insolite cimetière panoramique qui offre une vue sur les toits de la ville et sur les montagnes environnantes ceinturant la cité.

Se repérer

CARTE P. 364-365 (C1)
8 218 habitants – Tyrol.
Kitzbühel est à mi-chemin entre Salzbourg (train direct 2h30) et Innsbruck (train direct 1h).

À ne pas manquer

La montée au Kitzbüheler Horn, pour son panorama et ses chemins de randonnée.

Organiser son temps

Deux jours pour visiter la ville et ses environs.

En famille

Une baignade au Schwarzsee.

Nos adresses p. 415

Se promener

Hinterstadt 18 - 05356 66660 - www.kitzbuehel.com.
Les rues les plus animées de Kitzbühel sont la Vorderstadt et l'Hinterstadt où se trouvent l'office de tourisme et la fontaine de la ville, construite pour les 700 ans de celle-ci. Non loin de là se situe la mairie, avec sur le côté, une plaque commémorative en hommage à Franz Reisch, maire de Kitzbühel et fondateur du ski alpin.

Église paroissiale (PFARRKIRCHE)

Sa tour fluette flanque une triple nef gothique du 15e s. dont le vaste toit-capuchon couvert de tavaillons donne à l'église un cachet montagnard. La dynastie locale des **Faistenberger**, tous artistes de renom aux 17e et 18e s., y est représentée par

Ski alpin et Grasberge

En 1893, un habitant de Kitzbühel, Franz Reisch, fit venir de Norvège une cargaison de skis pour essayer ce sport sur les pentes du Kitzbüheler Horn. Le village allait rapidement connaître un développement touristique considérable, attirant des vacanciers de toute l'Europe. Il acquit ensuite une forte notoriété à travers l'organisation, chaque année depuis 1931, de l'une des descentes les plus fameuses de la Coupe du monde de ski alpin sur **la piste de la Streif**. De nos jours, les Alpes de Kitzbühel sont très recherchées pour leurs belvédères, appelés localement « montagnes à gazon » *(Grasberge)*, qui offrent de fabuleux contrastes de relief et de couleur entre les massifs qui les encadrent – au nord, les parois déchiquetées du Wilder Kaiser, au sud l'énorme dorsale des Hohe Tauern, toute prise dans les neiges.

le maître-autel, dû au sculpteur **Benedikt Faistenberger** (1621-1693), et par le plafond de la chapelle Ste-Rose-de-Lima, peint par son petit-fils, Simon Benedikt (1695-1759).

Église Notre-Dame (LIEBFRAUENKIRCHE)

Reconnaissable à sa massive tour carrée, qui apparaît disproportionnée par rapport à la nef, elle renferme un Couronnement de la Vierge (1739) peint sur la voûte par Simon Benedikt Faistenberger, et, devant l'autel, une grille rococo de 1778. Au pied de la tour, le **cimetière** dresse ses tombes au-dessus de la ville et offre un beau panorama de près de 360° sur les montagnes alentour : vous aurez la plus belle vue en remontant jusqu'au columbarium.

Musée de Kitzbühel (MUSEUM KITZBÜHEL)

Hinterstadt 32 - ✆ 05356 67274 - www.museum-kitzbuehel.at - mi-juil.-mi-sept. 10h-17h, jeu. 10h-20h ; reste de l'année : se rens. - 7,50 € (-19 ans gratuit).
Les collections du **musée local** sont installées dans un ancien entrepôt à blé, le plus vieux bâtiment de Kitzbühel. Expositions permanentes sur l'histoire de la ville et les sports d'hiver.

À proximité

CARTE P. 364-365

★★ Kitzbüheler Horn C1

Accès en télécabine (2 sections) - ✆ 05356 69510 - www.kitzski.at - de déb. mai à déb. oct. et de mi-déc. à Pâques : 8h30-17h ; en hiver se rens. - 29 € AR, (enf. 10,20 €).
1996 m. Magnifique **panorama★★** sur les crêtes découpées du Kaisergebirge, le domaine de Kitzbühel dominé par le Rettenstein, et sur les Hohe Tauern.
Comptez 3h - prévoir de bonnes chaussures. Le Kitzbüheler Horn constitue en été le point de départ d'une **randonnée en direction de Bichlalm** (1670 m). De là, il est possible de descendre en télésiège et de rentrer à la station en bus.

★ Massif du Hahnenkamm (EHRENBACHHÖHE) C2

Accès de Klausen (près de Kirchberg) par une télécabine.
1802 m. Un vaste **panorama★** embrasse les Wilder Kaiser, le Hohe Salve, le Kitzbüheler Horn et le Großen Rettenstein. En hiver, les skieurs accèdent par télésiège au **Steinbergkogel** (1975 m), d'où le **panorama★★** s'élargit sur les Hohe Tauern et les Leoganger Steinberge. En été, les randonneurs peuvent rejoindre, à partir du point d'arrivée de la télécabine, les crêtes du Jufenkamm et les suivre vers le sud jusqu'au refuge de Pengelstein pour parvenir ensuite au **Schwarzkogel★★** (2 030 m).

Schwarzsee C1

À 5 km par la route de Kirchberg.
Le lac, qui offre une belle vue sur les crêtes des Kaisergebirge, invite à la baignade.

Col Thurn (PASS THURN) C2

À 20 km au sud. Sortez de Kitzbühel par la route de Mittersill.
1273 m. Le **belvédère★** le mieux aménagé pour se garer se trouve 1800 m au-delà du col, sur le versant de l'Oberpinzgau, à hauteur de l'Imbiß (snack) Tauernblick.

Nos adresses

Restauration

Pour se faire plaisir

Neuwirt – *Florianigasse 15 - ✆ 05356 691158 - www.neuwirtkitz.com - tlj à partir de 12h - plats 19/26 €.* Restaurant traditionnel composé de trois Stuben (salles) agréables. Cuisine régionale créative. Bons conseils pour le choix des vins.

Lois Stern – *Josef-Pirchl-Str. 3 - ✆ 05356 74882 - www.loisstern.com - mar.-sam. à partir de 18h - plats 29,50/45 €.* Ce restaurant moderne propose une cuisine aux saveurs européennes et asiatiques.

À proximité

Budget moyen

Reitherl – *Kitzbüheler Str. 9 - Reith bei Kitzbühel, 6 km au nord-ouest - ✆ 0676 7262349 - 12h-23h - plats 16/26 €.* Les habitués aiment fréquenter cette adresse fleurie située sur la route principale pour la gentillesse de ses propriétaires Anna et Roman et pour la générosité de ses plats, en particulier les *pfanne* (plats poêlés).

Gasthaus Bärenbichl – *Bärenbichlweg 35 - 10 km au sud - ✆ 05355 5347 - www.baerenbichl.at - tlj sf mar. 18h-21h - plats 10/22 €.* Ambiance familiale et cuisine tyrolienne savoureuse dans ce restaurant de montagne. La terrasse offre une belle vue.

Activités

Ski alpin – Le domaine skiable se compose de quatre secteurs : Hahnenkamm-Steinbergkogel-Pengelstein (750-1970 m), Kitzbüheler Horn (750-2000 m), Stuckkogel (900-1580 m) et Pass Thurn (930-1980 m), accessibles par un service d'autobus. Les pistes aménagées parmi les sapins constituent d'agréables et longs circuits, faciles (Pengelstein, Kaser) ou de difficulté moyenne (Fleck, Oxalm Nord). Quelques-unes présentent des pentes un peu plus raides, notamment sur le secteur du Steinbergkogel. Le versant opposé du Kitzbüheler Horn, desservi par des remontées mécaniques, offre un précieux complément au domaine quand l'enneigement permet la descente jusqu'au fond de la vallée.

Hébergement

Budget moyen

Pension Johanna – *Hammerschmiedstr. 10 - ✆ 0664 88178073 - www.kitzbuehel-johanna.at - 10 ch. et 2 appart. 157 €.* Pension calme et conviviale avec de belles chambres en bois, à 5mn à pied du centre. Appartements avec balcon.

Pour se faire plaisir

Tiefenbrunner – *Vorderstadt 3 - ✆ 05356 66680 - www.hotel-tiefenbrunner.at - fermé avr.-mai et oct.-nov. - 76 ch. et suites 122/206 € ☕ - ✕ tlj sf mar. 11h-14h, 18h-21h - plats 12,50/35 €.* Cette maison appartient à la même famille depuis 1810. Chambres et suites confortables. Les suites de luxe comprennent sauna, bain à remous ou cabine à infrarouge. Espace bien-être avec salle de fitness, massages et piscine couverte avec vue panoramique. Cuisine traditionnelle régionale.

Gasthof Eggerwirt – *Untere Gänsbachgasse 12 - ✆ 05356 62455 - www.eggerwirt-kitzbuehel.at - fermé de mi-avr. à mi-mai et de fin oct. à déb. déc. - 18 ch. 193/213 € ☕ - ✕ fermé lun.-mar. - plats 15/28 €.* Hôtel traditionnel datant de plus de 300 ans. Chambres spacieuses et agréables, certaines dans un style plus moderne. Restaurant avec jardin d'hiver.

Vallée de la Ziller ★★

Zillertal

La vallée de la Ziller et celles de ses trois affluents de Tux, de Zemm et de Gerlos forment l'une des destinations touristiques les plus prisées du Tyrol. La vallée principale s'épanouit sur une soixantaine de kilomètres, de la vallée de l'Inn à la frontière italienne. Par son environnement exceptionnel et varié, elle attire de nombreux randonneurs, alpinistes et skieurs. Point d'orgue de la visite, les chutes de Krimml sur la route alpine de Gerlos, parmi les plus grandioses des Alpes.

Se repérer

CARTE P. 364-365 (B2) ET CARTE DE LA VALLÉE DE LA ZILLER CI-CONTRE

Tyrol.

Zell am Ziller, la ville la plus importante de la région, est à 60 km à l'est d'Innsbruck.

À ne pas manquer

La vallée de Tux.

En famille

La cascade de Krimml.

Carnet pratique p. 420

Nos adresses p. 420

Circuits conseillés

CARTE CI-CONTRE

★★★ Vallée de Tux (TUXERTAL)

Circuit de 19 km de Mayrhofen à Hintertux, tracé en violet sur la carte.

★ Mayrhofen B2

630 m. Situé à 7 km en amont de Zell am Ziller *(voir p. 418)*, ce village aux maisons typiques, installé sur la dernière partie plane et large de la vallée, offre une situation idéale au pied des quatre vallées de la zone amont. Il constitue un centre de randonnée et d'alpinisme réputé depuis plus d'un siècle. En hiver, le ski se pratique surtout sur le massif du Penken jusqu'à 2250 m et sur celui de l'Ahorn.

De station en station

Au-delà de Mayrhofen, la vallée devient beaucoup plus étroite et pentue. On traverse les stations de **Finkenberg** puis de Lanersbach, situées au pied du massif du Rastkogel. La vallée s'élargit à nouveau en arrivant au hameau de Juns, d'où le regard porte en amont sur le Tuxer Gletscher. La petite station de **Hintertux** (1500 m) marque la fin de la route.

★★ Randonnée au Rastkogel

Accès télécabine et télésiège - ✆ 05287 87510 - www.hintertuxergletscher.at - de déb. mai à déb. oct. : 9h-17h ; de fin nov. à fin avr. : 8h30-16h30 - 20,90 € (enf. 10,50 €).

5h de marche AR. 700 m de dénivelée environ. De **Finkenberg** (840 m), accédez au **Penken** (2095 m) en télécabine puis en télésiège. De là, un chemin conduit au Wangl Alm. Le circuit monte ensuite à la Wangl Spitze, rejoint l'arrivée du télésiège en provenance de Vorderlanersbach et parvient enfin au Rastkogel.

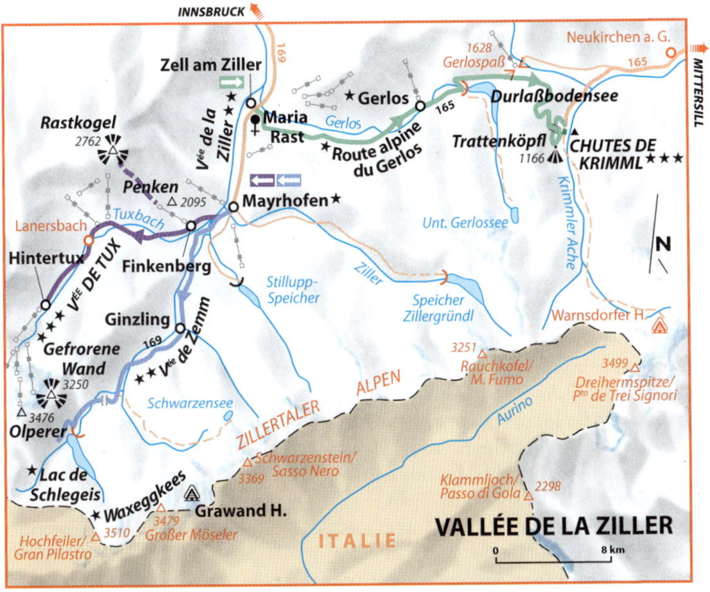

L'intérêt du trajet est d'offrir des vues dégagées sur la vallée. Du sommet, magnifique **panorama★★** d'ensemble sur les Alpes de la Zillertal.

★★★ Randonnée au sommet du Gefrorene Wand

Accès par 2 télécabines et 2 télésièges - ✆ 05287 87510 - www.hintertuxergletscher.at - de déb. mai à déb. oct. : 8h15-16h30 - 42,50 € (enf. 26,50 €). Prévoir vêtements chauds, bonnes chaussures pour marcher dans la neige et lunettes de soleil.

Comptez 3h AR. 3 250 m. À partir du deuxième tronçon, la vue porte sur les séracs (formations de blocs de glace) du glacier de Tux et sur la paroi rocheuse reliant le Kleiner Kaserer à l'Armstange. À l'arrivée du dernier télésiège, on admire la pyramide de l'**Olperer** (3 476 m), qui rayonne sur l'immense glacier.

Descendez le long de la piste de ski (extrémité gauche) sur 200 m jusqu'à un piton rocheux en forme de tête d'oiseau. Le **panorama★★★** est grandiose, en particulier sur le **lac de Schlegeis★** *(voir p. 418)*, dominé par le cirque glaciaire et encadré par le Hochfeiler et le Großer Möseler. Le regard embrasse à l'arrière-plan les Dolomites (au sud) et les Alpes du Stubai et de l'Ötztal (à l'ouest).

★★ Vallée de Zemm (ZEMMTAL) CARTE P. 417

Circuit de 23 km de Mayrhofen au lac de Schlegeis, tracé en bleu-gris sur la carte. Route ouverte de mai à oct., péage à 15 km.

★ Mayrhofen B2

Voir ci-contre

Quittez Mayrhofen en direction de Ginzling. Peu après, un circuit réservé aux véhicules de tourisme *(suivez le panneau « PKW »)* se fraye un passage à travers des **gorges★** *(Schluchten)* pittoresques et étroites. Les conducteurs de véhicules plus encombrants et ceux redoutant les routes de montagne périlleuses emprunteront sur la gauche un long tunnel, facilitant grandement l'accès mais réduisant l'intérêt de l'excursion.

Une dévotion toute tyrolienne

Le catholicisme tient une place très importante dans la vie des Tyroliens, leur permettant de perpétuer d'anciennes traditions. Encore aujourd'hui ils honorent, toujours de façon très enjouée et chaleureuse, de nombreuses fêtes religieuses, à commencer par le **carnaval** en hiver. Viennent ensuite les réjouissances pascales, qui durent jusqu'à l'Ascension. De nombreuses processions sont alors organisées dans la région. La **Fête-Dieu**, célébrée 60 jours après Pâques, férié dans toute l'Autriche, donne lieu à de grandes processions, avec fanfares et défilés.
À la même période se déroulent les **Herz-Jesu-Feuer**, des feux en forme de croix ou de cœur allumés sur les versants des montagnes, pour commémorer le serment des Tyroliens fait en 1796 de s'unir au Sacré-Cœur et de demander la protection de Dieu contre l'armée napoléonienne.
Dans le Tyrol, les saints restent également très vénérés, comme sainte **Notburge** (le 14 septembre), cuisinière au château de Rottenburg, très populaire parmi les paysans, car elle est réputée venir en aide aux populations paysannes dans le besoin *(voir encadré p. 395)*. Le tableau ne serait pas complet sans la **St-Jean**, avec ses grands feux qui embrasent les nuits d'été du Tyrol, ni la St-Martin avec, le 11 novembre, ses défilés aux lanternes à la nuit tombée.
La région célèbre aussi dignement ses morts lors de la Toussaint, l'occasion de se rendre dans les cimetières et de décorer les tombes des défunts de fleurs et de bougies. La joyeuse célébration de l'Avent et de la Nativité clôture l'année, avec ses nombreux **marchés de Noël typiques**, les plus réputés étant ceux d'Innsbruck, Lienz et Seefeld.

Au bout de 8 km, on parvient au paisible village de **Ginzling**. On poursuit jusqu'au parking de Breitlahner. Au-delà, une **route à péage**, à circulation alternée, permet d'accéder au site du barrage de Schlegeis. Dans les derniers lacets, la **vue★** est impressionnante sur le mur du barrage, haut de 131 m, et sur le Hochfeiler (3 510 m).

★ Lac artificiel de Schlegeis (SCHLEGEISSPEICHER) B2

Ce lac artificiel, le plus grand de la région avec une capacité de 126,5 millions de m^3, bénéficie d'un **cadre★** superbe au pied du massif du Hochsteller et du cirque glaciaire de Schlegeis. Les installations (quatre turbines) permettent une production annuelle d'électricité de 284 millions de kWh, l'ensemble des centrales de la vallée produisant plus de 610 millions de kWh par an.

★ Route alpine du Gerlos (Gerlos Alpenstraße) CARTE P. 417

www.gerlosstrasse.at – *Infos sur la Route alpine et les sites décrits ci-dessous.*
Circuit de 38 km tracé en vert pâle sur la carte. Routes très étroites et abruptes par endroits. Péage entre le col de Gerlos et Krimml (11 €).
Le col de Gerlos unit la souriante vallée de la Ziller à l'Oberpinzgau, long berceau monotone parcouru par des torrents descendant des sommets glaciaires. La route se développe tout d'abord le long du ruisseau de Gerlos, tandis que s'ouvrent à droite quatre vallées secondaires des Alpes de la Zillertal. Après avoir franchi le col, on parvient aux chutes de Krimml, terminus et point culminant du circuit.

Zell am Ziller B2

575 m. Principal marché de la vallée, le bourg se serre autour d'une **église★** hardiment bâtie en 1782 sur un plan octogonal établi par Wolfgang Hagenauer. L'énorme

coupole à lanterne a été peinte par Franz Anton Zeiller (1716-1793), de Reutte. Station de sports d'hiver familiale, Zell am Ziller est aussi en été une station de villégiature recherchée en raison des possibilités de randonnées alentour. Le village constitue le point de départ de la **Gerlos Alpenstraße★** permettant un accès à la région des Hohe Tauern.

À partir de Zell am Ziller, la route s'élève rapidement en lacet sur le versant de l'Hainzenberg. On aperçoit alors sur la droite, au point culminant de l'un des virages, la jolie **chapelle de Maria Rast** (1748), protectrice de la vallée de la Ziller. Une fois passé l'Hainzenberg, la route pénètre dans la vallée suspendue de Gerlos. On aperçoit à gauche le lac de Gmünd.

★ Gerlos B2

Ce village à 1250 m, dans une vallée transversale de celle de la Ziller, offre ski de piste et ski de fond en hiver, marche, l'escalade ou aux sports nautiques sur le **Durlaßbodensee** en été.

Après Gerlos, la route amorce une grande courbe, au pied du barrage de Durlaßboden, puis mène à flanc de montagne au-dessus du lac artificiel qui a noyé la Wildgerlostal. Avant d'arriver au péage *(Maut, 10 €)*, on peut descendre dans la Wildgerlostal et entreprendre depuis cet endroit une randonnée alpine.

★★★ Chutes de Krimml (KRIMMLER WASSERFÄLLE) C2

✆ 06564 7212 - www.wasserfaelle-krimml.at - de mi-avr. à mi-oct. : 9h-17h (dernière entrée 16h30) - 10,60 €, prix incluant l'entrée au centre d'accueil et parking (6-15 ans 5,30 €). En arrivant sur la rte 165 (de Neukirchen à Krimml), laissez la voiture à la sortie de Krimml aux parkings situés à proximité de la cascade.

Prévoir 3h AR de marche difficile pour voir toutes les chutes. Plusieurs services de bus permettent également d'y accéder.

Le Krimmler Ache, qui prend naissance dans le glacier du même nom à plus de 3000 m d'altitude, plonge sur trois niveaux parmi les rochers et les frondaisons du cirque fermant la vallée de la Salzach. Ces chutes, parmi les plus belles des Alpes, tombent sur 380 m et offrent une vision grandiose.

Le large sentier, bien balisé, atteint la naissance de la chute, à 1465 m. Près de l'hôtel Schönangerl, on peut s'arrêter pour reprendre des forces en vue de l'ascension finale, sur un sentier encore plus abrupt. Ce dernier conduit à un plateau situé au-dessus de la naissance de la chute, où les eaux du Krimmler Ache sont encore très paisibles.

De là, revenez au parking en empruntant le même chemin en sens inverse.

Les amateurs de randonnée peuvent prévoir une journée pour cette balade, voire deux jours avec une nuit au refuge de Warnsdorf. Longez le Krimmler Ache après en avoir admiré la chute, pour accéder en 2h à l'auberge Krimmler Tauernhaus (1631 m) et en 5h au refuge de Warnsdorf (2336 m), au pied du glacier de Krimml.

Carnet pratique

S'informer

www.zillertal.at
Office de tourisme – *Dorfplatz 3a - Zell am Ziller - ☎ 05282 2281 - www.zillertalarena.com.*

Agenda

Gauderfest – *1re sem. de mai - Zell am Ziller - www.gauderfest.at.* Fête de la bière : cortège folklorique, fanfares, luttes paysannes et forte consommation de *Gauderbier*, bière à 20° brassée pour la circonstance.

Nos adresses

Restauration

À Zell am Ziller et alentours

Budget moyen

Hotel Englhof – *Zellbergeben 28 - Zell am Ziller - ☎ 05282 3134 - www.englhof.at - fermé de mi-mars à fin juin et de déb. oct. à mi-déc. - tlj sf mar.-merc. 17h30-21h (dim. 11h30-13h30) - plats 17/29 € - 30 ch. 126/160 €* ☕. Un établissement de qualité. Des classiques à la carte de ce restaurant joliment décoré. Belles chambres en bois confortables. Bar agréable.

Landgasthof Linde – *Dorf 2 - Stumm im Zillertal - 8 km au nord de Zell am Ziller - ☎ 05283 2277 - www.landgasthof-linde.at - tlj sf lun.-mar. 11h-14h, 17h-23h - plats 18,50/29,50 € - 9 ch. 184/224 €.* Cette chaleureuse auberge datant de 1506 sert une cuisine régionale de qualité. Vinothèque et terrasse. Chambres confortables.

À proximité de Mayrhofen

Pour se faire plaisir

Sieghard – *Johann-Sponring-Str. 83 - Hippach - 3,5 km au nord de Mayrhofen - ☎ 05282 3309 - www.sieghard.at - tlj sf lun. à partir de 18h - plats 22/38,50 €, menu 59 € - réserv. conseillée - 19 ch. à partir de 189 € ☕ 1/2 P possible.* Cuisine classique et régionale de qualité, servie dans une ambiance agréable.

Hébergement

À proximité de Zell am Ziller

Pour se faire plaisir

Hotel Theresia – *Bichl 500 - Ramsau im Zillertall - 4 km au sud dir. Mayrhofen, puis à gauche - ☎ 05282 3702 - www.theresia.at - 25 ch. et appart. 186/246 € pour 2 pers. en 1/2 P.* Hôtel agréable. Chambres cossues et bel espace sauna. Restaurant chaleureux et ambiance rurale.

À Krimml

Pour se faire plaisir

Landhaus Rosengartl – *Oberkrimml 166 - ☎ 0664 5309074 - www.landhaus-rosengartl.at - fermé de nov. à mi-déc. et 2 sem. déb. mai - appart. 74/103 €.* Chambres claires et modernes dans cet hôtel au centre de Krimml (pour 2 à 6 pers.). Service de bus en été pour se rendre aux chutes.

À Gerlos

Budget moyen

Sportalm – *Gerlos 169 - ☎ 05284 5242 - www.sportalm-gerlos.at - fermé de mi-avr. à mi-mai et de fin oct. à mi-déc. - 22 ch. 100/224 € en 1/2 P.* Hôtel-restaurant rustique avec un jardin d'hiver, qui propose un grand choix de spécialités régionales.

Route du Felbertauern ★

Felbertauernstraße

Grâce à un tunnel de 5,2 km percé dans la crête des Hohe Tauern, cette route, praticable toute l'année, a mis fin à l'isolement du Tyrol oriental (Lienz), que les modifications de frontières de 1919 avaient pratiquement séparé du Tyrol du Nord (Innsbruck). La route panoramique traverse le paysage alpin préservé du Parc national des Hohe Tauern et ouvre l'accès aux belles et larges vallées de l'Isel et de ses affluents.

Se repérer

CARTE P. 364-365 (CD2-3)

Salzbourg et Tyrol.
Les circuits et les randonnées se situent au nord de la ville de Lienz dans la vallée de la Tauern et dans le massif du Großvenediger.

À ne pas manquer

La vallée de la Tauern.

Organiser son temps

On peut associer la Haute Route alpine du Großglockner *(seult l'été - voir p. 427)*, à celle du Felbertauern.

Nos adresses p. 422

Circuit conseillé

CARTE P. 364-365

De Mittersill à Lienz CD2-3

Zeller Str. 2 - Mittersill - ✆ 06562 4292 - www.mittersill-tourismus.at.
Circuit de 57 km tracé en orange foncé sur la carte. À Mittersill, lieu de séjour et important nœud routier de la haute vallée de la Salzach (Oberpinzgau), rejoignez la rte 108 en direction de Lienz. Après 7 km, prenez à gauche pour monter en direction de l'Hintersee. Après 500 m, garez-vous à droite pour visiter les gorges de Schößwendklamm.

★ Schößwendklamm C2

15mn de marche AR. Prenez le sentier, de l'autre côté de la route, qui descend au niveau de la rivière Felberbach, la traverse, puis la longe. **Vues★** sur les formes pittoresques que l'eau, d'une remarquable limpidité, a creusées dans la roche.
Reprenez votre véhicule et gagnez le terminus de la route, à 3 km.

Les Tauern

Le mot « Tauern » est un terme spécifiquement autrichien, que l'on traduit plus volontiers par « hauts cols » que par « sommets » car, à l'origine, ces voies d'échanges traversaient les vallées secondaires des massifs montagneux de la région. Les **Tauern de Radstadt** et de **Schladming**, dans la région de Salzbourg *(voir p. 270 et 275)*, sont les **Niedere Tauern** (de *niedrig* qui signifie « bas ») par opposition à ceux du Tyrol ici décrits, les **Hohe Tauern** (de *hoch* qui veut dire « haut »).

★ Hintersee C2

Situé dans la partie en amont de la Felbertal, le lac est dominé par un cirque majestueux de haute montagne, d'où dévalent plusieurs cascades d'une hauteur impressionnante. Au sud, on reconnaît le massif du Tauernkogel (2989 m).

Rejoignez la rte 108 en direction du tunnel.

Avant d'entrer dans celui-ci, on découvre le cirque supérieur de l'Amertal, vallée de haute montagne à peu près déserte.

★★ Vallée de la Tauern (TAUERNTAL) C2

La route remonte la vallée « Tauerntal ». Au début, la cascade de l'Unterer Steiner Wasserfall marque le débouché de la Proßegg-Klamm, gorge que l'on franchit bientôt pour aboutir dans un bassin que domine le glacier suspendu du Kristallkopf. La vallée est alors parsemée de chalets d'alpage de plus en plus rustiques. Grâce au **Felbertauern** *(tunnel à péage)*, on peut poursuivre sans perdre de temps son voyage vers le nord ou faire une halte dans le massif du Großvenediger, qui offre de multiples possibilités de randonnées en haute montagne.

★ Matrei in Osttirol C2

Voir p. 443.

Dès la sortie de Matrei apparaît le château de Weißenstein, ancien point d'appui des archevêques de Salzbourg sur le versant sud des Tauern.

Lienz D3

Voir p. 439.

Nos adresses

Restauration/Hébergement

À Mittersill

Pour se faire plaisir

Gasthof Bräurup – *Kirchgasse 9 - ✆ 06562 62160 - www.braurup.at - 11h30-14h, 17h30-21h30 - plats 12/30 € - 55 ch. 166/186 € ☕ - 1/2 P possible.* Cet hôtel familial typique de la région possède sa propre brasserie. Chambres claires et modernes, aménagées dans un style rustique.

Une folie

Kinderhotel Felben – *Felberstr. 51 - ✆ 06562 4407 - www.felben.at - fermé de déb. mars à fin mai et de fin nov. à mi-déc. - 39 ch. 356/458 € en pension complète.* Cet hôtel conçu pour accueillir des familles abrite des chambres et des appartements confortables. Activités pour les enfants. Ferme bio.

Activités

Ski – De par sa situation géographique et son altitude (sommets dépassant les 3000 m dans le chaînon du Glockner et dominés par le Großglockner, point culminant du pays à 3797 m), le **massif des Hohe Tauern** est un endroit idéal pour les sports d'hiver. Composé de neuf domaines skiables, 860 km de pistes et de nombreuses stations, c'est une destination phare du tourisme autrichien.

Lac dans les glaciers du Weißsee.
Liudmila Kiermeier/Getty Images Plus

Vallée du Stubach ★★

Stubachtal

Longue d'une vingtaine de kilomètres, cette vallée constitue l'un des plus beaux cadres de haute montagne d'Autriche. Une route panoramique relie Uttendorf (804 m) à Enzingerboden (1480 m). De là, la télécabine des glaciers du Weißsee permet aux skieurs l'hiver et aux promeneurs l'été d'accéder à plusieurs lacs d'altitude et à un magnifique cirque glaciaire.

Se repérer

CARTE P. 364-365 (C2)
Salzbourg.
La vallée se situe dans le massif des Hohe Tauern, à environ 120 km au sud de Salzbourg.

À ne pas manquer

Les Kalser Tauern.

Nos adresses p. 424

Excursions

CARTE P. 364-365

★★ Route d'Uttendorf à Enzingerboden C2

Schulstr. 2 - Uttendorf - ✆ 06563 82790 - www.uttendorf.com.
Parcours de 17,5 km au départ d'Uttendorf, sur la B 168, à 6 km à l'est de Mittersill.
La route offre des vues sur le massif du Steinkarlhöhe avant de s'enfoncer dans une belle forêt d'épicéas. Du parking aménagé au-delà du lac de barrage, au pied de la télécabine, on part à la découverte des Kalser Tauern.

★★★ Kalser Tauern C2

Télécabine (Seilbahn) – *25mn de montée - ✆ 06563 20150 - www.gletscherwelt-weissee.at - de mi-déc. à fin avr. : 9h-16h15 ; de mi-juin à déb. oct. : 9h-12h, 13h-17h - 13 € AR (6-14 ans 6,50 €) pour Grünsee, 29 € AR pour Rudolfshütte (6-14 ans 14,50 €).* Le premier tronçon de la **télécabine** domine une végétation luxuriante de rhododendrons et permet de découvrir le Grünsee au pied du Kitzkarkogel. On admire ensuite sur la gauche le Totenkopf et le glacier inférieur du Riffel.
Le Rudolfshütte, installé à la plate-forme d'arrivée (2 315 m), est un refuge-hôtel d'où l'on découvre une très belle **vue★★** sur le Weißsee et le glacier du Sonnblick (3 088 m), tout proches. En 10mn, on gagne le télésiège, en contrebas.
Télésiège Medelzkopf (Medelzkopf-Sessellift) – *15mn de montée - 10 € AR (6-14 ans 5 €).* 2 564 m. Le trajet s'effectue au cœur d'un majestueux cirque de haute montagne et permet de bénéficier de **vues★★★** constamment splendides. À mi-parcours, retournez-vous pour admirer le **lac** et le **barrage de Tauernmoos,** dominés par le Kleiner Eiser.
À l'arrivée, le **Johannisberg** (3 453 m), trônant au centre du cirque, et, plus à droite, l'**Eiskögele**, se détachant avec hardiesse des séracs du glacier Odenwinkl, constituent les pièces maîtresses du paysage.
Promenade au col des Kalser Tauern (Kalser Tauernpass) – *45mn AR. Bonnes chaussures recommandées.* À l'intérêt géologique de la promenade à travers les rochers, balisée en blanc et rouge, s'ajoute la beauté de la **vue★** depuis le col sur le lac et la vallée de Dorfer.

Nos adresses

Activités

Weißsee Gletscherwelt – *Stubach 90 - Uttendorf - ✆ 06563 20150 - www.gletscherwelt-weissee.at - fermé de fin avr. à déb. juin et de déb. oct. à déb. déc. - en été : 9h-12h, 13h-17h, en hiver : 9h-16h15 - accès par télésiège (de 7 à 32 € AR).* En été, des randonnées sont organisées autour des lacs situés au cœur du Parc national des Hohe Tauern. En hiver, les skieurs profitent du domaine skiable de cette station familiale.

Hébergement

À Uttendorf

Pour se faire plaisir

Pension Koch – *Dorfplatz 3 - ✆ 06563 8475 - www.pension-koch.at - ✗ - 60 ch. 150 € ☕.* Cet hôtel offre une belle vue sur le village et les montagnes. Chambres et appartements spacieux et clairs. Cuisine à base de produits régionaux.

Vallée de Kaprun ★★

Kapruner Tal

Connue comme l'une des principales stations de ski d'été en Europe, Kaprun dispose également d'un golf, d'une piscine et d'un vaste ensemble de structures de loisirs. Associées à celles de Zell am See, distantes de 7 km, ces infrastructures forment un agréable espace de sport et de détente nommé Europa-Sportregion. Les paysages alentour offrent en outre plusieurs circuits pédestres intéressants.

Se repérer

CARTE P. 364-365 (CD2)

Salzbourg.
Kaprun se trouve au pied de la route du Großglockner, à 100 km au sud de Salzbourg.

À ne pas manquer

La montée au Kitzsteinhorn.

Organiser son temps

Comptez une journée de visite (les barrages ne sont accessibles que de fin mai à mi-octobre).

Nos adresses p. 426

Circuit conseillé

CARTE P. 364-365

Salzburgerplatz 6 - Kaprun - 06547 8080 - www.zellamsee-kaprun.com.
Circuit de 9 km tracé en bleu foncé sur la carte.
La vallée de Kaprun joint à l'éclat des sommets glaciaires des Hohe Tauern le spectacle de ses **lacs de barrage★★ (Kaprun Hochgebirgsstauseen)** superposés. Ces aménagements hydroélectriques comptent parmi les plus imposants en Autriche. Deux kilomètres en amont de la station, la centrale de Kaprun (Kraftwerk-Kaprun – puissance installée : 220 000 kW) marque le palier inférieur de cet aménagement.
Garez-vous au pied des remontées mécaniques du Kitzsteinhorn.

★★★ Kitzsteinhorn C2

Gletscherbahnen Kaprun - *06547 8700 - www.kitzsteinhorn.at - 8h15-16h30 - fermé 2 sem. en juin et sept. - 49,50 € AR (enf. 24,50 €) pour le sommet, 39 € AR (enf. 19,50 €) pour l'Alpincenter, 32 € (enf. 16 €) pour le Langwied.*
Le **trajet★★** en télécabine mène à la station de Langwied (1 976 m), base du domaine skiable l'hiver. Empruntez le télésiège Langwiedbahn pour rejoindre la zone supérieure, appelée **Alpincenter** (2 450 m – restaurant). Belle **vue** d'ensemble sur le massif du Kitzsteinhorn. Prenez ensuite le téléphérique, qui atteint une arête à 3 029 m, en contrebas du sommet (3 203 m – seulement accessible aux alpinistes). De la plate-forme d'arrivée, montez au 2e étage sur la terrasse panoramique. On découvre en face le Großvenediger, pièce maîtresse du **panorama★★★**, à sa gauche, la Granatspitze et le Stubacher Sonnblick, à sa droite se succèdent les sommets du Zillertal, les Alpes de Kitzbühel, Zell am See et son lac, ainsi que les nombreux massifs calcaires allant du Wilder Kaiser au Hochkönig. Par temps clair, le regard porte jusqu'à la Zugspitze, au-delà des Karwendelgebirge.

Redescendez 3 étages, puis empruntez un tunnel long de 360 m, qui descend sur la terrasse panoramique « Glocknerkanzl ».
Vue★★ saisissante sur le Großglockner, encadré par le Bärenkopf et le Hohe Riffel.
Reprenez votre véhicule et rendez-vous au parking Alpenhaus-Kesselfall.

★★ Lacs - réservoirs de haute montagne

(KAPRUN HOCHGEBIRGSSTAUSEEN) C2

✆ 05031 3232 01 - www.verbund.com - ♿ - de fin mai à mi-oct. : 8h10-16h45 (17h juil.-août) - 26 € (6-15 ans 14 €).

Un autobus dessert la station inférieure du funiculaire de Lärchwand. De la station supérieure, on découvre le mur du barrage de Limberg et, à l'arrière-plan, les sommets du Wiesbachhorn, du Bärenkopf et de la Klockerin.

Reprenez le bus à la station supérieure pour suivre la route de Mooser, comprenant 1700 m de passages en tunnel, jusqu'aux barrages de Limberg et de Mooser.

Barrage de Limberg (Limbergsperre) – Il mesure 120 m de haut et 357 m de long. La centrale reçoit les eaux du réservoir supérieur de Mooserboden, puis les rejette dans le **lac-réservoir de Wasserfallboden★**.

Barrages de Mooser et de Drossen★ (Moosersperre et Drossensperre) – 2036 m. Les deux issues de la combe de Mooserboden ont été obstruées par des barrages prenant appui, au centre, sur le rocher de Höhenburg. Le **réservoir de Mooserboden★★** et le paysage grandiose des cimes glaciaires des Hohe Tauern laissent une impression inoubliable. En suivant la crête du premier barrage, celui de Mooser, on jouit d'une **vue★★** surprenante, en contrebas, sur les eaux vertes du lac de Wasserfallboden, avec, à l'horizon, les escarpements des Leoganger Steinberger et de la Steinernes Meer.

Erlebniswelt Strom und Eis – *De mi-juin à mi-oct. : 9h-16h30 - gratuit.* Entre les deux crêtes des barrages est installé le Monde merveilleux des eaux et de la glace qui propose deux expositions sur « la glace des glaciers » et « la tristesse des eaux ».

Nos adresses

Restauration

Budget moyen

Winklhof – *Kitzsteinhornstr. 10 - Kaprun - ✆ 06547 8782 - www.active-kaprun.at - 18h30-21h - formule 25 €.* Bar-restaurant qui élabore une cuisine régionale et internationale à partir d'ingrédients locaux.

Activités

Ski – Le **domaine skiable du Kitzsteinhorn** reste ouvert toute l'année. Malgré sa taille modeste, il offre entre 2000 et 3000 m d'altitude une neige de rêve dans un cadre splendide. Ses équipements comptent parmi les plus performants et les plus confortables d'Autriche.

Hébergement

Budget moyen

Salzburgerhof – *Nik.-Gassner Str. 5 - Kaprun - ✆ 0650 7135525 - www.pension-salzburgerhof.at - 11 ch. 102/106 €* ☕. Petite pension familiale typique, abritant des chambres et appartements avec balcon.

Haute Route alpine du Großglockner ★★★

Großglockner Hochalpenstraße

Située dans le Parc national des Hohe Tauern, la Haute Route alpine du Großglockner offre un spectacle majestueux, que ce soit du sommet de l'Edelweißspitze ou bien sur la terrasse de la Franz-Josephs-Höhe, d'où l'on découvre le fameux glacier du Großglockner (3 797 m), point culminant des Alpes autrichiennes.

Haute Route alpine, Parc national des Hohe Tauern, et vue sur le Großglockner.
F. Waldhäusl/imagebroker/age fotostock

Se repérer

CARTE P. 364-365 (CD2) ET CARTE HAUTE ROUTE ALPINE DU GROSSGLOCKNER P. 428
Salzbourg et Carinthie.
La Route du Großglockner se trouve au nord de Lienz. Zell am See est à 80 km au sud de Salzbourg.

À ne pas manquer

La vue de la Franz-Josephs-Höhe.

Organiser son temps

Attention, la Route du Großglockner n'est ouverte que de début mai à fin octobre et elle est parfois encore enneigée. Évitez le mois d'août, la route est très fréquentée… Juin et juillet sont le meilleur moment pour contempler les versants fleuris.

Nos adresses p. 432

Circuit conseillé

CARTE CI-DESSOUS

De Zell am See à Heiligenblut

Circuit de 75 km tracé en marron sur la carte.
La route du Großglockner est à péage *(www.grossglockner.at - 38 €)*. Elle est souvent obstruée par la neige, donc fermée, de début novembre à début mai.

★ Zell am See D2

Brucker Bundesstr. 1a - 06542 7700 - www.zellamsee-kaprun.com.
Cette ravissante station, abritée au pied des vallées de Kaprun et de Glem, est joliment blottie sur les bords du lac : sa promenade aménagée le long du rivage, appelée l'Esplanade, offre un **panorama★★** époustouflant sur les neiges éternelles des Hohe Tauern, ainsi que sur les roches de la Steinernes Meer et les alpages des Grasberge. La ville est dotée d'équipements de loisirs d'hiver et d'été très variés, notamment le domaine skiable de la Schmittenhöhe, entre 760 et 2 000 m d'altitude, qui, associé au domaine de Kaprun *(voir p. 425)* forme l'**Europa-Sportregion**. Ce complexe totalise 130 km de pistes (56 remontées mécaniques ; 60 km de pistes

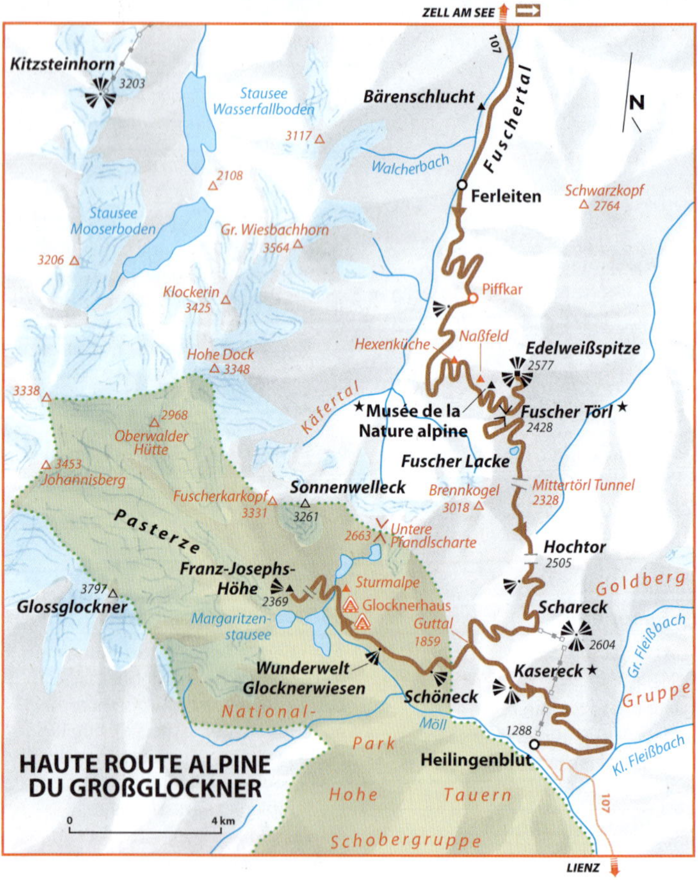

de ski alpin ; 70 km de pistes de ski de fond), accessibles avec un forfait commun.
Église – Cet édifice, fondé au 11e s., présente un bel extérieur assez homogène de type roman. À l'intérieur, on remarque à droite de l'autel et sous les croisées d'ogives près du chœur d'intéressantes fresques du 16e s.
Au sud de Zell am See, la route du Großglockner proprement dite débute à Bruck. Elle s'enfonce dans la **Fuschertal**, vallée austère à l'ensoleillement peu généreux. Entre Fusch et Ferleiten, le trajet, déjà plus accidenté, comporte un court passage en corniche au-dessus d'une petite gorge boisée, la **Bärenschlucht**. À la sortie de celle-ci, on commence à découvrir les sommets qui ferment la vallée, en particulier le beau groupe de **Sonnenwelleck** et du Fuscherkarkopf.
Un peu en amont, les chutes du Walcherbach dévalent le versant opposé.
De **Ferleiten** *(péage)* au Fuscher Törl, la route rejoint le flanc est de la vallée. Il s'agit de gagner 1300 m de dénivellation et les replats sont rares. Les premiers kilomètres (lacets numérotés 1 à 4) se déroulent près du Großes Wiesbachhorn. En amont du ravin de Piffkar (1620 m), les **vues★★** sont magnifiques sur le groupe du Sonnenwelleck et du Fuscherkarkopf.
La route poursuit sa progression en corniche à travers le chaos rocheux de la « cuisine des sorcières » (Hexenküche). Un sentier botanique et le musée de la Nature alpine se trouvent à environ 2260 m d'altitude, 1,5 km avant l'arrivée au col.

★ Musée de la Nature alpine (HAUS ALPINE NATURSCHAU)

✆ 0662 8736730 - www.grossglockner.at - de mai à fin oct. : 10h-17h - gratuit.
Un sentier botanique conduit du parking au musée. Ce dernier est dédié à l'écologie alpine et met en évidence les interactions extrêmement complexes entre la flore et la faune.

★★ Edelweißspitze

2577 m. De la tour d'observation, le **panorama** permet de découvrir les sommets fermant la Fuschertal. La cime du Großglockner pointe derrière le Sonnenwelleck. À l'est, le groupe du Goldberg se distingue par son manteau neigeux. Plein nord, la trouée du Fuschertal ouvre une perspective sur le lac de Zell, les massifs calcaires des Loferer et des Leoganger Steinberge, puis, à droite, sur la Steinernes Meer.

★ Fuscher Törl

Laissez la voiture au parc Fuscher Törl 2.
2428 m. Au passage de ce « portillon », un tracé en boucle offre des vues panoramiques. Le parcours entre le Fuscher Törl et le tunnel du Hochtor marque un changement de point de vue : les ingénieurs ont adopté un tracé suspendu au-dessus du vallon de Seidelwinkl. Les vues sont alors orientées à l'est, en direction du groupe du Goldberg.

Fuscher Lacke

2261 m. Un centre d'information retrace l'historique de la construction de la Haute Route alpine du Großglockner. Un chemin fait le tour du plan d'eau.

Hochtor

La route atteint son point culminant (2505 m) à l'entrée nord du tunnel, à la limite des régions de Salzbourg et de Carinthie. La descente du Hochtor se déroule dans les alpages, en vue des crêtes du massif du Schober qui couronnent la vallée de Gößnitz. Au virage de Tauerneck, la pointe du Großglockner surgit derrière les contreforts du Wasserradkopf (3032 m) et le regard commence à plonger dans le bassin de Heiligenblut.

À la sortie du ravin de Guttal, prenez la « route des Glaciers » (Gletscherstraße) en direction de la Franz-Josephs-Höhe. Les parkings sont souvent surchargés, mais il en existe plusieurs, ainsi qu'une navette.

Schöneck

1958 m. Excellente vue plongeante sur Heiligenblut.

Monde merveilleux des prairies du Glockner

(WUNDERWELT GLOCKNERWIESEN)

Entre le relais de Schöneck et la Glocknerhaus s'étendent les prairies de Pockhorn dont la flore est très variée. Une exposition et un sentier botanique sont dédiés à la flore alpine et aux insectes des prairies de montagne.
En approchant du Großglockner, la **vue★★** s'élargit et s'ouvre sur l'impressionnant glacier du Pasterze. Pour gagner la terrasse de la Franz-Josephs-Höhe, il faut affronter une dernière série de lacets, dans la combe de la Sturmalpe. Remarquez en passant le lac artificiel de Margaritze créé sous la langue terminale du glacier.

★★★ Franz-Josephs-Höhe C2

Sur cet éperon se dresse un hôtel, le Kaiser Franz-Josef-Haus, lieu de rendez-vous des sportifs effectuant des courses dans le massif du Großglockner.
La « route des Glaciers » se termine là, par une longue terrasse en partie taillée dans le roc, qu'il faut parcourir jusqu'à la plate-forme du Freiwandeck (2369 m).
Glacier du Pasterze – *Gletscherbahn – ✆ 04824 2288 - www.skisport.com - de déb. juin à fin sept. : 10h-16h - 14 € AR (enf. 7 €).* Au pied du Großglockner, toit de l'Autriche avec ses 3797 m, épaulé de glaces éblouissantes et d'arêtes vives, s'étend, sur 10 km, ce magnifique glacier auquel on accède en **téléphérique**. Du Freiwandeck part le sentier panoramique du Kaiserstein, aménagé en sentier botanique, qui permet de parvenir au **poste d'observation Swarovski**. Cette tour de verre est munie de longues-vues *(usage libre)*.
Boucle de 4h jusqu'au lac glaciaire, balisage rouge. Éloignez-vous de la route souvent très fréquentée et faites une randonnée au pied du Großglockner : en partant de la Glocknerhaus, vous borderez le **lac-réservoir Margaritze** (1953) avant d'apercevoir le glacier du **Pasterze** en longeant son lac glaciaire **Sandersee**. Dernière récompense de la randonnée, juste avant de retrouver la Glocknerhaus, admirez la ravissante petite **chapelle** beim Pasterzenhaus, tout en bois.
Revenez à l'embranchement de Guttal et tournez à droite vers Heiligenblut.

★ Kasereck

1913 m. Une halte sur cet éperon herbeux qui offre des **vues** sur le Großglockner et le bassin de Heiligenblut est bienvenue pour pique-niquer. Au cours de la descente vers Heiligenblut, on peut voir quelques bâtis en bois, dits *Harpfen*, utilisés pour le séchage du foin et des céréales.

Heiligenblut D2

Hof 38 - ✆ 04824 270020 - www.heiligenblut.at.
Au bas de la rampe sud de la route du Großglockner, Heiligenblut se distingue par le **site★** de son église, dont la flèche se détache sur les versants enneigés du Großglockner.
★ **Église (Wallfahrtskirche St. Vinzenz)** – C'est dans un cadre grandiose que l'église fut bâtie au 15ᵉ s. par les moines d'Admont *(voir p. 319)*, alors propriétaires de la haute vallée de la Möll, pour perpétuer la dévotion envers une relique du saint-sang *(Heiliges Blut)*. La crypte à deux vaisseaux contient le tombeau de Briccius, officier de la cour impériale de Byzance qui aurait rapporté l'objet

Heiligenblut.
DieterMeyrl/Getty Images Plus

sacré au 10e s. Le grand **retable★** du maître-autel (1520), attribué à l'école de Michael Pacher, et le ciborium gothique (1496) en grès clair constituent les pièces majeures du mobilier. En face de l'église se trouve le **centre d'information** du Parc national des Hohe Tauern.

★★ Schareck D2

Bergbahn Heiligenblut – ✆ 04824 2288 - www.skisport.com - juil.-août : tlj sf merc. 9h30-16h ; juin. et sept. : mar., vend. et dim. 9h30-16h - 25 € AR (enf. 12,50 €). À l'arrivée de la télécabine, montez à pied en 10mn au sommet (croix).

2604 m. **Panorama★★** à l'ouest sur 40 sommets de plus de 3000 m. La vue embrasse, à l'ouest, le Schildberg et le Großglocknergruppe, et à l'est la Gjaidtroghöhe, point culminant du domaine skiable *(voir p. 432)*, avec, à sa gauche, le Hocharn.

Nos adresses

Restauration

À Zell am See

Pour se faire plaisir

Gasthof Steinerwirt – *Dreifaltigkeitsgasse 2 - ✆ 06542 72502 - www.steinerwirt.com - 7h-0h - plats 11,50/40 € - 31 ch. 130/188 €* ☕. Cette maison bâtie au 15e s. accueille une salle à manger cossue, avec juste ce qu'il faut de rusticité pour être dépaysé. Les chambres sont plus modernes. Agréable jardin où il fait bon siroter un *Weißweingesprizt* (vin blanc coupé d'eau) sous les châtaigniers.

Sur la route du Großglockner

Attention, si l'offre est variée sur la partie payante de la route du Großglockner, il y a peu de restaurants dignes de ce nom...

Budget moyen

Glocknerhaus – *Winkl 33 - 3 km après le Franz-Josefs-Höhe en dir. d'Heiligenblut - ✆ 04824 24666 - www.alpincenter-glocknerhaus.at - 7h-22h - plats 11/20 € - lit en dortoir 37 € et ch. double 86 €* ☕. Appartenant au club alpin autrichien, cette robuste maison dispose d'une grande salle lumineuse s'ouvrant sur le sommet du Großglockner. Cuisine régionale simple et goûtue.

Activités

Domaine skiable – Il s'étend sur le Schareck, la Gjaidtroghöhe et le Viehbühel entre 1300 et 2912 m d'altitude. Quatorze remontées mécaniques desservent 55 km de pistes. Malgré une altitude élevée, l'enneigement n'est pas toujours d'excellente qualité et peut se révéler insuffisant à partir de mars.

Hébergement

À Zell am See

Budget moyen

Haus Ditzer/Villa Theresia – *Loferer Bundesstr. 41 - ✆ 0680 2469491 - www.haus-ditzer.at - 6 ch. 106/120 €* ☕. La grande maison de la famille Ditzer fait joliment face au lac. Les chambres, très bien équipées (réfrigérateur, petit coin salon...), sont aménagées avec soin. Centre à 10mn à pied, par un joli chemin de halage. Accueil attentionné.

À Heiligenblut

Pour se faire plaisir

Chalet hotel Senger – *Hof. 23 - ✆ 04824 2215 - www.romantic.at - fermé de Pâques à fin mai, d'oct. à Noël - 15 ch. 145/175 €* ☕. Cet hôtel familial, très agréable, est installé dans une ancienne ferme, qui a conservé son charme rustique. Les chambres sont confortables, les suites très spacieuses.

Vallée de Gastein ★

Gasteiner Tal

La large et longue vallée de Gastein constitue un lieu de séjour très appréciable. S'étageant sur trois communes (Dorfgastein à 830 m, Bad Hofgastein à 860 m et Bad Gastein à 1013 m), elle s'est développée comme un important centre thermal dès le 15e s. Bénéficiant d'un environnement exceptionnel de moyenne et haute montagne, elle offre un superbe domaine skiable en hiver et comble les amateurs de randonnée en été.

Vallée de Kötschachtal au nord-est de Bad Gastein.
K. Kreder/imageBROKER/age fotostock

Se repérer

CARTE P. 364-365 (D2) ET CARTE DE LA VALLÉE DE GASTEIN P. 435

Salzbourg.
La vallée de Gastein se situe à 100 km environ au sud de Salzbourg.

À ne pas manquer

La ville thermale de Bad Gastein ; les randonnées dans la vallée.

Organiser son temps

Ce circuit peut se combiner avec celui de la vallée de la Salzach.

En famille

Une promenade au Palfnersee.

Carnet pratique p. 438

Nos adresses p. 438

Circuit conseillé

CARTE CI-CONTRE

De Lend au tunnel des Tauern D2

Circuit de 41 km tracé en bleu sur la carte.

Après avoir laissé la ville industrielle de Lend et la vallée de la Salzach, la route doit se frayer un chemin à travers le Klammpass. Un tunnel permet d'éviter l'ancienne route (sur la gauche avec des portions en pente à 15 %) tracée au fond de la gorge. La tour de Klammstein marque en amont la fin du passage.
La vallée de Gastein s'élargit ensuite et offre un aspect de plus en plus paisible, de vertes prairies à perte de vue et des versants en pente modérée.

Dorfgastein D2

830 m. Commune la plus en aval de la vallée de Gastein, ce gros village pimpant tire parti de sa situation au pied d'alpages ensoleillés et de belles forêts pour devenir en été une villégiature pleine d'agrément. Elle offre également en hiver un domaine skiable conséquent relié à celui de Großarl et dominé par le sommet du Fulseck (80 km de pistes). Les descentes présentent une dénivelée supérieure à 1100 m sur les deux versants.

Bad Hofgastein D2

860 m. Située à l'endroit le plus large et le plus ensoleillé de la vallée, Bad Hofgastein s'affiche comme une station dynamique, dotée d'un parc thermal vaste et moderne et d'une piscine sportive de près de 1000 m², alimentée en eau thermale. En hiver, c'est la station la mieux placée de la vallée pour pratiquer le ski de fond.
Église paroissiale (Pfarrkirche) – Reconstruite du 15e au 16e s., elle est la plus ancienne paroisse de la vallée. Son vaisseau gothique est particulièrement imposant. Sur tout le pourtour de l'église, des pierres tombales finement sculptées portent les effigies d'exploitants de mines d'or et d'argent.

Les eaux radioactives de Bad Gastein

L'eau thermale de Bad Gastein, dont les propriétés sont reconnues depuis plusieurs siècles, provient des flancs du Graukogel et jaillit de 17 sources à une température pouvant atteindre 47 °C ! Ces eaux doivent leurs vertus au radon, un gaz rare d'émanation radioactive. Suivant le traitement adopté, le radon est absorbé soit par la peau, soit par les voies respiratoires. Il permet d'apaiser des troubles chroniques comme les rhumatismes, les maladies des voies respiratoires, la mauvaise irrigation artérielle, les allergies, etc.
Une autre formule de cure se pratique dans les **Heilstollen**, galeries de mine abandonnées s'ouvrant au-dessus de Böckstein. Les curistes se rendent dans différentes étuves naturelles (37,5 à 41,5 °C) dont l'atmosphère présente également une très forte teneur en radon.
Dès la fin du Moyen Âge, on venait de loin pour soigner ses rhumatismes à Bad Gastein. Au 19e s. elle devint un lieu très en vogue, apprécié des personnalités (l'empereur Guillaume Ier, l'empereur François-Joseph, Bismarck) ainsi que des artistes et écrivains. Devenue quelque peu vieillissante au début du 20e s., Bad Gastein s'est depuis transformée en station thermale moderne et s'est dotée d'un institut de recherche.

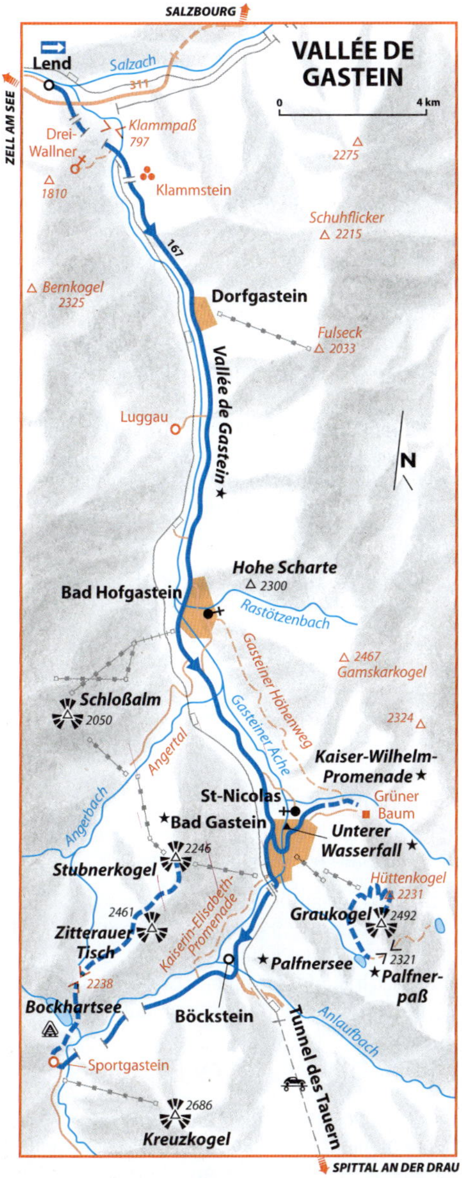

★ Schlossalm D2

Accès de Bad Hofgastein par un funiculaire, puis un téléphérique – ✆ 06432 6455 - www.skigastein.com - mai-oct. : ttes les h (ttes les 20mn juil.-sept.) 8h30-16h ; déc.-fév. : 8h30-16h30 - durée 15mn - fermé de nov. à déb. déc. - 34 € AR hiver comme été (enf. 15 €).

2050 m. Montez sur la terrasse du restaurant d'altitude. Beau **tour d'horizon★** sur le domaine skiable dominé par la Maukarspitze et le Türchlwand. De la deuxième terrasse, le regard porte jusqu'au Dachstein.

★ Bad Gastein D2

1013 m. Avec ses vénérables **palaces** Art déco et sa grande **cascade★** qui coule au milieu de la petite cité, Bad Gastein est l'une des stations les plus réputées d'Autriche. Elle occupe un superbe **site★**, encadré par le Stubnerkogel à l'ouest et le Graukogel à l'est. La station, animée toute l'année, bénéficie d'infrastructures de grande qualité et, si la plupart de ses luxueux hôtels de renom sont aujourd'hui fermés, ils sont en cours de rénovation (Straubinger, Mirabell, etc).

Tyrolienne (Flying Waters) – *✆ 0670 4002350 - www.flyingwaters.at - mai et sept. : jeu.-dim. 14h-17h ; juin : merc.-dim. 14h-17h ; juil.-août : mar.-dim. 14h-17h - 20 €.* Les amateurs apprécieront cette impressionnante tyrolienne de 300 m qui traverse la ville.

★ Promenade de l'Empereur Guillaume (Kaiser-Wilhem-Promenade) – Elle offre de belles **vues★** sur le berceau inférieur de la vallée. On peut poursuivre jusqu'à l'hôtel Grüner Baum et quitter la promenade à gauche après l'hôtel Germania pour emprunter le chemin qui mène à la charmante église St-Nicolas du 15e s.

★★ Stubnerkogel D2

Accès de Bad Gastein par une télécabine en 2 tronçons – ✆ 06432 6455 - www.skigastein.com - de mi-mai à mi-oct. : 8h30-16h ; déc.-fév. : 8h30-16h30 - fermé de mi-oct. à déb. déc. - 34 € AR (enf. 15 €).

2246 m. **Panorama★★** étendu à l'est sur le Graukogel, au sud sur le Kreuzkogel, à l'ouest sur les glaciers des Hohe Tauern (Großglockner, Hocharn), et enfin au nord sur la partie aval de la vallée de Gastein. Revenez à la télécabine et suivez le chemin de crête aménagé jusqu'à son extrémité.

Böckstein D2

La petite église-rotonde de 1765, sur un monticule, s'abrite sous une coupole en demi-œuf. La fraîcheur et la discrétion de sa décoration en font un témoin des débuts de l'art monumental néoclassique en pays salzbourgeois.

Tunnel des Tauern (TAUERNTUNNEL) D2

Le tunnel ferroviaire des Tauern (8,5 km de ltueong) a été, jusqu'à l'ouverture du tunnel du Felbertauern et de l'autoroute des Tauern, la seule percée des Alpes orientales permettant au trafic de se maintenir. Grâce à une organisation de trains de plates-formes, il reste utilisé par de nombreux automobilistes.

★★★ Excursion au Kreuzkogel

CARTE P. 435

Route à péage, gratuite pour les détenteurs de forfaits de ski.

Le cadre de moyenne montagne, paisible et boisé, laisse rapidement la place à un paysage plus sauvage, sévère et encaissé. Après un trajet de 6 km, on parvient à **Sportgastein** (1588 m), vaste plateau enserré dans un **site★** grandiose d'arêtes rocheuses et de glaciers.

Goldbergbahn – *✆ 06432 6455 - www.skigastein.com - certains jours en été et de fin nov. à mi-avr. : 8h30-16h30 - 37 € AR (enf. 16,50 €). Les chaussures de montagne sont indispensables, la neige pouvant être profonde.*

Il est vivement recommandé de monter à pied en 15mn au sommet, planté d'une croix, afin de bénéficier d'un magnifique **panorama★★★**.

Au nord, le regard porte sur Bad Gastein en contrebas et à droite sur les massifs calcaires des Tennengebirge et du Dachstein. Au sud se dresse un cirque somptueux de haute montagne à la frontière de la Carinthie. À l'ouest, dans le prolongement de la télécabine, on admirera les Hohe Tauern.
Redescendez sur Böckstein. On peut gagner la Carinthie par le tunnel des Tauern.

Randonnées

CARTE P. 435

Carte au 1/50 000 indispensable afin de pouvoir s'orienter.
Remontées mécaniques – ✆ 06432 6455 - www.skigastein.com - de déb. juil. à fin sept. et de déc. à fin mars : 8h30-16h45.
La vallée de Gastein constitue une très belle base de randonnées. Des chemins sont aménagés le long de la vallée à l'écart du trafic routier, en particulier la promenade de l'Impératrice Elisabeth (Kaiserin-Elisabeth-Promenade), reliant Bad Gastein à Böckstein, et le **Gasteiner Höhenweg**, descendant à flanc de montagne de Bad Gastein à Bad Hofgastein.

★★★ Zitterauer Tisch et Bockhartsee

Comptez la journée, dont 4h30 de marche. Se rens. à l'office de tourisme pour les horaires des navettes entre Sportgastein et Bad Gastein pour le retour.
Montez au **Stubnerkogel** en télécabine. À l'arrivée, prenez à droite et suivez le balisage (traits blanc et rouge et flèches rouges). En moins de 1h, on accède au Zitterauer Tisch (2 461 m). Un magnifique **panorama★★★** embrasse l'ensemble de la vallée de Gastein jusqu'au massif du Dachstein au nord-est. La descente sur le lac de Bockhart réserve des **vues★★** splendides sur les glaciers et les cascades du massif de Schareck, ainsi que sur le Hocharn (à droite) et l'Ankogel (à gauche). Du lac, montez au refuge et descendez sur Sportgastein. Le retour sur Bad Gastein se fait en navette.

★★ Graukogel

2h30 de marche AR. Dénivelée : 500 m environ. Randonnée pour bons marcheurs équipés de chaussures à semelles antidérapantes.
Au départ de Bad Gastein 2 télésièges successifs conduisent au Toni's Almgasthof (1982 m). Derrière l'auberge, suivez le sentier montant au **Hüttenkogel** (2 231 m). Ce sommet offre un **panorama★★** à l'ouest sur les Hohe Tauern et à l'est sur le Reedsee, au pied du Tischlerkarkogel et du Hölltorkogel. Pour accéder au **Graukogel**, suivez le sentier de crête (attention ! quelques passages vertigineux exigent de la prudence). À l'arrivée (2 492 m), on jouit d'un **panorama★★** qui porte jusqu'au massif du Dachstein. Vue en contrebas sur le lac Palfner.

★ Promenade au Palfnersee

1h45 de marche AR.
Excursion familiale dans un très beau cadre. Prenez les télésièges du Graukogel. De la plate-forme d'arrivée, longez le refuge et poursuivez tout droit. Le sentier offre des **vues★** sur le Schareck, le Hoher Sonnblick et le Hocharn. Après la forêt, il monte au lac Palfner (2 100 m), puis au **Palfnerpass★** (2 321 m) pour bénéficier d'une vue plus vaste *(comptez 1h de plus AR)*.

Carnet pratique

S'informer

Office de tourisme – *Tauernplatz 1 - Bad Hofgastein - ✆ 06432 3393232 - www.gastein.com.*

Agenda

Perchtenlauf – *2 j. déb. janv. à Bad Gastein - www.gasteinerperchten.com.* Carnaval. Les participants portent de hautes *Perchten* en bois décorées de fleurs. Tous les 4 ans *(prochain en 2026).*

Nos adresses

Restauration

À Bad Hofgastein

Budget moyen

Bertahof – *Vorderschneeberg 15 - 4 km au sud - ✆ 06432 7608 - www.bertahof.at - jeu.-dim. 11h30-13h30, 17h30-20h30 - menu déj. 38 € - réserv. conseillée.* Ce restaurant alpin historique sert une cuisine internationale et régionale savoureuse, préparée avec des produits frais régionaux.

À Bad Gastein

Budget moyen

Gasthof Gamskar – *Gamskarstr. 15 - 5 km du centre via la Kötschachtaler Str. - ✆ 0664 7820263 - www.gasthof-gamskar.at - tlj sf lun. 10h-18h - plats 13/19 €.* À l'écart de la ville, le restaurant de Zita et Hia, posté dans un versant boisé dominant la vallée, est un havre pour la contemplation autant qu'une valeur culinaire sûre. Cuisine régionale généreusement servie et dessert du jour maison à ne pas manquer.

Activités

Ski – Le **domaine de ski alpin du Gastein** *(www.skigastein.com)*, l'un des plus beaux et des plus importants d'Autriche après celui de l'Arlberg, comprend 200 km de pistes et se répartit sur 5 massifs : le Fulseck (880-2030 m) au-dessus de Dorfgastein, le Schlossalm (860-2300 m) au-dessus de Bad Hofgastein, le Graukogel (1100-2000 m), et le Stubnerkogel (1100-2250 m) au-dessus de Bad Gastein, et le Kreuzkogel (1588-2690 m) au-dessus de Sportgastein. Également 70 km de pistes de ski de fond.

Hébergement

À Dorfgastein

Budget moyen

Pension Mühlbachstüberl – *Mühlbachstr. 43 - ✆ 06433 7367 - www.muehlbachstueberl.com - 7 ch. et 4 appart. été 72/78 € ; hiver 104/136 € 1/2 P.* Chambres claires et appartements spacieux avec balcon dans une pension conviviale. Grand jardin.

À Bad Gastein

Pour se faire plaisir

Hotel Sanotel – *Conrad-Strochner Str. 2 - ✆ 06434 2501 - www.hotel-sanotel.com - fermé de mi-avr. à fin mai, de nov. à déb. déc. - 73 ch. et 28 suites 120/299 €.* Hôtel avec chambres confortables et calmes. Belle vue sur la chute d'eau toute proche. Certaines suites disposent d'un coin cuisine.

Lienz

La plus grande ville du Tyrol Oriental, entourée par les Dolomites qui offrent de magnifiques paysages, est dynamique et attractive. Réputée pour son ensoleillement, Lienz a le goût du sud, comme le reste de l'Autriche méridionale. Cette influence se lit surtout dans ses ruelles méditerranéennes et le long de l'Isel.

Se repérer

CARTE P. 364-365 (D3)
11 876 habitants – Tyrol Oriental.
Lienz est le chef-lieu du Tyrol oriental, à 40 km de la frontière italienne et à 185 km au sud-est d'Innsbruck. Pas de train direct, changement à Spittal-Millstätter See ou Kitzbühel.

À ne pas manquer

La Haute Route de la Pustertal.

Nos adresses p. 442

Se promener

Mühlgasse 11 - 50 212 212 - www.osttirol.com.

Château de Bruck et musée du Tyrol oriental

(SCHLOSS BRUCK UND REGIONALMUSEUM OSTTIROL)

04852 62580 - www.museum-schlossbruck.at - juil.-août : 10h-18h ; juin et sept.-oct. : tlj sf lun. 10h-16h - 9 € (enf. 2,50 €).

Ancien siège du gouvernement des comtes de Görz (actuellement Gorizia), dont les domaines, échelonnés des Tauern à l'Istrie, permirent aux Habsbourg, leurs héritiers, de pratiquer une politique d'expansion vers l'Adriatique, le château de Bruck abrite aujourd'hui le musée du Tyrol oriental, consacré, entre autres, aux antiquités locales, à l'artisanat et au folklore du pays. À voir en particulier : la salle des Chevaliers et la chapelle où sont réunies des œuvres d'art gothique. L'importante **galerie Albin Egger-Lienz** offre une vue d'ensemble de l'œuvre de ce peintre (1868-1926) volontiers inspiré par les paysages tyroliens et la vie misérable des habitants. Les fragments lapidaires regroupés dans la section d'**archéologie** romaine proviennent des fouilles d'Aguntum et de Lavant-Kirchbichl, que l'amateur pourra visiter à l'est de la ville, de part et d'autre de la Drave.

Grand-place (HAUPTPLATZ)

L'été, la place principale, avec ses palmiers et ses terrasses, a vraiment un petit air méridional. L'hôtel de ville, du 17e s., se distingue par ses deux tours rondes. La place s'achève à l'est par l'église St-Antoine, charmante construction baroque de 1660 qui sert aujourd'hui à une communauté religieuse orthodoxe.

Continuez en direction de la Johannesplatz et prenez sur la droite la Muchargasse pour voir l'église et le couvent des Franciscains. Sur votre droite s'ouvre la Schulstr. avec la tour Isel et ses remparts médiévaux. Continuez sur le Rechter Iselweg. Au bout de la rue se trouve le couvent des dominicains, un des plus anciens bâtiments de la ville. Traversez l'Isel et prenez enfin la Pfarrgasse.

Église St-André (STADTPFARRKIRCHE ST. ANDRÄ)

Pendant sa rénovation, en 1968, des peintures murales des 14e, 15e et 17e s. furent découvertes. L'**orgue**, réalisé en 1618 par le maître de Passau Andreas Putz, est l'un des plus anciens d'Autriche. Son décor Renaissance provient d'un atelier de Brixen et a été presque entièrement préservé. Sous la tribune sont placées les magnifiques **dalles funéraires★** du 16e s., du comte Léonard, le dernier de la lignée des Görz-Tirol, et de Michael von Wolkenstein avec sa femme.

Circuits conseillés

CARTE P. 364-365

Autour des Dolomites de Lienz

Circuit de 112 km tracé en vert sur la carte.

★ Haute Route de la Pustertal (PUSTERTALER HÖHENSTRASSE) CD3

Environ 35 km. Quittez Lienz par la B 100. À la sortie de Leisach, bifurquez à droite vers Bannberg, puis suivez le panneau « Pustertaler Höhenstraße ».

La **haute route de la vallée de la Puster**, peu fréquentée, défile largement au-dessus de la vallée et offre plusieurs beaux points de vue sur les **Dolomites** de Lienz, qui s'étendent à gauche de la route. Les petits hameaux, avec leurs fermes et leurs églises au toit en bardeaux, accentuent encore la couleur de ce paysage verdoyant.

★ Anras C3

La localité, située sur une terrasse ensoleillée, fut pendant des siècles le centre économique et religieux de la Pustertal. En 1236, l'empereur Frédéric II, évêque de Brixen (Tyrol du Sud, aujourd'hui Bressanone), accorda à Anras le pouvoir temporel et par là même la juridiction de tout l'évêché ; pour preuve, le **tribunal administratif du château d'Anras** qui servit longtemps de résidence d'été aux évêques de Brixen. L'**église paroissiale St-Étienne** fut construite entre 1753 et 1756 par l'architecte Franz de Paula Penz. Fresques de Martin Knoller, un élève de Paul Troger.

Continuez en direction d'Alfaltersbach puis de Straßen. Tournez à droite sur la B 111.

★ Vallée de la Lesach (LESACHTAL) CD3

Cette charmante vallée suit le cours de la Gail et s'élève entre 900 et 1200 m. À gauche, on aperçoit les Alpes carniques, à droite, les Alpes de la vallée de la Gail et, à l'horizon, les Dolomites de Lienz. La beauté de la vallée, située à l'écart des grands flux touristiques, a pu être préservée ; on n'y trouve donc pas de grands complexes hôteliers mais de belles fermes confortables.

Kötschach D3

La commune de **Kötschach-Mauthen**, est une station climatique d'altitude moyenne (710 m) fort appréciée. Au 16e s., l'essor de l'industrie minière fit sa richesse, comme en témoigne l'**église paroissiale Notre-Dame**, connue sous le nom de « cathédrale de la Gailtal ». Ce sanctuaire, remanié de 1518 à 1527, représente le stade ultime de l'art gothique. La **voûte★** de la nef principale est saisissante par ses fins ornements aux lignes gracieuses s'achevant par des lys, des roses, des glands et de la vigne. Le plafond du chœur fut recouvert de stucs rococo et de peintures à la fin du 18e s.

Prenez la B 110.

Laas D3

L'**église St. Andreas** est une construction de style gothique tardif (1510-1518), dont les portes et les encadrements de fenêtres ont été réalisés en grès rouge.

Château de Bruck à Lienz.
mauritius images GmbH/Alamy/hemis.fr

Les **voûtes★**, conçues par l'architecte Bartlmä Firtaler, originaire d'Innichen (San Candido), sont d'une extraordinaire beauté : celle de la longue nef, délicatement réticulée, se prolonge dans le chœur par une voûte en étoile.
Revenez à Lienz.

★ La haute vallée de la Möll (OBERES MÖLLTAL)

Circuit de 38 km tracé en grenat sur la carte.
La tortueuse vallée de la Möll est parcourue par une route devenue un grand circuit de transit entre Lienz et les lacs de Carinthie.
Sortez de Lienz et empruntez la B 107.

Route de l'Iselsberg D3

La route de l'Iselsberg – col situé à 1204 m d'altitude – mène peu à peu, au milieu de versants très boisés, à la vallée de la Möll. Les deux premiers lacets sont propices à une petite halte. Les rochers gris fissurés des Dolomites semblent ici à portée de main. Ne pas manquer le premier parking à Winklern, d'où vous pourrez admirer un vaste **panorama★★**.

Döllach D2

Peu avant Döllach, on remarque sur la gauche quelques chevalets de bois (*Harpfen*), utilisés pour sécher le foin et les céréales. L'histoire de ce charmant village, jadis important centre minier d'or et d'argent, est très bien présentée dans un petit musée installé dans le **château de Grosskirchheim**, dont les bâtiments imposants furent construits en 1561 par Melchior Putz.

Vallée de la Möll D2

Calme et fraîche, la vallée de la Möll est parsemée de maisons en bois sombre, qui confèrent au paysage une touche montagnarde. Dans les prés se dressent des séchoirs à céréales traditionnels.

Heiligenblut D2

Voir p. 430.

Nos adresses

Hébergement

Premier prix
Gästehaus Kleinlercher – *Graf-Leonhard Str. 10 - ✆ 04852 906992 - www.gaestehaus-kleinlercher.at - 3 ch. et 2 appart. 80 €* ☕. Chambres d'hôte et appartements calmes, à 10mn à pied du centre-ville. Terrasse et jardin.

Une folie
Wildauers Haidenhof – *Grafendorfer Str. 12 - ✆ 04852 62440 - www.wildauers.tirol - 42 ch. 186/224 €* ☕ *-* ✕ *le soir plats 5/42 €.* Cet hôtel familial, qui est l'ancien château Grafenberg, propose des chambres confortables et modernes. Belle vue sur la ville et les Dolomites.

Matrei in Osttirol ★

Le village de Matrei, dans le Parc national des Hohe Tauern Tirol, est une référence en matière de randonnée, et pour cause : une soixantaine de sommets de plus de 3 000 m et de nombreux refuges et petits restaurants jalonnent les chemins de haute montagne, où la flore offre des paysages variés. En hiver, la station attire les amateurs de ski avec ses 30 km de pistes, ses champs de poudreuse et ses pistes de ski de fond.

Se repérer

CARTE P. 364-365 (C2)

4 625 habitants – Tyrol Oriental. À la confluence des vallées des Tauern, Virgen et Isel, à 28 km au nord-ouest de Lienz.

À ne pas manquer

Les fresques de l'église St-Nicolas, la randonnée de l'Europa-Panoramaweg.

Organiser son temps

Matrei est sur le circuit de la route du Felbertauern *(voir p. 421)*.

En famille

Maison du Parc national des Hohe Tauern du Tyrol.

Nos adresses p. 445

Se promener

Rauterplatz 1 - 050 212500 - www.osttirol.com.
De l'office de tourisme, prenez la Honiggasse puis Grabenweg à droite.

Église paroissiale St-Alban (PFARRKIRCHE ST. ALBAN)

Kirchplatz 1. L'église paroissiale n'a gardé de son origine gothique que sa tour. Le décor baroque fut introduit à la fin du 18e s., notamment par Franz Anton Zeiller qui réalisa les fresques du plafond en 1783.

Maison du Parc national des Hohe Tauern du Tyrol (NATIONALPARKHAUS)

Kirchplatz 2 - 04875 516110 - www.hohetauern.at - en été : lun.-vend. 10h-12h, 14h-18h ; reste de l'année : se rens. - exposition gratuite.

Une exposition présente l'histoire des Hohe Tauern, de l'âge de pierre à notre époque. On découvre aussi la faune et la flore du parc à travers des films, notamment sur l'impressionnant monde des glaciers. La Maison du parc propose aussi des activités : randonnées, journées spéciales enfants, etc. (*rens. à l'accueil*).

Église St-Nicolas (ST. NIKOLAUSKIRCHE)

Accès en voiture. De la place principale, passez le pont et prenez la Linzer Straße, puis la seconde rue à droite (Bichler Straße), jusqu'à son extrémité, pour sortir du village. Prenez un pont et montez jusqu'à une fontaine qu'on laisse sur sa gauche. Tournez ensuite, à droite au second carrefour, une route non goudronnée, puis la première route à droite. Si l'église est fermée, demandez les clefs à la ferme à côté.
Cet édifice roman de la seconde moitié du 12e s. est probablement l'un des plus intéressants du Tyrol Oriental. À l'intérieur, admirer le narthex et les voûtes, transformées vers 1470 dans le style gothique. Le chœur, décoré de **fresques★** du 13e s., s'inscrit sur deux niveaux dans une tour. Au niveau inférieur, on distingue

Bouquetin dans le Parc national des Hohe Tauern.
Ralf Blechschmidt/Getty Images Plus

des scènes de la Création. Au niveau supérieur, les fresques illustrent les quatre éléments supportant les 12 apôtres et les évangélistes. On admirera aussi trois sculptures du 15e s. : saint Nicolas, saint Alban, la Vierge et l'Enfant.

Randonnées

★★ Route panoramique Europa (EUROPA-PANORAMAWEG)

En été, achetez un ticket incluant la descente vers Großdorf par le télésiège Glocknerblick et le retour à Matrei en car (rens. à l'office de tourisme, voir p. 443). Prévoyez la journée pour faire cette excursion pouvant être complétée par l'ascension de la Blauspitze.

★★ Goldried Bergbahnen – *www.gg-resort.at - trajet de 40mn en deux tronçons.* 2150 m. Le télésiège permet de découvrir un **panorama★★** sur le massif vertical de la Kendlspitze, la vallée de Virgen, le Kristallkopf et le Großglockner.

★★ Promenade au Kals-Matrei-Törlhaus – De l'arrivée du télésiège, prenez le chemin dit Europa-Panoramaweg. Cette marche très facile, permet de découvrir 60 sommets de plus de 3 000 m. Après 25mn, on parvient au point culminant du parcours (2 259 m). Splendide **point de vue★★** sur le Großvenediger, au nord-ouest. La descente sur le refuge s'effectue face aux glaciers du Großglockner. En arrivant au col, on peut admirer la vallée de Kals et, à droite, le Schobergruppe.

★★ Randonnée à la Blauspitze – *2h45 AR à partir du col de Kals-Matrei. Détour réservé aux bons marcheurs. Chaussures de montagne indispensables.* Prenez le chemin de crête qui monte en direction du Sudetenhütte. Au bout d'une petite heure, bifurquer à droite (sentier balisé de cercles rouges). La fin du circuit, aménagée avec des cordes, nécessite de la prudence. En arrivant au premier sommet, on découvre un **panorama★★** magnifique sur les glaciers du Großglockner. Attention, l'impressionnant chemin de crête menant à la croix ne peut être entrepris que par des marcheurs confirmés non sujets au vertige.

★★ **Kalsertal** – Du col de Kals-Matrei, redescendez sur l'autre versant en 1h jusqu'à la plate-forme supérieure du télésiège Glocknerblick que l'on emprunte jusqu'à **Großdorf**. La descente procure de belles **vues★** sur la vallée. Gagnez enfin la place de la chapelle pour prendre le car *(Bundesbus)* assurant le retour à Matrei (se placer du côté gauche afin d'admirer les parois impressionnantes de la vallée). Les derniers lacets vers la vallée de l'Isel offrent quelques **vues★** au sud sur les Dolomites.

Nos adresses

Restauration

Premier prix

Saluti – *Griesserstr. 10 - ☎ 04875 6726 - www.saluti-matrei.com - tlj sf lun.-mar. 17h30-22h, dim. 12h-14h, 17h30-22h - plats 12/29 €, menus 48/78 €.* Ce restaurant propose, en plus des pizzas et des pâtes, une cuisine internationale de qualité. Ambiance décontractée.

Budget moyen

Felbertauernstüberl – *Kaltenhaus 24 - ☎ 04875 20010 - 11h-22h - 15/25 €.* Restaurant traditionnel. La terrasse ouvre sur une belle vue de la vallée.

Une folie

Rauter Stube – *Voir ci-contre.*

Activités

Freischwimmbad – *☎ 4874 52117 - www.osttirol.com - juin-août (par beau temps): 9h-19h - tarif: se rens.* Une belle piscine extérieure entourée d'une prairie avec vue sur les montagnes. Toboggans, terrains de football et de beach-volley.

Hébergement

Pour se faire plaisir

Hotel Rauter – *Rauterplatz 3 - ☎ 4875 6611 - www.hotel-rauter.at - 220/258 € 1/2 P - ✕ (fermé lun.) plats 26/33 €, menu 97 €.* Une valeur sûre. Depuis 10 générations, on vous accueille ici avec le plus grand soin. L'auberge agrandie et modernisée est devenue un hôtel standing aux vastes chambres confortables qui s'adaptent volontiers aux familles. Côté cuisine, du terroir gastronomique, avec des recettes traditionnelles remises au goût du jour par un chef créatif.

À proximité

Budget moyen

Gasthof Pension Rose – *Virgental Str. 68 - Virgen - 6,5 km à l'ouest de Matrei in Osttirol - ☎ 04874 52410 - www.gasthof-rose.at - fermé de mi-mars à mi-mai, de mi-oct. à mi-déc. - 20 ch. à partir de 104 € - 1/2 P à partir de 144 €.* Belle pension familiale agréable. Chambres spacieuses avec balcon.

St. Anton am Arlberg.
Jon Arnold Images/hemis.fr

9

Le Tyrol occidental et le Vorarlberg

CARTE MICHELIN NATIONAL N° 730

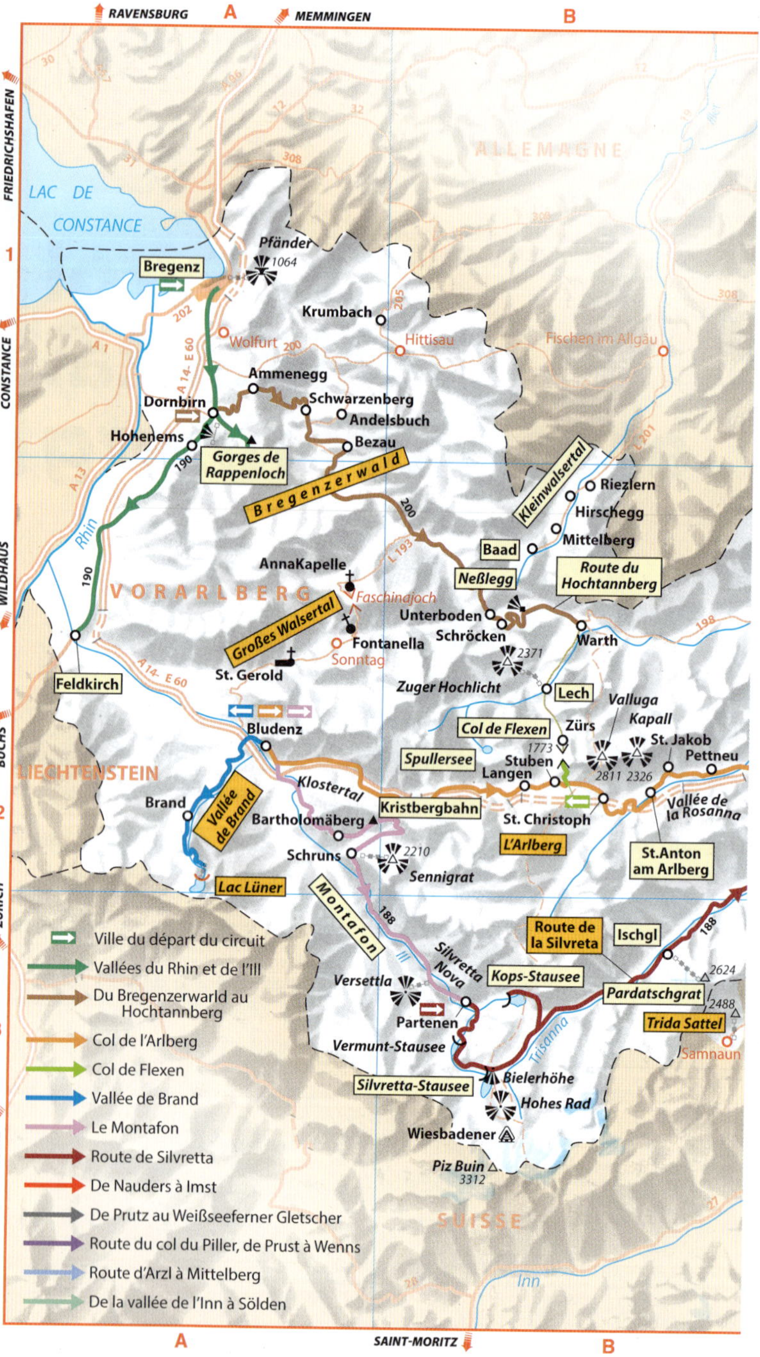
RAVENSBURG
MEMMINGEN
A
B
1
2
3
FRIEDRICHSHAFEN
CONSTANCE
WILDHAUS
BUCHS
ZURICH
COIRE
SAINT-MORITZ
ALLEMAGNE
SUISSE
LIECHTENSTEIN
VORARLBERG
LAC DE CONSTANCE
Rhin
Inn
Trisanna
Ill
Bregenz
Pfänder 1064
Krumbach
Hittisau
Wolfurt
Fischen im Allgäu
Ammenegg
Dornbirn
Schwarzenberg
Andelsbuch
Bezau
Hohenems
Gorges de Rappenloch
Bregenzerwald
Kleinwalsertal
Riezlern
Hirschegg
Mittelberg
Baad
Route du Hochtannberg
Neßlegg
AnnaKapelle
Faschinajoch
Unterboden
Schröcken
Warth
Großes Walsertal
Fontanella
Sonntag
St. Gerold
2371
Zuger Hochlicht
Lech
Feldkirch
Bludenz
Col de Flexen
Zürs
Valluga
Kapall
St. Jakob
Pettneu
1773
Spullersee
Stuben
Langen
2811
2326
Klostertal
Kristbergbahn
St. Christoph
Vallée de la Rosanna
Brand
Vallée de Brand
Bartholomäberg
L'Arlberg
St.Anton am Arlberg
Schruns
2210
Sennigrat
Lac Lüner
Montafon
Route de la Silvreta
Ischgl
Silvretta Nova
Kops-Stausee
2624
Versettla
Pardatschgrat
2488
Partenen
Trida Sattel
Vermunt-Stausee
Samnaun
Silvretta-Stausee
Bielerhöhe
Hohes Rad
Wiesbadener
Piz Buin 3312
A 14 - E 60
A 13
A 1
190
200
202
188
198
205
308
L 193
L 201
Ville du départ du circuit
Vallées du Rhin et de l'Ill
Du Bregenzerwald au Hochtannberg
Col de l'Arlberg
Col de Flexen
Vallée de Brand
Le Montafon
Route de Silvretta
De Nauders à Imst
De Prutz au Weißseeferner Gletscher
Route du col du Piller, de Prust à Wenns
Route d'Arzl à Mittelberg
De la vallée de l'Inn à Sölden

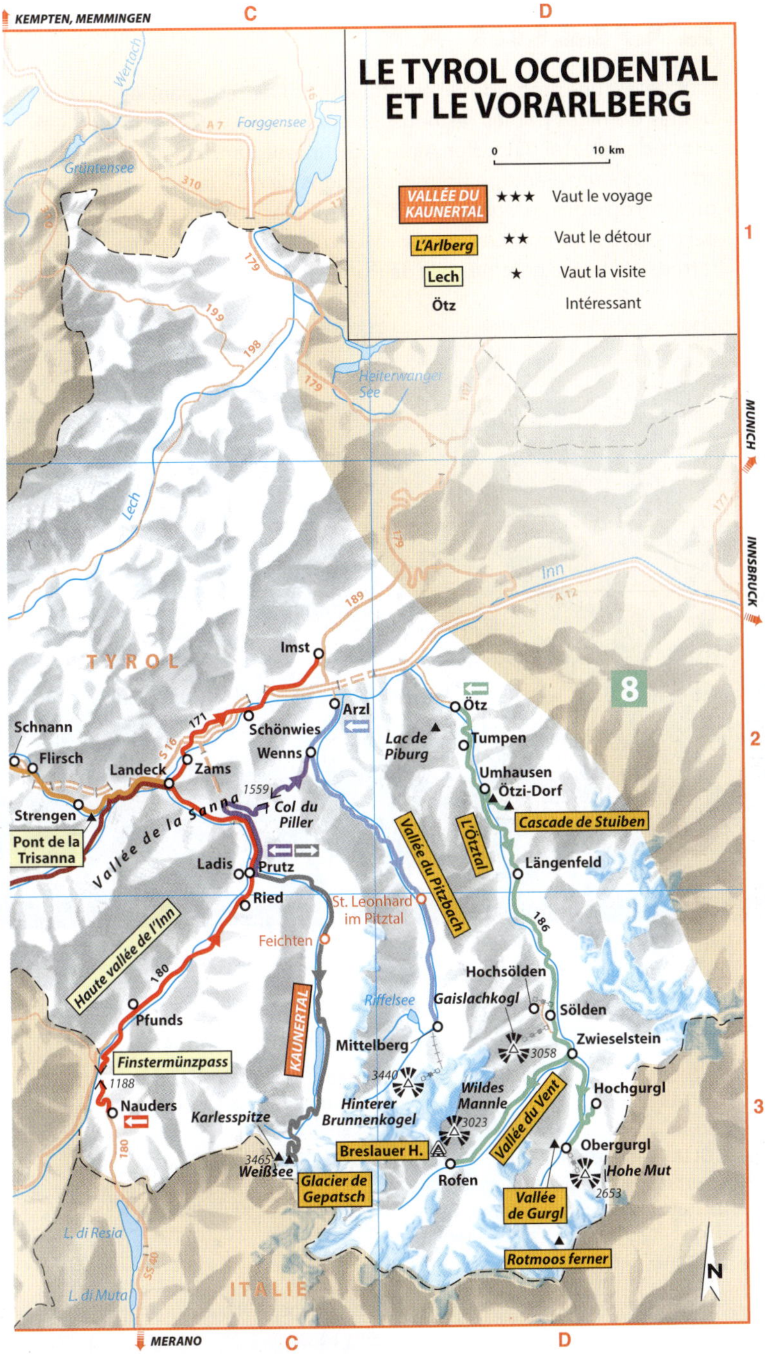
LE TYROL OCCIDENTAL ET LE VORARLBERG
0 10 km
VALLÉE DU KAUNERTAL ★★★ Vaut le voyage
L'Arlberg ★★ Vaut le détour
Lech ★ Vaut la visite
Ötz Intéressant
KEMPTEN, MEMMINGEN
MUNICH
INNSBRUCK
MERANO
TYROL
ITALIE
Forggensee
Grüntensee
Heiterwanger See
Lech
Inn
Imst
Arzl
Ötz
Tumpen
Umhausen
Ötzi-Dorf
Cascade de Stuben
L'Ötztal
Längenfeld
Schnann
Flirsch
Landeck
Zams
Schönwies
Wenns
Lac de Piburg
Strengen
Pont de la Trisanna
Vallée de la Sanna
Col du Piller
Vallée du Pitzbach
Ladis
Prutz
Ried
St. Leonhard im Pitztal
Feichten
Haute vallée de l'Inn
Pfunds
KAUNERTAL
Riffelsee
Gaislachkogl
Hochsölden
Sölden
Zwieselstein
Mittelberg
Finstermünzpass
Nauders
Karlesspitze
Hinterer Brunnenkogel
Wildes Mannle
Hochgurgl
Vallée du Vent
Breslauer H.
Rofen
Obergurgl
Hohe Mut
Weißsee
Glacier de Gepatsch
Vallée de Gurgl
Rotmoos ferner
L. di Resia
L. di Muta
8
N

L'Ötztal ★★

L'Ötztal est une profonde vallée affluente de l'Inn, étageant les sombres défilés dominés par les résineux, et des bassins verts et fertiles. Les Alpes de l'Ötztal (Ötztaler Alpen) comptent parmi plusieurs autres sommets – un avantage pour les stations de ski – le point culminant du Tyrol du Nord: la Wildspitze (3774 m). Elles abritent les plus hautes paroisses d'Autriche (Obergurgl – 1930 m) ainsi qu'un bel ensemble de fermes d'altitude comme celle de Rofen, près de Vent (2014 m).

Sommet du Gaislach.
W. Bibikow/hemis.fr

Se repérer

CARTE P. 448-449 (D2-3) ET CARTE DE LA VALLÉE DE L'ÖTZTAL P. 453
Tyrol.
L'Ötztal est une longue vallée située à environ 50 km à l'ouest d'Innsbruck. En train: arrêt à Ötzal Bahnhof (à l'est d'Imst et au nord d'Ötz), sur la ligne Bregenz-Vienne.

À ne pas manquer

La cascade (Stuibenfall) près de Umhausen, la vallée de Vent (Ventertal).

Organiser son temps

Comptez 1 à 2 jours pour la vallée de l'Ötztal.

En famille

Le « village d'Ötzi ».

Nos adresses p. 456

De la vallée de l'Inn à Sölden

CARTE P. 453

Achweg 5 - Sölden - ☏ 057200 200 - www.soelden.com.
Circuit de 45 km tracé en vert pâle sur la carte.
La route nationale 186 parcourt d'abord, en grande partie sous les résineux, le cône de déjection de l'Ötztaler Ache, profondément entaillé par le torrent, puis atteint le bassin d'Ötz dominé par la dent de l'Acherkogel.

Ötz D2

Porte d'entrée de la vallée qui porte son nom, cette petite cité riante aux terrasses prises d'assaut en été, conserve de beaux édifices décorés de **fresques★**, en particulier celles du Posthotel Kassl *(parking de l'autre côté de la route)*. L'église paroissiale séduit par sa belle décoration intérieure baroque.
Lac de Piburg (Piburger See) – *À partir d'Ötz, parcourez 2,5 km sur une route parfois très étroite jusqu'à Piburg. Parking payant sur place, puis 10mn à pied jusqu'au rivage. Vous pouvez aussi vous garer avant Piburg puis suivre les chemins balisés qui conduisent au lac.* Le romantique **Piburger See** est un agréable but de promenade (location de bateaux, baignade...). En passant par **Tumpen** et en longeant l'Ötztaler Ache, on atteint Umhausen.

Umhausen D2

La plus grande et la plus puissante chute d'eau du Tyrol, la Stuibenfall, n'est qu'à quelques pas du cœur du village, tout comme l'« Ötzi-Dorf » *(suivez les panneaux)*, ainsi qu'un lac naturel où l'on peut se baigner : **Badeseum**.
Du parking, comptez 5mn jusqu'à l'« Ötzi-Dorf », 30mn jusqu'au pied des chutes d'eau. Vous récupérerez le prix du ticket de stationnement en visitant l'« Ötzi-Dorf ».
« Village d'Ötzi » (« Ötzi-Dorf ») – *☏ 05255 50022 - www.oetzi-dorf.at - de mi-mai à mi-oct. : 9h30-17h30 - 10 € (6-15 ans 5 €).* Dans ce « parc de loisirs archéologique » a été reconstitué, sous l'égide de l'Institut de protohistoire et préhistoire de l'université d'Innsbruck, un village alpin du néolithique. L'agriculture et les animaux domestiques des « Ötzis » y sont, entre autres, représentés *(voir encadré ci-dessous)*.
★★ **Cascade de Stuiben (Stuibenfall)** – *Visites guidées (inscription préalable) : ☏ 052 55 5509.* Des promenades guidées à la lanterne sont proposées gratuitement de mai à octobre chaque mercredi soir jusqu'à la chute d'eau ou jusqu'au

Ötzi alias Hibernatus

En 1991, un couple d'alpinistes découvrit un corps momifié dans la neige du Similaungruppe, dans les Alpes de l'Ötztal. Cette découverte fit vite sensation dans le monde de l'archéologie, le corps retrouvé datant de quatre siècles av. J.-C. L'homme fut baptisé « Ötzi », ou encore « Hibernatus ». Mesurant 1,60 m et âgé de 46 ans, il avait les yeux bleus, des cheveux longs, et portait de nombreux tatouages. Ses organes étaient à ce point intacts que l'on put même tirer des conclusions sur ses habitudes alimentaires.
Le corps d'Ötzi n'a pas fini de livrer ses secrets. Son ADN a été décodé et l'on a pu démontrer qu'il faisait partie d'une lignée rare en Europe, mais assez présente dans le sud des Alpes. De plus, les chercheurs ont pu établir qu'il était mort d'une hémorragie après avoir reçu une flèche dans le dos, mais il présentait également de graves lésions crâniennes. Le lieu de la découverte se trouvant en territoire italien, la momie est aujourd'hui exposée au musée archéologique du Tyrol du Sud, à Bolzano.

9

belvédère d'où on peut l'apercevoir. La cascade elle-même est alors éclairée. L'eau chute de 150 m en deux paliers.
3h30 à partir du parking. Il est possible de se promener sur le chemin qui mène à l'ensemble.
Après **Umhausen**, la route descend le long de l'Ötztaler Ache dans un défilé boisé et sauvage. La vallée s'évase ensuite formant le bassin de Längenfeld.

Längenfeld D2

Cette station s'élève au débouché du val de Sulz, que domine le Burgstein. Avec la localité voisine de **Huben**, Längenfeld met à la disposition 150 km de chemins, des murs d'escalade, ainsi qu'un réseau de pistes cyclables de 40 km.
★ **Musée régional et écomusée de l'Ötztal (Ötztaler Heimat- und Freilichtmuseum)** – *Quartier d'Oberried-Lehn. 5 km AR à partir de Längenfeld ; suivez le fléchage. 05253 5540 - www.oetztalermuseen.at/heimatmuseum - juin-sept. : tlj sf sam. 10h-12h, 14h-17h, dim. 14h-16h ; mai-oct. : mar. et jeu. 10h-12h, 14h-16h - libre participation.* Ce musée de plein air s'étend sur plusieurs bâtiments (ferme, étable, scierie, moulin, etc.) qui illustrent la vie des paysans dans la première moitié du 20e s.
Au-delà de Huben commence un long défilé qui, après le pont d'Aschbach, s'étrangle en une **gorge**★ tapissée de mélèzes.

Sölden D3

Sölden possède le plus vaste territoire communal d'Autriche, englobant plus de 90 sommets supérieurs à 3 000 m. Principal lieu de séjour de l'Ötztal, l'ancien village tyrolien est devenu une importante station de sports d'hiver et d'été. Ses cafés, pubs, bars et discothèques attirent en nombre les vacanciers jusque tard dans la nuit.
★★ **Gaislachkogl (Sommet du Gaislach)** – 3 058 m *1h AR. Prévoir de bonnes chaussures pour se promener au sommet. Accès par un téléphérique en 2 tronçons.*
Téléphérique (Gaislachkoglbahn) – *05254 5080 - www.soelden.com - de mi-juin à déb. oct. et de fin nov. à fin avr. 8h30-16h15 - 42 € (enf. 23,50 €).* Le premier tronçon offre une vue d'ensemble sur la station, dominée par le Söldenkogel et le Rotkogel.
★ **007 Element** – *05254 5080 - www.007elements.soelden.com - visite par plage de 2h, de 9h à 16h30 (prévoir le temps de trajet pour être à l'heure) - billetterie en ligne ou à Sölden (bornes automatiques) : 22 € (enf. 12 €), billet combiné avec montée 54 € (enf. 30 €, déconseillé -12 ans).* À l'arrivée du deuxième tronçon, on découvre cet incroyable édifice de verre et de béton signé par l'architecte tyrolien Johann Obermoser et immortalisé par le film *Spectre* (2015). Il comprend une exposition ultra-moderne consacrée à la saga James Bond ainsi qu'un restaurant panoramique (Ice Q). La rapide montée vers la croix permet d'accéder au très beau **panorama**★★ de pics et de glaciers que constituent les Ötztaler Alpen. On découvre notamment au sud-ouest, dans le prolongement de la télécabine, la Wildspitze (3 774 m).
Télécabine du Giggijoch (Giggijochbahn) – *05254 5080 - www.soelden.com - de mi-juin à fin sept. : 8h30-16h45 ; de mi-déc. à fin avr. : 8h-16h - 21,50 € AR (enf. 12 €).* À l'arrivée, contournez la plate-forme pour découvrir une vue sur le domaine skiable de Sölden, du Gaislachkogel au Hainbachjoch. Point culminant (2 727 m) du domaine de **Hochsölden**, celui-ci est encadré par le Roßkirpl à gauche et le Breitlehner à droite. À l'est, le regard porte sur le Söldenkogel, le Rotkogel et la vallée de Gurgl.

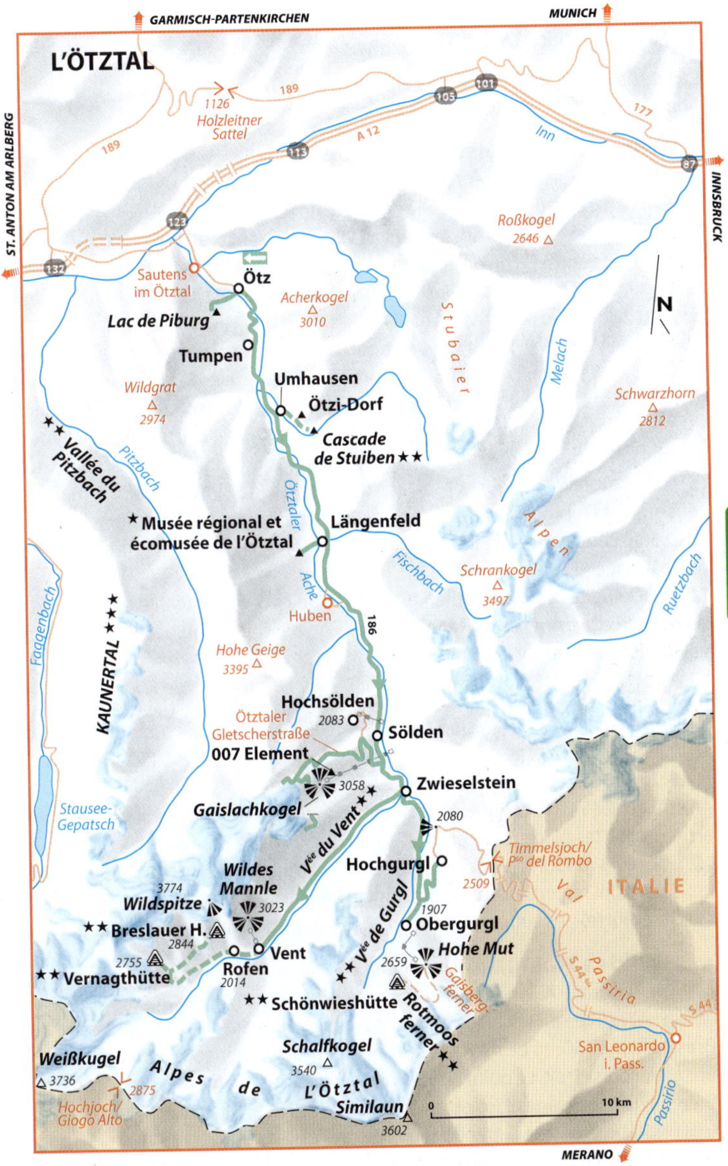

Randonnées

CARTE CI-DESSUS

Peu avant **Zwieselstein**, coquette église coiffée d'un toit en bardeaux et d'un clocheton à bulbe, la vallée se divise : à droite se détache la **vallée du Vent★★**, voie d'accès pour les cols, jadis très empruntés, du Hochjoch (2875 m) et du Niederjoch (3019 m) ; à gauche s'ouvre la **vallée de Gurgl★★**, avec les stations de sports d'hiver d'**Obergurgl** et de **Hochgurgl**.

★★ Vallée du Vent (VENTERTAL)

La très belle et longue **vallée du Vent**, dans son écrin de glaciers, offre de magnifiques possibilités de randonnées pédestres.

★ Route de Zwieselstein à Rofen

16 km. La route, dans un cadre boisé et riant, traverse au bout de 6 km le hameau de Heiligenkreuz, dont la chapelle présente un joli clocher à bulbe.

Sept kilomètres plus loin, on parvient au village de **Vent** (1900 m), unique lieu de séjour de la vallée. En hiver, cette modeste station bénéficie d'un enneigement remarquable et de pentes raides. L'été, la fréquentation est bien plus importante, les possibilités d'excursions étant illimitées.

Au-delà de Vent, la vallée se scinde de part et d'autre de l'imposante masse pyramidale de la Talleitspitze (3406 m) : à droite, la **vallée de Rofen (Rofental)** longe le massif de la **Wildspitze** (3774 m) et de la **Hochvernagtspitze** (3535 m), puis est barrée en amont par le **Weißkugel** (3736 m) ; à gauche, **la vallée du Nieder (Niedertal)** se fraie un passage au pied du Ramolkogel (3551 m) et du Schalfkogel (3540 m) avant de déboucher sur le cirque glaciaire du **Similaun** (3602 m). Tous ces sommets représentent autant de courses mythiques pour les alpinistes.

Une route conduit ensuite jusqu'à **Rofen**, le plus haut hameau d'Autriche habité toute l'année (2014 m).

1h30 AR. La montée à Rofen peut faire l'objet d'une agréable promenade : suivez la route et traversez le torrent. Un chemin offrant de belles vues sur la vallée, assure le retour sur Vent.

★ Double télésiège de la Wildspitze (DOPPELSESSELLIFT WILDSPITZE)

Parking payant près du télésiège. ✆ 05254 8154 - www.vent.at - de mi-juin à fin sept. : 8h-12h, 13h-17h ; de mi-déc. à déb. avr. : 9h30-16h - été : 25,50 € AR (enf. 15 €) ; hiver : forfait ski journée 41,50 € (enf. 21 €). 10mn de trajet.

À l'arrivée (2354 m), la **vue★** s'étend sur le domaine skiable, la Talleitspitze, et, en arrière-plan, les glaciers encerclant le Ramolkogel et le Schalfkogel.

Plusieurs randonnées partent de l'arrivée du télésiège : les marcheurs endurants pourront tenter l'ascension du **Wildes Mannle** ou se rendre au **refuge Vernagt (Vernagthütte)** ; les autres pourront aller au **refuge de Breslau (Breslauerhütte)**.

★★★ Wildes Mannle (WILDES MANNLE)

3h de marche AR - 670 m de dénivelée. Chaussures de montagne indispensables. À l'arrivée du télésiège de la Wildspitze, prenez la direction du refuge de Breslau. Après 30mn de marche, bifurquez à droite (panneau) pour emprunter un sentier plus étroit. Le point de vue s'épanouit au fur et à mesure de l'ascension. Bien suivre le balisage et les abréviations « WM ». La fin du circuit, rocailleuse et très raide, ne présente cependant pas de réelles difficultés.

Du sommet (3023 m), repéré d'une croix, se déploie un extraordinaire **panorama★★★** sur une quinzaine de glaciers des Alpes de l'Ötztal. Parmi eux, le plus impressionnant et le plus proche est celui du Rofenkar, dévalant des parois de la Wildspitze sur près de 1000 m de dénivellation. Ce secteur est souvent fréquenté par les chamois. On remarque, à l'ouest, le refuge de Breslau, au pied d'un cirque rocheux de couleur rouge bien caractéristique.

L'excursion peut être complétée par un détour vers ce refuge. Les marcheurs sujets au vertige descendront par le sentier emprunté à l'aller puis bifurqueront à droite en suivant les indications sur les rochers.

★★ Refuge de Breslau (BRESLAUER HÜTTE)

2h30 de marche AR - 500 m de dénivelée. Randonnée assez facile, en montée régulière à partir de la gare d'arrivée du télésiège. 2844 m. Du refuge, une très belle **vue circulaire★★** permet d'admirer au nord le massif de la Wildspitze et les crêtes rocheuses du Wildes Mannle, à l'est les glaciers dominant la Niedertal et au sud la Kreuzspitze et son glacier.

★★ Excursion en direction du refuge de Vernagt (VERNAGTHÜTTE)

Magnifique boucle réservée aux marcheurs endurants. Prenez le télésiège de la Wildspitze (aller simple) et montez en 1h30 au refuge de Breslau. Comptez ensuite 5h sans montée, mais avec 1000 m de dénivelée en descente.
Du refuge de Breslau, le sentier évolue à flanc de montagne. Après 30mn de marche, on traverse, sur une planche en contrebas du sentier, la chute du Mitterbach, issue de l'un des glaciers de la Wildspitze. Rejoignez ensuite le sentier. Le circuit longe plus tard un second cirque, le Platteikar, et, obliquant franchement sur la droite, atteint finalement un petit lac. On découvre alors au nord-ouest, face à soi, une **vue★★** superbe sur le refuge de Vernagt, juché 250 m au-dessus de la vallée. À droite se déploie le Großer Vernagtferner, très vaste glacier dominé par la Hochvernagtspitze, tandis que le Guslarferner et le Fluchtkogel se dressent à gauche. Un beau **point de vue** au sud donne sur la langue glaciaire du Hochjochferner, dévalant sur la droite de la Fineilspitze.
L'ascension vers le refuge n'intéressera que les alpinistes. Prenez plutôt, en contrebas du refuge, la descente *(2h45)* sur Vent, le long du Vernagtbach.
On rencontre en chemin les chutes du Plattei, du Mitterbach et de Rofen, déjà traversées en amont. À Rofen, passez par le pont suspendu sur la rive gauche de la rivière et empruntez un sentier en direction de Vent.

★★ Vallée de Gurgl (GURGLER TAL)

La vallée de Gurgl, dans la partie amont de l'Ötztal, constitue un remarquable lieu de séjour au Tyrol. Bénéficiant d'un **environnement★★** exceptionnel, elle s'impose comme une base de randonnées de tout premier plan. Les structures d'hébergement (des hôtels et pensions de bon standing) se trouvent à Obergurgl-Hochgurgl : la jolie station d'**Obergurgl** (1793-1930 m), avec sa **vue★** sur une vingtaine de hauts sommets et la station de ski de **Hochgurgl** (2150 m), la plus haute paroisse d'Autriche avec son domaine skiable montant jusqu'à 3080 m.

★★ Hohe Mut

Accès d'Obergurgl par deux télésièges successifs : Hohe Mut Bahn I et II - ✆ 05256 6260 - www.obergurgl.com - de mi-juin à mi-sept. et de mi-nov. à fin avr. : 9h-16h - 26 € AR (enf. 16 €).
2659 m. **Panorama★★** magnifique sur les cirques glaciaires du Rotmoosferner au sud-est et de Manigenbach à l'ouest.
Nous indiquons ci-dessous plusieurs randonnées faciles dont la combinaison peut constituer un magnifique circuit d'une journée.
★★ **Randonnée du Hohe Mut au refuge Schönwies** – *400 m de dénivelée en descente.* Les promeneurs pressés peuvent rejoindre directement le refuge Schönwies en moins d'une heure à partir d'Obergurgl (large chemin). Il est toutefois conseillé de se diriger plutôt à flanc de montagne jusqu'au pied du **cirque glaciaire de Rotmoos★★ (Rotmoosferner)**, puis de longer le torrent en fond de vallée. Le sentier est tracé dans un **cadre★★** grandiose et enchanteur dominé

9

par la Liebenerspitze (3 400 m) et le Seelenkogel (3 470 m). Du refuge (2 266 m), vue sur le Gampleskogel.

★ **Environs du Schönwieshütte** – *1h30 AR.* Deux sites aisément accessibles à partir du refuge méritent le détour. Dirigez-vous vers le Langtalereck Hütte jusqu'au lieu-dit de **Gurgler Alm** (2 252 m). **Vue★** en amont sur trois glaciers, dont le **Schalfkogel** (3 540 m) constitue l'élément principal. Revenez sur vos pas et bifurquez à gauche un peu avant le refuge pour gagner le Schönwieskopf (2 324 m), d'où l'on jouit d'un **panorama★** sur la vallée.

★ **Promenade du refuge Schönwies à Obergurgl par la forêt d'arolles (Wanderweg von der Schönwieshütte zu Obergurgl durch Zirbenwald)** – *1h15. 330 m de dénivelée en descente.* Circuit très agréable et pittoresque. Du refuge, prenez un large chemin vers Obergurgl et bifurquez bientôt à gauche pour emprunter un sentier en descente plus marquée et balisé en bleu. Le circuit longe ensuite la spectaculaire **cascade de Rotmoos★ (Rotmoos Wasserfall)**. À la bifurcation, prenez à gauche pour vous enfoncer dans la forêt et longez le fond de vallée. À l'arrivée, vue d'ensemble sur Obergurgl et Hochgurgl.

À partir d'Hochgurgl, on pénètre en Italie par la vallée de Passeier (Val Passiria) via *la route à péage du Timmelsjoch (passage de la frontière au col, à 2 509 m d'altitude).*

Nos adresses

Restauration

Gasthaus Blaue Goas – *Hauptstr. 39 - Ötz - ✆ 0676 3750803 - gasthaus-blaue-goas.business.site - 11h-23h - plats 11/24 €.* Cette vaste brasserie historique, à l'esprit saloon tyrolien, conserve un joli mobilier d'époque. Cuisine régionale et autrichienne, avec les fameuses Kasspatzln (pâtes locales au fromage) en tête d'affiche. Grande terrasse ombragée.

Activités

Area 47 – *Ötztaler AchStr. 1 - Ötztal-Bahnhof - ✆ 05266 87676 - area47.at - de fin avr. à déb. oct. : 10h-19h (18h de mi-sept. à déb. oct.) - Water Area : 26/27 €/j. (enf. 16/17 €).* Grande base de loisirs : baignade, rafting, motocross, l'escalade, etc.

Ski

Domaine de l'Ötztal-Sölden – *Sölden - ✆ 057200 200 - www.soelden.com.* 144 km de pistes et une trentaine de remontées mécaniques. Deux grandes pistes de descente : du Geislachkogel au bas du télésiège Stabele et celle reliant le Hainbachjoch à Sölden.

Par la **route des glaciers de l'Ötztal** (Ötztaler GletscherStraße), plus haute route panoramique des Alpes orientales (point culminant 2 822 m), on peut skier sur les glaciers du Rettenbach et du Tiefenbach (30 km de pistes en pente douce) dans un beau cadre. Autres possibilités : Vent (15 km de pistes) ou Hochgurgl-Obergurgl (30 km de pistes).

Pour le ski de fond, 16 km de pistes à Sölden, 8 km à Zwieselstein et 3 km à Vent.

Vallée du Pitzbach

★★★

Pitztal

Cette longue vallée, orientée nord-sud et encadrée par la vallée du Kaunertal à l'ouest et par celle de l'Ötztal à l'est, est célèbre pour les extraordinaires paysages de haute montagne à son extrémité. Elle débouche en effet sur un gigantesque cirque glaciaire dominé par la Wildspitze (3774 m), point culminant du Tyrol.

Se repérer

CARTE P. 448-449 (CD2-3)

Tyrol.

Cette vallée longue de 40 km débute à Imst, à l'ouest d'Innsbruck.

À ne pas manquer

L'Hinterer Brunnenkogel.

Organiser son temps

Poursuivez votre voyage dans la vallée de l'Ötztal, toute proche.

Nos adresses p. 458

Circuit conseillé

CARTE P. 448-449

Unterdorf 18 - Wenns - 05414 86999 - www.pitztal.com.

★ Route d'Arzl à Mittelberg CD2-3

Circuit de 39 km tracé en bleu clair sur la carte.

Le parcours est ponctué par la traversée de multiples villages et hameaux. Au bout de 18 km, au niveau de Hairlach, on commence à découvrir les glaciers de la vallée du Pitzbach. Quatre kilomètres plus loin, on traverse St. Leonhard. Le trajet, de moins en moins encaissé, est agrémenté de forêts, de nombreuses petites cascades et par la présence du Pitzbach, que l'on longe jusqu'à Mittelberg. De là, des remontées mécaniques partent à l'assaut des glaciers.

Excursion

★★★ Hinterer Brunnenkogel C3

3440 m. *Munissez-vous de lunettes de soleil, de chaussures pour marcher dans la neige, de vêtements chauds, même en été, et si possible de jumelles.*

Gletscherexpress – *05414 86999 - www.pitztal.at - de déb. juil. à déb. mai : 8h30-16h25, ttes les 20mn - 25 € (enf. 15 €).* Prenez tout d'abord le funiculaire. Au terme d'un parcours souterrain de 3,7 km, on parvient à 2860 m, au pied des glaciers de la vallée du Pitzbach.

Wildspitzbahn – *Juil.-mai : 9h-16h (ttes les 20mn) - 42 € AR le billet combinant le funiculaire et le téléphérique (enf. 26 €).* Ce téléphérique est le plus élevé d'Autriche. De la plate-forme d'arrivée, on monte rapidement au sommet, d'où se révèle un fantastique **panorama★★★** sur les Alpes. Le Hinterer Brunnenkogel est situé au centre d'un immense cirque de glaciers. Le sommet de la Wildspitze règne en maître sur ce décor. À sa droite, le regard est attiré par le glacier du Taschach qui glisse au pied de l'imposante Hochvernagtspitze. Remarquez en arrière-plan les sommets de la vallée du Faggenbach et de l'Ötztaler Ache. À l'ouest se dresse, face à la Wildspitze, une paroi rocheuse comprenant l'Ölgrubenspitze et la Bliggspitze. Au nord, la vue porte en contrebas jusqu'aux derniers hameaux de la Pitztal, encadrés par la Watzespitze et le Hohe Geige.

Pour prolonger le plaisir de savourer la vue, faites une pause au Café 3440.

Nos adresses

Hébergement

À proximité de St. Leonhard im Pitztal

Budget moyen

Landhaus Steinkogel – *Plangeroß 85 - 10 km au sud - ✆ 05413 85095 - www.steinkogel.at - 5 ch. et 4 appart. 76/122 €.* Chambres et appartements simples. Sauna et bain à remous.

Pour se faire plaisir

Gasthof Kirchenwirt – *Plangeroß 10 - 10 km au sud - ✆ 05413 86215 - www.kirchenwirt-pitztal.at - P - ✕ fermé mar.-merc. - 22 ch. 140 € (été), 184 € (hiver) 1/2 P incluse.* Un chaleureux hôtel rustique avec un bel espace bien-être. Cuisine traditionnelle à base de produits du terroir.

Activités

Domaine skiable du glacier de Pitztal (Pitztaler Gletscherbahn) – *✆ 05414 86999 - www.pitztal.com.* Le glacier du Pitzal offre une quarantaine de kilomètres de pistes de ski alpin, excellemment enneigées, ouvertes de fin septembre à mai, 12 km de pistes de ski de fond en altitude et un funpark de snowboard.

Haute vallée de l'Inn

★

Oberes Inntal

Prenant sa source en Suisse, l'Inn est l'artère vitale du Tyrol : c'est l'un des plus grands sillons alpins, dessiné par les dernières glaciations qui y ont formé des reliefs caractéristiques pour le plus grand bonheur des alpinistes. Dans sa partie supérieure, du défilé de Finstermünz à Imst, vous apprécierez les jolis villages tyroliens essaimés au pied des cimes.

Se repérer

CARTE P. 448-449 (C2-3)

Tyrol.

Dans le sud du Tyrol, entre Nauders et Landeck.

À ne pas manquer

Le défilé du Finstermünz.

Organiser son temps

Il est possible de combiner cette visite à d'autres circuits, par exemple ceux du domaine de l'Arlberg ou de la vallée du Pitzbach.

En famille

La maison du Carnaval à Imst.

Carnet pratique p. 461

Nos adresses p. 461

Circuit conseillé

CARTE P. 448-449

De Nauders à Imst C2-3

Circuit de 61 km, tracé en rouge sur la carte.

Nauders C3

Cette station de sports d'hiver appréciée, dominée par le château de Naudersberg, offre des conditions idéales pour les skieurs de descente (75 km de pistes) et de fond (90 km de pistes) mais aussi un bon point de départ pour des balades à vélo à l'intérieur du « Dreiländereck », point de rencontre des trois pays : Autriche, Italie et Suisse (600 km au total, tous niveaux de difficulté).

Quittant le plateau de Nauders, la route s'enfonce dans le défilé de Finstermünz.

★ Défilé de Finstermünz (FINSTERMÜNZPASS) C3

Cette gorge constitue la frontière naturelle entre la vallée tyrolienne de l'Inn, la Basse-Engadine et le Haut-Adige. Alors que la route de l'Engadine se déploie vers le fond de la vallée, celle descendant de Nauders s'y enfonce par une échancrure protégée par la massive **forteresse de Nauders** (1834-1840). En aval de l'hôtel Hochfinstermünz, la chaussée s'accroche aux falaises de la rive droite. Après trois tunnels, on arrive à une **terrasse-belvédère** *(côté gauche de la route)*, d'où la vue plonge sur la vallée, face à la gorge marquant le débouché de la vallée romanche de Samnaun, en Suisse.

Après le belvédère, la route bordée de résineux descend dans la vallée, dont on atteint le fond au Kajetanbrücke. Une fois l'Inn franchie, la route s'enfonce dans une vaste et verte vallée. Après avoir traversé **Pfunds**, poursuivez et admirez les

Défilés de carnaval et de transhumance

La région du Tyrol est très liée à la culture paysanne et les changements de saison donnent lieu à de grandes fêtes. Ainsi, certaines communes célèbrent encore l'**Aperschnalzen**, qui annonce l'arrivée du printemps. Les jeunes hommes, forts et habiles, font claquer bruyamment de grands fouets en rythme cadencé pour faire fuir l'hiver.
Quelques mois plus tard, les habitants des vallées fêtent le retour des troupeaux et la fin des transhumances, en décorant le bétail de somptueuses couronnes de fleurs, de rubans et de cloches. Ces réjouissances se tiennent généralement de la mi-septembre au début du mois d'octobre et permettent aussi de célébrer la fin de l'été.
En décembre, quand l'hiver commence à s'installer dans les régions montagneuses, des personnages effrayants, les **Perchtenläufe**, issus des traditions des peuples germaniques, sillonnent le Tyrol afin de chasser, non seulement l'hiver, mais également les esprits malveillants (fantômes et autres démons) qui errent dans les villages durant les longues nuits.

sommets du Kaunergrat. Entre **Ried** et **Prutz**, en contre-haut, on aperçoit à gauche la ruine de Laudeck sur un rocher et flanquée du petit clocher blanc de **Ladis**. À Prutz, on peut bifurquer à droite afin de visiter le **Kaunertal**★★★ *(voir p. 462)*.

Landeck C2

Voir p. 492.

De Landeck à Imst, la vallée reste très resserrée et boisée. Du pont de Zams, la vue est magnifique sur les ruines élancées du château de **Schrofenstein**.
Après **Zams**, on distingue dans la vallée le Bergkegel boisé, dominé par le **Kronburg**, à droite du monastère du même nom.
Une fois passé **Schönwies**, le Tschirgant (2370 m) à la pointe effilée se dresse seul, juste en face. La route continue à monter et il est possible de s'arrêter à plusieurs endroits sur la droite pour profiter en toute tranquillité de la vue sur la vallée de l'Inn.

Imst C2

La charmante ville haute, attrayante avec ses fontaines surmontées de statues anciennes, se blottit autour de l'**église paroissiale de l'Assomption** *(Maria Himmelfahrt)* datant du 15e s. Baroquisée au 18e s., elle fut endommagée en 1822 par un incendie, épargnant seulement ses portails gothiques et les peintures murales des façades ouest et sud (fin 15e - début 16e s. ; effigie géante de saint Christophe et scènes de la Passion). Avec plus de 84 m, son clocher est le plus haut du Tyrol.
Le fameux carnaval d'Imst, avec son défilé dit *Schemenlaufen* (course des Fantômes), n'a lieu que tous les deux ou trois ans *(voir « Agenda » ci-contre)*.
Maison du Carnaval (Haus der Fasnacht) – *Streleweg 6 - ☎ 0664 60698221 - www.fasnacht.at - vend. 16h-19h et sur RV - 5 € (6-14 ans 1 €).* Vous pourrez voir les masques et les costumes portés à l'occasion du carnaval.
★ **Gorges du Rosengarten (Rosengartenschlucht)** – *1h30 AR, bonnes chaussures recommandées. Le chemin part du centre d'Imst.* On aperçoit à gauche l'église St-Jean d'un jaune lumineux. Le sentier longe d'abord le cours inférieur du Schinderbach, puis traverse une nature sauvage aux parois rocheuses abruptes où déferlent les chutes d'eau. En chemin, beaux points de vue sur les montagnes environnantes et sur Imst dans la vallée.

Carnet pratique

S'informer

À Imst – *Johannesplatz 4 - ✆ 05412 6910 - www.imst.at.*

À Nauders – *Dr.-Tschiggfrey-Str. 66 - ✆ 050 225400 - www.nauders.com.*

Agenda

Imster Buabenfastnacht – *Fév.* - À Imst, tous les 4 ans, se déroule un important défilé de carnaval pour les jeunes, avec masques et costumes.

Imster Schemenlaufen – *Fév.* - Un autre grand défilé de carnaval, se tient à Imst tous les 4 ans (en alternance avec Imster Buabenfastnacht).

Nos adresses

L'Arlberg p. 496.

Restauration/Hébergement

À proximité de Nauders

Pour se faire plaisir

Alpengasthof Norbertshöhe – *Martinsbruckerbundesstr. 223 - 2 km au nord-ouest du centre-ville - ✆ 05473 87241 - www.norbertshoehe.at - tlj sf merc. 11h30-19h - fermé d'avr. à déb. juin et de déb. oct. à mi-déc. - 23/40 € - 20 ch. 154 € ☕ (été), 190/198 € 1/2 P incluse (hiver).* Ce restaurant clair et moderne, qui propose une cuisine tyrolienne et méditerranéenne, est doté d'une terrasse avec vue sur la région Engadine-St-Moritz. Chambres confortables.

À Zams

Budget moyen

Postgasthof Gemse – *Hauptplatz 1 - ✆ 05442 62478 - www.postgasthof-gemse.at - fermé merc. et jeu. - plats 15/32 € - 10 ch. 116/122 € (92/98 € sans sdb) ☕.* Ce restaurant authentique et chaleureux est dans la même famille depuis 1726. Cuisine traditionnelle de qualité. Chambres simples.

9

Le Kaunertal ★★★

Cette longue vallée, desservie par la route panoramique du glacier du Kaunertal (Kaunertaler Gletscher-Panoramastraße), l'une des plus hautes d'Europe, culminant à 2750 m, constitue une admirable excursion à la journée. Outre ses paysages grandioses et son lac de barrage, le glacier du Weißsee fait aussi le bonheur des skieurs toute l'année.

Se repérer

CARTE P. 448-449 (C2-3)

Tyrol.

Les deux circuits partent de Prutz, à 84 km au sud-ouest d'Innsbruck. Le premier se dirige vers l'Italie le long du Kaunertal. Le second remonte vers le nord.

À ne pas manquer

La Karlesspitze.

Nos adresses p. 464

Circuits conseillés

CARTE P. 448-449

Feichten 134 - Kaunertal - 050 225200 - www.kaunertal.com.

Une découverte complète comprendra successivement l'accès en voiture au glacier du Weißsee, la promenade à la Karlesspitze, la randonnée vers le glacier Gepatsch, puis la route du Piller. Cette dernière permet un accès à la très belle vallée du Pitzbach *(voir p. 457)*, vallée parallèle à celle du Faggenbach.

Attention, un tronçon de la route est à péage (quelques kilomètres après Grasse).

★★ De Prutz au Weißseeferner Gletscher C2-3

Circuit de 40 km tracé en gris sur la carte. À Prutz, quittez la B 315 se dirigeant vers la Suisse et l'Italie et bifurquez à gauche.

La route longe le torrent du Faggenbach dans un cadre verdoyant encaissé, au pied du Köpfle (2834 m) et du Peischlkogel (2913 m). Douze kilomètres plus loin, on traverse le village de Feichten *(péage)*. La vallée s'élargit nettement et l'on commence à entrevoir le cirque glaciaire au loin. Après 10 km de montée dans une belle forêt, on parvient au **barrage de Gepatsch** *(parking)*, le plus grand de

Kaunertal.
Mallaun/F1online/age fotostock

l'ouest de l'Autriche : très belle **perspective★** sur le lac de retenue et sur le pic du Weißsee (3 526 m). La route suit ensuite sur 6 km la rive gauche du lac, agrémentée de nombreuses **cascades★**. Pour bénéficier des plus belles vues d'ensemble sur le lac, rejoindre le passage du pont au-dessus du Faggenbach.

À partir du virage n° 12 *(Kehre 12)*, **vues★** sur la magnifique langue du glacier de Gepatsch. Au virage n° 7, le **point de vue★★**, splendide, est élargi à la Weißseespitze, au Fluchtkogel (3 497 m) et à la Hochvernagtspitze (3 535 m). Le décor, imposant, devient de plus en plus minéral. **Vue★** fugitive à droite sur la pittoresque vallée de Krummgampen, aux roches rougeâtres caractéristiques. Juste après, remarquez sur la gauche le Weißsee. Une dernière portion en pente raide permet d'atteindre le bord du **glacier Weißsee**, terminus de la route (2 750 m). De là, trois télésièges, cinq téléskis et un remonte-pente d'entraînement desservent un petit domaine skiable fonctionnant toute l'année et culminant à 3 160 m.

9

★★★ Excursions à la Karlesspitze C3

★★★ Téléphérique du Karlesjochbahn – *✆ 05475 5566 - www.kaunertal.com - 10h-16h - 23 € AR (enf. 16,50 €)*. 3108 m. Durant le trajet, comme au sommet, on bénéficie d'un **cadre★★★** splendide de haute montagne. Outre les sommets précédemment cités, on remarquera les Ölgrubenspitzen et la Bliggspitze.

★★ Via ferrata avec vue panoramique (Klettersteig Panoramablick) – 3160 m *1h30 AR à partir du sommet du téléphérique. Circuit dans la neige sans difficulté mais fatigant, car assez raide (chaussures de montagne, lunettes de soleil et vêtements chauds indispensables).* Cette excursion offre à un large public la possibilité rare de longer et de dominer sans risque tout un domaine glaciaire. Elle parvient à un col au pied de la **Karlesspitze** : **vue★** au sud sur les Alpes italiennes et au sud-ouest sur les Alpes suisses.

Rejoignez votre véhicule et redescendez jusqu'au pont enjambant le torrent du Faggenbach (parking).

★★ Randonnée au glacier Gepatsch (Gepatschferner) – *1h15 AR à partir du pont.* Le sentier longe le torrent sur la droite. Au bout d'une centaine de mètres, on découvre une spectaculaire cascade. La montée, par la suite assez abrupte, se fait dans un cadre marqué par la couleur rougeâtre des roches et agrémenté par la présence de nombreux rhododendrons. On parvient finalement à proximité du glacier Gepatsch, le plus vaste d'Autriche. La **vue★★**, magnifique, porte sur une de ses langues présentant la forme d'un S. Le cirque est fermé par le Rauhekopf et le Schwarze Wand.

Route du col du Piller (PILLERPASS), de Prutz à Wenns C2

Circuit de 20 km tracé en violet sur la carte.
La visite de la vallée du Faggenbach peut s'achever par le circuit du Piller, petite route étroite de moyenne montagne.
Bifurquez vers les localités touristiques de Kauns, puis de Kaunerberg.
À leurs abords, belles **vues★** sur la partie aval de la vallée du Faggenbach.
Poursuivez en direction du Piller (à gauche 500 m apr. l'entrée de Kaunerberg).
Après avoir traversé le hameau de Puschlin, on parvient au **col du Piller** (1559 m). La route, sinueuse, évolue dans une vaste forêt face au massif du Venet. Elle traverse le village de Piller, puis rejoint en contrebas la vallée du **Pitzbach★★★** *(voir p. 457)* au niveau de Wenns.

Nos adresses

L'Arlberg p. 496.

Restauration/Hébergement

À Kauns

Budget moyen

Gasthof Falkeis – *Dorfstr. 54 - ☎ 05472 6225 - www.gasthof-falkeis.at - 9 ch. 120 € ☕ - 1/2 P 180 € - ✕ fermé lun.-mar. - plats 10/28 € - réserv. conseillée.* Dans ce restaurant familial, on sert de la nouvelle cuisine régionale.

À proximité de Feichten im Kaunertal

Premier prix

Gepatschhaus – *Feichten 147 - 16 km au sud de Feichten - ☎ 0664 4319634 - www.gepatschhaus.at - ouvert de juin à sept. - 6 ch. 40/64 € (salle-de-bain à l'étage) - 1/2 P 24,50 €/pers.* Refuge typique à 1928 m d'altitude, au sud du lac de retenue du barrage de Gepatsch.

De Bregenz à Feldkirch ★

Lac de Constance et vallée du Rhin

Postée à l'extrémité occidentale de l'Autriche, Bregenz, capitale du Vorarlberg, se dresse comme une sentinelle, attentive aux mouvements de ses voisins immédiats que sont la Suisse et l'Allemagne. Sa ville haute, entrelacs de ruelles entourées de fortifications, semble sortir tout droit du Moyen Âge tandis que les rives du lac racontent une autre histoire : ses musées modernes détonnent et sa scène spectaculaire posée sur les eaux du vaste lac de Constance (ou « Bodensee ») attire chaque été de nombreux mélomanes et passionnés de théâtre. En remontant la rive droite du Rhin, où se concentre la grande majorité des habitants du Vorarlberg, vous découvrirez la cité fortifiée de Feldkirch : deuxième agglomération du Land, ville frontière avec le Liechtenstein, elle livre intact son centre médiéval et ses charmantes places à arcades.

Se repérer

CARTE P. 448-449 (A1) ET CARTE DU BREGENZERWALD P. 483, PLAN DE BREGENZ P. 470 ET PLAN DE FELDKIRCH P. 474

29 300 habitants (Bregenz) ; 34 987 habitants (Feldkirch) - Vorarlberg.
À l'extrémité ouest de l'Autriche, à proximité des frontières suisses et allemandes.

À ne pas manquer

Le musée du Vorarlberg de Bregenz ; la vieille ville de Feldkrich

Organiser son temps

Comptez au moins une journée pour un aperçu des deux villes, et 2 jours pour une découverte plus complète. En été, réservez à l'avance votre hébergement, surtout pendant le festival de Bregenz.

En famille

La montée au Pfänder à Bregenz ; le musée de la Nature interactif et le musée Rolls-Royce à Dornbirn ; une excursion en bateau sur le lac de Constance *(voir « Nos adresses »)*.

Carnet pratique p. 476

Nos adresses p. 476

★ Bregenz

PLAN P. 470

Bregenz conserve l'empreinte de son histoire : d'un côté **la ville haute (Oberstadt** ou **Altstadt)**, élevée sur une hauteur stratégique (400 m) ; de l'autre, la **ville basse** *(Innenstadt)* qui s'étend entre l'ancienne cité fortifiée et le port, où se concentre l'activité commerçante, à proximité du lac. Le développement du potentiel commercial, touristique et logistique du grand lac transfrontalier date du milieu du 19ᵉ s. seulement. Aujourd'hui, c'est aux alentours du port que Bregenz s'anime le plus, affirmant son caractère de cité lacustre, lieu de passage entre la plaine et la montagne, entre la vallée du Rhin, le Bregenzerwald et les hauts sommets du Vorarlberg plus au sud.

Aux confins de l'Autriche

Situé tout à fait au « bout » occidental du pays, à plus de 600 km de Vienne, longtemps isolé du reste du pays par la barrière naturelle de l'Arlberg, le Vorarlberg est le plus petit des Länder autrichiens mais également le plus riche (après Vienne, *Land*-capitale). Cette situation lui donne des goûts d'indépendance et des traditions très spécifiques, sans pourtant remettre en question son appartenance pleine et entière à l'Autriche d'aujourd'hui.

Une province alémanique

Le Vorarlberg aussi appelé *Ländle* (le petit Land) est d'abord la seule province alémanique d'Autriche. Son dialecte est très distinct des autres dialectes autrichiens car il est apparenté à la famille alémanique (tout comme l'alsacien, par exemple), et non à la famille austro-bavaroise, comme c'est le cas dans le reste du pays. Les habitants du Vorarlberg sont surnommés les « Gsiberger » par leurs concitoyens. Cela s'explique par leur manière de conjuguer le verbe « être » au passé : ainsi, pour dire « était » ou « a été », on dit « isch gsi » et non « war » ou « ist gewesen ».
Le suffixe *berger* désignant quant à lui, l'habitant des montagnes (de préférence reculées), on appréciera l'opinion qu'ont les autres Autrichiens de leurs compatriotes du Vorarlberg... pourtant à la pointe de la technologie ! D'autres mots expriment aussi la distance, souvent poétique, qui sépare les uns des autres. Ainsi, un œuf *(Ei)* se dit *Euöli*, complètement (*ganz*) se dit *buz* et une jolie fille *(Mädchen) Schmealga*.

Entre la Suisse et l'Autriche

L'histoire du Land est également particulière : la région fut colonisée au 3e s. par la Suisse, avant d'être divisée en petits États au fil de l'histoire. Puis les Habsbourg, désireux d'agrandir leurs territoires, rachetèrent petit à petit les seigneuries et différents comtés entre les 14e et 17e siècles. Lors des guerres napoléoniennes, le Vorarlberg devint une possession du royaume de Bavière, allié de l'Empereur, avant d'être rendu en 1815 à l'Autriche. En 1918, le Vorarlberg se sépare du Tyrol pour devenir Land à part entière.
En 1919, après la chute de l'empire des Habsbourg, lors d'un référendum mené dans la région, 80 % de la population se prononça alors en faveur d'une annexion par la Suisse. Cependant, les Helvètes ne manquèrent pas de manifester leur hostilité et la velléité de rattachement ne fut pas prise en compte lors de la rédaction du traité de paix de Saint-Germain-en-Laye. L'événement est devenu depuis de l'histoire ancienne. Si les Vorarlbergeois ont conservé leur dialecte et leur méfiance envers Vienne, il n'a jamais été sérieusement question d'indépendance depuis lors, même si un sondage publié dans la presse autrichienne en 2008 annonçait que la moitié de la population serait prête à rejoindre la confédération helvétique.

Occupé par la France (1945-1955)

Suite à la défaite de l'Autriche au sortir de la Seconde Guerre mondiale, le pays fut occupé pendant dix ans par les forces victorieuses. C'est à la France que revint l'administration du Vorarlberg ainsi que celle du Tyrol septentrional, depuis Innsbruck, son quartier général. De concert avec les autorités autrichiennes, la France y mena une politique de dénazification et choisit de s'investir dans le secteur culturel. L'Hexagone avait pour mission de faire reculer le pan-germaniste mais également promouvoir sa propre culture, à force de bourses, de fréquences radios et de cours de français. Cet épisode reste dans les mémoires, entretenu par la relative affluence de touristes français dans cette région.

Un fort dynamisme industriel

Bregenz et le Vorarlberg ont su tirer profit de leur situation de carrefour au cœur de l'Europe routière et ferroviaire, à seulement 1h30 de Zurich, 2h de Münich, 3h de Milan. La région attire de nombreux touristes suisses, allemands mais aussi internationaux pour ses pistes de ski plus au sud. Surtout, le Vorarlberg se situe en tête des länder autrichiens pour sa production industrielle diversifiée, un dynamisme qui se traduit en recherche et développement (le Land se classe troisième région de l'UE pour le dépôt de brevets). Le secteur textile continue de prospérer autour de marques tels que Wolford (lingerie), tout comme la filière bois – un matériau de construction toujours très utilisé dans la région –, la chimie, la mécanique de précision, l'électronique, les remontées mécaniques (Doppelmayr), l'élevage et l'industrie laitière (la marque Milka compte même une chocolaterie à Bludenz – *voir p. 496*) ou encore le secteur des services et les industries créatives (notamment l'architecture, une des spécialités du Vorarlberg – *voir p. 484*). Au rang des exportations vorarlbergeoises, on compte de surcroît l'énergie hydroélectrique. Le Vorarlberg – autosuffisant en électricité – alimente une partie de l'Allemagne et de la Suisse, grâce à la puissance de ses centrales et au débit de ses cours d'eau.

Quelques spécialités culinaires

Le Vorarlberg est un haut lieu de la culture *slow food* (pour une alimentation « bonne, propre et juste »), portant un intérêt tout particulier à la provenance de ses produits. Dans cette région montagneuse, le fromage est un élément important du paysage gastronomique, y compris dans les localités de la plaine comme Bregenz ou Feldkirch. Dans les alpages, on élabore de goûteux fromages au lait cru, affinés entre 3 et 15 mois, servant à l'élaboration de mets locaux tels que le *Käsknöpfle* (ou *Kässpätzle*), sorte de pâtes maison au fromage, accompagnées d'une compote de pomme, la *Käserahmsuppe*, potage au fromage, ou encore le *käsefläde*, une quiche en fromage. Les fromagers du Vorarlberg ont mis en place une « Route du fromage » (*KäseStrasse* - *www.kaesestrasse.at*).
Enfin, les Vorarlbergeois sont de grands producteurs (et consommateurs) de *Schnaps* (eaux-de-vie) qu'ils sont autorisés à distiller chez eux depuis un décret de l'impératrice Marie-Thérèse.
www.vorarlberg.travel

La ville basse (INNENSTADT)

Bords du lac de Constance (BODENSEE) AB1

Au Moyen Âge, les eaux du lac venaient lécher les bases de la petite **chapelle**, actuellement située au cœur du centre-ville. Le front de lac actuel, isolé du trafic routier par la voie ferrée, déploie ses quais ombragés et fleuris, jusqu'au port de plaisance. La **promenade du môle principal**, aménagé en jardin, est très agréable. De son extrémité, la **vue★** s'étend sur les dernières ondulations des collines de Haute-Souabe et l'île allemande de Lindau (au premier plan) avec ses deux clochers. **Strandbad** – *✆ 05574 44242 - www.stadtwerke-bregenz.at - de déb. mai à déb. sept, 9h-20h sf lun. en mai - 5,70 € (enf. 2,90 €).* À l'ouest de ces aménagements, le chemin dessert la plage et les installations du festival *(Festspiel-und Kongresshaus – voir encadré p. 471)*, utilisées chaque été pour des concerts, des représentations lyriques ou théâtrales en plein air aux mises en scène grandioses. La **scène flottante** de Bregenz *(Seebühne)*, accessible en été, est devenue le symbole de la ville.

Musée du Vorarlberg (VORARLBERG MUSEUM) B1

Kornmarktplatz 1 - ✆ 05574 46050 - www.vorarlbergmuseum.at - juil.-août : 10h-18h (18h jeu.), reste de l'année : tlj sf. lun. 10h-18h (20h jeu.) - 9 € (-19 ans gratuit) - ticket combiné avec la Kunsthaus 17 €. Explications principalement en allemand mais visite guidée en français sur réserv.

Fleuron culturel du Vorarlberg, ce musée a rouvert ses portes en 2013 après plusieurs années de transformations dirigées par **Andreas Cukrowicz**, un des architectes les plus connus de ce Land. Installé dans un monument classé, le musée arbore une face « Lac », classique, et une face « Kornmarktplatz », moderne, ornée de « culs de bouteille » en béton (façon bouteille de plastique) qui vient animer le centre-ville piétonnier. Les collections sont mises en valeur au fil des quatre étages de ce vaste cube lumineux. Le 2e étage se concentre sur les origines romaines de la ville et les traditions régionales, grâce à un inventaire de A à Z qui compte entre autres de très beaux coffres en bois sculptés, des broderies et des gravures d'Angelika Kauffmann, artiste considérée comme enfant du pays en raison de ses attaches avec le Bregenzerwald *(voir encadré p. 482)*. Le 4e étage questionne l'identité du Vorarlberg à travers un ensemble d'objets constitutifs de son histoire.

Celte, romaine et alémanique

Les origines de Bregenz remontent à l'implantation des **Brigantiers**, peuplades celtiques (vers 400 av. J.-C.). Aux alentours de l'an 50 de notre ère, les Romains établirent un fort sur l'éminence qui accueille aujourd'hui la ville haute, autour de laquelle se développe rapidement une petite cité. Celle-ci se nomme **Brigantium**. De nombreux vestiges romains sont encore visibles entre la gare et le lac. Les Romains sont définitivement chassés par l'arrivée des Alamans au 4e s. Au 7e s. les moines missionnaires venus d'Irlande, **Gall et Colomban**, s'y établissent quelque temps avant de poursuivre leur périple vers la Suisse et l'Italie. Au Moyen Âge, Bregenz est la demeure d'une famille comtale qui domine alors tout le territoire de Feldkirch à Tettnang (en pays souabe, dans l'actuelle Allemagne). La principauté est progressivement cédée aux princes de la maison Habsbourg : Bregenz en **1523**, Tettnang en 1779.

Bregenz, au bord du lac de Constance.
Westend 61/hemis.fr

★ **Musée d'Art moderne de Bregenz** (KUNSTHAUS BREGENZ, KUB) B1
Karl-Tizian-Platz - ✆ 05574 485 940 - www.kunsthaus-bregenz.at - 10h-18h (20h jeu.) - 11 € (19 ans gratuit) - audioguide en anglais inclus - ticket combiné avec le musée du Vorarlberg 17 €.
Élevé en 1997, ce bâtiment moderne de quatre étages, pendant du Vorarlberg museum, se distingue par sa singulière façade de verre gravé. Cette réalisation de l'architecte suisse **Peter Zumthor** est l'une des galeries d'exposition d'art contemporain les plus modernes en Autriche. Elle n'héberge que des expositions temporaires.

★ La ville haute (OBERSTADT)

Avec ses places silencieuses où l'on ne croise guère que des chats, cette ville close semble inchangée depuis le Moyen Âge, quand les comtes de Bregenz en firent leur demeure. Le contraste avec la ville basse et les abords du lac, très animés en été, rend la promenade d'autant plus plaisante.
L'accès à la ville haute se fait par la **Kirchstraße**, où se trouve la maison la plus étroite d'Europe (la largeur de sa façade n'étant que de 57 cm), puis la Thalbachgasse et l'Amtstorstraße, à gauche. Si vous êtes piétons, prenez plutôt la rampe de la Maurachgasse.
La **porte St-Martin★** (B2) du 15e s. est l'ancienne porte fortifiée de la ville haute.
★ **Tour St-Martin** – B2 - *✆ 5574 410 1599 - www.bregenz.gv.at - mai-oct. : tlj sf lun. 10h-18h - 4 € (-16 ans 1,50 €), achat des billets au 1er étage.* Caractérisée par son lourd bulbe (1602), elle servait autrefois de lieu de stockage pour les récoltes. Les lucarnes des combles abritent des collections temporaires à caractère historique. Elles offrent de jolies **vues★** sur les toits de la vieille ville, le lac et, au loin, les Alpes d'Appenzell.
La chapelle *(Martinskapelle)*, aménagée à la base de la tour, abrite un ciborium flamboyant et une série de fresques du 14e s., bien conservées pour l'époque.

Église St-Gall (PFARRKIRCHE ST. GALLUS) B2

De la ville fortifiée, passez devant le castel Deurig-Schlössle et prenez le pittoresque escalier qui en descend, Meissnerstiege, débouchant sur la Thalbachgasse. Précédé par un clocher-porche, bâti en mollasse au 15ᵉ s. et surmonté d'un pignon chantourné baroque, l'édifice présente une nef unique surbaissée du 18ᵉ s. Les stalles de noyer, beau travail de marqueterie exécuté vers 1740, offrent des dossiers décorés d'effigies de saints.

★★ Montée au Pfänder (PFÄNDERSPITZE) CARTE P. 448-449 (A1)

Montée en téléphérique. Pfänderbahn – À l'est du centre-ville, par la Steinbruchgasse 4 (15mn à pied) - ✆ 05574 421600 - www.pfaenderbahn.at - 8h-19h (tte les 30mn) - fermé 2 sem. env. à la mi-nov. - 14,20 € AR (6-15 ans 7,10 €), ticket combiné avec le bateau 34,10 € (enf. 17,30 €).

6 km– 1h30 de marche. L'ascension peut se faire à pied par un sentier partant du pied du téléphérique. Chemin relativement facile mais caillouteux.

Pour les Bregenzois (comme de nombreux touristes), la montée au Pfänder (1064 m) constitue la sortie du week-end. Le téléphérique permet de basculer instantanément du climat doux du lac aux premiers frimas alpins. Depuis le plateau du chalet, un **panorama** se dégage vers le sud (table d'orientation). Si la visibilité est bonne, on peut même apercevoir dans la même direction le sommet enneigé du Tödi (3 620 m) dans les Alpes de Glaris.

SE RESTAURER

Pier 69	1	Golderner Hirschen	5
Gasthaus Kornmesser	3	Maurachbund	7

À ciel ouvert

Au lendemain de la Seconde Guerre mondiale, la ville de Bregenz ne possède pas de théâtre, pourtant la soif de divertissement est grande. En 1946, **deux péniches accolées** font office de scène et de fosse d'orchestre pour la représentation en plein air d'une œuvre de jeunesse de Mozart, *Bastien et Bastienne*. Le triomphe est immédiat, le **festival de Bregenz** est né.
Dès 1950, une scène semi-permanente est érigée. La scène actuelle date, quant à elle, de 1979. Un an plus tard, on lui adjoint le centre des congrès qui constitue une salle de concerts à l'année. Le succès perdurant, la durée du festival s'allonge et Bregenz accueille maintenant, un mois durant, de prestigieux concerts, opérettes et opéras. Les **représentations sur le lac**, à ciel ouvert, gardent un caractère unique, magique et prestigieux.

Le Pfänder dispose d'un **parc de la faune alpine**, sorte de zoo naturel, qui prend la forme d'un parcours en montées et descentes, où l'on peut voir des marmottes, des mouflons, ou des sangliers *(comptez 30mn pour le parcours)*.

Circuit conseillé

CARTE P. 483

Vallées du Rhin et de l'Ill

Circuit de 45 km, de Bregenz à Feldkirch, tracé en vert sur la carte.
Cet itinéraire suit l'un des principaux axes du Vorarlberg, la route 190, reliant les plus grandes villes de la région. Le Rhin, qui coule à quelques kilomètres de là, fait sentir sa présence sans jamais se montrer.
Les déplacements peuvent se faire intégralement en S-Bahn, en utilisant la ligne Bregenz-Dornbirn-Hohenems-Feldkirch-Bludenz.

Dornbirn A1

Rathausplatz 1a - 05572 22188 - www.dornbirn.info.
Le bus 7 relie la gare au musée Inatura, aux gorges de Roppenloch et au départ du téléphérique de Karren.
Capitale économique et cité la plus peuplée du Vorarlberg (50 300 habitants), située à 10 km au sud de Bregenz, Dornbirn est la « locomotive » industrielle de la région depuis le 19e s. Ses nombreux musées sont une belle vitrine de la politique culturelle du *Ländle*. Son centre-ville piétonnier exhibe fièrement ses vieilles maisons à colombage telle la **Maison rouge** du 17e s., dont les pignons triangulaires sont caractéristiques des constructions traditionnelles de la vallée du Rhin. Sur cette même place, trône l'**église paroissiale St. Martin**, de style néoclassique (1839-1840).
★ **Musée de la Nature interactif (Inatura-Erlebnis Naturschau Dornbirn)** - - *Jahngasse 9 - 05572 232350 - www.inatura.at - - 10h-18h - 11,50 € (6-15 ans 5,70 €) - à 15mn de marche du centre-ville (bus 7) par la Marktstr.* Cette exposition interactive bilingue (allemand-anglais) a pris place dans l'**ancienne fonderie Rüsch** d'où sortaient des turbines hydroélectriques entre 1827 et 1884. On peut encore voir s'égrener, au fil des salles de ce passionnant musée, des éléments qui témoignent du passé industriel de l'édifice. L'exposition permanente présente divers aspects de la nature vorarlbergeoise : images sous-marines, macromodèles d'insectes et animaux empaillés, exploration du corps humain... le tout complété de projections multimédias.

Kunstraum – *05572 55044 - 10h-18h - www.kunstraumdornbirn.at - 3,50 €, famille 5,80 €.* De l'autre côté du parc, l'ancien hall d'assemblage des turbines est aujourd'hui un espace d'exposition dédié à l'art contemporain.
Quittez Dornbirn par la rte d'Ebnit/Gütle. Après environ 3,5 km, on atteint le parking des gorges de Rappenloch.
Musée Rolls-Royce (Rolls-Royce-Museum) – *05572 52652 - www.rolls-royce-museum.at - - tlj sf dim.-lun. 10h-18h (dernière entrée 17h, tlj en juil.-août) - fermé 3 sem. en janv., 10 j. en fév., et en déc. - 6 € (6-14 ans 3 €).* Ce musée installé dans une ancienne usine textile du 19e s. rassemble la plus importante **collection★** privée de Rolls Royce au monde. Il est le fruit de la patience et de la passion de Franz Vonier, secondé de ses fils, qui continuent de rénover d'anciens modèles exposés par roulement, notamment les fameuses Phantom datant de l'Entre-deux-guerres : vous pourrez y admirer la voiture de la mère de la reine Elisabeth, le véhicule de Lawrence d'Arabie et la Torpedo Phantom de Franco. Au 3e étage, un café reconstitue l'ambiance des années 1920-1930.
★ **Gorges de Rappenloch (Rappenlochschlucht)** – *www.rappenloch.at - de fin avr. à mi-nov. Entrée libre, accès derrière le musée Rolls-Royce et la Gasthof Gütle (bus 7). Possibilité de combiner la promenade avec la randonnée du mont Karren au Staufensee (1h30 de marche) : sentier caillouteux mais plutôt facile.*
Après 20mn de marche le long du torrent d'Ebnit, on atteint les **gorges de Rappenloch**. D'une profondeur de 72 m, elles se sont formées par la fonte des glaciers qui se retirèrent il y a 10 000 ans. À 10mn de marche, en suivant le ponton puis un sentier, on accède au réservoir du Staufensee. En longeant le lac, on rejoint l'Alploch. Il faut 20mn pour traverser le défilé de l'Alploch, qui se termine sur la route menant à Ebnit. De là, reprenez le chemin en sens inverse pour le retour.
Montée au mont Karren (976 m) – *www.karren.at - ttes les 15mn - trajet 5mn - lun.-vend. 9h-23h (à partir de 10h en hiver), dim. 9h-21h (17h en hiver) - aller 9,10 € (enf. 8,30 €).* Un téléphérique permet d'accéder aux hauteurs de Dornbirn, dominées par le mont Karren. Les possibilités de randonnées en sous-bois y sont nombreuses *(cartes en allemand des 8 sentiers fléchés en téléchargement sur le site Internet).*

Restaurant panoramique du mont Karren.
Westend61 GmbH/Alamy/hemis.fr

Au sommet, superbe vue que vous pourrez contempler de la passerelle panoramique ou du restaurant *(voir « Nos adresses » p. 477)*... tout aussi panoramique ! *Revenez sur la L 190 et poursuivez sur 8 km jusqu'à la jonction avec l'A 14.*

Hohenems A1

Marktstr. 2 - ✆ 05576 42780 - www.hohenems.at.
Blotti au pied du Schlossberg (696 m) et des ruines du château d'Alt Ems, le centre-ville de Hohenems revêt des airs aristocratiques : les comtes de Hohenems – Markus-Sittikus I à IV – y ont construit au 16e s. leur palais, œuvre de l'italien **Martino Longhi l'ancien**. Bénéficiant de la charte de la ville, une population juive significative est venue s'y installer entre le 17e et le début du 20e s., période correspondant à l'âge d'or de la ville qui vit s'ouvrir son premier café, une imprimerie et la banque du Vorarlberg. Le chantre juif **Salomon Sulzer** (1804-1890), ami et interprète de Schubert, promu chevalier de l'ordre de François Joseph, connu comme le réformateur du chant de synagogue, est né à Hohenems.
Musée juif (Jüdisches Museum Hohenems) - *Schweizer Str. 5 - ✆ 05576 739890 - www.jm-hohenems.at - tlj sf lun. 10h-17h - 8 € (-19 ans gratuit) - audioguide et documentation en français.* Ce musée installé dans la villa Heimann-Rosenthal, retrace les trois siècles d'histoire de la communauté juive de Hohenems à travers une présentation moderne et bien conçue.
Musée du Moulin (Stoffels Säge-Mühle) - *Sägerstr. 11 - ✆ 05576 72434 - www.museum-stoffels-saege-muehle.at - de fin avr. à fin oct. : 9h-18h - 2,20 € (enf. 1,10 €).* Les moulins à eau ainsi que l'industrie textile ont fait une partie de la richesse de Hohenems. Ce musée unique en son genre, dans le quartier le plus ancien de la ville arrosé par le ruisseau Emsbach, expose des dizaines de machines liées à la mouture du grain, dont un ancien moulin en bois à l'extérieur. Très impressionnant lorsque les machines se mettent en branle !
Schlossberg - Plusieurs sentiers permettent de rejoindre le sommet de la colline du Schlossberg où sont encore visibles les vestiges du château fort d'Alt Ems (12e s.) qui possédait autrefois 7 tours et 47 salles. Le sentier qui monte à gauche du musée du Moulin est plus abrupt (mais moins boueux) que celui qui serpente derrière l'église *(comptez 1h de marche AR)*.
Reprenez la L 190 pour rejoindre Feldkirch.

★ Feldkirch

PLAN P. 474

Tout comme Bregenz, Feldkirch est un fief des comtes de Monfort qui fondent la ville au 12e s. autour de 50 champs, d'où son nom qui signifie littéralement « église au milieu des champs ». Sans descendance, Rodolphe V de Monfort cède la ville aux Hasbourg en 1375. Feldkirch doit sa richesse à sa situation stratégique, au carrefour de routes commerciales (transit du sel vers la Suisse, commerce entre l'Allemagne et l'Italie). La ville basse se développe. Feldkirch attise la convoitise des Suédois qui l'occupent en 1647. Un siècle et demi plus tard, en 1799, les troupes napoléoniennes y sont vaincues. La ville est ensuite investie par les Jésuites en 1856, qui y établirent l'illustre collège Stella Matutina, où étudia l'écrivain Conan Doyle en 1875. Aujourd'hui, la cité constitue un pôle industriel (électronique, production d'électricité...) et administratif important du Land. Si la ville s'est surtout développée sur la rive droite de l'Ill, ne manquez pas, rive gauche, le quartier d'Heiligenkreuz, tout à fait charmant avec ses maisons construites à même la falaise.

9

★ Vieille ville (ALTSTADT)

La ville doit son plan triangulaire au site en cuvette sur lequel elle fut bâtie. Si la ville neuve est devenue le centre d'animation touristique de la localité, le quartier de la Marktplatz en constitue toujours le noyau.

Le **fossé aux Cerfs** permet de découvrir des vestiges de l'enceinte. Édifice massif de 40 m de haut, la **tour des Chats** doit son nom à ses canons ornés de têtes de lions, que le peuple avait surnommés « les chats ». À l'origine couronnée de créneaux, cette tour fut pourvue d'un campanile surmonté d'un toit en bâtière au 17e s. Située à l'ouest de la tour des Chats, la **porte de Coire** est caractérisée par son pignon en escalier. Non loin de là se trouve la **tour de l'Eau** qui date du 15e s. La petite rue Vorstadt permet d'accéder à la **tour de la Poudre**, de la seconde moitié du 15e s. En face, sur l'autre rive de l'Ill, on découvre le conservatoire régional du Vorarlberg. Ce bâtiment, érigé au début du 20e s. pour servir d'internat, présente une façade rythmée par des pilastres.

Place du Marché (MARKTPLATZ)

Cette longue place est bordée d'arcades et ornée de façades chamarrées, de tourelles d'angle et d'oriels. L'été, ses cafés avec terrasse animent le centre jusque tard dans la nuit. Un marché s'y tient toujours le mardi et le samedi. Au sud, la perspective est fermée par le campanile de la **Johanniterkirche**, ancienne église des hospitaliers de St-Jean-de-Jérusalem, auxquels avait été confiée la garde du passage de l'Arlberg. Elle héberge aujourd'hui des expositions temporaires *(kunst.wuerth.com)*. Au bout de la place *(Kreuzgasse 10)*, remarquez les ornements de la Gasthof Lingg qui font référence à Bacchus.

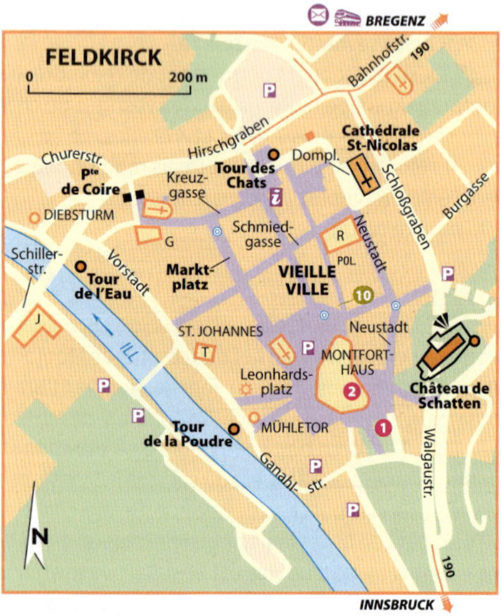

SE RESTAURER
Braugaststätte Rössle Park 1
E3 2

SE LOGER
Hotel Gutwinski. 10

Vieille ville de Feldkirch.
FooTToo/Getty Images Plus

Cathédrale St-Nicolas (DOM ST. NIKOLAUS)

Très sobre vue de l'extérieur, elle présente à l'intérieur une nef divisée en deux par une série de colonnes et une belle voûte réticulée de style gothique flamboyant. L'autel latéral droit est surmonté d'une **Descente de Croix★** peinte en 1521 par Wolf Huber. Cet artiste de l'école du Danube, né à Feldkirch est l'un des précurseurs du paysage dans la peinture allemande.

Château de Schatten (SCHATTENBURG)

Accès en voiture par la Burggasse ou à pied par les escaliers du Schlosssteig.
Malgré son réaménagement intérieur en restaurant et en musée, ce château fort (12e-17e s.) a conservé, dans son ensemble, ses anciennes dispositions et son donjon, planté au sommet du rocher. La partie réservée à l'origine à l'habitation se situe dans une tour – ses murs font plus de 4 m d'épaisseur – reconnaissable à son toit en capuchon. L'ouvrage de défense protégeant le pont d'accès et la tour ronde date de 1500 environ.
Avant le pont, la **vue** porte à droite jusqu'à la vallée du Rhin dominée par le Hoher Kasten (massif de l'Alpstein, en pays d'Appenzell). La cour du château (restaurant) est pittoresque avec ses toits abrupts et ses murs immenses.
Musée – *Burggasse 1 - ✆ 5522 304 3510 - www.schattenburg.at - possibilité de visite guidée (1h30) - avr.-oct. : 0h-17h ; nov.-mars : se rens. - 8 € (12-17 ans 6 €, 6-11 ans 4 €).* Ce dernier regroupe des collections bien présentées d'art religieux (en particulier dans la nouvelle chapelle du château), de mobilier seigneurial ou bourgeois de l'époque gothique, de meubles paysans traditionnels, d'armes et armures, ainsi que de costumes. L'ancienne chapelle est ornée de fresques du 15e s.

Carnet pratique

S'informer

À Bregenz – *Rathausstr. 35a - ✆ 05574 49590 - visitbregenz.com.*
À Feldkirch – *Schlossergasse 8 - ✆ 05522 9009 - www.feldkirch.travel.*

Arriver/Partir

En avion – L'aéroport le plus proche est celui de Friedrichshafen en Allemagne, à 40 km de Bregenz, devant celui de Zürich, à 120 km.
En train – *www.oebb.at.* Le S-Bahn relie Bregenz à Feldkirch en 45mn.
Se garer – Les centres des deux cités sont interdits à la circulation. Vous trouverez des parkings payants aux abords *(voir les plans de villes).*

Se déplacer

Transports en commun

Le réseau de transports dans le Vorarlberg est bien organisé.
Wochenkarte Maximo – *www.vmobil.at.* La carte hebdomadaire *(44,80 €)* offre une circulation illimitée sur l'ensemble des bus et des trains dans le Land.

Agenda

Festival de Bregenz (Bregenzer Festspiele) – *Juil.-août - bregenzerfestspiele.com.* Ce festival de renommée internationale anime tous les ans la ville pendant un mois. Pièces de théâtre, opéras et concerts ont lieu à divers endroits, notamment sur l'étonnante scène flottante construite sur le lac. Prenez vos billets bien à l'avance !
Schubertiade à Hohenems – *Juin-oct. - www.schubertiade.at -* Pendant du prestigieux festival de Schwarzenberg *(voir p. 487)*, ce festival dédié à Schubert a lieu chaque été depuis 1976.
Poolbar festival à Feldkirch – *Juil.-août - poolbar.at.* Festival alternatif dans une piscine des années 1960.

Nos adresses

PLAN DE BREGENZ P. 470 ET
PLAN DE FELDKIRCH P. 474

Restauration

À Bregenz

Premier prix

5 **Golderner Hirschen** – B2 - *Kirchstr. 6-8 - ✆ 05574 42815 - www.hotelweisseskreuz.at - tlj sf dim.-lun. dès 11h - formule déj. en sem. 10,20/12,70 €, plats 7/30 €.* Une auberge à colombage du 15e s., refuge de la cuisine du Vorarlberg mais aussi de la Styrie. Biergarten aux beaux jours.

Budget moyen

7 **Maurachbund** – B2 - *Maurachgasse 11 - ✆ 05574 44446 - www.maurachbund.at - mar.-jeu. 15h-0h, vend.-sam. 10h-0h - fermé dim.-lun. - plats 17,50/27 €.* Agréable établissement niché dans une des plus jolies ruelles de la vieille ville, agrémenté d'une terrasse. Bons petits plats du terroir.

1 **Pier 69** – B1 - *Seestr. 4 - ✆ 05574 43202 - www.pier69.at - lun.-vend. 10h-23h, w.-end 9h-23h (cuisine 11h30-14h, 18h-21h30) - fermé lun.-mar. oct.-mars - plats 16,90/34,50 €.* Vous serez attiré par l'auvent de cette adresse sur le port. Si le temps n'est pas à la fête, la vaste salle intérieure vous ravira, avec son haut plafond et ses colonnes en métal sculptées. Cuisine traditionnelle à base de produits frais.

3 Gasthaus Kornmesser – B1 - *Kornmarktstr. 5 - ✆ 05574 54854 - www.kornmesser.at - tlj sf lun. 9h-0h - formule déj. 8,90 €, plats 17/43 €.* Dans un édifice baroque classé, ce restaurant à l'intérieur chaleureux se déploie sur plusieurs étages. Spécialités viennoises à l'honneur.

À Wolfurt

Premier prix

Gasthaus Stern – *Sternenplatz 2 - 6 km au sud de Bregenz - ✆ 05574 71405 - www.stern-wolfurt.at - lun.-vend. 10h-23h, sam. 9h-23h, dim. 9h-21h - formule déj. 10/13,90 €, plats 9,70/32 €.* Ici l'accent est mis sur la finesse des produits locaux: le fromage de chèvre provient des hauteurs de Wolfurt, le poisson est pêché dans le Vorarlberg.

À Dornbirn

Pour se faire plaisir

Karren Panoramarestaurant – *Gütlestr. 6 (au sommet du téléphérique) - ✆ 05572 54711 - www.panorama-karren.at - 9h-13h, dim. 9h-21h - plats 16/30,50 €, formule déj. en sem. (11h30-16h) 21,50 € avec transport; petit déj. w.-end (9h-11h) 12,70/27,50 €.* Pour manger avec la vue la plus époustouflante du Vorarlberg, jusqu'au lac de Constance! Accessible par téléphérique, cette adresse tout en verre propose une carte de spécialités autrichiennes.

À Feldkirch

Budget moyen

1 Braugaststätte Rössle Park – *Rössle Park 1 - ✆ 05522 76543 - www.roesslepark.at - tlj sf dim.-lun. 10h-0h (cuisine 11h30-21h30) - plats 19,50/39,80 €.* Restaurant-brasserie accueillant et moderne au pied du château. Terrasse avenante et bonne bière.

Pour se faire plaisir

2 E3 – *Montfortplatz 1 - ✆ 05522 9009 3366 - e3-restaurant.com - mar.-vend. 11h30-14h, 17h-22h - fermé sam.-lun. - plats 11,50/27,50 €.* Le restaurant est installé sur le toit de la Montforthaus *(voir « En soirée »)*, d'où la vue est imprenable sur la ville et les montagnes alentour. Dans un cadre contemporain dépouillé, on y sert des assiettes joliment dressées, où les produits locaux sont mis en valeur avec modernité. Formule déjeuner plus abordable.

Petite pause

À Bregenz

Cafe die Welle – *Am Hafen - ✆ 0664 1608161 - mai-sept. à partir de 10h.* Café design sur les bords du lac de Constance. Pour bronzer et admirer les couchers de soleil.

Theater Café Troy – *Kornmarktplatz 4 - ✆ 05574 47115 - www.troybregenz.at - mar.-sam. 8h-19h - fermé dim. et lun. sf juil.-août.* Un café aux pâtisseries particulièrement alléchantes, qui tombe à pic pour une halte sucrée avant ou après la visite du musée du Vorarlberg, juste en face.

Cafesito – *Anton-Schneider-Str. 8 - www.cafesito.at - lun.-vend. 7h45-18h30, sam. 8h-13h30 - fermé dim.* Cyclistes et jeunesse locale se retrouvent dans cette petite adresse tendance pour quelques *latte* (bio), bagels et autres brownies végétaliens.

À Wolfurt

Eismanufaktur Kolibri – *Kreuzstr. 7 - 6 km au sud de Bregenz - ✆ 05574 66575 - www.eismanufaktur-kolibri.at - de fin mars à fin oct.: 10h-21h30 selon météo.* On vient de loin pour goûter à ces délicieuses glaces artisanales.

À Dornbirn

Marenda – *Schulgasse 7 - ✆ 05572 204440 - www.marenda.*

at - 7h-18h. À l'arrière de l'église St-Martin, cette boulangerie est joliment décorée de carreaux peints et dispose d'une terrasse au calme, au cœur de la zone piétonne. Formules petit-déjeuner et déjeuner, boissons chaudes et fraîches à toute heure.

À Feldkirch

Café Zanona – *Monfortgasse 3 - ✆ 05522 73635 - www.zanona.at - mar. 9h-19h, merc.-vend. 9h-23h, sam. 8h-18h - fermé dim.-lun.* Le grand café de la ville n'a rien à envier à ses homologues viennois, tant par son atmosphère que par ses pâtisseries maison.

Shopping

Marchés – Ils animent les centres-villes et sont incontournables pour faire provision de fromages, charcuteries, fruits et légumes du Vorarlberg. À Bregenz : vendredi matin marché paysan *(Kaiserstraße)* et marché hebdomadaire *(Kornmarktplatz)* ; à Feldkirch : tous les mardis et samedis *(Marktgasse)* ; à Hohenems : tous les jeudis *(Schlossplatz)*.

À Bregenz

Fredi's Käselädele – *Deuringstr. 9 - ✆ 0664 735 10 828 - mar.-vend. 8h30-13h, 14h-18h, sam. 8h-13h.* La vitrine citadine du Bregenzerwald en matière de fromage ! Ne passez pas à côté de la tomme de montagne (Bergkäse).

À Hohenems

Fenkart Schokoladengenuss - Schlosskaffee – *Schlossplatz 10 - ✆ 05576 72356 - www.schokoladengenuss.at - tlj sf mar. 9h-19h.* Tout le Vorarlberg en pince pour ces chocolats artisanaux, blancs ou noirs, relevés de fruits séchés. À vous de voir si vous préférez les découvrir dans la boutique où vous attablez dans le café douillet.

En soirée

À Bregenz

À Bregenz, les bars se concentrent sur la Bahnhofstrasse et alentour.

Wunderbar – *Bahnhofstr. 4 - ✆ 05574 47758 - www.wunderbar.at - lun.-jeu. 11h-3h, vend.-sam. 10h-4h, dim. et j. fériés 12h-3h.* Un bar sur deux étages, très fréquenté par les 20-35 ans, bien animé en soirée.

À Dornbirn

Steinhauser – *Marktplatz 9 - ✆ 05572 31333 - www.cafe-steinhauser.business.site - lun.-sam. 8h30-1h, dim. et j. fériés 10h-22h.* Grand café central, animé de jour comme de nuit.

À Feldkirch

Montforthaus – *Monfortplatz 1 - ✆ 05522 9009 - www.montforthausfeldkirch.com.* Ce centre des congrès à l'architecture moderne et respectueuse de l'environnement accueille des concerts.

Activités

Vélo

Environ 260 km de pistes cyclables ont été aménagés sur les bords du **lac de Constance** (Bodensee) en Allemagne, en Autriche et en Suisse. Il est possible d'embarquer son vélo sur les bateaux qui sillonnent le lac. Infos sur le site www.bodensee-radweg.com.

Fahrradverleih Pro Cycle – *Kornmarktstr. 9 - Bregenz - ✆ 05574 42477 - www.pro-cycle.at - lun.-vend. 9h-12h, 14h-18h, sam. 9h-12h.* Location de vélos.

Croisière

Vorarlberg Lines – *Seestr. 4 - Bregenz - ✆ 05574 42868 - www.vorarlberg-lines.at - de fin mars à mi-oct. - 13,60/39,60 € AR (enf. demi-tarif).* Service régulier de bateau desservant l'Allemagne et la Suisse à partir de Bregenz et croisières thématiques.

Hébergement

À Bregenz

Les hébergements sont loin d'être bon marché. Consultez le site Internet de l'office du tourisme et regardez aussi dans les localités voisines au bord du lac.

Budget moyen

JUFA Hotel Bregenz – HORS PLAN - *Mehrerauerstr. 5 - ✆ 05 7083800 - www.jufahotels.com - 78 ch. 129/134 € ☕.* Cette auberge de jeunesse très avenante est aménagée dans une ancienne fabrique de textile, comme en attestent les posters qui tapissent ses couloirs. Elle ne compte que des chambres de 2 à 6 personnes.

Une folie

Hotel Schwärzler – HORS PLAN - *Landstr. 9 - ✆ 05574 4990 - schwaerzler.s-hotels.com - P - 60 ch. 151/234 € ☕ - ✕ 11h30-13h30, 18h30-21h30 - plats 15,50/39 €.* Situé à 15mn du centre, hôtel aux chambres modernes et élégantes. Bon restaurant, cuisine réalisée avec des produits régionaux et de saison. Centre Spa et fitness.

À Dornbirn

Pour se faire plaisir

Hotel Berghof Fetz – *Bödele 574 - 6 km à l'ouest de Schwarzenberg - ✆ 05572 77400 - www.berghoffetz.at - 11 ch. et 1 appart. à partir de 142 € ☕ - ✕ fermé lun.-mar. - plats 15/40 €.* Cet hôtel aux chambres spacieuses fait face au splendide panorama du Bödele. Hammam, sauna, bains à remous inclus dans la note. Location de VTT.

À Feldkirch

Premier prix

Jugendherberge Feldkirch – HORS PLAN - *Reichsstr. 111 - ✆ 05522 73181 - www.jugendherberge-feldkirch.at - 12 ch. 55 € - ☕ 6 €.* À 20mn du centre, dans une maison à colombage (1350), l'une des plus belles auberges de jeunesse du pays.

Budget moyen

Motel Z – HORS PLAN - *Alberweg 12 - ✆ 05522 38688 - www.motel-z.at - P - 9 ch. à partir de 93 €.* Chambres modernes et calmes. Un peu en retrait du centre *(10mn en voiture, 30mn à pied).*

Une folie

(10) **Hotel Gutwinski** – *Rosengasse 4-6 - ✆ 05522 72175 - www.gutwinski.cc - P 10 € - 27 ch. 210 € ☕ et 9 appart. 310 € - ✕ mar.-sam. 12h-14h, 18h-23h - plats 22/46 €, menu 82 €.* Blotti dans une ruelle piétonne, cet hôtel de charme dose harmonieusement l'ancien et le moderne y compris dans ses chambres.

9

Bregenzerwald ★★

Großes Walsertal et Kleinwalsertal

Synthèse réussie entre ruralité et modernité, le Bregenzerwald a en grande partie contribué à forger l'identité du Vorarlberg. Entre doux vallons et sommets alpins (2600 m), cette région naturelle diversifiée des Alpes orientales regroupe vingt-deux villages, sertis le long d'un petit bijou, la Bregenzer Ach, qui s'écoule jusqu'au lac de Constance. Ici, maisons traditionnelles dotées de panneaux solaires se marient avec des architectures très contemporaines. Fier de ses paysages et de ses traditions vivaces, le Bregenzerwald est un paradis pour randonneurs qui saura aussi séduire les citadins !

Se repérer

CARTE P. 448-449 (A1-2 B2) ET CARTE DU BREGENZERWALD P. 483
Vorarlberg.
Le Bregenzerwald s'étend le long de la Bregenzer Ach entre la vallée du Rhin (Bregenz, Dornbirn) et l'Arlberg.

À ne pas manquer

Les belvédères de Neßlegg et de Bezau ; Schwarzenberg.

organiser son temps

Comptez deux jours pour un bon aperçu, 4 jours pour un parcours en détail. À Warth, Schröcken et Damüls, les hôtels sont en général fermés de mi-octobre à mi-décembre et de mi-avril à mi-juin.

En famille

Le petit train Wälderbähnle d'Andelsbuch.

Carnet pratique p. 487

Nos adresses p. 487

Circuit conseillé

CARTE P. 483

★ Du Bregenzerwald au Hochtannberg

Circuit de 65 km, au départ de Dornbirn (rte L 48 puis 200) jusqu'à Warth, tracé en marron sur la carte. Possibilité de rejoindre Lech (voir p. 493) et l'Arlberg (voir p. 489).

Le circuit qui emprunte le col du Hochtannberg suit une partie du tracé de la Bregenzer Ach, à contre-courant du torrent. Le passage du col de Bödele donne au début du parcours un caractère accidenté et offre de belles vues sur la vallée du Rhin.

En hiver, la route entre Warth et Schröcken peut rester fermée entre 24h et 48h en raison des risques d'avalanche *(dans ce cas, un panneau le précise).*

C'est à quelques kilomètres à l'est de Dornbirn que commencent les pâturages du Bregenzerwald. Après un long parcours en forêt sur le versant du Rhin, le **panorama★** se dégage aux abords d'**Ammenegg.** La route grimpe puis débouche sur le plateau de Bödele à 1150 m (départ de chemins de randonnées, de 30mn à 6h, derrière l'hôtel Fetz). À l'est, beaux **points de vue★** sur le bassin le plus riant

Lac près de Warth.
prill/Getty Images Plus

du Bregenzerwald et sur les Alpes de l'Allgäu, où passe la frontière allemande. Au premier plan se déploie la Winterstaude. Plus loin, du nord au sud-ouest, on aperçoit par temps clair le lac de Constance, les Alpes d'Appenzell (Säntis et Altmann) et la chaîne de l'Alvier.

Poursuivez sur la L 48 jusqu'à atteindre le village de Schwarzenberg.

Schwarzenberg A1

Autour de la Gasthof Hirschen, la **place centrale★** est ornée des maisons fleuries, dont la sombre patine contraste avec le crépi de l'église. Reconstruite en 1757, celle-ci possède un vaisseau ample et lumineux caractéristique de l'école du Bregenzerwald. Les médaillons représentant des apôtres sont d'**Angelika Kauffmann** *(voir encadré ci-dessous)* qui les réalisa alors qu'elle n'avait que 16 ans. On lui doit également le tableau du maître-autel (1801). Son buste est visible contre le mur gauche de la nef. Cet artiste qui fait la fierté de la localité, a donné son nom au musée du village en 2007 *(10mn à pied en remontant)*.

Angelika Kauffmann Museum – *Brand 34 - ✆ 05512 26455 - www.angelika-kauffmann.com - du 1er mai à fin oct. : tlj sf lun. 10h-17h - 9 € (-19 ans gratuit).* Il héberge l'ancien musée municipal, qui regroupe dans une vieille maison paysanne les objets d'autrefois utilisés dans la région. Deux salles sont consacrées à Angelika. Si ses œuvres appartiennent désormais pour la plupart aux plus grands musées européens (le Belvédère de Vienne, musée Pouchkine à Moscou...), le musée de Schwarzenberg en possède quelques-unes.

Plusieurs chemins de randonnées partent de Schwarzenberg et le vélo est adapté pour circuler dans la région, sans réelle dénivelée. Il est parfaitement indiqué pour rallier le village d'Andelsbuch, étape suivante de ce circuit, ou de Bezau. Avant de reprendre l'itinéraire, vous pourrez faire un petit détour par Krumbach pour découvrir une originale série d'arrêts de bus.

Prenez la L 29 puis la rte 200 en direction de Hittisau au nord, à 15 km de Schwarzenberg.

BUS : STOP à Krumbach A1

Réalisée en 2014 par des architectes du monde entier, cette série d'arrêts de bus, aussi ingénieuse qu'esthétique, incarne parfaitement l'esprit d'initiative de la région. Ainsi, la localité de Krumbach invita sept architectes renommés à dessiner des arrêts de bus insolites, en échange de vacances dans le Bregenzerwald. Seuls trois impératifs devaient être respectés : la visibilité, la nécessité de concevoir un abri en cas d'intempéries, et le recours à des matériaux locaux. Résultat : les arrêts d'Oberkrumbach (une table de pique-nique dans un mirador, par Alexander Brodsky, Russie) ou celui de Zwing (un pavé en vert transparent avec deux chaises

Angelika Kauffmann, une enfant du pays

Née à Coire (en Suisse) en 1741, où son père exerçait son activité de peintre, Angelika Kauffmann revint à plusieurs reprises sur la terre de ses ancêtres vorarlbergeois. Elle s'y installa même quelques mois en 1757 après la mort de sa mère. Aidée de son père, elle repeint l'église du village avant de s'installer à Milan où elle put, à ses côtés, parfaire son éducation picturale. Elle cofonda la Royal Academy en 1768 et tint salon à Rome de 1782 jusqu'à l'année de sa mort en 1807 dans son atelier, fréquenté par l'écrivain Goethe. Portraitiste reconnue en Europe, elle était particulièrement appréciée de la noblesse britannique.

De l'élégance en toutes circonstances

Les costumes féminins traditionnels du Bregenzerwald comptent parmi les plus anciens et les plus authentiques des régions de langue allemande. Les « Juppe » sont encore portés lors des grandes occasions. Mais ce sont surtout les coiffes qui restent encore utilisées couramment et rappellent l'influence autrefois exercée par l'Espagne sur la mode du Bregenzerwald.

en bois face à face, de Smiljan Radic, Chili) donneraient presque envie de rater son bus ! Les sept arrêts sont dispersés au nord, au sud et à l'ouest de l'arrêt central du village signé Hermann Kauffmann.

Reprenez la rte 200 en direction du sud.

Andelsbuch A1

Ce village, l'un des plus dynamiques du Bregenzerwald, s'étend le long de la route 200, à seulement 6 km de Schwarzenberg.

Werkraumhaus (Werkraum Bregenzerwald) – *Hof 800 - ✆ 05512 26386 - www.werkraum.at - mar.-vend. 10h-18h, sam. 10h-16h - 7,50 € (enf. gratuit).* Œuvre de l'architecte suisse Pether Zumthor (à qui on doit aussi la Kunsthaus de Bregenz), cet **espace★** d'exposition et de vente tout en sobriété, sorti de terre en 2013, est dédié aux artistes et artisans de la région. Cette belle réalisation joint l'utile à l'agréable puisqu'on peut aussi y déjeuner ou boire un verre.

Non loin de là *(Hof 347)* se trouve l'ancienne gare d'Andelsbuch, qui connaît une deuxième vie depuis qu'elle abrite un centre culturel *(www.bahnhof.cc)*.

Wälderbähnle – *✆ 0664 466 23 30 - www.waelderbaehnle.at - juin-oct. : sam.-dim. (et merc. en juil.-août) - 12,50 € AR en locomotive à vapeur (enf. 5,40 €), 9,90 € AR en locomotive diesel (enf. 4,70 €)* Un petit train à vapeur et une locomotive diesel continuent de circuler entre Schwarzenberg et Bezau.

L'architecture vorarlbergeoise

Un petit air de Suisse…

Les paysages du Bregenzerwald évoquent la Suisse orientale ou encore l'Allgäu souabe. Les fermes de la région, avec leurs façades à bardeaux et leurs vérandas de bois, semblent avoir été conçues par les mêmes architectes que celles de l'Allgäu supérieur et occidental. Dans le **Hochtannberg**, où Schröcken, Warth et Damüls furent tous trois colonisés par les Valaisans d'origine alamane aux 13ᵉ et 14ᵉ s., comme dans la Brandnertal, la Kleinwalsertal et la Großes Walsertal à l'est de Feldkirch, on rencontre des chalets de bois, qui semblent importés de la haute vallée du Rhône. Ces nouveaux arrivants issus du canton du Haut-Valais suisse sont appelés les Walser. Les 19 autres villages furent colonisés par les Alamans dès le 10ᵉ s.

Le Vorarlberg, champion en architecture

Dans le Vorarlberg, construire sa maison fait partie d'une longue tradition architecturale. On estime aujourd'hui qu'un Vorarlbergeois sur trois fait appel à un architecte quand il en vient à établir sa demeure (ce même taux à l'échelle du pays s'élève à 3 %). Le mélange de maisons modernes et de chalets en bois rustiques fait tout l'attrait du Land. À partir des années 1960, un mouvement de jeunes architectes a repris la tradition locale et les techniques anciennes tout en innovant sur les lignes des bâtiments et les matériaux utilisés. Ces « artistes du bâtiment », du nom de l'école d'architecture **Vorarlberger Baukünstler**, ont alors employé du bois issu des nombreuses forêts de la région, comme du verre, de la pierre, de l'acier ou encore de l'argile. Des constructions à la fois simples et audacieuses ont donc fleuri sur les pentes des montagnes, d'abord pour les familles des charpentiers et architectes, puis pour les collectivités publiques à la fin des années 1980. Parallèlement, les Vorarlbergeois ont développé les énergies renouvelables. Ils appliquent alors ces principes à la construction de leurs foyers, l'architecte Hermann Kaufmann en tête (en France, il a érigé le gîte urbain de Chanteloup-les-Vignes dans les Yvelines, en 2009). Ainsi, la première maison passive (à très faible consommation d'énergie ne nécessitant aucun chauffage au gaz ou électrique) de la région a été bâtie en 1996, bien avant que le procédé ne soit médiatisé en France. Aujourd'hui, l'industrie locale du bois se trouve exportatrice de maisons de ce type en kit à l'étranger. Des voyages de travail d'architectes sont organisés dans la région pour inspirer les constructions durables européennes. Surtout, les architectes du Vorarlberg explorent désormais les pistes des constructions à énergie positive (génératrice d'énergie). Outre Kaufmann, parmi les figures de proue du mouvement sur plusieurs générations, on retrouve Dietmar Eberle, Roland Gnaiger ou encore Andreas Cukrowicz (auteur du musée du Vorarlberg de Bregenz). Parmi les réalisations emblématiques, on retrouve la Kunsthaus de Bregenz, la Werkraum d'Andelsbuch, ou encore la série d'arrêt de bus de Krumbach (Bregenzerwald).

L'office de tourisme du Vorarlberg édite un magazine, *Bau-Kultur (également disponible en anglais)*, traitant des constructions modernes de la région et consacre tout un dossier thématique sur l'architecture.
www.vorarlberg.travel

En contrebas d'Andelsbuch, le barrage et la station hydroélectrique de la Bregenzer Ach, édifiés en 1908, constituent un beau but de promenade.
Reprenez la rte 200. À 10 km au sud, on débouche sur la commune de Bezau, nœud routier du Bregenzerwald, qui se répartit en plusieurs hameaux.

Panorama du Baumgarten et téléphérique de Bezau

(SEILBAHN BEZAU, BAUMGARTENHÖHE) A1

Obere 394 - ✆ 05514 2254 - www.seilbahn-bezau.at - ♿ - ttes les 30mn - de déb. mai à déb. nov. : 9h-17h ; de mi-déc. à déb. mars : 9h-16h30 - 20,50 € AR (enf. 9,90 €) jusqu'à Baumgarten.
Ce téléphérique dessert la station intermédiaire Sonderach à 1210 m et la station supérieure Baumgarten, à 1640 m, qui abrite une cafétéria panoramique. D'en haut, la vue à l'ouest sur le lac de Constance et la vallée du Rhin, puis sur les Alpes, en se tournant à 180° (Widderstein 2533 m, Kanisfluh 2044 m), est saisissante.
Un agréable sentier relie le Baumgarten à la station intermédiaire. Il est relativement facile surtout à la descente *(comptez 1h)*. Pour connaître les autres sentiers de randonnée (difficultés et durées variables), demandez la carte à la billetterie du téléphérique.
En reprenant la route vers Warth, on traverse **Mellau**. Comme pour Schwarzenberg et Bezau, la localité occupe une cuvette où les arbres fruitiers sont extrêmement nombreux. De Mellau à Schoppernau, on apprécie les différents points de vue sur la Kanisfluh, dont la face nord déploie d'imposantes falaises.

★ Neßlegg (SCHRÖCKEN) B2

À l'endroit où la route quitte le Hochtannberg en direction de Schröcken, un belvédère (localisé grâce à l'hôtel Widderstein) offre une **vue d'ensemble★** sur le cirque supérieur de la Bregenzer Ach avec, de gauche à droite, la Mohnenfluh, la Braunarlspitze et ses névés, le Hochberg, la trouée du Schadonapass et la Hochkünzelspitze.
De Neßlegg à Schröcken, une rapide et sinueuse descente dans les sous-bois permet quand même d'apercevoir le village de **Schröcken**, dominé par son clocher. En aval du très beau pont de Hochtannberg, qu'on ne voit pas directement depuis la route apparaît **Unterboden**.
La route poursuit vers les gorges supérieures de la Bregenzer Ach. Entre Neßlegg et Warth, elle traverse les alpages du Hochtannberg.

Col du Hochtannberg (HOCHTANNBERGPASS) B2

La route du Hochtannberg atteint son point culminant à 1679 m d'altitude. Le passage est dominé par le Widderstein (2533 m), sommet emblématique du Vorarlberg. La légende veut que ses pierres aient raclé les flancs de l'arche de Noé. On admirera d'autant mieux ces sommets en prenant du recul et de la hauteur, à l'occasion d'une randonnée.
Randonnée du Kalbelesee au Körbersee – À 4 km à l'est de Schröcken et 10 km à l'ouest de Warth, au pied de l'arrêt de bus Hochtannbergpass et des départs de remontées mécaniques, se trouve le petit lac de Kalbelesee. Un joli chemin de randonnée très facile à parcourir *(1h30 AR)* permet de rejoindre un deuxième lac au sud-ouest : le Körbersee.

Warth B2

Situé dans un cadre splendide, le village propose en haute saison toute une gamme d'activités de loisirs. Randonnées, tours des sommets en été, ski alpin, snowboard, ski de fond en hiver.

Großes Walsertal et Kleinwalsertal CARTE P. 483

Les deux vallées les plus isolées et méconnues du Vorarlberg tirent leur nom du peuple germanophone des **Walser**, paysans alpins installés ici au 13e s. (et dont le nom dérive du canton suisse du Valais, Wallis en allemand). Deux régions, à l'écart total des sentiers battus.

★★ Le Großes Walsertal

Accès à partir de Bludenz et du Bregenzerwald par la rte L 193.

Biosphärenpark.haus - Boden 34 - Sonntag - 5554 20010 - www.grosses walsertal.at.

Classée réserve de la biosphère par l'Unesco depuis l'an 2000, la « grande vallée des Walser » parvient à maintenir un équilibre entre activités humaines (agricoles et pastorales) et préservation de l'environnement. Avec une densité de seulement 18 habitants au km² (150 pour le Vorarlberg), cette vallée aux versants très pentus est connue dans tout le pays pour son **Walsertolz**, un fromage de lait cru de vache plusieurs fois centenaire, biologique, affiné pendant au moins huit mois et aux notes de pissenlits, herbes alpines et trèfle rouge ; vous pouvez suivre son processus de fabrication et le déguster à la **Biosphärenpark.haus** *(voir ci-dessus)*. Côté patrimoine, la vallée conserve le **prieuré St. Gérold (Propstei St. Gerold)**, fondé au Xe s. autour de la tombe de l'ermite Gérold (900-978) et qui hébergea des moines bénédictins jusqu'en 1958. Aujourd'hui lieu de rencontre et de formation religieuse, il bénéficie de bâtiments rénovés qui s'ordonnent autour d'un joli jardin géométrique largement ouvert sur le versant opposé. Bien plus haut sur la route principale *(L 193)*, l'**église St. Sebastian** de **Fontanella**, au toit élégamment gainé de zinc, garde sur son flanc un groupe de croix en métal qui figurent chacune une tombe. Encore plus en amont, peu avant le col de Faschina (Faschinajoch, 1486 m), vous tomberez sûrement sous le charme de la **chapelle Ste Anne★ (Anna Kapelle)**, isolée au milieu des alpages et couronnée par un petit clocher.

★ Le Kleinwalsertal

À 68 km de Dornbirn via *Hittisau (Bregenzerwald) et Fischen im Allgäu (Allemagne).*

Walserstr. 264 - Hirschegg - 05517 51140 - www.kleinwalsertal.com - navette « Walserbus » (5h35-21h, ttes les 10-20mn) entre les 3 localités de la vallée.

Totalement isolée du reste du pays, cette région autrichienne est accessible en voiture par l'Allemagne uniquement : les projets de liaison routière ont tous échoué, pour le plus grand bonheur des habitants, soucieux de leur qualité de vie et de l'environnement. Du fait de son isolement de l'Autriche, le Kleinwalsertal utilisait, jusqu'en 2001, le Deutsche Mark et non le schilling : depuis 2002, l'arrivée de l'Euro a facilité les échanges. Cette région de 5 000 habitants est appréciée des skieurs et des randonneurs – 10 000 lits occupés à 80 % par les Allemands – et conserve une agriculture qualitative, ses fromages et sa charcuterie étant parmi les plus réputés du Vorarlberg. La seule route digne de ce nom, la L 201, relie les trois villages de la vallée – d'aval en amont, **Riezlern**, **Hirschegg** et **Mittelberg** – et finit superbement en impasse à **Baad★**, dans un décor alpin majestueux (nombreux sentiers de randonnée et beaux chalets d'alpage, toujours en activité).

Carnet pratique

S'informer

Office de tourisme du Brengenzerwald – *Impulszentrum, Gerbe 1135 - Egg - Bregenzerwald - ☏ 05512 2365 - www. bregenzerwald.at.*

Pass touristique

Bregenzerwald Gäste-Card – *Mai-oct. : carte remise pour un séjour de 3 j.* Elle inclut l'accès gratuit aux remontées mécaniques, bus et piscines du secteur.

« 3Tälerpass » – *www.3taeler.at - 559 €.* Donne accès à l'ensemble des infrastructures hivernales du Bregenzerwald durant 3 jours et permet d'emprunter gratuitement les navettes-ski qui relient les stations.

Arriver/Partir

En bus – La région est bien reliée à la vallée même s'il faut procéder à deux changements entre Warth et Dornbirn. Infos : www.vmobil.at.

Agenda

Schubertiade Schwarzenberg – *De fin avr. à déb. oct. - www. schubertiade.at.* Des concerts réputés ont lieu dans la salle Angelika Kauffmann à Schwarzenberg ainsi que dans la ville de Hohenems.

9

Nos adresses

Restauration

À Andelsbuch

Budget moyen

Käsehaus – *Hof 144 - ☏ 05512 26346 - www.kaesehaus.com - avr.-nov. : lun.-sam. 9h-18h, dim. 10h-18h.* Cuisine fromagère.

À Bizau

Une folie

Biohotel Schwanen – *Kirchdorf 77 - 4 km à l'est de Reuthe - ☏ 05514 2133 - www. biohotel-schwanen.com - tlj sf mar.-merc. 11h30-13h30, 17h30-20h30 - plats 23/39 € - 18 ch. 276/308 € 1/2 P incluse.* Connaissez-vous Hildegarde de Bingen ? Cette moniale du 12e s. mit au point un régime réputé garantir l'harmonie du corps, de l'âme et de l'esprit… Sur la place du village, ce restaurant donne l'occasion de découvrir ces préceptes à travers de délicieuses recettes. Chambres séduisantes, sauna.

Dans le Kleinwalsertal

Budget moyen

Zum Jäger – *Buchboden 5 - Sonntag - suivre rte L 90 (dir. Buchboden) - ☏ 05554 55910 - www.zumjaeger.at - tlj sf merc. 9h-21h - plats 9/19 € - 8 ch. 106/116 €.* Dans un somptueux décor alpin, l'auberge rouge à pignons a fière allure. Attrayante petite salle à banquettes et terrasse pour un repas panoramique, en dégustant les mets de la vallée.

À Schwarzenberg

Une folie

Gasthof Hirschen – *Hof 14 - ☏ 05512 2944 - www.hotel-hirschen-bregenzerwald.at - P - 18h-21h (lun.-dim. uniquement pour les hôtes) - plats 26/29 € - 36 ch. 189/240 €.* Sans doute l'un des plus charmants hôtels-restaurants du Bregenzerwald. Ce « chalet » vorarlbergeois du 18e s. respire l'authenticité jusque dans sa bibliothèque et son séjour, où ont lieu des concerts en hiver. Savoureuse cuisine et service attentionné.

Petite pause

À Andelsbuch

Jöslar – *Hof 139 - ✆ 05512 2312 - www.joeslar.at - mar.-vend. 16h-1h30, sam. 8h30-1h30 et dim. en juil.-août 14h-20h.* Ce bar-restaurant-cinéma-salle de concert conjugue talent et bonne humeur.

Dans le Kleinwalsertal

S'hirscheck – *Walserstr. 285 - Hirschegg - ✆ 05517 30578 - www.hirscheck.net - lun.-sam. 8h30-18h30 (merc. 21h en sais.) - fermé dim.* À la fois café et épicerie fine réputée, cette adresse bien décorée propose de jolis plateaux de mets locaux, pour un petit-déjeuner roboratif, un apéritif gourmand ou une pause intempestive.

Shopping

Käsladen Vögel – *Hof 18 - Schwarzenberg - ✆ 05512 2960 - www.kaesladen.com - lun.-vend. 8h-12h, 14h30-18h, sam. 7h30-12h - fermé dim.* Petite boutique de fromage où le *bergkäse*, affiné entre 8 et 15 mois, peut être emballé sous-vide.

Hébergement

À Bezau

Budget moyen

Hotel Im Kloster Bezau – *Platz 38 - ✆ 05514 4126 - www.imklosterbezau.at - 14 ch. 124 € ☕ - 1/2 P 26 € suppl./pers.* Cet ancien cloître abrite un hôtel calme et moderne au centre-ville. Chambres simples et épurées, avec poutres apparentes. Personnel aux petits soins.

Dans le Großes Walsertal

Budget moyen

Alpensonne – *Eggstr. 27 - Riezlern - à 3mn à pied de l'arrêt de bus - ✆ 05517 20081 - www.hotel-alpensonne.at - 19 ch. 180/200 € pour 2 en 1/2 P.* Un peu à l'écart de la route, l'auberge conviviale d'Olivier et de Nele, toujours souriante et qui parle bien français, propose des chambres simples et bien tenues. Cuisine fraîche au dîner. Petit centre de bien-être (piscine, sauna, etc). À trois minutes à pied de l'arrêt de bus (gratuit).

À proximité de Warth

Pour se faire plaisir

Berghotel Körbersee – *Körbersee 75 - Schröcken, 14 km à l'ouest de Warth - ✆ 05519 265 - www.koerbersee.at - fermé de mi-oct. à mi-déc. et de mi-avr. à mi-juin - 30 ch. 120/148 € 1/2 P incluse.* Idéalement situé pour les randonneurs et les skieurs, au pied du lac de Körbersee. Chambres avec salle de bains sur palier à prix réduit.

L'Arlberg ★★

Entre la vallée du Rhin alpestre et le couloir de l'Inn, cette région montagneuse a longtemps constitué un obstacle redoutable à l'ouverture de voies de communication. Rendue carrossable en 1825, la route du col de l'Arlberg, qui relie le Vorarlberg au Tyrol, permet d'en découvrir les majestueux paysages.

Gaschurn.
R. Franck/Arco Images/age fotostock

Se repérer

CARTE P. 448-449 (AC2) ET CARTE L'ARLBERG, LE MONTAFON ET LA SILVRETTA P. 490-491

Vorarlberg et Tyrol.

À ne pas manquer

Le Brandnertal et le belvédère du Zuger Hochlicht.

Organiser son temps

Comptez plusieurs jours.

En famille

L'excursion au lac Lüner.

Carnet pratique p. 496

Nos adresses p. 496

Circuits conseillés

CARTE CI-DESSOUS

★ Le col de l'Arlberg (ARLBERGPASS) AC2

Circuit de 68 km, de Bludenz à Landeck, tracé en orange sur la carte.

Bludenz A2

Favorisée par sa situation à la convergence de cinq vallées (Walgau, Brandnertal, Montafon, Klostertal, Großwalsertal), cette ville est une bonne base pour les excursions. Avec ses passages voûtés, la zone piétonnière de la vieille ville, dominée par le clocher de l'église paroissiale St. Laurentius, invite à la flânerie.

Klostertal A2

Entre Bludenz et Langen, la route emprunte la **Klostertal** (la vallée du monastère), qui doit son nom à la maison des hospitaliers de St-Jean-de-Jérusalem, installée au Moyen Âge à Klösterle (petits monastères), pour porter assistance aux voyageurs. Une fois sorti de Bludenz, on aperçoit le cône rocheux du Roggelskopf (2284 m). À partir de Dalaas s'ouvre un panorama sur le cône boisé du Batzigg (1833 m) et la Rohnspitze (2455 m).

Entre Langen, où commence le **tunnel routier de l'Arlberg** et St. Christoph, apparaît un paysage de hautes montagnes de chaque côté du col.

Stuben B2

Ce petit village regroupant quelques hôtels à 1407 m d'altitude en contrebas du col, doit son nom à une *Stube* (qui désigne une salle de restauration, plus généralement une pièce), où les alpinistes pouvaient se reposer, avant d'entreprendre l'ascension des sommets. Après une nouvelle rampe, on entre dans St. Christoph, seuil déserté de l'Arlberg (*Arle* signifie en dialecte local « pin de montagne »), et on atteint le col de l'Arlberg (alt. 1793 m).

St. Christoph am Arlberg B2

Sur le versant tyrolien de l'Arlberg, se trouve un hospice (1386) qui servit de siège à la confrérie caritative de St-Christophe. La petite ville de St. Christoph, aujourd'hui annexe de St. Anton pour le ski, se développa autour de celui-ci.

En quittant St. Christoph, à droite de la route s'étend l'impressionnant Sulzbergkopf (2853 m), massif du Verwallgruppe.

★ St. Anton am Arlberg B2

Importante station des Alpes septentrionales, St. Anton séduit une clientèle familiale. Elle possède un excellent

domaine skiable et des structures d'accueil adaptées. De nombreux cafés, restaurants et boutiques jalonnent la zone piétonne.

★★★ **Belvédère de Valluga (**2811 m) – *Vallugabahn - ✆ 05446 23 520 - www.arlbergerbergbahnen.com - de déb. juil. à déb. oct. : 8h15-17h10 ; de déb. déc. à mi-avr. : 8h55-16h - 33,50 € AR en été (enf. 16,50 €) ; 65 € le forfait journalier en hiver (enf. 39 €).Restaurants d'altitude aménagés en haut de chaque tronçon du téléphérique. Emportez si possible des jumelles.* Prenez d'abord le téléphérique de Galzig. À l'arrivée (2070 m), on bénéficie déjà d'une belle **vue**★★ sur le domaine skiable. Montez ensuite dans le téléphérique de **Valluga I (Vallugabahn I)**, conduisant au Vallugagrat (2645 m). Le **tour d'horizon**★★ devient imposant, mais il faut monter jusqu'au sommet proprement dit, grâce au petit téléphérique du Vallugagipfel, pour bénéficier d'un **panorama**★★★ à 360°. Gagnez à pied la plate-forme supérieure. Le regard embrasse au sud le Rätikon, la vallée du Montafon, le Silvrettagruppe et le massif suisse de la Bernina en arrière-plan du Verwallgruppe, puis le Samnaungruppe. Au sud-est, on reconnaît les hauts sommets des Alpes de l'Ötztal et du Stubai. Au nord se dressent les Alpes de la Lechtal et, au nord-est, en arrière-plan, la Zugspitze.

★★ **Belvédère de Kapall** (2326 m) – *Kapallbahn - ✆ 05446 23520 - www.arlbergerbergbahnen.com - de fin juin à fin sept. : tlj sf merc. et jeu. 8h15-16h25 ; de déb. déc. à mi-avr. : 8h45-16h - 30,50 € AR en été (enf. 15 €) ; 32,50 € en hiver*

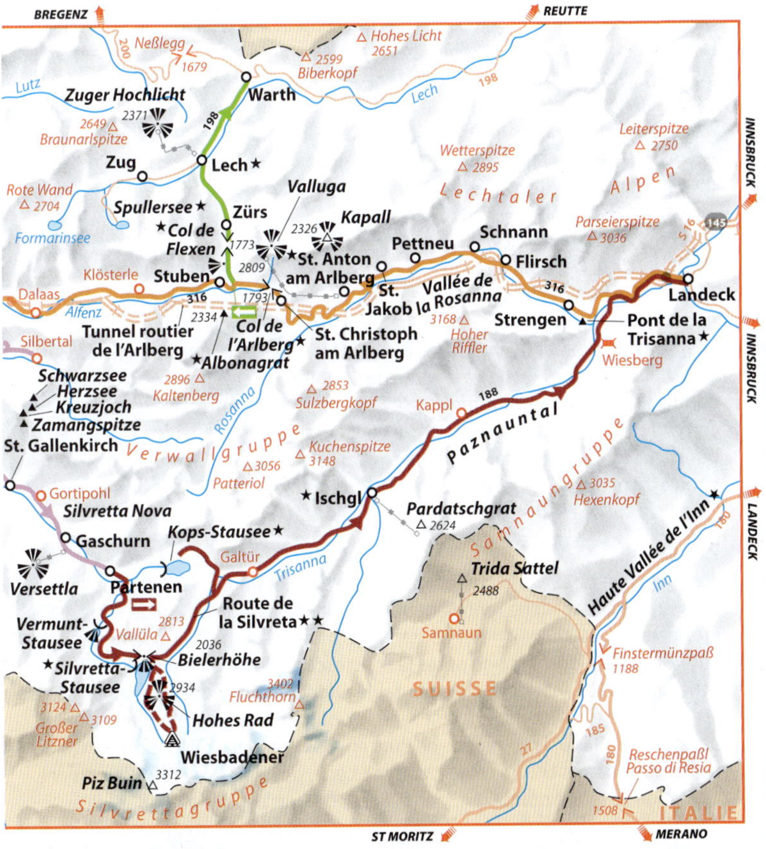

(enf. 16,50 €) ou forfait ski. Le télésiège mène au pied des arêtes rocheuses de la Weißchrofenspitze. Très beau **tour d'horizon★★** au sud sur toute la vallée de St. Anton jusqu'au hameau de Pettneu. La vue porte en arrière-plan sur les Alpes suisses, le Rätikon et le Verwallgruppe. Belle perspective sur la vallée de Moos.

Vallée de la Rosanna (STANZERTAL) B2

Après St. Anton, la route suit la vallée de la **Rosanna**, ou Stanzertal. Les parois calcaires des Alpes de la Lechtal (vallée de la Lech), au nord, tranchent avec les roches sombres du massif du Hoher Riffler, au sud. Les vallées couvertes de pâturages et les villages coquets complètent ce tableau champêtre. Malgré leur infrastructure touristique dense, les villages de **St. Jakob**, **Pettneu**, **Schnann** et **Flirsch**, que l'on traverse successivement, méritent une halte.

Après Flirsch, la vallée se rétrécit, la route est alors bordée d'éminences boisées. À l'extrémité de la vallée, on traverse **Strengen** et on aperçoit, sur la droite, le **pont de la Trisanna★**, à hauteur du confluent de la Rosanna et de la Trisanna : pour franchir le torrent, la voie ferrée a été lancée là, à 86 m de hauteur, dans la cage d'un pont métallique, d'aspect léger, qui vient buter contre le château féodal de Wiesberg.

Landeck C2

Située au carrefour des routes de l'Arlberg et de la vallée de l'Inn, la ville est dominée par un **château** (13e-18e s.) qui abrite aujourd'hui le Musée régional.

L'**église Notre-Dame** (15e-16e s.), au pied du château, est d'un très beau gothique tardif. Elle conserve dans le chœur le retable connu sous le nom de retable de Schrofenstein, représentant l'Adoration des Mages. Sur la prédelle, d'une taille inhabituelle, on reconnaît, le sceptre et un vase sacré à la main, le saint roi Oswald trônant entouré des donateurs agenouillés. Ces statuettes polychromes très expressives représentent Praxedis von Wolkenstein et Oswald von Schrofenstein, dont le château en ruine est encore visible au nord de la ville.

★ Le col de Flexen (FLEXENPASS) B2

Circuit de 17 km, de la route de l'Arlberg à Warth, tracé en vert clair sur la carte.

Entre Lech et Warth, route souvent obstruée par la neige de décembre à avril.

Achevée en 1900, la route du col de Flexen permet tout l'hiver, grâce à des ouvrages de protection contre les avalanches, d'accéder aux stations de Zürs et de Lech. Elle se détache de la route de l'Arlberg par un virage serré à la sortie duquel un vaste **panorama** embrasse la Klostertal. À l'horizon se détachent les crêtes du Rätikon, que caractérisent la dent de la Zimba et l'épaulement glaciaire de la Schesaplana. Plus haut, la **montée★** au col a nécessité la construction d'environ 600 m de tunnels et de galeries de protection, ajourées de baies. Aussitôt franchi le col de Flexen, à 1773 m d'altitude, on atteint Zürs.

Zürs

Jusqu'à la fin du 19e s., la combe qu'occupe Zürs était désertée durant l'hiver. Les risques d'avalanche rendaient impossible le passage du col de Flexen. En été, la vallée, au sol pauvre et au terrain pentu, ne comportait que de simples pâturages. Paradoxalement, après la construction de la route du col de Flexen, achevée en 1900, elle connut un véritable engouement et dès les années 1920, les pionniers du ski s'y donnèrent rendez-vous. Le premier remonte-pente du pays fut installé sur la commune de Zürs en 1937. Dans un souci de préservation de l'environnement, Zürs choisit, comme Lech, de limiter son développement. La station se réduit donc à une vingtaine d'hôtels et pensions.

★ Lech B2

S'épanouissant sur un haut plateau (1444-1717 m), la commune a acquis sa réputation internationale en s'associant aux sites voisins de Zürs et de St. Anton, pour offrir à ses hôtes un domaine skiable de premier ordre tout en maîtrisant le développement. Tout autour, les riches alpages, boisés jusqu'à 1800 m, sont dominés par de puissants massifs calcaires. Malgré les lourds escarpements de l'Omeshorn et du Rüfikopf donnant au site un caractère montagnard indéniable, Lech n'offre pas de paysages de haute altitude. Aucun sommet ne dépasse 2700 m et la région est dénuée de glaciers.

Le village est disséminé le long de la Lech, son centre se situant au niveau de la jonction avec la vallée de Zürs. La commune a conservé son **église** gothique (14e s.), quelques maisons paysannes datant de l'époque des Valaisans (maison Anger nº 19) et le tribunal de la Maison blanche (16e s.), faisant face à l'hôtel Krone. Plus en altitude, le quartier piétonnier d'**Oberlech** (1700 m), bénéficie d'un excellent enneigement, d'un ensoleillement prolongé et d'une vue dégagée. Son accès est assuré en hiver uniquement par un téléphérique, auquel les hôtels sont reliés par un réseau de galeries souterraines où circulent des véhicules à moteur électrique. Les hameaux de **Zug** à l'ouest et de **Stubenbach** à l'est sont propices à un séjour calme, à l'écart de la station et du domaine skiable.

★★ **Zuger Hochlicht** – 2377 m. *Accès en hiver aux seuls skieurs en 1h30 AR. Prenez successivement les télésièges Schlegelkopf et Kriegerhorn, puis le téléphérique de Mohnenfluh. En été, possibilité de prendre le télésiège de Petersboden.*
Petersboden Sessellift – *Au départ d'Oberlech - ☏ 055 83 21 610 - www.lechzuers.com - de fin juin à déb. oct. : 9h-17h ; de déb. déc. à fin avr. : 9h-16h30 (à partir de fév. 8h45-16h45) - en été : 16 € AR (6-15 ans 10 €) ; en hiver : forfait ski à la journée à partir de 61 € (enf. 36,50 €). Tour du Zuger Hochlicht en passant par le Mohnenfluhsattel et le lac de Butzen (2h15 de marche AR).* Du Kriegerhorn (2173 m), le regard embrasse à l'ouest la vallée de Zug, avec le Rote Wand en arrière-plan, et au nord le domaine du Zuger Hochlicht. Au sud, vue sur la vallée de Zürs dominée par le puissant Rüfikopf et l'aiguille pointue de la Roggspitze. Du Zuger Hochlicht, **tour d'horizon★★** sur la région de l'Arlberg, les Lechtaler Alpen et le Rätikon (remarquez le sommet des « Drei Türme », des trois Tours). Pour un panorama à 360°, montez au sommet, par l'extrémité gauche de la plateforme du téléphérique.

★ **Excursion au lac de Spull (Spullersee)** – *Accès en bus (arrêt devant la poste ; se rens. à l'office de tourisme). On peut laisser son véhicule face à la poste, au parking souterrain Anger, gratuit en été. Comptez 30mn. Il est également possible de faire le trajet en voiture avant 8h et après 16h30, moyennant un péage.* Très beau **circuit★** dans un cadre enchanteur. Après le péage, on traverse le charmant village de Zug, puis de vastes alpages, agrémentés par le Spullerbach et des forêts d'épicéas et de mélèzes. On parvient enfin, après une forte montée, au **lac de Spull★**, à 1827 m d'altitude, au cœur d'un cirque de montagnes.

Après Lech, la route parcourt un paysage moins sauvage. Des prairies ondulées alternent avec des parois rocheuses abruptes, parsemées de sapins majestueux. En approchant de Warth, on voit se dresser l'imposant sommet du Biberkopf (2599 m).

Warth

Après avoir longé la vallée et monté la route du Hochtannberg on accède au très beau domaine skiable de Warth (relié à celui de la Silvretta), localité plus calme que Lech et Zürs mais qui mérite une halte pour son cadre magnifique.

L'Autriche, berceau du ski alpin

Du ski nordique au ski alpin

L'Autrichien **Mathias Zdarsky** (1856-1940) affine la technique de ski nordique à Lilienfeld pour l'adapter aux massifs alpins. Le relief différant grandement de celui des plaines scandinaves, il a l'idée de réduire la taille des skis et d'utiliser des fixations plus fermes pour mieux résoudre les problèmes de vitesse et d'arrêt, obstacles inconnus en Scandinavie. Il invente l'arrêt en chasse-neige. Pour mieux gérer les courbes lors de la descente, Zdarsky met au point les virages stem, dans lequel le poids du corps est porté d'un ski sur l'autre.

Pendant ce temps, **Franz Reisch** descend pour la première fois le Kitzbüheler Horn à ski en 1893, sous le regard déconcerté de ces concitoyens.

Naissance d'un sport de légende

Mais c'est au pied de l'Arlberg que le ski alpin est devenu un sport à part entière. En 1901, le Ski-Club de l'Arlberg est fondé à St. Christoph et **Hannes Schneider** (1890-1955), natif de Stuben, met au point une technique d'évolution du ski nordique. Cette méthode dite de l'Arlberg, plus souple que celle du ski nordique, intègre de nouvelles figures comme les virages stem-christiania (en ciseaux) ou encore la plongée en avant.

Parallèlement, le Britannique **Arnold Lunn** (1888-1974), grand promoteur du ski alpin de compétition, développe une technique de slalom, misant plus sur la technique et le style que sur la vitesse et la maîtrise des courbes. Il organise à Montana (Suisse) en 1911 une course de descente à l'issue de laquelle **Lord Roberts of Kandahar**, un maréchal anglais, remet une coupe aux vainqueurs. En l'honneur de cet homme, qui avait été anobli après s'être emparé de la ville afghane de Kandahar lors d'une campagne de l'armée des Indes, Lunn donna son nom au club de ski qu'il fonda en 1924. En 1928, il organisa avec Schneider la première course de l'**Arlberg-Kandahar**, devenue l'une des grandes compétitions de la Coupe du monde de ski alpin. Les courses se déroulent désormais entre les trois stations de St. Anton, Garmisch-Partenkirchen et Chamonix.

Des courses et des stars

Devant l'affluence des touristes, principalement allemands et anglais, les stations de ski se développent. Les compétitions se font de plus en plus nombreuses. Plusieurs Autrichiens se démarquent.

Citons **Anton Seelos** (1911-2006), plusieurs fois champion du monde dans les années 1930, qui inventa le virage parallèle et contribua pour beaucoup à la notoriété de la station de Seefeld ; **Toni Sailer** (1935-2009), qui entra dans la légende lors des Jeux olympiques de 1956 en Italie et devint le héros de toute une nation en réalisant un triplé descente/slalom géant/slalom... avant de devenir une vedette de cinéma. Sans oublier **Franz Klammer** (1953) dans les années 1970 ou **Benjamin Raich** (1978) ces dernières années. Chez les femmes, **Annemarie Moser-Pröll** (1953) a brillé sur les podiums avec un extraordinaire palmarès dans les années 1970. Plusieurs graines de champions autrichiens glissent maintenant sur les traces de ces grands noms du ski alpin...

À partir de Warth, on peut poursuivre vers le lac de Constance en traversant le Bregenzerwald *(voir p. 480)*.

★★ La vallée de Brand (BRANDNERTAL) A2

Circuit de 19 km, de Bludenz au Lünersee, tracé en bleu sur la carte.
Soyez prudent, route étroite, très sinueuse et pentue (12 %), au sud de Brand.
Après Bludenz, une route bien tracée monte à travers la forêt. Une fois passé Bürserberg, reconnaissable au clocher à bulbe de son église visible de loin, la vallée se resserre de plus en plus. à gauche, **vue★** sur le sommet de la Zimba (2643 m), le « petit Cervin » du Vorarlberg. La descente vers le bassin de Brand met en valeur le **site★** pittoresque du village.

Brand

Simple colonie d'émigrants valaisans, Brand est devenu un lieu de vacances propice, en été comme en hiver, à la détente et aux loisirs. On aperçoit au sud-ouest, à gauche du Mottakopf, le sommet de la Schesaplana (2965 m).
Après avoir traversé Brand, on peut apprécier la beauté, parfois très austère, de la vallée (virages particulièrement étroits et difficiles). Après le refuge de Schattenlagant, on atteint la station inférieure du téléphérique du Lünersee.

9

★★ Lac Lüner (LÜNERSEE)

Téléphérique – *05556 701 80420 - www.luenersee.at - de fin mai à mi-oct. : 8h-17h - 18,90 € AR (enf. 11,40 €).*
Le téléphérique s'arrête au **refuge Douglass** *(Douglass-Hütte)*, aménagé au bord du lac (1980 m) et point de départ de plusieurs sentiers balisés. Le Lünersee était déjà, dans son état naturel, le plus vaste lac de cirque des Alpes orientales. Depuis 1958, un barrage a élevé son plus haut niveau d'eau de 27 m, créant une retenue de 78 millions de m³ qui alimente, 1000 m plus bas, les centrales du Lünersee, de Rodund I, Rodund II et Walgau.
6 km - 1h45. Accessible aux enfants, avec cependant une montée un peu abrupte près de la digue du barrage. Bonnes chaussures et lunettes de soleil recommandées, peu d'ombre! Un sentier en boucle, plat en grande partie, permet de faire le tour du lac, situé dans une belle vallée encaissée.

Carnet pratique

S'informer

À St. Anton – *Dorfstr. 8 - ✆ 05446 22690 - www.stantonamarlberg.com.*

À Lech-Zürs – *Dorf 2 - ✆ 05583 21610 - www.lechzuers.com.*

Arriver/Partir

En voiture

L'Arlberg est accessible par la route du col de l'Arlberg (E 60/A 12) et son tunnel de 14 km (péage) qui fait le lien entre Innsbruck et Bludenz.

En train

Bludenz est reliée aux cités de la vallée du Rhin par le S-Bahn (1h de Bregenz) ainsi qu'au Tyrol (1h45 de train d'Innsbruck).

St Anton est accessible en train à partir du Vorarlberg (Bregenz 1h20, Bludenz 35mn) ainsi que d'Innsbruck (1h15).

Agenda

Dorffest St. Anton – *Mi-juil.* Fête de la ville durant un week-end, avec musique, danses, etc.

Filmfest St. Anton – *Août - www.filmfest-stanton.at.* Festival cinématographique consacré à la nature et à la montagne.

Nos adresses

Restauration

À Innerbraz

Pour se faire plaisir

Gasthof Rössle – *Arlbergstr. 61 - 8 km à l'est de Bludenz - ✆ 05552 281050 - www.roesslebraz.at - merc.-vend. à partir de 16h, w.-end à partir de 10h (cuisine jusqu'à 19h) - plats 18,40/27 € - 11 ch. 131/145 € ☕.* Cet hôtel de 1776 disposant d'une belle terrasse propose une cuisine régionale et internationale savoureuse. Chambres fonctionnelles et rénovées avec une touche design.

À Landeck

Budget moyen

Hotel-Restaurant Schrofenstein – *Malserstr. 31 - ✆ 05442 62395 - www.schrofenstein.at - lun.-jeu. 14h30-22h (cuisine 19h-21h), vend.-sam. 9h-22h (cuisine 11h30-14h, 18h-21h) - fermé dim. - plats 10/28,50 € - 52 ch. 105/180 € ☕.* Dans la « salle des Chevaliers » de cet hôtel moderne en plein centre, on sert une cuisine autrichienne.

À St. Anton am Arlberg

Budget moyen

Museum – *Rudi-Matt-Weg 10 - ✆ 05446 2475 - www.museum-restaurant.at - mar.-vend. 12h-21h, w.-end 12h-18h - ouv. lun. en été - plats 26,40/34,50 €.* La maison Arlberg-Kandahar, de 1912, abrite plusieurs pièces charmantes où vous dégusterez une cuisine régionale.

Pour se faire plaisir

Schindler – *Alte Arlbergstr. 16 - ✆ 05446 2207 - www.hotel-schindler.at - hors saison d'hiver, ouv. en terrasse à partir de 16h - menus 10/15,30 € - 9 ch. 120 € (été), 200/310 € (hiver) ☕.* Restaurant familial proposant des spécialités régionales de qualité. Service accueillant.

Shopping

Milka Lädele – *Fohrenburgstr. 1 A - Bludenz - ✆ 05552 609304 - www.milka.at - lun. et sam. 9h-12h, mar.-vend. 9h-16h30 - fermé dim. et j.*

fériés. Irrésistible ! Plus de 100 ans que Milka est implantée à Bludzen, cela vaut bien une boutique musée (non loin de la gare), où vous craquerez pour les produits au bon lait des Alpes et/ou les produits dérivés à la couleur lilas.

Activités

Arl.park – *Bahnhofstr. 1 - St Anton am Arlberg - ✆ 05446 30324 - www.arlpark.at - 10h-0h.* Centre sportif avec tennis, squash, curling, escalade (intérieure, extérieure, sur glace).

Wellnesspark Pettneu am Arlberg – *Pettneu am Arlberg 235c - 7 km à l'est de St Anton am Arlberg - ✆ 05448 22276 - www.wellnesspark-arlberg.at - 8,50 € piscine couverte.* Espace bien-être avec piscine, massages, solarium...

Ski

Domaine skiable de St Anton am Arlberg – *www.stantonamarlberg.com.* Le forfait de l'Arlberg permet de skier à St. Anton et sur les pistes de Lech, de Zürs et de Stuben. L'ensemble représente 305 km de pistes et 200 km de circuits hors pistes tracés dans un magnifique espace de 50 km² entre 1300 et 2650 m d'altitude. Le domaine propre à St. Anton convient surtout aux skieurs chevronnés, les skieurs moins expérimentés ou débutants iront sur les pistes du Galzig, du Gampen et de Gampberg.

Hébergement

À Lech

Budget moyen

Haus Wöster – *Str. 176 - ✆ 05583 2997 - www.ferienwohnung-in-lech.at - 3 ch. et 5 appart. (2-4 pers.) 120 € ☕.* Petite pension familiale aux chambres et appartements clairs et spacieux.

Pour se faire plaisir

Hotel Fernsicht – *Anger 233 - ✆ 05583 2432 - www.fernsicht-lech.at - fermé de fin avr. à mi-juil. et de déb. oct. à fin nov. - 10 appart. 1050/1260/sem. € (été), 3360/3500/sem. € (hiver).* Hôtel accueillant de vastes et confortables appartements (48-115 m²) pouvant recevoir jusqu'à 8 personnes.

À St. Anton am Arlberg

Budget moyen

Hotel Garni Ernst Falch – *Ing. Gomperzweg 26 - ✆ 05446 2853 - www.hotelfalch.at - P - 20 ch. 107 € (été), 170 € (hiver) ☕.* De belles chambres confortables, la plupart avec balcon donnant sur la ville.

Une folie

Himmlhof – *Im Gries 9 - ✆ 05446 2322 - www.himmlhof.com - fermé mai-nov. - 19 ch. et suites 178/438 € ☕.* Charmant chalet-hôtel. Cadre chaleureux avec des chambres lambrissées, comportant leur poêle à bois !

9

Le Montafon★ et la Silvretta★★

Très appréciée des randonneurs en été et des skieurs en hiver, la vallée du Montafon bénéficie de l'influence du Föhn qui favorise les cultures fruitières en moyenne altitude tandis que la race bovine locale prospère dans les pâturages plus élevés. Les noms de lieux aux consonances rocailleuses comme les manières de bâtir témoignent de l'ancienne civilisation rhéto-romanche, encore vivace en Engadine, sur le versant sud du massif de la Silvretta. Le Montafon constitue un lieu de passage obligé pour franchir la célèbre route de la Silvretta, qui relie, aux beaux jours uniquement, la vallée de la Trisanna (Paznauntal) par le seuil de la Bielerhöhe (2036 m) : en franchissant ce col, vous apprécierez tout à la fois la rudesse de la haute montagne et la sérénité d'un lac de barrage.

Se repérer

CARTE P. 448-449 (AC2-3), CARTE L'ARLBERG, LE MONTAFON ET LA SILVRETTA P. 490-491

Région à cheval sur le Vorarlberg (vallée du Montafon) et le Tyrol (vallée du Paznauntal), que relie le massif de la Silvretta.

À ne pas manquer

La télécabine de Valisera et le col de la Silvretta (en saison seult).

En famille

Le tour du lac de la Silvretta.

Organiser son temps

Comptez deux jours.

Carnet pratique p. 503

Nos adresses p. 503

Circuits conseillés

CARTE P. 490-491

★ Le Montafon

Circuit de 40 km, de Bludenz à Partenen, tracé en rose sur la carte.

Bludenz

Voir 490.

À St. Anton im Montafon, bifurquez à gauche en direction de Bartholomäberg. Cette magnifique petite route de montagne s'élève au-dessus de la vallée.

Bartholomäberg

Un ravissant ensemble de chaumières s'étend sur une terrasse exposée au soleil. Du cimetière enserrant l'**église** se déploie un imposant **panorama**★ sur le village de Vandans, au pied du sommet pointu de la Zimba (2643 m), et sur les communes de Schruns et Tschagguns dominées par les hauts sommets de la Schesaplana (2965 m), du Drusenfluh, des **Drei Türme** (massif rocheux présentant la forme caractéristique de trois tours successives) et du Sulzfluh.

La **décoration baroque**★ de l'église compte parmi les plus belles réalisations du Vorarlberg. Le maître-autel et la chaire sont de Georg Senn (1737). L'orgue

Route de la Silvretta.
S. Schurr/Westend61/Photononstop

(1792) est un petit bijou attribué à Johann Michael Grass. Dans la nef, côté droit, remarquez le triptyque consacré à sainte Anne (1525).
Poursuivez en direction d'Innerberg. Au bout de 1 km, belle **vue★** sur le domaine de St. Gallenkirch au pied de la Valiseraspitze (à droite), en face sur le massif du Kreuzjoch, et enfin sur la Silbertal et le Verwallgruppe. À Innerberg (1161 m), descendez à droite vers la Silbertal. En arrivant sur la route principale en fond de vallée, prenez à gauche et garez-vous au pied du téléphérique.

★ Téléphérique du Kristberg (KRISTBERGBAHN)

05556 74119 - www.montafon.at - mai-oct. et de mi-déc. à déb. avr. : 7h45-18h15 (18h45 en hiver lun.-vend.) - 18 € AR (enf. 10,40 €).
À l'arrivée, on rejoint en 5mn l'auberge du Kristberg – Panoramagasthof Kristberg (1430 m) – pour profiter du très beau **point de vue★** sur le Montafon. Les amateurs de promenades monteront au Kristbergsattel, puis suivront un chemin de crête sur la gauche jusqu'au point de vue de **Ganzaleita** (1610 m), afin de découvrir les Alpes de Lech et la Rote Wand.
Poursuivez en direction de Schruns en longeant le torrent Litz. La route traverse un **paysage★** sauvage à la végétation abondante.

Schruns

Schruns joue le rôle de petite capitale du Montafon. Situé à 690 m d'altitude, son centre ancien conserve quelques vieux **chalets**, sur la rive gauche du torrent de la Litz, dans la Kronengasse : rez-de-chaussée bâti en pierre et étages en bois. La cité est dotée de bonnes infrastructures d'hébergement et de loisirs, qui en font une agréable base pour randonner en moyenne montagne l'été et skier en hiver *(voir « Activités » p. 503)*.

★ Sennigrat

Hochjochbahn – 05557 6300 - www.silvretta-montafon.at - de juin à mi-oct. et fin nov. à mi-avr. : 8h30-17h (16h30 en hiver) - en été : 24,40 € AR (enf. 14,50 €).

Accédez d'abord au **Kapell** (1850 m) par le téléphérique du Hochjoch au départ de Schruns. Vue en contrebas sur la vallée et les nombreux chalets disséminés de Schruns.
Prenez ensuite un télésiège pour monter au Sennigrat (2210 m), qui offre un beau **panorama★** sur le domaine du Kreuzjoch, le massif de Madrisa coiffant la Gargellental, le Rätikon (Sulzfluh, Drei Türme, Schesaplana), la Silbertal et l'Arlberg en arrière-plan.

★★ Randonnée au Kreuzjoch et à la Zamangspitze

Comptez 4h pour la boucle complète. Possibilité de raccourcir en se contentant de l'accès au refuge et du circuit du Seenweg (comptez alors moins de 2h). Chaussures de montagne recommandées.
Du Sennigrat, on accède en 20mn au refuge de Worms (2305 m). De là, on suit un sentier de crête vers le Kreuzjoch (croix; 2395 m), puis jusqu'à la Zamangspitze (2386 m): **panorama★★** sur le massif de la Silvretta et le Haut-Montafon.
Revenez au refuge par le même circuit et empruntez le sentier dit « Seenweg » (chemin des lacs), qui longe les **Herzsee** et **Schwarzsee** avant de rejoindre le Kapell, d'où l'on redescendra à Schruns en téléphérique.
À partir de Schruns, la route monte dans le Haut-Montafon. Elle traverse successivement **St. Gallenkirch** (900 m) et **Gaschurn** (1000 m) avant de parvenir à Partenen, au pied de la **route de la Silvretta★★** *(voir ci-dessous)*.

★ Télécabine de Versettla (VERSETTLA-SEILBAHN)

2010 m – *Au départ de Gaschurn - ☎ 05557 6300 - www.silvretta-montafon.at - de mi-juin à mi-oct. et de fin nov. à mi-avr. : 8h30-17h (16h30 en hiver) - en été : 24,20 € AR (enf. 14,50 €).*
À l'arrivée, descendez au restaurant d'altitude. **Vue★** sur le Silvrettagruppe (Piz Buin, Großer Litzner, Großes Seehorn) et le domaine skiable de Silvretta Nova. On découvre un panorama plus large en se dirigeant vers les sommets du Burg et du Versettla (empruntez le téléski du Burg en hiver, le Versettlaweg en été).

★★ La route de la Silvretta

Circuit de 73 km, de Partenen à Landeck, tracé en rouge bordeaux sur la carte.
Route fermée de nov. à mai - péage 18 €. Il est interdit de stationner la nuit le long de la route de la Silvretta et d'y circuler avec des caravanes. Le tracé de la rampe ouest, comportant de nombreux virages serrés, peut surprendre le conducteur non initié aux routes de montagne.
À **Partenen** (1051 m), où plusieurs centrales électriques fonctionnent avec l'eau descendue du massif de la Silvretta, commence l'escalade de la haute route alpine qui conduit, par le seuil de la Bielerhöhe, à 2036 m d'altitude, à Galtür, au Tyrol. Cette route impressionnante, avec plus de 32 virages, rejoint les sommets les plus hauts du Vorarlberg (Piz Buin – 3312 m) et les réservoirs de haute montagne d'un bleu profond.

Lac de barrage de Vermunt (VERMUNT-STAUSEE)

Ce lac artificiel occupe, à 1743 m d'altitude, un palier intermédiaire entre Partenen et le barrage de la Silvretta. C'est à partir d'ici que les eaux sont précipitées par des conduites forcées vers la centrale électrique du même nom à Partenen. Des abords du barrage, la **vue★**, dans l'axe de la sauvage Kromertal, porte jusqu'aux crêtes du Großer Litzner et du Großes Seehorn (3124 m).

Bielerhöhe

Le seuil de la Bielerhöhe, à la frontière du Vorarlberg et du Tyrol, marque la ligne de partage des eaux entre la mer du Nord et la mer Noire. Le **lac de barrage de Silvretta ★ (Silvretta-Stausee)**, plan d'eau artificiel aménagé dans l'évasement du col, a créé à 2 036 m d'altitude un magnifique **paysage de haute montagne★★**. C'est naturellement un lieu de halte apprécié : ses grands hôtels servent de base pour les courses d'alpinisme et le ski de randonnée dans le massif de la Silvretta. Ce barrage est l'ouvrage principal de l'équipement hydroélectrique de l'Ill. De gradin en gradin, les eaux captées sont finalement libérées à la sortie de la centrale de Rodund, en aval de Schruns dans le Montafon. De la crête du barrage, long de 432 m et haut de 80 m, le **point de vue★** est remarquable sur les massifs environnants.

★★ **Tour du lac de la Silvretta** – *1h45 de marche env.* Promenade familiale très facile. Longez d'abord la rive est, au pied de la pyramide sombre du Hohes Rad. Le circuit est agrémenté de plusieurs cascades et de nombreux rhododendrons. Le retour se fait par la rive ouest que domine la Lobspitze. Cette excursion offre des **vues★★** splendides, notamment sur la Schattenspitze au sud, la Klostertal au sud-ouest, le Hochmaderer à l'ouest et le massif du Vallüla au nord.

★★★ **Tour du Hohes Rad** – *Garez-vous au parking à l'extrémité est du lac. La boucle intégrale (5h30 de marche, sans pause, sur 800 m de dénivelée) s'adresse à de bons marcheurs obligatoirement équipés de chaussures de montagne imperméables. Qualité et variété exceptionnelles des paysages récompensent de l'effort. Les moins sportifs rejoindront le refuge de Wiesbaden (4h15 AR).* Faites le tour du lac en 45mn. Le chemin monte dans l'Ochsental le long du torrent de l'Ill. Cette magnifique vallée présente sur la droite une paroi rocheuse, de couleur rougeâtre, dont on découvre au fur et à mesure les principaux sommets. Un cirque glaciaire ferme la vallée. En parvenant au **Wiesbadener Hütte** (refuge de Wiesbaden, 2 443 m), **vue★★** admirable sur le **Piz Buin** (3 312 m), principal sommet du Silvrettagruppe, qui domine les glaciers de Vermunt (à gauche) et de l'Ochsental (à droite).

Pour monter *(1h30)* au Radsattel, longez le refuge par la gauche et prenez le **sentier Edmund-Lorenz**, qui, après un passage pentu, évolue sans dénivelée importante, offrant des **vues★★** particulièrement belles sur l'ensemble de la vallée. Il rejoint ensuite un petit lac (2 532 m), situé au pied du glacier du Rauherkopf. Ce lac offre un étonnant dégradé de couleurs allant de l'orange au vert. Le chemin remonte enfin en quelques lacets raides au **Radsattel** (2 652 m), qui marque la frontière entre le Vorarlberg et le Tyrol. Un **panorama★★** somptueux s'épanouit à l'ouest sur le Großer Litzner et l'ensemble des glaciers, à l'est sur la Bieltal, également dominée par un glacier. Le sentier continue ensuite en légère montée au pied des escarpements rocheux du Hohes Rad. On accède en 45mn au **col de Radschulter★★** (2 697 m), après avoir traversé de nombreux névés. Une centaine de mètres avant le col, en contrebas de la Madlenerspitze, les eaux du Radsee, partiellement prises par les glaces, offrent des reflets vert sombre. Du col, une **vue★★** impressionnante s'étend sur les cirques glaciaires de la Bieltal et du Rauherkopf, qui émergent d'un monde minéral quasi lunaire.

Du col de Radschulter, il reste 1h30 de descente. Le **parcours★★**, très raide, se fait jusqu'en août dans une épaisse couche de neige entre deux barres rocheuses. Le paysage devient ensuite verdoyant. Le regard embrasse à l'est la Madlener Spitze et son glacier et, au nord, en face, la vallée de Kleinvermunt dominée par le puissant massif de Vallüla. Sur sa dernière section, le sentier réserve des **vues★★** splendides sur le lac de la Silvretta.

Reprenez votre véhicule.

Sur le versant tyrolien du seuil, le vallon gazonné de Kleinvermunt ouvre encore vers l'amont quelques perspectives sur la Lobspitze et la Madlenerspitze. On bifurque à gauche pour monter *(5 km)* au **Kops-Stausee★** (1809 m), lac artificiel encadré par la Ballunspitze au sud, la Versalspitze à l'ouest et les Fluhspitzen au nord.

Rejoignez la route principale et prenez la direction de Galtür.

Entre Galtür et Ischgl, la Paznauntal, creusée régulièrement comme un chéneau, est vêtue de forêts où les massifs de mélèzes forment des taches claires.

★ Ischgl

Belle station de sports d'hiver bénéficiant d'un enneigement abondant et d'infrastructures de loisirs variées, Ischgl est, en été, une étape idéale pour visiter la région de l'Arlberg.

★ **Arête de Pardatsch (Pardatschgrat)** – 2624 m *Télécabine du Pardatschgrat - ✆ 05444 606 - www.ischgl.com - de fin nov. à fin avr. : 8h30-16h - 26,50 € AR (enf. 6 €) ; été/hiver télécabine de la Silvretta jusqu'à l'Idalp - Silvrettabahn Sektion 1+2 - 18,80 € AR (enf. 9,60 €).* Asseyez-vous dans le sens contraire à la marche pour mieux apprécier la vue sur la Paznauntal. Ischgl apparaît disséminée au pied du Seeköpfe et de la Küchlspitze (3147 m). De la plateforme terminale, on a un bon aperçu du domaine skiable encadré par la Vesulspitze, le Bürkelkopf, la Flimspitze et le Piz Rots.

★★ **Trida Sattel** – 2488 m. *Accès de Samnaun en téléphérique ou d'Ischgl par les pistes de ski.* De la terrasse du restaurant, **vue★★** au sud sur les sommets de la Stammerspitze, du Muttler et du Piz Mundin, et au sud-est sur les Alpes de l'Ötztal. Au nord, vue d'ensemble sur le domaine skiable côté suisse au pied du Bürkelkopf.

La vallée de la Trisanna encaissée devient moins hospitalière. Les habitations se perchent sur des terrasses bien exposées. La route, longeant le torrent, traverse des bois plus épais. Après un long trajet, le château de Wiesberg annonce le site du **pont de la Trisanna★**. À l'arrière-plan s'élèvent les crêtes de la Parseierspitze, point culminant (3036 m) des hautes Alpes calcaires du Nord en Autriche.

Landeck

Voir p. 492.

Carnet pratique

S'informer

À Schruns – *Bahnhofstr. 28 - ✆ 06686 200 - www.montafon.at.*
À Ischgl – *Dorfstr. 43 - ✆ 050990 100 - www.ischgl.com.*

Agenda

Formen in Weiß – *Ischgl - janv. - www.ischgl.com.* Sculpture sur neige: concours international.
Ischgler Kirchenkonzerte – *Ischgl - fin juin-déb. sept.* - Concerts les merc. (église St. Nikolaus).

Nos adresses

Shopping

À Schruns

Käsehaus Montafon – *Montafonerstr. 17 - ✆ 05556 93093 - www.kaesehaus-montafon.com - 9h-18h.* L'institution culinaire de la vallée: cette épicerie géante vend les célèbres fromages du Montafon et du Vorarlberg, dont le fameux Sauerkäse.

Activités

Ski

Domaine skiable de Schruns-Tschagguns – *Schruns - www.montafon.at.* Ce domaine (140 km de pistes de ski alpin) permet d'alterner paysages dégagés de haute montagne et paysages boisés (700-2 120 m). Liaisons régulières par navettes entre les sites (Tschagguns-Vandans, Schruns, Kristberg, Gargellen, St. Gallenkirch et Gaschurn).
Domaine skiable de Silvretta Montafon - St. Gallenkirch et Gaschurn – *Sankt Gallenkirch - www.montafon.at.* Le Hochjoch, connecté à Silvretta Nova est devenu Silvretta Montafon, l'ensemble forme un vaste domaine skiable, très varié (295 km de pistes entre 900 et 2300 m d'altitude).
Domaine skiable de Silvretta Arena – *Ischgl - www.ischgl.com.* Presque intégralement au-dessus de 2000 m, enneigement jusqu'à début mai. Il regroupe les domaines d'Ischgl et de Samnaun, (1840 m) en Suisse, et compte 239 km de pistes (1400-2900 m).

Hébergement

À Bartholomäberg

Pour se faire plaisir

Fernblick – *Panoramastr. 32 - Bartholomäberg - ✆ 05556 73115 - www.ferienhotel.at* - P - *68 ch. 403/386 € pour 2 pers. en 1/2 P (espace bien-être inclus).* Vue époustouflante sur les deux principales vallées du Montafon et piscine suspendue dans le vide (chauffée tte l'année). Si l'hôtel Fernblick a grandi depuis 1922, il a su conserver un esprit familial. Chambres confortables avec balcon et restaurant gastronomique disposant d'une belle cave à vin. Espace bien-être (sauna, spa, fitness, etc.). Personnel francophone.

À Ischgl

Pour se faire plaisir

Hotel Valülla – *Eggerweg 19 - ✆ 05444 5254 - www.valuella.at - fermé mai-juin et de mi-sept. à mi-nov. - 21 ch. 104 € (été), 160/252 € (hiver)*. Hôtel un peu en dehors du centre, au calme, non loin du téléphérique. Chambres spacieuses et bien équipées.

9

Lederhosen, pantalons de cuir traditionnels.
Mariha-kitchen/Getty Images Plus

COMPRENDRE L'AUTRICHE

Bienvenue en Autriche

Épargnée jusqu'à présent par les tensions ethniques ou religieuses comme par les conflits sociaux, l'Autriche apparaît généralement comme un coçon douillet à l'économie prospère où l'on privilégie autant que possible l'harmonie et la concertation. Cette terre traditionnelle de passage est-ouest a été au cœur de la crise migratoire de 2015. Au-delà des soubresauts politiques, la société autrichienne est cimentée autour de quelques valeurs fortes : le fédéralisme et la neutralité, mais aussi l'attachement aux traditions et un amour indéfectible pour la nature.

Portrait en trois temps

L'Autriche représente environ un sixième de la France et compte près de 8980000 habitants. Un peu moins du quart d'entre eux réside dans la capitale, Vienne, et même un tiers en comptant l'agglomération. Une métropole excentrée puisqu'elle est située presque à l'extrémité orientale du pays, et si « hypertrophiée » qu'on en oublierait presque les autres capitales provinciales.

Une capitale surdimensionnée

Le fédéralisme autrichien profite à Vienne : la ville, qui a aussi le statut de Land *(voir p. 510)*, est le cœur politique de l'Autriche mais aussi son principal pôle économique et culturel, comme l'illustre, par exemple, la présence dans la capitale de 9 des 22 universités du pays. Héritière d'un temps où la monarchie comptait plus de 52 millions de sujets de 15 nationalités différentes, elle cultive le charme nostalgique de l'époque impériale. Mais c'est aussi une métropole ultra-moderne qui attire des milliers de congressistes et concentre plusieurs instances internationales : l'Organisation des pays exportateurs de pétrole (OPEP), l'Organisation pour la sécurité et la coopération en Europe (OSCE)... Elle est le troisième siège de l'ONU après New York et Genève.

Quatre villes principales

Après Vienne, vient Graz (Styrie), puis Linz (Haute-Autriche), Salzbourg et Innsbruck (Tyrol). Ces quatre villes partagent avec Vienne l'héritage de ces empereurs qui n'avaient de cesse de graver leur gloire dans la pierre... Capitales de Land, elles profitent aujourd'hui du développement des Eurorégions qui favorisent les échanges transfrontaliers.

Et des zones rurales

Près de la moitié de la population autrichienne vit dans les campagnes. Bien que l'agriculture représente aujourd'hui moins de 2 % du PIB, l'Autriche conserve des zones rurales dynamiques. L'exploitation forestière et l'élevage font vivre les provinces de l'Ouest, tandis que les rives du Danube et la plaine orientale, consacrées à l'agriculture, produisent de quoi subvenir à 85 % des besoins du pays. Cette vitalité s'accompagne d'une attention croissante à la permanence des traditions agricoles et à la protection de l'environnement. Parcs naturels et réserves biosphères sont les fers de lance de cette politique consciente des ressources qu'apporte le tourisme vert.

Au cœur de l'Europe

Partageant ses frontières avec huit pays (l'Allemagne, la République tchèque, la Slovaquie, la Hongrie, la Slovénie, l'Italie, la Suisse et le Liechtenstein), l'Autriche est un véritable trait d'union entre l'Est et l'Ouest du continent.

Une terre d'asile

L'Autriche a toujours été une voie de passage pour les migrations intra-européennes : pendant la guerre froide, 2 millions de personnes en provenance de l'Est ont transité par Vienne, un quart d'entre elles s'y sont installées. Mais c'est surtout depuis la chute du Rideau de fer (1989) et les guerres dans l'ex-Yougoslavie (1991-1999) que Vienne a retrouvé une partie du visage cosmopolite qu'elles avaient avant 1914 et la dislocation de l'Empire austro-hongrois. Aujourd'hui, les immigrés représentent 17,1 % de la population : 20 % d'entre eux proviennent de l'ex-Yougoslavie, 14 % d'Allemagne, 9 % de Roumanie, 8 % de Turquie, 6 % de Hongrie. Ils se sont installés principalement à Vienne, où ils représentent 32,2 % des habitants. Les « Slovènes de Carinthie » constituent une minorité autochtone : leur présence sur le sol carinthien est attestée depuis 1400 ans *(voir encadré p. 360)*. Quant aux « Croates du Burgenland » et aux « Hongrois du Burgenland », ils sont installés là depuis que leurs ancêtres, fuyant devant les Turcs, y ont trouvé asile (16e s.).

Une économie florissante

En termes de PIB par habitant, l'Autriche est au septième rang des pays les plus riches de l'Union européenne. Depuis le début des années 2000, en dépit du ralentissement général, la croissance de son économie est restée supérieure à la moyenne européenne. Le pays affiche également un taux de chômage parmi les plus bas de l'UE, soit environ 5,5 % en juin 2022. Aujourd'hui, l'économie autrichienne doit sa vitalité au commerce extérieur. L'Allemagne, l'Italie et la Suisse sont les premiers partenaires de l'Autriche. La Hongrie suit de près, signe du resserrement des liens entre Vienne et les pays d'Europe centrale depuis 1989. Même si la crise qui affecte l'économie de ces pays fragilise l'économie autrichienne, le pays a toutefois tiré un très gros bénéfice de l'élargissement à l'est de l'Union européenne. L'Autriche reste l'un des premiers investisseurs étrangers en Slovénie, Croatie, Bosnie-Herzégovine, Bulgarie, Roumanie…

Les relations Allemagne-Autriche

Depuis 1945, l'Autriche s'est efforcée de changer son image de « petite Allemagne » pour s'affirmer sur la scène internationale. Ce grand voisin reste toutefois son premier partenaire économique. Les échanges avec Berlin dans les domaines culturel et scientifique sont également plus intenses et plus diversifiés qu'avec aucun autre pays. On pense aux coproductions télévisuelles et cinématographiques mais aussi au Burgtheater de Vienne, considéré comme la première scène théâtrale du monde germanophone, et dont chacune des créations est suivie de près par la presse allemande. Enfin, le tourisme traduit aussi ce lien fort : les visiteurs allemands l'emportant largement, même si, avec l'inflation (2022), les prix de l'hôtellerie et de l'alimentation sont aujourd'hui plus élevés en Autriche qu'en Allemagne.

Tout pour le tourisme

Des paysages magnifiques, de nombreux sites culturels, des loisirs, été comme hiver, et une infrastructure très développée… le pays attire de nombreux vacanciers. Aujourd'hui, 1 emploi autrichien sur 5 est lié au tourisme. Le Tyrol, où abondent les domaines skiables, est la principale région touristique, suivi par Salzbourg et la Carinthie. Côté culture, les grandes figures du passé sont mises en scène à toutes les sauces, Mozart et Sissi étant sans doute les deux personnages les plus représentés.

La société autrichienne

Elle est très attachée à ses **Länder** (« États fédérés » – *voir p. 510*). Il est vrai que cinq « provinces » autrichiennes existaient déjà au Moyen Âge sous forme de duché (Styrie) ou de comté (Tyrol) et qu'elles ont chacune une identité très forte : modes de vie et dialectes varient de l'une à l'autre. Du temps de l'Empire austro-hongrois, le principe du fédéralisme était déjà perçu par beaucoup comme le seul modèle politique capable de maintenir équilibre et concorde entre les peuples.

Le fédéralisme

Chaque Land a le droit de contester les lois fédérales qui empiéteraient sur son domaine de compétence. Il peut aussi négocier la répartition des ressources publiques et prendre certaines dispositions législatives. Si les télécommunications et l'éducation, notamment, dépendent de l'État fédéral, l'agriculture, les aides sociales, l'immigration, l'aménagement du territoire, entre autres, relèvent des États fédérés.

Le goût de la tradition

L'Autriche est très attachée à ses coutumes et à son savoir-faire qui n'ont rien de folklorique. Certains sont inscrits sur sa liste du « patrimoine immatériel de l'humanité » de l'Unesco comme le carnaval d'Imst *(voir p. 460)* ou les traditions d'élevage des chevaux Lipizzan *(voir encadré p. 70)*. Ils se transmettent localement, comme la fabrication du pain dans le Lesachtal, la médecine par les plantes dans le Pinzgau. De nombreuses PME perpétuent une approche artisanale (la chaussure cousue main, le loden en laine de mouton du pays, etc.).
Quant à la saison des bals *(voir p. 43)*, c'est une institution à travers tout le pays. Les dialectes restent aussi vivants, même au sein des jeunes générations qui écoutent volontiers du rock en tyrolien ou du rap en vorarlbergois.

La neutralité active

Proclamée à la suite du traité d'État en 1955 *(voir p. 528)*, elle détermine l'action du gouvernement sur la scène internationale. La société autrichienne s'est profondément approprié cette innovation.
Détail révélateur : c'est la date de la loi constitutionnelle proclamant la neutralité de l'Autriche et non celle du traité d'État qui a fixé celle de la fête nationale (26 octobre).

Panneaux solaires voltaïques dans la Walsertal.
P. Roy/hemis.fr

L'église catholique

Il n'y a pas de nette séparation entre l'église et l'État : les cultes sont financés par une contribution obligatoire des fidèles. La loi garantit la liberté de religion pour 13 confessions officiellement reconnues (méthodiste, syriaque, bektashi...) qui coexistent de manière pacifique.
L'Église catholique, longtemps un des piliers de la société autrichienne, bénéficie d'un statut spécial depuis 1934. Même si elle reste dominante (53,8 % de la population se déclare catholique en 2021), elle fait face à une importante désaffection. Elle conserve néanmoins un attachement à la structure Caritas, qui œuvre à la fois dans la gestion des hôpitaux et l'accueil des démunis.

L'attachement à la nature

En Autriche, la protection de l'environnement est définie, par une loi, comme l'un des objectifs majeurs de l'État. Sensible au maintien des équilibres naturels et à la survie économique des fermiers de haute montagne, la population est très respectueuse de la nature et pratique depuis longtemps l'écologie au quotidien : recyclage des déchets, gestion maîtrisée de l'eau, chauffage aux copeaux de bois, mobilité douce...
À la fin des années 1970, l'Autriche semblait bien engagée dans la voie du nucléaire civil : en 1972, le pays entamait la construction d'une centrale à Zwentendorf (50 km à l'ouest de Vienne). Mais le réacteur, prêt à fonctionner dès 1977, ne fut jamais déclenché : lors du référendum de 1978, le peuple vota à 50,5 % pour le « non » au nucléaire. L'Autriche n'est jamais revenue sur sa décision. Elle a préféré miser sur d'autres sources énergétiques (hydroélectricité notamment). En 2021, la part des énergies renouvelables dans la consommation a atteint 36,5 % (contre 20 % en moyenne pour l'UE). L'Autriche s'est engagée à atteindre la neutralité carbone d'ici 2040.

Une République, neuf Länder

Depuis la fin de la monarchie en 1918 et l'adoption d'une nouvelle constitution en 1920, l'Autriche est un État fédéral composé de neuf provinces fédérées autonomes.

Le Land

La population de la province élit tous les 5 ou 6 ans les membres de la diète provinciale, **Landtag**, dont le nombre, proportionnel au nombre d'habitants de la province, varie entre 36 et 56. Seule la diète de Vienne comprend 100 membres.
La diète élit, à la représentation proportionnelle, les membres du gouvernement provincial, organe administratif du Land.

Les organes dirigeants

Le pouvoir législatif est exercé par deux assemblées, le Conseil national et le Conseil fédéral, qui forment ensemble l'Assemblée fédérale, **Bundestag**.
Le Conseil national représente le peuple : il compte 183 membres élus pour 5 ans. Il est convoqué ou dissous par le président fédéral.
Il dispose de deux organismes de contrôle indépendants, la Cour des comptes, et, depuis 1977, le Bureau des médiateurs. Le président fédéral est élu par le peuple pour 6 ans. Il exerce avec le gouvernement fédéral le pouvoir exécutif. Il représente la République à l'extérieur. Il nomme les hauts fonctionnaires, les officiers et les juges, ainsi que le chancelier et les ministres fédéraux que lui a proposés le chancelier.

Le vote à 16 ans

En mai 2007, l'Autriche a adopté une loi abaissant l'âge de vote à 16 ans pour tous les scrutins. Les Autrichiens sont ainsi devenus les plus jeunes électeurs au sein de l'Union européenne.

Brefs portraits

Burgenland

Il doit son nom à trois châteaux forts *(Burgen)*, qui ne se trouvent plus à l'intérieur de ses frontières. Jusqu'en 1918, il fait partie de la Hongrie. Les territoires sont attribués à l'Autriche par le traité de Trianon en 1920, mais les frontières font l'objet de querelles, et la ville de Sopron reste hongroise après un plébiscite en 1921. *Voir p. 125.*

Carinthie (Kärnten)

Duché indépendant du domaine autrichien, la **Carinthie** est rattachée de fait avec la Carniole au domaine des Habsbourg en 1335 et ne le quittera pratiquement plus. Un plébiscite en 1920 détermine le partage de la Carniole avec la Yougoslavie. Elle possède une importante minorité linguistique en Autriche. *Voir p. 360.*

Basse-Autriche (Niederösterreich)

L'empereur Henri II accorde à titre héréditaire au margrave Henri Ier de Babenberg les terres situées entre l'Enns et la Traisen. Ses successeurs, ducs d'Autriche en 1156, les agrandiront vers l'est jusqu'à la Leitha. Cette province est donc considérée comme le berceau de la nation.

Haute-Autriche (Oberösterreich)

Ses territoires ont été réunis à leurs domaines par les Babenberg (acquisition du Mühlviertel au début du 12e s. par le margrave Léopold III), puis par les Habsbourg (acquisition de l'Innviertel en 1779 à la paix de

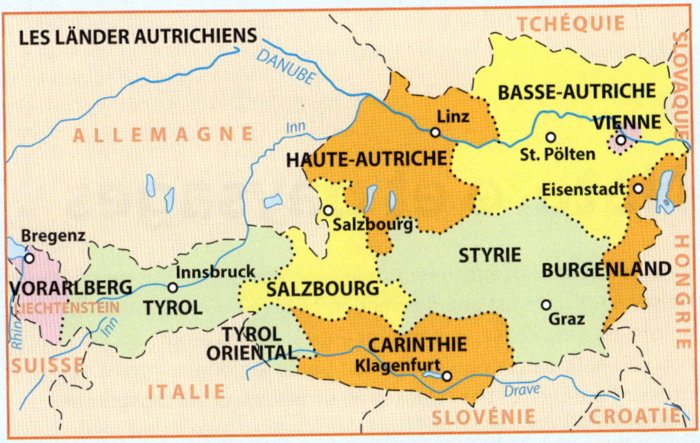

Teschen, par cession de la Bavière, qui récupère momentanément le territoire entre 1809 et 1814).

Salzbourg (Salzburg)

Les anciens domaines des princes-archevêques de Salzbourg constituent en 1802 un duché attribué lors de la Convention de Paris à l'ancien grand-duc de Toscane, l'archiduc Ferdinand. En 1805, lors du traité de Presbourg, ils sont rattachés à l'Autriche, puis placés sous administration française en 1809 et remis à la Bavière en 1810. Ils seront restitués à l'Autriche lors du traité de Munich, le 14 avril 1816. *Voir p. 221.*

Styrie (Steiermark)

Elle reçoit le statut de margraviat en 1056, puis de duché en 1180. Le duc Léopold V en hérite en 1192 à la mort de son beau-frère Ottokar VI. À partir de 1282, elle constitue les États de branches cadettes jusqu'à la réunion définitive de tous les domaines Habsbourg en 1493. Baptisée la « Marche verte » de l'Autriche (la forêt couvre plus de la moitié du territoire), la Styrie est aussi l'une des plus anciennes régions industrielles d'Europe. *Voir p. 282.*

Tyrol (Tirol)

Duché constitué à partir de Merano en Italie, le Tyrol, qui a échappé aux Habsbourg en 1335, leur est acquis en 1363. Agrandi en 1505 de Kufstein, Kitzbühel et Rattenberg, il est accordé en 1806 à la Bavière, alliée de Napoléon Ier, puis rétrocédé en 1815, avant d'être amputé du Haut Adige (Trente et Brixen) en 1919. *Voir p. 373.*

Vienne (Wien)

Capitale de l'Autriche au Moyen Âge, puis de l'empire des Habsbourg, capitale fédérale en 1920, Vienne constitue depuis, avec ses environs immédiats, l'une des provinces fédérées. Si elle regroupe les services et ministères du gouvernement fédéral et du Land, elle est aussi le siège d'instances internationales comme l'ONU. *Voir p. 50.*

Vorarlberg

Morcelé à l'origine en petits États que les Habsbourg acquièrent progressivement (seigneuries de Feldkirch et de Bludenz au début du 15e s., comté de Hohenems en 1765), il est accordé par le traité de Presbourg à la Bavière, qui le restitue en 1815. Il est plus suisse qu'autrichien et souvent surnommé Ländle, « le petit pays ». *Voir p. 466.*

Nature et paysages

Réputée pour ses domaines skiables, ses lacs limpides et ses paysages boisés, l'Autriche est une destination de rêve pour les amoureux de la nature. Le pays l'a bien compris et entretient ses atouts avec six parcs naturels nationaux et quarante-huit parcs régionaux, tandis que cinq sites ont été classés par l'Unesco au titre de réserves biosphères.

Un pays alpestre

L'extrémité orientale de la **chaîne des Alpes** forme plus des deux tiers du territoire autrichien. Ces reliefs s'abaissent vers l'est sur la grande plaine hongroise. Au nord, le **Danube**, le plus long fleuve d'Europe, draine sur 360 km un vaste plateau.

L'empreinte des glaciers

Il y a une centaine de siècles, les glaciers alpins recouvraient une partie du plateau bavarois, presque jusqu'à l'emplacement de Munich. Ces fleuves solides atteignaient des dimensions colossales : 1700 m d'épaisseur pour le glacier qui occupait l'actuelle vallée de l'Inn ! Par frottement, ces masses énormes

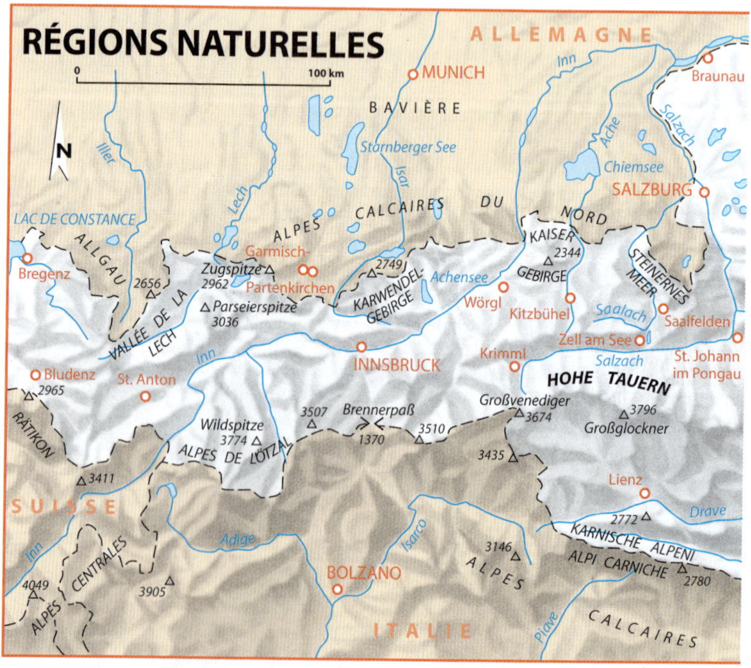

ont creusé des cirques, comme celui qui clôt le Brandnertal. Elles ont modelé de grandes vallées qui se caractérisent par des pentes raides telle la vallée de la Saalach. Elles ont aussi formé de petites vallées suspendues – l'une des plus belles est celle que noie l'Achensee – qui se raccordent à la vallée principale par un versant abrupt, et d'où dévalent parfois des cascades.

Les glaciers n'ont pas usé le relief préexistant suivant une pente continue, mais ont créé des gradins. Véhiculant et accumulant les débris rocheux appelés moraines, ils ont diversifié le relief de l'avant-pays alpin. Des bourrelets morainiques en arc, délimitant les langues terminales des glaciers, ont créé des barrages naturels derrière lesquels s'étendent aujourd'hui les lacs du plateau bavarois et du **Salzkammergut** du Nord *(voir p. 242)*.

Les trois chaînes

Les Alpes se divisent ici, du nord au sud, en trois chaînes séparées par de profondes vallées.

Les Alpes calcaires du Nord

Elles débordent largement sur la Bavière et déploient d'ouest en est les massifs du Rätikon, du Lechtal, des Karwendel, des Kaisergebirge,

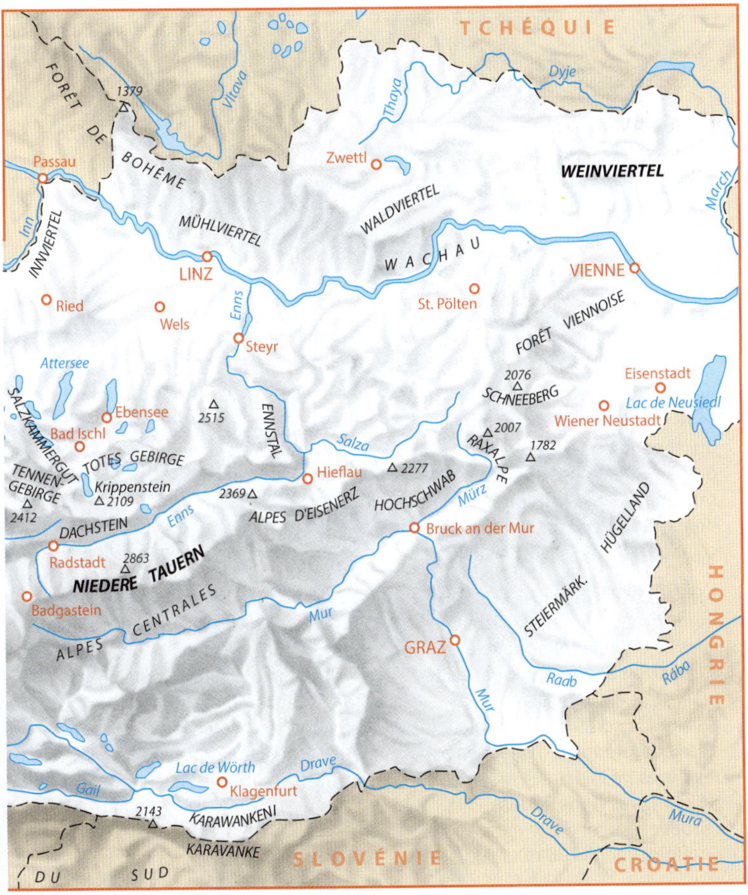

de la Steinernes Meer, du Tennengebirge, du Dachstein, des Alpes de l'Ennstal, d'Eisenerz, du Hochschwab et du Schneeberg où le vert sombre des forêts tranche sur la grisaille des parois calcaires. Les Alpes calcaires du Nord culminent à 3036 m à la Parseierspitze. Elles ne forment pas une barrière continue. Les vallées transversales, par lesquelles s'écoulent les eaux de la Lech, de l'Ache, de la Saalach et de l'Enns vers le plateau du Danube, les tronçonnent en massifs que l'on traverse ou contourne aisément.

À l'est de l'Ache, ces Alpes présentent des formes particulières : le Dachstein, le Hochschwab, la Raxalpe dressent à plus de 2000 m leurs bastions aux flancs abrupts. La perméabilité de leurs roches calcaires fait de ces plateaux des déserts pierreux. L'écoulement des eaux y est presque totalement souterrain et favorise la formation de nombreuses grottes dont les plus connues sont celles du **Dachstein** *(voir p. 259)* et le Monde des colosses de glace, près de Werfen.

Les Alpes calcaires du Nord sont limitées au sud par un profond sillon où coulent l'Inn (entre Landeck et Wörgl, 130 km), la Salzach (entre Krimml et St. Johann im Pongau, 80 km) et l'Enns (entre Radstadt et Hieflau, 110 km). Cette entaille qui sépare les Alpes calcaires des Grandes Alpes est l'une des principales voies de communication du pays. Elle permet de parcourir la chaîne sur toute sa longueur.

Les Grandes Alpes

Constituées de roches cristallines, elles se présentent comme une succession d'arêtes coiffées de glace, et s'enorgueillissent des plus hauts sommets autrichiens. Elles comprennent d'ouest en est : les Alpes de l'Ötztal (Wildspitze 3774 m), les **Hohe Tauern** (Großvenediger 3674 m et Großglockner 3796 m) aux glaciers éblouissants et les **Niedere Tauern** *(voir encadré p. 421)*. Les cols y sont rares. Le col du Brenner (1370 m), emprunté depuis le Moyen Âge pour rallier Venise, fait communiquer les vallées de l'Inn et de l'Adige.

Au sud des Grandes Alpes, les sillons de la Drave, de la Mur et de la Mürz jouent un rôle comparable à celui des grandes vallées du Nord et constituent les routes naturelles entre Vienne et Venise ou Milan.

Les Alpes calcaires du Sud

Ces dernières regroupent les Alpes carniques et les Karawanken. Elles ne sont autrichiennes que sur leur versant nord, l'Autriche ayant dû céder, lors du traité de St-Germain-en-Laye en 1919, la partie sud du Tyrol à l'Italie et les Alpes juliennes à la Yougoslavie d'alors.

Flore et faune alpines

Si la végétation est toujours étroitement tributaire du climat et des sols, en montagne, elle l'est aussi de l'exposition des versants et de l'altitude, qui détermine l'**étagement des espèces**.

L'adret (versant ensoleillé), le plus propice aux cultures et à l'habitat, a été très défriché, alors que l'ubac (versant ombragé), le plus souvent inhabité, bénéficie d'une humidité favorisant le développement de peuplements forestiers. Cette opposition est particulièrement marquée dans les vallées orientées ouest-est.

Au-dessus des cultures, qui s'élèvent jusqu'à 1500 m environ, on trouve l'étage montagnard, domaine des forêts de conifères. À partir de 2200 m, les arbres laissent la place aux alpages où poussent les herbes vivaces, les myrtilles et la flore alpine. Après 3000 m, on entre dans le domaine minéral : mousses et lichens s'accrochent aux rochers.

La flore

Le nom de « plantes alpines » est réservé aux végétaux qui poussent au-dessus de 2200 m (limite supérieure des forêts). La floraison précoce des plantes vivaces est due à une période végétative courte (juin-août). Le développement important de la fleur et sa belle coloration s'expliquent par la richesse en rayons ultraviolets de la lumière des hautes altitudes. Gentiane, primevère, lis martagon, aster des Alpes, chardon argenté et soldanelle sont représentés. Dans les zones rocheuses, on trouve des edelweiss, des saxifrages, des coquelicots des Alpes et des renoncules des glaciers.

Les arbres

Quatre conifères sont typiques de la forêt autrichienne.

L'**épicéa (Fichte)**, surtout présent sur les versants exposés au nord, a un aspect hirsute, avec ses branches infléchies « en queue d'épagneul ». Son écorce, tirant sur le rouge devient très crevassée avec l'âge. Les aiguilles sont piquantes. Les cônes, pendants, tombent à maturité, tout d'une pièce, sur le sol.

Le **mélèze (Lärche)** est le seul conifère d'Europe qui perde ses feuilles en hiver. Cet arbre caractéristique des versants ensoleillés de haute montagne possède de tout petits cônes.

Le **pin noir d'Autriche (Schwarzkiefer, Schwarzföhre)** est un arbre de taille moyenne, dont le tronc clair est crevassé de noir et la cime, très fournie, d'un vert foncé. Peu exigeant sur la nature du sol et résistant aux dures variations du climat continental, il est utilisé pour les reboisements en conditions difficiles (sols calcaires superficiels).

Enfin, le **pin cembro** ou **arolle (Zirbel)** se reconnaît à la disposition de ses ramures, extrêmement incurvées comme les branches d'un candélabre. Son bois, homogène, est apprécié pour la sculpture artisanale et l'ameublement paysan.

La faune

Du côté de la faune alpine se distinguent les **marmottes**, d'un brun grisâtre et très craintives, que l'on rencontre sur les versants ensoleillés. Les **chamois** vivent en hardes et se montrent avant tout dans les Alpes calcaires. Le territoire du **bouquetin**, remarquable grimpeur, s'étend de la lisière des arbres jusqu'à 3500 m d'altitude. Le royaume du campagnol des neiges se situe également au-dessus de la limite des arbres, tandis que le triton des Alpes recherche la proximité des lacs de montagne. Le lagopède est tout aussi typique de la faune alpine que le chocard à bec jaune, le vautour fauve et le grand tétras ou coq de bruyère, désormais rare. On aura plutôt l'occasion de les entendre à la saison des amours que de les voir.

La faune est particulièrement riche au bord du **lac de Neusiedl** *(voir p. 121)*, paradis des oiseaux. Y vivent plus de 250 espèces (martins-pêcheurs, sternes, spatules, hérons, butors, bécasses, huppes et cigognes).

Le **Danube** tient lieu de patrie à 60 des 80 espèces de poissons répertoriées en Autriche. Parmi elles, des anguilles, des perches et des silures.

Pour découvrir les spécificités de chaque parc régional, consultez le site www.naturparke.at et pour les parcs nationaux : www.nationalparksaustria.at (en anglais).

Saveurs locales et traditions

« Gemütlichkeit », ce mot intraduisible en français, exprime aussi bien le plaisir des longues soirées d'été où l'on refait le monde autour de grandes tablées bien fournies en vin clair, que l'atmosphère douillette d'un café viennois où l'on peut lire à loisir la presse du jour sans que l'on ne vous demande jamais de renouveler votre consommation. Cette douceur de vivre se mêle en Autriche à d'anciennes pratiques restées extrêmement vivantes. Les fêtes traditionnelles rythment la vie des Autrichiens qui portent pour l'occasion leurs plus beaux costumes.

Plaisirs de la table

Riche des apports de nombreux peuples qui vivaient au sein de l'Empire, la cuisine autrichienne a hérité de traditions culinaires allemandes, hongroises, italiennes, tchèques et serbes.

Le glossaire culinaire p. 562.

Une cuisine cosmopolite

Volailles, gibier et poissons

Au menu, les célèbres **Schnitzel** (escalopes panées), divers goulasch, poitrine farcie *(gefüllte Kalbsbrust)*, œufs de carpe cuits dans le beurre, filets de sandre au paprika... Un incontournable : le *Tafelspitz mit G'röste*, plat favori de l'empereur François-Joseph, du bœuf bouilli accompagné de pommes de terre, avec une sauce au raifort moulu et de la purée de pommes. Autre classique : les **Knödel**, boulettes ressemblant à des gnocchis, servies en accompagnement des plats ou des soupes.

Ça mousse !

La **bière** se boit généralement dans une chope d'un demi-litre *(Krügerl)*, de 0,3 l *(Seidl ou Seiterl)* ou dans un picotin *(Pfiff)*.

Avis aux becs sucrés

Outre les célèbres **Sachertorte** (gâteau au chocolat et à la confiture d'abricot) et **Apfelstrudel** (roulé aux pommes et raisins secs), il existe d'innombrables spécialités, parmi lesquelles le *Rehrücken* (au chocolat et aux amandes), les *Palatschinken* (crêpes de froment), la *Linzertorte* (aux épices et à la confiture), le *Mohr im Hemd* (nappé de sauce au chocolat), le *Topfenstrudel* (au fromage blanc), les *Marillenknödel* (aux abricots)... Le tout accompagné de crème fouettée *(Schlagobers)*.

Les vins autrichiens

Aujourd'hui, le vignoble s'étend sur 45 000 ha environ, en Basse-Autriche, dans le Weinviertel, sur les coteaux proches de Vienne, dans le Burgenland et en Styrie. Les vins blancs l'emportent (70 %) sur les rouges. La production annuelle est de 2,6 millions d'hectolitres dont presque un tiers sont exportés.

La **Basse-Autriche** est le plus grand producteur de vin du pays. Ses *Buschenschänken*, sortes de guinguettes, et ses ruelles bordées de caves font de cette région le paradis des amateurs de vin. De fin août à mi-novembre, les fêtes viticoles attirent nombre de visiteurs. En raison de son climat à la fois continental et méditerranéen voire humide, la région, peu étendue, produit sur quelque 3300 ha des cuvées qui se distinguent par leur fraîcheur et leur goût fruité.

Le **Burgenland** est marqué, au nord, par la culture extensive de la vigne : plus d'un quart du vin autrichien provient des environs du lac de Neusiedl (Rust). Le centre de la province, vallonné et boisé, constitue avec ses sols gras, profonds, sablonneux et argileux, un terrain favorable pour des vins rouges de caractère. Au sud, la plus petite région viticole du Burgenland produit le controversé *Uhudler*.

La **Styrie**, réputée pour son excellent *Schilcher*, possède les vignobles les plus élevés d'Europe : ils dépassent le niveau de la mer de quelque 600 m.

« Les Keller, Beisel et Heuriger » p. 43.

Traditions religieuses

On trouve partout, mais surtout au Tyrol, des croix couvertes, dites aussi croix des prés, plantées au bord des chemins ou au milieu des champs. En Carinthie abondent les *Bildstöcke*, calvaires constitués d'un pilier chapeauté de bardeaux et évidé de niches décorées de scènes de la Bible. Le « coin du bon Dieu » *(Hergottswinkel)* est également très répandu, surtout au Tyrol, où la plupart des maisons ont un espace consacré à la prière.

Les peintures murales extérieures accordent une large place aux personnages de saints : outre la Madone, on retrouve souvent **saint Florian**, qui protège des incendies. **Saint Georges**, le tueur de dragon, orne lui aussi plus d'une maison. Dans certaines églises, comme à Imst, de grandes peintures représentant **saint Christophe** témoignent de la tradition selon laquelle il suffit de regarder l'image du saint pour être protégé toute une journée d'une mort violente. De même, ponts et fontaines sont accompagnés d'une statue de **saint Jean Népomucène**, réputé protéger leurs eaux parce qu'il fut précipité du haut d'un pont de Prague.

Coutumes de saison

Printemps

Le jour des **Rameaux** reste lié à la traditionnelle bénédiction des chatons de saule, des branches de genièvre et de buis. La plantation de « l'arbre de mai », le **1er mai**, symbole de bonheur et de fertilité, est l'occasion de se livrer aux *Maibaumkraxeln* (concours d'escalade) et à la danse de mai. Avec la **Fête-Dieu** vient le temps des processions : à cheval (dans le Brixental au Tyrol) ou sur l'eau (Traunkirchen, Hallstatt), présentation des *Prangstangen* décorés de fleurs – bâtons de 6 à 8 m de haut, ornés de couronnes de fleurs fraîches (Bischofshofen, Zederhaus le 24 juin) – et des tapis de fleurs (Deutschlandsberg).

Été

À Murau, Krakaudorf (Styrie) et Tamsweg (Salzbourg) ont lieu les **« défilés de Samson »** en août. Samson, une poupée géante de 5 m de haut, portée par un seul homme, était à l'origine, aux 17e et 18e s., considérée comme le symbole de la puissance visant à « protéger » les processions religieuses. En août et septembre, on consacre les églises dans la plupart des communes (*Kirtag* – foires, kermesses).

Automne

La fête d'action de grâces pour la récolte et la transhumance se rattache à d'anciennes coutumes. Le 3 novembre se tient des festivités, messe ou chevauchée selon les lieux, en l'honneur de **saint Hubert**, le 6 novembre, des chevauchées en l'honneur de **saint Léonard**. Le jour de la **St-Martin**, le 11 novembre, des cortèges de lampions apportent de la lumière aux mois les plus sombres.

Hiver

La période de l'**Avent** et de **Noël** est riche en événements, tels les jeux de la St-Nicolas à Bad Mitterndorf, les jeux de la crèche à Bad Ischl ou Traismauer, les *Krippenschauen* (visite des crèches dans les maisons particulières) très répandus dans le Tyrol et le Turmblasen le 24 décembre.

Pour accompagner **saint Nicolas** et pendant les nuits qui précèdent l'**Épiphanie** (le 6 janvier), les *Perchtenläufe*, parcourent les villages *(voir encadré p. 460)*.

La veille de l'Épiphanie, les *Sternsingen* perpétuent une tradition commémorant la marche des rois venus d'Orient guidés par les étoiles. Dans le Land de Salzbourg se déroulent les *Glöcklerläufe* (les participants déambulent sous des couvre-chefs ornés de cloches).

Le **carnaval** (*Fasching* ou *Fastnacht* au Vorarlberg) est fêté dès janvier et débute à Vienne par des bals. Des cortèges traditionnels, auxquels les masques ancestraux apportent une note chatoyante, le célèbrent partout : au Tyrol, les mascarades les plus fameuses se déroulent à Imst *(Imster Schemenlaufen)* et à Telfs *(Schleicherlaufen)*.

Bad Aussee perpétue la tradition des carnavals hauts en couleur avec *Trommelweiber* (femmes aux tambours) et *Flinserln* (hommes vêtus de robes cousues de plaquettes d'argent brillantes), tout comme Ebensee avec son « carnaval des chiffons », *Fetzenfasching*.

Costumes

En Autriche, les costumes traditionnels *(Trachten)* font encore l'objet d'un grand attachement. Dans les campagnes du Tyrol, du Vorarlberg ou de Styrie, on revêt les vestes de loden et les corsages de velours pour toutes sortes d'occasions (la messe dominicale, les jours de fête au village...).

Les hommes portent assez couramment des culottes de cuir *(Lederhose)* ou de loden mi-longues serrées aux genoux, de larges bretelles et des ceintures de cuir décorées de motifs appliqués (chamois en ivoire, edelweiss en feutre), des vestes courtes sans col ni revers en loden multicolore.

Pour les femmes, le *Dirndl* est sujet aux variations régionales. Il se compose d'une jupe à plis, d'un tablier clair noué à la taille, d'un corsage blanc à manches bouffantes, légèrement décolleté et froncé, d'un corselet boutonné ou lacé.

Bien plus habillé que le *Lederhose* puisqu'on a pu le surnommer *Alpensmoking*, le *Steirer Anzug* est le costume de ville préféré de nombreux Autrichiens : pantalon, ou culotte, en loden gris (marron en Carinthie) galonné de vert, chaussettes blanches, longue veste légèrement cintrée, aux parements verts. L'équivalent féminin, le *Steirer Kostüm*, ne diffère guère du costume masculin que par la jupe.

Histoire

Par sa position centrale au cœur du Vieux Continent, l'Autriche a longtemps tenu un rôle clé dans la marche du monde. Marquée du sceau des Habsbourg qui y règnent de 1273 à 1918, elle connaît son apogée au 16e s., devenant sous Charles Quint le noyau de « l'empire sur lequel le soleil ne se couche jamais ». La Première Guerre mondiale, déclenchée par l'assassinat de l'héritier du trône autrichien, François-Ferdinand, met fin à l'hégémonie du pays en Europe centrale : l'empire des Habsbourg disparaît, laissant la place à une république amoindrie par la perte de toutes les provinces qui constituaient la monarchie austro-hongroise. Annexée par l'Allemagne en 1938, sortie très affaiblie de la Seconde Guerre mondiale, l'Autriche a jeté toutes ses forces dans la reconstruction et s'est donné un nouvel avenir, sous le signe de la neutralité.

Les origines

Traversé par le Danube, le territoire de l'actuelle Autriche est, depuis la préhistoire, un véritable carrefour. D'origine celte et illyrienne (indo-européenne), ses populations subissent de multiples influences qui participent à la formation progressive du pays en tant qu'entité politique.

La Marche de l'Est

La **vallée du Danube** s'ouvre très tôt à l'expansion romaine (1er s. av. J.-C.). Le long du fleuve s'organise un réseau de citadelles et de points de défense. Carnuntum, qui en est la position clé, est le siège du gouverneur de la province de Pannonie. Situées aux confins septentrionaux de l'Empire romain, Pannonie, Rhétie et Norique sont aux avant-postes défensifs du monde civilisé face à la menace que représentent les tribus germaniques, dès le 2e s. av. J.-C. et durant tout le haut Moyen Âge.

Après sa victoire en 796 sur les Avars, tribu installée sur le territoire actuel de la Hongrie, Charlemagne, suivant la stratégie romaine, crée sur les rives du Danube la Marche de l'Est – **Ostmark** ou *Ostarrîchi*. Cette création est considérée aujourd'hui comme l'événement fondateur de la future Österreich (Autriche en français). Menacée par les Magyars, défaits par Otton Ier, successeur de la branche germanique des Carolingiens, cette Marche de l'Est est donnée aux Babenberg au 10e s.

Le temps des Babenberg

Entre 976 et 1246, la dynastie des Babenberg donne son unité au pays, auquel elle adjoint les régions hongroises et slaves qu'elle colonise. Pour asseoir leur domination, les Babenberg forment un corps politique constitué de grands seigneurs, choisis parmi une vingtaine de familles nobles. Alors que papes et empereurs s'affrontent en de longues querelles, la dynastie parvient à préserver l'unité et

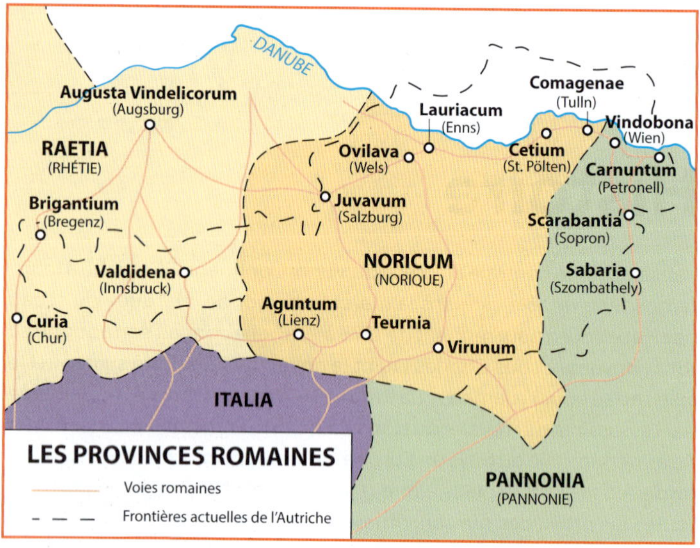

l'autonomie de ses territoires. Le duc Léopold Ier et ses successeurs favorisent la pénétration du catholicisme par la fondation d'abbayes comme Kremsmünster, St-Florian, Melk et Klosterneuburg. Sous Henri II Jasomirgott, l'Autriche est élevée au rang de duché héréditaire (1156), privilège confirmé sous le règne de Frédéric II le Querelleur : elle échappe à toute juridiction d'empire et acquiert ainsi sa véritable autonomie. Alors qu'elle est en plein essor, le dernier des Babenberg (Frédéric II le Querelleur) est tué au cours d'une bataille contre les Magyars.

La vacance du pouvoir suscite la convoitise des rois de Bohême et de Hongrie. De 1246 à 1278, Ottokar II de Bohême l'emporte sur son rival; il impose durement son autorité aux anciennes possessions des Babenberg, mais finit par se heurter à Rodolphe de Habsbourg.

Les Habsbourg

À cette époque, le chef du Saint Empire romain germanique, est élu par un « collège » de princes germaniques. Rodolphe de Habsbourg reçoit la couronne impériale en 1273. Il fait aussitôt reconnaître par les princes électeurs que les fiefs des Babenberg reviennent de droit à l'empereur. Il s'attaque à Ottokar, assiège Vienne et remporte en 1278 la victoire de Marchfeld. Celle-ci lui permet de prendre possession de l'Autriche et de la Styrie.

Aeiou : un immense empire

La devise de **Frédéric III**, *Alles Erdreich ist Österreich untertan* (Toute la terre appartient à l'Autriche), latinisée sous la forme *Austriae est imperare orbi universo* (AEIOU), illustre l'ambition politique de la dynastie des Habsbourg. Ses représentants, successivement élus à la dignité impériale, font preuve d'une grande habileté diplomatique. Une politique adroite de mariages donne à l'Autriche, au 16e s., plus de territoires que les guerres les plus favorables n'auraient su lui en assurer : **Maximilien Ier** *(voir p. 373)*, acquiert la Franche-Comté et les Pays-Bas grâce à son mariage avec

Marie de Bourgogne, fille de Charles le Téméraire ; leur fils Philippe le Beau épouse Jeanne la Folle, reine de Castille. De cette union naîtra **Charles Quint.**
Empereur du Saint Empire romain germanique, roi d'Espagne, possesseur de Naples, de la Sicile, de la Sardaigne, de vastes territoires coloniaux aux Amériques, successeur des Habsbourg par son père, Charles Quint est le plus puissant souverain d'Europe, le rival redouté du roi de France. Ce gigantesque empire ne reste que peu de temps réuni sous une même couronne. Après l'abdication de Charles Quint (1556), le royaume est divisé entre son fils, **Philippe II**, et son frère, **Ferdinand I**er. Ce dernier règne sur les possessions

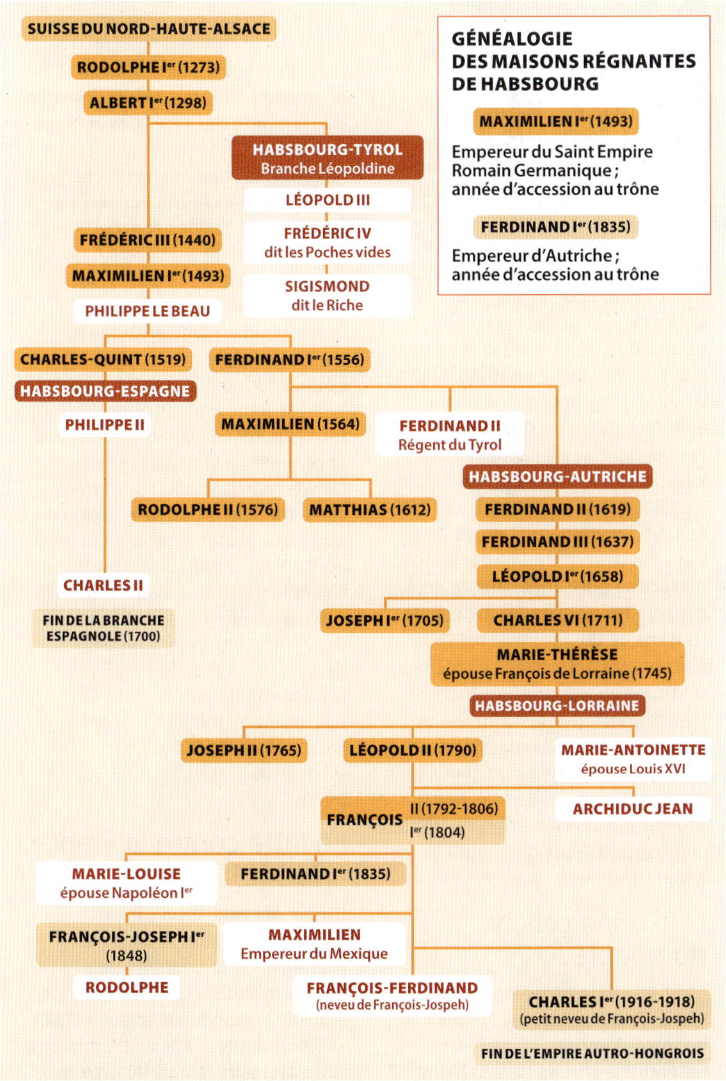

allemandes des Habsbourg, ainsi que sur la Bohême et la Hongrie. Une triple tâche l'attend : lutter contre la force conquérante ottomane ; redéfinir son pouvoir dont l'équilibre est menacé par l'extension même du territoire autrichien ; affronter la Réforme protestante.

Les champions de la réforme catholique

Pour résoudre le problème des diversités nationales et religieuses qui l'affaiblit, l'Autriche tente de s'organiser sur le plan politique selon un modèle absolutiste et centralisé. Ferdinand II, duc de Styrie, énonce ce qui sera, durant un siècle et demi, le grand principe d'unité de la monarchie : celui de l'unité religieuse. Ce principe conduit à la lutte contre les protestants de Bohême et de Basse-Autriche et donne le coup d'envoi de la **guerre de Trente Ans** (victoire de la Montagne Blanche en 1620). Outre l'interdiction du protestantisme et le renforcement de l'autorité royale, qui a seule l'initiative des lois, une autre conséquence est de transformer la couronne impériale en une dignité héréditaire et non plus élective. Affirmant par cette mesure sa puissance sans égale, la maison des Habsbourg évite ainsi tout risque de perdre sa place !

En tentant d'introduire ces mêmes réformes en Hongrie, l'Autriche se heurte à une vive résistance. Les Hongrois ne déposent les armes qu'en 1711 après avoir proclamé leur indépendance. Ce demi-échec (les protestants conservent la liberté de culte) donne à la Hongrie une place à part au sein de l'empire

Une reine proche du peuple

C'est au cri de « Vive notre roi **Marie-Thérèse** » que les nobles hongrois s'apprêtent, en 1740, à défendre les droits de leur jeune souveraine de 23 ans, contestés par l'électeur de Bavière. Pendant son règne (1740-1780), la fille de **Charles VI** parviendra à gagner une reconnaissance méritée des têtes couronnées d'Europe grâce à sa forte personnalité et à la politique qu'elle met en œuvre avec acharnement.

Considérée comme une pionnière de l'« absolutisme éclairé », la reine n'hésite pas à mettre le mariage de ses filles au service de la politique : ainsi, Marie-Caroline devient reine de Naples, Marie-Amélie duchesse de Parme, Marie-Christine gouvernante des Pays-Bas et **Marie-Antoinette** reine de France, ce qui ne lui a pas vraiment porté chance : surnommée « l'Autrichienne » par la cour de Versailles et accusée – à tort – de faire le jeu de son pays natal, l'épouse de Louis XVI fut guillotinée à l'âge de 38 ans.

Remarquablement secondée par son chancelier Kaunitz, les généraux Daun, Loudon et Traun, Marie-Thérèse initie d'utiles réformes tous azimuts : création du cadastre, imposition de la noblesse et du clergé, réorganisation de l'armée sur le modèle prussien, création de nouveaux secteurs productifs (sauf au Tyrol où la population s'oppose à l'implantation de manufactures). C'est aussi une bâtisseuse : on lui doit, entre autres, les châteaux de Schönbrunn et de Hof. Son fils, **Joseph II**, marche dans ses pas, allant même plus loin dans l'assouplissement des libertés religieuses et le souci d'instruire le peuple.

La lutte contre la France (1792-1815)

Durant les vingt-trois années de lutte qui mettent aux prises la France révolutionnaire puis impériale avec le reste de l'Europe, l'Autriche, monarchie absolutiste et aristocratique, est, avec l'Angleterre, son adversaire le plus déterminé.

Les grandes dates

- **1500-500 avant J.-C. - Période de Hallstatt** (1re période de l'âge du fer). Début de l'exploitation des mines de sel.
- **1er s.** - L'armée romaine tient la ligne Rhin et Danube.
- **796** - **Charlemagne** bat les Avars, puis crée l'Ostmark ou Marche de l'Est.
- **955** - Otton le Grand bat les Magyars au Lechfeld. Fondation de la dynastie des **Babenberg**.
- **1246** - Mort du dernier des Babenberg, Frédéric II le Querelleur.
- **1273-1291** - **Rodolphe Ier** de Habsbourg, fondateur de la dynastie, est élu empereur. Il obtient l'Autriche et la Styrie, qu'il partage entre ses fils.
- **1493-1519** - Par son mariage avec Marie de Bourgogne, **Maximilien Ier** hérite du comté de Bourgogne et des Flandres. Il marie son fils, Philippe le Beau à l'héritière d'Espagne. Leur fils, Charles Quint, recueille l'ensemble des possessions.
- **1519-1556** - Règne de **Charles Quint**. Les Turcs assiègent Vienne en 1529.
- **1556** - Abdication de Charles Quint et partage de son empire.
- **1618-1648** - **Guerre de Trente Ans.**
- **1657-1705** - Règne de **Léopold Ier**. Siège de Vienne par les Turcs en 1683.
- **1740-1780** - Règne de **Marie-Thérèse** *(voir encadré p. 524)*.
- **1780-1792** - Règne de **Joseph II**.
- **1792-1835** - Règne de **François II** (un temps François Ier d'Autriche).
- **1814-1815** - Le congrès de Vienne consacre le triomphe – provisoire – du chancelier Metternich.
- **1848-1849** - Révolution à Vienne et dans les grandes villes de l'Empire.
- **1848-1916** - Règne de **François-Joseph**.
- **1866** - Défaite de l'Autriche à Sadowa contre la Prusse.

1867 - Après le compromis austro-hongrois, proclamation de la double monarchie.

- **1914** - Assassinat à Sarajevo (Bosnie) du prince héritier François-Ferdinand.
- **1916-1918** - Règne de **Charles Ier**. Effondrement de la double monarchie.
- **1919** - **Traité de St-Germain-en-Laye** : fin de l'Empire austro-hongrois, perte de plus des 7/8e du territoire. Proclamation de la République.
- **1932** - **Dollfuss**, appelé à la chancellerie, instaure un régime autoritaire.
- **1934** - Putsch nazi et assassinat de Dollfuss.
- **Mars 1938** - Annexion de l'Autriche par **Hitler** (Anschluss).
- **1939-1945** - Participation à la guerre aux côtés de l'Allemagne.
- **1945** - Occupation pendant 10 ans de l'Autriche et de Vienne par les Alliés. Proclamation de la **IIe République**.
- **15 mai 1955** - **Traité du Belvédère** mettant fin à l'occupation.
- **26 octobre 1955** - Proclamation de la **neutralité** de l'Autriche.
- **1955-1956** - Admission à l'ONU, puis au Conseil de l'Europe.
- **1970-1983** - Le chancelier B. Kreisky dirige un gouvernement socialiste.
- **1983-2000** - Coalition des partis populaire et socialiste.
- **1er janvier 1995** - Adhésion à l'**Union européenne**.
- **2000** - La coalition conservatrice (ÖVP)-extrême droite (FPÖ) suscite des manifestations à Vienne et de violentes réactions à l'étranger.
- **1er janvier 2002** - L'euro devient la monnaie légale en Autriche.
- **Décembre 2017** - Coalition entre les conservateurs de l'ÖVP et nationalistes du FPÖ.
- **Décembre 2021** - Coalition entre les conservateurs de l'ÖVP et les verts de Die Grünen.
- **09 octobre 2022** - Le président vert Van der Bellen est réélu au premier tour.

Marie-Thérèse d'Autriche, une femme d'exception

Avant même d'accéder au trône, Marie-Thérèse d'Autriche (1717-1780), femme au tempérament courageux, affirme sa particularité en épousant François-Étienne de Lorraine (1736). Il s'agit en effet d'un mariage d'amour avec un prince assez peu populaire auquel elle donnera seize enfants. Elle se fait couronner reine de Hongrie en garantissant l'autonomie de ce pays. Aussitôt, les Hongrois reconnaissent François-Étienne comme corégent et lèvent une armée de 30 000 soldats. La reine parvient ainsi à repousser les assauts de ses ennemis (Bavière, Saxe, Prusse...) et réussit en 1747 à faire sacrer empereur son mari qui devient alors François Ier. Un an plus tard, le traité d'Aix-la-Chapelle met un terme au conflit : Marie-Thérèse a sauvé l'intégrité de l'empire que lui avait laissé son père.

C'est la France qui, dès le 20 avril 1792, déclare la guerre au « roi de Bohême et de Hongrie, François II, empereur d'Allemagne ». La guerre n'est pas favorable aux Autrichiens, battus à Jemmapes en 1792, puis vaincus de nouveau en 1800 à Marengo et Hohenlinden.
Devenu empereur en 1804, **Napoléon Ier** débute son règne par les victoires d'Ulm et d'Austerlitz (1805). Il contraint ainsi François II à demander la paix et à renoncer à son titre de chef du Saint Empire romain germanique pour celui d'empereur d'Autriche sous le nom de François Ier. En 1809, le repli des Français sur les champs de bataille d'Essling et d'Aspern, les succès remportés par les partisans tyroliens d'**Andreas Hofer** font renaître l'espoir. Mais la victoire de Napoléon à Wagram, suivie du **traité de Vienne**, place l'Autriche dans le giron de l'Empire français et lui enlève la Carniole, la Carinthie, Trieste, Fiume et la Galicie. Napoléon épouse en 1810 la fille du vaincu, Marie-Louise d'Autriche. Ce mariage est l'œuvre du **prince de Metternich**, qui après avoir étudié la politique étrangère de Napoléon Ier, lorsqu'il était ambassadeur d'Autriche à Paris, a reçu la lourde charge de diriger le ministère des Affaires étrangères à Vienne. Avec un remarquable sens diplomatique, il contribue à faire de l'Autriche, placée en tampon entre l'Empire russe et l'Empire français, une troisième force susceptible de rétablir l'équilibre européen.
En 1812, Metternich profite du revirement politique qui suit la campagne de Russie pour jeter dans la balance, contre Napoléon, toutes les forces vives de l'Autriche. En 1814, les troupes autrichiennes de Schwarzenberg, nommé généralissime des coalisés, entrent à Paris.

Le triomphe du conservatisme

En 1814, le **congrès de Vienne** consacre le triomphe de Metternich, devenu chancelier, qui règle la politique de toute l'Europe sur un modèle conservateur, privilégiant l'équilibre traditionnel des grandes puissances. Mais l'Autriche est très vite confrontée aux mouvements révolutionnaires et nationaux qui secouent l'Europe. C'est le **« printemps des peuples »**, qui chasse Metternich en 1848.
Le début du règne de **François-Joseph**, l'un des plus longs de l'histoire (68 ans), coïncide avec la vague révolutionnaire de 1848. Les concessions provisoires (liberté de la presse, octroi d'une constitution...) pour éviter toute implosion de l'Empire sont rapidement étouffées par un revirement absolutiste qui refuse de prendre en considération

le développement des idées nouvelles (libéralisme, démocratie...) et le désir d'autonomie des différentes nationalités.
François-Joseph abolit la Constitution en 1851, renforce la centralisation du pouvoir, les pouvoirs de la police et mène une politique de germanisation : c'est le système Bach, du nom de son principal conseiller. Cette ligne de conduite rigide mène au soulèvement en Italie du Nord et au conflit armé avec la maison de Savoie, qui obtient la Lombardie grâce à son alliance avec la France de Napoléon III.

Un empire sur le déclin

Si l'Autriche connaît une forte croissance économique et un essor de sa vie artistique, elle s'affaiblit progressivement sur le plan extérieur. Sa défaite contre l'Allemagne bismarckienne à Sadowa en fait le « brillant second » du Reich, contraint de renoncer à ses rêves de « Grande Allemagne ». Ce déclin se traduit aussi par la fondation de la double monarchie suite au compromis de 1867 : François-Joseph est couronné roi de Hongrie, celle-ci ayant sa propre armée et son système douanier.
Si ce régime dualiste règle les rapports entre Autrichiens et Hongrois, il mécontente les autres nationalités : les Tchèques de Bohême et Moravie en Autriche et les Slaves du Sud, les Croates et les Serbes, en Hongrie. Dans les dernières années du 19e s., le Hongrois **Ferenc Kossuth** mène une lutte politique pour la révision du compromis. Face à ces troubles, on choisit de briser les résistances des nationalités et leurs appuis à l'étranger, choix qui mène quatre ans plus tard, à la dislocation de la double monarchie.
Resté très populaire tout au long de son règne, François-Joseph dut faire face à une succession de malheurs familiaux : mort de son frère Maximilien, empereur du Mexique, fusillé à Queretaro en 1867 par les Mexicains, suicide de son fils unique, Rodolphe, en 1889, assassinats de sa femme l'impératrice Élisabeth en 1898, et de son neveu, l'archiduc **François-Ferdinand**, héritier du trône, à Sarajevo en 1914.

La Première Guerre mondiale

Le 28 juillet 1914, sous la pression de Berlin, le vieux François-Joseph (il a 83 ans) déclare la guerre à la Serbie, responsable – selon Vienne – de l'attentat de l'archiduc François-Ferdinand. Les troupes se mobilisent sans grand enthousiasme pour une opération qui n'aurait dû être, au départ, qu'une rapide « expédition

Sissi l'impératrice

Élisabeth de Wittelsbach (1837-1898), plus connue sous le nom de **Sissi**, devient impératrice d'Autriche lors de son mariage avec François-Joseph Ier en 1854 à l'âge de 16 ans. La jeune femme d'une grande beauté fuit à travers ses nombreux voyages le palais de la Hofburg où sa belle-mère essaie de lui faire respecter le protocole rigoureux de la cour de Vienne. Passionnée par la Hongrie, où elle est adulée, elle favorise le compromis austro-hongrois et est couronnée reine de Hongrie en 1867. Sa vie est marquée par des deuils successifs (son fils Rodolphe, son cousin Louis II de Bavière...). Elle est assassinée à Genève en 1898, par un anarchiste italien. Son destin tragique a nourri une abondante littérature et fait la réputation de l'actrice autrichienne **Romy Schneider**.

punitive » contre Belgrade. Mais à mesure que le conflit se fait mondial, l'Autriche-Hongrie se retrouve pressée de toutes parts. Sur le front russe (Lemberg) comme sur le front italien (Isonzo), les batailles sont nombreuses et les défaites cuisantes.

Au fil des années, l'empire s'effondre sur fond de famines et d'inflation galopante. À la mort de François-Joseph (1916), son petit-neveu, le jeune **Charles Ier** monte sur le trône mais ses chances de maintenir la double monarchie sont minces : les représentants croates, tchèques, polonais... ont de leur côté multiplié les contacts avec les pays de l'Entente dans l'espoir de faire-valoir le « droit des peuples à disposer d'eux-mêmes ». Le 17 octobre 1918, Charles Ier propose de transformer l'Autriche-Hongrie en un grand État monarchique fédéral. En vain : la République est proclamée le 12 novembre sous le nom (provisoire) de **Deutschösterreich** *(voir p. 529)*. On laisse alors à Charles le choix d'abdiquer ou de quitter le pays. L'empereur opte pour l'exil (il mourra quelques années plus tard à Madère). Les Habsbourg sont bannis et leurs biens confisqués. La noblesse perd officiellement ses titres et ses privilèges.

L'Entre-deux-guerres

Le bilan de ces 1563 jours de guerre est vertigineux : 1500000 soldats morts, 1200000 prisonniers (beaucoup ne retrouveront leur foyer qu'une dizaine d'années plus tard) et près de 2 millions de blessés. En 1919, les vainqueurs redessinent les frontières sans consulter l'Autriche, qui n'est pas admise à la table des pourparlers, et signent le traité de Saint-Germain qui démantèle l'Empire : non seulement le pays, surendetté, est condamné à payer de lourdes réparations, mais il est privé des 7/8e s. de son territoire, de l'agriculture hongroise, de l'industrie tchèque et de son accès à la mer.

Les années 1920

La jeune République, qui a pour premier chancelier Karl Renner, s'est constituée en État fédéral composé de **Länder** *(voir p. 510)* mais beaucoup d'Autrichiens pensent que cet État-moignon de 84000 km² (contre 677000 km² avant 1914) n'est pas viable et le font savoir : Salzbourgeois et Tyroliens préféreraient s'agréger à l'Allemagne. Le Vorarlberg vote à 81 % en faveur de son rattachement

à la Suisse. Mais leurs souhaits ne seront pas exaucés. En revanche, le sud de la Carinthie, en partie slovène, vote à 59 % pour dépendre de l'Autriche plutôt que du nouveau royaume des Slaves du Sud.
Les débuts de la Republik Österreich sont difficiles : elle doit faire face à l'agitation révolutionnaire, à l'absence de tradition démocratique et à la flambée des prix (avec 10 000 couronnes, en 1914, on pouvait s'acheter tout un pâté de maisons ; en 1922, juste une miche de pain). Deux grands partis sont en présence : le CS (conservateur-chrétien) et le SDAP (social-démocrate) qui mène à Vienne une politique exemplaire en matière de logements sociaux, **« Vienne la Rouge »** *(voir p. 52)*.
Le conservateur chrétien Ignaz Seipel, promu chancelier fédéral, assainit les finances en levant de nouvelles taxes et en licenciant de nombreux fonctionnaires. En 1925, la vieille couronne est remplacée par une monnaie plus forte, le **schilling**, surnommé le « dollar des Alpes ». Mais le redressement économique est stoppé dans son élan par la crise de 1929, la hausse du chômage et la montée de la violence.

L'Anschluss et la Seconde Guerre mondiale

À la fin des années 1920, le climat se durcit considérablement car chacun des deux grands partis est soutenu par une organisation paramilitaire : le *Schutzbund*, proche des sociaux-démocrates, compte 80 000 membres prêts à en découdre avec la très musclée *Heimwehr*, proche des conservateurs chrétiens, qui attire en masse des anciens combattants au chômage, tandis qu'un autre parti, le parti national-socialiste NSDAP, engrange ses premières voix en Styrie (1932) avec des slogans ouvertement antisémites.
C'est dans ce contexte de crises et d'affrontements qu'un autre catholique très pieux, **Engelbert Dollfuss**, est appelé au pouvoir en 1933. Proche du fascisme italien, il censure la presse marxiste, fonde le Front patriotique (VF), interdit tour à tour le parti communiste, le *Schutzbund*, le NSDAP et le parti nazi qui alimentent les troubles dans les usines. Au final, il n'y a plus qu'un seul et unique parti : le sien. L'Autriche sombre dans la dictature. En mai 1934, le mot « république » disparaît de la nouvelle constitution. Deux mois plus tard, Dollfuss est assassiné par des putschistes nazis. Son successeur **Kurt Schuschnigg** s'inscrit dans la même veine « austrofasciste » que Dollfuss, mais se rapproche de l'Allemagne : en 1936, il signe un accord avec Hitler qui lui garantit l'indépendance de l'Autriche s'il amnistie 17 000 nazis autrichiens. Schuschnigg s'exécute, mais lorsqu'il comprend qu'il a été manipulé, il est trop tard : Hitler l'oblige à démissionner le 11 mars 1938 ; dès le lendemain, les troupes allemandes – 65 000 hommes – franchissent la frontière, sous les vivats de la foule (« Un seul peuple, un seul Reich, un seul Führer » !). L'**Anschluss** (annexion), proclamée du balcon de l'hôtel de ville de Linz et entérinée le 10 avril par référendum (99,73 % des votants se seraient prononcés pour la « réunification »), fait de l'Autriche une province du « Grand Reich » allemand. Dans les mois qui suivent, les membres du parti nazi s'emparent de tous les postes-clés, transfèrent à Berlin l'or de la Banque nationale, interdisent l'enseignement catholique, persécutent les prêtres, arrêtent les artistes et brûlent sur la Residenzplatz les livres de Freud, Schnitzler et Zweig. Les opérations suivantes, elles aussi, sont menées tambour battant : destruction des synagogues, confiscation de tous les biens juifs pour les revendre au

profit du Reich, extermination de 8 500 Tziganes du Burgenland et de 65 500 Juifs de Vienne. Sans parler de la guerre qui se solde en 1945 par 25 000 civils morts sous les bombes alliées et 247 000 soldats tombés sur les champs de bataille.

La IIe République

Libérée le 13 avril 1945 à l'issue de violents combats autour de Vienne qui coûtent la vie à 19 000 soldats de l'Armée rouge, l'Autriche est divisée en **quatre zones d'occupation**. L'immédiat après-guerre voit renaître les mêmes difficultés qu'en 1918 avec, en plus, la lourde tâche pour les occupants de dénazifier les cœurs et les esprits. La population doit supporter, dix années durant, la présence des forces alliées.

De la libération à la neutralité

Le chef du gouvernement, le conservateur chrétien **Leopold Figl**, ancien déporté à Dachau, s'attelle à la première des priorités : reconstruire un pays dévasté. Ses efforts commencent à payer en 1948, notamment dans les zones occupées par les Américains (Salzbourg), Britanniques (Carinthie, Styrie) et Français (Tyrol, Vorarlberg), grâce à l'aide du plan Marshall. Mais la dénazification du pays, qui devait être une priorité de l'après-guerre, est très imparfaite *(voir page ci-contre)*. Les années passées dans les camps ont rapproché les deux grands partis, conservateur (ÖVP, successeur du CS) et socialiste (SPÖ, successeur du SDAP) : de 1947 à 1966, ils recueillent à eux deux plus de 90 % des suffrages et forment une coalition qui pratique l'art du *Proporz* (« consensus ») afin de stabiliser la société (les lois les plus clivantes sont systématiquement couplées avec des lois moins controversées de manière à ce qu'elles soient adoptées en bloc).
En pleine guerre froide et après un long travail préparatoire sur le plan international, le chancelier Julius Raab (ancien de la *Heimwehr)* réussit à faire passer un traité garantissant les frontières de 1937 et interdisant tout nouvel Anschluss : le **« traité d'État »**, signé en mai 1955 au Belvédère entre les quatre puissances alliées, met fin à dix ans d'occupation étrangère. En octobre, une loi constitutionnelle proclame la **neutralité permanente de l'Autriche**, décision qui détermine la position du pays sur la scène mondiale. Zone « tampon » entre les démocraties occidentales et les régimes communistes, il accueille de nombreux réfugiés après les soulèvements hongrois de 1956 et tchèque de 1968. Mais à la différence du « modèle » suisse, Vienne prône une politique de **« neutralité active »**, qui se traduit par sa participation à des actions internationales de paix et par un rôle de premier plan dans les affaires d'espionnage. Vienne choisit également de se tourner vers l'Europe dès l'après-guerre : elle participe à la fondation de

1955, la fin d'une injustice ?

À Vienne, la signature du **traité d'État** coïncide avec la réouverture, après plusieurs années de travaux, de l'Opéra national, cette institution emblématique de la nation autrichienne dont le bâtiment fut endommagé pendant la guerre. Pour cet événement, en contrepoint du départ annoncé des troupes d'occupation, est donné l'opéra de Beethoven, *Fidelio*, où l'on voit un héros injustement accusé revenir à la liberté. Ce choix en dit long sur la perception que les Autrichiens ont alors de la période 1938-1955.

La (re)construction de l'Autriche

Questions d'identité

Au lendemain de la Première Guerre mondiale, le jeune État autrichien, qui n'est plus multinational mais majoritairement germanophone, se donne le nom de Deutschösterreich, « Autriche allemande » et un drapeau dont les couleurs – noir, rouge et jaune – indiquent clairement sa volonté de se rapprocher de la Prusse pour des raisons économiques mais aussi idéologiques – parce qu'ils parlent des dialectes très proches du bavarois, les Autrichiens pensent qu'ils font partie de la grande nation allemande. Mais les Alliés rejettent toute union de Vienne avec Berlin. Ils s'opposent aussi à la dénomination **Deutschösterreich** qui disparaît dès 1919 au profit de Republik Österreich. Le rêve pangermaniste ne se réalise qu'en 1933 lorsque Hitler annexe l'Autriche et interdit le nom Österreich pour le remplacer par celui d'**Ostmark**. C'est seulement depuis une cinquante d'années que l'Autriche se sent comme une nation à part entière, différente de l'Allemagne. La publication en 1951, par le ministère de l'Éducation, d'un dictionnaire officiel spécifiquement autrichien participe à la consolidation de cette nouvelle identité.

L'oubli du passé

En 1986, un scandale éclate durant la campagne présidentielle : un hebdomadaire dévoile le passé de **Kurt Waldheim**, candidat au poste suprême de l'État. Ce haut fonctionnaire, ancien ministre des Affaires étrangères (1968-1970), puis secrétaire général de l'ONU (1972-1981), est accusé d'avoir pris part durant la guerre, sous l'uniforme de la Wehrmacht, à la déportation des juifs grecs. Malgré les protestations internationales (ou peut-être à cause d'elles), Waldheim est élu avec 54 % des voix. Sa présidence provoque l'isolement de l'Autriche sur la scène internationale de 1986 à 1992 mais elle a au moins le mérite de mettre sous le feu des projecteurs les ratés de la dénazification.

Petit retour en arrière : en 1945, les autorités avaient interdit le parti nazi et rapidement enquêté sur ses 540 000 membres. Mais à l'issue des auditions, seuls 23 000 d'entre eux furent condamnés, au motif qu'il était impossible d'exclure de la société un demi-million d'individus. Au fil du temps, la justice opta, par souci de réconciliation, pour une amnistie quasi générale. La plupart des ex-nazis purent retrouver un poste. Et leur parti se reconstitua bientôt sous le nom de VdU : successeur du NSDAP (et précurseur du FPÖ), le VdU recueillit dès 1949 près de 12 % des voix.

Le devoir de mémoire

L'affaire Waldheim suscita incompréhension et résistance. Il fallut encore attendre 1988, date du 50e anniversaire de l'Anschluss, pour que les mentalités commencent à changer. Car Vienne avait très longtemps éludé cette page sombre de son passé : jusqu'en 1986, la thèse officielle faisait de l'Autriche la « première victime du nazisme ». En 1991, le chancelier Franz Vranitzky déclara que « l'Autriche a l'obligation d'admettre sa coresponsabilité dans la Shoah et de présenter ses excuses auprès des survivants ». Quatre ans plus tard, le gouvernement mit en place deux fonds d'indemnisation destinés aux victimes du nazisme et du travail forcé. Aujourd'hui, les lieux de mémoire se sont multipliés : à Vienne, Eisenstadt, Hohenems, Mauthausen *(voir encadré p. 190)*...

l'OECE (Organisation européenne de coopération économique) en 1948, est admise au Conseil de l'Europe en 1956 et adhère à l'AELE (Association européenne de libre-échange) en 1959.

L'ère Kreisky et la « rupture » de 1986

Nommé chancelier en 1970, **Bruno Kreisky**, président du SPÖ (parti social-démocrate), marque l'avènement d'une heureuse décennie pour l'Autriche. Il lance des réformes économiques et sociales, met son pays à l'heure de la modernité, œuvre sur le plan international en faveur de la coopération avec les pays d'Europe de l'Est. Son parti remporte trois fois de suite la majorité absolue aux élections législatives. En 1983, ce n'est plus le cas et Kreisky se retire. Deux partis font alors leur entrée sur l'échiquier politique : **Die Grünen** (« Les Verts ») et le **FPÖ** (« Parti autrichien de la Liberté », extrême-droite), présidé dès 1986 par Jörg Haider (1950-2008). L'aura que l'Autriche avait reconquise se ternit en 1986, avec l'élection de **Kurt Waldheim** (ÖVP), à la présidence de la République *(voir p. 529)*. Isolée sur la scène internationale jusqu'en 1992, l'Autriche intègre tout de même l'Union européenne le 1er janvier 1995. Elle préside l'Union au second semestre 1998 et joue un rôle actif dans l'intégration de ses voisins d'Europe centrale et orientale, même si le parti d'extrême droite attise les peurs de la population devant l'afflux de réfugiés en provenance de Yougoslavie. En 2000, après l'entrée au gouvernement du parti de Jörg Haider, lors des élections présidentielles, l'Autriche écope six mois de sanctions diplomatiques. La coalition « noir-bleu » (ÖVP-FPÖ), qui vit le jour en 1999, est reconduite en 2002, l'année même où l'euro remplace le schilling.

Une poussée nationaliste ?

Même après la mort de Jörg Haider, le FPÖ continue de séduire une partie non négligeable de la population : présent dans de très nombreuses communes et dans chacune des neuf Diètes provinciales *(voir p. 510)*, le parti nationaliste et eurosceptique réalise des scores élevés dans son fief de Carinthie et enregistre une forte poussée à Vienne où l'un de ses thèmes de prédilection – la lutte contre l'immigration et l'islamisme radical – trouve un écho particulier auprès des électeurs, y compris des plus jeunes. 2017 aura été l'année de gloire du FPÖ : à l'issue des élections, il a obtenu 51 sièges au Parlement et décroché 6 ministères (et non des moindres : l'Intérieur, la Défense, les Affaires Étrangères...) au sein du gouvernement de Sebastian Kurz. Strache a même été nommé vice-chancelier. Mais en 2019, des scandales à répétition – dont l'affaire dite « Ibizagate » (une vidéo montre Strache prêt à se compromettre avec l'oligarchie russe en échange de financements occultes) ont précipité la chute du gouvernement et détourné l'électorat du FPÖ. Lors des élections anticipées de 2020, qui ont conduit à la formation d'une coalition inédite conservateurs-verts (ÖVP-Die Grünen), le parti a recueilli à peine 16 % des voix. Lors des dernières élections, le 9 octobre 2022, le président vert sortant Alexander Van der Bellen est réélu sans surprise dès le premier tour.

Musique, lettres et cinéma

La renommée internationale de l'Autriche lui vient d'abord de la musique. Aucun pays au monde n'a produit autant de compositeurs. Aux côtés des « grands classiques viennois » comme Mozart, Haydn, Beethoven, Schubert, Bruckner, Brahms ou les Strauss, figurent des précurseurs comme Mahler, Schönberg ou Berg. Les grands auteurs et intellectuels ne sont pas en reste. Freud, les écrivains Schnitzler, Zweig, Canetti ou encore le philosophe Wittgenstein : tous sont le fruit de cette permanente et unique cohabitation entre la tradition et la modernité, le classicisme et l'avant-garde.

La musique

L'Autriche s'enorgueillit d'une longue tradition musicale. Mélomanes, les Habsbourg attirèrent à Vienne musiciens et compositeurs venant de toute l'Europe. L'orchestre philharmonique de Vienne, fondé en 1842, est aujourd'hui encore l'un des plus célèbres au monde, et l'Autriche vit toujours au rythme des festivals et des saisons d'opéra.

Le Moyen Âge

Au 9e s., les monastères, où résonnent les chants grégoriens, sont d'importants foyers de culture musicale. Les deux notations (partitions musicales) autrichiennes les plus anciennes sont les *Lamentations du monastère de St-Florian* et le *Codex millenarius minor* du monastère de Krems.

Les **Minnesänger**, troubadours germaniques, célèbrent l'amour courtois à la cour des Babenberg à Vienne ainsi qu'à Salzbourg et à St. Veit an der Glan durant les 12e et 13e s. Ils puisent leur inspiration dans le **lied**, mélodie populaire. Leurs plus illustres représentants sont Reinmar von Hagenau et son élève Walther von der Vogelweide, Hermann von Salzburg et Neidhart von Reuenthal.

Regroupés en confréries, les **Meistersänger** (maîtres-chanteurs) poursuivent aux 14e et 15e s. la tradition du Minnesang tout en redéfinissant des règles très précises pour l'exercice de cet art qu'ils mesurent lors de concours.

De la Renaissance à la réforme de l'opéra

Déjà amorcée par Oswald von Wolkenstein, chevalier tyrolien disciple de Guillaume de Machaut, la **polyphonie** se développe grâce aux compositions de nombreux musiciens de l'école franco-flamande.

L'accession de l'archiduc Ferdinand de Styrie au trône impérial en 1619 marque le début de la suprématie de la musique italienne en Autriche, dans le domaine de l'opéra et de l'oratorio notamment. Une longue lignée de maîtres italiens dirige la chapelle de la cour : le dernier d'entre eux ne sera autre qu'**Antonio Salieri,** le célèbre rival de Mozart.

Au 18e s., Vienne est le théâtre d'un renouveau de l'opéra, grâce à l'Allemand **Christoph Willibald Gluck** (1714-1787). Ce dernier prône l'opéra comme une œuvre d'art, à la fois musical et dramatique; il recherche avant tout à assurer la continuité de l'action théâtrale et à faire en sorte que la musique reflète les sentiments des personnages. Ainsi, il supprime les airs de pure virtuosité vocale inutiles au déroulement du drame. Cependant, sa réforme la plus visible demeure la suppression des récitatifs au clavecin. Gluck est nommé en 1754 maître de chapelle à l'opéra de la cour de Vienne. S'inspirant du modèle français de l'opéra, il fait représenter à Paris en 1774 deux de ses compositions : *Iphigénie en Aulide* et *Orphée et Eurydice*.

Les grands classiques viennois

On désigne sous ce nom les grands compositeurs viennois, de souche ou d'adoption, que furent Haydn, Mozart, Beethoven et Schubert. À eux quatre, ils assurent pour plus de deux siècles la prédominance de la musique germanique en Europe, dont Vienne devient la capitale musicale. Plus près de nous, Brahms est considéré comme le dernier des classiques viennois.

L'inventeur génial des formes musicales qui vont structurer toutes les musiques à venir pratiquement jusqu'à la Seconde Guerre mondiale est **Joseph Haydn** (1732-1809). Il fixe en effet les lois de la symphonie classique en quatre mouvements successifs et de la sonate pour piano et il invente le quatuor à cordes (2 violons, 1 alto et 1 violoncelle), lui aussi en quatre mouvements. Il fut par ailleurs un compositeur prolifique : 17 opéras, 104 symphonies, 84 quatuors, 14 messes et divers concertos!

C'est dans cette voie formelle ouverte par Haydn que le Salzbourgeois **Wolfgang Amadeus Mozart** (1756-1791) va se révéler l'immense compositeur que l'on sait. Le miracle Mozart tient au fait que celui-ci a su trouver le point

Partition originale de Mozart.
P. Witt/hemis.fr

d'équilibre entre une exigeante rigueur d'écriture et une liberté qui touche à la grâce. Il sait allier profondeur et légèreté.

Digne héritier de Haydn et de Mozart, l'Allemand **Ludwig van Beethoven** (1770-1827) explore avec une tout autre lumière les mondes de la symphonie, du quatuor et de la sonate. Son univers est celui du romantisme qui voit l'homme prendre en main son destin (écoutez le fameux début de la *Cinquième Symphonie* !) dans un affrontement titanesque, souvent illustré par le triomphe d'un thème lumineux sur un thème plus sombre.

Seul de ces compositeurs à être né à Vienne, **Franz Schubert** (1797-1828) respecte lui aussi l'univers formel de ses maîtres aussi bien dans la symphonie (*L'Inachevée* n'a que deux mouvements) que dans la musique de chambre. Il va néanmoins mettre sur le devant de la scène un genre jusque-là peu exploré : le lied (chant avec piano) et lui donne ses premiers chefs-d'œuvre *(Le Roi des Aulnes* ou le cycle du *Voyage d'hiver)*. Dans l'ensemble, sa musique exprime la solitude du voyageur livré à l'errance et aux peines d'amour.

Né à Hambourg, **Johannes Brahms** (1833-1897) s'établit dans la capitale autrichienne dès 1862. Il respecte l'héritage formel des maîtres viennois, sans pour autant oublier sa dette envers le romantisme et un certain folklore d'Europe centrale *(Danses hongroises)*.

Les derniers symphonistes

Héritiers de la grande forme beethovenienne et de l'orchestre wagnérien, Bruckner et Mahler sont souvent associés en raison des vastes dimensions de leurs neuf symphonies, chiffre qu'ils n'ont pu tous deux dépasser.

Anton Bruckner (1824-1896) se rattache essentiellement à une tradition religieuse et germanique. Très influencé par Richard Wagner dans son orchestration, il affectionne les longs crescendos et les mouvements lents en forme de méditation.

Gustav Mahler (1869-1911) est la figure musicale la plus représentative de cette Vienne au crépuscule. Le « monde d'hier » *(voir encadré p. 329)* se reflète dans ses symphonies à travers les échos de valses, de marches militaires ou de mélodies folkloriques. Il crée un univers sombre et grinçant d'où émerge l'expression tragique d'une souffrance liée au mal de vivre et à l'angoisse de la mort *(Das Klagende Lied, Kindertotenlieder)*. Il tente néanmoins de nuancer une telle noirceur par le chant que lui inspirent les beautés de la nature, la nostalgie et la compassion.

Richard Strauss (1864-1949) ne doit pas être confondu avec la dynastie des **Johann Strauss** qui fit valser la cour de Vienne *(voir encadré p. 63)*. Richard Strauss est d'origine allemande mais viennois par bien des aspects de sa musique. Il porte à son apogée le poème symphonique en mettant au point un « programme » accompagnant le déroulement de ses œuvres *(Une Vie de héros, Don Quichotte)* somptueusement orchestrées. Ceci l'amène vers l'opéra où il exprimera un goût pour la décadence fin de siècle *(Elektra Salomé)* et une attirance pour la nostalgie *(Le Chevalier à la rose)*. Il scelle la fin du romantisme en musique avec ses quatre derniers *Lieder*.

La « nouvelle école de Vienne » au 20e s.

À partir du début du 20e s., **Arnold Schönberg** (1874-1951) s'efforce d'élargir le champ de la grammaire musicale héritée du passé. Il va progressivement mettre à bas ce qui fondait le principe premier de la musique : la tonalité, qui donne à l'auditeur l'impression de percevoir une mélodie. Mais pour que l'œuvre non tonale comporte une cohérence perceptible à l'oreille, Schönberg crée un nouveau système de repères : le **dodécaphonisme**, technique de composition fondée sur l'organisation systématique des douze sons de l'échelle musicale. Les disciples de Schönberg s'appellent **Alban Berg** (1885-1935) et **Anton Webern** (1883-1945). Berg réussit à se concilier les bonnes grâces du public par son souci de l'expression, notamment avec ses deux opéras *Wozzeck* et *Lulu* ainsi qu'avec le *Concerto à la mémoire d'un ange*. Quant à Webern, son parcours austère et économe (ses œuvres sont très courtes) s'est fait dans une grande discrétion alors que son apport fut considérable. Ce langage si révolutionnaire dans son écriture ne l'est pas dans les formes : ces trois Viennois ont continué d'écrire, durant leur carrière, sonates, symphonies, concertos, *Lieder*, opéras...

La vie littéraire

L'influence du romantisme allemand

Le début du 19e s., voit l'éclosion d'une littérature autrichienne, à la suite du mouvement romantique allemand. Poète et dramaturge, **Franz Grillparzer** (1791-1872) produit des œuvres influencées par Goethe et Schiller : la trilogie de *La Toison d'or* et *Les Vagues de la mer et de l'amour*, où l'exaltation romantique est tempérée par le sens de la mesure. **Adalbert Stifter** (1805-1868), que Nietzsche considérait comme l'un des maîtres de la prose germanique, a laissé des nouvelles et des romans *(Pierres multicolores, L'Été de la Saint-Martin)* empreints d'un certain désarroi. Et un petit bijou : *L'Homme sans postérité* (1844), un court récit qui plonge le lecteur dans le silence d'un lac du Salzkammergut, d'où toute évasion est impossible. **Leopold von Sacher-Masoch** (1836-1895) évoque dans ses récits *(Histoires juives polonaises)* les déchirements politiques et religieux de l'empire, mais s'attache essentiellement à analyser les problèmes de l'existence, en particulier la lutte qui oppose les sexes *(La Vénus à la fourrure, Les Messalines de Vienne)* : dans le plaisir et la passion, l'homme se soumet à la femme au fouet (d'où l'origine le mot masochisme).

Le monde d'hier

Arthur Schnitzler (1862-1931) dépeint avec tendresse l'égoïste société viennoise sur son déclin *(Anatole, Liebelei, La Ronde)*. À travers son œuvre poétique *(Chant d'amour et de mort du cornette Christophe Rilke, Les Cahiers de Malte Laurids Brigge)*, **Rainer Maria Rilke** (1875-1926) livre l'image d'un être instable et vulnérable, aux difficiles relations humaines, partagé entre son désir de paix intérieure et l'angoisse face à la souffrance et la mort. Avec son premier roman, *Les Désarrois de l'élève Törless*, histoire de chantage sexuel dans un collège, **Robert Musil** (1880-1942) met en cause la monarchie austro-hongroise, critique qu'il portera au

Sigmund Freud (1856-1939)

À partir de l'étude des perversions, de l'analyse de névroses et de l'exploration de l'inconscient, Freud fonda la psychanalyse, dont il expliqua la théorie dans son ouvrage fondamental, *La Science des rêves* (1900). Il créa en 1908 la Société psychanalytique de Vienne. On lui doit également *Totem et Tabou* (1913) et *Moïse et le monothéisme* (1937).

Intérieur du musée Sigmund Freud.
W. Bibikow/mauritius images/age fotostock

zénith de son art dans *L'Homme sans qualités*, son œuvre maîtresse inachevée.

Passionné par la littérature, la philosophie et l'histoire, **Stefan Zweig** (1881-1942), auteur du *Monde d'hier*, excelle à dépeindre, au fil de ses nouvelles l'intrusion d'une violente passion dans une vie bourgeoise *(La Confusion des sentiments)*. Il publie également des biographies romancées *(Fouché, Marie-Antoinette)* où, influencé par Freud, il analyse les motivations profondes des êtres.

D'origine juive mais attiré par le christianisme, **Franz Werfel** (1890-1945) se rattache à l'expressionnisme et ses recueils poétiques, ses drames et ses romans *(Les Quarante Jours de Musa Dagh, L'Étoile de ceux qui ne sont pas nés)* sont animés par le libéralisme pacifiste.

Comme chez Musil, on retrouve dans *La Marche de Radetzky* et *La Crypte des capucins*, de **Joseph Roth** (1894-1939), la même angoisse face à l'écroulement d'un monde et de ses valeurs.

Seul **Ödon von Horvath** (1901-1938), avec ses comédies d'inspiration typiquement viennoise *(La Nuit italienne, Histoires de la forêt viennoise)*, semble échapper à la constante interrogation sur l'homme et les valeurs de la société.

L'abîme de la solitude

Plus proche de nous, **Ingeborg Bachmann** (1926-1973) a surtout laissé des poèmes lyriques *(Le Temps mesuré)*, alors que **Ilse Aichinger** (1921-2016) exprime l'angoisse et la solitude de l'homme *(Le Grand Espoir)*.

Thomas Bernhard (1931-1989), qui vivait reclus dans sa ferme d'Ohlsdorf près de Gmunden (Haute-Autriche), ressasse son pessimisme à l'égard de l'homme tant dans ses romans *(La Plâtrière, Oui)* que dans son œuvre théâtrale *(L'Ignorant et le Fou)*.

Il en va de même de **Peter Handke** (1942), prix Nobel de littérature en 2019, qui traduit le drame de la solitude et de l'incommunicabilité à travers des romans comme *L'Angoisse du gardien de but au* *moment du penalty* et des pièces comme *La Chevauchée sur le lac de Constance*.

Le thème de la solitude et de l'enfermement, récurrent dans la littérature autrichienne, culmine avec le roman, publié en 1963, de **Marlen Haushofer** (1920-1970), *Le Mur invisible*, qui évoque la survie d'une femme au cœur de la forêt d'Effertsbach près de Molln (Haute-Autriche), isolée du reste du monde par un mur invisible.

Aujourd'hui, **Elfriede Jelinek** (1946), prix Nobel de littérature en 2004, est l'auteure sans doute la plus controversée. Ses textes provocants, difficiles à classer, critiquent pour la plupart la société autrichienne. Parmi ses romans les plus connus *Lust* (1990) et *La Pianiste* (1983) dans lequel une vieille fille, professeur de piano, qui vit avec sa mère, essaie en vain d'échapper à l'emprise maternelle et s'abîme dans des comportements sado-masochistes. Cru et caustique, ce roman a été adapté au cinéma par Haneke en 2001.

Étrangers à leur propre patrie

Tandis que, dans *Les Arpenteurs du monde* (2005), **Daniel Kelhman** (1975) explore l'histoire des idées à travers la correspondance qu'auraient échangée deux grands scientifiques allemands du 19e s., **Arno Geiger** (1968), dans son roman *Tout va bien*, revient sur l'histoire du pays à travers celle de trois générations d'une même famille, qui se succèdent dans la même maison au cours du 20e s. Ces deux écrivains expriment à leur manière le désir de raconter des histoires, préoccupation qui avait tendance à disparaître au profit de l'expérimentation.

Le thème de l'*unheimliche Heimat* (que l'on pourrait traduire par « patrie étrangère ») inspire aujourd'hui nombre d'écrivains, qui traduisent le malaise d'une société autrichienne trop lisse, plus préoccupée d'entretenir les compromis que de faire la lumière sur son passé. Cette critique passe souvent par le recours à l'absurde. **Jonke Gert** (1946-2009), dans son ouvrage *La Mort d'Anton Webern* (2000), ironise sur la création musicale viennoise. **Robert Menasse** (1954), lui aussi développe un ton sarcastique pour décrire ses contemporains *(La Pitoyable Histoire de Léo Singer)*.

Côté « krimi »

Wolf Haas (1960) est l'auteur de romans policiers *(Krimi)*, savoureuses satires de la société autrichienne qui ont le goût du terroir et pour « héros » un détective un peu borné en proie à des migraines récurrentes, Simon Brenner. Trois d'entre eux ont été traduits en français, dont son plus gros succès *Komm süßer Tod* (*Vienne la Mort*, Rivages, 2002).

Au cinéma

Un exode américain

À l'instar de **Billy Wilder**, un grand nombre de réalisateurs autrichiens sont partis aux États-Unis à cause de la guerre. Ainsi, **Erich von Stroheim** (1885-1957) adopte très tôt la nationalité américaine et réalise ses œuvres principales pour Hollywood. **Georg Wilhelm Pabst** (1890-1976) opte pour les studios allemands, tout comme **Fritz Lang** (1890-1976) et **Josef von Sternberg** (1894-1969), qui fait de Marlène Dietrich une star, puis travaille pour le cinéma américain. Les quelques productions connues du cinéma autrichien des années 1950 se résument à la série des *Sissi*, réalisés entre 1955 et 1957 par **Ernst Marischka** (1893-1963), qui ont lancé la carrière internationale de l'actrice **Romy Schneider**.

Le renouveau du cinéma autrichien

Il faut attendre les années 1980 pour qu'émergent à nouveau des réalisateurs notables, comme **Axel Corti** (1933-1994), avec sa trilogie constituée par *Dieu ne croit plus en nous* (1981), *Santa Fé* (1985) et *Welcome in Vienna* (1986), puis **Michael Haneke** (1942), l'une des figures les plus talentueuses du cinéma européen. Auteur de films oppressants, à commencer par son premier long métrage, *Le Septième continent* (1989) qui narre le suicide d'une famille et *Funny Games* (1997) qui relate le calvaire d'une famille prise en otage au bord d'un lac de Haute-Autriche. Il reçoit en 2001 le Grand Prix au Festival de Cannes pour *La Pianiste*, transposition du roman d'Elfriede Jelinek *(voir ci-contre)*. Par deux fois, en 2009 avec *Le Ruban blanc*, puis en 2012 avec *L'Amour*, il décroche la Palme d'or au même festival.

Deux autres réalisateurs autrichiens se sont distingués ces dernières années, contribuant ainsi au renouveau d'un cinéma « national » souvent hanté par le corps et la mort mais aussi la solitude et le passé nazi. **Stefan Ruzowitzky** (1961) retrace, avec *Les Faussaires* (2007), l'histoire d'un faussaire juif contraint par les nazis d'imprimer des faux billets pour affaiblir l'économie des Alliés. C'est le premier film autrichien à remporter le prestigieux Oscar du meilleur film étranger. En 2017, avec *Die Hölle*, thriller policier mettant en scène une chauffeuse de taxi d'origine turque, il décroche le prix du jury du Festival du film policier de Beaune.

Ulrich Seidl (1952) met à nu, à travers *Dog Days*, l'âme de la banlieue viennoise durant une canicule : ce film assez féroce, tourné dans un style hyperréaliste, s'est vu décerner le Grand Prix du Jury à la Mostra de Venise 2011.

Documentaires à succès

C'est l'un des points forts de la production cinématographique autrichienne. Les meilleurs docus de ces dernières années ? *We Feed The World* (2005), d'**Erwin Wagenhofer**, et *Le Cauchemar de Darwin* (2005), de **Hubert Sauper**. Tous deux prennent le spectateur de front en le plongeant dans les incohérences et les ravages d'une économie planétaire.

Art et architecture

Berceau de civilisations de caractères très différents, l'Autriche a témoigné au cours des siècles d'une prodigieuse activité artistique qui a souvent puisé à l'extérieur ses meilleures sources. À certaines époques pourtant s'est développé un style propre aux aspirations nationales. Au 18e s., le baroque autrichien, fortement encouragé par les Habsbourg, s'est manifesté avec une vigueur telle qu'il a relégué au second plan les réalisations antérieures. L'Art nouveau, qui a eu en Autriche un développement remarquable au début du 20e s., est connu dans le monde entier à travers l'architecte Otto Wagner et le peintre Gustav Klimt.

L'art médiéval

Le style roman

À partir du 12e s., l'architecture religieuse connaît en Autriche, comme dans toute l'Europe chrétienne, un grand essor grâce à la fondation de nombreux couvents et monastères bénédictins, cisterciens et augustins. Salzbourg, Passau et Brixen sont alors trois évêchés importants. Les édifices les mieux conservés de cette période sont les cathédrales de Gurk et de Seckau. Le cloître de l'abbaye de Millstatt ou le grand portail (Riesentor) de St-Étienne de Vienne témoignent également de l'art roman autrichien. La peinture murale se développe surtout dans l'archevêché de Salzbourg dont relevait la cathédrale de Gurk, à la prestigieuse décoration de la fin de l'époque romane. Salzbourg est déjà un grand foyer d'art, alors que Vienne ne possède pas encore d'évêque. Les **fresques de l'abbaye de Lambach**, peintes vers 1090, et restaurées en 1967, constituent un ensemble exceptionnel.

Vestiges romains

L'Antiquité romaine a laissé des vestiges à Carnuntum (Petronell), dans la vallée du Danube en aval de Vienne – qui s'appelait alors Vindobona –, à Enns (Lauriacum), où fut martyrisé saint Florian, mais surtout en Carinthie, à Teurnia (près de Spittal an der Drau) et au Magdalensberg, qui domine St. Veit, ainsi qu'au Tyrol, à Aguntum (près de Lienz).

Le style gothique

Aux 14e et 15e s., le style gothique pénètre en Autriche. Tandis que les cisterciens s'inspirent de l'art ogival français, les franciscains s'en tiennent à l'architecture traditionnelle italienne. Les autres églises gothiques appartiennent pour la plupart au type germanique des **églises-halles** *(Hallenkirchen)*, caractérisé par l'élévation des nefs latérales à la même hauteur que la nef principale, comme à Vienne l'église des Augustins, l'église des Frères-Mineurs et Maria am Gestade.

Suivant le même principe de halle (surtout le chœur), la cathédrale St-Étienne, commencée en 1304, est l'édifice le plus représentatif du gothique autrichien. Ses maîtres d'œuvre étaient en liaison avec ceux de Ratisbonne et de Strasbourg.
Au 16e s. s'affirme une prédilection pour les **voûtes compartimentées**, dont les nervures compliquées dessinent un réseau ou des étoiles contrastant avec la nudité des murs. Ce gothique tardif évolue vers le développement de longues lignes droites, se différenciant ainsi de l'opulence ornementale du gothique flamboyant français, qui lui est contemporain.
Dans les Alpes, surtout au Tyrol, des nefs sont construites suivant un nombre de vaisseaux pair : deux à Feldkirch, quatre à Schwaz.
Les retables gothiques, synthèse de tous les arts plastiques – architecture, sculpture, peinture –, n'ont pas tous été vandalisés par les iconoclastes protestants. Celui de **Kefermarkt**, dont la restauration doit beaucoup au grand écrivain Adalbert Stifter, est particulièrement remarquable, tout comme celui de **Saint-Wolfgang am Wolfgangsee**, peint et sculpté en 1481 par le Tyrolien Michael Pacher, le plus grand artiste du gothique tardif.
Quelques **monuments civils** du 15e s. ont été conservés : la Bummerlhaus à Steyr et la Kornmesserhaus à Bruck an der Mur. Sur leurs façades se plaquent les oriels, sortes de loggias dont le Petit Toit d'or d'Innsbruck est un délicieux exemple.

La Renaissance

En dehors de la ville de Salzbourg que les princes-archevêques rêvaient de métamorphoser en nouvelle Rome, il existe relativement peu de monuments inspirés par la Renaissance italienne. Citons le château de Schallaburg près de Melk, le château Porcia à Spittal an der Drau, le château de Tratzberg près de Schwaz et le Landhaus de Graz, qui conservent tous les quatre des cours à arcades. Car malgré un grand bouillonnement d'idées, que reflète la personnalité de l'empereur Maximilien Ier (1493-1519), la tradition gothique est encore très vivante au 16e s. Même le mausolée de Maximilien, à Innsbruck, considéré comme une œuvre typique de la « Renaissance allemande », reste tributaire de l'ordonnance médiévale des tombeaux des ducs de Bourgogne à Dijon.

Le monde baroque

C'est le mot portugais *barrocco* (pierre irrégulière) qui a donné son nom à une révolution artistique née en Italie à la fin du 16e s. Le baroque touche toutes les disciplines traditionnelles : architecture, peinture, sculpture, musique. Il a donné à l'Autriche sa plus brillante époque artistique. Son éclosion et son épanouissement exceptionnel tiennent à plusieurs causes. L'art baroque, d'abord essentiellement religieux, s'accorde avec l'allégresse toute mystique qui suit le concile de Trente, point de départ de la **Réforme catholique**. Tout empreints de cet esprit, les Habsbourg favorisent le développement de cet art.
Après la défaite des Turcs, vaincus sous les murs de Vienne en 1683, une prodigieuse euphorie s'empare du pays tout entier et une fièvre de construction parcourt l'Autriche, soulagée de son fléau ancestral. Un troisième facteur se révèle déterminant : le goût que manifestent les Autrichiens pour les solutions emphatiques et le sens de la fête, de l'élégance, de la couleur. Églises, monastères et palais

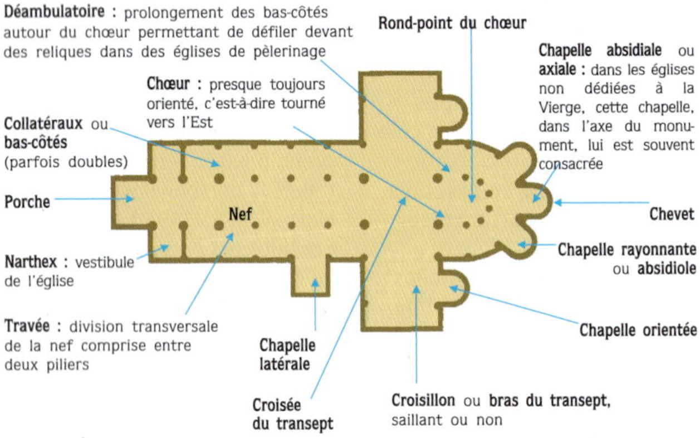

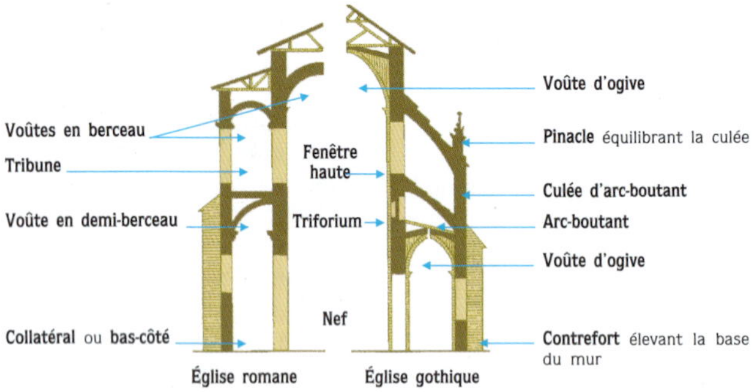

Portail des Géants (cathédrale St-Étienne à Vienne – 1230-1240)

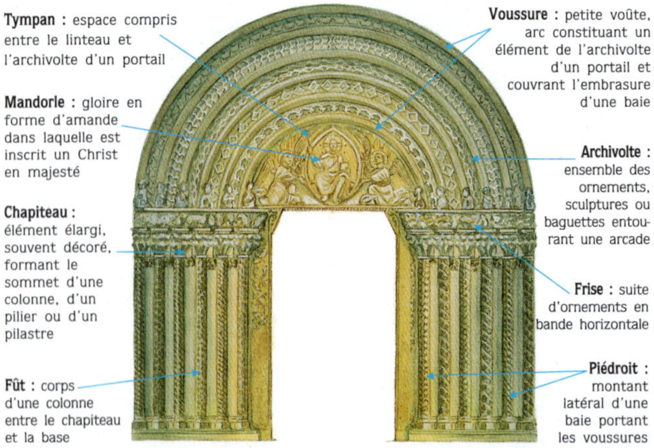

M. Guillou/MICHELIN

Église abbatiale de Wilhering (1734-1748)

M. Guillou/MICHELIN

Église abbatiale de Melk (1702-1736)

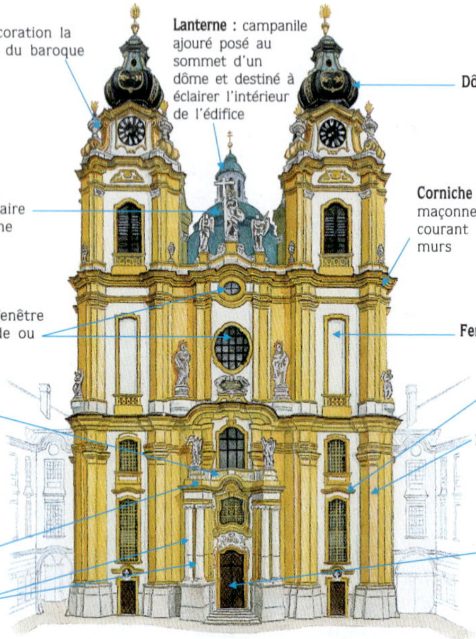

Oberes Belvedere (Belvédère supérieur – 1722)

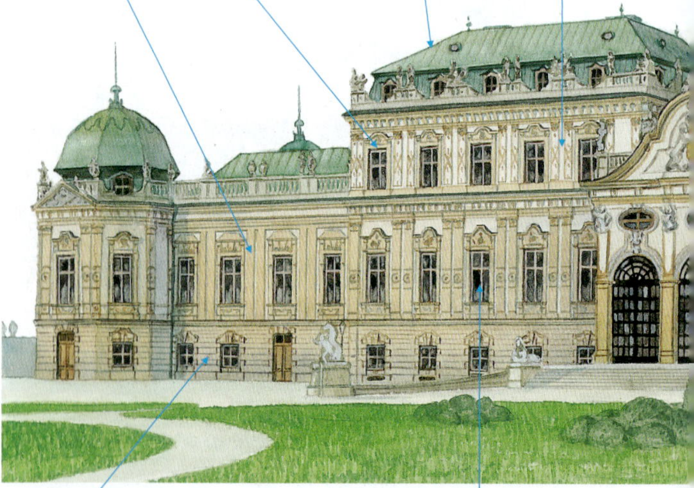

Château de Rappottenstein (12e-16e s.)

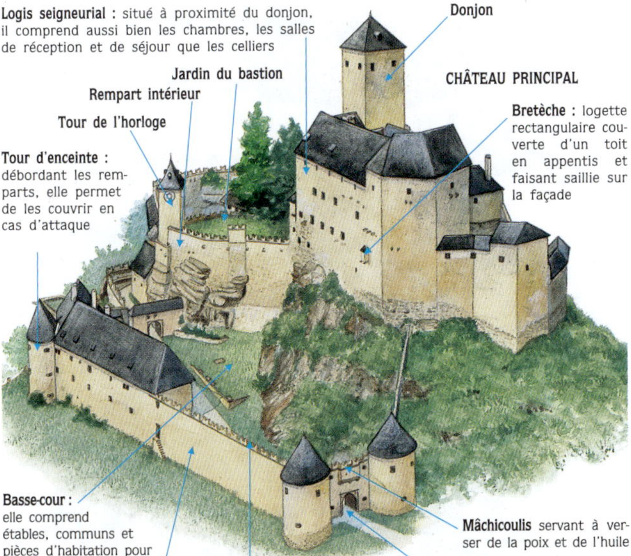

M. Guillou/MICHELIN

Ferme à cour fermée
du Mühlviertel (Haute-Autriche)

Types d'habitat en Autriche

Maison du Bregenzerwald
(Vorarlberg)

Chalet tyrolien

Maison rurale de Basse-Autriche

M. Guillou/MICHELIN

baroques ne peuvent se comprendre complètement si l'on oublie qu'à ces lieux correspond une nouvelle musique instrumentale dont la fonction liturgique ou festive s'impose avec force dès les années 1600. À l'ancienne polyphonie vocale, harmonieuse mais complexe, se substitue une écriture plus simple qui met en valeur une ligne mélodique dominante. Solistes et instrumentistes virtuoses occupent les premières places dans les chapelles et les chorales. Les orgues s'enflent et sont dotés de sonorités de plus en plus variées, riches, puissantes, propres à soutenir par leurs mélodies éclatantes les fastes et la pompe des liturgies issues du concile de Trente.

L'architecture

Le baroque autrichien doit être considéré comme un art autochtone. Dominé par l'irrégularité des contours, l'abondance des formes et une profusion d'ornements, le style baroque recherche avant tout le mouvement. La symphonie des couleurs vives ou délicates, les contrastes du blanc, du noir et de l'or, l'exubérance et la grâce toutes méridionales des courbes et contre-courbes, frontons, corniches, balustrades et statues nichées, les angles de vision et perspectives inattendues, appartiennent en propre à l'architecture baroque.

Les grandes abbayes baroques

St.-Florian, Melk, Altenburg, Kremsmünster, Göttweig... les grandes abbayes apparaissent comme la fleur et la quintessence du baroque autrichien. D'un luxe inattendu, elles l'emportent en magnificence sur les plus beaux édifices civils. Annoncées par d'élégants pavillons, elles étalent la splendeur de leurs ailes démesurées dans des sites souvent grandioses. Par leur ordonnance somptueuse et le faste de leurs ornements, ces gigantesques palais élevés à la gloire de Dieu entretiennent une certaine dualité : temples du Très-Haut, ils sont aussi temples de l'art, qui, dans l'idéal baroque, concourt à l'exaltation des splendeurs de la Création.

Les églises

Signalées par leurs clochers à bulbe et leurs silhouettes pimpantes d'une grâce pleine de retenue, les églises baroques ne livrent souvent leur éclat qu'une fois passé le portail. Car c'est à l'intérieur que le baroque donne toute sa mesure par la jubilation d'un décor qui transfigure ses volumes. Nombre d'églises sont d'ailleurs des édifices gothiques (Rattenberg, Mariazell), voire romans (Rein, Stams), « baroquisés » au 17e ou 18e s., où ont collaboré maçons de village, peintres réputés, doreurs, stucateurs et sculpteurs au métier très sûr.

Réconciliant le corps et l'âme, d'après les principes de la Réforme, la virtuosité des artistes autrichiens s'adresse aux sens pour mieux toucher le cœur. Exemple unique en Autriche, l'église de Stadl-Paura se distingue des autres édifices religieux par la symbolique trinitaire de son architecture.

L'architecture civile

Les maîtres d'œuvre locaux et des architectes italiens comme dell'Allio ou les Carlone feront éclore ces palais et ces imposantes maisons bourgeoises aux façades tout en mouvement et en couleur, décorées comme des avant-scènes de théâtre.

Au 17e s. surgiront aussi de fastueuses demeures périurbaines : Eggenberg à Graz, Hellbrunn à Salzbourg, le Belvédère à Vienne (début du 18e s.).

Les grands architectes

L'éclosion du baroque autrichien a été servie par de grandes figures qui ont su créer un style national,

ouvert cependant à de nombreuses influences. La plupart de ces artistes ont une grande admiration pour l'Italie, où ils ont beaucoup voyagé.
Né à Graz et formé en Italie, **Johann Bernhard Fischer von Erlach** (1656-1723) crée un style national en partant d'un fonds d'éléments étrangers, surtout italiens, qu'il a assimilés, expérimentés, et sait recomposer avec un sens aigu de la pompe et de la monumentalité. L'église de La Trinité de Salzbourg illustre parfaitement son style. Nombre de bâtiments de Vienne portent également l'empreinte de son génie : l'église St-Charles, la Bibliothèque nationale (alors impériale) ou encore le renommé château de Schönbrunn. La plupart de ces monuments furent achevés par son fils Josef Emanuel (1693-1742), auteur de l'aile de la Chancellerie impériale et du manège d'hiver à la Hofburg.
Après avoir étudié en Italie, **Johann Lukas von Hildebrandt** (1668-1745) s'établit à Vienne en 1696 et travaille en liaison avec Fischer von Erlach. Il réalise dans la capitale le palais du Belvédère, le palais Kinsky, le château suburbain du prince Eugène ainsi que l'originale et somptueuse église St-Pierre avec sa coupole ovale, et celle de la Vierge-Fidèle (plus connue en France sous le nom d'église des Piaristes). Son œuvre a eu une profonde influence sur les artistes de sa génération.
L'architecte tyrolien **Jakob Prandtauer** (1660-1726) a toujours eu l'art d'inscrire ses monuments massifs dans les paysages. Ses églises innovent peu quant à leur décoration intérieure, qui manque parfois de légèreté. Cependant, des chefs-d'œuvre comme l'escalier de St-Florian ou les deux pavillons à pilastres et la terrasse surplombant le Danube, à Melk, témoignent de ses dons exceptionnels. C'est son gendre, **Josef Munggenast,** qui achèvera ce monument d'art baroque, avant de briller à Dürnstein, puis à Altenburg et Geras. Prandtauer a montré un égal talent dans la réalisation du château de Hohenbrunn.

La peinture et la sculpture

L'architecture baroque va de pair avec la peinture et la sculpture : étroitement associées au travail des stucateurs, d'un réalisme plein de simplicité, elles animent l'espace, le remplissant de leur vivante présence. Des kyrielles de retables s'élèvent dans les sanctuaires, des myriades d'anges et de saints peuplent les plafonds, une armée de statues envahit chaque église, chassant au passage des œuvres gothiques remarquables mais jugées « barbares ».
D'immenses escaliers solennisent palais et abbayes, des façades stuquées et bariolées drapent d'une dignité théâtrale maisons villageoises et demeures bourgeoises.
De grands peintres et sculpteurs participent à cette somptueuse décoration intérieure : **Johann Michael Rottmayr**, le collaborateur préféré de Fischer von Erlach et le précurseur d'un baroque spécifiquement autrichien dans le domaine pictural ; **Balthasar Permoser**, dont le célèbre marbre représentant l'apothéose du

Colonne de la peste

Ce monument que l'on croise souvent dans les villes autrichiennes résulte d'un vœu religieux formulé, généralement par un prince, à l'occasion d'une épidémie de peste. Érigée sur la place publique, la colonne de la peste révèle que les prières du prince ont été entendues, et glorifient la miséricorde divine autant que la générosité princière.

prince Eugène orne le musée d'Art baroque à Vienne ; **Daniel Gran**, auteur des fresques de la coupole de la Bibliothèque nationale ; **Paul Troger**, peintre prestigieux des plafonds de Geras, d'Altenburg, de Klagenfurt... ; Johann Martin Schmidt, dit « K**remser Schmidt** », dont on admire les retables dans de nombreuses églises de Basse-Autriche ; **Bartolomeo Altomonte**, qui décora l'exceptionnelle bibliothèque d'Admont, tandis que son neveu **Martino Altomonte** couvrait les voûtes de Wilhering de ses fresques aériennes. Mais c'est avec **Franz Anton Maulbertsch** que la peinture autrichienne de cette époque atteint son apogée. Le sculpteur **Georg Raphael Donner**, parfois gratifié du surnom flatteur de « Michel-Ange autrichien », est connu pour sa très belle fontaine du Neuer Markt à Vienne.

Le rococo

Inspiré du style « rocaille » français, il apporte une note d'extrême raffinement aux réalisations du baroque : peintures en trompe-l'œil, marbres, stucs, bois, bronzes sont employés à profusion. Les stucateurs associent guirlandes, cartouches, végétaux et coquillages. Le personnage peint se transforme parfois en personnage sculpté : la tête est en trompe-l'œil, le corps en relief sans qu'on puisse distinguer le passage d'un procédé à l'autre. À la fougue glorieuse du baroque, le rococo préfère un jeu d'effets raffinés ; à la monumentalité, il substitue le frémissement subtil de ses compositions. Baldaquins, fausses tentures, niches, tribunes superposées, surchargés de dorures et peints de couleurs tendres ajoutent au caractère théâtral. L'intérieur de l'église de Wilhering, près de Linz, est l'exemple le plus accompli d'édifice religieux rococo. À l'est du pays, ce style se retrouve à Schönbrunn avec une profusion ornementale et une préciosité que l'on appelle aussi parfois le « baroque Marie-Thérèse ».

Le 19e siècle

Le néoclassicisme

Dès la fin du 18e s. et au début du 19e s., après les fastes du rococo, triomphe, comme dans toute l'Europe, un classicisme inspiré de la Grèce et de Rome, que caractérisent les colonnes et les frontons à l'antique. Cette tendance, étrangère au tempérament autrichien, est encouragée par certains princes allemands, comme Louis Ier de Bavière, qui transforme Munich. Vienne voit la construction de quelques édifices d'une grande sobriété, principalement l'École polytechnique, le monastère des Écossais et l'hôtel des Monnaies. La statue équestre de Joseph II à la Hofburg, due à **Franz Anton Zauner**, est un exemple achevé de sculpture néoclassique.

Le Biedermeier (1re moitié du 19e s.)

Ce style fleurit au cours de la période dite du **Vormärz** (avant-mars), qui s'étend du congrès de Vienne en 1814 aux journées révolutionnaires de mars 1848. Contemporain du style Louis-Philippe, il correspond aussi au goût bourgeois, indissociable d'un certain art de vivre.

Un mobilier confortable

Le mobilier qui envahit les intérieurs cossus de la bourgeoisie ascendante de Vienne se veut une réponse simple aux exigences nouvelles du confort, fonctionnelle par ses formes, plaisante par ses teintes souvent claires. La modestie et la discrétion de ce style familier furent tournées en dérision par la suite et lui attirèrent vers 1900 l'appellation peu flatteuse de « Biedermeier » (*bieder* signifiant brave et *Meier* étant un nom de famille très répandu). À Vienne, l'ancien garde-meubles de la Cour possède un important ensemble d'objets et de meubles Biedermeier.

Une peinture réaliste

La peinture autrichienne et viennoise surtout, chantre de la nature, connaît à la même époque un épanouissement remarquable. **Georg Ferdinand Waldmüller** a su merveilleusement rendre le paysage. **Friedrich Gauermann** transcrit l'atmosphère du temps et laisse de remarquables dessins. L'aquarelle est l'objet d'un engouement particulier. Le plus grand maître est sans doute **Rudolf von Alt** qui, à un âge avancé, deviendra président d'honneur du courant artistique nommé Sécession de Vienne.

L'historicisme (2nde moitié du 19e s.)

Ce style, qui trouve ses lettres de noblesse sur le Ring à Vienne *(voir encadré p. 61)*, se répandra dans les grandes villes. À Vienne, l'éclectisme sera sévèrement jugé dans les dernières années du siècle entraînant la réaction de plusieurs artistes qui forment la Sécession (1897).

La peinture et la sculpture

La sculpture connaît à cette époque un développement important lié notamment à de nombreuses commandes publiques. À Vienne, **Anton Fernkorn** exécute les statues martiales du prince Eugène et de l'archiduc Charles sur la place des Héros, **Heinrich Natter** sculpte le monument d'Andreas Hofer sur le Bergisel à Innsbruck.

La fin du 19e s. est une époque charnière pour la peinture autrichienne. La grande tradition réaliste perdure avec des paysagistes comme Emil Jakob Schindler, dont le *Moulin à Goisern* (Belvédère supérieur) rappelle la manière de Corot. Mais déjà le talent original d'**Anton Romako** marque la césure avec la peinture opulente parcourue de joie de vivre des siècles passés : par son inspiration morbide, son œuvre, encore teintée de romantisme dans sa forme, annonce l'expressionnisme.

L'Art nouveau (début du 20e s.)

Un renouvellement artistique touchant d'abord les arts plastiques apparaît à la fin du 19e s. dans les pays de langue allemande. La capitale en est Munich, et il prend le nom de **Jugendstil** (« style de la jeunesse ») du titre d'une revue illustrée très populaire qui parut de 1896 à 1940 sous le titre de *Jugend*. À Vienne, le peintre Gustav Klimt et l'architecte Otto Wagner vont prendre la tête de ce mouvement de l'Art nouveau. Plus discret en province, ce style est néanmoins utilisé pour le décor de quelques façades originales, par exemple à Wels ou à Graz.

Le Jugendstil se caractérise, dans le domaine des arts graphiques, par l'absence de perspective et un dessin privilégiant la courbe et l'ornement floral. Il est contemporain du *Modern Style* anglais, du *Stile Liberty* italien, et de l'Art nouveau français.

La Sécession

Le 25 mai 1897, le peintre Gustav Klimt fonde avec une poignée d'amis, dont Koloman Moser et l'architecte Olbrich, l'**Association des artistes autrichiens** – Sécession de Vienne. En 1898, Olbrich construit à Vienne en six mois un pavillon d'exposition dans le plus pur Jugendstil. Couronné d'une coupole de feuilles de laurier dorées, il est vite renommé le « chou doré ». Au frontispice s'inscrit la

Portrait d'Adèle Bloch-Bauer par Gustav Klimt (musée Neue Galerie, New York).
D.R.

devise de la Sécession : « À chaque époque son art, à l'art sa liberté. » De nombreuses expositions y sont organisées, ouvertes aux nouvelles orientations de l'art à l'étranger et en rupture complète avec l'académisme et la tendance au pastiche qui avaient triomphé à Vienne pendant la construction du Ring. Le sculpteur français Auguste Rodin y expose ses œuvres en 1901. Pour les artistes de la Sécession, l'art est d'abord l'expression de l'artiste, avec une exigence de sincérité et de vérité, en opposition avec les conventions esthétiques et sociales. Ce mouvement se différencie du Jugendstil par une conception géométrique et rectiligne de l'ornement. Il s'éloigne progressivement de la conception organique de l'Art nouveau.

Gustav Klimt (1862-1918)

Cet artiste, le plus représentatif de l'Art nouveau, peintre et décorateur au talent subtil, rompt vite avec sa formation académique. Il abandonne le naturalisme de ses premières œuvres au profit d'une recherche décorative délaissant tout effet de profondeur et de perspective. Son graphisme sinueux, son chromatisme recherché avec ses verts, ses ors et ses feuillages stylisés, son culte de la sensualité, la délicatesse de ses visages féminins provoquent une révolution dans les milieux artistiques viennois. Encore influencé par le symbolisme, Klimt est le précurseur de l'« expressionnisme viennois » représenté par ses disciples que furent Schiele et Kokoschka.

Egon Schiele (1890-1918)

Il porte un regard d'une rare lucidité sur les aspects névrotiques de l'homme. L'expressionnisme de cet artiste prend le corps comme support, ce qui lui vaut un séjour en prison, ses œuvres ayant été jugées pornographiques *(voir encadré p. 158)*.

Oskar Kokoschka (1886-1980)

Né à Pöchlarn (Basse-Autriche), Oskar Kokoschka rejoint très vite les avant-gardes viennoise et berlinoise. D'abord professeur à Dresde, il s'installe à Vienne en 1931 avant de s'installer à Prague, à Londres puis en Suisse pour fuir le nazisme. Admirateur de Munch, il livre une peinture expressionniste à la fois lyrique et angoissée qui se caractérise par une violence chromatique.

Otto Wagner (1841-1918)

Otto Wagner est le maître incontesté de l'architecture Art nouveau viennoise. Né à l'époque du Biedermeier *(voir p. 547)*, ce conseiller impérial pour l'architecture à Vienne est professeur à l'Académie des beaux-arts et, pendant plus de vingt ans, réalise des édifices dans le style classique. Il construit sur le Ring des bâtiments en style néo-Renaissance avant que ne s'opère, à plus de 50 ans, une rupture totale dans sa carrière. En 1897, Wagner cofonde l'Union des artistes *(voir p. 548)*. Dès 1895, dans un ouvrage intitulé *Architecture moderne*, qui demeure encore de nos jours une référence, il expose sa vision de l'architecture. Otto Wagner prône l'emploi du verre et de l'acier, le rationalisme dans la conception de l'espace et l'abandon de l'ornement inutile. Ses œuvres les plus célèbres sont les pavillons du métro sur la Karlsplatz à Vienne (1894), la Caisse d'épargne de la Poste à proximité du Ring (1906), et l'église du Steinhof (1907).

Les ateliers viennois

Fondés en 1903 par le banquier Waerndorfer, l'architecte Josef Hoffmann et Koloman Moser, les Ateliers viennois *(Wiener Werkstätte)* voulaient à l'origine créer des objets d'art accessibles à tous en conciliant les métiers d'art et d'artisanat. Ces réalisations de style Art nouveau se sont exercées dans les domaines les plus variés – bijoux, tissus, papiers peints, objets utilitaires, verrerie, affiches, décor intérieur –, et connurent une grande diffusion. Mais les objets, très onéreux au final, n'ont conquis qu'une clientèle aisée. Les Ateliers cessèrent leur production en 1932, en raison de difficultés financières. En 1937, les archives du mouvement furent vendues au MAK *(voir p. 64)*, où l'on peut admirer de belles pièces.

Josef Hoffmann (1870-1956)

Brillant élève d'Otto Wagner, qui lui remet son diplôme en 1895, il est, la même année, prix de Rome. Artiste polyvalent, il construit des habitations et les décore en dessinant les meubles et la vaisselle. Il connaît une activité importante au sein des Ateliers viennois, avec lesquels il réalise

Thonet, des chaises mythiques dans l'air du temps

Si l'on connaît surtout Thonet pour ses chaises, ce nom cache une dynastie de dessinateurs de meubles dont l'ancêtre est Michael Thonet (1796-1871), créateur de la fameuse « chaise n° 14 » en bois courbé (éditée à présent sous le numéro 214). En 1841, un an avant de s'installer à Vienne, il fait breveter la courbure chimico-mécanique du bois de hêtre, invention qui permet à la manufacture des frères Thonet d'innover dans le domaine de la fabrication de série de qualité. La firme se signale également en vendant sa production au-delà des frontières, grâce à la diffusion de catalogues permettant de passer commande. Toute la démarche esthétique et commerciale des Ateliers viennois s'annonce, les formes étant essentiellement déterminées par la structure du matériau et la vente s'adressant à tout un chacun. Il n'est donc pas surprenant de voir au début du 20e s. des architectes aussi célèbres que Breuer et Mies Van de Rohe participer aux premiers essais de meubles en tube métallique courbé édités par la marque Thonet.

le palais Stoclet à Bruxelles, concrétisation la plus connue de ses conceptions esthétiques. Klimt et Koloman Moser ont participé à sa décoration. Travaillant beaucoup pour sa clientèle privée, Hoffmann reçoit aussi des commandes de la municipalité de Vienne, notamment d'immeubles collectifs en 1923-1925.

Koloman Moser (1868-1918)

C'est assurément l'un des artistes d'arts appliqués les plus importants du début du 20e s. Il compte parmi les plus doués et les plus féconds de la Sécession dont il est l'un des créateurs. À travers les activités des Ateliers viennois, il démontre la diversité de ses talents. On l'y trouve tantôt orfèvre, tantôt dessinateur de papiers peints, concepteur de meubles géométriques ou encore affichiste. L'une de ses principales réalisations viennoises est sa collaboration à l'église Am Steinhof d'Otto Wagner, pour laquelle il conçut de magnifiques vitraux.

Adolf Loos (1870-1933)

Cet ancien élève des bénédictins de Melk qui se disait maçon était considéré par Le Corbusier comme un « précurseur de l'Esprit nouveau ». Imprégné des œuvres de Palladio, cet architecte novateur publie en 1898 dans la revue de la Sécession *(Ver Sacrum)* un article critiquant l'historicisme de la Ringstraße. Il rompt rapidement avec les architectes de la Sécession, à qui il reproche leurs « ornements superflus ». Partisan d'une architecture purement fonctionnelle, il construit beaucoup à Vienne (villas, appartements, cafés, mobiliers et objets). Son œuvre atteint sa maturité avec l'édification de l'immeuble de la Michaelerplatz (1908) qui abritera à partir de 1909 le magasin Goldman et Salatsch. Très critiqué, le bâtiment était surnommé la « maison sans sourcils » en raison de l'extrême dépouillement de sa façade.

Artistes contemporains

En 1959, Ernst Fuchs (1930-2015) et Arik Brauer (1929-2021) inventent le **réalisme fantastique**. Mais le principal mouvement qui se développe dans les années 1960 est celui de l'**actionnisme viennois**, autour d'artistes comme **Otto Muehl** (1925-2013), **Günter Brus** (1938) et **Hermann Nitsch** (1938), qui multiplient les performances en rupture avec l'esthétisme traditionnel. Ce courant est bien représenté au MUMOK *(voir p. 80)*.

Le spectaculaire essor que connaît, depuis vingt ans, l'architecture autrichienne doit beaucoup à **Hans Hollein** (1934-2014), l'un des chantres de l'esthétique post-moderne, et au cabinet **Coop Himmelb(l)au**, adepte du déconstructivisme. Les projets qu'ils ont réalisés dans les années 1990 ont donné le coup d'envoi à de nombreux chantiers en ville – le quartier administratif de Sankt Pölten, le MuseumsQuartier à Vienne... – mais aussi à la campagne : les Vorarlbergois, en particulier, excellent dans l'art de bâtir des cubes ultra-épurés au beau milieu de paysages bucoliques. La réputation de l'**école de Vienne** a largement dépassé les frontières de l'Autriche : Hollein a œuvré dans le Puy-de-Dôme (Vulcania); Himmelb(l)au à Lyon (musée des Confluences)... Récemment à Krems, la galerie d'art de Basse-Autriche (Landesgalerie Niederösterreich, 2019) s'est installée dans un cube vrillé habillé « d'écailles » de zinc, œuvre des frères Bernhard et Stefan Marte : ces architectes autrichiens, originaires du Vorarlberg, illustrent le bel esprit géométrique et dépouillé que l'on retrouve dans les édifices modernes de leur région d'origine.

Friedensreich Hundertwasser *(voir encadré p. 65)*.

Lac d'Achen, la gare de Seespitz.
L. Mallaun/mauritius images/age fotostock

ORGANISER SON VOYAGE

Aller en Autriche

Nom officiel : Autriche (Österreich)
Capitale : Vienne (Wien)
Superficie : 83 879 km²
Population : 8 979 894 hab.
Monnaie : euro
Langue officielle : allemand

Par la route

Grands axes

En venant d'Île-de-France – Par l'**A 4** jusqu'à la frontière allemande, à Sarrebruck, puis par Stuttgart et Munich par l'**E 52** jusqu'à Salzbourg.
D'Alsace – Par l'**A 35** jusqu'à Karlsruhe, en Allemagne, puis l'**E 52** jusqu'à Salzbourg.
De Lyon – Par l'**A 42** puis l'**A 40**, et, en traversant la Suisse, par l'**A 1** et le Liechtenstein par Vaduz pour entrer en Autriche.
Infos autoroutières en France – www.autoroutes.fr.

Carte Michelin

Carte Autriche n° 730 au 1/400 000.

Vignette automobile

La **vignette est obligatoire** sur les autoroutes et certaines routes nationales.
Tarifs – Véhicules inférieurs à 3,5 t : 9,60 € pour 10 jours ou 28,20 € pour 2 mois. Les véhicules supérieurs à 3,5 t s'acquittent du péage au moyen de la « GO-Box ». Vignettes et GO-Box disponibles dans les stations-service et aux entrées d'autoroutes frontalières, auprès des Automobile Club en France (www.automobile-club.org), ainsi que dans les bureaux de poste et de tabac autrichiens.
Infos – www.tolltickets.com (achat en ligne avec frais d'envoi).

Péage en sus

Sur certaines autoroutes et routes :
A 9 : tunnel de Bosruck (6 €), tunnel de Gleinalm (10 €) ;
A 10 : tunnel des Tauern et Katschberg (13 €) ; **A 11** : tunnel des Karawanken (7,60 €) ; **A 13** : autoroute du Brenner (10,50 €) ;
S 16 : tunnel routier de l'Arlberg (11 €).

En train

De France

Paris-Vienne, liaisons quotidiennes avec 1 ou 2 correspondances (10h30 à 13h). Train de nuit direct Paris-Vienne *(voir p. 38)* *via* Strasbourg, Munich, Rosenheim, Salzbourg, Linz et St. Pölten.
Paris-Salzbourg, correspondance à Stuttgart ou Zurich : liaisons régulières (8h30-10h30).
Paris-Innsbruck, changement à Zurich : liaisons régulières (8h à 9h).
Paris-Bregenz ou **Feldkirch**, changement à Zurich : plusieurs liaisons (6h à 7h).
Autres liaisons avec changement, au départ de **Nancy** et de **Strasbourg** pour Vienne et Salzbourg.
Infos et billets – www.sncf-connect.com.

Pass Interrail

L'**Interrail One Country Pass** permet de sillonner l'Autriche en train durant 3, 4, 5, 6 ou 8 j. sur une période d'un mois.
Infos – www.interrail.eu.

Distances	Paris	Lille	Strasbourg	Lyon	Bordeaux	Marseille
Bregenz	766	768	249	544	1094	824
Innsbruck	863	968	463	705	1255	900
Salzbourg	986	1016	512	877	1427	1078
Linz	1079	1058	611	1012	1562	1214
Lienz	1065	1095	591	856	1436	928
Klagenfurt	1193	1223	718	968	1549	1041
Graz	1237	1216	758	1114	1695	1187
Vienne	1259	1238	791	1193	1742	1372
Eisenstadt	1283	1262	859	1217	1766	1219

En avion

Vols internationaux réguliers à destination des aéroports de Vienne-Schwechat, Graz, Innsbruck, Klagenfurt, Linz et Salzbourg.

De France, **vol direct** uniquement à destination de **Vienne**, comptez 2h.

Aéroports

Vienne-Schwechat – *Voir p. 37.*
Linz – *Voir p. 183.*
Salzbourg – *Voir p. 231.*
Graz-Thalerhof – *Voir p. 297.*
Klagenfurt – *Voir p. 330.*
Innsbruck – *Voir p. 380.*

Compagnies aériennes

Compagnies régulières

Air France – ✆ 36 54 - www.airfrance.fr - 2 vols/j, dép. de Paris.

Austrian Airlines – ✆ 01 85 149 840 - www.austrian.com/fr - 3 vols/j, dép. de Paris.

Brussels Airlines – ✆ 0 902 51 600 (Belgique) - ✆ 0 892 640 030 (France) www.brusselsairlines.com. Vos directs pour Vienne au départ de Bruxelles et de plusieurs villes de France.

Swiss International Airlines – ✆ 0 848 700 700 (Suisse) - www.swiss.com. Au départ de Genève.

Compagnies low cost

Ryanair – www.ryanair.com. Vols pour Vienne au départ de Beauvais.

Transavia – www.transavia.com. Vols pour Vienne au départ de Paris-Orly.

Wizz Air – wizzair.com. Vol pour Vienne, au départ de Nice.

En car

Flixbus – www.flixbus.fr. Liaisons vers Vienne et Linz au départ de Paris, des régions de France et de Belgique.

Voyagistes

Culture

Voyages à Vienne avec un guide conférencier historien de l'art :

Terra Nobilis – ✆ 03 88 35 32 14 - www.terranobilis.com.

Clio – ✆ 01 53 68 82 82 - www.clio.fr.

Voyages musicaux avec soirée à l'Opéra de Vienne ou au Festival de Salzbourg, et week-ends musicaux :

Euridice-Opéra – ✆ 04 42 91 33 91 - www.euridice-opera.fr.

Rando à pied ou à vélo

La Balaguère – ✆ 05 62 97 46 46 - www.labalaguere.com.

Terres d'Aventure – ✆ 01 70 82 90 00 - www.terdav.com.

Avant de partir

Le bon moment pour partir

Saisons

Été - Souvent doux, voire chaud (de 20 °C à 30 °C) et parfois pluvieux.
Automne - Ensoleillé et frais (de 8 à 15 °C).
Hiver - Rigoureux et neigeux (de 0 à 4 °C).
Printemps - Doux et ensoleillé (de 15 °C à 20 °C).

Météo

Institut central de météorologie autrichien (ZAMG) - www.zamg.ac.at (en anglais).
Météo France - meteofrance.com/meteo-monde.

Adresses utiles

Représentations diplomatiques

Ambassade d'Autriche à Paris - 6 r. Fabert - 75007 Paris - ✆ 01 40 63 30 63 -www.bmeia.gv.at/fr/paris.
À Bruxelles - Av. de Cortenbergh 52 - 1000 Bruxelles - ✆ 02 289 07 00 - www.bmeia.gv.at/fr/bruxelles.
À Berne - KirchenfeldStr. 77-79 - 3000 Bern - ✆ 031 356 5 252 - www.bmeia.gv.at/oeb-bern.
« Ambassades » p. 560.

Office de tourisme

Vacances en Autriche - ✆ 0 800 941 921 (lun.-vend. 9h-17h, gratuit depuis la France) - www.austria.info/fr.
Vous trouverez les adresses des offices de tourisme locaux au fil des rubriques « S'informer » dans le « Carnet pratique » la partie « Découvrir l'Autriche ».

Applications mobiles

Alpenvereinaktiv - Cartes topographiques détaillées des Alpes pour les sorties en montagne (en français).
iSki Austria - Les conditions météo des domaines skiables (en anglais).
ÖBB Scotty - Tous les horaires des transports publics en Autriche (en anglais).

Tourisme des personnes handicapées

Renseignements auprès de l'**Office national autrichien du tourisme** qui liste aussi des organismes spécialisés sur son site Internet : www.austria.info/fr.

Formalités

Pour connaître les conditions d'entrée en cours, notamment sanitaires, consultez le site du ministère français des Affaires étrangères : **www.diplomatie.gouv.fr**.

Documents

Pièces d'identité

Pour les ressortissants de l'UE, carte nationale d'identité ou passeport.
Pour les ressortissants suisses, carte nationale d'identité.

Permis de conduire

Permis de conduire à trois volets, sinon permis international.

Douanes

Les marchandises achetées à titre privé peuvent être librement transportées d'un pays à l'autre au sein de l'Union européenne.

Néanmoins, des **quotas** ont été déterminés sur certaines marchandises telles que tabac (1 kg), spiritueux (10 l), vin (90 l) et bière (110 l).

Assurances

Carte européenne d'assurance maladie (CEAM)

Cette carte gratuite, valable 2 ans, garantit aux ressortissants de l'Union européenne la prise en charge des soins, dans le système public, aux mêmes conditions que les assurés du pays visité. Il faut en faire la demande auprès de sa caisse d'assurance maladie ou sur **www.ameli.fr**, 2 à 3 semaines avant le départ. La CEAM existe aussi en version dématérialisée sur l'application ameli.

Assurance voyage

L'assurance voyage comporte plusieurs volets : annulation (avant le départ), prise en charge des frais hospitaliers et de rapatriement (durant le séjour), vol ou perte de bagages. Afin de limiter ces éventuels frais, il est donc fortement conseillé d'en souscrire une auprès de votre tour-opérateur ou de la compagnie d'assurances de votre choix.

Si vous réglez votre voyage par carte bancaire, sachez que la plupart des banques incluent déjà dans leur contrat ce type d'assurance. Pensez donc à vérifier au préalable les garanties dont vous bénéficiez. Pour étudier la meilleure offre, il existe différents comparateurs d'assurance, notamment **insurly.fr**, très intuitif et complet (comparaison de chaque assurance voyage avec les modalités de la carte bancaire), **www.tourdumondiste.com**, adapté aux courts et longs séjours.

Covid

Pour connaître les règles sanitaires en vigueur en Autriche, consultez les sites **at.ambafrance.org** et **austria.info**. Depuis le 1er juin 2022, plus de mesures particulières, hormis à Vienne où le port du masque reste obligatoire dans les transports en commun, taxis et pharmacies.

Animaux de compagnie

Un passeport attestant de leur vaccination antirabique est requis.

Téléphoner en Autriche

Composez le 00 43 + indicatif téléphonique de la ville sans le zéro + numéro du correspondant.

« Téléphone » p. 565.

Budget

En dehors de Salzbourg et de Vienne (1er arrdt) où les prix sont plus élevés que dans le reste de l'Autriche, le coût de la vie est sensiblement analogue à celui de la France. L'essence y est meilleur marché (1,75 €/l), le menu du midi souvent avantageux en semaine (autour de 10 €), le ticket de tram ou de métro plus cher (2,40 € à l'unité). Musées : entre 6 et 18 €. Tablez sur un budget quotidien de 100 € par personne.

Hébergement

Retrouvez notre sélection dans « Nos adresses » dans la partie « Découvrir l'Autriche ».

Nos catégories de prix

Les prix que nous indiquons correspondent au tarif minimal et maximal d'une chambre double standard en haute saison. Les établissements sont classés par catégories de prix *(voir tableau*

Nos catégories de prix		
	Hébergement	**Restauration**
Premier prix	jusqu'à 80 €	jusqu'à 20 €
Budget moyen	de 80 € à 130 €	de 20 € à 40 €
Pour se faire plaisir	de 130 € à 170 €	de 40 € à 60 €
Une folie	plus de 170 €	plus de 60 €

ci-dessus). Les tarifs incluent en général le petit-déjeuner *(Frühstück).* De nombreux établissements proposent la demi-pension.

Pensez à préciser le type de lit désiré : lits séparés *(getrennt),* lits doubles à deux matelas ou lit « français » à un matelas *(französisches Bett).*

Groupe hôtelier

Autriche pro France – ✆ 0 825 062 063 - www.autriche.com. Service d'information et de réservation d'hôtels, sélection d'adresses francophones.

Hébergement rural

Bundesverband Urlaub am Bauernhof in Österreich – ✆(0) 662 880202 - www.urlaubambauernhof.at. Ce réseau bien développé est de bon confort.

Chambres chez l'habitant

Cette solution très répandue en Autriche permet de se loger à moindre coût, tout en découvrant les Autrichiens au quotidien.

Renseignements auprès de l'**office national autrichien du tourisme** *(voir p. 556).*

Offres également sur Internet : www.bedandbreakfastaustria.at, www.privatzimmer.at.

Auberges de jeunesse

Österreichischer Jugendherbergsverband – ✆ (01) 533 53 53 - www.oejhv.at. Au moins une auberge par grande ville autrichienne, souvent aussi dans les villes moyennes.

Camping et caravaning

Le site l'**office national autrichien du tourisme** *(voir p. 556)* redirige vers les sites régionaux détaillant les infos.

Autre site listant des adresses : **Österreichischer Campingclub** (ÖCC) – www.campingclub.at.

salihkilic/Getty Images Plus

Sur place de A à Z

Ambassades

Ambassade de France – Technikerstr. 2 - 1040 Vienne - ✆ 01 502 750 - at.ambafrance.org.
Ambassade de Suisse – Prinz-Eugen-Str. 9a - 1030 Vienne - ✆ 01 795 05 - www.eda.admin.ch/wien.
Ambassade de Belgique – Schönburgstr. 10 - 1040 Vienne - ✆ 01 502 070 - austria.diplomatie.belgium.be/fr.

Argent

La monnaie est l'**euro**.

Banques

Ouvertes en semaine, de 8h à 12h30 et de 13h30 à 15h (17h30 le jeudi).

Cartes bancaires

Elles sont largement acceptées dans les grandes villes et dans les hôtels, les restaurants, les magasins... Les distributeurs automatiques sont très répandus même en zone rurale.
En cas de perte, appelez le numéro fourni par votre banque pour faire opposition ou :
Visa – ✆ 0 800 200 888.
Mastercard – ✆ 0 800 0706138.

Croisières

Vallée du Danube *(p. 191)*, Wachau *(p. 149)*, Linz *(p. 185)*.

Électricité

Le voltage du secteur est de **220V**, comme partout en Europe continentale. Les prises sont identiques à celles de France ou de Belgique, mais les Suisses doivent se munir d'un adaptateur.

Musées et sites

Ils sont généralement ouverts de 9h ou 10h à 17h ou 18h. La plupart ferment le lundi ou le mardi. Les plus importants proposent des « nocturnes » jusqu'à 20h, voire 22h un soir par semaine.

Tarifs

Comptez entre 6 et 18 € l'entrée. La majorité des lieux sont désormais gratuits pour les moins de 19 ans. À Vienne, les musées municipaux sont gratuits chaque 1er dimanche du mois.
On peut parfois réduire la dépense en se procurant un billet combiné *(Kombiticket)* ou un pass comme le Sisi-Ticket à Vienne ou le Joanneums-Ticket à Graz.

Un café, sept possibilités !

Pour ne pas bafouiller devant le serveur *(Herr Ober)*, voici les variantes les plus courantes du café :
Kleiner/Grosser Schwarzer : expresso (simple/double) souvent assez léger.
Kleiner/Grosser Brauner : café crème (simple/double).
Verlängerter Schwarzer/Brauner : expresso/café crème allongé d'eau chaude.
Mélange : expresso allongé de lait chaud et coiffé de crème de lait (cappuccino).
Kapuziner : expresso simple, coiffé de crème fouettée.
Franziskaner : mélange coiffé de crème fouettée.
Einspänner : expresso double, coiffé de crème chantilly (sucré, donc).
« Vivre à la viennoise » p. 43.

Jours fériés

Nouvel An	Neujahrstag	1er janvier
Épiphanie	Heilige Drei Könige	6 janvier
Lundi de Pâques	Ostermontag	variable (mars-avril)
Fête du Travail	Staatsfeiertag	1er mai
Ascension	Christi Himmelfahrt	variable (mai)
Lundi de Pentecôte	Pfingstmontag	variable (mai)
Fête-Dieu	Fronleichnam	variable (juin)
Assomption	Mariä Himmelfahrt	15 août
Fête nationale	Nationalfeiertag	26 octobre
Toussaint	Allerheiligen	1er novembre
Immaculée Conception	Mariä Empfängnis	8 décembre
Noël et lendemain de Noël	Christtag et Stephanitag	25 et 26 décembre
Saint-Sylvestre	Silvester	31 décembre

Piétons

Traversez sur les **passages piétons** et respecter les feux tricolores, sous peine d'amende.
Attention aux trottoirs partagés avec les cyclistes (pistes tracées sur le sol) : restez sur la partie piétonne, sous peine d'être interpellé, voire bousculé !

Poste

Bureaux de poste

Ouverts en semaine de 8h à 12h et de 14h à 18h. Possibilité d'y retirer de l'argent. Dans les grandes villes, les bureaux de poste principaux et ceux des gares sont souvent ouverts en permanence.

Affranchissement et envoi

Les **timbres (Briefmarken)** s'achètent dans les bureaux de poste, tabacs et kiosques.
Tarif : 1 € pour une carte postale à destination de la France
Les **boîtes aux lettres** sont de couleur jaune. Des bandes rouges signalent des levées supplémentaires le week-end.

Pourboire

Dans les restaurants, les cafés et les taxis, il est d'usage de laisser un **pourboire (Trinkgeld)**, équivalent en général à 10 % de l'addition.
On ne laisse pas le pourboire sur la table, mais on le donne directement au serveur au moment de régler l'addition. Pour signaler au serveur qu'il peut garder la monnaie, on se contentera d'un « Paßt schon ». On peut encore, pour les règlements par carte bancaire, ajouter un pourboire au montant total de la note.

Randonnée

Avec une nature aussi généreuse et autant de panoramas à couper le souffle, l'Autriche se révèle le paradis des randonneurs. Le territoire est sillonné par un très dense réseau de sentiers bien balisés qui permettent toutes sortes de marches. Courtes balades à thème avec panneaux explicatifs pour découvrir la flore des alpages ou trekking en haute montagne de refuge en refuge : il n'y a que

l'embarras du choix !
L'office national autrichien du tourisme *(voir p. 556)* donne des conseils et préconise des itinéraires. Pour de plus amples informations, il renvoie aux sites Internet régionaux.
« Voyagistes » p. 555.

Quelques belles randos dans ce guide

En Carinthie : le pourtour du lac de Millstatt réserve de courtes mais romantiques balades *(voir p. 342)*.
Dans le pays de Salzbourg : du Roßbrand *(voir p. 245)*, au départ de Filzmoos, le regard embrasse tout le massif du Dachstein ; le Stubnerkogel *(voir p. 436)* offre une vue plongeante sur la vallée de Gastein.
Au Tyrol : le lac Palfner *(voir p. 437)* pour randonner tout en douceur ; la Gefrorene Wand *(voir p. 417)* pour tutoyer les séracs d'un glacier à 3250 m d'altitude ; l'Europa-Panoramaweg *(voir p. 444)* vous sert sur un plateau 60 sommets de plus de 3000 m.

Restauration

Retrouvez notre sélection dans « Nos adresses » de la partie « Découvrir l'Autriche ». Comme pour les hébergements, ils sont présentés par catégories de prix sur la base mini/maxi *(voir tableau*

À la carte

Apfelkren : sauce au raifort et aux pommes
Backhendl : poulet frit et pané
Baunzerl : petit pain au lait
Buchteln : brioche chaude à la crème
Blunzen : boudin
Burenwurst : saucisse cuite à l'eau
Erdäpfel/Kartoffel : pommes de terre
Faschiertes : viande hachée, boulettes
Fisolen : haricots verts
Frittaten : crêpes coupées en lanières
Gansljunges : abattis d'oie
Geselchtes : viande fumée
Golatschen : sortes de friands
Hasen : lièvre
Heuriger : vin nouveau de l'année
Jungfernbraten : aloyau de porc au cumin
Kaiserfleisch : côtes de porc salées et fumées
Kaiserschmarrn : crêpe fourrée aux raisins de Corinthe
Karfiol : chou-fleur
Kipferl : croissant
Knödel : boulettes de mie de pain cuites à l'eau
Kohlsprossen : chou de bruxelles
Kracherl : limonade aux fruits
Kren : sauce au raifort
Kukuruz : maïs
Marillen : abricots
Nockerln : boulettes de pâtes à base d'œuf
Palatschinken : crêpe épaisse
Paradeiser : tomates
Quark : crème fraîche
Ribisel : groseilles
Risibisi : riz et petits pois
Schill/Fogosch : sandre
Schlagobers : crème fouettée
Schwämme : champignons
Schnitzel : escalope de volaille panée
Semmerl : petit pain
Spinat : épinard
Spritzer ou G'spritzer : mélange de vin et d'eau pétillante (ou limonade).
Strudel : chausson fourré
Zucchini : courgettes
Tafelspitz : bœuf bouilli avec légumes et sauce tartare
Topfen : fromage blanc
Weingespritzt : vin coupé d'eau pétillante
Zwetschkenröster : prunes au sirop

p. 558). La mention « plat » fait référence à un plat principal.

« Les plaisirs de la table » p. 516; lexique dans le rabat de couv.

Horaires des repas

Le **déjeuner** est généralement servi entre 12h et 14h et le **dîner** dès 18h. Vous risquez d'essuyer un refus si vous vous présentez après 21h, même dans les grandes villes.
Les restaurants sont souvent fermés entre les repas et rarement ouverts tous les jours, sauf dans les grandes villes.

« Keller, Beisel et Heurigen » p. 43.

Petite pause

Les Autrichiens aiment se retrouver dans les **salons de thé (Konditorei)** autour de pâtisseries, mais aussi dans les cafés *(voir p. 43)*.

Routes thématiques

Route romantique

ARGE « Die österreichische Romantikstraße » - www.romantikstrasse.at. Elle longe le Danube sur 380 km, de Vienne à Salzbourg.

Route des châteaux

Schlösserstraße - www.schloesserstrasse.com. Elle relie 19 sites sur 350 km autour de Graz.

Routes des vins

Weinreisen Austria - www.weinreisenaustria.at. Elles sillonnent le Burgenland (lac de Neusiedl), la Basse-Autriche (Krems Und Stein) et la Styrie (Graz).

« Route styrienne du vin » p. 303.

Santé

Pharmacies

Les pharmacies assurent en alternance un service de garde de nuit et le dimanche.

Médecins et hôpitaux

Liste des **médecins francophones** sur : at.ambafrance.org/Medecins.
La CEAM *(voir p. 557)* permet de bénéficier de la prise en charge immédiate des soins médicaux. Sinon, vous présenterez les factures et les justificatifs de paiement à votre caisse d'assurance maladie à votre retour en France.

« Urgences » p. 566.

Shopping

Commerces

Ouverts généralement de 8h à 19h30 (17h le samedi).
Dans les lieux touristiques ou centraux, jusqu'à 21h en semaine et jusqu'à 18h le samedi.

« Souvenirs » ci-contre.

Marchés

Les plus appétissants sont les **marchés paysans (Bauernmärkte)** qui regorgent de produits du terroir - miel, confitures, charcuterie, fromages... - et font la part belle au bio. Vous en trouverez dans tous les Länder.
Marchés d'alimentation ou d'artisanat, brocantes et puces ouvrent à 7/8h et ferment souvent à 12/13h.

Sports aquatiques

On dénombre plus de 25 000 lacs en Autriche. Beaucoup se prêtent aux joies de la baignade, notamment ceux de Carinthie, les plus chauds de tous, même si le Klopeiner See (25 °C) a été récemment détrôné par un lac styrien, le Salza-Stausee près de Bad Mitterndorf (27 °C).
Les plus grands sont dotés de bases nautiques très bien équipées, permettant de pratiquer voile, paddle, canoë, plongée...

Parmi les lacs avec bases nautiques, nous vous suggérons : le Neusiedler See *(p. 121)*, le Wörther See *(p. 331)*, l'Ossiacher See *(p. 336)*, le Millstätter See *(p. 341)*, l'Achensee *(p. 394)*, le Walchsee *(p. 408)*.

Sports d'hiver

Plus de 440 domaines skiables, un enneigement garanti et de petites stations familiales qui ont su garder un visage humain : l'Autriche, pays alpin par excellence, a de nombreux atouts pour séduire les fans de sports d'hiver, qu'ils soient chevronnés ou débutants.

L'éventail des activités est large : balade en traîneau à Filzmoos, randonnées en raquettes dans les Nockberge, snowboard au Kitzsteinhorn, luge au Wildkogel, ski de fond à Ramsau ou Seefeld...

Pour tout renseignement sur les différentes stations de sports d'hiver : www.austria.info/fr.

Principaux domaines skiables : Schladming-Dachstein *(p. 277)*, Gastein *(p. 438)*. Kitzbühel *(p. 415)*, Ötztal-Sölden *(p. 456)*, Arlberg *(p. 497)*, Montafon-Silvretta *(p. 503)*.

Souvenirs

Artisanat local

Tapis, œufs peints, jouets en bois, bougies, céramique, verre soufflé... Le choix est vaste et chaque région autrichienne a ses spécialités.

Vêtements

Chapeau en feutre gris ou vert, gants de chamois ou chaussures traditionnelles de randonnée.

Produits du terroir

Parmi les spécialités les plus répandues : l'**huile de pépins de courge** (*Kürbiskernöl*), surtout courante en Styrie ; le **pain noir**, au cumin ou au fenouil ; le **Speck** (viande séchée ou fumée) et le **fromage de montagne**, notamment le *Bergkäse* du Vorarlberg.

Alcools

La majeure partie de la production viticole est constituée de **vins blancs** produits à partir de cépages variés. Quant aux **eaux-de-vie** (*Obstler*, dites aussi *Schnaps*), elles sont nombreuses, notamment dans le Vorarlberg.

Chocolats

Faciles à rapporter, les délicieux **Mozartkugeln** (chocolats fourrés à la pâte d'amande et à la crème de noisettes), typiques de Salzbourg, sont toujours confectionnés au Café Konditorei Fürst *(voir p. 234)*. Autres chocolatiers réputés : Xocolat à Vienne *(voir p. 59)*, Zotter en Styrie *(voir p. 308)* et Fenkart dans le Vorarlberg *(voir p. 478)*.

Tabac

Les lieux publics sont non-fumeurs, de même que les restaurants. Cela vaut aussi pour la cigarette électronique. Mais il est encore possible de fumer dans certaines zones réservées comme les cours et les Schanigärten (« terrasse aménagée sur un trottoir »).

Téléphone

Appels internationaux

Vers la France – 00 33 + numéro de l'abonné sans le 0 initial.

Vers la Belgique – 00 32 + numéro de la zone sans le 0 + numéro du correspondant.

Vers la Suisse – 00 41 + numéro de la zone sans le 0 + numéro du correspondant.

Appels locaux

Le nombre de chiffres est variable : les services officiels ont des numéros courts.

Appel dans la région – Numéro du correspondant sans l'indicatif de la région.

Vers une autre région – 0 + indicatif régional + numéro du correspondant.

Les préfixes téléphoniques sont de longueur variable.

Téléphone mobile vers une ligne fixe – Indicatif régional+ numéro du correspondant.

Transports en commun

Bus

Les **Postbus** couplés au réseau des chemins de fer desservent de nombreuses villes autrichiennes. Achat des titres de transport dans les gares routières, auprès des conducteurs, par téléphone, ou sur le site Internet des Postbus.

Postbus – ✆ 05 17 17 (6h-19h) - www.postbus.at.

Train

Dense et moderne, le réseau ferroviaire autrichien est exploité pour l'essentiel par la compagnie nationale ÖBB. Les trains circulent selon un horaire cadencé. Les plus rapides sont les RJ (Railjet) et les ICE (Intercity-Express).

Le tarif le plus avantageux est le **Sparschiene-Preis**, non échangeable et non remboursable, en vente en ligne sur le site de l'ÖBB. Acheté à l'avance, un aller simple Graz-Vienne coûte 14,90 € voire 9,90 € contre 44,90 € au guichet. Autre bonne option : le **pass Einfach-Raus-Ticket** qui permet de voyager à plusieurs une journée durant (à partir de 9h en semaine et sans restrictions le week-end) 35 €/2 pers., 39 €/3 pers., 43 €/4 pers.)...

ÖBB – ✆ 05 17 17 (6h-19h) - www.oebb.at.

Quelques lignes sont desservies par des compagnies privées (Eisenstadt-Sopron, Mariazell, le Zillertal ou encore le Montafon.)

Urgences

Appel d'urgence – ✆ 112
Pompiers – ✆ 122
Police – ✆ 133
Samu – ✆ 141
SOS Dentistes – ✆ 0512 20 78

Vélo

L'Autriche a déployé une belle offre de **parcours cyclables** aménagés, le long de ses cours d'eau, notamment le Danube *(voir p. 191)* et la Mur *(voir p. 273)*, et de ses lacs comme celui de Neusiedl *(voir p. 123)* ou de Constance *(voir p. 479)*. Les **points de location** de vélo, développés par les municipalités sont nombreux. Retrouvez tous les itinéraires nationaux et les infos pratiques pour profiter de l'Autriche en deux roues mécanique ou électrique sur le site Radtouren in Österreich : **www.radtouren.at**.

Vélo + train

La plupart des trains – notamment les S-Bahn – permettent de transporter son vélo, dans des espaces dédiés, moyennant un modeste supplément.

Distances	Bregenz	Eisenstadt	Graz	Innsbruck	Klagenfurt	Linz	Salzbourg	Vienne
Bregenz	-	360	569	187	530	434	322	596
Eisenstadt	360	-	173	511	275	214	331	52
Graz	569	173	-	429	136	220	260	194
Innsbruck	187	511	429	-	320	314	181	476
Klagenfurt	530	275	136	320	-	252	221	296
Linz	434	214	220	314	252	-	135	182
Salzbourg	322	331	260	181	221	135	-	297
Vienne	596	52	194	476	296	182	297	-

MICHELIN vous GuideVert
l'Europe de vos rêves
LE GUIDE VERT Week&GO
CYCLADES
LE GUIDE VERT Week&GO
ÎLES CANARIES
LE GUIDE VERT Week&GO
PORTO
MICHELIN
Format poche
Plan détachable
Nos meilleures adresses
Nos incontournables ★★★
MICHELIN

Voiture

Numéros utiles

État des routes – ✆ 120 ou 123.
Dépannage – ✆ 120.

Réseau routier

Circuler en l'Autriche est un vrai régal : le réseau routier, bien développé, est en bon état, que ce soient les routes communales *(Gemeindesstraßen)*, les routes régionales *(Landesstraßen)*, les voies rapides et les autoroutes soumises à redevance.
« Vignette automobile » p. 554.
Sur les routes de haute montagne et à l'entrée de quelques **tunnels**, il vous faudra vous acquitter d'un péage spécial dit **Maut**. C'est le cas sur la Malta Hochalmstraße *(voir p. 345)*, la Gerlosstraße *(voir p. 419)*, la route du Großglockner *(voir p. 428)*, la Silvretta *(voir p. 500)*...

Limitations de vitesse

- **130 km/h** sur autoroute (attention : nombreux radars !) ;
- **100 km/h** sur route ;
- **50 km/h** en agglomération (30 km/h dans Graz).

Conditions de circulation

En ville – Dans les centres anciens, la circulation est généralement interdite. Dans les zones à stationnement payant (lun.-vend.), le ticket *(Parkschein)* coûte autour de 1,10 € pour 30mn, 4,40 € 2h. Il s'achète à l'horodateur.
À Vienne, les automobilistes sont invités à garer leur véhicule à la périphérie, dans un Park & Ride (3,60 €/j.), et à emprunter les transports en commun.
En hiver – Il est fréquent que les routes de haute montagne et les cols soient fermés en raison d'importantes chutes de neige, parfois jusqu'en mai.
Du 1er novembre au 15 avril, tout véhicule circulant dans une zone enneigée doit être équipé de pneus neige (siglés M+ S, avec des sillons de 4 mm) sur les quatre roues ou de chaînes sur au moins deux roues motrices.

Location de voiture

Il faut avoir 19 ans, posséder un permis de conduire depuis 1 an, une carte de paiement au même nom ainsi qu'un justificatif d'assurance personnelle. Des frais peuvent être appliqués aux conducteurs de moins de 25 ans. Les principaux loueurs ont un comptoir dans les aéroports d'Innsbruck, Salzbourg, Graz et Vienne. Certains (Sixt, Avis...) sont aussi présents dans les gares principales.

Agenda

Pour les événements culturels renommés, il est conseillé de prendre ses places à l'avance. Réservation auprès des organisateurs, des offices de tourisme ou sur les sites **www.oeticket.com** et **www.events.at**.

Consultez l'« Agenda » dans le « Carnet pratique » des sites de la partie « Découvrir l'Autriche ».

Janvier

Vienne – www.wienerphilharmoniker.at. Concert du Nouvel An dans le Musikverein par l'orchestre philharmonique de Vienne.

Bad Gastein – www.gasteinerperchten.com. Défilé du carnaval de Perchtenlauf du 2 au 6, tous les 4 ans (prochain en 2026).

Salzbourg – mozarteum.at. Mozartwoche (semaine du 27 janvier) : à l'occasion de l'anniversaire de sa naissance, un festival dédié à Mozart.

Février

Gmunden – www.festwochen-gmunden. Festival du Salzkammergut sur les berges du Traunsee : théâtre, concerts, jazz et performances.

Imst – Buabefasnacht : tous les 4 ans (prochain en 2023), défilé masqué des garçons, de 6 à 16 ans ; Schemenlaufen : tous les 4 ans (prochain en 2024), défilé masqué des hommes symbolisant le triomphe du printemps sur l'hiver.

Telfs – Schleicherlaufen : tous les 5 ans (prochain en 2025), solennel défilé d'hommes masqués. Une tradition attestée depuis le 16e s.

Mars

Graz – www.diagonale.at. Diagonale : festival du film autrichien.

Bregenz – www.bregenzerfruehling.com. Printemps de Bregenz : festival de danse.

Avril

Salzbourg – www.osterfestspiele-salzburg.at. Osterfestspiele (Festival de Pâques) : musique et opéra.

Krems – www.donaufestival.at. Donaufestival (festival du Danube) : théâtre, danse, musique, arts plastiques (fin avr.-déb. mai).

Mai

Zell am Ziller – www.gauderfest.at. Gauder Fest : fête de la bière avec fanfares et manifestations folkloriques (1re semaine du mois).

Bad Aussee – www.narzissenfest.at. Narzissenfest : fête des narcisses (fin mai/déb. juin).

Graz – www.designmonat. Mois du Design : expositions et ateliers dans toute la ville, élue « City of Design » par l'Unesco.

Vienne – www.musikverein.at. Musikverein Festival Wien : musique classique (mai-juin).

Millstatt – www.musikwochen.com. Semaines musicales internationales (mai-juin).

Juin

Köflach – Haras de Piber - Parades de lipizzans et démonstrations de l'école espagnole de Vienne (juin).

Wiesen – www.wiesen.at. Festival de musique en plein air : reggae, rock et jazz (mai-août).

Innsbruck – www.stars-of-tomorrow.at. Stars of Tomorrow : concours de danse (juin-juil.).

Lac de Wörth – www.woertherseeclassics.com Wörthersee Classic : festival de musique dédié aux compositeurs (Mahler, Berg, Brahms...) qui ont séjourné sur les rives du lac.

Juillet

Klagenfurt – musikforum.at. Forum musical de Viktring.

Erl – www.tiroler-festspiele.at. Festival de musique d'Erl : opéra et concerts classiques en plein air.

Juillet-août

Ossiach/Villach – carinthischersommer.at. Carinthischer Sommer : festival musical.

Innsbruck – www.altemusik.at. Semaines de musique ancienne.

Mörbisch am See – www. seefestspiele-moerbisch.at. Festival lacustre : opérettes sur le lac de Neusiedl.

Bregenz – bregenzerfestspiele. com. Festival international de danse et de théâtre.

Salzbourg – www. salzburgerfestspiele.at. Festival international de musique classique, d'opéra et de théâtre.

Août

Kufstein – www.operettensommer. com. Été des opérettes.

St. Anton am Arlberg – www. filmfest-stanton.at. Festival cinématographique consacré à la nature.

Mondsee – www.musiktage-mondsee.at. Journées de Mondsee : musique de chambre (fin août-déb. sept.).

Septembre

Eisenstadt – www.herbstgold. at. Festival Herbstgold consacré à Haydn, à la musique folklorique des Balkans.

Linz – www.aec.at. Festival Ars Electronica : art et technologie.

Septembre-octobre

Burgenland et Basse-Autriche – www.niederoesterreich.at/ weinherbst. Fête des vendanges *(Niederöster- reichischer Weinherbst)* : cortèges, fontaines à vin, feux d'artifice.

Linz – www.brucknerhaus. at. Festival Bruckner : musique classique.

St. Pölten – festival-musica-sacra. at. Festival de musique sacrée.

Graz et environs – www. steirischerherbst.at. Festival multidisciplinaire « Automne styrien ».

Novembre-décembre

Dans tout le pays – Marchés de l'Avent et de Noël (de fin nov./ déb. déc. jusqu'à Noël).

Livres et films

Livres

GEIGER Arno, **Tout va bien**, 2005. De l'Anschluss à 2001, trois générations se succèdent, dans une maison de la banlieue viennoise.

HANDKE Peter, **L'Angoisse du gardien de but au moment du penalty**, 1970. Un roman aux allures de polar, mais dont le sujet est l'errance et le cheminement intérieur.

MUSIL Robert, **L'Homme sans qualités**, 1930-1933. Ce roman-fleuve dresse un portrait satirique de la société viennoise quelques mois avant la Première Guerre mondiale.

MURNBERGER Wolfgang, **Silentium**, 2004. Grand prix du festival de Cognac. Le beau-fils du directeur de l'Opéra de Salzbourg est retrouvé mort. Recherche de la vérité par la veuve, sur fond de secrets bien gardés.

RILKE Rainer Maria, **Journaux de jeunesse**, 1898-1900. Ils retracent la jeunesse de l'un des plus talentueux poètes du 20e s.

ROTH Joseph, **La Marche de Radetzky**, 1932. La chute de l'Empire austro-hongrois retracée sur trois générations à travers l'histoire de la famille des barons von Trotta.

SCHNITZLER Arthur, **Vienne au crépuscule**, 1908. Histoires d'amour de l'écrivain Henri Bermann et de son ami, le compositeur Georges de Wergenthin sur fond d'analyse de la société viennoise du début du 20e s.

ZWEIG Stefan, **Le Monde d'hier, souvenirs d'un Européen**, 1942. Autobiographie du célèbre écrivain viennois.

« La vie littéraire » p. 534.

Films

DAĞ Umut, **Une seconde femme**, 2012. Une jeune femme turque, Ayse, quitte son village natal pour Vienne. Un huis clos dans la communauté turque de Vienne et une réflexion troublante sur les arrangements familiaux.

FORMAN Milos, **Amadeus**, 1984. Tourné à Prague et non à Vienne, ce film récompensé par de nombreux oscars est une évocation brillante de l'époque de Mozart.

HANEKE Michael, **La Pianiste**, 2001. Tourné en partie au Konzerthaus de Vienne, avec Isabelle Huppert dans le rôle de la pianiste. Grand Prix du jury au Festival de Cannes en 2001.

MARISCHKA Ernst, **Sissi; Sissi impératrice; Sissi face à son destin**, 1955-1957. La célèbre trilogie avec Romy Schneider en inoubliable Sissi.

PABST Georg Wilhelm, **Le Procès**, 1947. Des villageois accusent la communauté juive du meurtre d'une jeune fille. Inspiré d'une histoire vraie, ce film tente d'exorciser les démons du nazisme.

REED Carol, **Le Troisième Homme**, 1949. Un journaliste américain vient retrouver son ami, Harry Lime à Vienne... et se retrouve plongé dans les profondeurs et les passions de l'immédiate après-guerre. Avec Orson Welles.

WISE Robert, **La Mélodie du bonheur**, 1965. Sous forme de comédie musicale, la vie et l'exil d'une famille de Salzbourg peu de temps avant l'Anschluss... un film-culte.

« Au cinéma » p. 536.

Notes

Vienne : villes, curiosités et régions touristiques.
Les *monuments et curiosités* relevant d'une ville sont classés à la suite de cette ville.
Mozart, Wolfgang Amadeus : noms historiques ou termes faisant l'objet d'une explication.
Les sites isolés (châteaux, monastères, grottes...) sont répertoriés à leur propre nom.

A

B

H

W

Z

Carte générale

Premier rabat de couverture

Cartes des régions

Plans de ville

Plan de monument

Cartes thématiques

Cartes des circuits

LÉGENDE DES CARTES ET PLANS

Curiosités et repères

- Itinéraire décrit, départ de la visite
- Église
- Mosquée
- Synagogue
- Temple
- Temple : bouddhique - hindou
- Bâtiment
- Monastère - Phare
- Fontaine
- Point de vue
- Château - Ruine ou site archéologique
- Barrage - Grotte
- Monument mégalithique
- Tour génoise - Moulin
- Temple - Vestiges gréco-romains
- Autre lieu d'intérêt, sommet
- Distillerie
- Palais, villa, habitation
- Cimetière : chrétien - musulman - israélite
- Oliveraie - Orangeraie
- Mangrove
- Auberge de jeunesse
- Gravure rupestre
- Pierre runique
- Église en bois
- Église en bois debout
- Parc ou réserve national
- Bastide

Sports et loisirs

- Piscine : de plein air - couverte
- Plage - Stade
- Port de plaisance - Voile
- Plongée - Surf
- Refuge - Promenade à pied
- Randonnée équestre
- Golf - Base de loisirs
- Parc d'attractions
- Parc animalier, zoo
- Parc floral, arboretum
- Parc ornithologique réserve d'oiseaux
- Planche à voile, kitesurf
- Pêche en mer ou sportive
- Canyoning, rafting
- Aire de camping - Auberge
- Arènes
- Base de loisirs, base nautique ou canoë-kayak
- Canoë-kayak
- Promenade en bateau

Informations pratiques

- Information touristique
- Parking - Parking - relais
- Gare : ferroviaire - routière
- Voie ferrée
- Ligne de tramway
- Départ de fiacre
- Métro - RER - Tramway
- Station de métro (Calgary, ...) (Montréal)
- Téléphérique, télécabine
- Funiculaire, voie à crémaillère
- Chemin de fer touristique
- Transport de voitures et passagers
- Transport de passagers
- File d'attente
- Observatoire
- Station-service - Magasin
- Poste - Téléphone
- Internet
- H Hôtel de ville
- B Banque, bureau de change
- J POL Palais de justice - Police
- GNR Gendarmerie
- T M Théâtre - Musée
- U Université
- Musée de plein air
- Hôpital
- Marché couvert
- Aéroport
- Parador, Pousada (Établissement hôtelier géré par l'État)
- A Chambre d'agriculture
- D Conseil provincial
- G Gouvernement du district, Délégation du Gouvernement Police cantonale
- L Gouvernement provincial (Landhaus)
- P Chef-lieu de province
- Station thermale
- Source thermale

Axes routiers, voirie

- Autoroute ou assimilée
- Échangeur : complet - partiel
- Route
- Rue piétonne
- Escalier - Sentier, piste

Topographie, limites

- Volcan actif - Récif corallien
- Marais - Désert
- Frontière - Parc naturel

Comprendre les symboles utilisés dans le guide

LES ÉTOILES

★★★ **Vaut le voyage** ★★ **Vaut le détour** ★ **Vaut la visite**

HÔTELS ET RESTAURANTS

9 ch.	Nombre de chambres		Wi-Fi
7,5 €	Prix du petit-déjeuner en sus		Piscine
50 €	Prix de la chambre double, petit-déjeuner compris	CC	Paiement par cartes de crédit
bc	Menu boisson comprise		Carte de crédit non acceptée
	Air conditionné dans les chambres	P	Parking réservé à la clientèle
	Restaurant dans l'hôtel	Tram	Station de tramway la plus proche
	Établissement servant de l'alcool (à l'étranger)	M	Station de métro la plus proche

SYMBOLES DANS LE TEXTE

	À faire en famille		Organisme de tourisme
	Pour approfondir		Astuce, conseil
	Promenade à pied		Adresse coup de cœur
	Randonnée à vélo	A2 B	Repère sur le plan
	Facilité d'accès pour les personnes à mobilité réduite		Tourisme écoresponsable

Note au lecteur

Michelin a apporté le plus grand soin à la rédaction de ce guide et à sa vérification. Toutefois, les informations pratiques (formalités administratives, prix, adresses, numéros de téléphone, adresses Internet, etc.) doivent être considérées comme des indications du fait de l'évolution constante de ces données.

Il n'est pas totalement exclu que certaines d'entre elles ne soient plus, à la date de parution du guide, tout à fait exactes ou exhaustives. N'hésitez pas à nous signaler toute omission ou inexactitude que vous pourriez constater, ainsi qu'à nous faire part de vos avis et suggestions sur les adresses contenues dans ce guide.

Avant d'entamer toute démarche, formalités administratives ou douanières notamment, vous êtes invité à vous renseigner auprès des organismes officiels. Ces informations ne sauraient, de ce fait, engager notre responsabilité.

Collection sous la direction de Philippe Orain

Responsable d'édition et rédactrice en chef du guide : Hélène Payelle

Édition : Stéphanie Vinet

Rédaction : Jean-Charles Pharamond, Hélène Bienvenüe, Clarisse Bouillet, Tiphaine Cariou, Marie Delbès, Renaud Dechamps, Walter Doralt, Serge Guillot, Michael Hertlein, Gaëlle Lapandry, Marie-Therese Pachta, Christian Rault

Ont contribué à ce guide : Costina-Ionela Lungu, Ecaterina-Paula Cepraga, Gabriel Dragu, Denis Rasse (**Cartographie**), Véronique Aissani, Carole Diascorn (**Couverture**), Marion Capera, Marie Simonet, Stéphanie Vinet (**Iconographie**), Claudiu Spiridon, Oana Dimitriu (**Données objectives**), Bogdan Gheorghiu, Cristian Catona, Hervé Dubois, Pascal Grougon (**Prépresse**), Dominique Auclair (**Pilotage**)

Plans et cartes : © MICHELIN 2022

Remerciements : Florian Wiesinger (office de tourisme de Vienne) et Susanne Höller (office de tourisme de Graz)

Conception graphique
Christelle Le Déan, Sandro Borel, Justeciel (maquette intérieure)
Véronique Aissani, Marie-Pierre Renier (couverture)

Régie publicitaire et partenariats
contact.clients@editions.michelin.com
Le contenu des pages de publicité insérées dans ce guide n'engage que la responsabilité des annonceurs.

Contacts
Vous souhaitez nous contacter?
Rendez-vous dans la rubrique contact de notre site internet :
editions.michelin.com

Parution 2023

MICHELIN Éditions
Société par actions simplifiée au capital de 487 500 EUR
57 rue Gaston Tessier – 75019 Paris (France)
R.C.S. Paris 882 639 354

Dépôt légal : 02-2023 – ISSN 0293-9436
Imprimeur : Estimprim, Autechaux
Imprimé en France : 02-2023

Usine certifiée 14001
Sur du papier issu de forêts bien gérées